中國人民大學"十三五"規劃教材–核心教材

新編21世紀史學系列教材

中國歷史文選

Selections from Chinese Historical Texts

李曉菊 主編

李曉菊 皮慶生 闞紅柳
曹剛華 劉文遠
編著

中國人民大學出版社
·北京·

本成果受到中國人民大學 2020 年度

“中央高校建設世界一流大學（學科）和特色發展引導專項資金”支持

主 編 簡 介

李曉菊　生於1960年，遼寧瀋陽人。東北師範大學歷史學學士、歷史文獻學碩士，中國人民大學信息資源管理學院管理學博士，中國人民大學歷史學院教授、博士生導師。長期主講中國歷史文選、歷史文獻學、歷史文獻學研究概論、版本目録學研究等課程。主要從事歷史文獻學基礎理論、中國古代歷史文獻編纂和中國歷史文選教學等方面研究，并在《檔案學通訊》《史學史研究》《歷史文獻研究》等刊物發表有關論文。著有《唐宋檔案文獻編纂研究》（社會科學文獻出版社，2014年）、《中國歷史文獻學》（合著，中國人民大學出版社，2010年），合作主編《〈資治通鑑〉二十講》（中國人民大學出版社，2010年），獨立完成《辛亥烈士詩文選》（巴蜀書社，2011年）等多種史籍整理。

内 容 簡 介

本書以“選文”爲核心，根據不同的教學功能、教學方法和教學要求，將全部選文分爲既相互區别又相互聯繫、相互配合的三個部分，即“精讀文選”、“泛讀文選”和“點讀文選”，體現以“精讀”爲核心、以“泛讀”爲拓展、以“點讀”實現實踐與提高的教學理念。“精讀文選”，是本書之重心所在，主要用於課堂教學。選篇着眼“精優”，即史學經典，名著名篇，選文内容完整，詳注精講，并注意吸收學術界相關的研究成果，爲學生進一步深入研习提供信息與途徑。“泛讀文選”，旨在配合“精讀文選”的學習，廣泛涉獵，多讀多見，内容涵蓋傳世的經史子集四部文獻和各種類型的考古文獻，選文篇幅適中，簡注略説，爲文選教學提供更爲豐富的學習資料和靈活廣泛的教學空間。“點讀文選”，包括“白文點讀練習”和“舊注點讀練習”兩個部分，可用於標點、翻譯、注釋、解析等多種形式的練習，爲文選教學的實踐與檢驗提供必要的條件。本書在編寫體例和編選内容方面嘗試創新，意在更加充分地體現中國歷史文選教學的宗旨與特點，爲高等院校歷史學專業中國歷史文選教學提供一部重心突出、以點帶面，核心閱讀與拓展實踐相結合，兼顧課堂教學與自主學習的理想教材。

編寫説明

一、本書爲中國人民大學“十三五”本科規劃教材首批立項成果。

二、本書以“選文”爲核心，根據不同的教學功能和教學方法將全部選文分爲“精讀文選”、“泛讀文選”和“點讀文選”三個部分。“精讀文選”用於“核心閲讀”，選文34篇，按歷史年代編排。“泛讀文選”用於“拓展閲讀”，包括“四部文獻泛讀”和“考古及其他文獻泛讀”兩部分，前者采用《四庫全書總目》的四部分類法編排，後者按不同文獻類型編排，共選文134篇。“點讀文選”用於“實踐與提高”，包括“白文點讀練習”和“舊注點讀練習”兩部分，共選文12篇。全書總計選文180篇。“精讀文選”詳注精講，每個選篇包括“選文”、“注釋”、“導讀”和“參考文獻”四項内容；“泛讀文選”簡注略説，篇幅適中，每個選篇包括“題解”、“選文”和簡要的注釋三項内容；“點讀文選”略説不注，無標點，每個選篇包括“説明”和“選文”二項内容，在實際教學中，可根據不同的教學需求和具體的教學情况選擇安排，配合使用。

三、本書全部采用繁體字，旨在爲歷史文選教學提供一個全繁體字的閲讀環境。對於選篇中史籍原文用字與國家通用繁體字字形有所不同的情况，如“錄”和“録”，“為”和“爲”，“眾”和“衆”，“歴”、“懕”和“歷”，“寕”、“甯”和“寧”，等等，本書的基本處理方法是除個别生僻字外，一律保留史籍原文所用字形，以儘量呈現古籍文本的原貌，其他注釋、導讀、題解、説明等文字則采用國家通用繁體字。

四、本書設有四個附録，附録一《〈四庫全書總目〉卷次門目表》是爲了配合“泛讀文選”的學習，同時便於學生對傳統的“四部分類法”獲得初步的瞭解。附録二《簡化字與繁體字對照表》、附録三《規範字與繁體字、異體字對照表》是提供給學生學習、認讀繁體字和異體字之用，附録四爲《教學參考書目》，開列了三十餘種與歷史文選教學關係密切、具有重要參考價值的教材、專著和工具書。

五、本書數字表示的基本方法是凡涉及史籍篇卷次序的一般采用漢字數字，并與原書的形式保持一致；凡涉及數量統計、公元紀年等情況，則采用阿拉伯數字。個别之處可根據具體情況相應處理，不强求一律。

六、本書選文注意采用當代專家學者的相關古籍整理成果作爲文本依據，個别文字標點根據其他研究整理成果或編寫者的理解有所改動，并酌情加以説明。

七、本書除少數篇目屬全文選録，絶大部分選篇爲節選，均於篇題後括注“節選”標示説明。節選的原則是以段落爲單位加以取捨。爲選文版面整齊故，選文段與段之間有節略處，一般不使用省略號。出於同樣的考慮，對於注釋部分節略引用古籍原文的情況，也不使用省略號。

八、本書由李曉菊主編，中國人民大學歷史學院歷史文獻學專業教師合作編寫。具體分工情况如下：

李曉菊——“編寫説明”，“前言”，“精讀文選”第一、二單元，“泛讀文選”第一單元，“點讀文選”，“附録”。

皮慶生——“精讀文選”第三、四單元，“泛讀文選”第五單元。

闞紅柳——“精讀文選”第五單元，“泛讀文選”第二單元。

曹剛華——“泛讀文選”第三單元。

劉文遠——“泛讀文選”第四單元。

劉文遠老師應中國人民大學出版社之邀，承擔了本書全部課件的製作任務，趙永磊老師閱讀了全部書稿并提出建議，研究生賀國玉、畢波參與了本書資料的搜集與編輯，研究生孟念慈、楊森、劉兆陽參與了全部選文的核校，孟念慈協助編制了“附録”部分的三個表格，楊森在本書最後通看定稿階段協助圖版的選配和相關資料的檢尋，在此一并表示感謝。

中國人民大學出版社策劃編輯王琬瑩女士素來熱心關注并致力於高等院校歷史學專業教材的出版，理解教材的編寫理念，自立項之初，即對本書的編寫給予大力的支持和多方面的幫助，文字編輯吕鵬軍先生和符愛霞女士具有豐富的繁體字書籍的編輯經驗，對書稿仔細審讀，認真把關，并提出很好的建議，使本書的編寫更加嚴謹規範，在此謹向他們表示衷心的感謝！

中國人民大學歷史學院院長黄興濤老師對教材的編寫工作十分重視，全力推動，多次關心瞭解教材的進展情况，幫助解决編寫工作中遇到的問題，本書編寫團隊的各位老師在各自承擔繁重的教學和科研任務的同時，仍以教材建設爲重，不辭辛勞，承擔編寫任務，作爲本書的主編，謹向他們表示真誠的感謝！

在教材編寫過程中，我們注意搜集近四十年來中國歷史文選學界對本課程教學和教材建設的各種討論意見，注意汲取諸家同類教材的優長之處，在這裏謹向學界同人表示我們的敬意和感謝，并熱誠歡迎有關的專家學者對我們的教材給予批評指正。

李曉菊

2020 年 11 月

前　言

中國歷史文選是高等院校歷史學專業最重要的專業基礎課之一，它的教學目的在於培養和訓練學生閱讀理解、分析利用文言史籍的能力，提高中國古代歷史文化的基本素養，爲進一步的專業學習與研究打下扎實的基礎。

中國人民大學歷史學院自 1978 年復校以來，一直非常重視歷史學專業的基礎訓練，尤其是歷史語言文獻方面的專業訓練。在相當長一段時期內，古代漢語和中國歷史文選在本科教學培養方案中占據重要位置，在大一和大二兩學年相繼開設，其中歷史文選每周 4 學時，总计 8 學分。90 年代初，又相繼開設了歷史文獻學和史學名著導讀等課程，形成了本科四年專業學習中，層層遞進、逐步提高的歷史語言文獻的教學培養格局。在教材建設方面，先後與其他高校合作先後編寫了《中國歷史文選》和《中國歷史文獻學》等教材。這裏尤其要提到的是，1984—1985 年由山東教育出版社出版的中國人民大學、山東大學、杭州大學三校歷史系合編的《中國歷史文選》。教材分爲三册，上册先秦至兩漢，由中國人民大學歷史系王德元先生、何聰先生主編；中册魏晋至五代，由山東大學歷史系鄭宜秀先生主編；下册宋元至鴉片戰爭前夕，由杭州大學歷史系倉修良先生、魏得良先生主編。這套教材的主要目的是“配合高校歷史系中國古代史的教學，選擇有代表性的原始資料，用以提高學生閱讀古代史籍的能力，充實專業知識”①。因而，全部選文按歷史發展順序編排，每個歷史時期的選文各有側重。先秦至兩漢部分以六經和前四史爲主，魏晋至五代部分以正史爲主，宋元至鴉片戰爭前夕部分除從正史及其他史籍中選取外，還適當選了一部分史論文章，全套教材共選文一百零八篇，數量較

---

① 中國人民大學歷史系，山東大學歷史系，杭州大學歷史系. 中國歷史文選：上. 濟南：山東教育出版社，1984：説明 1.

多，内容廣泛，爲歷史文選教學提供了豐富的資源和空間，對中國古代史的學習具有一定的輔助作用。遺憾的是，這套教材出版後未見重印，也失去了修訂完善的機會。儘管如此，我們在連續幾個學年的教學使用中，對這套教材在選文、説明、注釋方面的特點和優長之處具有較深的體會，這套三校歷史系合編教材是我們此次編寫中國歷史文選教材的重要基礎。

在三校歷史系合編教材之後，我們先後采用了由北京師範大學歷史系中國歷史文獻教研室編寫的《中國古代歷史文選》（北京，北京師範大學出版社，1986 年）和張大可先生主編、由包括中國人民大學在内的全國四十餘所高等院校合作編寫的高等院校文科教材《中國歷史文選》（西安，陝西人民教育出版社，1998 年）。張大可先生主編的教材在問世後的二十餘年時間裏，與時俱進，多次修訂完善。2007 年，作爲“普通高等教育‘十一五’規劃國家級教材”由商務印書館出版。到 2011 年，已經推出了第 3 版，成爲“普通高等教育精品教材”。二十多年來，在實際的中國歷史文選的教學工作中，我們也一直在思考、探索更加適合高等院校歷史學專業本科人才培養的中國歷史文選的教學方法和教材體系，注意瞭解、吸收其他中國歷史文選教材的優長之處，而這兩套教材在編纂理念、編纂方法上，尤其給予我們很多寶貴的啓示。

2016 年 7 月，我們的《中國歷史文選》教材選題獲得中國人民大學“十三五”本科規劃教材首批立項，2019 年 12 月，經過編寫團隊全體老師的共同努力，終於完成了這部教材的編寫。現將我們這部教材的編寫理念、體例特點以及教學要點與建議等概要地介紹一下。

一、編寫理念：以“選文”爲中心

中國歷史文選課的一個重要特點就是它的綜合性，在教學内容上與古代漢語、中國古代史、史學史、歷史文獻學、史料學等諸多學科交叉滲透，關係密切。由於這一原因，以往很多中國歷史文選課在擔負着文言史籍閱讀能力訓練任務的同時，還兼顧古代漢語、中國歷史要籍、歷史文獻學等相關課程基礎知識的講授，體現在教材編寫上就是設立相關的專題進行講解。然而，隨着近年來高等院校歷史學專業本科教學體系的調整完善和高校選課機制的日益成熟，中國歷史文選課面臨新的問題和挑戰，需要重新定位。一方面由於歷史學專業本科教學體系的調整，中國歷史文選的教學課時普遍減少壓縮（如中國人民大學目前已壓縮一半，調整爲 4 學分），另一方面史學史、歷史文獻學、史料學、方志學、原典導讀等相關課程設置完備，因此，中國歷史文選課既没有充分的時間，也没有必要再兼顧相關學科基礎知識的講授，否則勢必導致教學内容重複，學科特色不凸顯。至於古代漢語基礎知識，也没有必要安排專項内容或專門時間進行講解，一方面由於近年來高校歷史學專業新生普遍具有較好的古代漢語基礎，另一方面如果有同學通過這門課程對古代漢語格外有興趣，想要進一步深入學習，完全可以相當方便地選修由中文系等其他院系開設的有關課程。在這種情況下，中國歷史文選課就更應該牢牢地把握住自己的教學目標、學科特點和教學手段，把主攻方向轉到“文選”的教學上，即通過精讀泛覽相當數量的古代史籍的選篇，訓練學生閱讀分析文言史籍的能力，在這一過程中使學生的歷史文化素養得到豐富和提高。

中國歷史文選中的“文選”，既非片段的史料，更非整本的名著，而是根據一定的目的和標準從古代的歷史典籍和重要的史料文獻中精心選擇出來，并根據具體的需要給予詳略不同的注釋和解説。通過對這些選篇的精讀熟讀、泛覽博觀以及實際的標點、翻譯、注釋、分析的訓練，能够有效地培養學生的古漢語語感和閱讀能力，使學生在選篇的學習過程中實際體會各種史籍的體例特點，感受名著名篇的歷史寫作藝術，掌握閱讀利用傳統史籍的方法，因而在學科性質和教學方法上具有傳統“選學”的特徵和很强的實踐性，概言之，圍繞文選進行教學、學練結合是中國歷史文選課的主要特徵和基本手段，是其他課程難以涵蓋和取代的。有鑒於此，我們的教材在體例設計上，完全以選篇爲中心，不設相關知識的專門介紹，以免喧賓奪主。對於選篇中所涉及的古代漢語、古代史、史學史、文獻學乃至歷史文化等各方面的知識，一律通過選篇注釋、導讀、題解等形式進行講解分析，指導提示，并有意識地針對其中具有問題性的知識内容，在給出較爲詳備解説的同時，通過列舉參考文獻提供進一步研讀的綫索，這樣不僅在注説上具有較强的針對性，而且使學生從中瞭解體會歷史文本和文獻史料分析、利用的方法與途徑，獲得“怎樣讀”（How to read）的方法啓示。

二、體例特點：全部選文分爲“精讀”、“泛讀”和“點讀”三個部分

基於以上的思考和多年的中國歷史文選教學實踐，本教材在内容設計上完全以選篇爲中心，但并非平鋪直敘，一律對待，而是根據不同的教學功能、教學方法和教學要求選擇、安排選文，將所有的選文分爲既有區别又相互聯繫的三個部分、三個層次，即“精讀文選”、“泛讀文選”和“點讀文選”，體現注意區分輕重緩急、各適其用的教學布局、教學環節和以“精讀”爲核心、以“泛讀”爲拓展、以“點讀”實現實踐與提高的教學理念。

“精讀文選”，作爲“核心閲讀”，是本教材之重心所在，由五個單元34篇選文構成，涉及從《尚書》到《文史通義》20種重要史籍。“精讀文選”主要用於課堂教學，選篇着眼於精優，選文標準爲史學經典、名著名篇，既具有很高的史學價值，又具有出色的歷史寫作藝術，史文并茂，可讀性强，影響深遠，具有典範性。在編排方法上，“精讀文選”按歷史年代順序分組編排，有助於體現中國古代史學的演進，有助於學生把握歷史發展的脉絡。在教材編寫和課堂教學方面，“精讀文選”注重内容完整，詳注精講，保證數量（如課程設置爲4學分，則實際課堂講授應不少於16～20篇）。詳注有利於學生預習和自學，有利於教師在課堂教學中針對選文中的關鍵詞語、典型問題進行重點解析。在教學效果上，“精讀文選”要求學生對所學選篇真正做到讀懂弄通，準確掌握，熟讀成誦，如能背誦其中部分篇幅適中的名篇或名段則更好，對於强化古漢語語感將大有助益。更重要的是，通過深入閲讀、熟練掌握“精讀文選”，將進一步帶動、促進“泛讀文選”和“點讀文選”的學習，起到以一當十、舉一反三的作用。在這個問題上，我們十分認同白壽彝先生的觀點。他説：“比較集中地選注少數有代表性的作品，如《左傳》《史記》等，掌握了這些作品，就可以在古書閲讀上有高屋建瓴之勢，可以

獲得較大的成果。"[1] 又説："'求解'就必須精讀，反復思考，才能掌握文章的精髓。奉勸讀者，在本書内選擇你所喜歡的文章反復地讀，讀得爛熟，如果能背誦，那就更好了。衹要能真正掌握若干篇文章，你在古書閱讀上就好像有了基地，就可以隨時四處出擊了。"[2] 本教材對於"精讀文選"的編排設計，用意亦在於此，就是爲文選教學、爲同學們提供一個核心内容、一個基本陣地，無論課堂教學還是自學都要首先保證這部分選文的系統學習和深入掌握，以此爲基礎"四處出擊"，泛觀博覽，實踐提高。"精讀文選"的每篇選文除注釋、導讀之外，均適當開列有關參考文獻，爲學生進一步深入學習提供資料與途徑。"精讀文選"的注釋、導讀以及參考文獻的撰寫、選取，均注意吸收學術界近年的相關研究成果，追求注説的準確和具有新意。

"泛讀文選"，用於"拓展閱讀"，其主要目的在於配合"精讀文選"的學習，爲文選教學提供更爲豐富的學習資料和靈活廣泛的教學空間。"泛讀文選"着眼於廣泛涉獵、多讀多見，選文範圍涵蓋傳世的經史子集四部文獻和各種類型的考古文獻等，選文共計134篇，其中"四部文獻泛讀"選文115篇，涉及四部典籍110種，"考古及其他文獻泛讀"選文19篇，涉及甲骨、金文、簡牘、敦煌文獻、明清文書檔案和碑刻等文獻類型6種，其目的在於使學生由此對中國古代歷史文獻的基本面貌及其載體、體例的多樣性有所體會和瞭解。"四部文獻泛讀"的選篇按照《四庫全書總目》的分類方法編排，并在題解中逐一説明有關典籍在《四庫全書總目》中的類目著録情況，亦旨在使學生在閱讀學習的同時，對傳統的四部分類法有所關注，初步掌握一些古籍目録學的知識。需要説明的是，其中有少數選篇的書目由於各種原因不見於《四庫全書總目》，對於這種情況，我們將這些書目的選篇分别置於相應類别的最後，并在題解中加以説明。"泛讀文選"在選文方面注意篇幅適中，便於教學，對於長篇的原著，則節選其中能够體現該書歷史價值、思想觀點和寫作特點的重要段落，藉斑窺豹，略見其意。"泛讀文選"注釋、題解的基本原則是簡注略説。前者主要針對繁難詞語、重要的典制掌故以及對於本篇閱讀理解具有關鍵意義的人物和事件，後者是以扼要的文字介紹該書、該篇的基本情況以及相關的版本和參考書目信息，以便於學生瞭解和比較閱讀。

"點讀文選"的用意在於"實踐與提高"。歷史文選教學需要實踐性教學環節，這已經成爲歷史文選學界的共識。古人有謂"學識何如觀點書"[3]，是説古書標點能夠反映一個人的學識水平。對歷史文選教學來説，標點練習一直是開展教學實踐，檢驗、提升教學效果的絶佳途徑，是歷史文選教材應有的組成部分。"點讀文選"由12篇練習選文組成，其中"白文點讀練習"7篇、"舊注點讀練習"5篇，以接近文言古籍"原貌"（繁體字、無標點、帶注文）的形式呈現，可以用於標點、翻譯、注釋、解析等多種形式的練習，具有很强的實用、實戰意義。"點讀文選"的選文注意内容完整，按歷史年代順序排列，篇前附有關於内容和文本依據的簡要説明，一律不加注釋。爲便於靈活利用掌握課堂練習的時間與節奏，"點讀文選"采取了結構段的形式。在練習之前，教師

---

① 北京師範大學歷史系中國歷史文獻教研室．中國古代歷史文選：上册．北京：北京師範大學出版社，1986：序1-2.

② 同①序2.

③ 李匡乂．資暇集：卷上．北京：中華書局，1985：4.

可先就古文標點的注意事項、舊注文本的基本體式等問題對學生給予必要的講解和示範。根據以往的教學經驗，我們感到對“點讀文選”的善加利用，不僅可以靈活充分地安排課堂教學時間，而且能够獲得豐富教學形式、活躍教學氛圍、有效調動學生學習積極性的良好效果。

三、教學要點與建議

下面結合本教材的選文内容，就歷史文選課的教學要點、學習方法提幾點建議，供授課教師和同學們參考。

1．字詞落實，準確理解。歷史文選的學習，尤其是“精讀文選”的學習一定要注意從準確地理解詞義做起，就是要“咬字”（咬文嚼字，字詞落實）。“咬字”是古漢語學習最基本的方法，是積累古漢語詞彙的重要途徑。在文選學習中，對於繁難、關鍵的字詞，絶不輕易放過，而是要藉助注釋和工具書，結合具体的句子（語境）仔細推敲、反復體會，力求準確把握其含義和用法，推而廣之，就可以逐步積累起相當數量的古漢語基本詞彙，有效地提高古漢語的閱讀能力。反之，如果不注意“咬字”，不注意準確地把握一些重要的、關鍵的字詞的含義和用法，就不能很好地理解文義，也不利於基本詞彙的積累。如下列例句中使用黑體字顯示的詞語，在學習時都需要格外用心：

> 故大巧在所不爲，大智在所不慮。所**志**於天者，**已**其**見**象之可以期者矣；所志於地者，已其見宜之可以**息**者矣……（《荀子·天論》）
>
> 今陛下興義兵，誅**殘賊**，平定天下，海内爲郡縣，法令由一統，自上古以來未嘗有，五帝所不及。（《史記·秦始皇本紀》）
>
> 灌孟年老，潁陰侯**彊請之**，鬱鬱不得意，故戰常**陷堅**，遂死吴軍中。（《史記·魏其武安侯列傳》）
>
> 故太公望封於誉丘，地潟鹵，人民寡，於是太公勸其女**功**，極技巧，通魚鹽，則人物歸之，**繈至**而**輻湊**。故齊**冠帶衣履**天下，海岱之閒**斂袂**而往朝焉。（《史記·貨殖列傳序》）

在文選的學習中，我們强調“咬字”主要是針對詞彙的古今義、通假字以及虚詞的掌握。如《詩經·大雅·綿》“古公亶父，來朝走馬”和《韓非子·五蠹》“兔走觸株，折頸而死”中的“走”，都不是“走”而是“跑”的意思，現代漢語的“走”，古代漢語稱“行”。《左傳·子産相國》“唯君用鮮，衆給而已”和《漢書·食貨志上》“漕轉關東粟以給中都官”中的“給”，都不是“給予”而是“豐足”；“使豐足，即供應”的意思。《史通·二體》“逮於天文、地理、國典、朝章，顯隱必該，洪纖靡失”和《通志總序》“史册以詳文該事，善惡已彰，無待美刺”中的“該”字，都不是“應該”而是“具備、完備”的意思。

再如《漢書·食貨志上》中的一段文字：

> 世之有飢穰，天之行也，禹、湯被之矣。卽不幸有方二三千里之旱，國**胡**以相恤？**卒**然邊境有急，數十百萬之衆，國胡以**餽**之？兵旱相乘，天下大屈，有勇力者聚徒而**衡**擊，**罷**夫羸老易子而**齩**其骨。政治未畢通也，遠方之能**疑**者並舉而爭起

矣，乃駭而圖之，豈將有及乎？

夫積貯者，天下之大命也。苟粟多而財有餘，何爲而不成？以攻則取，以守則固，以戰則勝。懷敵附遠，何招而不至？今毆民而歸之農，皆著於本，使天下各食其力，末技游食之民轉而緣南**晦**，則畜積足而人樂其所矣。可以爲富安天下，而直爲此**廩廩**也，竊爲陛下惜之！

在這裏，我們可以看到很多的通假字，如“胡”通“何”，“卒”通“猝”，“餽”通“饋”，“衡”通“横”，“罷”通“疲”，“疑”通“擬”，“廩廩”通“懍懍”，還有古今字（“齩”爲“咬”的古字）、異體字（“晦”爲“畝”的異體字）。通假字，簡單地説，就是古代漢語書面語中音同、音近字之間的通用和假借，是古代漢語，尤其是唐以前古文獻中一種非常重要的現象，在學習中應通過注釋和專業工具書的利用有意識地學習、積累，讀得多了，就能逐漸做到對於常見的通假字根據上下文的語意和有關的知識做出判斷，如下面引文中的黑體字：

故君子敬其在己者，而不慕其在天者；小人**錯**其在己者，而慕其在天者。（《荀子·天論》）

異日韓王納地效璽，請爲藩臣，已而**倍**約，與趙、魏合從畔秦，故興兵誅之，虜其王。（《史記·秦始皇本紀》）

是時上未立太子，酒酣，從容言曰：“千秋之後傳梁王。”太后**驩**。（《史記·魏其武安侯列傳》）

然**婁**敕有司以農爲務，民遂樂業。（《漢書·食貨志上》）

（道家）合於堯之克**攘**，《易》之**嗛嗛**，一謙而四益，此其所長也。（《漢書·藝文志諸子略序》）

著有過，**刑**仁講讓，示民有常。如有不由此者，在**埶**者去，衆以爲殃。（《禮記·禮運》）

以一服八，何以異於以鄒敵楚哉？**蓋**亦反其本矣。（《孟子·齊桓晋文之事》）

“咬字”的學習，還要重視虚詞的掌握。古漢語虚詞雖然比實詞數量少得多，但使用的頻率高，在表達語氣、語意方面作用非常重要，如我們耳熟能詳的“**微**管仲，吾其被髮左衽矣”（《論語·憲問》），還有我們教材《左傳·子産相國》中的“**微**子之言，吾不知也”，這裏的“微”字都是虚詞，都表示“如果不是，如果没有”的語意和語氣。于文祖在《詞詮》“重印説明”中説：“要讀懂古書，首先要能正確地理解詞義。詞有虚有實。辨别實詞的意義，前人叫作‘明訓詁’；瞭解虚詞的作用，前人叫作‘審辭氣’。”[①] 如前引《漢書·食貨志上》“卽不幸有方二三千里之旱，國胡以相恤”一句中的“卽”（同“即”），就是虚詞表假設，意爲“假如”“如果”，“即”的這個用法還見於我們熟悉的《魯仲連義不帝秦》中的一句：“所貴於天下之士者，爲人排患、釋難、解紛亂而無所取也；**即**有所取者，是商賈之人也。”（《戰國策·趙策三》）早在漢代，學者們對虚詞已有認識，到了元代，盧以緯所撰《語助》成爲我國最早講虚詞用法的專書，

---

① 楊樹達. 詞詮. 北京：中華書局，1965：重印説明 1.

此後清代學者劉淇撰《助字辨略》、王引之撰《經傳釋詞》以及今人楊樹達撰《詞詮》等，都是具有重要影響的虚詞專著，《詞詮》同時還是一部專門解釋虚詞的工具書。目前，對於同學們學習虚詞來説，商務印書館出版的、由中國社會科學院語言研究所古代漢語研究室編寫的《古代漢語虚詞詞典》，收録全面，解説詳盡，是一部比較通行適用的古漢語虚詞詞典。

歷史文選的學習，還要過繁體字（包括異體字）關，理由很簡單，就是古代的書籍基本上都是以繁體字寫成的，熟練認讀繁體字應該成爲歷史文選教學的一項任務和標準。目前，包括本教材在内的很多歷史文選教材都采用了全繁體字的編寫形式，不僅便於注釋文字對正文詞語做更貼切的解釋，而且能够爲學生提供一個完全是繁體字的閲讀與學習的環境，具有强化訓練的意味。多年來，我們的歷史文選課在正式進行選篇教學之前，都首先安排專門的時間，結合實際例證講解掌握繁體字的必要性、繁體字學習與掌握的方法以及繁簡轉换過程中需要注意的問題，然後要求學生以抄寫組詞（先抄寫繁體字，然後用所抄寫的繁體字組詞）等方式實際練習繁體字的認讀、辨析與利用，我們教材的附録二《簡化字與繁體字對照表》和附録三《規範字與繁體字、異體字對照表》即是提供繁體字、異體字的學習和檢索之用。

2. 熟讀成誦，培養語感。任何一門語言文字的學習都需要反復地練習，歷史文選的學習亦是如此。可以説，熟讀成誦永遠是强化古漢語語感、提高古漢語閲讀欣賞能力的有效途徑。所謂“語感”，就是一種對語言文字的直覺，一種直接而敏鋭的感悟力。好的語感表現在，在文選的實際學習中，不是簡單地照搬現成的注釋做機械、僵硬、過度的解釋，而是能够很好地領悟、把握文章在思想内容和行文上的内在綫索與整體風格，做融會貫通的理解，這一點對於完整準確地理解原文十分重要。我們在學習中往往會遇到這樣的情況，即對文中的某一段或某一句原文的所有詞彙的意義都是知道的，對其中所涉的專業知識也有一定的瞭解，但還是不能順暢地、準確地翻譯出來，這就是我們的語感有所未到，還未能很好地把握住文章的思想脉絡和語勢。如本教材所選劉知幾《史通·二體》中的一段：

> 考茲勝負，互有得失。而晋世干寶著書，乃盛譽丘明而深抑子長，其義云：能以三十卷之約，括囊二百四十年之事，靡有遺也。尋其此説，可謂勁挺之詞乎？案春秋時事，入於左氏所書者，蓋三分得其一耳。丘明自知其略也，故爲《國語》以廣之。然《國語》之外，尚多亡逸，安得言其括囊靡遺者哉？向使丘明世爲史官，皆仿《左傳》也，至於前漢之嚴君平、鄭子眞，後漢之郭林宗、黄叔度，晁錯、董生之對策，劉向、谷永之上書，斯並德冠人倫，名馳海内，識洞幽顯，言窮軍國。或以身隱位卑，不預朝政；或以文煩事博，難爲次序。皆略而不書，斯則可也。必情有所吝，不加刊削，則漢氏之志傳百卷，併列於十二紀中，將恐碎瑣多蕪，闌單失力者矣。故班固知其若此，設紀傳以區分，使其歷然可觀，綱紀有別。荀悦厭其迂闊，又依左氏成書，翦截班史，篇才三十，歷代褒之，有逾本傳。

這段文字并無生僻、繁難的詞語，但是若想獲得前後貫通、準確透徹的理解，衹讀上一、二遍肯定是不行的，需要多次重讀。當我們反復讀上數遍以後，其中的關鍵字眼和行文的基本脉絡就逐漸凸顯出來，變得清晰起來，這就是古人説的“書讀百遍，其義自見”的效果。現在同學們在學習歷史文選時，往往滿足於默讀，實際上從培養古漢語語感角度來説，誦讀的效果更好。老一輩學者在談到古書閱讀與學習的經歷時，經常會提到“誦讀”、“熟讀成誦”乃至於背誦所起到的作用。美國學者哈羅德·布魯姆（Harold Bloom）在《如何讀，爲什麽讀》（*How to Read and Why*）一書中也把“背詩”作爲“讀詩”的重要方法，主張“儘可能背詩”。他説：“背誦曾是良好教育的主食，但它被濫用爲死記硬背，於是遭錯誤的摒棄。在專心反復默讀一首找到你的短詩之後，就應背誦它，直到你發現自己擁有這首詩。”① 在談論長篇小説的閱讀時，他還提到了“重讀”的重要性，認爲“重讀”是“一種不同和更好的經驗”，對“如何發生和爲什麽發生”可能會有“愈來愈新的領悟”②。他的意見對於我們這裏所提倡的反復閱讀、熟讀成誦的學習方法提供了更爲豐富的啓示。因此，我們主張歷史文選教學應該把誦讀作爲一個重要的教學環節，有意識地選擇那些名著名篇或精彩段落，要求學生熟讀成誦，并安排固定的時間進行課堂上的檢驗考察，以起到鼓勵、督促的作用。

好的語感不僅有助於對古文的閱讀理解，更有助於標點。古人雖然很早就發明了句讀的符號，但使用得并不普遍，直到清代末年都没有什麽發展，没有形成一套完整適用的標點符號體系③。儘管近四十年來，古籍整理的成果非常豐富，但我們在實際利用歷史文獻，包括很多的古籍數據庫的文獻資料時，還會發現我們仍要面對衆多的無標點古籍，在利用時首先需要進行斷句，良好的古漢語語感是我們能够熟練、準確地進行斷句標點的一個重要保證。

3. 積累知識，提高素養。前面提到歷史文選課的一個重要特點是其綜合性，所學習的内容涉及諸多學科的專業基礎知識，包括古漢語基礎知識（文字、詞彙、語法等）、歷史學專業知識（制度、年代、歷史地理等）、歷史要籍知識（基本類别、體例特徵等）、歷史文獻學基礎知識（目録、版本、校勘、避諱等）以及禮儀風俗、天文曆法、宗教等各種歷史文化知識。如《史記·秦始皇本紀》“二十三年，秦王復召王翦，彊起之，使將擊**荊**”一段中諸“荊”字④，均應爲避諱秦始皇父親莊襄王子楚之名而改“楚”字爲“荊”字。同樣，宋神宗《資治通鑑序》：“《詩》云：‘**商**鑑不遠，在夏后之世。’故賜其書名曰《資治通鑑》，以著朕之志焉耳。”⑤ 所引《詩經·大雅·蕩》原文爲“殷鑒不遠”，這裏也是因避宋太祖父親趙弘殷之名諱改“殷”爲“商”。避諱在古代文獻中是一種普遍存在的現象，自先秦直到清代幾乎歷代皆曾實行，對古文獻的流傳閱讀造成相當的問題，但也可以利用這種現象來研究古代文獻，判定年代，陳垣先生的《史諱舉例》，就是一部關於古代避諱的研究專著和重要的參考書，遇到避諱的問題可以查閱（見該書卷八《歷朝諱例》）。再如，《史記·秦始皇本紀》：“三十六年，熒惑守心。有墜星下東郡，至地爲石，黔首或刻其石曰‘始皇帝死而地分’。”這裏的

---

① 哈羅德·布魯姆. 如何讀，爲什麽讀. 黄燦然，譯. 南京：譯林出版社，2015：63-64.

② 同①217.

③ 董洪利，主編. 古典文獻學基礎. 北京：北京大學出版社，2008：327-339.

④ 司馬遷. 史記：第1册. 北京：中華書局，2014：302.

⑤ 司马光. 資治通鑑：第1册. 北京：中華書局，1956：資治通鑑序 2.

“熒惑守心”涉及古代的天文星占。《史記·魏其武安侯列傳》：“嘗召客飲，坐其兄蓋侯南鄉，自坐東鄉，以爲漢相尊，不可以兄故私橈。”這段内容涉及古人的座次尊卑禮儀。《魏書·釋老志》《洛陽伽藍記·法雲寺》中則包含了很多佛教的名詞術語。對於這些較爲專門的歷史文化知識，我們除利用一般的語詞工具書外，還要善於檢索利用相關的專業工具書，如徐振韜主編的《中國古代天文學詞典》（北京，中國科學技術出版社，2013 年）、任繼愈主編的《宗教詞典》（上海，上海辭書出版社，1981 年）等。

4. 聯繫閱讀，有效拓展。本文前面已經交代本教材出於不同的教學功能和教學要求將所有選文分爲“精讀”、“泛讀”和“點讀”三個部分，但各部分之間并非孤立隔絶的，而是相互聯繫，相互輔助、配合的有機整體。例如在學習“精讀文選”《牧誓》《晋楚城濮之戰》《伾文用事》選篇時，就分别可與“泛讀文選”《利簋銘》《晋公子重耳之亡》《新出子犯編鐘銘文》和“點讀文選”《論永貞革新》等篇結合起來學習；“泛讀文選”經部選篇《周禮注疏·天府》和“點讀文選”舊注點讀練習部分的《周禮注疏·天府》也是由淺入深、相互輔助的用意。張舜徽先生在《中國古代史籍校讀法》第三編第三章“怎樣閱讀全史”中曾談到用聯繫的方法閱讀全史（二十六部正史），他説：

> 至於閱讀的具體方法，我認為最好本着聯繫的觀點去逐步鑽研。不要把每部書孤立起來看。這可分兩方面來談：一是横的聯繫，即面的聯繫。把關係較密的幾種書放到一塊兒讀。一是縱的聯繫，即時間的聯繫。把上下幾千年的事物貫通起來，作一番融會的功夫。這樣縱横交錯，便可左右逢源。對於掌握史料，漸能達到精熟的境地。這兩種聯繫的方式，同時也可看成閱讀全史的兩個步驟。開始可注意面的聯繫，以後便應注意時間的聯繫。①

在具體講到“面的聯繫”時，張先生提出“分組”閱讀的方法。他説：“所謂面的聯繫，在運用時，最好將全史分爲若干組；例如《史記》《漢書》可成一組；《後漢》《三國》可成一組”②，他進而又專門論述了閱讀時如何注意篇與篇之間、書與書之間相互聯繫的方法。張先生的論述對於我們的歷史文選教學啓發良多，我們在教學實踐中就嘗試運用“聯繫地閱讀”、“一組一組地閱讀”的方法，如在學習《史記·魏其武安侯列傳》時，以泛讀的方式，帶着學生連帶地閱讀了《史記·外戚世家》《史記·韓長孺列傳》等；在學習《漢書·張騫傳》時，也以泛讀的形式連帶閱讀了《史記》《漢書》的相關傳記，都取得了很好的效果，有同學反饋認爲這樣的方法是“活”的歷史文選課。聯繫地閱讀，最好是在教師的引導和輔助下進行，教師領讀，學生參與，有目的地進行聯繫的、一組一組的閱讀，能够起到激發學生閱讀原典的興趣，舉一反三，進而嘗試自主讀史讀經典的效果。

5. 强化問題意識，增强解析能力。同文學史文選、哲學史文選等一樣，中國歷史文選具有專業文選的性質，即歷史學專業文選。因此，在學習過程中，不僅要“解其

---

① 張舜徽. 中國古代史籍校讀法. 武漢：華中師範大學出版社，2004：388.

② 同①.

言”，還要“知其意”，“明其理”[①]，司馬遷所謂“好學深思，心知其意”（《史記·五帝本紀》），即在打通語言文字關的基礎上，還要注意運用歷史學專業知識、專業眼光，從中發現問題，結合選文背後的歷史文化背景，加以歷史的分析和解讀。如在學習《史記·貨殖列傳序》時，嘗試思考探尋司馬遷卓越的經濟思想是如何形成的？與哪些因素有關？《貨殖列傳》是如何爲春秋末年到西漢初年衆多的商人立傳、記述他們的商業活動的；在學習《漢書·張騫傳》時，我們既瞭解到班固《漢書》始爲張騫立專傳，那麽司馬遷《史記》爲什麽没有爲張騫立專傳？《漢書·張騫傳》的編撰既然基本上是依據《史記·大宛列傳》的材料，那麽班固是如何利用《史記·大宛列傳》的資料的？是否根據《漢書》的體例設計和班固時代對西域情况的瞭解有所剪裁和訂補，有了這樣的思考，就可以實際動手將兩書的原文找來具體對讀一下，看看會有何發現，進而做出分析判斷。對於如秦王政二十六年“秦初并天下，令丞相、御史”文（《秦始皇本紀》）以及曹操《讓縣自明本志令》（《三國志·魏書·武帝紀》裴松之注）這樣“英雄”人物的鴻篇佳作，我們在學習時也同樣要注意運用歷史學的眼光，嘗試通過文本的細讀和比對分析，考察其真實性如何，其寫作意圖何在，以此類推，并以札記、作業、讀書報告等形式形成文字，大家一起交流討論，就可以有效地訓練提高自己的史料分析與利用能力。

6. 勤翻工具書，訓練自主研習能力。儘管各種歷史文選教材對所選篇目一般都給出了較爲詳盡的注釋，本教材的“精讀文選”亦是如此，但一方面，再詳盡的注釋，也是有針對性的，不能做到面面俱到，同學們在具體學習過程中，仍會遇到這樣那樣的語詞問題。另一方面，一些字面上看起來没什麽問題因而未加注釋的詞語，實際上要想在具體的語境中準確把握其意義并不簡單，還需要通過查閱工具書來進一步落實，而“泛讀”和“點讀”文選的學習就更多地需要通過自學的形式來完成，那麽如何培養自主學習的能力呢？就是要勤翻工具書。權威的語言文字方面的工具書和各類專業工具書，是最好的“無言之師”，隨時可以爲同學們提供幫助，本書附録四爲同學們開列的“教學參考書目”中即包括歷史文選教學主要的、常用的工具書，這裏特別向同學們介紹一下商務印書館出版的王力等編《古漢語常用字字典》。這部字典出版於 1979 年，後經過多次修訂完善，到 2016 年，已經出版了第 5 版，是歷史文選教學最常使用、最爲實用的一本工具書。這部字典的優點在於：（1）所收録之字皆爲古漢語學習中高頻出現的常用字，總計 6 400 餘個（不包括異體字）。（2）對於已經簡化了的漢字，以簡體字作字頭，字頭後括注其繁體字和異體字，對於“漢字簡化以前是幾個不同的字，現在簡化爲同一個字”的情況，則分列字頭、標注序號加以區别[②]。（3）義項排列講求，基本是按本義、引申義、假借義的順序依次排列，便於對詞義的理解掌握。（4）例句經典、恰當、精煉，一些經典例句也常常出現在本教材的選篇中。（5）包含相當數量的“【辨】”和“【注意】”形式的説明文字，前者主要用於同義詞或近義詞的辨析，如“飢”和“餓”（見“餓”字條）、“墳”和“墓”（見“墳”字條）、“法”和“律”（見“律”字條），後

① 馮友蘭. 我的讀書經驗//馮友蘭，胡適，朱光潛，等. 那時的大學. 北京：國際文化出版公司，2015：162-166.

② 王力，等. 古漢語常用字字典：第 5 版. 北京：商務印書館，2016：凡例 1.

者則主要用於指出詞義演變中需要注意之處，如“裳”字條的“【注意】”提示説“古代男女都穿‘裳’，不是褲子，是裙的一種，但不同於現在的裙子”[①]；“見”字條的“【注意】”説：“上古没有‘現’字，凡‘出現’的意義都寫作‘見’”[②]，可見該字典的這兩項内容具有很强的針對性和實用性，對於同學們通過比較辨析掌握古漢語詞義極有幫助。(6) 該字典從第 4 版起，以“附録”的形式增加了《古代漢語語法簡介》和《怎樣學習古代漢語》，内容精要，文字簡明，對於瞭解掌握古代漢語基礎知識和學習方法具有很好的指導意義。因此，我們建議同學們在歷史文選的學習過程中，對這部《古漢語常用字字典》應勤於翻檢，善加利用。目前，隨着電子信息技術的飛速發展，很多大型的語言文字工具書、專業工具書都有了電子版和網絡版，爲同學們利用工具書自主研習歷史文選、解決其中的詞語與專業知識等方面的疑難問題提供了强有力的手段。在實際教學中，同學們對於電子資源、網絡資源、數據庫的檢索利用能力往往超出了教師們的預想，在課堂討論中尤其顯示出在文獻檢索方面的快速與廣泛。因此，我們對於同學們藉助工具書進行自主學習充滿信心，我們希望本教材的“泛讀文選”和“點讀文選”成爲同學們實施“拓展閱讀”和“實踐與提高”的開放的平臺與空間，在這裏挑戰自我，激發活力，不斷進步，不僅掌握“怎樣讀”(How to read) 的途徑與方法，而且獲得“我能讀”(I can read) 的體驗和信心，爲未來的專業學習與研究打下堅實的基礎。

---

① 王力，等. 古漢語常用字字典：第 5 版. 北京：商務印書館，2016：凡例 42.

② 同①189.

目　録

精讀文選（核心閱讀）

泛讀文選（拓展閱讀）

點讀文選（實踐與提高）

精讀文選（核心閱讀）

第一單元

先秦典籍精讀

牧誓(《尚書·周書》)

選文

時甲子昧爽[①],王朝至于商郊牧野[②],乃誓[③]。

王左杖黄鉞[④],右秉白旄以麾[⑤],曰:“逖矣[⑥],西土[⑦]之人!”

王曰:“嗟[⑧]!我友邦冢君[⑨],御事司徒、司馬、司空[⑩],亞旅、師氏[⑪],千夫長、百夫長[⑫],及庸、蜀、羌、髳、微、盧、彭、濮人[⑬]。稱爾戈[⑭],比爾干[⑮],立爾矛[⑯],予其誓[⑰]。”

王曰:“古人有言曰:‘牝雞無晨。牝雞之晨,惟家之索[⑱]。’今商王受惟婦言是用[⑲],昏棄厥肆祀弗荅[⑳],昏棄厥遺王父母弟不迪[㉑],乃惟四方之多罪逋逃[㉒],是崇是長,是信是使[㉓],是以爲大夫卿士。俾暴虐于百姓[㉔],以姦宄于商邑[㉕]。

“今予發惟恭行天之罰[㉖]。今日之事,不愆于六步、七步[㉗],乃止齊焉[㉘]。夫子勖哉[㉙]!不愆于四伐、五伐、六伐、七伐[㉚],乃止齊焉。勖哉夫子!尚桓桓[31]，如虎如貔[32]，如熊如羆[33]，于商郊[34]。弗迓克奔[35]，以役西土[36]，勖哉夫子！爾所弗勖，其于爾躬有戮[37]！”

注釋

①甲子：甲子日。昧爽：天將明，黎明。昧：冥。馬融曰：“昧，未旦也。”即日未出也。爽：明。《詩經·大雅·大明》：“肆伐大商，會朝清明。”馬瑞辰《毛詩傳箋通釋》：“會朝猶言會明，會明猶言遲明、黎明，皆比明之義也。”關於武王伐商的年代，說法不一，近年學者多主張爲公元前1046年。

②王：周武王姬發，周文王姬昌之子，周公姬旦之同母兄。商郊：殷都朝歌之郊。牧野：在今河南淇縣西南。

③誓：軍事行動前告誡、約束將士之辭。

④杖：《説文》作“持也”。鉞：《説文》作“戉”，曰：“斧也。”古代一種像斧頭的兵器，飾以黄金，故云黄鉞。

⑤秉：執。白旄：裝飾着白色牦牛尾的旗幟。麾：旌旗。此指揮動，指揮。

⑥逖（tì）：遠。字本當作“逷”（楊筠如《尚書覈詁》）。

⑦西土：西方。周在西方，跟隨武王伐商的方國，也多來自西方，故云。以上爲史官叙事之文。

⑧嗟：感歎詞。

⑨友邦：即“有邦”。“友”、“有”通用。“有”，爲名詞詞頭。冢（zhǒng）君：大君。指跟隨武王伐商的各邦國諸侯。冢：大。

⑩御事：治事行政的大臣。司徒、司馬、司空：官名。《孔傳》曰：“治事三卿，司徒主民，司馬主兵，司空主土。”

⑪亞旅、師氏：官名。皆爲武官（劉起釪《尚書校釋譯論》）。

⑫千夫長、百夫長：武官名。統千人之帥與統百人之帥。

⑬庸、蜀、羌、髳、微、盧、彭、濮人：跟隨武王伐商的八個西方方國的諸侯。庸：在今湖北竹山縣西南。蜀：在今四川西部。羌：在今甘肅中部、青海東部一帶。髳（máo）：在今山西南部平陸縣南。微：通“眉”。在今陝西眉縣西南。盧：在今湖北襄陽市襄城區西南。彭：在今甘肅慶陽市西部一帶。一説在今湖北房縣西南。濮：在今湖北十堰與河南鄧州之間。

⑭稱：舉。戈：古代一種長柄兵器，用於横擊和鈎割。

⑮比：相比次，排列。干：盾，盾牌，古代的防禦武器。

⑯矛：古代一種在長柄前端裝有利刃便於刺殺的武器。

⑰予其誓：我要宣誓。其：句中語氣詞，表將要。

⑱牝雞之晨，惟家之索：如果母雞早晨打鳴，這個家就要敗落了。牝（pìn）雞：母雞。晨：本義爲早晨，引申爲雄雞報曉，即司晨，晨鳴。索：空，盡。惟家之索：惟索家也。此句二“之”字，前者表假設，後者表賓語前置。

⑲受：即“紂”，二字古音同。婦：指妲己。《史記·殷本紀》：“（紂）好酒淫樂，嬖於婦人。愛妲己，妲己之言是從。”惟婦言是用：衹是聽信采納婦人的話。“惟……是……”，古漢語固定格式，“惟”表僅限，“是”起將賓語前置的作用。

⑳昏棄厥肆祀弗荅：抛弃廢止了對自己祖先的祭祀，不聞不問。昏：讀爲“泯”，蔑也。泯弃，猶蔑弃，意爲輕視并遺棄。蔑：輕視，輕慢。厥：其，指紂王。肆：祭名。《周禮·春官·大祝》鄭玄注：“肆享，祭宗廟也。”指對祖先的祭祀。荅：問。

㉑遺：餘，餘留。王父母弟：謂從父昆弟，即叔伯兄弟。蓋指比干、箕子等賢臣言（曾運乾《尚

書正讀》)。王父：祖父。《爾雅・釋親》："父之考爲王父"。迪：用。

㉒逋（bū）：亡，逃亡。

㉓是崇是長，是信是使：尊之長之，信之使之，言衹是推重尊敬、信任使用那些來自四方的、罪惡多端的逃亡者。《左傳・昭公七年》："紂爲天下逋逃主"。崇、長（zhǎng）：尊重，尊敬。

㉔俾：使。暴虐：侵害，危害。

㉕姦宄：犯法作亂。《説文》："宄，姦也。外爲盜，内爲宄"。《國語・晉語六》："亂在内爲宄，在外爲姦。"邑：國。

㉖發：武王名。恭：恭敬。《史記・周本紀》"恭"作"共"，共行，猶奉行。

㉗愆（qiān）：超過。步：兩足相承爲步。

㉘止齊：停止而整齊之，整頓隊伍。

㉙勖（xù）：勉勵。夫子：古代對男子的美稱，此敬稱將士。

㉚伐：击刺，刺殺。鄭玄曰："伐，謂擊刺也。"(《禮記正義・曲禮》）又曰："一擊一刺爲一伐。"(《禮記正義・樂記》）按：劉起釪認爲，這裏"今日之事，不愆于六步、七步，乃止齊焉"，"不愆于四伐、五伐、六伐、七伐，乃止齊焉"，記述的是甲子牧野之戰這天早晨舉行的、所有成員宣告加入出征的一個隆重的戰争舞蹈，即作爲表示參加作戰進行宣誓的儀式。詳參劉起釪《〈牧誓〉是一場戰争舞蹈作宣誓式的誓詞》，載劉起釪《尚書研究要論》，濟南，齊魯書社，2007 年，第 459～474 頁。

㉛尚：副詞。表命令的語氣。《尚書・湯誓》："爾尚輔予一人。"桓桓：威武的樣子。《詩經・魯頌・泮水》："桓桓于征，狄彼東南。"

㉜貔（pí）：豹類猛獸。

㉝羆（pí）：一種大熊。

㉞于：往。言往商之近郊。

㉟迓：《史記・周本紀》與馬融本作"禦"，禁止，抵制。克：能够。奔：指敵方能來投奔的倒戈者。

㊱役：使。西土：周國。

㊲爾所弗勖，其于爾躬有戮：如果你們不勉力作戰，就將會對你們本身施以殺戮！曾運乾《尚書正讀》曰："以上誓師正文。三言勖哉夫子，一戒其輕進，一戒其貪殺，一戒其殺降，末又反言以警之也。"所：虚詞。表假設，假若，如果。《論語・雍也》："予所否者，天厭之！天厭之！"其：副詞。將要，就要。躬：身。戮：殺。

導讀

《尚書》亦稱《書》《書經》，是春秋以前由史官保藏的政府重要文書與政論記録的彙編，是我國傳世文獻中最爲古老的一部歷史典籍。現在看到的《尚書》分爲虞書、夏書、商書、周書四個部分，其大多數篇章爲"記言"，少部分爲"記事"或"言事兼記"，主要文體包括典、謨、訓、誥、誓、命六類，書中保存了商周時代尤其是西周初期大量珍貴的資料，是研究先秦時期政治、歷史以及思想文化的必讀之書。

《尚書》之名，一般認爲"尚"通"上"，即"上古之書"意。據《史記・孔子世家》和《漢書・藝文志》的記載，孔子曾經對上古流傳下來的《書》加以整理編纂，"上斷於堯，下訖于秦，凡百篇"(《漢書・藝文志》六藝略書類後序)。經歷秦之焚書和秦末戰火，《尚書》的流傳遭受重創。到西漢孝文帝時，才有故秦博士伏生傳出《尚書》二十八篇，以其是用漢代流行的隸書抄寫，故稱《今文尚書》。武帝末年，魯恭王壞孔子宅，欲廣其宮，結果發現以先秦古文書寫的《古文尚書》。孔子後人孔安國悉得其書而考之，較《今文尚書》多出十六篇，後進獻朝廷。西晋末年，遭永嘉之亂，官府藏書嚴重毀損。到東晋元帝時，豫章内史梅賾進獻《孔傳古文尚書》，有孔安國的序文和注釋。這部《古文尚書》共五十八篇，比《今文尚書》（該本將《今文尚書》二十八篇析爲三十三篇）多出二十五篇。後經學者們考訂，尤其是經過清代學者閻若璩（撰有《尚書古文疏證》）等人的系統辨析，判定這二十五篇爲僞作，這部自東晋流傳下來的《孔傳古文尚書》亦被判定爲“僞《古文尚書》”。然而，自唐初孔穎達等奉太宗之命考訂、編纂《五經正義》，這部《孔傳古文尚書》即被采用作爲標準定本，後收録於《十三經注疏》。因此，今天看到的《十三經注疏》中的《尚書正義》（題漢孔安國傳、唐孔穎達疏）是一個《今文尚書》與僞《古文尚書》的合編本，學習利用時必須慎重。

《尚書》除正文之外，還包括《書序》（即小序）的部分，是對各篇内容的簡要説明之語。自東漢起，《書序》被認爲是孔子所作（亦見《漢書·藝文志》六藝略書類後序），長期以來與經文并重，實際是漢代人根據《左傳》《史記》中的有關資料編輯而成，對瞭解各篇的歷史背景有一定的幫助。《書序》總括篇名一百，有些是有序文而無經文，有些是數篇合序。

本篇爲《尚書·周書》的第一篇，所記爲周武王在與商紂王在牧野決戰前對參戰的諸侯軍士所發布的誓師令。《書序》曰：“武王戎車三百兩，虎賁三百人，與受戰于牧野，作《牧誓》。”《史記·周本紀》采録了這篇牧野誓詞，個别文字有改動，可對讀。“誓”體在《尚書》中所占比例僅次於“誥”，其體往往爲韵文，有節奏韵律，便於記憶。正因如此，“誓”體也相對簡單易懂。本篇所記述的武王伐商的歷史事實，得到了考古文獻的佐證。如 1976 年 3 月，陝西臨潼出土的周初銅器“利簋”銘文和同年 12 月陝西扶風出土的“牆盤”銘文，都證明了牧野之戰這一歷史事件和《牧誓》這一歷史文獻的可靠性。本書“泛讀”文選“考古及其他文獻”部分，收録了這兩篇銘文，可參讀。此外，《逸周書·克殷解》記武王克殷經過、即位儀式及善後之事，今有黄懷信《逸周書校補注譯》（西安，三秦出版社，2006 年修訂本），亦可參考。

選文據十三經注疏整理委員會整理《十三經注疏·尚書正義》（北京，北京大學出版社，2000 年），并適當采納古今學者有關的考訂成果。

參考文獻

司馬遷. 史記：卷四：周本紀. 修訂本. 北京：中華書局，2014.
孫星衍. 尚書今古文注疏. 北京：中華書局，2004.
李民，王健. 尚書譯注. 上海：上海古籍出版社，2004.
楊筠如. 尚書覈詁. 黄懷信，標校. 西安：陝西人民出版社，2005.
顧頡剛，劉起釪. 尚書校釋譯論. 北京：中華書局，2005.
劉起釪. 尚書研究要論. 濟南：齊魯書社，2007.

周秉鈞．尚書易解．上海：華東師範大學出版社，2010．
曾運乾．尚書正讀．北京：中華書局，2015．
馬宗霍，馬巨．群經略說：書//經學通論．北京：中華書局，2011：49-89．
劉起釪．尚書說略//王寧，褚斌傑，等．十三經說略．北京：中華書局，2015：22-51．

七月（《詩經·豳風》）

選文

七月流火[①]，九月授衣[②]。一之日觱發[③]，二之日栗烈[④]，無衣無褐[⑤]，何以卒歲[⑥]？三之日于耜[⑦]，四之日舉趾[⑧]。同我婦子，饁彼南畝[⑨]；田畯至喜[⑩]。

七月流火，九月授衣。春日載陽[⑪]，有鳴倉庚[⑫]。女執懿筐[⑬]，遵彼微行[⑭]，爰求柔桑[⑮]。春日遲遲[⑯]，采蘩祁祁[⑰]。女心傷悲，殆及公子同歸[⑱]。

七月流火，八月萑葦[⑲]。蠶月條桑[⑳]，取彼斧斨[㉑]，以伐遠揚[㉒]，猗彼女桑[㉓]。七月鳴鵙[㉔]，八月載績[㉕]。載玄載黄[㉖]，我朱孔陽[㉗]，爲公子裳[㉘]。

四月秀葽[㉙]，五月鳴蜩[㉚]。八月其穫[㉛]，十月隕蘀[㉜]。一之日于貉[㉝]，取彼狐狸，爲公子裘。二之日其同[㉞]，載纘武功[㉟]。言私其豵[㊱]，獻豜于公[㊲]。

五月斯螽動股[㊳]，六月莎雞振羽[㊴]。七月在野[㊵]，八月在宇[㊶]，九月在户，十月蟋蟀入我牀下[㊷]。穹窒熏鼠[㊸]，塞向墐户[㊹]。嗟我婦子，曰爲改歲[㊺]，入此室處[㊻]。

六月食鬱及薁[㊼]，七月亨葵及菽[㊽]。八月剥棗[㊾]，十月穫稻，爲此春酒[㊿]，以介眉壽[51]。七月食瓜[52]，八月斷壺[53]，九月叔苴[54]。采荼薪樗[55]，食我農夫。

九月築場圃[56]，十月納禾稼[57]，黍稷重穋[58]，禾麻菽麥[59]。嗟我農夫，我稼既同[60]，上入執宫功[61]。晝爾于茅[62]，宵爾索綯[63]，亟其乘屋[64]，其始播百穀[65]。

二之日鑿冰沖沖[66]，三之日納于凌陰[67]。四之日其蚤[68]，獻羔祭韭[69]。九月肅霜[70]，十月滌場[71]。朋酒斯饗[72]，曰殺羔羊[73]。躋彼公堂[74]，稱彼兕觥[75]，萬壽無疆[76]！

注釋

①七月：指夏曆（今亦稱陰曆、農曆）七月。流：向下行。火：星名。亦稱“大火”，即心宿二。每年夏曆五月黄昏時，此星出現在正南方天空的正中和最高的位置。六月以後，就逐漸向偏西方向

下行。

②授衣：把裁製冬衣的工作交給婦女們去做。馬瑞辰《毛詩傳箋通釋》："蓋九月婦功成，絲麻之事已畢，始可爲衣。"

③一之日：十月以後第一個月的日子。以下"二之日""三之日"等仿此（余冠英《詩經選》）。揚之水曰："《毛傳》：'一之日，十之餘也。'按一之日、二之日，即十一月、十二月，猶'十有一月之日''十有二月之日'，而簡省其文。"又曰："按三之日、四之日，即一月、二月，便是'因乘上數'（《孔疏》），取詩之諧也。"（揚之水《詩經別裁》，北京，中華書局，2007年，第149、150頁）一説"一之日"，意爲"一月的日子"。此指周曆的一月，相當於夏曆的十一月。下文"二之日""三之日""四之日"，可仿此類推（褚斌傑《詩經全注》，北京，人民文學出版社，1999年，第159頁）。觱發（bì bō）：大風撼物之聲。

④栗烈：亦作"溧冽"，即"凜冽"，寒氣袭人。

⑤褐（hè）：粗布衣。

⑥卒：終。

⑦于：犹"爲"，此修理。耜（sì）：古代一种類似锹的翻土工具。

⑧舉趾：舉足下田，開始春耕。

⑨同我婦子，饁彼南畝：言耕者之婦人、孩子送飯到田間，與耕者一同從事春耕勞動。同：會合。饁（yè）：送飯。南畝：南邊的田地。此指田間。

⑩田畯（jùn）：掌管土地耕作等農事的长官。《毛傳》："田畯，田大夫也。"

⑪載：始。陽：天氣和暖。

⑫有：詞頭，無意義。《毛傳》："倉庚，離黄也。"即黄鸝，亦名黄鶯。此爲傳遞春消息的應節趨時之鳥（揚之水《詩經別裁》）。

⑬懿（yì）筐：深筐。懿：深。

⑭遵：沿着。微行（háng）：小路。

⑮爰：於是。柔桑：柔嫩的桑葉。

⑯遲遲：形容日長的樣子。

⑰蘩：草名，即白蒿。古人用於祭祀，女子在出嫁前有"教成之祭"（余冠英《詩經選》）。林義光《詩經通解》（上海，中西書局，2012年，第162頁）曰："公子，豳公之女。公子將嫁，故采蘩以供祭祀，而隨從之者盛多祁祁然。斯時求桑之女，自以年與公子相似，因而自悲不久當嫁，與公子同也。古者婦人先嫁三月，教於公宫。教成，祭之。"一説以蘩煮水灑在蠶卵上，促使蠶早出（褚斌傑《詩經全注》、揚之水《詩經別裁》）。《毛傳》："蘩，白蒿也，所以生蠶。"祁祁：采蘩婦女衆多的樣子。

⑱殆及公子同歸：怕被女公子帶去陪嫁。殆：恐怕。公子：指豳公之女（見前引林義光《詩經通解》）。歸：女子出嫁。一説公子爲豳公之子，言怕被公子强迫帶回家去。一説"女子感其所見，念當嫁娶之時，將遠其父母，所以傷悲，謂不得久於家"（揚之水《詩經別裁》引南宋范處義《詩補傳》（北京，中華書局，2007年，第150頁）。

⑲萑（huán）葦：即蘆葦。八月蘆葦長成，收割下來，供做蠶箔（bó）之用。按，蠶箔是一種用竹篾或蘆葦等編成的養蠶器具。

⑳蠶月：養蠶的月份。條：修剪桑枝。

㉑斨（qiāng）：方孔斧。

㉒遠揚：指過長過高的枝條。

㉓猗彼女桑：用手牽拉桑枝以采嫩桑葉。猗（yǐ）：牽引。女桑：嫩桑葉。

㉔鵙（jú）：鳥名。即伯勞鳥。

㉕績：紡織。

㉖載……載……：固定格式，表示兩個動作交替進行或兩種情況同時存在，意爲“一邊……一邊……”“又是……又是……”。玄：黑而帶紅的顔色。

㉗朱：紅色。孔：甚。陽：鮮明。

㉘裳：古人穿的下衣。

㉙秀葽（yāo）：言遠志結實。秀：長穗。葽：植物名，今名遠志，可作藥用。

㉚蜩（tiáo）：蟬，俗名知了。

㉛其穫：指各種農作物將要收穫。其：表将要。

㉜隕：墜落。蘀（tuò）：落葉。

㉝于：取，獵取。貉（hé）：獸名，形似狐。一説音 mà，通“禡”（mà），指“禡祭”或“貉祭”，爲田獵者演習武事之禮。于貉，即往貉，言舉行貉祭，代指獵事（余冠英《詩經選》、揚之水《詩經别裁》）。

㉞同：會合，聚合。

㉟載：於是，就。纘（zuǎn）：繼續。武功：指田獵之事。

㊱言：這是“言”字的虚詞用法，作助詞用於句首或句中，使語句和諧匀稱，不能譯出。私：私人占有。豵（zōng）：本義指一歲的小猪，此指較小的獸。

㊲豜（jiān）：三歲大的猪，此指大獸。

㊳斯螽（zhōng）：亦名螽斯，蝗一類昆蟲，今名蚱蜢。動股：斯螽本以振翅發聲，古人以之摩擦大腿發聲，故言。

㊴莎（suō）雞：蟲名。即紡織娘。振羽：振動翅膀發聲。

㊵野：田野。

㊶宇：屋宇。此指屋檐下。

㊷按：以上四句都指蟋蟀，先在野地，後移宇下（即檐下），再移到户内，最後入床下。言其鳴聲由遠而近（余冠英《詩經選》）。

㊸穹窒：言除治、除盡室内灰塵垃圾一類的堵塞物。穹：窮，窮盡。窒：堵塞，塞滿。《毛傳》：“穹，窮。窒，塞也。”馬瑞辰説：“謂除治其室之滿塞也。”（《毛詩傳箋通釋》）一説：“穹空則窒實之，鼠穴則熏出之。”（揚之水《詩經别裁》引范處義曰）熏鼠：燃草木熏趕老鼠。

㊹向：朝北的窗子。墐（jìn）：用泥塗塞。古人編竹材爲門，冬天需塗泥塞縫以禦寒。

㊺曰：《漢書·食貨志上》引作“聿”，發語詞。改歲：年歲更改，指過年。

㊻處：居住。

㊼鬱：植物名。果實如李子。薁（yù）：野葡萄。

㊽亨：同“烹”，煮。葵：葵菜。菽：豆類。

㊾剥：通“撲”。撲打。這裏的“棗”和下句的“稻”都是用以釀酒的原料。

㊿春酒：冬天釀酒，經春始成，故稱。

(51)介（gài）：古“丐”字，祈求。眉壽：長壽。舊説以爲年壽高者每有豪眉（長眉毛），故稱。

(52)瓜：葫蘆科之甜瓜（揚之水《詩經别裁》）。

(53)斷：斷其蔓也，摘下。壺：通“瓠”（hù）。一種葫蘆。

(54)叔：拾取。苴（jū）：麻子。

(55)荼：苦菜。薪樗：采伐樗木爲薪柴。薪：此用爲動詞，采薪。樗（chū）：臭椿。

(56)場：打穀的場地。圃：菜園。這句是説春夏種菜的園地秋冬時夯整之以爲打穀場。

(57)納：收進，收藏。禾稼：泛指農作物。

(58)黍：黍子。碾成的米叫“黏黄米”。稷：高粱。重：同“穜”（tóng），先種後熟的穀物。穋：

同“稑”(lù)，後種先熟的穀物。《毛傳》：“後熟曰重，先熟曰穋。”

㊾禾：粟，穀子。去皮後稱“小米”。

㊿同：聚集，集中。指將各種農作物聚积入倉。

61上：同“尚”，還要。執：從事。宫功：修建貴族宫室的勞役。功：事。

62爾：語助詞。于：取。

63宵：夜晚。索：繩索。此用爲動詞，製繩。綯：繩索。

64亟：同“急”，急忙，趕快。乘：登。登上屋頂修補自己的草房。一説覆蓋。乘屋，即蓋屋。

65其始：將要開始。

66沖沖：鑿冰的聲音。

67凌陰：《毛傳》：“冰室也”，藏冰的地窖。

68蚤：同“早”。指早朝，是古代的一種祭祀儀式。一説讀爲“叉”(音爪 zhǎo)，取。是説取冰(林義光《詩經通解》、余冠英《詩經選》)。

69獻羔祭韭：用羔羊和韭菜祭祖。《禮記・月令》：“仲春之月，天子乃鮮(獻)羔開冰，先薦寢庙。”此“四之日”，正是仲春。

70肅霜：朱熹《詩集傳》：“肅霜，氣肅而霜降也。”指秋天天氣開始寒肅而降霜。《毛傳》：“肅，縮也。霜降而收縮萬物。”一説猶言“肅爽”，言九月天高氣爽。

71滌場：清掃場地，言十月農事全部結束，將場地打掃乾净。滌：洗，打掃，掃除。一説“滌場”即“滌蕩”，言十月草木摇落無餘。

72朋酒：兩樽酒。斯：代詞。指酒。饗：同“享”，以酒食待客。

73曰：同“聿”，發語詞。

74躋(jī)：登。公堂：公共場所，公衆聚会場所。

75稱：舉。兕觥(sì gōng)：古時銅製伏兕形酒器。一説犀牛角所製酒杯。兕：犀牛。觥：酒器。

76萬壽無疆：高壽無邊。祝頌詞。

導讀

《詩經》是我國第一部詩歌總集。孔子時代稱“《詩》”，或舉其成數，稱“《詩》三百”，如《論語・季氏》曰：“不學《詩》，無以言”；《論語・爲政》曰：“《詩》三百，一言以蔽之，曰：‘思無邪’。”到了漢代，漢武帝罷黜百家，獨尊儒術，《詩》作爲儒家重要經典正式確立爲“經”，遂稱《詩經》。

《詩經》分爲風、雅、頌三大類。風以國分(“周南”“召南”以地域)，包括15國，共160篇，大部分是民歌。“風”，本指音樂的曲調。“國風”，即指各諸侯國所轄地域的地方樂曲。“雅”，即雅樂。“雅”，是“正”的意思。雅樂，是指王畿地區標準、通行的音樂。“雅”分爲“小雅”“大雅”。“小雅”在時代上比“大雅”晚，風格上較爲接近“風”。今《詩經》中，《小雅》74篇，《大雅》31篇，計105篇。二“雅”多數爲貴族文人的作品，也有一部分是民歌。“頌”，是“容”的意思，指舞容、儀容，是祭神祭祖時用的歌舞曲。《毛詩序》曰：“頌者，美盛德之形容，以其成功告於神明者也。”即贊美王侯的功德，祭告於神明之前。“頌”，包括《周頌》31篇、《魯頌》4篇、《商頌》5篇，共40篇。全書總計305篇。

《詩經》作品的年代，難以具體指明。一般說來，以《周頌》時代最早(按：《商頌》的時代尚有争議，一般認爲是東周宋國的作品，但也有不少學者認爲是商代的作品），產生於西周初年，《大雅》的大部分也是西周初年，小部分產生於西周後期。《小雅》和“國風”的少量作品產生於西周初年，大部分產生於西周末年和春秋時期《魯頌》是平王東遷以後的作品。故除《商頌》暫不論外，《詩經》中詩歌的時代斷限，應是上起西周初年，下不晚於春秋中葉①。

“《詩》三百”的結集早於孔子出生的年代。這些詩歌應該是以官府“采詩”和公卿列士“獻詩”等方式彙集起來，而由周王朝的樂師、樂工加以篩選、加工，并編訂保存的。這些詩歌本來没有題目，是後來整理寫定時才加上的題目。題目多是從詩句中摘取的，如《七月》即取自本詩首句的前兩個字。先秦的《詩》雖經秦代焚書和秦末戰亂，但因是口頭諷誦，故得以比較完整地保存下來。漢初，傳《詩》者有三家，即魯人申培的《魯詩》、齊人轅固生的《齊詩》、燕人韓嬰的《韓詩》，皆立於學官，但後來皆失傳（唯《韓詩外傳》傳世）。《毛詩》之學稍後出現，相傳爲魯人毛亨所傳，因趙人毛萇而顯。三家《詩》亡後，《毛詩》獨傳，就是我們今天讀到的《詩經》，通行本爲《十三經注疏》所收《毛詩正義》，漢毛亨傳，漢鄭玄箋，唐孔穎達疏。《毛詩》有大序和小序，大序是冠於全書的一篇總序，小序是每篇的提要性質的文字，統稱《毛詩序》。

《詩經》記述了周初到春秋時期長達五六百年間的社會歷史，藴含的内容十分豐富。它不僅生動再現了勞動人民的生産、生活及其悲歡離合，還表達了被壓迫、被奴役者的痛苦和憤怒，以及對社會矛盾和昏庸、殘暴政治的揭露與批判。《詩經》也有相當的篇幅反映了周代貴族階級的生活。《大雅》中的五篇周人的史詩，記述了周人早期的歷史，價值尤爲珍貴。

《詩經》最主要的藝術手法是賦、比、興。朱熹在《詩集傳》中解釋説：“賦者，敷陳其事而直言之者也；比者，以彼物比此物也；興者，先言他物，以引起所詠之詞也。”（《葛覃》、《螽斯》、《關雎》注）就是説，賦是鋪叙，鋪陳直叙；比是比喻，引譬設喻；興是啓發，觸景生情，托物興感，啓發聯想和想象②。

本篇選自《詩經·豳風》。“豳”，亦作“邠”，豳地在今陝西栒邑、邠縣一帶。周的祖先公劉最初率領周民由邰遷到這裏，墾荒種植，發展農業。《漢書·地理志》説，周從后稷、公劉以來，“其民有先王遺風，好稼穡，務本業，故《豳詩》言農桑衣食之本甚備”③。“豳風”共七篇（即《七月》《鴟鴞》《東山》《破斧》《伐柯》《九罭》《狼跋》），全部爲西周時代的作品，是“國風”最早的詩篇。本篇爲“豳風”的第一篇，共八章，依時序叙述了西周農民一年四季由春耕開始，接下種桑養蠶、織染衣料、獵取野獸、修葺屋宇、收穫打場，直到年終祭祀宴飲的勞動生活場景，叙述樸實生動，寫出了勞動者的勤勞與艱辛。

選文據北京大學出版社 2000 年出版《十三經注疏》整理本《毛詩正義》（以下《詩經》選篇同）。

---

① 褚斌傑．詩經説略//王寧，褚斌傑，等．十三經説略．北京：中華書局，2015：56-57.
② 程俊英．《略談〈詩經〉》（續）．語文學習，1981（1）：12-14.
③ 班固．漢書：卷二十八下：地理志下．北京：中華書局，1962：1642.

參考文獻

朱熹．詩集傳．北京：中華書局，2017.

馬瑞辰．毛詩傳箋通釋．北京：中華書局，1989.

方玉潤．詩經原始．北京：中華書局，1986.

林義光．詩經通解．上海：中西書局，2012.

高亨．詩經今注．上海：上海古籍出版社，1980.

褚斌傑．詩經全注．北京：人民文學出版社，1999.

程俊英．詩經譯注．上海：上海古籍出版社，2004.

余冠英．詩經選．北京：中華書局，2012.

揚之水．詩經別裁．北京：中華書局，2007.

揚之水．詩經名物新證．修訂版．天津：天津教育出版社，2012.

中國社會科學院文學所．中國文學史：上．北京：知識產權出版社，2010：17-35.

褚斌傑．詩經說略//王寧，褚斌傑，等．十三經說略．北京：中華書局，2015：52-81.

節南山（《詩經·小雅》）

選文

節彼南山①，維石巖巖②。赫赫師尹③，民具爾瞻④。憂心如惔⑤，不敢戲談⑥。國既卒斬⑦，何用不監⑧！

節彼南山，有實其猗⑨。赫赫師尹，不平謂何⑩！天方薦瘥⑪，喪亂弘多⑫。民言無嘉⑬，憯莫懲嗟⑭。

尹氏大師，維周之氐⑮。秉國之均⑯，四方是維⑰。天子是毗⑱，俾民不迷⑲。不弔昊天⑳，不宜空我師㉑。

弗躬弗親㉒，庶民弗信。弗問弗仕㉓，勿罔君子㉔。式夷式已㉕，無小人殆㉖。瑣瑣姻亞㉗，則無膴仕㉘。

昊天不傭㉙，降此鞠訩㉚。昊天不惠，降此大戾㉛。君子如届㉜，俾民心闋㉝。君子如夷，惡怒是違㉞。

不弔昊天，亂靡有定㉟。式月斯生㊱，俾民不寧。憂心如酲㊲，誰秉國成㊳？不自爲政，卒勞百姓㊴。

駕彼四牡㊵，四牡項領㊶。我瞻四方，蹙蹙靡所騁㊷！

方茂爾惡㊸，相爾矛矣㊹。既夷既懌㊺，如相醻矣㊻。

昊天不平，我王不寧。不懲其心㊼，覆怨其正㊽。

家父作誦㊾，以究王訩㊿。式訛爾心(51)，以畜萬邦(52)。

注釋

①節：山勢高峻貌。南山：西周國都鎬京以南的終南山。

②巖巖：山石堆積的樣子。

③赫赫：勢位顯盛的樣子。師：官名。太師的簡稱，周代三公（太師、太傅、太保）中之最尊者。

④具：通“俱”。瞻：視，瞧着。

⑤惔（tán）：借爲“炎”，火燒。

⑥戲谈：隨便戲謔談論。

⑦國：指周。卒：盡，終。斬：斷絕。

⑧何用：何以。監：察。

⑨有實其猗（yī）：言南山之阿實然廣大也，亦如爲政不平之師尹，其勢位赫赫然也（林義光《詩

經通解》)。有實：實實，廣大貌。猗：通“阿”。山坡。一説實：滿。言草木充實。猗：長。言草木長茂。

⑩謂何：爲何。一説猶“云何”(還有何可説)。

⑪薦：加。瘥(cuó)：疾病瘟疫等灾難。

⑫喪亂弘多：死喪禍亂大而多。弘：大。

⑬嘉：善。

⑭憯(cǎn)：猶“曾”“乃”，這裏作副詞，用以加强否定語氣。又如，《小雅·十月之交》：“哀今之人，胡憯莫懲?”懲：懲戒。嗟：句尾助詞。

⑮氐：同“柢”，根柢，根本。言爲王朝重臣。

⑯均：通“鈞”。製陶器模子下面的圓盤。尹氏執政，如同陶工掌控圓盤以製器，故云秉國之鈞。

⑰維：維繫，維持。

⑱毗(pí)：輔佐。

⑲俾民不迷：言不要使民無所適從。俾：使。迷：迷亂，分辨不清。

⑳不弔昊天：此怨天之詞，兼怨責周王(褚斌傑《詩經全注》)。弔：善。此體恤。

㉑空：窮困，困乏。師：指衆人，衆民。

㉒弗躬弗親：指尹氏不親自管理國政。躬：身。

㉓問：過問。仕：做官，此處理政務。

㉔勿：語助詞。無意義。罔：欺罔，欺騙。

㉕式：句首語助詞，無實義。夷：平。夷平，除去。已：止，制止。

㉖無：勿。殆：危險。此句言不要因小人弄權使國家陷於危境。

㉗瑣瑣：渺小淺薄貌。姻亞：這裏指裙帶關係。婿之父稱姻，兩婿互稱曰亞。

㉘膴仕：高官厚禄。膴(wǔ)：厚。此句言姻婭中才智短淺者，不要給以高官厚禄。

㉙傭：均，公平。《毛傳》：“傭，均。”

㉚鞠訩：極大的禍患。鞠：窮，極。訩：同“凶”。禍患。

㉛戾：惡。

㉜如：若。届：至，來臨。

㉝闋(què)：止息，平息。

㉞君子如夷，惡怒是違：君子如果被除去，民衆就會怨怒反抗。違：違反，反抗。

㉟靡：無，没有。

㊱式：語助詞。月：借爲“抈”(yuè)，折斷，扼殺。生：生靈，指民之生命。

㊲酲(chéng)：醉酒。

㊳秉：執掌。國成：國家政治成規。《周禮·天官·小宰》：“以官府之八成經邦治。”八成，謂八項成事品式(楊天宇《周禮譯注》)。

㊴卒：終於，結果。一訓“卒”爲“瘁”，病。

㊵牡：公馬。

㊶項領：馬頸肥壯。項：大。領：脖頸。

㊷蹙蹙(cù cù)：局促不得伸展。騁(chěng)：奔跑，馳騁。

㊸茂：盛。爾：指尹氏。

㊹相爾矛矣：言將遭武力反抗。相：視。

㊺懌(yì)：喜悦。此句言除去小人，百姓喜悦。

㊻醻：同“酬”。敬酒。

㊼不懲其心：即其心不懲，言周王無懲戒之意。

㊽覆：反而。正：正言的勸諫。

㊾家父：周大夫。本詩的作者。《魯詩》《齊詩》作“嘉父”。誦：詩歌。

㊿究：追究，窮究。王訩：王左右的凶惡之人，指尹氏。

51訛：通“吪”（é）。感化，變化。《詩經・豳風・破斧》：“周公東征，四國是吪”。《毛傳》：“吪，化也。”

52畜：養。萬邦：言天下各諸侯國。

導讀

本篇選自《詩經・小雅》，是由一名自稱“家父”（又作“嘉父”）的周朝大夫所作，是一首痛陳時弊、規諫周王的政治諷刺詩。詩中控訴抨擊身處高位、爲國重臣的太師尹氏不恤國政，壓制輿論，疏遠賢人，用人唯親，最終導致國家政治混亂、百姓痛苦怨怒的危機局面。他希望周王親自爲政，懲罰尹氏，采納正直的諫言，使國政得到治理，天下安寧太平。詩篇强烈地抒發了關心社會疾苦、憂國傷時的正義情懷。

綿（《詩經·大雅》）

選文

緜緜瓜瓞①。民之初生②，自土沮漆③。古公亶父④，陶復陶穴⑤，未有家室。

古公亶父，來朝走馬⑥。率西水滸⑦，至于岐下⑧。爰及姜女⑨，聿來胥宇⑩。

周原膴膴⑪，堇荼如飴⑫。爰始爰謀⑬，爰契我龜⑭。曰止曰時⑮，築室于茲。

迺慰迺止⑯，迺左迺右⑰。迺疆迺理⑱，迺宣迺畝⑲。自西徂東，周爰執事⑳。

迺召司空㉑，迺召司徒㉒，俾立室家㉓。其繩則直㉔，縮版以載㉕，作廟翼翼㉖。

捄之陾陾㉗，度之薨薨㉘，築之登登㉙，削屢馮馮㉚。百堵皆興㉛，鼛鼓弗勝㉜。

迺立皋門㉝，皋門有伉㉞。迺立應門㉟，應門將將㊱。迺立冢土㊲，戎醜攸行㊳。

肆不殄厥慍㊴，亦不隕厥問㊵。柞棫拔矣㊶，行道兑矣㊷。混夷駾矣㊸，維其喙矣㊹。

虞芮質厥成㊺，文王蹶厥生㊻。予曰有疏附㊼，予曰有先後㊽，予曰有奔奏㊾，予曰有禦侮㊿。

注釋

①緜緜：連綿不絕。緜：同“綿”。瓞（dié）：小瓜。《孔疏》：“大者曰瓜，小者曰瓞。”此以瓜的綿延和多實比周民的興盛。

②民：指周族。

③土：《齊詩》作“杜”，水名。沮：“徂”的借字，往。漆：水名。此句言周人從杜水流域遷到漆水流域的豳地。清代王引之《經義述聞》卷六《毛詩中》“自土沮漆”條曰：“‘土’當從《齊詩》讀爲‘杜’，古字假借耳。杜，水名，在漢右扶風杜陽縣南，南入渭，今屬麟遊、武功二縣。漆水在

右扶風漆縣西，北入涇，今屬邠州。‘沮’當爲‘徂’。徂，往也。‘自土徂漆’，猶下文言‘自西徂東’，言公劉去邰適邠，自杜水往至於漆水也。”（王引之《經義述聞》，校點本，第一册，上海，上海古籍出版社，2016 年，第 371 頁）

④古公亶（dǎn）父：文王的祖父。又稱太王。古公，是尊稱，猶言先公遠祖。

⑤陶：借爲“掏”，掘土。復：同“覆”，旁穿之穴，即從旁邊向裏掏洞，如窑洞。穴：從地面向下掏洞，即地洞。未有家室：衹是陶穴而居，尚未建起正式的房舍。家室：房屋。

⑥來朝：第二天早上。走馬：驅馬快跑。

⑦率西水滸：言古公亶父沿着豳西漆水岸邊而遷徙。率：循，沿着。西：指豳地之西。水：指漆水。滸：水邊。

⑧岐下：岐山之下。岐山，在今陝西岐山縣東北。

⑨爰：於是。及：與。姜女：古公亶父之妻。姜姓，亦稱太姜。

⑩聿來胥宇：即考察地勢，選擇建築宫室的地址。聿：發語詞。胥宇：猶言“相宅”（余冠英《詩經選》）。胥：相（xiàng）看，視察。相，仔細看，審察。

⑪周：地名。在岐山之南。原：廣平的土地。膴膴（wǔ wǔ）：肥沃，肥美。《毛傳》：“膴膴，美也。”

⑫堇荼如飴：此以形容周原土地肥美，即使如堇、荼等苦菜也都甜美如飴糖。堇（jǐn）：一种野菜，亦名苦堇、堇葵。味苦。荼（tú）：苦菜。飴：飴糖，俗稱麥芽糖。

⑬爰始爰謀：於是開始謀劃。

⑭契：刻，鑽刻。龜：占卜用的龜甲。古人用龜甲占卜，先要鑽孔，用火灼燒，根據龜甲的裂紋判斷吉凶，并在龜甲上刻寫卜辭。

⑮曰止曰時：是説占卜的結果。“止”言此地可以居住，“時”言此時可以動工（余冠英《詩經選》）。一説這句和下句的“築室於兹”，都是龜兆之語。時：借爲“跱”（zhì），停住，與“止”同義（高亨《詩經今注》，上海，上海古籍出版社，1980 年，379 頁）。

⑯迺：乃。慰：安。此爲安居。

⑰迺左迺右：劃定左右的區域。

⑱疆：劃定田地的疆界。理：整治土地。

⑲宣：開墾耕種土地。《鄭箋》：“時耕曰宣。”《孔疏》：“宣訓爲徧也，發也。天時已至，令民徧發土地，故謂之宣。”一説宣，指泄導溝洫。畝：整治田壟。

⑳周：遍。普遍。爰：語助詞。執事：從事勞作。

㉑司空：掌管營建事務的官吏。

㉒司徒：掌管土地和勞力調配的官吏。

㉓俾：使。立：建立，建造。室家：正式的宫室房舍。

㉔其繩則直：言築墻時用墨繩取直。繩：指墨繩。

㉕縮版：豎立用以築墻的夾板。版：《齊詩》作“板”。古代築墻用夾板夾住泥土，再用木杵砸實。縮：束，捆縛。載：同“栽”（zài），設版築墻。

㉖廟：宗廟。祭祀祖先的宫室。翼翼：嚴正的樣子。

㉗捄（jū）：盛土於器。陾陾（réng réng）：鏟土聲。一説衆多貌。

㉘度（duó）：投。《鄭箋》：“度，猶投也。”指投土到築版内。薨薨（hōng hōng）：填土聲。

㉙築：搗土、夯土使堅固。登登：搗土的聲音。

㉚削屢：將土墻隆起的地方削平、刮平。屢：同“僂”（lóu），指土墻隆起的地方。馮馮（píng píng）：刮土墻的聲音。

㉛百堵：衆多的墻。《小雅·鴻雁》：“之子于垣，百堵皆作。”堵：古代建築墻的單位。其長度説

法不一，多認爲長、高各一丈爲一堵。興：動工興建。

㉜鼛（gāo）鼓弗勝：言勞動時敲鼓以使人激勵振奮，但百堵之墻同時興工，衆人築墻之聲極大，反而超過了大鼓的聲響。鼛鼓：《毛傳》："大鼓也，長一丈二尺。或鼛或鼓，言勸事樂功也。"

㉝皋門：王都的城門。《毛傳》："王之郭門曰皋門。"郭門，即城門。

㉞有伉（kàng）：即伉伉，城門高大的樣子。

㉟應門：王宫的正門。《毛傳》："王之正門曰應門。"

㊱將將（qiāng qiāng）：高大莊嚴的樣子。

㊲冢（zhǒng）土：大社，祭祀土神的壇，即社壇。冢：大。

㊳戎：大。醜：衆。朱熹《詩集傳》："戎醜，大衆也。"攸：所。行：往，指前往祭祀社神。

㊴肆：故，所以。殄（tiǎn）：消除，滅絶。厥：其。指古公亶父。或指周人。慍（yùn）：憤怒。

㊵隕：墜，喪失。問：通"聞"。聲聞，名譽。此二句言古公亶父避狄而來，雖未能完全消除其憤怒，但其聲望未受損害。

㊶柞（zuò）：柞樹。灌木類，叢生有刺。棫（yù）：叢生小木，亦有刺。拔：拔除。此拔除乾净。

㊷兑：通行。此言道路開通。

㊸混（kūn）夷：即昆夷，古民族名。駾（tuì）：奔突，奔逃。

㊹維：語氣詞。喙（huì）：通"瘃"（huì）。病困的樣子。此窘困。

㊺虞、芮：當時二國名。虞，在今陝西隴縣南。芮，在今陝西大荔縣東南。質：評斷。成：指虞、芮二國平息糾紛，相互結好。《毛傳》："虞、芮之君，相與争田，久而不平。乃相謂曰：'西伯（即文王姬昌），仁人也，盍往質焉?'乃相與朝周。入其竟，則耕者讓畔，行者讓路。入其邑，男女異路，班白不提挈。入其朝，士讓爲大夫，大夫讓爲卿。二國之君，感而相謂曰：'我等小人，不可以履君子之庭。'乃相讓，以其所争田爲閒田而退。天下聞之而歸者，四十餘國。"

㊻文王蹶（guì）厥生：言文王之德感動了虞、芮二君禮讓的天性。蹶：動，感動。生：通"性"。

㊼予：周人自稱。曰：語助詞。疏附：指使民親附之臣。《毛傳》："率下親上爲疏附。"《鄭箋》："使疏者親也。"一説"疏"，讀爲"胥"，相也。胥附，謂相親附（林義光《詩經通解》）。

㊽先後：指前後左右的輔佐之臣。

㊾奔奏：指奔走傳喻、宣揚王命之臣。《毛傳》："喻德宣譽曰奔奏。"

㊿禦侮：指抵禦外侮、捍衛國土之臣。以上四句言文王時代周之四種良臣，有親近歸附之臣，有參謀政事之臣，有奔走效力之臣，有抵禦外侮之臣。

導讀

《詩經》中有五篇帶有史詩性質的作品，即《大雅》中的《生民》、《公劉》、《綿》、《皇矣》和《大明》，諸篇用韵文形式記述了從后稷出生到武王伐商的許多傳説和事迹。《生民》，記述后稷出生和發明農業等傳奇事迹；《公劉》，寫周人遠祖公劉率領部族由邰遷豳，在豳地開荒拓土，建屋定居的經歷；《皇矣》，寫太王、太伯、王季乃至文王如何得到天的庇佑，尤其稱頌了文王之伐密伐崇；《大明》，叙寫文王出生到武王伐商的事迹。本篇所記述的是周文王的祖父古公亶父由豳遷岐，開基立業的事迹。從初到時的"陶復陶穴"而居，進而經營田畝，營建宫室，建立廟社，開通道路到擊退昆夷，最後寫文王能繼承古公亶父的遺烈，外結鄰邦，内用賢臣，周族將綿延興旺，日益强大。與前述諸篇相比，本篇呈現更爲寫實的特點，有學者認爲《綿》詩開創了實録式的歷史叙事，這種叙事形式在《大明》中得到了延續[①]。《詩序》曰："《緜》，文王之興，本由大王也。"這確是本篇所歌咏的主題。詩中描寫群衆勞動的場面緊張熱烈，相當生動。

① 馬銀琴.《詩經》史詩與周民族的歷史建構. 學術論壇，2017（1）：9-16.

清廟（《詩經·周頌》）

選文

於穆清廟[①]，肅雝顯相[②]。濟濟多士[③]，秉文之德[④]，對越在天[⑤]。駿奔走在廟[⑥]，不顯不承[⑦]，無射於人斯[⑧]。

注釋

①於（wū）：贊歎詞。《毛傳》："於，歎辭也。"穆：深幽壯美貌。《毛傳》："穆，美。"《詩集傳》："深遠也。"清：清明。《鄭箋》："清廟者，祭有清明之德者之宫也，謂祭文王也。"

②肅雝：形容助祭者雍容嚴肅的樣子。肅：敬。《説文》："肅，持事振敬也。"雝：同"雍"。和，和諧。顯：顯明，高貴顯赫。相：助祭的公侯。《詩集傳》："相，助也。謂助祭之公卿諸侯也。"

③濟濟（jǐ jǐ）：多而整齊的樣子。多士：指衆多參加助祭的朝士。

④秉：秉持。文：指文王。《鄭箋》："濟濟之衆士，皆執行文王之德。"

⑤對越在天：言報答宣揚文王在天之靈。對：對答。越：宣揚。《爾雅·釋言》："越，揚也。"

⑥駿：迅速。《爾雅·釋詁》："駿，速也。"馬瑞辰《毛詩傳箋通釋》："駿、疾以聲近爲義，廟中奔走以疾爲敬。"

⑦不：同"丕"，發語詞。顯：光明。承：繼承。《毛傳》："顯於天矣，見承於人矣。"

⑧無射（yì）於人斯：此言文王受人擁戴，而不被厭弃。射：借爲"斁"（yì），厭弃。此爲被動用法。《齊詩》正作"斁"（程俊英《詩經注析》）。斯：語氣詞。

導讀

本篇爲《周頌》的第一篇，是周王率領群臣於宗廟祭祀文王的樂歌。詩篇贊歎清廟的幽深壯美和助祭公侯的雍容莊嚴，稱頌文王的德行事業，并要永世繼承，發揚光大。在雍容肅穆的氣氛中，還可以看到快速奔走奉行祭事者的身影，他們身上也體現出祭祀過程的虔誠與敬肅。

晋楚城濮之戰（《左傳》）（節選）

選文

魯僖公二十七年（前633年）

秋，楚子將圍宋①，使子文治兵於睽②，終朝而畢③，不戮一人④。子玉復治兵於蔿⑤，終日而畢⑥，鞭七人，貫三人耳⑦。國老皆賀子文⑧，子文飲之酒⑨。蔿賈尚幼⑩，後至，不賀。子文問之，對曰："不知所賀。子之傳政於子玉，曰：'以靖國也⑪。'靖諸内而敗諸外，所獲幾何？子玉之敗，子之舉也，舉以敗國，將何賀焉？子玉剛而無禮，不可以治民⑫，過三百乘，其不能以入矣⑬。苟入而賀，何後之有？"

冬，楚子及諸侯圍宋⑭，宋公孫固如晋告急⑮。先軫曰⑯："報施救患⑰，取威定霸，於是乎在矣。"狐偃曰⑱："楚始得曹，而新昏於衛⑲，若伐曹、衛，楚必救之，則齊、宋免矣⑳。"於是乎蒐于被廬㉑，作三軍㉒，謀元帥。趙衰曰㉓："郤縠可㉔。臣亟聞其言矣㉕，説禮、樂而敦《詩》、《書》㉖。《詩》、《書》，義之府也；禮、樂，德之則也。德、義，利之本也。《夏書》曰：'賦納以言，明試以功，車服以庸㉗。'君其試之。"乃使郤縠將中軍，郤溱佐之㉘；使狐偃將上軍，讓於狐毛而佐之；命趙衰爲卿，讓於欒枝、先軫㉙。使欒枝將下軍，先軫佐之。荀林父御戎㉚，魏犨爲右㉛。

晋侯始入而教其民㉜，二年，欲用之。子犯曰："民未知義，未安其居。"於是乎出定襄王㉝，入務利民，民懷生矣㉞。將用之。子犯曰："民未知信，未宣其用㉟。"於是乎伐原以示之信㊱。民易資者㊲，不求豐焉㊳，明徵其辭㊴。公曰："可矣乎？"子犯曰："民未知禮，未生其共㊵。"於是乎大蒐以示之禮，作執秩以正其官㊶。民聽不惑，而後用之。出穀戍，釋宋圍，一戰而霸㊷，文之教也㊸。

魯僖公二十八年（前632年）

春，晉侯將伐曹，假道于衛[44]，衛人弗許。還，自南河濟[45]。侵曹伐衛。正月戊申，取五鹿[46]。二月，晉郤縠卒。原軫將中軍，胥臣佐下軍[47]，上德也[48]。

晉侯、齊侯盟于斂盂[49]。衛侯請盟[50]，晉人弗許。衛侯欲與楚[51]，國人不欲，故出其君以説于晉[52]。衛侯出居于襄牛[53]。

公子買戍衛[54]，楚人救衛，不克。公懼於晉，殺子叢以説焉。謂楚人曰："不卒戍也[55]。"

晉侯圍曹，門焉[56]，多死。曹人尸諸城上[57]，晉侯患之，聽輿人之謀曰："稱舍於墓[58]。"師遷焉，曹人兇懼[59]，爲其所得者棺而出之。因其兇也而攻之。三月丙午，入曹。數之[60]，以其不用僖負羈[61]，而乘軒者三百人也[62]，且曰："獻狀[63]。"令無入僖負羈之宮而免其族，報施也。魏犫、顛頡怒曰："勞之不圖[64]，報於何有[65]！"爇僖負羈氏[66]。魏犫傷於胷，公欲殺之，而愛其材，使問[67]，且視之。病[68]，將殺之。魏犫束胷見使者，曰："以君之靈，不有寧也[69]。"距躍三百[70]，曲踊三百[71]。乃舍之。殺顛頡以徇于師，立舟之僑以爲戎右[72]。

宋人使門尹般如晉師告急[73]。公曰："宋人告急，舍之，則絶；告楚[74]，不許；我欲戰矣，齊、秦未可[75]，若之何?"先軫曰："使宋舍我而賂齊、秦，藉之告楚。我執曹君，而分曹、衛之田以賜宋人[76]。楚愛曹、衛，必不許也。喜賂怒頑[77]，能無戰乎?"公説，執曹伯[78]，分曹、衛之田以畀宋人[79]。

楚子入居于申[80]，使申叔去穀[81]，使子玉去宋[82]，曰："無從晉師[83]。晉侯在外，十九年矣，而果得晉國。險阻艱難，備嘗之矣；民之情僞[84]，盡知之矣。天假之年[85]，而除其害[86]。天之所置[87]，其可廢乎[88]？《軍志》曰[89]：'允當則歸[90]。'又曰：'知難而退。'又曰：'有德不可敵。'此三志者[91]，晉之謂矣。"子玉使伯棼請戰[92]，曰："非敢必有功也，願以間執讒慝之口[93]。"王怒，少與之師，唯西廣、東宮與若敖之六卒實從之[94]。

子玉使宛春告於晉師曰[95]："請復衛侯而封曹[96]，臣亦釋宋之圍。"子犯曰："子玉無禮哉！君取一，臣取二[97]，不可失矣。"先軫曰："子與之。定人之謂禮，楚一言而定三國[98]，我一言而亡之，我則無禮，何以戰乎？不許楚言，是棄宋也，救而棄之，謂諸侯何？楚有三施，我有三怨[99]，怨讎已多，將何以戰？不如私許復曹、衛以攜之[100]，執宛春以怒楚，既戰而後圖之。”公說，乃拘宛春於衛，且私許復曹、衛。曹、衛告絶於楚[101]。子玉怒，從晋師。晋師退。軍吏曰：“以君辟臣，辱也。且楚師老矣[102]，何故退？”子犯曰：“師直爲壯，曲爲老，豈在久乎？微楚之惠不及此[103]，退三舍辟之[104]，所以報也。背惠食言，以亢其讎[105]，我曲楚直。其衆素飽[106]，不可謂老。我退而楚還，我將何求？若其不還，君退臣犯，曲在彼矣。”退三舍，楚衆欲止，子玉不可。

夏，四月戊辰[107]，晋侯、宋公、齊國歸父、崔夭、秦小子慭次于城濮[108]。楚師背酅而舍[109]，晋侯患之，聽輿人之誦曰[110]：“原田每每[111]，舍其舊而新是謀[112]。”公疑焉。子犯曰：“戰也！戰而捷，必得諸侯。若其不捷，表裏山河[113]，必無害也。”公曰：“若楚惠何？”欒貞子曰：“漢陽諸姬，楚實盡之[114]，思小惠而忘大恥，不如戰也。”晋侯夢與楚子搏，楚子伏己而盬其腦[115]，是以懼。子犯曰：“吉！我得天[116]，楚伏其罪，吾且柔之矣[117]。”

子玉使鬭勃請戰[118]，曰：“請與君之士戲[119]，君馮軾而觀之[120]，得臣與寓目焉[121]。”晋侯使欒枝對曰：“寡君聞命矣。楚君之惠，未之敢忘，是以在此[122]。爲大夫退，其敢當君乎[123]？既不獲命矣[124]，敢煩大夫謂二三子[125]：‘戒爾車乘[126]，敬爾君事，詰朝將見[127]。’”

晋車七百乘，韅、靷、鞅、靽[128]。晋侯登有莘之虚以觀師[129]，曰：“少長有禮，其可用也！”遂伐其木，以益其兵[130]。己巳，晋師陳于莘北[131]，胥臣以下軍之佐當陳、蔡。子玉以若敖之六卒將中軍，曰：“今日必無晋矣！”子西將左[132]，子上將右[133]。胥臣蒙馬以虎皮，先犯陳、蔡。陳、蔡奔，楚右師潰。狐毛設二旆而退之[134]。欒枝使輿曳柴而僞遁，楚師馳之[135]。原軫、郤溱以中軍公族横擊之[136]，狐毛、狐偃以上軍夾攻子西，楚左師潰。楚師敗績[137]。子玉收其卒而止，故不敗。

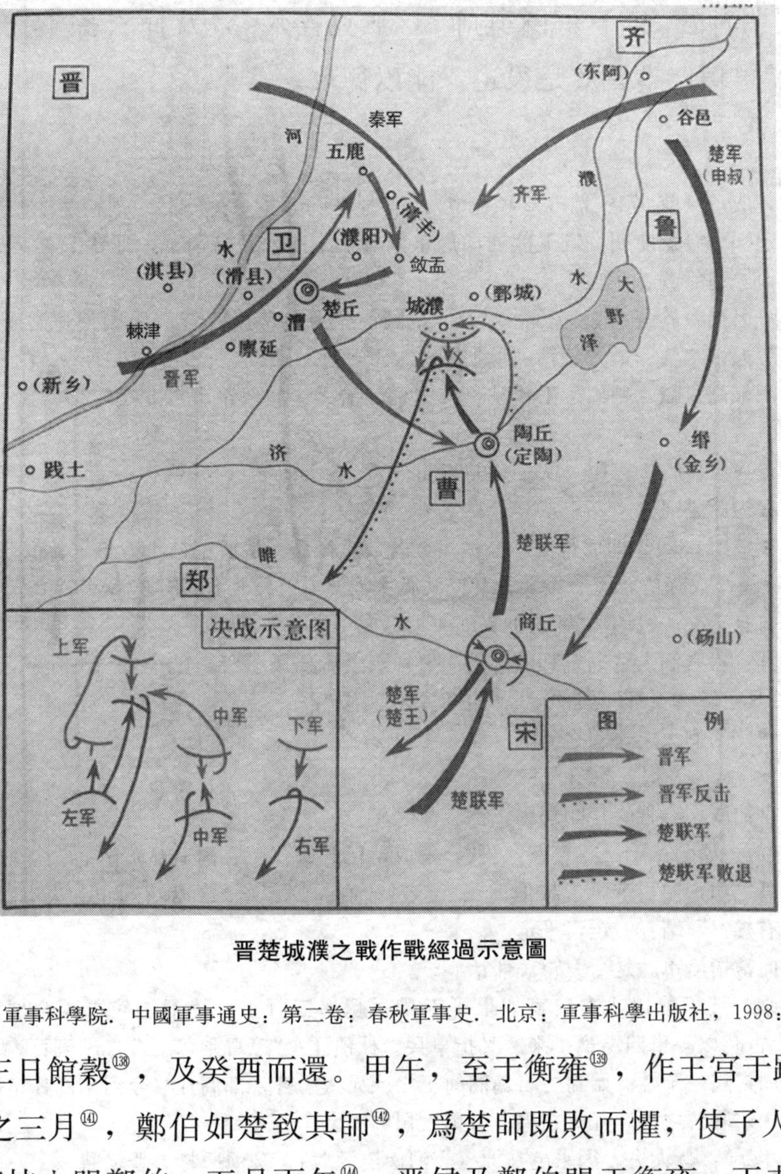

晋楚城濮之戰作戰經過示意圖

資料來源：軍事科學院．中國軍事通史：第二卷：春秋軍事史．北京：軍事科學出版社，1998：附圖 3.

晋師三日館穀[138]，及癸酉而還。甲午，至于衡雍[139]，作王宫于踐土[140]。

鄉役之三月[141]，鄭伯如楚致其師[142]，爲楚師既敗而懼，使子人九行成于晋[143]。晋欒枝入盟鄭伯。五月丙午[144]，晋侯及鄭伯盟于衡雍。丁未，獻楚俘于王[145]，駟介百乘[146]，徒兵千[147]。鄭伯傅王[148]，用平禮也[149]。己酉，王享醴[150]，命晋侯宥[151]。王命尹氏及王子虎、内史叔興父策命晋侯爲侯伯[152]，賜之大輅之服[153]，戎輅之服[154]，彤弓一[155]，彤矢百，玈弓矢千[156]，秬鬯一卣[157]，虎賁三百人[158]。曰："王謂叔父[159]：'敬服王命，以綏四國[160]，糾逖王慝[161]。'"晋侯三辭，從命，曰："重耳敢再拜稽首，奉揚天子之丕顯休命"[162]！受策以出，出入三覲[163]。

癸亥，王子虎盟諸侯于王庭[164]，要言曰[165]："皆獎王室[166]，無相害也！有渝此盟[167]，明神殛之[168]！俾隊其師[169]，無克祚國[170]，及而玄孫[171]，無有老幼！”君子謂是盟也信，謂晋於是役也，能以德攻。

注釋

①楚子：楚成王（前671—前626年在位），芈姓，名熊頵（一作惲）。周初楚之先君熊繹封于楚，稱楚子，楚始建國。春秋前期，楚王熊通向周室請尊號未允，乃自稱王，即楚武王，楚國自此强盛。此稱“楚子”，是《春秋》筆法。

②子文：一名鬭穀於菟（dòu gǔ wū tù）。楚國前令尹，楚貴族若敖氏鬭伯比之子。傳説幼時被弃，虎乳之。楚人稱“乳”爲“穀”，稱“虎”爲“於菟”，故名。事見《左傳·宣公四年》。令尹，春秋戰國時楚國最高官職，輔佐楚王執掌軍政大權。治兵：演習軍事。此爲戰前習武。睽（kuí）：楚邑。今地不詳。

③終朝：自旦至食時。言用一個早晨的時間。

④戮：斬殺。此懲罰。

⑤子玉（？—前632）：即成得臣，亦楚貴族若敖氏後裔。楚成王三十五年（魯僖公二十三年，前637年）因與陳國作戰有功，代子文爲令尹。城濮之戰後，因兵敗自殺。蔿（wěi）：楚邑。今地不詳。

⑥終日：自旦至夕。言用一整天的時間。

⑦貫三人耳：對三個人處以貫耳的懲罰。貫耳，以箭穿耳示衆。《説文》有“聅”（chè）字，曰：“軍法：以矢貫耳也。”“貫耳”與“鞭”，均爲古代刑罰名。

⑧國老：致仕的卿大夫，國之元老。

⑨飲（yìn）：給……喝。此請大家飲酒。

⑩蔿賈：字伯嬴。春秋時楚國司馬，孫叔敖之父。

⑪按：《左傳·僖公二十三年》載：“秋，楚成得臣帥師伐陳，討其貳於宋也。遂取焦、夷，城頓而還。子文以爲之功，使爲令尹。叔伯曰：‘子若國何?’對曰：‘吾以靖國也。夫有大功而無貴仕，其人能靖者與有幾?’”靖：安定，平定。

⑫治民：此當指治軍。楚令尹軍民兼治。

⑬過三百乘，其不能以入矣：言如果子玉帶兵超過三百乘，就不能使軍隊全部返回國家。乘（shèng）：車。古時以一車四馬爲一乘。又指車兵。杜預注：“三百乘，二萬二千五百人。”

⑭宋：西周封國。子姓。始封之君爲商紂王之庶兄微子啓，都商丘（今河南商丘市西南）。

⑮公孫固：宋莊公之孫，任大司馬。又稱大司馬固。

⑯先軫（zhěn）：晋大夫。因采邑在原（今河南濟源北），又稱原軫。晋名將。

⑰報施救患：報答恩施，解救危難。晋文公流亡時，宋襄公曾贈馬二十乘（事見《左傳·僖公二十三年》），所謂施也。今宋被圍，所謂患也。

⑱狐偃：字子犯。狐突之子，晋文公之舅，亦稱舅犯。曾與其兄狐毛隨晋文公流亡，爲主要謀臣之一。遺物有子犯編鐘。參考本書“泛讀文選”之“考古及其他文獻”部分所選《新出子犯編鐘銘文》。

⑲楚始得曹而新昏於衛：言楚剛剛得到曹國的歸附，又新近與衛國有婚姻之約。昏：同“婚”。

⑳“若伐曹、衛”至“則齊、宋免矣”句：《左傳·僖公二十六年》載：“公以楚師伐齊，取穀。楚申公叔侯戍之。”即魯僖公率楚國軍隊攻占了齊國的穀地，楚命申公叔侯留駐戍守，用以威脅齊國。現在晋若伐曹、衛，楚必救二國而釋宋、齊，故云“則齊、宋免矣”。穀：齊邑。今山東東阿。

㉑蒐（sōu）：春天打獵。此檢閱軍隊。又，《左傳·襄公二十六年》：“簡兵蒐乘”。被廬：晋地名。今地不詳。

㉒作三軍：建置三軍。晉獻公時建置上、下二軍，此時擴建中軍，爲上、中、下三軍。每軍置正、副將各一，以中軍帥爲元帥。三軍將統稱六卿，晉六卿之制自此始。

㉓趙衰（cuī）：即趙成子。字子餘，亦稱“成季”。趙盾（趙宣子）之父。曾隨晉文公流亡，爲晉文公重要輔臣。

㉔郤縠（xì hú）：晉大夫。有賢名，曾事晉獻公。

㉕亟（qì）：屢次。

㉖說：同“悅”。敦：厚。推重，崇尚。

㉗賦納以言，明試以功，車服以庸：見於今《尚書・益稷》，作：“敷納以言，明庶以功，車服以庸。”言廣泛采納臣民的意見，明確依據功績來考察他們，用車馬、服飾來酬勞他們。賦：通“敷”。普遍。納：采納。庸：用，功勞。

㉘郤溱（zhēn）：晉大夫。郤至之先人（《國語集解・晋語四》韋昭注）。

㉙欒枝：晉大夫。即下文之欒貞子。

㉚荀林父：晉大夫。後晉文公於三軍之外，“作三行以禦狄”（《左傳・僖公二十八年》），以荀林父將中行，故又以中行爲氏，即中行桓子。御戎：爲國君駕馭軍車。戎：兵車。

㉛魏犨（chōu）：晉大夫。即魏武子，曾隨晉文公流亡。右：即戎右、車右。陪乘於國君軍車的右邊，護衛行車安全。

㉜晉侯：晉文公。晉獻公次子，名重耳。魯僖公二十四年（前 636 年），秦穆公送其返回晉國，立爲國君。

㉝出定襄王：魯僖公二十四年（前 636 年），周襄王姬鄭因其弟王子帶（又稱叔帶）作亂，被迫出奔於鄭。次年，晉文公派兵護送周王回國，殺子帶，平定周室之亂。

㉞民懷生矣：言民安於生計、產業。懷：懷戀，愛惜。《管子・立政》：“民不懷其產，國之危也。”

㉟未宣其用：尚未明白信用之用處。宣：通，暢達，此明瞭。其：指信，信用。

㊱原：小國名。今河南濟源市西北。《左傳・僖公二十五年》載：“冬，晉侯圍原，命三日之糧。原不降，命去之。諜出，曰：‘原將降矣。’軍吏曰：‘請待之。’公曰：‘信，國之寶也，民之所庇也，得原失信，何以庇之？所亡滋多。’退一舍而原降。”

㊲易資：交易，做買賣。

㊳不求豐焉：不求更多的錢財。豐：豐厚。

㊴明徵其辭：言辭明白而可徵信。

㊵共：同“恭”，恭敬。

㊶作：設置。執秩：官名。掌管禄位爵位。

㊷出穀戍，釋宋圍，一戰而霸：此所言皆下年之事。一戰：即指明年晉楚城濮之戰。

㊸文之教也：這些都是晉文公對人民施行禮義教化的結果。

㊹假道于衛：向衛國借道。假：借。按：曹都陶丘（今山東定陶西南七里），衛都楚丘（今河南滑縣東北），曹在衛之東，故向衛借道。

㊺自南河濟：言衛既不肯借道，晉軍還，轉而從南河渡過黄河，再向東。南河：即南津，亦名棘津、石濟津，黄河重要渡口。在今河南滑縣西南古黄河畔。

㊻五鹿：衛地名。在今河南清豐縣西北。晉文公流亡時曾到此地。

㊼胥臣：字季子，又名臼季。官司空，又稱司空季子。曾隨重耳流亡。

㊽上：同“尚”。原軫本爲下軍之佐，越級而爲中軍帥，是尊重其德行的緣故。

㊾齊侯：齊昭公。斂盂：衛地名。在今河南濮陽市東南。

㊿衛侯：衛成公。

㉛與楚：與楚盟好。與：跟隨，親附。

㉜說：同“悅”。取悅。

㉝襄牛：衛地名。後歸宋。在今河南睢縣。

㉞公子買：字子叢，魯大夫。時奉魯僖公之命率兵戍守衛國。

㉟不卒戍：言戍守未到期而歸。

㊱門：用如動詞，指攻打城門。

㊲尸諸城上：陳列晉兵尸體於城上。尸：陳列尸體（示衆）。《國語集解・晋語六》：“殺三郤而尸諸朝。”韋昭注：“尸，陳也。”

㊳此句言文公聽從了衆人的計謀，聲稱晋軍要到曹人的墓地上去安營。輿人：衆人。稱：揚言，宣稱。

㊴兇懼：恐懼。兇：因恐懼而喧嚷騷動。下文“因其兇”，即趁其恐懼騷亂。

㊵數（shǔ）之：數其罪也。數：列舉罪狀加以責備。

㊶僖負羈：曹大夫。僖負羈事見本書“泛讀文選”經部選篇《晋公子重耳之亡》。

㊷乘軒者三百人：指曹公濫封官職，用人不當。軒：軒車，大夫以上乘坐的車子。

㊸獻狀：檢討罪狀，供認情況。是説令這些大夫自供其以何功勞而得此禄位。

㊹勞：功勞。圖：想，思慮。

㊺報於何有：猶言何有於報。

㊻爇僖負羈氏：放火燒了僖負羈的家。爇（ruò）：燒。

㊼問：慰問，問候。

㊽病：病情加重。《説文》：“病，疾加也。”此指傷勢嚴重。

㊾以君之靈，不有寧也：意爲由於國君的威靈，不敢托言有病而自圖安寧。

㊿距躍：向上跳躍。三百：虚數，言跳躍次數之多。

(71)曲踊（yǒng）：向前跳躍（楊伯峻《春秋左傳注》）。

(72)立舟之僑以爲戎右：此代魏犨爲車右，則魏犨免職。舟之僑：原爲虢國大夫，後投奔於晋。城濮之戰後，晋軍師還，舟之僑“先歸”（先行回國），晋文公殺之“以徇于國”。

(73)宋人：指宋成公。門尹般：宋大夫，名般。

(74)告：請求。《國語・魯語上》：“國有饑饉，卿出告糴。”此指請求楚國解除宋圍。

(75)未可：不同意打仗，未肯參戰。

(76)分曹、衛之田以賜宋人：按：此舉一則以怒楚，一則以補償宋與齊、秦之賄賂。

(77)喜賂怒頑：言齊、秦喜愛宋國的財禮，而怨怒楚國的頑固。《國語・晋語四》：“齊、秦不得其請，必屬怨焉。”

(78)曹伯：曹共公。

(79)畀（bì）：給。

(80)楚子入居于申：此言楚成王由伐宋退居方城内。申：西周封國，姜姓。在今河南南陽市北二十里。後被楚所滅，列在方城以内，故言入居於申。方城，春秋時楚所築城。在今河南葉縣南、方城縣北。

(81)申叔：楚大夫，即申公叔侯。去：離開。

(82)使子玉去宋：即傳命子玉撤兵，解除宋圍。

(83)從：跟隨，追趕。

(84)情：實情。

(85)天假之年：上天賜給晋文公年壽。言晋文公十九年在外，流離轉徙，猶得生存，獻公之子九人，唯彼一人在耳（楊伯峻《春秋左傳注》）。假：給予。

㊇除其害：謂晉惠公死，懷公及其黨羽呂飴甥、郤芮被殺。

㊈置：設立，安排。

㊉其：豈。

⑧⑨《軍志》：古之兵書。

⑨⓪允當則歸：恰如其分就收兵。允當：恰當。

⑨①三志：《軍志》的三條記載。志：記載。

⑨②伯棼（fén）：即鬬椒。楚大夫，字伯棼，一字子越，鬬伯比之孫。

⑨③間執：猶塞，堵塞。一説乘機折服（朱東潤《左傳選》）。讒慝（tè）之口：指去年蔿賈之言。讒慝：好言人過惡者。

⑨④西廣：楚軍制分左右廣，西廣即右廣。東宫：指太子宫的軍隊。若敖之六卒：若敖氏宗族軍隊六百人。子玉爲若敖氏，一卒爲一百人。

⑨⑤宛春：楚大夫。

⑨⑥復衛侯而封曹：言恢復衛成公的君位，把土地還給曹國。封：授土建國。時晉已滅曹，此指恢復曹國。

⑨⑦君取一，臣取二：是説君（指晉文公）衹得到一個好處（釋宋圍），臣（指子玉）却得到兩個好處（復衛和封曹）。

⑨⑧楚一言而定三國：宋圍得釋，曹、衛得復。

⑨⑨三怨：是説宋、曹、衛三國都將因之而怨恨晉國。

⑩⓪攜：離。《左傳·僖公七年》："招攜以禮，懷遠以德。"此離間。

⑩①告絶於楚：曹、衛宣布與楚斷交。

⑩②老：疲憊。楚師去年冬圍宋，至此已五六個月，故言其疲憊。

⑩③微楚之惠不及此：没有楚國的恩惠，就不會有今天。微：如果没有。

⑩④三舍：古代行軍三十里爲一舍，三舍計九十里。晉文公當年流亡到楚，楚王曾予款待。晉文公答應楚王若他日晉、楚交戰，當退避三舍以報答。事見《左傳·僖公二十三年》。參讀本書"泛讀文選"經部選篇《晉公子重耳之亡》。

⑩⑤亢：通"抗"。抵禦，抵抗。讎：仇敵，此指宋國。楚伐宋，宋爲楚之仇敵；晉救宋，則是爲宋抗楚。

⑩⑥素：本來，向來。飽：滿。此指士氣飽滿。

⑩⑦戊辰：據楊伯峻《春秋左傳注》，爲四月之朔日，即一日。則下文"己巳"爲二日，"癸酉"爲六日，"甲午"爲二十七日。

⑩⑧宋公：宋成公。國歸父、崔夭：皆爲齊大夫。小子慭（yìn）：秦穆公之子。城濮：衛地。在今山東鄄城縣西南臨濮集。

⑩⑨背酅（xī）：言楚軍憑險而軍。酅：山陵險阻處。

⑪⓪誦：誦詩。

⑪①原田：高平的田地。每每：草木茂盛的樣子。《説文》："每，艸盛上出也。"

⑪②舍其舊而新是謀：此士兵以田地休耕輪種之事爲喻，希望捨去舊念，建立新功。按：陸宗達、王寧結合晉國此前實行的"爰田"制，對此輿人之誦做了深入的解讀。參陸宗達、王寧《"原田每每，舍其舊而新是謀"解》，載陸宗達、王寧《古漢語詞義答問》，北京，中華書局，2018 年，第 128～131 頁。

⑪③表裏山河：言晉國外有河（指黄河），内有山（指太行山），足以固守而無危害。

⑪④漢陽諸姬，楚實盡之：言漢水北面各姬姓國家，都已經被楚吞滅。陽：山南水北爲陽。

⑪⑤盬（gǔ）：吸，吸飲。

⑯得天：晋侯仰面向上，故云得天，下句楚子伏而向下，故云伏其罪。

⑰柔之：使柔順。此言使之馴服。

⑱鬬勃：楚大夫，字子上。

⑲戲：角力。此請求交戰、一决勝負之婉詞。

⑳馮：同“憑”，憑依。軾：古代車厢前用作扶手的横木。

㉑寓目：觀看。

㉒是以在此：所以在這裏，指晋軍退避三舍。

㉓爲大夫退，其敢當君乎：以爲楚軍已退，爲臣者（指子玉）豈敢抵抗國君（指晋文公）呢？爲：同“謂”。以爲。大夫：對鬬勃的稱呼，實指楚軍。其：豈。

㉔獲命：獲得應允。

㉕二三子：指子玉、子西等楚軍將帥。

㉖戒爾車乘：備好你們的戰車。戒：準備。

㉗詰朝（jié zhāo）：明天早晨。

㉘韅（xiǎn）、靷（yǐn）、鞅、靽（bàn）：古代戰馬皮甲之類的裝備。杜預注：“在背曰韅，在胷曰靷，在腹曰鞅，在後曰靽。言駕乘脩備。”

㉙有莘（shēn）之虚：古莘國之廢墟，今山東曹縣西北。虚：同“墟”。

㉚兵：兵器。

㉛莘北：當即城濮。

㉜子西：即鬬宜申。

㉝子上：即鬬勃。

㉞狐毛設二旆（pèi）而退之：言上軍之將狐毛建立兩面大旗，僞裝中軍主將敗退。旆：古代旗幟下邊懸垂的飾物，泛指旌旗。這裏指中軍二卿（將佐）之大旗。參武家璧《從“設二旆而退之”看城濮之戰的過程》，載《江漢論壇》，1987 年第 4 期。

㉟馳：追趕。

㊱公族：晋公室子弟組成的軍隊。横擊：攔腰截擊。

㊲敗績：潰敗。

㊳館穀：言晋軍得楚軍餘糧，館而食之三日。館：館舍，住於館舍。

㊴衡雍：春秋鄭邑。在今河南原陽縣西圈城。

㊵作王宫：爲周襄王作行宫。踐土：春秋鄭邑。在今河南原陽縣西南。

㊶鄉役之三月：這次戰役之前的三個月。一説這次戰役之前的三月（戰役在四月）。鄉（xiàng）：從前，過去。

㊷致其師：指鄭伯把鄭國的軍隊交給楚國指揮。鄭伯：鄭文公。致：交出，交給。

㊸子人九：鄭大夫。行成：求和。

㊹丙午：據楊伯峻《春秋左傳注》，爲五月九日。下文“丁未”爲五月十日，“己酉”爲五月十二日，“癸亥”，爲五月二十六日。

㊺王：周襄王。

㊻駟介百乘：四匹被甲之馬所駕戰車一百輛。駟：同駕一輛車的四匹馬。介：鎧甲。

㊼徒兵：步兵。

㊽鄭伯傅王：鄭伯爲周襄王相禮。傅：相，輔佐。此爲儐相而司禮儀。

㊾用平禮：采用周平王時接待晋文侯（姬仇）的禮節。

㊿享醴（lǐ）：用甜酒設宴招待賓客。醴：甜酒。

(151)宥：通“侑”。敬酒。此處襄王命晋文公侑，示親近和禮遇也。

⑮尹氏、王子虎：皆周王卿士。內史：官名。掌策命。策命：以策書任命。侯伯：諸侯之長。

⑮大輅（lù）之服：天子所乘車及相應的禮服。

⑮戎輅：兵車。

⑮彤（tóng）弓：紅色的弓。

⑮玈（lú）弓：黑色的弓。楊伯峻《春秋左傳注》："古代一弓百矢，矢千，則弓十。"此當賜玈弓十把。

⑮秬鬯（jù chàng）：用黑黍和香草釀製成的酒。秬：黑黍，今謂之黑小米。鬯：祭祀用的香酒。《說文》："鬯，以秬釀鬱艸，芬芳條暢，以降神也。"鬱，即鬱，鬱金香草。卣（yǒu）：古代的盛酒器。

⑮虎賁：勇士。此爲周王的衛隊。

⑮叔父：指晉文公。天子謂同姓諸侯曰伯父或叔父。

⑯綏：安撫。四國：四方諸侯。

⑯糾逖（tì）王慝（tè）：懲治對周王室作惡之人。糾逖：督察懲治。糾：督察，檢舉。逖：當訓爲"剔"，剔除。慝：邪惡。

⑯奉揚天子之丕顯休命：承受、發揚天子之光大美好的賜命。奉：恭敬地接受。揚：宣揚。丕：大。顯：光明。休：美好。

⑯覲（jìn）：朝見天子。三覲：獻楚俘、王享、受策（楊伯峻《春秋左傳注》）。

⑯王庭：踐土行宮之庭院也。

⑯要（yāo）言：盟誓之言。要：約。

⑯獎：輔助。

⑯渝：改變，此違背。

⑯殛（jí）：殺死。

⑯俾隊其師：使他的軍隊毀敗。隊：同"墜"。隕落，喪失。師：軍隊。

⑰祚（zuò）國：享有國家。祚：福，享有。

⑰而：你，你們的。玄孫：《爾雅·釋親》："孫之子爲曾孫，曾孫之子爲玄孫。"即孫之孫，泛指遠孫。

導讀

《左傳》全稱《春秋左氏傳》，又稱《左氏春秋》，相傳爲春秋末年魯君子左丘明所作。"春秋"是先秦各國史書的通稱，今傳世的《春秋》一般認爲是孔子根據魯國的舊史編次整理而成。後世儒家始稱其爲孔子的"有爲之作"，强調其中的"《春秋》筆法"和"微言大義"（所謂的"義例"），至漢代被尊奉爲《春秋經》。

《春秋》是現存最早的一部編年記事的史書，"以事繫日，以日繫月，以月繫時，以時繫年"（杜預《春秋左傳序》），按照時間順序記述史事人物，上起魯隱公元年（前722年），下至魯哀公十四年（前481年），共十二公，二百四十二年。《春秋》所載都是一些事目，記述簡略，如果沒有專門的解說，難得其中要領。於是在《春秋》的流傳過程中，出現後來儒生對《春秋》的注釋之書，即所謂"經傳"。其中最著名者有三家，即《左氏春秋》、《公羊春秋》和《穀梁春秋》。《左傳》詳于史事，《公》《穀》則主要闡發義理。

《左傳》所附"經"文一直記到魯哀公十六年（前479年）四月孔子去世；《左傳》

的"傳"文記事一直到魯哀公二十七年（前 468 年），多於《春秋》十三年，實際記述了二百五十五年的歷史。學者據此認爲《左傳》不可能是左丘明一人完成，而應有後世儒者的附益①。《左傳》取材廣泛，言事兼載，相當詳備地記述了春秋時期二百五十多年的歷史，在記述方法、內容以及思想方面，都較之《春秋》有重大的發展，是一部完備的編年體史書。《左傳》能够關注當時各種社會力量的興衰演變以及影響社會發展的重大歷史事件，記述了很多重要的歷史人物和他們的事迹。《左傳》對於儒家禮治的政治思想特别强調，其"君子曰"等形式的評論，也往往體現以儒家思想爲標準的所謂"懲惡勸善"的道德批判色彩，這部分内容應該與後世儒家在其傳播過程中的解説附益有關。

《左傳》善叙事，善於把複雜紛繁的史事、人物記述得簡明生動，具有條理，尤長於寫戰爭。在記言方面，《左傳》所記述的人物對話、外交辭令，莊重富厚，委婉含蓄，哲理深刻。《左傳》好爲預言，記述了不少占夢、卜筮之事，反映當時的時代特色，在記述中亦存在文字誇張、言過其實之處。

《左傳》在流傳過程中，一些學者爲了便於閲讀，對《左傳》加以改作，主要有清初馬驌《左傳事緯》（今有徐連成校點本，濟南，齊魯書社，1992 年）和清康熙時高士奇《左傳紀事本末》（今有楊伯峻點校本，北京，中華書局，1979 年），都是采用紀事本末體。

本篇選自《左傳》僖公二十七、二十八年，題目爲後人所加。

本篇記述魯僖公二十八年（前 632 年），晋、楚兩國在城濮的一場會戰，是《左傳》戰爭描寫最精彩的篇章之一。春秋初年，楚國在南方崛起，先後兼并了漢水流域的很多小國，成爲春秋時期一個强有力的大國，并極力向中原擴張，爭奪霸權。魯僖公十七年（前 643 年），齊桓公死去，中原諸侯失去霸主，魯、鄭、曹、衛、陳、蔡等國都已服從於楚，齊、宋也遭受楚國的侵略，楚國幾乎稱霸中原。然而，就在這時晋文公興起於北方。魯僖公二十四年（前 636 年），流亡在外十九年的晋文公回國爲君，内修政治，外定襄王，討平子帶之亂，積極謀求成爲諸侯盟主。隨着晋國勢力的迅速擴大，晋楚之間的矛盾也日益尖鋭起來。魯僖公二十六年（前 634 年），"宋以其善於晋侯也，叛楚即晋"。僖公二十七年（前 633 年）冬，楚國率陳、蔡等諸侯之軍圍宋，宋向晋告急。晋國君臣善用謀略，通過侵曹伐衛以釋宋圍，又用計促使齊、秦參戰，戰前"退避三舍"爭取道義上的主動，決戰中成功地實現避其精鋭、誘敵深入等策略，最終大敗楚國。晋文公通過踐土之盟，正式獲得霸主地位。此次戰役對於春秋時期歷史的發展關係重大，楚國北擴的勢頭因此遭到重挫，晋國在此後較長一段時間内成爲當時政局的主宰。

本篇在戰爭書寫方面，亦具特色。詳於戰前的準備，略於戰爭經過的描述，善於抓住決定戰爭勝負的關鍵性因素，以之爲主綫，謀篇布局。從決策、命將，到戰爭進程中各個環節的描寫，始終貫穿着"尚德"的主題，鮮明地揭示了晋所以勝、晋文公最終成爲中原霸主的原因，對於後世的歷史著作，如《史記·項羽本紀》《資治通鑑·肥水之戰》等，都産生了深刻的影響。城濮之戰中，晋軍使用了多種"詐術"，這一問題亦值

---

① 曹道衡.《春秋》與《三傳》説略//王寧，褚斌傑，等. 十三經説略. 北京：中華書局，2015：113-149.

得思考。近年公布的“清華簡”《繫年》記城濮之戰晋方有“群戎”參加，學者認爲具有一定程度的真實性①。

選文據北京大學出版社 2000 年《十三經注疏》整理本《春秋左傳正義》（周左丘明傳、晋杜預注、唐孔穎達正義），參考楊伯峻《春秋左傳注》（修訂本，北京，中華書局，2016 年）。下篇同。

爲了配合本篇的學習，本書“泛讀文選”經部選録了《晋公子重耳之亡》，該篇作爲重要的背景資料，對於深入理解本篇課文很有幫助，可參考閱讀。

參考文獻

司馬遷．史記：卷三十九：晋世家．修訂本．北京：中華書局，2014．

徐元誥．國語集解：晋語．修訂本．北京：中華書局，2002．

楊伯峻．春秋左傳注．修訂本．北京：中華書局，2016．

徐中舒．左傳選．北京：中華書局，1985．

李夢生．左傳譯注．上海：上海古籍出版社，2004．

朱東潤．左傳選．上海：上海古籍出版社，2007．

李宗侗．春秋左傳今注今譯．北京：新世界出版社，2012．

曹道衡．《春秋》與《三傳》説略//王寧，褚斌傑，等．十三經説略．北京：中華書局，2015：113-149．

① 王坤鵬．清華簡《繫年》相關春秋霸政史三考——兼説《左傳》“豔而富”．殷都學刊，2015（3）：36-41．

子産相國（《左傳》）（節選）

選文

魯襄公三十年（前543年）

冬，十月，鄭子皮授子産政①，辭曰：“國小而偪②，族大寵多③，不可爲也。”子皮曰：“虎帥以聽④，誰敢犯子？子善相之。國無小，小能事大，國乃寬。”

子産爲政，有事伯石⑤，賂與之邑⑥。子大叔曰⑦：“國，皆其國也，奚獨賂焉？”子産曰：“無欲實難。皆得其欲，以從其事⑧，而要其成⑨。非我有成，其在人乎⑩？何愛於邑，邑將焉往？”子大叔曰：“若四國何⑪？”子産曰：“非相違也⑫，而相從也⑬，四國何尤焉⑭？《鄭書》有之曰⑮：‘安定國家，必大焉先⑯。’姑先安大，以待其所歸⑰。”既，伯石懼而歸邑⑱，卒與之。

伯有既死⑲，使大史命伯石爲卿⑳，辭。大史退，則請命焉㉑。復命之，又辭。如是三，乃受策入拜。子産是以惡其爲人也，使次己位㉒。

子産使都鄙有章㉓，上下有服㉔，田有封洫㉕，廬井有伍㉖。大人之忠儉者㉗，從而與之㉘；泰侈者㉙，因而斃之㉚。豐卷將祭㉛，請田焉㉜。弗許，曰：“唯君用鮮，衆給而已㉝。”子張怒，退而徵役㉞。子産奔晋，子皮止之，而逐豐卷。豐卷奔晋。子産請其田里㉟，三年而復之㊱，反其田里及其入焉㊲。

從政一年，輿人誦之㊳，曰：“取我衣冠而褚之㊴，取我田疇而伍之㊵。孰殺子産，吾其與之㊶！”及三年，又誦之，曰：“我有子弟，子産誨之。我有田疇，子産殖之㊷。子産而死㊸，誰其嗣之？”

襄公三十一年（前542年）

冬，十月，癸酉，葬襄公㊹。公薨之月，子産相鄭伯以如晋㊺，晋侯以我喪故㊻，未之見也。子産使盡壞其館之垣㊼，而納車馬焉。

士文伯讓之[48]，曰：“敝邑以政刑之不脩，寇盜充斥，無若諸侯之屬辱在寡君者何[49]，是以令吏人完客所館[50]，高其閈閎[51]，厚其牆垣，以無憂客使。今吾子壞之，雖從者能戒[52]，其若異客何[53]？以敝邑之爲盟主[54]，繕完葺牆[55]，以待賓客，若皆毀之，其何以共命[56]？寡君使匄請命[57]。”

對曰：“以敝邑褊小[58]，介於大國，誅求無時[59]，是以不敢寧居，悉索敝賦[60]，以來會時事[61]。逢執事之不閒[62]，而未得見，又不獲聞命，未知見時，不敢輸幣[63]，亦不敢暴露[64]。其輸之，則君之府實也[65]，非薦陳之[66]，不敢輸也。其暴露之，則恐燥濕之不時而朽蠹[67]，以重敝邑之罪。僑聞文公之爲盟主也[68]，宮室卑庳[69]，無觀臺榭[70]，以崇大諸侯之館。館如公寢[71]，庫廄繕脩[72]，司空以時平易道路，圬人以時塓館宮室[73]。諸侯賓至，甸設庭燎[74]，僕人巡宮[75]。車馬有所[76]，賓從有代[77]，巾車脂轄[78]，隸人牧圉[79]，各瞻其事[80]，百官之屬，各展其物[81]。公不留賓[82]，而亦無廢事[83]，憂樂同之，事則巡之[84]，教其不知[85]，而恤其不足[86]。賓至如歸，無寧菑患[87]，不畏寇盜，而亦不患燥濕。今銅鞮之宮數里[88]，而諸侯舍於隸人[89]。門不容車，而不可踰越[90]。盜賊公行，而夭厲不戒[91]。賓見無時，命不可知[92]。若又勿壞[93]，是無所藏幣以重罪也。敢請執事，將何以命之[94]？雖君之有魯喪，亦敝邑之憂也。若獲薦幣，脩垣而行，君之惠也，敢憚勤勞[95]？”

文伯復命。趙文子曰[96]：“信！我實不德，而以隸人之垣以贏諸侯[97]，是吾罪也。”使士文伯謝不敏焉[98]。

晋侯見鄭伯，有加禮[99]，厚其宴好而歸之[100]。乃築諸侯之館。

叔向曰[101]：“辭之不可以已也如是夫[102]！子産有辭，諸侯賴之，若之何其釋辭也[103]？《詩》曰：‘辭之輯矣，民之協矣。辭之繹矣，民之莫矣[104]。’其知之矣[105]。”

十二月，北宮文子相衛襄公以如楚[106]，宋之盟故也[107]。過鄭，印段廷勞于棐林[108]，如聘禮而以勞辭[109]。文子入聘[110]。子羽爲行人[111]，馮簡子與子大叔逆客[112]。事畢而出，言於衛侯曰：“鄭有禮，其數世之福也，其無大國之討乎[113]！《詩》云：‘誰能執熱，逝不以濯[114]。’禮之於政，如熱之有濯也。濯以救熱，何患之有？”

子産之從政也，擇能而使之。馮簡子能斷大事；子大叔美秀而文[115]；公孫揮能知四國之爲[116]，而辨於其大夫之族姓、班位、貴賤、能否[117]，而又善爲辭令；裨諶能謀[118]，謀於野則獲[119]，謀於邑則否。鄭國將有諸侯之事，子産乃問四國之爲於子羽，且使多爲辭令；與裨諶乘以適野，使謀可否；而告馮簡子，使斷之；事成，乃授子大叔使行之，以應對賓客，是以鮮有敗事。北宫文子所謂有禮也。

鄭人游于鄉校[120]，以論執政。然明謂子産曰[121]："毁鄉校，何如？"子産曰："何爲？夫人朝夕退而游焉[122]，以議執政之善否。其所善者，吾則行之；其所惡者，吾則改之。是吾師也，若之何毁之？我聞忠善以損怨[123]，不聞作威以防怨。豈不遽止[124]？然猶防川，大決所犯[125]，傷人必多，吾不克救也。不如小決使道[126]，不如吾聞而藥之也[127]。"

然明曰："蔑也今而後知吾子之信可事也[128]。小人實不才，若果行此，其鄭國實賴之，豈唯二三臣[129]？"

仲尼聞是語也，曰："以是觀之，人謂子産不仁，吾不信也[130]。"

子皮欲使尹何爲邑[131]。子産曰："少，未知可否。"子皮曰："愿[132]，吾愛之，不吾叛也。使夫往而學焉，夫亦愈知治矣[133]。"子産曰："不可。人之愛人，求利之也。今吾子愛人則以政[134]，猶未能操刀而使割也[135]，其傷實多[136]。子之愛人，傷之而已，其誰敢求愛於子？子於鄭國，棟也。棟折榱崩[137]，僑將厭焉[138]，敢不盡言？子有美錦，不使人學製焉[139]。大官、大邑，身之所庇也[140]，而使學者製焉，其爲美錦，不亦多乎？僑聞學而後入政，未聞以政學者也。若果行此，必有所害。譬如田獵，射御貫則能獲禽[141]，若未嘗登車射御，則敗績厭覆是懼[142]，何暇思獲？"

子皮曰："善哉！虎不敏。吾聞君子務知大者遠者，小人務知小者近者。我，小人也。衣服附在吾身，我知而慎之；大官、大邑所以庇身也，我遠而慢之[143]。微子之言，吾不知也。他日我曰[144]：'子爲鄭國[145]，我爲吾家，以庇焉，其可也。'今而後知不足。自今，請雖吾家，聽子而行。"子産曰："人心之不同，如其面焉[146]。吾豈敢謂子面如吾面乎？抑心所謂危，亦以告也[147]。"

子皮以爲忠，故委政焉。子産是以能爲鄭國。

注釋

①子皮：名罕虎。子展子。魯襄公二十九年（前 544 年），繼父位爲鄭執政。次年，以子産賢而有才，將執政讓於子産，并助子産理政。

②國小而偪：言鄭國處於晋、楚兩個大國之間。偪：杜預注：“偪近大國。”偪：即“逼”，接近，迫近。

③族大寵多：言公族勢力强大，恃寵專横。族：公族。

④虎帥以聽：子皮表示將率衆臣聽命於子産。虎：子皮自稱。

⑤有事伯石：欲使伯石做事。伯石：即公孫段，字子石。

⑥賂：贈送財物。《左傳・桓公二年》：“以郜大鼎賂公。”

⑦子大叔：即游吉。後爲鄭國執政，善辭令。

⑧以從其事：以便讓他爲國家做事。從：參與。

⑨要（yāo）：求取。

⑩非我有成，其在人乎：是説衹要事情辦成了，還不是由於我的成功，難道還是由於别的人嗎？其：豈。楊伯峻《春秋左傳注》：“其意謂國事之成敗，在于主政者之用人。”

⑪四國：四方之鄰國。子大叔懼他國之議論。

⑫違：違背，違離。

⑬從：順從。

⑭尤：罪過，過錯。此指責，歸罪。

⑮《鄭書》：鄭國的史書。

⑯必大焉先：倒裝句。言要優先聯合、安定大族。

⑰以待其所歸：以等待其結果。歸：歸向。

⑱既：既而，不久。

⑲伯有：即良宵。本年被駟氏所殺。

⑳大史：即“太史”。古時任命卿，由太史執策書命之。此言使太史向伯石宣讀策命。

㉑請命：指伯石請太史重新宣讀策命。其實欲得卿位，而三次僞辭。

㉒使次己位：使居於僅次於自己的地位。杜預注：“畏其作亂，故寵之。”

㉓使都鄙有章：使城鎮與鄉村都有一定的規章。都：都市。鄙：邊遠之地。

㉔上下有服：上下尊卑各有其事。服：事，職責。

㉕封：封疆，田界。洫：田間的水道，水溝，供灌溉、排水之用。

㉖廬井有伍：房舍和水井各有安排。廬：廬舍。伍：古代軍隊編制，五人爲伍。此布置，安排。一説爲賦税。（楊伯峻《春秋左傳注》）。

㉗大人：指卿大夫。

㉘與：許，舉。嘉許，舉拔。

㉙泰侈：驕縱，奢侈。又作“汰侈”。

㉚斃：踣（bó），跌倒。此謂懲罰而使去職。

㉛豐卷：鄭大夫，字子張。

㉜田：同“畋”。打獵以獲得祭品。

㉝唯君用鮮，衆給（jǐ）而已：衹有君主用新鮮的（新獵殺的）獵物祭祀，衆臣衹要備齊普通祭品即可。給：足，豐足。供給，供應。

㉞徵役：徵召兵卒，欲以攻子産。

㉟子産請其田里：是説子産向鄭公請求豐卷的田地住宅。

㊱復：返回。此使其返回，返國。

㊲入：三年的收入。

㊳輿人：衆人。

㊴褚：同“貯”。收藏。此没收。

㊵疇：《説文》：“耕治之田也。”已耕種的田地。此泛指田畝。

㊶其：將。“褚”“伍”“與”爲韵。

㊷殖：繁殖，增加。

㊸而：若。“誨”“殖”“嗣”爲韵。

㊹襄公：魯襄公。《左傳·襄公三十一年》：“六月，辛巳，公薨于楚宫。”

㊺鄭伯：鄭簡公。魯襄公八年（前565年）即位，在位三十六年。本年爲鄭簡公二十四年。

㊻晋侯：晋平公。魯襄公十六年（前557年）即位，在位二十六年。本年爲晋平公十六年。

㊼館：接待外國賓客的館舍。垣：矮墻，泛指墻，此指館舍的圍墻。

㊽士文伯：士匄，又稱范宣子。晋大夫。

㊾諸侯之屬：諸侯之臣屬、屬官。辱在：此言朝聘。辱：謙辭。意爲使對方蒙受屈辱，如言屈尊。在：存問，問候。

㊿完：修繕。

51閈閎（hàn hóng）：此指館舍的大門。閈、閎：皆爲里巷之門。又泛指門。

52從者：指子産的隨從。戒：警戒，戒備。

53異客：指其他國家的賓客。

54以：因。

55完：借爲“院”，指圍墻。《廣雅·釋宫》：“院，垣也。”葺（qì）：用茅草覆蓋房子，後泛指修理、修治房屋等。

56共命：提供其他賓客的需要。共：同“供”。提供。

57請命：請問，請教。言請教拆毁垣墻之用意。

58褊（biǎn）：衣服瘦小。此地方狹小。

59誅求：責求。誅：要求，要求别人供給東西。無時：没有定時。

60敝：指敝邑。賦：賦税。

61來會時事：隨時來朝會聘問。時事：指聘問之禮。

62不閒：不得空。

63輸幣：進獻、獻納禮物。幣：財帛之類。

64暴（pù）露：無遮掩地露在外邊。此指放在露天。暴：曬。後寫作“曝”。引申爲暴露，顯露。

65府：府庫。實：實物，物品。

66薦陳：獻納的一種儀式。古代朝聘向主人獻禮，必先陳列於庭，稱薦陳。

67燥濕：指日曬夜露等乾燥和潮濕。

68文公：指晋文公。

69卑庳（bì）：卑下低矮。庳：房屋低矮。

70觀（guàn）：宗廟或宫廷大門外兩旁的高建築物。臺：土築的高壇。榭：建築於高臺上的敞屋。

71寢：國王的寢宫。

72庫廄：館中的倉庫、馬厩。

73圬人：泥水匠。塓（mì）：塗抹（墻壁）。

74甸：甸人。掌管薪火之官。庭燎：庭中設大燭（大火把）照明。

75巡：巡視，警衛。

⑯所：處所，適宜的地方。

⑰賓從有代：賓客的隨從（指僕人）有專人替代執役。

⑱巾車：掌管車輛的官。脂轄：給車軸塗油。轄：安在車軸末端的擋鐵，用以防止車輪脱落。此代指車軸。

⑲隸人：掌管灑掃房舍者。牧圉（yǔ）：放牧牛羊、看守馬匹者。圉：養馬，又指養馬的人。《左傳・昭公七年》："馬有圉，牛有牧。"

⑳瞻：視。此照顧，管理。

㉑展：陳列。

㉒留：稽留，耽擱。

㉓亦無廢事：一切應有的禮節亦不廢除。

㉔事：此指意外之事。言如有意外之事發生，則加意巡察。

㉕其：指賓客。

㉖恤：救濟，補助。

㉗無寧：豈但没有，不僅没有。菑：同"災"。

㉘銅鞮（dī）之宫：晋君的别宫，在今山西沁縣南三十五里古城。

㉙諸侯舍於隸人：諸侯住在奴僕所住的地方。

㉚不可踰越：因有圍墻阻隔而不能越過。

㉛夭厲：灾害。或作"天厲"。杜預注："厲猶災也。言水潦無時。"戒：警戒，防禦。

㉜命：指晋君發出的召見之令。

㉝壞：指毁壞館舍之圍墻。

㉞將何以命之：您對我將有何指示。

㉟憚：害怕。

㊱趙文子：趙武，亦稱趙孟。

㊲贏：受。接納，接待。杜預注："贏，受也。"

㊳不敏：不曉事。

㊴加禮：加重禮遇，禮節格外隆重。

⑩厚其宴好：厚加款待，贈送豐盛的禮物。

⑪叔向：晋大夫。羊舌肸。

⑫辭：辭令，口才。不可以已：不可以廢。

⑬釋：放弃，抛弃。

⑭語出《詩經・大雅・板》。今本作："辭之輯矣，民之洽矣。辭之懌矣，民之莫矣。"輯：和，和睦。繹：同"懌"，喜悦。莫：安定。《毛傳》："莫，定也。"

⑮其：指詩的作者。

⑯北宫文子：衛大夫。名佗。襄公：衛襄公。魯襄公三十年（前 543 年）即位，在位九年。

⑰宋之盟故也：是爲了履行在宋國訂立的盟約的緣故。此當指魯襄公二十七年（前 546 年）諸侯在宋國訂立的弭兵之盟。盟曰："晋楚之從，交相見也。"（跟從晋楚兩國的國家互相朝見，即晋之與國朝楚，楚之與國朝晋）故晋之與國衛侯朝楚。

⑱印段：鄭大夫。字子石。迋（wàng）：往，前往。棐（fěi）林：鄭地名。在今河南新鄭市東北二十五里。

⑲如聘禮而以勞辭：行聘問之禮而用郊勞之辭。

⑩入聘：進入鄭國行聘問之禮。

⑪子羽：即公孫揮。善辭令。行人：古代掌朝聘之事的官員。

⑫馮簡子：鄭大夫。逆：迎接。

⑬討：討伐。

⑭語出《詩經・大雅・桑柔》，意爲誰能不沐浴而解除炎熱。執熱：猶治熱，即解除、解救炎熱。逝：發語詞。濯：沐浴。

⑮文：文雅。習典章制度詩樂。

⑯能知四國之爲：能够知曉、預知四面國家的行動。

⑰辨：明辨。班位：祿秩爵位。

⑱裨諶（pí chén）：鄭大夫。

⑲“謀於野則獲”句：意爲在野外思考即能得當正確，在都邑中則否，言其喜静中思考。

⑳鄉校：鄉間公共場所，既是學校，又是民衆聚會議事的地方。

㉑然明：鄭大夫，即鬷（zōng）蔑。

㉒夫：句首語氣詞，引起議論。退：勞作完畢歸來。焉：於此。

㉓忠善：忠於爲善。

㉔遽（jù）：急，快速。

㉕決：堤防潰決。

㉖道：同“導”。疏導。

㉗藥之：以之爲治病的藥石。

㉘信：確實。可事：可以成事。

㉙“若果行此”句：若依照您的這個做法做下去，鄭國就有了依靠，又豈祇是對我們這幾個做臣子的有利。

㉚按：孔子生於前551年（魯襄公二十二年），本年（魯襄公三十一年，前542年），孔子十歲。此事當發生在孔子年長以後。

㉛尹何：子皮的家臣。爲邑：作自己封邑的長官（邑宰）。

㉜愿：誠謹，忠厚老實。

㉝夫（fú）：代詞。同“彼”。

㉞愛人則以政：意爲因喜愛、愛護此人而讓他管理政事。以政：授以政事。

㉟割：用刀切斷，截下。又特指宰割。

㊱其傷實多：言會使他自己大大地受到傷害。

㊲榱（cuī）：椽子。

㊳厭，同“壓”。此被壓。

㊴製：裁製。

㊵庇（bì）：遮蔽，掩護。此依托。

㊶射御：射獵、駕車。貫：同“慣”。習慣，嫻熟。

㊷則敗績厭覆是懼：倒裝句，賓語提前。意爲祇是擔心車輛毀壞翻倒壓到自己。敗績：潰敗。此指車輛毀壞。

㊸遠：疏遠。此爲忽略意。慢：輕視。

㊹他日：從前。

㊺爲：治理。

㊻面：臉。臉面，面貌。

㊼抑心所謂危，亦以告也：不過是我心裏覺得您這樣做很危險，所以就以如實相告了。抑：表轉折，祇不過是。亦：也，又。

導讀

本篇選自《左傳》襄公三十年、三十一年。

子產（？—前 522），一稱公孫僑、子美、公孫成子。鄭穆公之孫，司馬子國之子，春秋時期著名的政治家。魯襄公十九年（前 554 年）立爲卿，魯襄公三十年（前 543 年），接替子皮出任執政，深得子皮信任。當時鄭國“國小而逼，族大寵多”，國外介於晋、楚兩大强國之間，國内大族争鬥不已。面對這樣内憂外困的政治局面，子產確立了堅定的立國原則和明確的治國主張。一方面采取措施安定大族，另一方面整頓制度，推行改革，“使都鄙有章，上下有服，田有封洫，廬井有伍”。“作丘賦”（魯昭公四年，前 538 年），以增加軍賦，“鑄刑書”（魯昭公六年，前 536 年），公布刑法。子產爲政務實，以“救世”爲宗旨，順應時勢，多有成效。他重視人才，知人善任，反對毁鄉校，尊重民衆的議論。明禮有學，長於文辭，善於利用晋、楚兩國之間以及晋、楚國内的矛盾應付外交，維護鄭國的地位和利益。在其執政的二十年中，鄭國國内政治安定，國際上受到尊重，展現了卓越的政治才能。

《左傳》從魯襄公八年（前 565 年），子產第一次發表政見，到昭公二十年（前 522 年）子產病逝，記録了子產前後四十餘年的政治生涯，通過一系列政治事件和具體言行的叙述，塑造了子產的政治家形象及其思想性格，其中應當綜合了當時諸多關於子產的傳説，具有一定的傳奇色彩。本篇所選内容爲其初爲執政時期所采取的内政外交舉措及其言論事迹。近年公布的清華簡中，包含有《子產》一篇（見《清華大學藏戰國竹簡（六）》，上海，中西書局，2016 年），可與《左傳》相關記載對讀，尤其有助於對子產“鑄刑書”一事的瞭解①。

參考文獻

童書業．子產治鄭之改革//春秋左傳研究．校訂本．童教英，校訂．北京：中華書局，2006：76-81.

① 王捷．清華簡《子產》篇與“刑書”新解．上海師範大學學報（哲學社會科學版），2017，46（4）：53-59.

天論（《荀子》）

選文

天行有常[1]，不爲堯存[2]，不爲桀亡。應之以治則吉[3]，應之以亂則凶[4]。彊本而節用[5]，則天不能貧；養備而動時[6]，則天不能病[7]；修道而不貳[8]，則天不能禍。故水旱不能使之飢[9]，寒暑不能使之疾，祆怪不能使之凶[10]。本荒而用侈[11]，則天不能使之富；養略而動罕[12]，則天不能使之全；倍道而妄行[13]，則天不能使之吉。故水旱未至而飢，寒暑未薄而疾[14]，祆怪未至而凶。受時與治世同[15]，而殃禍與治世異，不可以怨天，其道然也[16]。故明於天人之分[17]，則可謂至人矣。

不爲而成，不求而得，夫是之謂天職[18]。如是者，雖深，其人不加慮焉[19]；雖大，不加能焉[20]；雖精[21]，不加察焉[22]，夫是之謂不與天爭職。天有其時[23]，地有其財[24]，人有其治[25]，夫是之謂能參[26]。舍其所以參而願其所參[27]，則惑矣。

列星隨旋，日月遞炤[28]，四時代御[29]，陰陽大化[30]，風雨博施[31]，萬物各得其和以生[32]，各得其養以成，不見其事而見其功，夫是之謂神[33]。皆知其所以成[34]，莫知其無形[35]，夫是之謂天[36]。唯聖人爲不求知天[37]。

天職既立，天功既成，形具而神生[38]，好惡、喜怒、哀樂臧焉[39]，夫是之謂天情[40]。耳目鼻口形[41]，能各有接而不相能也[42]，夫是之謂天官[43]。心居中虛[44]，以治五官[45]，夫是之謂天君[46]。財非其類，以養其類，夫是之謂天養[47]。順其類者謂之福，逆其類者謂之禍，夫是之謂天政[48]。暗其天君[49]，亂其天官，棄其天養，逆其天政，背其天情，以喪天功，夫是之謂大凶[50]。聖人清其天君[51]，正其天官，備其天養，順其天政，養其天情，以全其天功。如是，則知其所爲，知其所不爲矣，則天地官而萬物役矣[52]。其行曲治[53]，其養曲適[54]，其生不傷，夫是之謂知天。

故大巧在所不爲[55]，大智在所不慮。所志於天者[56]，已其見象之可以期者矣[57]；所志於地者，已其見宜之可以息者矣[58]；所志於四時者，已其見數之可以事者矣[59]；所志於陰陽者，已其見知之可以治者矣[60]。官人守天而自爲守道也[61]。

治亂，天邪？曰：日月、星辰、瑞曆[62]，是禹、桀之所同也，禹以治，桀以亂，治亂非天也。時邪[63]？曰：繁啟蕃長於春夏[64]，畜積收臧於秋冬[65]，是又禹、桀之所同也，禹以治，桀以亂，治亂非時也。地邪[66]？曰：得地則生，失地則死，是又禹、桀之所同也，禹以治，桀以亂，治亂非地也。《詩》曰："天作高山，大王荒之。彼作矣，文王康之[67]。"此之謂也。

天不爲人之惡寒也輟冬[68]，地不爲人之惡遼遠也輟廣，君子不爲小人之匈匈也輟行[69]。天有常道矣，地有常數矣，君子有常體矣。君子道其常而小人計其功[70]。《詩》曰："禮義之不愆[71]，何恤人之言兮！"此之謂也。

楚王後車千乘[72]，非知也[73]；君子啜菽飲水[74]，非愚也，是節然也[75]。若夫志意修[76]，德行厚，知慮明，生於今而志乎古，則是其在我者也。故君子敬其在己者，而不慕其在天者[77]；小人錯其在己者[78]，而慕其在天者。君子敬其在己者而不慕其在天者，是以日進也；小人錯其在己者而慕其在天者，是以日退也。故君子之所以日進與小人之所以日退，一也[79]。君子小人之所以相縣者在此耳[80]。

星隊[81]、木鳴，國人皆恐。曰：是何也？曰：無何也，是天地之變，陰陽之化，物之罕至者也[82]。怪之可也，而畏之非也。夫日月之有蝕，風雨之不時，怪星之黨見[83]，是無世而不常有之[84]。上明而政平[85]，則是雖竝世起[86]，無傷也；上闇而政險[87]，則是雖無一至者，無益也。夫星之隊，木之鳴，是天地之變，陰陽之化，物之罕至者也，怪之可也，而畏之非也。

物之已至者，人祆則可畏也[88]。楛耕傷稼[89]，枯耘傷歲[90]，政險失民，田薉稼惡[91]，糴貴民飢[92]，道路有死人，夫是之謂人祆。政令不明，舉錯不時[93]，本事不理，夫是之謂人祆。禮義不修，内外無别，男女淫亂，則父子相疑[94]，上下乖離，寇難竝至，夫是之謂人祆。祆是生於亂，三者錯[95]，無安國。其説甚爾[96]，其菑甚慘[97]。勉力不時[98]，則牛馬相生[99]，六畜作祆[100]，可怪也，而不可畏也。傳曰[101]："萬物之怪，書不説。"無用之辯，不急之察，棄而不治[102]。若夫君臣之義，父子之親，夫婦之别，則日切瑳而不舍也[103]。

雩而雨[104]，何也？曰：無何也，猶不雩而雨也。日月食而救之[105]，天旱而雩，卜筮然後決大事[106]，非以爲得求也，以文之也[107]。故君子以爲文，而百姓以爲神。以爲文則吉，以爲神則凶也。

在天者莫明於日月，在地者莫明於水火，在物者莫明於珠玉，在人者莫明於禮義。故日月不高，則光暉不赫[108]；水火不積，則暉潤不博[109]；珠玉不睹乎外[110]，則王公不以爲寶；禮義不加於國家，則功名不白[111]。故人之命在天，國之命在禮。君人者，隆禮尊賢而王，重法愛民而霸，好利多詐而危，權謀、傾覆、幽險而盡亡矣[112]。

大天而思之，孰與物畜而制之[113]？從天而頌之，孰與制天命而用之[114]？望時而待之[115]，孰與應時而使之？因物而多之[116]，孰與騁能而化之[117]？思物而物之[118]，孰與理物而勿失之也？願於物之所以生[119]，孰與有物之所以成[120]？故錯人而思天[121]，則失萬物之情[122]。

百王之無變，足以爲道貫[123]。一廢一起，應之以貫，理貫不亂[124]。不知貫，不知應變，貫之大體未嘗亡也。亂生其差[125]，治盡其詳[126]。故道之所善[127]，中則可從[128]，畸則不可爲[129]，匿則大惑[130]。水行者表深[131]，表不明則陷[132]；治民者表道，表不明則亂。禮者，表也。非禮[133]，昏世也[134]。昏世，大亂也。故道無不明[135]，外內異表[136]，隱顯有常[137]，民陷乃去[138]。

萬物爲道一偏[139]，一物爲萬物一偏。愚者爲一物一偏[140]，而自以爲知道，無知也。慎子有見於後[141]，無見於先[142]；老子有見於詘，無見於信[143]；墨子有見於齊[144]，無見於畸[145]；宋子有見於少[146]，無見於多。有後而無先，則羣衆無門[147]；有詘而無信，則貴賤不分；有齊而無畸，則政令不施；有少而無多，則羣衆不化[148]。《書》曰：“無有作好，遵王之道；無有作惡，遵王之路[149]。”此之謂也。

注釋

①天：指自然界。行：運行。常：常規，法則。

②爲：因爲。

③應：適應，對待。

④凶：不吉祥，不幸，災難。

⑤彊：即“强”。本：指農業生産。

⑥養備：生活資料充足、完備。養：給養。動時：活動適時，依照四時節氣而行動。

⑦病：使病。

⑧修道而不貳：《群書治要》卷三十八《孫卿子》引作“循道而不忒”，當是。道：天道，自然法則。忒（tè），差錯。

⑨按：（清）王先謙《荀子集解》原作“飢渴”，《群書治要》卷三十八引文無“渴”字，下文“故水旱未至而飢”亦無“渴”字，據刪。

⑩祆怪：自然界的反常變異現象。“祆”：當作“祅”。古以稱一切反常怪異之事。

⑪荒：荒廢。侈：浪費。

⑫略：簡略，不足。動罕：少動，懶惰。

⑬倍：通“背”。違背。

⑭薄：迫近。

⑮受時：遇到的天時。治世：社會安定的時期。

⑯道：方法，道理。此即前文提到的“應之以亂則凶”。

⑰天人之分：天與人（自然與人類社會）的區别。

⑱天職：大自然的職能。

⑲其人：指上文“明於天人之分”的至人，高明的人。

⑳不加能焉：意爲不施加能力、作用，即不加以干預。

㉑精：微妙。

㉒察：觀察。

㉓時：時序。指晝夜、四季、寒暑等自然界的運行變化。

㉔財：通“材”。材料，原料，資源。

㉕治：治理。指人治理自然的努力。

㉖能參：能和天地相互配合。王先謙《荀子集解》曰：“人能治天時、地財而用之，則是參於天地。”參：參與，配合。

㉗舍其所以參而願其所參：放弃人治理自然的努力而嚮往知天、與天争職。願：嚮往，期望。所參：指天時、地財。王先謙《荀子集解》：“舍人事而欲知天意，斯惑矣。”

㉘遞：輪流，交替。炤：同“照”。照耀。

㉙代：替代，交替。御：駕馭，控制。一説進，此出現。

㉚大化：大的變化。指陰陽二氣的相互作用轉化。

㉛博施：普遍施加。

㉜和：相互協調。

㉝神：神妙。指自然而然的功效。

㉞以：同“已”。已經生成。

㉟莫知其無形：却没有人知道它不見行迹的生成萬物的過程。

㊱天：自然。天生，天成。一説“天”下當有“功”字。

㊲唯：祇有。

㊳形具而神生：指人的形體具備了，精神亦隨之而産生。

㊴臧：通“藏”。藴藏。焉：於此，指人的形體。

㊵天情：天生的情感。

㊶形：身體。

㊷能各有接而不相能：意爲（耳、目、鼻、口、身）各有不同的接觸、感知外物的能力而不能相互代替。

㊸天官：天生的感官。

㊹中虛：指胸腔。

㊺治：支配，管理。

㊻天君：天生的主宰。指心。君：君主。

㊼“財非其類”句：言人類利用自然界的萬物來供養自己，這就叫作天然的供養。財：通“裁”。裁斷，安排。非其類：人類以外的萬物。其類：指人類。

㊽“順其類者謂之福”句：意爲順應人類的需要就是福，違反人類的需要就是禍，這就叫作“天政”。天政：天然的政治法則。

㊾暗：使昏暗。

㊿大凶：大的灾難。

51清：使明白，清醒。

52天地官而萬物役：天地得以利用，萬物得以役使。官：任用。役：役使。

53曲治：各個方面都治理得很好。曲：委曲，周到。

54曲適：在各個方面都適當。

55大巧：大巧者。最有技巧、最能幹的人。

56志：知，瞭解，認識。楊倞《荀子注》：“志，記識也。”

57已：同“以”。見：同“現”。顯現。期：預期，預測。

58宜：適宜，適於作物生長的條件。息：生長，繁殖。

59數：規律。事：從事。安排農業生產。

60知：當作“和”，和諧，調和。即上文之“陰陽大化，風雨博施，萬物各得其和以生”之“和”。“和”與“知”字相似而誤（《荀子集解》引王念孫曰）。

61官人：官吏。守天：觀測天象。自爲守道：言大巧、大智之人（指聖人）自己所做的是掌握治理國家的原則。

62瑞曆：指記録年月日和時令節氣的曆書。瑞：吉祥。

63時：時令。

64繁啟蕃長：農作物紛紛破土發芽，茂盛成長。繁：多。啟：發，指發芽。蕃：茂盛。

65畜：同“蓄”。積蓄。臧：同“藏”。收藏。

66地：土地。

67語出《詩經·周頌·天作》。高山：指岐山，在今陝西岐山縣東北。大王：即太王，古公亶（dǎn）父，周文王姬昌的祖父。荒：墾荒。康：讀爲“賡”。賡續，繼續。

68惡（wù）：厭惡。輟：停止，廢止。

69匈匈：同“洶洶”。吵吵嚷嚷。按：王先謙《荀子集解》原文無“之”字，據《群書治要》補。

70道：遵循。計其功：計較其功效。

71禮義之不愆：此句《荀子集解》原文無，據《文選·答客難》引文及李善注補。又，《荀子·正名》即引作：“禮義之不愆兮，何恤人之言兮。”

72後車：隨從的車輛。乘（shèng）：古代一車四馬爲一乘。

73知：同“智”，聰明。

74啜（chuò）：吃。菽：豆類，此泛指粗糧。

75節然：偶然，凑巧。

76志意修：《荀子集解》原文作“心意修”。王念孫曰：“‘心意’當爲‘志意’，字之誤也。《荀子》書皆言‘志意修’，無言‘心意修’者。”（《集解》引）如《荀子·正論》曰：“志意修，德行厚，知慮明”，據改。

77慕：羡慕，思慕。此指望。

⑱錯：同“措”。捨弃，放弃。

⑲一也：道理是一樣的。

⑳縣：同“懸”。懸殊，差别。

㉑隊：同“墜”。墜落，指流星墜落。

㉒物之罕至者：事物中不常出現的現象。罕：少。

㉓黨：同“儻”。偶然。見：同“現”。

㉔常：同“嘗”，曾經。

㉕上明：君主賢明。政平：政治安定，太平。

㉖起：興起，產生。

㉗上闇：君主昏庸愚昧。政險：政治險惡。

㉘人祆：人爲的灾害，人事上的反常現象。

㉙楛耕傷稼：言耕作粗劣，傷害莊稼。楛（kǔ）：粗糙，不精。

㉚枯耘傷歲：除草粗糙，影響收成。枯：同“楛”。耘：除草。歲：年成。按：此句《荀子集解》原文作“耘耨失薉”，《韓詩外傳》作“枯耘傷歲”，盧文弨、王念孫等以爲是（《荀子集解》引），據改。

㉛薉（huì）：同“穢”。荒蕪。

㉜糴（dí）：買進糧食。

㉝錯：同“措”。放置，安放。此措施。

㉞則父子相疑：一説“父子”上不當有“則”字。《群書治要》《韓詩外傳》引文均無“則”字（《荀子集解》）。

㉟錯：交錯。

㊱爾：同“邇”。淺近。

㊲菑：同“災”。灾難。

㊳勉力：力役，役使人力。不時：不依天時，不顧農時。

㊴牛馬相生：牛馬互生怪胎。

⑩六畜：猪、馬、牛、羊、雞、狗。一説“勉力不時，則牛馬相生，六畜作祆”三句，當直承上文“本事不理”（《荀子集解》引王念孫曰）。

⑩傳：解釋經書的書。

⑩治：治理。此探究。

⑩瑳：同“磋”。切磋，琢磨。

⑩雩（yú）：古代求雨的祭祀。

⑩食：同“蝕”。救：阻止。

⑩卜筮（shì）：古時用龜甲獸骨或蓍草占卜吉凶。

⑩文：文飾，掩飾。此指文飾政事。

⑩暉：同“輝”。赫：顯著，顯赫。

⑩暉潤：火的光亮與水的光澤。

⑪睹：當作“睹”（dǔ），明亮，光彩顯著。

⑪白：明瞭，顯著。

⑪傾覆：反復無常。幽險：陰險。

⑪大天而思之，孰與物畜而制之：意爲與其尊崇天而想象着能像天那樣擁有豐富的物產，不如將物產蓄積起來，根據各物的所宜來酌量使用它們。大：推崇。思：思慕。物畜：猶言畜物。畜：即“蓄”，蓄積。制：當爲“材”，意爲因物之宜而用之。參李中生《〈荀子〉“制天命”新訓》，載《學術

研究》，1994 年第 5 期。

⑭從天而頌之，孰與制天命而用之：意爲與其跟在天的後面贊頌皇天隆物的功德，不如將天所生之萬物按照人類的需要製造出來，生産出來。制：造，作。此培育，造就。天命：天之所命，即天所生萬物。參李中生《〈荀子〉“制天命”新訓》，載《學術研究》，1994 年第 5 期；廖名春《〈荀子·天論〉篇“大天而思之”章新詮》，載《邯鄲學院學報》，2012 年第 22 卷第 4 期。

⑮望：期望，盼望。

⑯因：依靠。多：此指萬物之自然增多。一說“多”同上文“頌之”之“頌”，稱頌，贊揚。

⑰騁能：施展才能。化：變化。一説意爲“生”，生長。

⑱思物而物之：言思慕萬物而欲把它們據爲己物。

⑲願：仰慕。

⑳有：通“右”。幫助，促進。楊倞《荀子注》：“物之生雖在天，成之則在人也。”

㉑錯：通“措”。廢弃，放弃。

㉒失：喪失，背離。情：實情。

㉓道貫：一貫的、貫通的原則。此指禮義。

㉔理貫：言以一貫的原則治理。

㉕差：差錯。此指運用實施一貫的原則發生差錯。

㉖詳：詳密，周備。

㉗道之所善：道所認爲是好的、正確的東西。

㉘中（zhòng）：符合。

㉙畸（jī）：偏，偏離。

㉚匿：同“慝”（tè）。邪惡。此差錯。

㉛表深：用標志表明水的深度。表：標志，標準。

㉜陷：陷入，淹死。

㉝非禮：違背禮。

㉞昏：同“昏”。

㉟道無不明：道在各個方面都規定明確。

㊱外内異表：外事、内政的治理，都有不同的標準。

㊲隱顯有常：對隱蔽的與顯露的事情，都有不變的常規。

㊳民陷乃去：民衆的灾難就可以免去。陷：陷阱。

㊴一偏：一部分，一個方面。

㊵爲：做。此認識。

㊶慎子：慎到。戰國中期法家。後：指在後服從。《荀子·非十二子》篇批評慎到“上則取聽於上，下則取從於俗”；《解蔽》篇批評其“蔽於法而不知賢”。

㊷先：在前引導。

㊸有見於詘，無見於信：此指老子主張清静無爲。詘：同“屈”。委曲求全。信：通“伸”。進取有爲。

㊹墨子：即墨翟。墨家學派創始人。春秋戰國之際魯國人，一説宋國人。主張“兼愛”“尚同”，取消差等。

㊺畸：不齊，不整齊。荀子認爲“勢位齊”將引起紛争動亂，主張“制禮義以分之，使有貧富貴賤之等”（《荀子·王制》），以相互制約而形成秩序。又在《荀子·非十二子》篇批評墨子“僈差等”。

㊻宋子：宋鈃（jiān），戰國時宋國人。少：指欲望少。宋鈃認爲人的本性是“欲寡”，欲望很少，容易滿足。荀子反對這一説法，認爲人的本性是“欲多”，歷代帝王施行賞功罰過，都是根據人的這一本性（參《荀子·正論》）。

⑭門：門徑，方向。

⑱化：教化，感化。

⑲語出《尚書・洪範》。言不要偏重個人的好惡，而要遵循聖王的道路。無有：不要。作好（hào）：有所偏好。作惡（wù）：有所偏惡。惡：厭惡。

導讀

荀子（約前313—前238，一説前336—前236），名况，號卿，又稱孫子、孫卿子（一説本姓孫）。戰國末期趙國人。游學於齊，齊襄王時，三爲稷下學宮祭酒（學長）。後遭讒，遂至楚，春申君（？—前238）以爲蘭陵（今山東蘭陵縣西南）令。春申君死後，廢官居於蘭陵，“著數萬言而卒。因葬蘭陵”（《史記》卷七十四《孟子荀卿列傳》）。

荀子思想的主體爲儒家，同時批判吸收了先秦諸子百家的思想，不僅發展了儒家思想，而且也是先秦諸子之學的集大成者。他提倡“隆禮”，并主張禮法兼治，王霸并用，最早將儒、法思想結合起來，對中國古代政治産生了深遠的影響。現存《荀子》二十卷，三十二篇，絶大部分爲荀子自己所寫，涉獵十分廣泛，内容深厚，舉凡哲學、倫理、經濟、政治、軍事、教育、語言、文學乃至治學之方和處世之道，都有闡發論述，“足爲先秦一大思想寶庫”（張覺《荀子譯注・前言》）。唐楊倞曾爲《荀子》作注，爲現今流傳的、最早的《荀子》注本。清末王先謙采集各家之説，發揮己見，撰成《荀子集解》，是一個比較完善的注本。

本篇選自《荀子》卷十一《天論篇第十七》。《天論》是荀子關於天人關係思想的重要論述。他深刻地指出自然界有其自身的運行規律，“不爲堯存，不爲桀亡”，不以人的意志爲轉移；人不能，也不應“與天争職”，而要“明於天人之分”，“知其所爲，知其所不爲”。在這一前提下，順應天時，正確地發揮“人有其治”的主動性和參與天地養育萬物過程的能力（所謂“能參”），達到“天地官而萬物役”。因此，荀子這裏所説的“制天命而用之”并非講天人對立，而是藴含着可貴的尊重自然，以求人天和諧的思想。本篇强調治亂在人，不在天，所謂“君人者，隆禮尊賢而王，重法愛民而霸”，“治民者表道”，“禮者，表也”，這些論述都是荀子針對當時的社會現實提出的重要的政治思想。篇中還對老子、慎到、墨翟、宋鈃的主張給予批駁。

選文據清王先謙《荀子集解》（沈嘯寰、王星賢點校本，北京，中華書局，1988年），并參考吸收當代學者的研究整理成果，個别文字標點有改動。

參考文獻

荀子．楊倞，注．耿芸，標校．上海：上海古籍出版社，2014．

魏徵，等．群書治要．沈錫麟，整理．北京：中華書局，2014．

張覺．荀子譯注．上海：上海古籍出版社，2012．

樓宇烈．荀子新注．北京：中華書局，2018．

孔繁．荀子評傳．南京：南京大學出版社，2003．

廖名春．荀子的思想與學説．邯鄲學院學報，2012，22（2）：22-30．

五蠹（《韓非子》）

選文

上古之世，人民少而禽獸衆，人民不勝禽獸蟲蛇[①]。有聖人作，搆木爲巢[②]，以避羣害，而民悦之，使王天下[③]，號曰有巢氏。民食果蓏蜯蛤[④]，腥臊惡臭而傷害腹胃[⑤]，民多疾病。有聖人作，鑽燧取火[⑥]，以化腥臊，而民説之[⑦]，使王天下，號之曰燧人氏。中古之世，天下大水，而鯀、禹決瀆[⑧]。近古之世，桀、紂暴亂，而湯、武征伐。今有搆木鑽燧於夏后氏之世者[⑨]，必爲鯀、禹笑矣；有決瀆於殷、周之世者，必爲湯、武笑矣。然則今有美堯、舜、湯、武、禹之道於當今之世者，必爲新聖笑矣。是以聖人不期脩古[⑩]，不法常可[⑪]，論世之事，因爲之備。宋人有耕田者，田中有株[⑫]，兔走觸株，折頸而死，因釋其耒而守株，冀復得兔，兔不可復得，而身爲宋國笑。今欲以先王之政，治當世之民，皆守株之類也。

古者丈夫不耕[⑬]，草木之實足食也；婦人不織，禽獸之皮足衣也。不事力而養足[⑭]，人民少而財有餘，故民不爭。是以厚賞不行，重罰不用，而民自治。今人有五子不爲多，子又有五子，大父未死而有二十五孫[⑮]。是以人民衆而貨財寡，事力勞而供養薄[⑯]，故民爭，雖倍賞累罰而不免於亂。

堯之王天下也，茅茨不翦[⑰]，采椽不斲[⑱]；糲粢之食[⑲]，藜藿之羹[⑳]；冬日麑裘[㉑]，夏日葛衣[㉒]：雖監門之服養[㉓]，不虧於此矣。禹之王天下也，身執耒臿，以爲民先[㉔]；股無胈[㉕]，脛不生毛[㉖]：雖臣虜之勞[㉗]，不苦於此矣。以是言之，夫古之讓天子者，是去監門之養而離臣虜之勞也，古傳天下而不足多也[㉘]。今之縣令，一日身死，子孫累世絜駕[㉙]，故人重之。是以人之於讓也，輕辭古之天子，難去今之縣令者，薄厚之實異也。夫山居而谷汲者，膢臘而相遺以水[㉚]；澤居苦水者，買庸而決竇[㉛]。故饑歲之春，幼弟不饟[㉜]；穰歲之秋[㉝]，疏客必食[㉞]。非疏骨肉，愛過客也[㉟]，多少之實異也。是以古之易財[㊱]，非仁也，財多也；今之爭奪，非鄙也[㊲]，財寡也。輕辭天子，非高也[38]，勢薄也[39]；爭士橐[40]，非下也[41]，權重也。故聖人議多少、論薄厚爲之政[42]。故罰薄不爲慈，誅嚴不爲戾[43]，稱俗而行也[44]。故事因於世，而備適於事[45]。

古者文王處豐、鎬之間[46]，地方百里，行仁義而懷西戎[47]，遂王天下。徐偃王處漢東[48]，地方五百里，行仁義，割地而朝者三十有六國[49]。荆文王恐其害己也[50]，舉兵伐徐，遂滅之。故文王行仁義而王天下，偃王行仁義而喪其國，是仁義用於古而不用於今也。故曰：世異則事異。當舜之時，有苗不服[51]，禹將伐之。舜曰："不可。上德不厚而行武[52]，非道也。"乃修教三年，執干戚舞，有苗乃服[53]。共工之戰[54]，鐵銛矩者及乎敵[55]，鎧甲不堅者傷乎體[56]，是干戚用於古不用於今也。故曰：事異則備變。上古競於道德[57]，中世逐於智謀[58]，當今爭於氣力[59]。齊將攻魯，魯使子貢説之[60]。齊人曰："子言非不辯也[61]，吾所欲者土地也，非斯言所謂也。"遂舉兵伐魯，去門十里以爲界[62]。故偃王仁義而徐亡，子貢辯智而魯削。以是言之，夫仁義辯智，非所以持國也[63]。去偃王之仁，息子貢之智，循徐、魯之力，使敵萬乘[64]，則齊、荆之欲不得行於二國矣。

夫古今異俗，新故異備[65]。如欲以寬緩之政，治急世之民[66]，猶無轡策而御駻馬[67]，此不知之患也。今儒、墨皆稱先王兼愛天下[68]，則視民如父母[69]。何以明其然也？曰："司寇行刑[70]，君爲之不舉樂；聞死刑之報[71]，君爲流涕。"此所舉先王也[72]。夫以君臣爲如父子則必治，推是言之，是無亂父子也[73]。人之情性莫先於父母[74]，父母皆見愛而未必治也[75]，雖厚愛矣，奚遽不亂[76]？今先王之愛民，不過父母之愛子，子未必不亂也，則民奚遽治哉？且夫以法行刑，而君爲之流涕，此以效仁[77]，非以爲治也。夫垂泣不欲刑者，仁也；然而不可不刑者，法也。先王勝其法[78]，不聽其泣[79]，則仁之不可以爲治亦明矣。

且民者固服於勢[80]，寡能懷於義[81]。仲尼，天下聖人也，修行明道以遊海内，海内説其仁[82]、美其義而爲服役者七十人[83]。蓋貴仁者寡，能義者難也。故以天下之大，而爲服役者七十人，而仁義者一人[84]。魯哀公[85]，下主也[86]，南面君國[87]，境内之民莫敢不臣。民者固服於勢，勢誠易以服人，故仲尼反爲臣而哀公顧爲君[88]。仲尼非懷其義[89]，服其勢也。故以義則仲尼不服於哀公，乘勢則哀公臣仲尼[90]。今學者之説人主也[91]，不乘必勝之勢，而務行仁義則可以王，是求人主之必及仲尼，而以世之凡民皆如列徒[92]，此必不得之數也。

今有不才之子，父母怒之弗爲改，鄉人譙之弗爲動[93]，師長教之弗爲變。夫以父母之愛、鄉人之行、師長之智，三美加焉，而終不動，其脛毛不改[94]。州部之吏，操官兵[95]，推公法[96]，而求索姦人，然後恐懼，變其節，易其行矣。故父母之愛不足以教子，必待州部之嚴刑者，民固驕於愛、聽於威矣[97]。故十仞之城[98]，樓季弗能踰者[99]，峭也[100]；千仞之山，跛牂易牧者[101]，夷也[102]。故明王峭其法而嚴其刑也。布帛尋常[103]，庸人不釋[104]；鑠金百溢[105]，盜跖不掇[106]。不必害，則不釋尋常；必害手，則不掇百溢[107]。故明主必其誅也。是以賞莫如厚而信，使民利之；罰莫如重而必，使民畏之；法莫如一而固，使民知之。故主施賞不遷[108]，行誅無赦，譽輔其賞，毀隨其罰[109]，則賢、不肖俱盡其力矣[110]。

今則不然。以其有功也爵之，而卑其士官也[111]；以其耕作也賞之，而少其家業也[112]；以其不收也外之[113]，而高其輕世也[114]；以其犯禁也罪之，而多其有勇也[115]。毁譽賞罰之所加者，相與悖繆也[116]，故法禁壞而民愈亂。今兄弟被侵，必攻者[117]，廉也[118]；知友被辱[119]，隨仇者[120]，貞也[121]。廉貞之行成，而君上之法犯矣。人主尊貞廉之行，而忘犯禁之罪，故民程於勇[122]，而吏不能勝也[123]。不事力而衣食，則謂之能；不戰功而尊，則謂之賢。賢能之行成，而兵弱而地荒矣。人主説賢能之行[124]，而忘兵弱地荒之禍，則私行立而公利滅矣[125]。

儒以文亂法[126]，俠以武犯禁[127]，而人主兼禮之，此所以亂也。夫離法者罪[128]，而諸先生以文學取[129]；犯禁者誅，而羣俠以私劒養[130]。故法之所非，君之所取；吏之所誅，上之所養也。法、趣、上、下，四相反也[131]，而無所定，雖有十黄帝不能治也。故行仁義者非所譽[132]，譽之則害功；文學者非所用[133]，用之則亂法。楚之有直躬[134]，其父竊羊，而謁之吏[135]。令尹曰："殺之!"以爲直於君而曲於父[136]，報而罪之。以是觀之，夫君之直臣，父之暴子也[137]。

魯人從君戰，三戰三北[138]。仲尼問其故，對曰：“吾有老父，身死莫之養也。”仲尼以爲孝，舉而上之。以是觀之，夫父之孝子，君之背臣也。故令尹誅而楚姦不上聞，仲尼賞而魯民易降北。上下之利，若是其異也，而人主兼舉匹夫之行[139]，而求致社稷之福，必不幾矣[140]。

古者蒼頡之作書也[141]，自環者謂之私[142]，背私謂之公[143]，公私之相背也，乃蒼頡固以知之矣[144]。今以爲同利者，不察之患也[145]。然則爲匹夫計者，莫如脩行義而習文學[146]。行義修則見信[147]，見信則受事[148]；文學習則爲明師，爲明師則顯榮。此匹夫之美也。然則無功而受事，無爵而顯榮，爲有政如此[149]，則國必亂，主必危矣。故不相容之事，不兩立也。斬敵者受賞，而高慈惠之行；拔城者受爵禄，而信廉愛之說[150]；堅甲厲兵以備難[151]，而美薦紳之飾[152]；富國以農，距敵恃卒[153]，而貴文學之士；廢敬上畏法之民，而養遊俠私劍之屬[154]。舉行如此，治强不可得也。國平養儒俠[155]，難至用介士[156]，所利非所用，所用非所利。是故服事者簡其業[157]，而游學者日衆，是世之所以亂也。

且世之所謂賢者，貞信之行也[158]；所謂智者，微妙之言也[159]。微妙之言，上智之所難知也。今爲衆人法，而以上智之所難知，則民無從識之矣[160]。故糟糠不飽者不務粱肉[161]，短褐不完者不待文繡[162]。夫治世之事，急者不得，則緩者非所務也。今所治之政，民閒之事，夫婦所明知者不用，而慕上知之論[163]，則其於治反矣[164]。故微妙之言，非民務也[165]。若夫賢良貞信之行者[166]，必將貴不欺之士[167]；貴不欺之士者，亦無不欺之術也[168]。布衣相與交，無富厚以相利，無威勢以相懼也，故求不欺之士。今人主處制人之勢，有一國之厚，重賞嚴誅，得操其柄[169]，以修明術之所燭[170]，雖有田常、子罕之臣[171]，不敢欺也，奚待於不欺之士？今貞信之士不盈於十，而境内之官以百數[172]，必任貞信之士，則人不足官。人不足官，則治者寡而亂者衆矣。故明主之道，一法而不求智[173]，固術而不慕信[174]，故法不敗[175]，而羣官無姦詐矣。

今人主之於言也，説其辯而不求其當焉[176]；其用於行也[177]，美其聲而不責其功焉[178]。是以天下之衆，其談言者務爲辯而不周於用[179]，故舉先王言仁義者盈廷，而政不免於亂；行身者競於爲高而不合於功[180]，故智士退處巖穴，歸禄不受，而兵不免於弱[181]。兵不免於弱[182]，政不免於亂，此其故何也？民之所譽，上之所禮，亂國之術也。今境内之民皆言治，藏商、管之法者家有之[183]，而國愈貧，言耕者衆，執耒者寡也；境内皆言兵，藏孫、吴之書者家有之[184]，而兵愈弱，言戰者多，被甲者少也。故明主用其力，不聽其言；賞其功，必禁無用。故民盡死力以從其上。夫耕之用力也勞，而民爲之者，曰：可得以富也。戰之爲事也危，而民爲之者，曰：可得以貴也。今修文學，習言談，則無耕之勞而有富之實，無戰之危而有貴之尊，則人孰不爲也？是以百人事智而一人用力。事智者衆，則法敗；用力者寡，則國貧。此世之所以亂也。

故明主之國，無書簡之文[185]，以法爲教；無先王之語，以吏爲師；無私劍之捍[186]，以斬首爲勇。是境内之民，其言談者必軌於法，動作者歸之於功[187]，爲勇者盡之於軍。是故無事則國富，有事則兵强，此之謂王資[188]。既畜王資而承敵國之釁[189]，超五帝、侔三王者[190]，必此法也。

今則不然，士民縱恣於内，言談者爲勢於外，外内稱惡[191]，以待强敵，不亦殆乎！故羣臣之言外事者，非有分於從衡之黨[192]，則有仇讎之忠[193]，而借力於國也[194]。從者，合衆弱以攻一强也；而衡者，事一强以攻衆弱也：皆非所以持國也[195]。今人臣之言衡者，皆曰："不事大，則遇敵受禍矣。"事大未必有實，則舉圖而委[196]，效璽而請兵矣[197]。獻圖則地削，效璽則名卑；地削則國削，名卑則政亂矣。事大爲衡，未見其利也，而亡地亂政矣。人臣之言從者，皆曰："不救小而伐大，則失天下，失天下則國危，國危而主卑。"救小未必有實，則起兵而敵大矣。救小未必能存，而交大未必不有疏[198]，有疏則爲强國制矣。出兵則軍敗，退守則城拔。救小爲從，未見其利，而亡地敗軍矣。是故事强[199]，則以外權士官於内[200]；救小，則以内重求利於外[201]。國利未立，封土厚禄至矣；主上雖卑，人臣尊矣；國地雖削，私家富矣。事成，則以權長重[202]；事敗，則以富退處。人主之聽説於其臣[203]，事未成則爵禄已尊矣；事敗而弗誅，則游説之士孰不爲用矰繳之説而徼倖其後[204]？故破國亡主以聽言談者之浮説，此其故何也？是人君不明乎公私之利，不察當否之言，而誅罰不必其後也。皆曰："外事，大可以王，小可以安。"夫王者，能攻人者也；而安，則不可攻也[205]。强，則能攻人者也；治，則不可攻也。

治强不可責於外，内政之有也[206]。今不行法術於内，而事智於外[207]，則不至於治强矣。

鄙諺曰："長袖善舞，多錢善賈。"此言多資之易爲工也[208]。故治强易爲謀，弱亂難爲計。故用於秦者，十變而謀希失[209]；用於燕者，一變而計希得。非用於秦者必智，用於燕者必愚也，蓋治亂之資異也。故周去秦爲從[210]，期年而舉[211]；衛離魏爲衡[212]，半歲而亡。是周滅於從，衛亡於衡也。使周、衛緩其從衡之計，而嚴其境内之治，明其法禁，必其賞罰，盡其地力以多其積，致其民死以堅其城守，天下得其地則其利少，攻其國則其傷大，萬乘之國莫敢自頓於堅城之下[213]，而使强敵裁其弊也[214]，此必不亡之術也。舍必不亡之術而道必滅之事[215]，治國者之過也。智困於内而政亂於外[216]，則亡不可振也[217]。

民之政計[218]，皆就安利如辟危窮[219]。今爲之攻戰[220]，進則死於敵，退則死於誅，則危矣；棄私家之事而必汗馬之勞[221]，家困而上弗論[222]，則窮矣。窮危之所在也，民安得勿避？故事私門而完解舍[223]，解舍完則遠戰[224]，遠戰則安。行貨賂而襲當塗者則求得[225]，求得則私安，私安則利之所在，安得勿就？是以公民少而私人衆矣[226]。

夫明王治國之政，使其商工游食之民少而名卑，以寡趣本務而趨末作[227]。今世近習之請行[228]，則官爵可買；官爵可買，則商工不卑也矣。姦財貨賈得用於市[229]，則商人不少矣。聚斂倍農而致尊過耕戰之士，則耿介之士寡而高價之民多矣[230]。

是故亂國之俗，其學者，則稱先王之道以籍仁義[231]，盛容服而飾辯説[232]，以疑當世之法[233]，而貳人主之心。其言古者[234]，爲設詐稱[235]，借於外力，以成其私，而遺社稷之利[236]。其帶劍者，聚徒屬，立節操，以顯其名，而犯五官之禁[237]。其患御者[238]，積於私門，盡貨賂，而用重人之謁[239]，退汗馬之勞。其商工之民，修治苦窳之器[240]，聚弗靡之財[241]，蓄積待時，而侔農夫之利[242]。此五者，邦之蠹也[243]。人主不除此五蠹之民，不養耿介之士，則海内雖有破亡之國，削滅之朝，亦勿怪矣。

注釋

①不勝：禁不住，不能承受。勝（shēng）：承受。蟲：昆蟲，蟲子。

②搆：同“構”。架。架木，搭建。

③王（wàng）：稱王，即統治。

④蓏（luǒ）：瓜類植物的果實。《説文》：“在木曰果，在地曰蓏。”蚌蛤（bàng gé）：蛤類軟體動物，肉可食。蜯：同“蚌”。蛤：蛤蜊。

⑤惡臭（xiù）：難聞的氣味。臭：氣味。腹胃：當作“腸胃”。《韓非子·解老》曰：“（人）以腸胃爲根本。”（陳奇猷《韓非子新校注》）

⑥鑽燧（suì）取火：古代取火的方法，即鑽木取火。燧：古代用以取火的器具。

⑦説：通“悦”。

⑧瀆：小水溝，此泛指河川。古人謂長江、淮河、黄河、濟水爲“四瀆”。決：挖掘，疏通。按：以“決瀆”方法治水者爲禹，韓非這裏鯀、禹并提，衹是連帶提及而已。

⑨今：表假設，如果。夏后氏之世：指夏朝。

⑩期：期望，羡慕。脩：學習，遵循。一説當爲“循”。

⑪法：效法。常可：永恒適宜的辦法與規則。可：適合，可行。

⑫株：樹樁。

⑬丈夫：泛指成年男子。

⑭事力：用力，從事勞動。養：供養。

⑮大父：祖父。

⑯勞：費力，吃力。指勞動艱辛。

⑰茅茨（cí）：用蘆葦、茅草蓋的屋頂。翦：同“剪”。修剪整齊。

⑱采椽：櫟木做的椽子。采：即“櫟”（lì），也叫柞樹。斲（zhuó）：砍削，此砍削加工。

⑲糲粢（lì zī）：泛指粗糧。糲：粗米。粢：穀類。

⑳藜藿（huò）：泛指野菜。藿：豆葉。羹：用肉或菜調和五味做成的帶湯的食物。

㉑麑（ní）裘：指鹿皮做的皮衣。麑：小鹿。裘：毛皮縫製的衣服。

㉒葛衣：用葛布做的粗劣的衣服。葛：一種植物，纖維可以織布。

㉓監門：守門人。服養：指穿的和吃的。

㉔耒：一種農具，形狀像木叉。臿（chā）：古代用以掘土的鍬。

㉕股：大腿。胈（bá）：大腿上的毛。一説肌肉。

㉖脛（jìng）：小腿。

㉗臣虜：奴隸，勞役之人。

㉘古：通“故”。多：稱頌，贊美。

㉙絜（xié）駕：束馬套車。言出門有馬車乘坐。絜：度量，衡量。此約束。

㉚膢臘（lóu là）：指年終舉行的祭祀。膢：春秋戰國時代楚人的一種祭祀。臘：古代陰曆十二月的一種祭祀。遺（wèi）：贈送。

㉛買庸：雇傭人工。庸：同“傭”。決竇：挖溝渠以排水。竇：洞孔。此水道。

㉜饟（xiǎng）：供給食物。

㉝穰（ráng）歲：豐年。穰：莊稼豐收。

㉞食（sì）：供養，拿食物給……吃。

㉟疏骨肉：疏遠自己的親人。愛過客：偏愛過路的客人。

㊱易：輕，輕視。

㊲鄙：庸俗，卑鄙。此貪吝。

㊳高：言品德高尚。

㊴勢薄：言古代天子的權勢很小。

㊵爭土橐（tuó）：争着去做官或依附權勢。土：當作“士”，通“仕”。做官。橐：通“托”。依附。指依附諸侯、貴族。

㊶下：品德低下。

㊷故聖人議多少、論薄厚爲之政：因此聖人根據財富的多少、權勢的輕重，采取相應的政治措施。

㊸戾：暴戾，凶惡。

㊹稱（chèn）：適合。

㊺因：順着。備：指治理社會的具體措施。適：適應。

㊻豐、鎬（hào）之間：豐、鎬皆西周國都。此指文王興起的地域。豐：亦作“酆”，即豐京。在今陝西西安市長安區西灃河西岸，文王自岐遷都於此。鎬：即鎬京。在今陝西西安市長安區西北鎬京村附近，武王滅殷後，由豐遷都於此。

㊼懷：懷柔，感召。西戎：周時分布在西北地方的戎族。

㊽徐偃王：徐國國君。周穆王時，國勢强盛，自稱偃王。徐國在今江蘇泗洪縣南大徐臺。漢東：漢水以東。

㊾有：通“又”。

㊿荆：楚國别稱。荆文王：即楚文王，但這裏的楚文王與春秋時期的楚文王熊貲非一人。

51有苗：又稱“苗”“三苗”，古代少數民族名。有：詞頭，無義。

52上：通“尚”。崇尚。

53執干戚舞，有苗乃服：此言舜并非通過實際動用武力，而是通過樂舞的感化使有苗歸服。執干戚舞：拿着兵器跳舞。干：盾牌。戚：古代的兵器，斧一類。

54共（gōng）工之戰：《韓非子·外儲説右上》載，堯欲傳天下於舜，共工諫，堯不聽，“舉兵而誅共工於幽州之都”。

55銛（xiān）：古代一種類似於臿的兵器。矩：通“巨”。巨大，長。

56鎧甲：古代革製戰衣，上綴有金屬薄片，用來護體。

57競於道德：在道德上比高下，指堯舜禪讓之事。

58逐於智謀：言以謀略取勝。逐：角（jué）逐，争勝。

59争於氣力：言以實力相較量，指諸侯國之間的兼并戰争。

60子貢：姓端木，名賜，孔子弟子。説（shuì）：游説，勸導。

61子：古人對人的尊稱，如言您。辯：口才好，言辭動聽。

62去：距離。門：國門，指魯都曲阜的城門。

63持：保持，保全。

64循：遵循，此依靠。萬乘（shèng）：擁有萬輛戰車的大國。

65新故異備：新舊時代的政治措施不同。

66急世：急劇變動的時代。

67轡（pèi）：繮繩。策：馬鞭。馯（hàn）：馬凶悍。

68稱：宣揚。兼愛：泛愛。

69視民如父母：此言看待人民像父母（看待子女）。

70司寇：古代掌管刑獄的高級官員。

71報：斷獄，判决罪人。

72舉：稱舉，推崇。

73亂父子：相互衝突、不和睦的父子。

74情性：本性。

⑮見：現，表現。

⑯奚遽不亂：怎麽就會不發生糾紛、衝突。奚：何。遽（jù）：遂，就。

⑰效仁：顯示對民的仁愛。效：顯示，表示。

⑱勝（shēng）：任，勝任。此任用。

⑲聽：從，順。

⑳服：屈服，屈從。

㉑寡：少，很少。

㉒説（yuè）：通“悦”。

㉓爲服役者：此言爲他做事的人，指門徒。

㉔仁義者一人：指孔子。

㉕魯哀公：春秋末年魯國國君，前494—前468年在位。

㉖下主：不高明，才智低下。

㉗南面：坐北朝南之位，古代帝王所居之位，代指統治。君：爲君，治國。

㉘顧：却，反而。

㉙懷其義：被魯哀公的仁義所感化。

㉚乘：駕。憑藉，利用。

㉛説（shuì）：游説。

㉜列徒：孔子的門徒。

㉝譙（qiào）：同“誚”，責備，責罵。

㉞脛毛不改：言絲毫不改。

㉟官兵：官府的兵器。

㊱推公法：推行、執行國家的法律。

㊲驕：驕縱。

㊳仞：測量單位。八尺爲仞（一説七尺）。

㊴樓季：戰國時魏文侯弟，善於奔跑跳躍。

㊵峭：陡峭，險峻。

㊶跛牂（zāng）：瘸腿的母羊。牂：母羊。

㊷夷：平，平緩。

㊸尋常：長度單位。八尺爲尋，兩尋爲常。

㊹釋：放弃。

㊺鑠（shuò）金：熔化了的金子。溢：通“鎰”。古代重量單位。一鎰爲二十兩。一説爲二十四兩。

㊻盗跖（zhí）：又作“蹠”。春秋時期率衆數千横行天下的大盗。事見《莊子·盗蹠》。掇（duō）：拾取。

㊼必害手，則不掇百溢：如果必然會傷到手，即使是百鎰的黄金也不敢去拾取。

㊽遷：變動。

㊾譽輔其賞，毁隨其罰：在實施奬賞和懲罰的同時，輔之以稱譽和詆毁。

㊿不肖：德才不好的人。

⑪卑：貶低。士官：即仕官，做官。

⑫少其家業：看不起其所創立的家業。少：輕視。

⑬不收：不願意被任用。收：收取，録用。外：疏遠。

⑭高：推崇。輕世：輕視世俗名利。

⑮多：稱贊。

⑯繆：通“謬”。錯誤，荒謬。

⑰攻：此反攻，反擊。

⑱廉：正直，有棱角。此正當。

⑲知友：知己的朋友。

⑳隨仇：追逐仇人，報仇。

㉑貞：忠貞。

㉒程：通“逞”。炫耀，逞能。

㉓勝：制服。

㉔説：通“悦”。

㉕私行：臣下謀取私利的行爲。

㉖文：指文學。指詩、書、禮、樂等儒家典籍。

㉗俠：俠士。指游俠。

㉘離：通“罹”。遭受。此觸犯。

㉙取：録用。

㉚以私劍養：指不遵守國家法律而靠着仗劍行刺得到供養。私劍：私門劍術。

㉛法、趣、上、下：承前文分别指“法之所非”“君之所取”“上之所養”“吏之所誅”。趣：通“取”。取用，録用。

㉜行仁義者：指儒者。非所譽：不是應該稱譽的人。

㉝按：此句“文”上當有“習”字。下文有“莫如脩行義而習文學”（參陳奇猷《韓非子新校注》）。

㉞直躬：人名。當以行爲正直而得名。

㉟謁：告，告發。

㊱曲：不直，不道德。此不孝。

㊲暴子：猶言逆子，不孝之子。

㊳北：敗北，敗逃。

㊴兼舉：同時推崇不同的品德行爲。匹夫之行：個人自私的行爲。

㊵幾：通“冀”。希望。

㊶蒼頡：相傳爲黄帝時史官。作書：創造文字。

㊷自環者謂之私：言從字形（即先人最初造字的意旨）來看，筆畫向内環繞爲私（寓意爲自身打算）。環：環繞。私：當作“厶”，“私”的古字。《説文》：“厶，姦衺也。韓非曰：‘蒼頡作字，自營爲厶。’”營，亦環繞。

㊸背私謂之公：言與“私”相背、相反叫作“公”。《説文》：“公，平分也。從八，從厶。八猶背也。韓非曰：‘背厶爲公。’”

㊹以：通“已”。

㊺察：觀察，仔細看。

㊻行義：德行道義。

㊼見信：被信任。

㊽受事：獲得官職。事：職事。

㊾爲：表假設，如果。有政：政治。

㊿廉：正直。一説當作“兼”。墨子言兼愛，故非攻（陳奇猷《韓非子新校注》）。

151厲：通“礪”。磨礪，使鋒利。兵：兵器。

⑫薦（jìn）紳：古代官員朝見君主時插笏（音 hù，記事用的手版）於衣帶，代指做官的人。這裏指不事耕戰的儒生。薦：通“搢”。插。紳：寬大的衣帶。

⑬距：通“拒”。抵抗。

⑭私劍之屬：指刺客，劍客。

⑮儒俠：儒生和俠客。

⑯介士：即甲士，披甲的兵士。介：通“甲”。

⑰服事者：指農民和兵士。服事：任事，服役。簡：同“簡”。忽視，怠慢。

⑱貞信：忠誠信實。貞：忠貞。

⑲微妙之言：高深玄妙之言。指儒墨之説。

⑳識：瞭解，知道。

㉑粱肉：指精美的膳食。粱：精細的小米。按：“粱”，王先慎《韓非子集解》作“梁”。先慎曰：“‘梁’當作‘粱’”。此據張覺《韓非子校疏》（上海，上海古籍出版社，2010 年）改。

㉒短：當作“裋”（shù）。裋：粗布上衣。褐（hè）：粗布或粗布衣服。待：期待，等待。

㉓慕：羡慕，推崇。上知之論：指“微妙之言”。知：通“智”。

㉔反：違反，背道而行。

㉕務：致力，從事。

㉖若夫：至於。賢良貞信之行者：推重忠貞誠信行爲者，指君主。賢：以爲賢，看重，尊重。良：據王先慎《韓非子集解》引“顧廣圻曰”，當爲衍文。

㉗不欺之士：不搞欺騙的老實人。

㉘亦無不欺之術：也没有使人誠實不欺的辦法。

㉙得操其柄：握有重賞嚴誅的權柄。

㉚以修明術之所燭：用以整治高明的統治手段所洞察到的事情。修：治理，整治。燭：洞察。

㉛田常：即田恒，田成子。春秋末期齊國大夫。前 481 年，殺齊簡公，立平公，爲執政，獨攬齊國大權。後其曾孫田和廢齊康公，立爲侯。姜齊亡，田齊正式建立。子罕：即皇喜。戰國中期任宋國司城。後廢宋桓侯，奪取宋國政權。

㉜官：官職，官位。

㉝一法：專門依靠法令。

㉞固術：牢固地掌握統治之術。

㉟敗：毁壞，破壞。

㊱説：通“悦”。

㊲用於行：言任用臣下做事。

㊳聲：名聲。責：求。功：功效。

㊴談言者：指一般游説之士。周：合。

㊵行身者：修德行義之人。行身：修身。競於爲高：競相標榜清高。

㊶兵：軍隊。

㊷按：王先慎《韓非子集解》無此句。《韓非子》校注組編寫、周勛初修訂《韓非子校注》據“迂評本”補，可從。

㊸商、管：指商鞅和管仲。商鞅：戰國時衛人，助秦孝公變法，爲法家代表人物。管仲：春秋時爲齊桓公相。二者都主張獎勵農耕，發展經濟，富國强兵。

㊹孫、吴之書：指孫子、吴起論軍事與兵法之書。

㊺書簡：簡牘書籍。此指儒家經典文獻。

㊻捍：通“悍”。强悍，凶狠。

⑱動作者：做事者，從事勞動者。

⑱王資：稱王天下的資本。

⑱畜：蓄，蓄養，積聚。承：通“乘”。趁着，憑藉。舋（xìn）：同“釁”（xìn），縫隙。引申爲弱點，破綻。

⑲五帝：一般指黄帝、顓頊、帝嚳、堯、舜。侔：等同。三王：夏禹、商湯、周文王。

⑲稱：舉，興起。

⑲有分於：言是其中的一部分，從屬。分：部分。從衡：指戰國時期的合縱連横。南北爲縱，齊、楚、燕、韓、趙、魏六國爲對抗秦國而結成聯盟，在位置上成南北向，所以稱合縱；東西爲横，秦國爲對付合縱而與六國分别結盟，以便各個擊破，在位置上成東西向，所以稱連横。從：通“縱”。衡：通“横”。

⑲仇讐：仇敵。忠：同“衷”。心思，内心。

⑲借力於國：言借國家的力量報私仇。

⑲持：保持，保全。

⑲則：却。舉圖而委：把地圖交給大國，指割讓土地。委：托付，交托。

⑲效璽：交出國君的印章。指取消獨立的地位而臣服於大國。效：交出，獻出。

⑲交大：與大國（指秦國）交戰。疏：疏忽。

⑲事强：事奉大國。指主張連横的人。

⑳以外權士官於内：靠國外勢力在國内做官。士：通“仕”。做官。

⑳以内重求利於外：靠着國内的權勢到國外謀求私利。

⑳權：權勢。重：重用。此受到重用。

⑳人主之聽説於其臣：人主聽信了那些搞合縱連横的臣子的説法。

⑳矰繳（zēng zhuó）之説：獵取功名的言論。矰繳：帶絲綫的箭，射出後可收回。矰：短箭。繳：繫在箭上的生絲綫。

⑳不可攻：不可能被别人攻破。

⑳有：取得。

⑳事智於外：把智力用於外交上。

⑳工：通“功”。功效。

⑳希：同“稀”。很少。

㉑周：指西周君。前256年，西周君背離秦國，參加合縱，結果失敗，被秦國吞并。

㉑期（jī）年：周年。舉：攻克，占領。此被動用法。

㉑衛離魏爲衡：前253年，衛背離魏國與秦連横，爲魏國所滅，成爲魏之附庸。

㉑頓：困頓，疲敝。

㉑而使强敵裁其弊也：而使强大的敵人利用自己疲敝、困頓的機會來制裁自己。

㉑道：取道，遵行。

㉑按：據前文，此句當作：“智困於外而政亂於内”（參《韓非子集解》引顧廣圻曰），言外交上無計可施而内政陷於混亂。

㉑振：救濟，挽救。

㉑政計：正常的思慮。政：通“正”。正常，通常。

㉑如：而。辟：通“避”。

㉒爲之攻戰：使他們去攻戰。爲：使。

㉒必汗馬之勞：言一定要去承受戰争的勞苦。汗馬：戰馬奔走而出汗。

㉒弗論：不過問。

㉓事私門而完解舍：任事於權貴重臣之家，從事修繕官舍之事（以躲避兵役）。私門：指權貴重臣之家。完：修繕，使完好。解舍：官府，官舍。解：通“廨”。

㉔遠戰：避開戰爭。

㉕襲：因，依附。當塗者：掌權的人。塗：同“途”。求得：要求得到滿足。

㉖公民：爲國家出力的人。私人：依附權貴重臣私家而爲之出力的人。

㉗以：因爲。趣：趨，趨向。末作：末業。指商業、手工業。

㉘近習之請行：君主左右親信的請托行得通。近習：君主左右親信之人。

㉙姦財貨賈：用非法的財貨做買賣。

㉚耿介之士：正直之人。耿介：正直，廉潔。高價之民：指商賈之人。《文選·廣絶交論》李善注引文“高價”作“商賈”。

㉛以：而。籍：同“藉”。憑藉。

㉜盛：美盛，豐盛。容服：儀表服飾。

㉝疑：使疑惑，惑亂。

㉞言古者：當作“言談者”，即上文所云“言談者爲勢於外”。指縱横家。

㉟爲設詐稱：虛構假説，謊稱。爲：通“僞”。

㊱遺：遺落，丟弃。

㊲五官之禁：泛指國家的法令。五官：司徒、司馬、司空、司士、司寇五種國家重要官職。

㊳患御者：擔心被徵罰去打仗的人，即逃避兵役的人。御：讀爲“禦”，抵禦，指打仗。

㊴重人：有權有勢的人，即權貴重臣。謁：謁告，請托。

㊵苦窳（yǔ）：不堅實，粗劣。苦：同“盬”（gǔ）。粗糙，不堅實。窳：粗劣。

㊶弗靡之財：猶言奢侈物品。弗：通“費”。弗靡：揮霍浪費。一説“弗靡”當是韓非家鄉晋地的方言，意爲“不細好的布帛”。（《方言》卷二：“東齊言布帛之細者曰綾，秦晉曰靡。”）“財”：指衣、食、用等生活必需品。句意是説商人囤積一些不好的布帛之類的生活必需品，等待時機（以便高價出售），來侵取農民的利益。參劉乾先《〈五蠹〉“弗靡之財”新解》，載《古籍整理研究學刊》，1985年第1期。

㊷侔：同“牟”，謀取。

㊸蠹：蛀蟲。

導讀

韓非（約前280—前233，一説約前295—前233），戰國末年法家重要代表，先秦法家思想的集大成者。出身韓國貴族。在其生活時代，韓國一直遭受强鄰秦國的攻擊侵凌，國土日削。韓非“數以書諫韓王，韓王不能用。”他“疾治國不務脩明其法制，執勢以御其臣下，富國彊兵而以求人任賢，反舉浮淫之蠹而加之於功實之上”，於是“觀往者得失之變”，作《孤憤》《五蠹》等十餘萬言（《史記》卷六十三《老子韓非列傳》）。韓王安五年（前234），秦攻韓，國勢危急，韓非受命出使秦國，留秦。後遭李斯等陷害，下獄死。

《漢書·藝文志》著録《韓子》五十五篇。魏晋以後分卷，計二十卷，五十五篇。又由於宋以後學者往往尊稱唐代韓愈爲“韓子”，爲免混淆，或改稱《韓子》爲《韓非子》，沿襲至今。

本篇選自《韓非子》卷十九第四十九篇，是韓非法治思想的集中闡述。他主張絶對的君主專制政治，即通過一整套嚴厲的、賞罰分明的法律制度，保證君主的絶對權勢，獎勵耕戰，實現富國强兵。從這一思想出發，他認爲學者（儒生）、言談者（縱横家）、帶劍者（游俠）、患禦者（逃避兵役的人）和商工之民，都是對國家政治有害之人，“人主不除此五蠹之民，不養耿介之士”，就會導致國家敗亡。韓非的思想主張是基於對歷史得失的總結和深刻的歷史進化論的思考。他提出：“聖人不期脩古，不法常可，論世之事，因爲之備”，國家政策制度的制定，要適應時代的發展變化，體現出强烈的改變現狀、救亡圖强的精神。本篇邏輯清晰，結構嚴密，層層深入，是先秦諸子論説文的典範。

選文據清王先慎《韓非子集解》（鍾哲點校本，北京，中華書局，2013 年第 2 版），并參考吸收諸家的研究整理成果，個别文字標點有改動。

參考文獻

陳奇猷. 韓非子新校注. 上海：上海古籍出版社，2000.

《韓非子》校注組. 韓非子校注. 修訂本. 周勛初，修訂. 南京：鳳凰出版社，2009.

張覺，等. 韓非子譯注. 上海：上海古籍出版社，2012.

施覺懷. 韓非評傳. 南京：南京大學出版社，2002.

楊義. 韓非子還原. 北京：中華書局，2011.

張覺. 韓非子考論. 北京：知識産權出版社，2013.

第二單元

秦漢典籍精讀

秦始皇本紀（《史記》）（節選）

選文

秦始皇帝者，秦莊襄王子也[1]。莊襄王爲秦質子於趙[2]，見吕不韋姬[3]，悦而取之，生始皇。以秦昭王四十八年正月生於邯鄲[4]。及生，名爲政[5]，姓趙氏[6]。年十三歲，莊襄王死，政代立爲秦王。當是之時，秦地已并巴、蜀、漢中，越宛有郢[7]，置南郡矣；北收上郡以東[8]，有河東、太原、上黨郡[9]；東至滎陽[10]，滅二周[11]，置三川郡[12]。吕不韋爲相[13]，封十萬户[14]，號曰文信侯。招致賓客游士，欲以并天下。李斯爲舍人[15]。蒙驁、王齮、麃公等爲將軍[16]。王年少，初即位，委國事大臣[17]。

嫪毐封爲長信侯[18]。予之山陽地[19]，令毐居之。宫室車馬衣服苑囿馳獵恣毐[20]，事無小大皆決於毐。又以河西太原郡更爲毐國[21]。

九年，彗星見[22]，或竟天[23]。攻魏垣、蒲陽[24]。四月，上宿雍[25]。己酉，王冠，帶劍[26]。長信侯毐作亂而覺[27]，矯王御璽及太后璽以發縣卒及衛卒、官騎、戎翟君公、舍人[28]，將欲攻蘄年宫爲亂[29]。王知之，令相國、昌平君、昌文君發卒攻毐[30]。戰咸陽，斬首數百，皆拜爵，及宦者皆在戰中，亦拜爵一級。毐等敗走。即令國中：有生得毐，賜錢百萬；殺之，五十萬。盡得毐等。衛尉竭、内史肆、佐弋竭、中大夫令齊等二十人皆梟首[31]。車裂以徇[32]，滅其宗。及其舍人，輕者爲鬼薪[33]。及奪爵遷蜀四千餘家，家房陵[34]。四月寒凍，有死者。楊端和攻衍氏[35]。彗星見西方，又見北方，從斗以南八十日[36]。

十年，相國吕不韋坐嫪毐[37]免。桓齮爲將軍。齊、趙來置酒[38]。齊人茅焦説秦王曰[39]："秦方以天下爲事，而大王有遷母太后之名，恐諸侯聞之，由此倍秦也[40]。"秦王乃迎太后於雍而入咸陽，復居甘泉宫[41]。

大索[42]，逐客[43]。李斯上書説[44]，乃止逐客令。李斯因説秦王，請先取韓以恐他國，於是使斯下韓。韓王患之[45]，與韓非謀弱秦。大梁人尉繚來[46]，説秦王曰："以秦之彊，諸侯譬如郡縣之君，臣但恐諸侯合從，翕而出不意[47]，此乃智伯、夫差、湣王之所以亡也[48]。願大王毋愛財物[49]，賂其豪臣，以亂其謀，不過亡三十萬金，則諸侯可盡。"秦王從其計，見尉繚亢禮[50]，衣服食飲與繚同。繚曰："秦王爲人，蜂準[51]，長目，摯鳥膺[52]，豺聲，少恩而虎狼心，居約易出人下[53]，得志亦輕食人。我布衣[54]，然見我常身自下我[55]。誠使秦王得志於天下[56]，天下皆爲虜矣。不可與久游。"乃亡去。秦王覺，固止，以爲秦國尉[57]，卒用其計策。而李斯用事。

二十六年[58]，秦初并天下，令丞相、御史曰[59]："異日韓王納地效璽[60]，請爲藩臣[61]，已而倍約[62]，與趙、魏合從畔秦[63]，故興兵誅之[64]，虜其王。寡人以爲善，庶幾息兵革[65]。趙王使其相李牧來約盟[66]，故歸其質子。已而倍盟，反我太原，故興兵誅之，得其王。趙公子嘉乃自立爲代王，故舉兵擊滅之。魏王始約服入秦[67]，已而與韓、趙謀襲秦，秦兵吏誅[68]，遂破之。荆王獻青陽以西[69]，已而畔約，擊我南郡，故發兵誅，得其王，遂定其荆地。燕王昏亂，其太子丹乃陰令荆軻爲賊[70]，兵吏誅，滅其國。齊王用后勝計[71]，絶秦使，欲爲亂，兵吏誅，虜其王，平齊地。寡人以眇眇之身[72]，興兵誅暴亂，賴宗廟之靈，六王咸伏其辜[73]，天下大定。今名號不更，無以稱成功[74]，傳後世。其議帝號[75]。"丞相綰、御史大夫劫、廷尉斯等皆曰[76]："昔者五帝地方千里，其外侯服夷服[77]，諸侯或朝或否，天子不能制。今陛下興義兵，誅殘賊[78]，平定天下，海内爲郡縣，法令由一統，自上古以來未嘗有，五帝所不及。臣等謹與博士議曰[79]：'古有天皇，有地皇，有泰皇[80]，泰皇最貴。'臣等昧死上尊號[81]，王爲'泰皇'。命爲'制'[82]，令爲'詔'[83]，天子自稱曰'朕'[84]。"王曰："去'泰'，著'皇'[85]，采上古'帝'位號，號曰'皇帝'。他如議。"制曰："可。"追尊莊襄王爲太上皇。制曰："朕聞太古有號毋謚[86]，中古有號，死而以行爲謚。如此，則子議父，臣議君也，甚無謂[87]，朕弗取焉。自今已來[88]，除謚法。朕爲始皇帝。後世以計數，二世三世至于萬世，傳之無窮[89]。"

始皇推終始五德之傳[90]，以爲周得火德，秦代周德，從所不勝[91]。方今水德之始，改年始[92]，朝賀皆自十月朔[93]。衣服旄旌節旗皆上黑[94]。數以六爲紀[95]，符、法冠皆六寸[96]，而輿六尺[97]，六尺爲步[98]，乘六馬[99]。更名河曰德水[100]，以爲水德之始[101]。剛毅戾深[102]，事皆決於法，刻削毋仁恩和義[103]，然後合五德之數[104]。於是急法，久者不赦[105]。

丞相綰等言："諸侯初破，燕、齊、荆地遠，不爲置王[106]，毋以填之[107]。請立諸子，唯上幸許。"始皇下其議於羣臣，羣臣皆以爲便。廷尉李斯議曰："周文武所封子弟同姓甚衆，然後屬疏遠，相攻擊如仇讎[108]，諸侯更相誅伐，周天子弗能禁止。今海内賴陛下神靈一統，皆爲郡縣，諸子功臣以公賦税重賞賜之，甚足易制。天下無異意，則安寧之術也。置諸侯不便[109]。"始皇曰："天下共苦戰鬬不休，以有侯王。賴宗廟，天下初定，又復立國，是樹兵也[110]，而求其寧息，豈不難哉！廷尉議是。"

分天下以爲三十六郡，郡置守、尉、監。更名民曰"黔首"[111]。大酺[112]。收天下兵[113]，聚之咸陽，銷以爲鍾鐻[114]，金人十二，重各千石[115]，置廷宫中。一法度衡石丈尺[116]。車同軌。書同文字。地東至海暨朝鮮，西至臨洮、羌中，南至北嚮户[117]，北據河爲塞，並陰山至遼東[118]。徙天下豪富於咸陽十二萬户。諸廟及章臺、上林皆在渭南[119]。秦每破諸侯，寫放其宫室[120]，作之咸陽北阪上，南臨渭，自雍門以東至涇、渭，殿屋複道周閣相屬[121]。所得諸侯美人鍾鼓，以充入之。

二十八年[122]，始皇東行郡縣，上鄒嶧山[123]。立石[124]，與魯諸儒生議刻石頌秦德，議封禪望祭山川之事[125]。乃遂上泰山，立石，封，祠祀[126]。下，風雨暴至，休於樹下，因封其樹爲五大夫[127]。禪梁父[128]。刻所立石，其辭曰：

皇帝臨位[129]，作制明法，臣下脩飭[130]。二十有六年，初并天下，罔不賓服。親巡遠方黎民，登茲泰山，周覽東極。從臣思迹[131]，本原事業[132]，祗誦功德[133]。治道運行，諸産得宜，皆有法式。大義休明，垂于後世，順承勿革。皇帝躬聖，既平天下，不懈於治。夙興夜寐，建設長利，專隆教誨。訓經宣達[134]，遠近畢理，咸承聖志。貴賤分明，男女禮順，慎遵職事。昭隔内外[135]，靡不清淨，施于後嗣[136]。化及無窮，遵奉遺詔，永承重戒。

於是乃並勃海以東，過黄、腄[137]，窮成山[138]，登之罘[139]，立石頌秦德焉而去。

南登琅邪[140]，大樂之，留三月。乃徙黔首三萬户琅邪臺下[141]，復十二歲。作琅邪臺，立石刻，頌秦德，明得意。

既已[142]，齊人徐市等上書[143]，言海中有三神山，名曰蓬萊、方丈、瀛洲，僊人居之。請得齋戒，與童男女求之。於是遣徐市發童男女數千人，入海求僊人。

三十二年[144]，始皇之碣石[145]，使燕人盧生求羨門、高誓[146]。刻碣石門。

因使韓終、侯公、石生求仙人不死之藥。始皇巡北邊，從上郡入。燕人盧生使入海還，以鬼神事，因奏録圖書，曰“亡秦者胡也”。始皇乃使將軍蒙恬發兵三十萬人北擊胡，略取河南地[147]。

三十三年[148]，發諸嘗逋亡人、贅壻、賈人略取陸梁地[149]，爲桂林、象郡、南海[150]，以適遣戍[151]。西北斥逐匈奴。自榆中並河以東[152]，屬之陰山，以爲三十四縣[153]，城河上爲塞[154]。又使蒙恬渡河取高闕、陶山、北假中[155]，築亭障以逐戎人。徙謫，實之初縣[156]。禁不得祠。明星出西方[157]。

三十四年[158]，適治獄吏不直者，築長城，及南越地[159]。

始皇置酒咸陽宫，博士七十人前爲壽[160]。僕射周青臣進頌曰[161]：“他時秦地不過千里，賴陛下神靈明聖，平定海内，放逐蠻夷，日月所照，莫不賓服。以諸侯爲郡縣，人人自安樂，無戰爭之患，傳之萬世。自上古不及陛下威德。”始皇悦。博士齊人淳于越進曰：“臣聞殷周之王千餘歲，封子弟功臣，自爲枝輔[162]。今陛下有海内，而子弟爲匹夫，卒有田常、六卿之臣[163]，無輔拂[164]，何以相救哉？事不師古而能長久者，非所聞也。今青臣又面諛以重陛下之過，非忠臣。”始皇下其議。丞相李斯曰：“五帝不相復，三代不相襲，各以治，非其相反，時變異也。今陛下創大業，建萬世之功，固非愚儒所知。且越言乃三代之事，何足法也？異時諸侯並爭，厚招游學。今天下已定，法令出一，百姓當家則力農工[165]，士則學習法令辟禁[166]。今諸生不師今而學古，以非當世，惑亂黔首。丞相臣斯昧死言[167]：古者天下散亂，莫之能一，是以諸侯並作，語皆道古以害今，飾虚言以亂實，人善其所私學，以非上之所建立。今皇帝并有天下，别黑白而定一尊。私學而相與非法教，人聞令下，則各以其學議之，入則心非，出則巷議，夸主以爲名[168]，異取以爲高，率羣下以造謗。如此弗禁，則主勢降乎上，黨與成乎下。禁之便。臣請史官非秦記皆燒之[169]。非博士官所職，天下敢有藏《詩》、《書》、百家語者，悉詣守、尉雜燒之。有敢偶語《詩》《書》者弃市。以古非今者族。吏見知不舉者與同罪。令下三十日不燒，黥爲城旦[170]。所不去者，醫藥卜筮種樹之書。若欲有學法令[171]，以吏爲師。”制曰：“可。”

三十五年[172]，除道[173]，道九原抵雲陽[174]，塹山堙谷[175]，直通之[176]。於是始皇以爲咸陽人多，先王之宫廷小，吾聞周文王都豐，武王都鎬，豐鎬之閒，帝王之都也。乃營作朝宫渭南上林苑中。先作前殿阿房[177]，東西五百步，南北五十丈，上可以坐萬人，下可以建五丈旗[178]。周馳爲閣道[179]，自殿下直抵南山[180]。表南山之顛以爲闕[181]。爲復道，自阿房渡渭，屬之咸陽，以象天極閣道絶漢抵營室也[182]。阿房宫未成；成，欲更擇令名名之[183]。作宫阿房，故天下謂之阿房宫。隱宫徒刑者七十餘萬人[184]，乃分作阿房宫，或作麗山[185]。發北山石椁[186]，乃寫蜀、荆地材皆至[187]。關中計宫三百，關外四百餘。於是立石東海上朐界中[188]，以爲秦東門。因徙三萬家麗邑[189]，五萬家雲陽，皆復不事十歲[190]。

盧生説始皇曰：“臣等求芝奇藥仙者常弗遇，類物有害之者[191]。方中，人主時爲微行以辟惡鬼，惡鬼辟，真人至。人主所居而人臣知之，則害於神。真人者，入水不濡，入火不爇[192]，陵雲氣，與天地久長。今上治天下，未能恬倓[193]。願上所居宫毋令人知，然后不死之藥殆可得也。”於是始皇曰：“吾慕真人，自謂‘真人’，不稱‘朕’。”乃令咸陽之旁二百里内宫觀二百七十復道甬道相連[194]，帷帳鍾鼓美人充之，各案署不移徙。行所幸，有言其處者，罪死。始皇帝幸梁山宫，從山上見丞相車騎衆[195]，弗善也。中人或告丞相，丞相後損車騎。始皇怒曰：“此中人泄吾語。”案問莫服。當是時，詔捕諸時在旁者，皆殺之。自是後莫知行之所在。聽事[196]，羣臣受决事，悉於咸陽宫。

侯生、盧生相與謀曰：“始皇爲人，天性剛戾自用，起諸侯，并天下，意得欲從，以爲自古莫及己。專任獄吏，獄吏得親幸。博士雖七十人，特備員弗用。丞相諸大臣皆受成事，倚辨於上[197]。上樂以刑殺爲威，天下畏罪持禄，莫敢盡忠。上不聞過而日驕，下懾伏謾欺以取容[198]。秦法，不得兼方，不驗，輒死。然候星氣者至三百人[199]，皆良士，畏忌諱諛，不敢端言其過。天下之事無小大皆決於上，上至以衡石量書[200]，日夜有呈[201]，不中呈不得休息。貪於權勢至如此，未可爲求仙藥。”於是乃亡去。始皇聞亡，乃大怒曰：“吾前收天下書不中用者盡去之，悉召文學方術士甚衆，欲以興太平。方士欲練以求奇藥[202]，今聞韓衆去不報[203]，徐市等費以巨萬計，終不得藥，徒姦利相告日聞。盧生等吾尊賜之甚厚，今乃誹謗我，以重吾不德也。諸生在咸陽者，吾使人廉問[204]，或爲訞言以亂黔首[205]。”於是使御史悉案問諸生，諸生傳相告引[206]，乃自除。犯禁者四百六十餘人，皆阬之咸陽，使天下知之，以懲後。益發謫徙邊。始皇長子扶蘇諫曰：“天下初定，遠方黔首未集，諸生皆誦法孔子，今上皆重法繩之，臣恐天下不安。唯上察之。”始皇怒，使扶蘇北監蒙恬於上郡。

三十六年[207]，熒惑守心[208]。有墜星下東郡[209]，至地爲石，黔首或刻其石曰“始皇帝死而地分”。始皇聞之，遣御史逐問，莫服，盡取石旁居人誅之，因燔銷其石。始皇不樂，使博士爲《仙真人詩》，及行所游天下，傳令樂人謌弦之。秋，使者從關東夜過華陰平舒道[210]，有人持璧遮使者曰[211]：“爲吾遺滈池君[212]。”因言曰：“今年祖龍死[213]。”使者問其故，因忽不見，置其璧去。使者奉璧具以聞。始皇默然良久，曰："山鬼固不過知一歲事也。"退言曰："祖龍者，人之先也。"使御府視璧[214]，乃二十八年行渡江所沈璧也[215]。於是始皇卜之，卦得游徙吉。遷北河、榆中三萬家[216]，拜爵一級。

三十七年十月癸丑，始皇出游。左丞相斯從，右丞相去疾守[217]。少子胡亥愛慕請從，上許之。十一月，行至雲夢[218]，望祀虞舜於九疑山[219]。浮江下，觀籍柯[220]，渡海渚[221]。過丹陽[222]，至錢唐[223]。臨浙江[224]，水波惡，乃西百二十里從狹中渡[225]。上會稽[226]，祭大禹，望于南海，而立石刻頌秦德。

至平原津而病[227]。始皇惡言死，羣臣莫敢言死事。上病益甚，乃爲璽書賜公子扶蘇曰[228]："與喪會咸陽而葬。"書已封，在中車府令趙高行符璽事所[229]，未授使者。七月丙寅，始皇崩於沙丘平臺[230]。丞相斯爲上崩在外，恐諸公子及天下有變，乃祕之，不發喪。棺載轀涼車中[231]，故幸宦者參乘，所至上食。百官奏事如故，宦者輒從轀涼車中可其奏事。獨子胡亥、趙高及所幸宦者五六人知上死。趙高故嘗教胡亥書及獄律令法事，胡亥私幸之。高乃與公子胡亥、丞相斯陰謀破去始皇所封書賜公子扶蘇者，而更詐爲丞相斯受始皇遺詔沙丘，立子胡亥爲太子。更爲書賜公子扶蘇、蒙恬，數以罪，賜死[232]。語具在《李斯傳》中。行，遂從井陘抵九原[233]。會暑，上轀車臭[234]，乃詔從官令車載一石鮑魚[235]，以亂其臭。

行從直道至咸陽，發喪。太子胡亥襲位，爲二世皇帝。九月，葬始皇酈山。始皇初即位，穿治酈山，及并天下，天下徒送詣七十餘萬人[236]，穿三泉[237]，下銅而致椁[238]，宮觀百官奇器珍怪徙臧滿之[239]。令匠作機弩矢，有所穿近者，輒射之。以水銀爲百川江河大海，機相灌輸[240]，上具天文，下具地理。以人魚膏爲燭[241]，度不滅者久之[242]。二世曰："先帝後宮非有子者，出焉不宜。"皆令從死，死者甚衆。葬既已下，或言工匠爲機，臧皆知之，臧重即泄[243]。大事畢，已臧，閉中羡[244]，下外羡門[245]，盡閉工匠臧者[246]，無復出者。樹草木以象山。

注釋

①秦莊襄王：初名異人。孝文王之中子。初爲人質於趙，後以吕不韋謀，得立爲太子，改名子楚。前249年即位，以吕不韋爲相。謚莊襄。

②質子：作爲抵押的人質，多以諸侯王之子爲之，故稱。

③吕不韋：戰國末年衛國濮陽（今河南濮陽西南）人。原爲陽翟（今河南禹縣）大商人，後爲爲質於趙的秦公子異人（即子楚）游説華陽夫人，使得立爲太子。子楚即位，被任命爲丞相，封文信侯。秦王政即位，被尊爲相國，號稱“仲父”。後以嫪毐事免官，出居封地河南。不久遷蜀，懼誅自殺。曾令門下賓客編寫《吕氏春秋》。爲相國期間，秦對東方諸國大舉進攻，逐步實現并吞之勢，於秦始皇統一六國有輔佐之功。事見《史記》卷八十五《吕不韋列傳》。姬：對婦女的美稱。泛指美女。

④秦昭王四十八年：前 259 年。

⑤名爲政：“政”當作“正”。參辛德勇《朕姓甚名誰》，載辛德勇《生死秦始皇》，北京，中華書局，2019 年，第 228～252 頁。

⑥姓趙氏：上古時代，姓、氏不同。先有姓，然後由同姓中析分出“氏”。秦人祖先爲“嬴”姓“秦”氏（其間一度“以其先造父封趙城，爲趙氏”。見《史記·秦本紀》）。至“秦并六國，姓、氏混而爲一”（鄭樵《通志總序》），到司馬遷的時代，已姓、氏不分，故《史記》的相關記載，存在模糊不清的情况。學者認爲，這裏的“趙氏”，應是指姓，即秦始皇改姓“趙”，氏則仍爲“秦”。其改姓“趙”，當與其生於趙國的經歷有關。詳參辛德勇《朕姓甚名誰》，載辛德勇《生死秦始皇》，北京，中華書局，2019 年，第 203～227 頁。

⑦宛：縣名。在今河南南陽市。初爲楚地，秦昭王十五年（前 292 年），秦攻占之，後爲南陽郡郡治所在地。郢：春秋戰國時楚國都城，楚文王定都於此。在今湖北荆沙市荆州區（故江陵縣城）西北十里紀南城。秦昭王二十九年（前 278 年），秦攻占之，置南郡。

⑧上郡：戰國魏置。秦代治所在膚施縣（今陝西榆林市東南七十五里魚河堡附近）。

⑨河東：郡名。戰國魏置。後屬秦。治所在安邑縣（今山西夏縣西北十五里禹王城）。太原：郡名。戰國秦置。治所在晋陽縣（今山西太原市西南）。上黨郡：戰國韓、趙各置郡。地入秦後，合爲一郡，治所在壺關縣（今山西長治市北三十里故驛村）。

⑩滎陽：戰國韓邑。在今河南滎陽市東北。秦置滎陽縣，治所在今河南鄭州市西北古滎鎮。

⑪二周：指周朝末年分立的東周國和西周國。周赧王五十九年（前 256 年），秦滅西周國。同年，西周君死，周赧王亦病死，周亡。秦莊襄王元年（前 249 年），秦滅東周國。

⑫三川郡：戰國韓置。後地入秦。秦莊襄王元年（前 249 年）置。韋昭曰：“有河、洛、伊，故曰三川”（裴駰《史記集解》引）。治所在洛陽縣（今河南洛陽市東北漢魏故城）。

⑬吕不韋爲相：按：這裏的“相”，當爲“相國”。《史記》卷八十五《吕不韋列傳》載：“莊襄王即位三年，薨，太子政立爲王，尊吕不韋爲相國，號稱‘仲父’。”本篇（《秦始皇本紀》）載：“十年，相國吕不韋坐嫪毐免。”皆作“相國”。又，下文“令相國、昌平君、昌文君發卒攻毐”之“相國”，亦當指吕不韋。詳參辛德勇《史記新本校勘》，桂林，廣西師範大學出版社，2017 年，第 322～329 頁。

⑭封十萬户：指封地上有繳納賦税的民户十萬户。《史記·吕不韋列傳》載：“莊襄王元年，以吕不韋爲丞相，封爲文信侯，食河南雒陽十萬户。”

⑮舍人：依附於貴族之家的門客，爲之擔任一定的職事。

⑯蒙驁（ào）（？—前 240）：齊人。秦昭王時入秦爲將。蒙武之父，蒙恬之祖。王齮（yǐ）（？—前 244）：又作王齕（hé），秦將。麃（biāo）公：麃地大夫，史失其姓名。

⑰委：托付，委托。

⑱嫪毐：（？—前 238）：戰國末趙國邯鄲人。初爲吕不韋食客，後冒充宦者入宫，與秦王嬴政母趙太后私通，大受寵幸，權勢極大。秦王政八年（前 239 年），封長信侯。

⑲山陽：戰國魏邑。秦王政五年（前 242）入秦。在今河南焦作市東十里墻南村北側。

⑳恣：任憑，聽任。

㉑河西太原郡：“河”一作“汾”（裴駰《史記集解》引徐廣曰）。此或指太原郡之汾水以西部分。

㉒見：出現。

㉓竟：完畢，終了。此從頭到尾。

㉔垣、蒲陽：皆魏縣名。垣：又名王垣。在今山西垣曲縣東南王茅鎮。蒲陽：也稱蒲子。在今山西隰縣。

㉕雍：秦舊都。在今陝西鳳翔縣西南七里南古城。據《史記·秦本紀》，秦德公元年（前677年），"初居雍城大鄭宫"。後秦靈公時遷都涇陽，秦獻公時遷櫟陽。秦孝公十二年（前350年），徙都咸陽（今陝西咸陽市東北二十里窑店鎮一帶）。

㉖王冠、帶劍：舉行加冠之禮，以示成年，并開始佩劍。

㉗覺：被發覺。

㉘矯：假托，詐稱。縣卒：雍縣所屬士卒。衛卒：秦王衛隊士卒。官騎：國家騎兵。戎翟君公：西北地區戎狄君長。翟：同"狄"。

㉙蕲（qí）年宫：一作祈年宫。秦惠公建，在今陝西鳳翔縣西南古城村。蕲：通"祈"。祈求。

㉚昌平君、昌文君：司馬貞《史記索隱》曰："昌平君，楚之公子，立以爲相。後徙於郢，項燕立爲荆王，史失其名。昌文君名，亦不知也。"據李開元研究，昌平君爲楚考烈王庶子，名啓，生於秦。此時蓋爲御史大夫，於平亂多與力焉。秦王政十年（前237年），吕不韋免，昌平君爲相。參李開元《末代楚王史迹鈎沉——補〈史記〉昌平君列傳》，載《史學集刊》，2010年第1期，第120～127頁。

㉛衛尉：掌皇帝宫廷禁衛。内史：首都地區的行政長官。佐弋：掌皇家射獵。中大夫令：當爲皇帝身邊侍從人員的統領。中大夫，爲皇帝侍從官員。梟首：斬首示衆。裴駰《史記集解》："縣（懸）首於木上曰梟。"

㉜車裂：古代酷刑。以車馬撕裂人的肢體。按："車裂"下似脱"毐"字（韓兆琦評注《史記》，長沙，嶽麓書社，2012年，第126頁）。徇：示衆。

㉝鬼薪：秦漢時一種徒刑。爲宗廟打柴三年。

㉞房陵：秦縣名。在今湖北房縣。

㉟楊端和：秦將名。衍氏：一名衍。戰國魏邑，在今河南鄭州市北三十里。

㊱從斗以南八十日：自北斗往南連續出現八十天。斗：北斗星。以：而。此往、向。

㊲坐：因犯……罪。由於，因爲。

㊳齊、趙來置酒：意爲齊、趙使者來秦國，秦王爲設酒筵招待。置酒：陳設酒筵。

㊴按：齊人茅焦説秦王事，亦見《史記·吕不韋列傳》，但以漢劉向《説苑》記載爲詳。《説苑》載："秦始皇帝太后不謹，幸郎嫪毐，封以爲長信侯，爲生兩子。毐敗，始皇乃取毐四支車裂之，取其兩弟囊撲殺之，取皇太后遷之於萯陽宫。"（向宗魯《説苑校證》卷九《正諫》，北京，中華書局，1987年，第215頁）

㊵倍：通"背"。背叛。

㊶甘泉宫：秦宫名。在今陝西淳化縣西北甘泉山。

㊷大索：大規模搜索。

㊸逐客：驅逐東方諸國來秦做官的人。客：客卿。

㊹李斯上書説：按：即李斯《諫逐客書》，詳見《史記》卷八十七《李斯列傳》。説（shuì）：勸説，説服。

㊺韓王：韓王安。前238年即位。秦王政十七年（前230年），秦虜韓王安，韓亡。

㊻尉繚：魏人。名繚，史失其姓，因其後在秦爲國尉，史稱尉繚。

㊼翕（xī）：合，聚合。出不意：出秦不意。指發動突然襲擊。

㊽智伯、夫差、湣王：三人皆自恃强大，放縱無忌，終遭敗亡。智伯：名瑶，戰國初期晋國最强大的家族首領，後被韓、趙、魏三家聯合攻滅。夫差：春秋末年吴國國君，滅亡於越王勾踐。湣王：

戰國後期齊國國君，敗死於燕國的進攻。

㊾愛：吝惜。

㊿亢（kàng）禮：彼此以平等禮節相對待。亢：對等，相當。

51蜂準：高鼻。裴駰《史記集解》引徐廣曰："'蜂'，一作'隆'。"準：鼻子。

52摯鳥：猛禽。摯：通"鷙"。膺：胸。

53居約：窮困不得志時。約：節儉，貧困。

54布衣：布製的衣服。此借指平民。布衣爲古代庶人之服裝，故稱。

55身自下我：自身甘居於我之下。

56誠使：假使。

57國尉：秦國最高軍事掌官，猶後世之太尉。

58二十六年：前221年。本年秦使將軍王賁從燕南攻齊，得齊王建，至此六國皆亡。

59御史：此指御史大夫。秦始皇始置，掌監察，糾彈，位僅次於丞相。

60異日：他日，往日。

61藩臣：拱衛王室之臣。藩：籬笆。屏蔽，保護。

62倍：通"背"。違背。

63畔：通"叛"。背叛。

64誅：討伐。

65兵革：兵器、甲胄的總稱。此指戰爭。

66李牧：戰國末年趙國名將。多次打敗匈奴，匈奴畏之。以抗擊秦軍有功，封武安君。後受讒被殺。事見《史記》卷八十一《廉頗藺相如列傳》。

67約服：約定服從。

68兵吏：此指軍將。春秋以前大小官都可稱吏，戰國以後一般指低級官員。

69荆王：即楚王。因避諱秦莊襄王子楚之名而稱"荆"。青陽：戰國楚邑。在今湖南長沙市。

70乃：竟然。陰令：暗中派遣。賊：殺害。此殺人者。

71后勝：戰國末年齊王建之相。

72眇眇：微小。

73辜：罪。

74稱（chèn）：相稱，配得上。

75其：語氣詞。表命令。

76丞相綰、御史大夫劫、廷尉斯：指王綰、馮劫、李斯。廷尉：九卿之一，爲全國最高司法審判機構長官。

77侯服夷服：據《周禮·職方氏》記載，天子王畿之外，設九等地區以服事天子，即九服。每五百里爲一服，依次爲侯、甸、男、采、衛、蠻、夷、鎮、藩。此以侯、夷泛指九服。服：事。

78殘：凶暴，殘忍。

79博士：官名。始於戰國末年。爲帝王身邊侍從人員，充顧問，參與議政。

80天皇、地皇、泰皇：傳説中上古三位帝王，即"三皇"。泰皇：當即人皇。

81昧死：冒死，冒犯死罪。古代臣下上書帝王時用表敬畏的文書用語。

82命爲"制"：改命爲制。秦以前，王言稱命。制：制度之命，即皇帝頒布重大制度時所用之命令文書，又稱制書。

83令爲"詔"：改令爲詔。詔：告。凡頒布不屬重大制度之命令，則用詔，稱"詔書"。

84朕：我，我的。秦始皇以後專用爲帝王自稱。

85去"泰"，著"皇"：去掉"泰"字，留下"皇"字。

㊱謚：謚號。古代帝王、貴族、大臣等死後，由朝廷依其生前行事所給予的相應的稱號，有關給謚的規則稱謚法。

㊲無謂：不合事理，無意義。

㊳自今已來：從此以後。已：同“以”。

㊴按：學者認爲，這裏是“以計數”的方法替代謚法，故所謂“始皇帝”、“二世皇帝”以至“萬世皇帝”這些稱號，實際上是一種相當於謚號的名號，衹有在當朝皇帝死去以後才會被啓用。參辛德勇《生死秦始皇》，北京，中華書局，2019 年，第 191、199 頁。

㊵推終始五德之傳：推求五行之德交互更替的順序。五德：五行之德。戰國時鄒衍等陰陽家以五行之説解釋人事，把金、木、水、火、土五行看成五德，認爲每個王朝各代表一德，相勝相克，周而復始，即五德終始之説。

⑨¹從所不勝：依從周朝所不能戰勝的“德”，即水德。張守節《史記正義》：“秦以周爲火德。能滅火者水也，故稱從其所不勝於秦。”

⑨²改年始：改歲首月建（即歲首所在之月）。秦此前用周曆，以建子之月（夏曆十一月）爲歲首，現在改以建亥之月（夏曆十月）爲歲首。

⑨³十月朔：十月初一日。朔：陰曆每月的第一天。

⑨⁴旄旌：以牦牛尾做裝飾的旗幟。上黑：崇尚黑色。上：通“尚”。

⑨⁵數以六爲紀：一切計量都以“六”爲單位。

⑨⁶符：古代朝廷傳達命令、徵調兵將所持信物，以竹、金等爲之。法冠：御史、使節和執法官所戴之冠。

⑨⁷輿六尺：車寬（車兩輪之間的距離）六尺。秦漢時一尺約合今 23 厘米。

⑨⁸六尺爲步：古代一舉足爲跬（kuǐ），再舉足爲步。此爲長度單位，規定六尺一步。

⑨⁹乘（shèng）六馬：天子法駕用六匹馬。法駕，天子車駕的一種。

⑩⁰更名河曰德水：改稱黄河曰“德水”。

⑩¹以爲水德之始：用以表示秦從“水德”的開始。

⑩²戾深：暴戾，嚴苛。

⑩³刻削：指執法嚴酷。

⑩⁴合五德之數：以與“水德”相符合。司馬貞《史記索隱》：“水主陰，陰刑殺，故急法刻削，以合五德之數。”

⑩⁵不赦：對犯法者從不施行寬赦。

⑩⁶置王：封建王侯。

⑩⁷填：通“鎮”。安定。

⑩⁸仇讎：仇人，仇敵。

⑩⁹不便：不利。便：有利。

⑪⁰樹兵：興兵。猶言引起戰亂。

⑪¹黔首：按：以“黔首”稱黎民百姓，不始於此時，李斯《諫逐客書》中即有“弃黔首以資敵國”之語，然全國統一稱黎民爲“黔首”則自此時起（詳參韓兆琦《史記箋證》，南昌，江西人民出版社，第 441～442 頁）。黔：黑色。

⑪²大酺（pú）：國有吉慶，由皇帝特許的臣民聚會飲酒。酺：聚飲。

⑪³兵：兵器。

⑪⁴鍾：通“鐘”。一種樂器。鐻（jù）：懸掛編鐘、編磬木架的立柱。

⑪⁵石（shí）：重量單位。一百二十斤爲一石。

⑪⁶一法度衡石丈尺：統一全國的法律和度量衡標準。一：統一，劃一。

⑪⑦北嚮户：指今廣東、廣西南部地區。因其地處北回歸綫以南，當地居民往往向北開窗采光。

⑪⑧並：通“傍”，沿着。

⑪⑨諸廟：秦歷代先王的宗廟。章臺：章臺宫。上林：上林苑。

⑫⓪寫放：模仿，仿照。寫：模仿。放：通“仿”。仿效。

⑫①複道：樓閣間上下兩重通道。又作“復道”。屬（zhǔ）：連接。

⑫②二十八年：前 219 年。

⑫③鄒嶧山：又名嶧山或鄒山。在今山東鄒城市東南二十里。

⑫④立石：樹立碑石。

⑫⑤封禪：古代帝王祭天地的大典。在泰山上築壇祭天稱封，在泰山下辟場祭地稱禪。望祭：古代祭祀的一種。遥望而祭。

⑫⑥祠祭：祭祀。

⑫⑦五大夫：官爵名。秦二十等爵之第九級。

⑫⑧梁父：泰山下的一座小山。

⑫⑨臨位：猶統治。

⑬⓪脩飭：謹慎整飭。

⑬①思迹：回想秦國統一天下的事迹。

⑬②本原：推本溯源。

⑬③祗（zhī）：敬。

⑬④訓經：以國之常法教化民衆。訓：教導，教誨。

⑬⑤昭隔：明確區别。

⑬⑥施（yì）：延續。

⑬⑦黄：縣名。戰國秦置。治所在今山東龍口市城關鎮東南二十五里黄城集。腄：縣名。戰國秦置。治所即今山東烟臺市西南福山區。

⑬⑧窮成山：到達成山的盡頭。成山：在今山東榮成市東北，東西走向，延伸入海。其盡頭稱成山頭，亦曰成山角。

⑬⑨之罘：山名。亦稱“芝罘”，在今山東烟臺市北。

⑭⓪琅邪：山名。一作“瑯邪”，又作“瑯琊”。在今山東膠南市琅琊鎮（夏河城）東南十里。

⑭①琅邪臺：臺名。築於琅邪山上。

⑭②既已：指在琅邪立石刻辭完畢。

⑭③徐市：齊國方士。又作“徐福”。

⑭④三十二年：前 215 年。

⑭⑤碣石：山名。在今河北昌黎縣西北，東臨渤海。

⑭⑥盧生：當地方士。羡門、高誓：舊注謂皆古仙人。

⑭⑦略：通“掠”。掠奪，侵略。河南：地區名。指今内蒙古河套内黄河以南地區。

⑭⑧三十三年：前 214 年。

⑭⑨逋亡人：逃避兵役、徭役或因犯罪而逃跑者。贅壻：指就婚、定居於女家的男子，在秦代地位低下。壻：同“婿”。陸梁地：指五嶺之南地區。

⑮⓪桂林：郡名。治所在今廣西桂平市西南。象郡：郡名。治所在今廣西崇左市境。南海：郡名。治所在今廣東廣州市。

⑮①以適遣戍：發配被處罰或被貶職的人去戍守邊地。適：通“讁”（zhé）。處罰。被罰流放或貶職。又指被處罰罪的人。

⑮②榆中：古地區名。大致範圍包括今甘肅臨夏回族自治州、蘭州市黄河南岸一帶。

⑮³以爲三十四縣：按：此處修訂本有校勘記曰：本書卷一五《六國年表》“集解”、卷一一〇《匈奴列傳》、《漢書》卷九四上《匈奴傳上》作“四十四縣”（修訂本《史記》，第一册，第 373 頁）。

⑮⁴城河上爲塞：沿着那一帶的黄河修築長城以爲邊塞。

⑮⁵高闕：戰國趙長城西端障塞。即今内蒙古烏拉特中旗西南狼山南麓之石蘭計山口。陶山：當爲“陰山”。王念孫《讀書雜志·史記第一》曰：“‘陶山’之名不見於各史志。‘陶’當爲‘陰’。”詳參修訂本《史記》校勘記，第一册，第 373～374 頁；（清）王念孫撰、徐煒君等校點《讀書雜志·史記第一》“陶山”條，上海，上海古籍出版社，2015 年，第一册，第 191～192 頁。北假：指今内蒙古河套以北、陰山以南夾山帶河地區。

⑮⁶初縣：新設立的縣。

⑮⁷明星：彗星。

⑮⁸三十四年：前 213 年。

⑮⁹南越地：此言戍守南越，即桂林、象郡、南海等地區。

⑯⁰爲壽：敬酒，祝長壽。

⑯¹僕射（yè）：《史記》卷八十七《李斯列傳》作“博士僕射”。博士僕射，官名。博士之長。

⑯²枝輔：支撑，輔助。枝：支撑。

⑯³卒：通“猝”。突然。田常、六卿：指擅權、作亂的臣子。田常：注見《五蠹》篇。六卿：指春秋後期晋國范氏、中行氏、知氏、韓氏、趙氏、魏氏六家大夫。他們把持晋國軍政大權，相互傾軋、兼并，晋國公室名存實亡。最終韓、趙、魏三家瓜分了晋國。

⑯⁴輔拂（bì）：輔助，輔佐。拂：通“弼”。

⑯⁵當家：持家。

⑯⁶辟禁：刑法禁令。辟：法，法度。此特指刑法。

⑯⁷按：《史記》卷八十七《李斯列傳》載：“丞相謬其説，絀其辭，乃上書曰”云云，可見李斯既於廷議駁之，復上書再論。

⑯⁸夸：《史記》卷八十七《李斯列傳》作“非”。

⑯⁹秦記：秦国的歷史書。按：秦文公十三年（前 753 年），“初有史以紀事”（《史記·秦本紀》）。自此，秦有史官及歷史記事，當即所謂“秦記”。

⑰⁰黥（qíng）：古代刑罰名，即墨刑。以刀刺刻犯人面額，再塗上墨。城旦：古代刑罰名。一種築城四年的勞役。

⑰¹欲有：當作“有欲”。

⑰²三十五年：前 212 年。

⑰³除道：整治道路。除：修治，修整。

⑰⁴道：取道。九原：郡名。秦置。治所在今内蒙古烏拉特前旗東南先鋒鎮東三頂帳房村古城。一説在包頭市西。雲陽：秦縣名。治所在今陝西淳化縣西北四十里前頭村北。

⑰⁵塹（qiàn）：開溝，挖掘。堙（yīn）：填塞。按：據《史記》卷八十八《蒙恬列傳》，蒙恬爲“塹山堙谷，通直道”之主持者。可參考。

⑰⁶直通之：即秦之“直道”。

⑰⁷阿房（ē páng）：山阿之旁。阿：山的彎曲處。房：通“旁”。

⑰⁸建五丈旗：是説前殿的第一層高度有五丈多。建：竪起，樹立。

⑰⁹閣道：樓閣之間架設的通道。

⑱⁰南山：終南山，在今陝西省西安市南。

⑱¹表：標志，以爲標志。闕：古代宫門前兩邊的臺觀。

⑱²以象天極閣道絶漢抵營室：以此象徵由天極通過閣道渡過銀河而抵達營室，是説由阿房宫經過

復道渡過渭水而抵達咸陽的宮室。天極：星名。即北極星。閣道：星名。由六顆星組成。絶：横穿。漢：銀河。營室：星宿名。即室宿。二十八星宿之一。

⑱③令：美好。

⑱④隱宫：當作“隱官”，爲收容因立功等原因而被赦免的刑徒的機關。

⑱⑤麗山：亦作“驪（lí）山”，在今陝西西安市臨潼區東南，秦始皇葬於此。此指秦始皇爲自己預造陵墓的工地。

⑱⑥椁：外棺。

⑱⑦寫（xiě）：移置。此輸送。

⑱⑧東海上朐（qú）界中：東海郡朐縣境内。朐縣：秦置。屬東海郡。治所在今江蘇連雲港市海州區西南錦屏山側。

⑱⑨麗邑：即驪邑。治所在今陝西西安市臨潼區東北十四里。

⑲⓪復：免除賦税徭役。

⑲①類：類似，像。害：傷害，妨害。

⑲②爇（ruò）：燒，燃燒。

⑲③恬倓（tán）：同“恬淡”。安静閑適，淡泊寡欲。

⑲④甬道：兩旁築有墻的通道。

⑲⑤丞相：指李斯。

⑲⑥聽事：政事的治理。聽：治理，處理。

⑲⑦倚辨於上：依照皇帝的指令辦理。倚（yǐ）：依照。辨：通“辦”。

⑲⑧謾（mán）：欺騙。取容：討好取悦别人。

⑲⑨候：觀測。

⑳⓪衡石：古代對衡器的通稱。衡：秤。石：重量單位。一百二十斤爲一石。

⑳①呈：通“程”。限量，定額。

⑳②練：精熟，精練。

⑳③韓衆：當即前文之“韓終”。

⑳④廉問：查問。

⑳⑤訞（yāo）言：蠱惑人心的言論。

⑳⑥傳：通“轉”。輾轉。

⑳⑦三十六年：前211年。

⑳⑧熒惑守心：火星運行到心宿的位置。熒惑：火星的古名。心：二十八宿中的心宿，心宿有三顆星，依古代星占家的説法，分别代表皇帝（中間大星，即心宿二，又稱“大火”）和皇子（太子和庶子），“熒惑守心”是喪亂的徵兆。

⑳⑨東郡：秦郡名。治所在今河南濮陽縣東南二十里高城村。

㉑⓪平舒：城邑名。在今陝西華陰市西北六里。

㉑①遮：攔，攔住。

㉑②滈池君：滈池之水神。滈池：亦作“鎬池”，在今陝西西安市長安區西北豐鎬村西北。

㉑③祖龍：指秦始皇。裴駰《史記集解》引蘇林曰：“祖，始也。龍，人君象，謂始皇也。”

㉑④御府：官署名。秦置，屬少府。掌天子衣服金錢玉器等珍貴財物。

㉑⑤行：將要。沈：沉。

㉑⑥北河：古地區名。黄河自今寧夏北流過磴口折而東流，西東流向一段對南北流向一段而言，彼爲“西河”，此爲“北河”。所指具體地區則爲北河之東段，即今内蒙古自治區托克托縣一帶。

㉑⑦去疾：馮去疾。

㉘雲夢：古地區名。泛指春秋戰國時楚王的游獵區，大致包括整個江漢平原及東、西、北三面一部分丘陵山地。

㉙望祀：同“望祭”。此遥祭山川。

㉚籍柯：舊本皆無注，所指未詳。

㉛海渚：“海”爲“江”之誤。“江渚”，即采石磯，又名牛渚磯，在今安徽馬鞍山市西南（參韓兆琦《史記箋證》）。

㉜丹陽：古地域名。丹陽湖區及其附近包括今皖、蘇、浙三省間湖河丘陵地帶的統稱。

㉝錢唐：縣名。秦置，屬會稽郡。治所在今浙江杭州市西靈隱山下。

㉞浙江：即今錢塘江。

㉟狹：江面狹窄的地方。

㊱會稽：即會稽山。在今浙江紹興市南。

㊲平原津：在今山東平原縣西南五十里，爲古黄河的重要渡口。

㊳璽書：古代封口處蓋有印章的文書。秦以後專指皇帝的詔書。璽：印。秦以後專指皇帝的印。

㊴中車府令：官名。秦置，掌王室車馬政令。行符璽事：代理符璽令職事。行：代理。符璽令：官名。秦置，掌皇帝符璽。

㊵沙丘平臺：即沙丘宫之平臺。沙丘宫：傳爲殷紂所築，後爲趙之行宫。在今河北廣宗縣西北八里大平臺。

㉛轀（wēn）涼車：古代一種卧車。又用作喪車。車上有門、窗，閉則温，開則凉，故稱。亦作“轀車”。

㉜賜死：原文作“其賜死”。王念孫《讀書雜志·史記第一》以爲“賜死”上不當有“其”字。據删。詳參修訂本《史記》校勘記，第一册，第375頁。

㉝井陘：指井陘口。在今河北石家莊市鹿泉區西南東土門。

㉞臭（xiù）：氣味。

㉟鮑魚：鹽漬魚，乾魚。

㊱詣：至，到。

㊲穿三泉：向下挖到三層泉水以下。

㊳下銅而致椁：用銅水澆灌地宫石縫以防地下水滲透，然後才移入棺椁。

㊴按：張守節《史記正義》曰：“言冢内作宫觀及百官位次，奇器珍怪徙滿冢中。”臧：通“藏”。

㊵機相灌輸：以機械力量使水銀循環流淌。

㊶人魚膏：鯢魚的膏脂，可以點火照明。人魚：即鯢魚。俗稱娃娃魚。

㊷度（duó）：揣度，推測。

㊸重：豐厚。

㊹中羨（yán）：指墓道裏的中門。羨：通“埏”。墓道。

㊺下外羨門：降下墓道的外閘門。

㊻臧者：向地宫搬運隨葬品的人。

導讀

《史記》一百三十卷，漢司馬遷撰，是我國第一部紀傳體通史。司馬遷，字子長，漢左馮翊夏陽（今陝西韓城）人。生於漢景帝中元五年（前145年），一説生於漢武帝建元六年（前135年），約卒于漢武帝征和三年（前90年）。

《史記》原名《太史公書》《太史公記》，或簡稱《太史公》。“史記”之名的使用，開始於東漢後期。司馬遷出生於一個史官世家，其先祖曾爲“周室之太史”（《史記·太史公自序》），他的父親司馬談在漢武帝建元、元封之間任太史令，有志於通史的著述，并對司馬遷悉心培養，嚴格訓練，以繼承他的事業。元封元年（前110年），司馬談臨終前遺命司馬遷繼續他的未竟事業。可見，《史記》也凝聚着司馬談的精神與成果。《史記》記事上起傳說時代的黄帝，下迄漢武帝太初年間，上下三千年，凡一百三十篇，五十二萬六千五百字。其體例内容由十二本紀、十表、八書、三十世家、七十列傳五個部分構成。本紀，以編年的形式，依朝代順序記述天子、國君和時勢主宰者的事迹，揭示歷代變遷大勢，爲認識歷史的綱紀。表，以表格的形式，按時間順序，譜列重要的歷史事件和人物，使紛繁的紀年和不同國家與地區錯綜複雜的史實，條貫清晰，具體包括世表、年表、月表三種形式。書，是以事類爲綱，記載禮、樂、律、曆、天官、封禪、河渠、平准等國家大政及有關制度，爲紀傳體史書的典章制度專篇。世家，主要記述周代各主要諸侯國和漢初外戚、功臣、諸侯等“輔拂股肱之臣”的事迹。列傳，主要記述周秦至漢武帝時期重要的歷史人物、民族、鄰國及各類特殊群體人物的事迹。在編纂方法上，分别采用了專傳、合傳、類傳、附傳等不同形式。其中最後一篇《太史公自序》則是屬於作者自傳的性質，叙述了自己的家世生平、撰著《史記》的宗旨方法以及《史記》一書的體例規模和各篇的基本内容，是研究司馬遷生平思想和《史記》一書的非常重要的資料（本書“泛讀”史部文選節選了《太史公自序》，可參考）。

《史記》的編纂宗旨是“網羅天下放失舊聞，考之行事，稽其成敗興壞之理”，“亦欲以究天人之際，通古今之變，成一家之言”（《漢書》卷六十二《司馬遷傳》）。司馬遷所創造的以本紀爲中心的“五體合一”的紀傳體史書體例，就是爲了實現這一著史宗旨服務的。五體内部如《項羽本紀》《吕太后本紀》《孔子世家》《陳涉世家》《貨殖列傳》等篇目的設立以及全書篇前卷末史論文字“太史公曰”的寫作，都體現了司馬遷卓越的史學眼光和獨創精神。

《史記》取材廣博，資料豐富，包括當時西漢皇家圖書館所藏各種典籍和文書檔案以及司馬遷的實地考察和親身聞見，并且對於各種資料做了系統的清理和考訂，所謂“厥協六經異傳，整齊百家雜語”（《史記·太史公自序》），以一部貫穿古今的通史形式呈現於世人面前。《史記》所創立的“五體合一”的紀傳體史書，後來成爲中國古代官方史學的正統體例，儘管隨着時代的變化，個别的類目有所調整，但基本的體例未有超越。

《史記》傳世的舊注主要有三家，即南朝宋裴駰《史記集解》、唐司馬貞《史記索隱》和唐張守節《史記正義》，世稱“《史記》三家注”。“三家注”各有所長，且依次相注，互爲補充，對於《史記》的閱讀理解幫助極大。“三家注”最初都是獨自成書，目前所知，南宋光宗紹熙年間（1190—1194）建安黄善夫刻本，是最早的《史記》三家注合刻本，經商務印書館影印，收入《百衲本二十四史》。清同治年間，金陵書局刊行由張文虎主持的《史記集解索隱正義合刻本》一百三十卷，考訂異同，擇善而從，是清朝後期較好的本子。1959年，中華書局出版的點校本《史記》，即以金陵書局本爲底本，是此後半個多世紀以來最爲通行的《史記》整理本。2014年，中華書局出版了點校本《史記》的修訂本，是在點校本基礎上《史記》整理的最新成果。

本篇節選自《史記》卷六《秦始皇本紀》。《史記》作爲一部紀傳體通史，其斷限上起黄帝，下迄漢武帝，但在具體編纂上，則是詳近略遠，戰國、秦漢之際是其最爲着重叙述的部分。從本紀部分來看，《史記》對於秦國歷史的記述，就分設了《秦本紀》和《秦始皇本紀》兩個部分。《秦本紀》記述了秦始皇以前秦國歷代先祖的世系和事迹，《秦始皇本紀》則記述了秦始皇和秦二世時期的歷史，其中貫穿着司馬遷“原始察終，見盛觀衰”撰著宗旨。從《秦本紀》可以看到，經過春秋戰國時期襄公（始封爲諸侯，秦開國之君）、文公、穆公、獻公、孝公、昭襄王、莊襄王等歷代有爲君主的開拓進取，秦國逐步發展壯大，稱雄天下，爲秦始皇最終統一六國奠定了基礎，使秦統一天下成爲歷史的必然趨勢。本篇選文内容主要包括秦始皇的出生和即位執政，“初并天下”後爲建立中央集權的統一帝國而實行的一系列制度措施，統治期間的大興土木、巡游、求仙、獨裁暴政以及最後死於沙丘平臺和墓葬情形。從中可見，他的種種殘暴統治，已經激起了人民的反抗情緒，昭示了秦亡的命運。本篇選文的學習，還應聯繫地閱讀《史記》卷八十五《吕不韋列傳》和《史記》卷八十七《李斯列傳》。附帶説一下，關於本篇的篇名，有學者最新研究認爲，其較早的或者是原始的篇名有可能是“《秦始皇帝本紀》”。詳參王子今《説〈史記〉篇名〈秦始皇帝本紀〉》，載《唐都學刊》，2019 年第 35 卷第 4 期，第 5～10 頁。

選文據中華書局 2014 年修訂本《史記》，并參考中華書局點校本（1982 年第 2 版），以下《史記》各篇同。

參考文獻

司馬遷．史記：卷一百三十：太史公自序．修訂本．北京：中華書局，2014.

班固．漢書：卷六十二：司馬遷傳．北京：中華書局，1962.

司馬遷．史記．韓兆琦，評注．長沙：岳麓書社，2012.

楊燕起．《史記》的學術成就．北京：北京師範大學出版社，1996.

張大可．史記研究．北京：華文出版社，2002.

中國史記研究會．史記教程．北京：商務印書館，2011.

李長之．司馬遷之人格與風格．北京：三聯書店，2013.

朱維錚．司馬遷//朱維錚史學史論集．上海：復旦大學出版社，2015：80-113.

陳文潔．司馬遷之志——《史記》之“繼春秋”辨析．上海：華東師範大學出版社，2015.

安平秋，張玉春．《史記》説略//王鍾翰，安平秋，等．二十五史説略．北京：中華書局，2015：1-36.

韓兆琦．史記講座．桂林：廣西師範大學出版社，2017.

辛德勇．朕姓甚名誰//生死秦始皇．北京：中華書局，2019：185-269.

六國年表序（《史記》）

選文

太史公讀《秦記》①，至犬戎敗幽王②，周東徙洛邑③，秦襄公始封爲諸侯④，作西畤用事上帝⑤，僭端見矣⑥。《禮》曰：“天子祭天地，諸侯祭其域内名山大川⑦。”今秦雜戎翟之俗⑧，先暴戾，後仁義，位在藩臣而臚於郊祀⑨，君子懼焉。及文公踰隴⑩，攘夷狄⑪，尊陳寶⑫，營岐雍之閒⑬，而穆公脩政⑭，東竟至河⑮，則與齊桓、晉文中國侯伯侔矣。是後陪臣執政⑯，大夫世祿⑰，六卿擅晉權⑱，征伐會盟，威重於諸侯。及田常殺簡公而相齊國，諸侯晏然弗討，海内爭於戰攻矣。三國終之卒分晉，田和亦滅齊而有之⑲，六國之盛自此始。務在彊兵并敵，謀詐用而從衡短長之說起⑳。矯稱蠭出㉑，誓盟不信，雖置質剖符猶不能約束也㉒。秦始小國僻遠，諸夏賓之㉓，比於戎翟，至獻公之後常雄諸侯㉔。論秦之德義不如魯衛之暴戾者，量秦之兵不如三晉之彊也，然卒并天下，非必險固便、形埶利也㉕，蓋若天所助焉。

或曰“東方物所始生，西方物之成孰㉖”。夫作事者必於東南，收功實者常於西北。故禹興於西羌㉗，湯起於亳㉘，周之王也以豐鎬伐殷，秦之帝用雍州興㉙，漢之興自蜀漢㉚。

秦既得意㉛，燒天下《詩》《書》，諸侯史記尤甚，爲其有所刺譏也。《詩》《書》所以復見者㉜，多藏人家㉝，而史記獨藏周室㉞，以故滅。惜哉，惜哉！獨有《秦記》，又不載日月，其文略不具㉟。然戰國之權變亦有可頗采者㊱，何必上古。秦取天下多暴，然世異變，成功大㊲。傳曰“法後王”㊳，何也？以其近己而俗變相類，議卑而易行也。學者牽於所聞，見秦在帝位日淺，不察其終始，因舉而笑之㊴，不敢道，此與以耳食無異㊵。悲夫！

余於是因《秦記》，踵《春秋》之後㊶，起周元王㊷，表六國時事，訖二世㊸，凡二百七十年，著諸所聞興壞之端。後有君子，以覽觀焉。

注釋

①《秦記》：秦國的史記。

②犬戎：古族名。西戎的一支。分布於今山西、陝西一帶。西周末年，犬戎聯合申侯攻殺周幽王於驪山下，周室被迫東遷。幽王：西周末代國君，名宮湦，或作宮涅。宣王子。前 781—前 771 年在位。因政治腐敗，内部矛盾，爲犬戎所滅。

③洛邑：又作“雒邑”，在今河南洛陽。

④秦襄公：秦莊公之子。前 777—前 766 年在位。原爲西周西垂（在今甘肅天水市西南）大夫。犬戎攻殺周幽王後，他起兵救周，并衛送平王東遷，被平王封爲諸侯，賜以岐西之地。

⑤西畤（zhì）：秦襄公在西垂所建祭祀白帝（古神話中五天帝之一，主西方之神）的神祠。畤：止，神所栖止之處。

⑥僭端見矣：僭越本分的苗頭顯現出來了。僭：超越本分。見：通“現”。

⑦“《禮》曰”句：《禮記・曲禮下》：“天子祭天地，祭四方，祭山川”，“諸侯方祀（祭祀國家所在之方），祭山川（祭祀國内的山川）”。

⑧翟：通“狄”。

⑨臚於郊祀：陳列祭天的禮儀。臚：陳列。郊祀：古代天子於南郊所行祭天之禮。

⑩文公踰隴：言秦文公越過隴山向東方發展。文公：襄公之子。前 765—前 716 年在位。隴：指隴山，即隴坻。在今陝西隴縣、寶雞市與甘肅清水縣、張家川回族自治縣之間。

⑪攘（rǎng）：排斥，排除。

⑫陳寶：秦文公十九年（前 747 年）得到一塊雉形神石，在陳倉（今陝西寶雞市東）北阪立祠供奉，稱陳寶。詳見《漢書》卷二十五上《郊祀志上》。

⑬岐：岐山。在今陝西岐山縣東北七十里。雍：雍山。在今陝西鳳翔縣西北三十里。

⑭穆公：“穆”一作“繆”。秦德公之子。名任好。前 659—前 621 年在位。選拔賢能，勵精圖治。用由余謀伐西戎，滅國十二，開地千里，“遂霸西戎”。秦自此强大，爲春秋五霸之一。

⑮竟：同“境”。

⑯陪臣執政：指諸侯勢弱，諸侯國之政權由卿大夫把持。如晋之六卿、齊之田氏。陪臣：指卿大夫。卿大夫爲諸侯之臣，對於天子而言爲陪臣。

⑰世禄：世代相承，任職食禄。

⑱擅：獨攬。

⑲田常殺簡公、田和滅齊：注見《五蠹》篇。

⑳從衡：指合縱與連横。“從”同“縱”。“衡”同“横”。短長：長短術，戰國時策士的縱横游説之術，故《戰國策》又名《短長》。

㉑矯稱：詐稱。蠭出：成群地出現，紛然并作。蠭：同“蜂”。

㉒置質：派遣人質作擔保，以示信守盟約或臣服。剖符：古代帝王分封諸侯、功臣時，以竹木或金屬之符爲信證，剖分爲二，君臣各執其一，稱“剖符”，有事則合符取信。

㉓賓（bìn）：同“擯”。排斥，抛弃。

㉔獻公：名師隰，靈公子。前 384—前 362 年在位，厲行改革，秦國漸强。至其子孝公任用商鞅變法，秦國日益富强。

㉕埶：同“勢”。

㉖或曰“東方物所始生，西方物之成孰”：此五行學説之言論。五行學説以木、火、金、水、土與東、南、西、北、中及春、夏、秋、冬、閏相配，則東、南爲春、夏，爲耕作生長期；西、北爲秋、冬，爲收穫儲藏期。

㉗禹興於西羌：張守節《史記正義》曰：“禹生於茂州汶川縣，本冄駹（máng）國，皆西羌。”汶川縣，北周置，爲汶山郡治。在今四川汶川縣。

㉘亳（bó）：裴駰《史記集解》引徐廣曰：“京兆杜縣有亳亭。”亳亭，在今陝西西安市東南。

㉙雍州：指今陝西一帶。秦德公即位後，自平陽（今陝西寶雞市東）遷都於雍（今陝西鳳翔縣西南）。

㉚蜀漢：劉邦初由項羽封爲漢王，據巴蜀、漢中地帶。

㉛得意：得遂其志。即《秦始皇本紀》中所謂“起諸侯，并天下，意得欲從”。

㉜見：通“現”。

㉝人家：指平常人家。

㉞周室：指周王室，官家。

㉟具：完備。

㊱權變：隨機應變。

㊲世異變，成功大：司馬貞《史記索隱》：“以言人君制法，當隨時代之異而變易其政，則其成功大。”

㊳法後王：效法後世帝王、近世之王。語見《荀子·儒效》“法後王，一制度”。又《荀子·非相》：“故曰：欲觀聖王之跡，則於其粲然者矣，後王是也。”

㊴舉：全。

㊵耳食：用耳朵吃飯，不能知其滋味，喻不能辨别是非。

㊶踵（zhǒng）：繼承，沿襲。

㊷周元王：名姬仁。周敬王之子，前476—前469年在位。

㊸訖二世：按：《六國年表》到秦二世胡亥三年（前207年）。訖：通“迄”。至，到。

導讀

本篇選自《史記》卷十五《六國年表第三》。

南宋鄭樵説：“《史記》一書，功在十表”（《通志總序》）。《史記》之“表”誠然爲司馬遷的一項偉大創造，是他“原始察終”，“通古今之變”的重要途徑。《史記·太史公自序》説：“並時異世，年差不明，作十表。”十表的意義和作用首先在於提綱挈領地表現歷史的内容，即以表格的形式使紛繁複雜的史實得以經緯分明地直觀呈現，同時使《史記》的記事空間得到大大的拓展，與本紀、書、世家、列傳其他四體構成相互補充、相互配合的有機整體。然而，更可注意的是，《史記》十表的創設還是司馬遷卓越的歷史思想的體現，即通過表、序的編制和寫作，展示他對黄帝以來到漢武時期三千年歷史的階段劃分以及對各階段歷史特徵、變遷大勢的認識和把握。從《六國年表》來看，該表共分八格，即周、秦、魏、韓、趙、楚、燕、齊，上起周元王元年（前476年），下迄秦二世三年（前207年）劉邦入關滅秦，“天下屬漢”，可見，它實際所呈現的是秦滅六國，統一天下以至最終敗亡的全過程，其中藴含着司馬遷對戰國社會的演變，對秦所以興、所以亡的系統思考。我們看到，他在序文中既肯定了秦順應時勢，以力而興的發展進程，所谓“世異變，成功大”，也指出其統治的專制殘暴，所謂“秦取天下多暴”，進而提出“法後王”的主張，認爲應當從秦的興亡得失中深刻總結歷史的經驗教訓，同時對當世學者在如何看待秦史問題上的錯誤態度提出了尖鋭的批評。

參考文獻

楊燕起.《史記》的“表”. 社會科學，1985（6）：96-103.

張大可. 史記論贊輯釋. 西安：陝西人民出版社，1986.

孔子世家（《史記》）（節選）

選文

孔子生魯昌平鄉陬邑①。其先宋人也，曰孔防叔②。防叔生伯夏，伯夏生叔梁紇。紇與顏氏女野合而生孔子③，禱於尼丘得孔子④。魯襄公二十二年而孔子生⑤。生而首上圩頂⑥，故因名曰丘云。字仲尼，姓孔氏。

其後定公以孔子爲中都宰⑦，一年，四方皆則之⑧。由中都宰爲司空⑨，由司空爲大司寇⑩。

定公十年春⑪，及齊平⑫。夏，齊大夫黎鉏言於景公曰⑬："魯用孔丘，其勢危齊。"乃使使告魯爲好會⑭，會於夾谷⑮。魯定公且以乘車好往⑯。孔子攝相事⑰，曰："臣聞有文事者必有武備，有武事者必有文備。古者諸侯出疆，必具官以從⑱。請具左右司馬⑲。"定公曰："諾。"具左右司馬。會齊侯夾谷，爲壇位⑳，土階三等㉑，以會遇之禮相見㉒，揖讓而登。獻酬之禮畢㉓，齊有司趨而進曰㉔："請奏四方之樂㉕。"景公曰："諾。"於是旍旄羽袯矛戟劍撥鼓噪而至㉖。孔子趨而進，歷階而登，不盡一等㉗，舉袂而言曰㉘："吾兩君爲好會，夷狄之樂何爲於此！請命有司！"有司卻之，不去，則左右視晏子與景公㉙。景公心怍㉚，麾而去之㉛。有頃，齊有司趨而進曰："請奏宮中之樂㉜。"景公曰："諾。"優倡侏儒爲戲而前。孔子趨而進，歷階而登，不盡一等，曰："匹夫而營惑諸侯者罪當誅㉝！請命有司！"有司加法焉㉞，手足異處。景公懼而動，知義不若，歸而大恐，告其羣臣曰："魯以君子之道輔其君，而子獨以夷狄之道教寡人，使得罪於魯君，爲之柰何？"有司進對曰："君子有過則謝以質㉟，小人有過則謝以文㊱。君若悼之㊲，則謝以質。"於是齊侯乃歸所侵魯之鄆、汶陽、龜陰之田以謝過。

定公十三年夏㊳，孔子言於定公曰："臣無藏甲㊴，大夫毋百雉之城㊵。"使仲由爲季氏宰㊶，將墮三都㊷。於是叔孫氏先墮郈㊸。季氏將墮費㊹，公山不狃、叔孫輒率費人襲魯㊺。公與三子入于季氏之宮㊻，登武子之臺。費人攻之，弗克，入及公側㊼。孔子命申句須、樂頎下伐之㊽，費人北。國人追之，敗諸姑蔑[49]。二子奔齊，遂墮費。將墮成[50]，公斂處父謂孟孫曰[51]："墮成，齊人必至于北門[52]。且成，孟氏之保鄣[53]，無成，是無孟氏也。我將弗墮。"十二月，公圍成，弗克。

定公十四年[54]，孔子年五十六，由大司寇行攝相事[55]，有喜色。門人曰："聞君子禍至不懼，福至不喜。"孔子曰："有是言也。不曰'樂其以貴下人'乎？"於是誅魯大夫亂政者少正卯。與聞國政三月，粥羔豚者弗飾賈[56]；男女行者別於塗[57]；塗不拾遺；四方之客至乎邑者不求有司，皆予之以歸[58]。

齊人聞而懼，曰："孔子爲政必霸，霸則吾地近焉，我之爲先并矣。盍致地焉[59]？"犁鉏曰："請先嘗沮之[60]；沮之而不可則致地，庸遲乎[61]！"於是選齊國中女子好者八十人[62]，皆衣文衣而舞《康樂》[63]，文馬三十駟[64]，遺魯君[65]。陳女樂文馬於魯城南高門外。季桓子微服往觀再三，將受，乃語魯君爲周道游[66]，往觀終日，怠於政事。子路曰："夫子可以行矣。"孔子曰："魯今且郊[67]，如致膰乎大夫[68]，則吾猶可以止。"桓子卒受齊女樂，三日不聽政；郊，又不致膰俎於大夫。孔子遂行，宿乎屯[69]。而師己送[70]，曰："夫子則非罪。"[71]孔子曰："吾歌可夫？"歌曰："彼婦之口，可以出走；彼婦之謁[72]，可以死敗[73]。蓋優哉游哉[74]，維以卒歲！"師己反，桓子曰："孔子亦何言？"師己以實告。桓子喟然歎曰[75]："夫子罪我以羣婢故也夫[76]！"

孔子之去魯凡十四歲而反乎魯[77]。

魯哀公問政[78]，對曰："政在選臣。"季康子問政[79]，曰："舉直錯諸枉[80]，則枉者直。"康子患盜，孔子曰："苟子之不欲，雖賞之不竊。"然魯終不能用孔子，孔子亦不求仕。

孔子之時，周室微而禮樂廢，《詩》《書》缺。追迹三代之禮，序《書傳》[81]，上紀唐虞之際，下至秦繆[82]，編次其事。曰："夏禮吾能言之，杞不足徵也[83]。殷禮吾能言之，宋不足徵也[84]。足，則吾能徵之矣。"觀殷夏所損益，曰："後雖百世可知也，以一文一質。周監二代[85]，郁郁乎文哉[86]。吾從周。"故《書傳》、《禮記》自孔氏。

孔子語魯大師[87]："樂其可知也。始作翕如[88]，縱之純如，皦如，繹如也[89]，以成。""吾自衛反魯，然後樂正，《雅》《頌》各得其所[90]。"

古者《詩》三千餘篇，及至孔子，去其重，取可施於禮義，上采契后稷[91]，中述殷周之盛，至幽厲之缺，始於衽席[92]，故曰"《關雎》之亂以爲《風》始[93]，《鹿鳴》爲《小雅》始，《文王》爲《大雅》始，《清廟》爲《頌》始"。三百五篇孔子皆弦歌之，以求合《韶》《武》《雅》《頌》之音[94]。禮樂自此可得而述，以備王道，成六藝[95]。

孔子晚而喜《易》，序《彖》、《繫》、《象》、《説卦》、《文言》[96]。讀《易》，韋編三絶[97]。曰："假我數年，若是，我於《易》則彬彬矣[98]。"

孔子以詩書禮樂教，弟子蓋三千焉，身通六藝者七十有二人。如顔濁鄒之徒，頗受業者甚衆[99]。

明歲，子路死於衛[100]。孔子病，子貢請見[101]。孔子方負杖逍遥於門[102]，曰："賜，汝來何其晚也？"孔子因歎，歌曰："太山壞乎！梁柱摧乎！哲人萎乎！"因以涕下。謂子貢曰："天下無道久矣，莫能宗予[103]。夏人殯於東階[104]，周人於西階[105]，殷人兩柱閒[106]。昨暮予夢坐奠兩柱之閒[107]，予始殷人也[108]。"後七日卒。

孔子年七十三，以魯哀公十六年四月己丑卒[109]。

孔子葬魯城北泗上[110]，弟子皆服三年。三年心喪畢[111]，相訣而去[112]，則哭，各復盡哀；或復留。唯子贛廬於冢上[113]，凡六年，然後去。弟子及魯人往從冢而家者百有餘室，因命曰孔里。魯世世相傳以歲時奉祠孔子冢[114]，而諸儒亦講禮鄉飲大射於孔子冢[115]。孔子冢大一頃。故所居堂、弟子内[116]，後世因廟[117]，藏孔子衣冠琴車書，至于漢二百餘年不絶。高皇帝過魯，以太牢祠焉[118]。諸侯卿相至，常先謁，然後從政。

太史公曰：《詩》有之："高山仰止，景行行止[119]。"雖不能至，然心鄉往之[120]。余讀孔氏書，想見其爲人。適魯，觀仲尼廟堂車服禮器，諸生以時習禮其家，余祗迴留之不能去云[121]。天下君王至于賢人衆矣，當時則榮，没則已焉。孔子布衣，傳十餘世，學者宗之。自天子王侯，中國言六藝者折中於夫子[122]，可謂至聖矣！

注釋

①昌平鄉陬邑：在今山東曲阜市東南四十餘里。孔安國曰："陬，孔子父叔梁紇所治邑。"（裴駰

《史記集解》引徐廣曰）

②孔防叔：孔子的曾祖父。孔子先世爲宋國貴族，孔防叔爲華氏所逼，逃奔魯國，爲防（今山東費縣東北）大夫，故稱。“叔”是其字。參鍾肇鵬《孔子繫年》，載鍾肇鵬《孔子研究》（增訂版），北京，中國社會科學出版社，1990年，第152頁。

③野合：結合於野外。當指没有經過正式婚嫁而結合。參李衡眉《孔子的出生與古代婚俗》，載《孔子研究》，1988年第4期，第17～22頁。

④尼丘：一名尼山。亦稱尼丘山。在今山東曲阜市東南四十四里曲阜、泗水、鄒城三市縣交界處。

⑤魯襄公二十二年：前551年。

⑥圩（wéi）頂：頭頂凹陷。圩：凹。中央低而四周高。

⑦其後定公以孔子爲中都宰：事在魯定公九年（前501年），孔子始出仕，時年五十一歲（參錢穆《孔子傳·附孔子年表》，北京，三聯書店，2002年；鍾肇鵬《孔子繫年》，載鍾肇鵬《孔子研究》（增訂版），北京，中國社會科學出版社，1990年）。定公：名宋。魯襄公子。前509—前495年在位。中都宰：官名。中都地方的行政長官。中都：春秋魯邑。在今山東汶上縣西四十里。

⑧則：效法。

⑨司空：官名。西周始置，亦稱“司工”。掌營建宮室、修治道路等土木工程之事。

⑩大司寇：官名。西周始置。掌獄訟、刑罰。

⑪定公十年：前500年。

⑫及齊平：與齊國和好。平：講和。

⑬黎鉏：下文作“犂鉏”。《左傳》作“犂彌”。景公：齊景公。名杵臼，齊靈公之子。前547—前490年在位。

⑭好會：友好地會晤。

⑮夾谷：春秋齊地。在今山東萊蕪市西南三十里夾谷峪。

⑯好往：不設戒備，友好地前往。

⑰攝相事：代理相的職務，即爲魯君相禮，輔助其履行相會的禮節儀式。攝：代理。

⑱具官：配備各種官屬，陪同前往。具：配備，設置。

⑲司馬：官名。西周始置。掌管軍政。此指由武官帶領一定數量的武裝人員隨行。

⑳爲壇位：築土爲壇，於壇上布列兩國國君的位次。

㉑三等：三級。

㉒會遇之禮：指兩國國君平等相會之禮。

㉓獻酬之禮：主客互相敬酒之禮節。

㉔趨：跑，小步快走。

㉕四方：指齊周圍的少數民族。

㉖旍旄羽袚矛戟劍撥：皆爲武樂中所用道具。旍（jīng）：同“旌”，旌旗。旄：指旗幟，儀仗。袚（fú）：通“帗”（fú）。舞蹈用具，由五色帛製成。撥（fá）：大盾。

㉗歷階而登，不盡一等：一足一級，一步而登兩級臺階，留下一級臺階未登。言形勢危急，但終不違禮。司馬貞《史記索隱》：“謂歷階級也。故王肅云‘歷階，登階不聚足’。”歷：逐個。

㉘袂（mèi）：衣袖。

㉙左右視：指孔子向左右兩邊目視。晏子：即晏嬰，字平仲。春秋齊國大夫，歷事靈公、莊公、景公三朝。後人集其言論行事爲《晏子春秋》，傳於世。

㉚怍（zuò）：慚愧。

㉛麾：指揮。此揮去。

㉜宮中之樂：宮廷内的娱樂舞樂。

㉝營惑：通“熒惑”。迷惑，眩惑。

㉞加法：施加刑法。

㉟謝：道歉。質：實。實質，樸實。

㊱文：華麗。此指花言巧語，不實在。

㊲悼：恐懼。此擔憂。

㊳按：此“定公十三年”，當爲定公十二年（前 498 年）。見《左傳》《公羊傳》定公十二年及《史記》卷三十三《魯周公世家》的記載。

㊴藏甲：私藏甲兵。

㊵大夫毋百雉之城：大夫封邑的城墻不得超過百雉。雉（zhì）：古代計算城墻面積的單位，長三丈高一丈爲一雉。

㊶仲由：字子路，孔子學生。季氏：季孫氏。宰：家臣。

㊷墮三都：拆毁三桓氏各自封邑的城墻。三桓，春秋時魯國公族，即季孫氏、孟孫氏、叔孫氏，皆爲魯桓公後代，故稱。後三家勢力逐漸强大，季氏最强，專執國政，魯公室反卑於三家。此時三都之宰又各控制三都以凌三家，故季桓子（季孫斯）在大司寇孔子支持下，發動墮三都行動。墮（huī）：毁壞。都：都邑。

㊸郈（hòu）：叔孫氏的封邑。在今山東東平縣東南後亭。

㊹費（bì）：季孫氏封邑。在今山東費縣西北二十里古城。

㊺公山不狃：費宰，季氏家臣。叔孫輒：叔孫氏之不得志者。魯：指魯國都曲阜。在今山東曲阜市東北二里古城村。

㊻三子：指季孫氏（名斯）、孟孫氏（亦稱仲孫氏，名何忌）、叔孫氏（名州仇）三卿。

㊼按：此句“人”或爲“矢”之誤。言費人自臺下仰攻，故矢及魯公之側（參楊伯峻《春秋左傳注》）。

㊽申句須、樂頎（qí）：皆魯大夫。

㊾姑蔑：簡稱蔑。在今山東泗水縣東四十餘里下橋南。

㊿成：又作“郕”。孟孫氏封邑。在今山東寧陽縣東北。

51公斂處父：成宰，孟孫氏家臣。

52北門：指魯國北境的門户重鎮。

53鄣：同“障”。屏障。

54定公十四年：前 496 年。

55按：此處“由大司寇行攝相事”，當與前文以大司寇“攝相事”所言爲一事。又，此處的時間亦有問題。《史記》卷三十七《衛康叔世家》載：衛靈公三十八年（魯定公十三年，前 497 年），“孔子來，禄之如魯”。據此，則孔子於魯定公十三年已離開魯國到了衛國。行：同“攝”，亦爲“代理”之意。“行攝”，《史記》卷三十一《吴太伯世家》司馬貞《索隱》引《孔子世家》、《孔子家語・始誅》等作“攝行”。詳參修訂本《史記・孔子世家》卷末校勘記。

56粥：同“鬻”。賣。弗飾賈：不虚增價格。“賈”：同“價”。

57塗：道路。

58皆予之以歸：是説魯國的百姓就能使來到魯國的四方賓客各得所需而歸。按：此句《孔子家語・相魯》作“皆如歸焉”（楊朝明、宋立林主编《孔子語通解》，濟南，齐魯書社，2013 年，第 7 頁）。

59盍：何不。致：送達，獻出。

60嘗：嘗試。沮：阻止。

61庸：難道。

㉒好：容貌美麗。

㉓文衣：色彩交錯的華麗的衣服。

㉔文馬：毛色有文采之馬。駟：量詞。四匹馬爲一駟。

㉕遺（wèi）：給予，贈送。

㉖周道游：猶言隨處巡行游觀。周：環繞，周遍。

㉗郊：郊祀。古代在郊外祭祀天地。

㉘致膰：古代天子或諸侯祭祀完畢，依禮要將祭肉分發給大臣，以示尊重。膰（fán）：祭祀用的熟肉。

㉙屯：地名。在今山東曲阜市東南。

㉚師己：魯國樂師，名“己”。

㉛非罪：没有過錯。罪：過錯。

㉜謁：稟告，進言。

㉝死敗：死亡，敗亡。

㉞優哉游哉：悠閑自在。

㉟喟（kuì）然：歎息的樣子。

㊱羣婢：指齊國的女樂。

㊲按：孔子於魯定公十三年（前497年）去魯適衛，至魯哀公十一年（前484年）歸魯，離開魯國凡十四年。歸魯時，孔子年六十八歲。

㊳魯哀公：名蔣。一作將。魯定公之子。前494—前468年在位。

㊴季康子：即季孫肥。季桓子之子，時爲魯國執政。

㊵錯：通“措”。安排，放置。枉：邪曲。

㊶序《書傳》：整理《尚書》文獻。序：序次，排列。

㊷秦繆：即秦穆公。

㊸杞：國名。爲夏禹後裔於周初所建封國，前445年滅于楚。徵：證。取以爲證，證實。

㊹宋：國名。爲殷王室後裔於周初所建封國。前286年滅於齊。

㊺監：通“鑒”。借鑒。

㊻郁郁：文采茂盛的樣子。

㊼魯大師：魯國的樂官。大：通“太”。

㊽翕（xī）如：整齊盛大的樣子。

㊾縱：指展開。純如、皦如、繹如：分别指和諧、清晰、連續不斷的樣子。

㊿《雅》《頌》各得其所：《雅》《頌》的樂調各恢復其原來的樣子。

91契（xiè）：殷王室的始祖。后稷：名弃，周王室的始祖。

92衽（rèn）席：牀席。此指婚姻、夫婦關係。

93《關雎》之亂以爲《風》始：言以《關雎》爲“國風”的第一篇。亂：樂曲的最後一章，此以指整個樂章。

94《韶》：相傳爲舜時樂曲的名稱。《武》：相傳爲周初樂曲的名稱。

95六藝：古代教育學生的六種科目，即禮、樂、射、御、書、數。參《周禮・地官》之《大司徒》和《保氏》。後指儒家的六經，即《禮》《樂》《書》《詩》《易》《春秋》。

96序《彖》、《繫》、《象》、《説卦》、《文言》：意爲編寫了《彖辭》《繫辭》《象辭》《説卦》《文言》五種《易經》的解説之書，即所謂《易傳》。序：序次，整理。此編寫。

97韋：用以編連簡册的熟皮繩。一説“韋”爲“緯”的初字，“韋編”（即“緯編”）指簡册上横向的編綸。參朱彦民《“韋編三絶”新説——兼及古籍稱經的由來》，載《社會科學研究》，2019年第

2 期，第 177～184 頁。

⑱彬彬：文質兼備的樣子。

⑲如顏濁鄒之徒，頗受業者甚衆：意爲至於像顏濁鄒那樣略從孔子受過業的人就更多了。頗：略，稍微。

⑳子路死於衛：魯哀公十五年（前 480 年），衛靈公太子蒯聵自晋返衛，逼逐其子衛出公而立，是爲衛莊公。子路時爲衛大夫孔悝之邑宰，死於此次政變。

⑩子貢：又作“子贛”，端木賜。孔子弟子。

⑩負杖：倚杖，扶杖。逍遥：緩步行走的樣子。

⑩宗：尊奉。

⑩殯：停放靈柩。東階：又稱阼階，供主人行走的廳堂臺階。

⑩西階：供客人行走的廳堂臺階。

⑩兩柱閒：堂上的東西兩柱之間。

⑩坐奠兩柱之閒：坐在兩柱之間被祭奠。

⑩予始殷人也：孔子先世爲宋國貴族，宋國爲殷朝的後代，故曰。

⑩魯哀公十六年：前 479 年。四月己丑：韓兆琦説：“史公此説依《春秋》《左傳》。而《春秋》之所謂‘四月’乃指周曆，合夏曆之二月，夏曆的‘二月己丑’即二月初十。”（韓兆琦評注《史記》）

⑩魯城北泗上：魯都城北泗水邊上。

⑪心喪：不穿喪服，衹在心中悼念。《禮記·檀弓上》：“子貢曰：‘請喪夫子若喪父而無服’。”

⑫訣：辭别，告别。

⑬廬：簡陋的房屋。此指建一簡陋的小屋。冢上：指孔子的墓旁。

⑭歲時奉祠：一年當中按時致祭。

⑮講禮鄉飲大射於孔子冢：講習演練鄉飲、大射之禮於孔子故居。此句之“冢”和下句“孔子冢大一頃”之“冢”，皆當爲“家”之誤（參王叔岷《史記斠證》，北京，中華書局，2007 年，第 1790～1791 頁）。鄉飲：鄉大夫爲即將入京的本鄉德行優異之士舉行的宴飲。大射：諸侯爲祭祀擇士而舉行的射箭儀式，射中者可以參加祭祀，否則不得與祭。

⑯故所居堂、弟子内：孔子當時所居之堂及諸弟子所居之室。内：内室。

⑰後世因廟：後人把它改成祭祀孔子的廟宇。

⑱太牢：古代祭祀，牛、羊、豕三牲具備謂之太牢。

⑲高山仰止，景行（háng）行（xíng）止：語見《詩經·小雅·車舝》。意爲如同高山令人景仰，如同大道令人遵行。景行：大道。行：行走。止：語氣詞。通“之”。

⑳鄉：同“嚮”。

㉑祗迴：懷着敬仰之心徘徊流連。祗：敬。

㉒折中於夫子：以孔子的思想學説作爲判斷是非的標準。折中：取正。

導讀

本篇選自《史記》卷四十七《孔子世家第十七》。

《史記·太史公自序》説：“周室既衰，諸侯恣行。仲尼悼禮廢樂崩，追脩經術，以達王道，匡亂世反之於正，見其文辭，爲天下制儀法，垂六藝之統紀於後世。作《孔子世家》第十七。”非常明確地概括了他之所以采用“世家”的形式記述孔子其人及其一生事迹的緣由與宗旨。《孔子世家》廣泛采録了《論語》《左傳》《孟子》《禮記》等多方面的資料加以融會貫通，詳盡記述了孔子一生的種種活動經歷及其後代世系，尤其是孔子的政治活動及其晚年整理、傳播古代典籍文化的事迹，揭示了孔子學説所具有的撥亂反正，備王道、垂統紀的政治思想價值。在記述中，也生動地再現了孔子的爲人品格和言談風貌。本篇内容主要包括孔子的出生，出任魯中都宰進而爲大司寇的爲政經歷，晚年歸魯後致力於整理《詩》《書》等古代文獻的情况，孔子的去世，孔子弟子後人對他的紀念以及司馬遷的贊論，即“太史公曰”。在“太史公曰”中，司馬遷對孔子的爲人、孔子作爲古代文化聖人的歷史地位和巨大影響，表達了由衷的敬仰和贊頌之情，其間也寄寓了司馬遷個人崇高的人生理想和追求。

參考文獻

司馬遷. 史記：卷六十七：仲尼弟子列傳. 修訂本. 北京：中華書局，2014.

鍾肇鵬. 孔子繫年//鍾肇鵬. 孔子研究. 增訂版. 北京：中國社會科學出版社，1990：150-170.

匡亞明. 孔子評傳. 南京：南京大學出版社，1990.

錢穆. 孔子傳. 北京：三聯書店，2002.

周先民. 高山仰止 景行行止：讀《史記·孔子世家》. 齊魯學刊，1993（3）：4-13.

陳其泰.《史記》“世家”編纂成就析論——“應另换一副眼光讀之”. 文史哲，2015（6）：102-111.

魏其武安侯列傳（《史記》）

選文

魏其侯竇嬰者[①]，孝文后從兄子也[②]。父世觀津人[③]。喜賓客。孝文時，嬰爲吴相[④]，病免。孝景初即位[⑤]，爲詹事[⑥]。梁孝王者，孝景弟也，其母竇太后愛之。梁孝王朝，因昆弟燕飲[⑦]。是時上未立太子，酒酣，從容言曰："千秋之後傳梁王。"太后驩[⑧]。竇嬰引卮酒進上[⑨]，曰："天下者，高祖天下，父子相傳，此漢之約也，上何以得擅傳梁王！"太后由此憎竇嬰。竇嬰亦薄其官[⑩]，因病免[⑪]。太后除竇嬰門籍[⑫]，不得入朝請[⑬]。

孝景三年[⑭]，吴楚反[⑮]，上察宗室諸竇毋如竇嬰賢[⑯]，乃召嬰。嬰入見，固辭，謝病不足任。太后亦慙。於是上曰："天下方有急，王孫寧可以讓邪[⑰]？"乃拜嬰爲大將軍，賜金千斤。嬰乃言袁盎、欒布諸名將賢士在家者進之[⑱]。所賜金，陳之廊廡下[⑲]，軍吏過，輒令財取爲用[⑳]，金無入家者。竇嬰守滎陽[㉑]，監齊趙兵。七國兵已盡破，封嬰爲魏其侯。諸游士賓客爭歸魏其侯。孝景時每朝議大事，條侯[㉒]、魏其侯，諸列侯莫敢與亢禮[㉓]。

孝景四年[㉔]，立栗太子[㉕]，使魏其侯爲太子傅[㉖]。孝景七年[㉗]，栗太子廢，魏其數爭[㉘]，不能得。魏其謝病，屏居藍田南山之下數月[㉙]，諸賓客辯士説之，莫能來。梁人高遂乃説魏其曰："能富貴將軍者，上也；能親將軍者，太后也。今將軍傅太子，太子廢而不能爭；爭不能得，又弗能死。自引謝病，擁趙女[㉚]，屏閒處而不朝。相提而論，是自明揚主上之過。有如兩宫螫將軍[㉛]，則妻子毋類矣[㉜]。"魏其侯然之，乃遂起，朝請如故。

桃侯免相[㉝]，竇太后數言魏其侯。孝景帝曰："太后豈以爲臣有愛[㉞]，不相魏其？魏其者，沾沾自喜耳[㉟]，多易[㊱]。難以爲相持重[㊲]。"遂不用，用建陵侯衛綰爲丞相[㊳]。

武安侯田蚡者[㊴]，孝景后同母弟也[㊵]，生長陵[㊶]。魏其已爲大將軍後，方盛，蚡爲諸郎[㊷]，未貴，往來侍酒魏其，跪起如子姓[㊸]。及孝景晚節[㊹]，蚡益貴幸，爲太中大夫[㊺]。蚡辯有口[㊻]，學《槃盂》諸書[㊼]，王太后賢之。孝景崩，即日太子立[48]，稱制[49]，所鎮撫多有田蚡賓客計筴[50]。蚡、弟田勝，皆以太后弟，孝景後三年封蚡爲武安侯[51]，勝爲周陽侯。

武安侯新欲用事爲相[52]，卑下賓客，進名士家居者貴之，欲以傾魏其諸將相[53]。建元元年[54]，丞相綰病免，上議置丞相、太尉。籍福説武安侯曰[55]："魏其貴久矣，天下士素歸之。今將軍初興，未如魏其，即上以將軍爲丞相，必讓魏其。魏其爲丞相，將軍必爲太尉。太尉、丞相尊等耳，又有讓賢名。"武安侯乃微言太后風上[56]，於是乃以魏其侯爲丞相，武安侯爲太尉。籍福賀魏其侯，因弔曰[57]："君侯資性喜善疾惡[58]，方今善人譽君侯，故至丞相；然君侯且疾惡，惡人衆，亦且毁君侯。君侯能兼容，則幸久；不能，今以毁去矣[59]。"魏其不聽。

魏其、武安俱好儒術，推轂趙綰爲御史大夫[60]，王臧爲郎中令[61]。迎魯申公[62]，欲設明堂[63]，令列侯就國[64]，除關[65]，以禮爲服制[66]，以興太平。舉適諸竇宗室毋節行者[67]，除其屬籍[68]。時諸外家爲列侯，列侯多尚公主[69]，皆不欲就國，以故，毁日至竇太后。太后好黄老之言，而魏其、武安、趙綰、王臧等務隆推儒術[70]，貶道家言，是以竇太后滋不説魏其等[71]。及建元二年[72]，御史大夫趙綰請無奏事東宫[73]。竇太后大怒，乃罷逐趙綰、王臧等，而免丞相、太尉，以柏至侯許昌爲丞相，武彊侯莊青翟爲御史大夫。魏其、武安由此以侯家居。

武安侯雖不任職，以王太后故，親幸，數言事多效，天下吏士趨勢利者，皆去魏其歸武安。武安日益横。建元六年[74]，竇太后崩，丞相昌、御史大夫青翟坐喪事不辦，免。以武安侯蚡爲丞相，以大司農韓安國爲御史大夫[75]。天下士、郡諸侯愈益附武安。

武安者，貌侵[76]，生貴甚[77]。又以爲諸侯王多長[78]，上初即位，富於春秋，蚡以肺腑爲京師相[79]，非痛折節以禮詘之[80]，天下不肅。當是時，丞相入奏事，坐語移日[81]，所言皆聽。薦人或起家至二千石[82]，權移主上。上乃曰："君除吏已盡未[83]？吾亦欲除吏。"嘗請考工地益宅[84]，上怒曰："君何不遂取武庫！"是後乃退。嘗召客飲，坐其兄蓋侯南鄉[85]，自坐東鄉[86]，以爲漢相尊，不可以兄故私橈[87]。武安由此滋驕，治宅甲諸第。田園極膏腴，而市買郡縣器物相屬於道。前堂羅鍾鼓，立曲旃[88]；後房婦女以百數。諸侯奉金玉狗馬玩好[89]，不可勝數。

魏其失竇太后，益疏不用，無勢，諸客稍稍自引而怠傲[90]，唯灌將軍獨不失故[91]。魏其日默默不得志，而獨厚遇灌將軍。

灌將軍夫者，潁陰人也[92]。夫父張孟，嘗爲潁陰侯嬰舍人[93]，得幸，因進之，至二千石，故蒙灌氏姓爲灌孟[94]。

吳楚反時，潁陰侯灌何爲將軍[95]，屬太尉[96]，請灌孟爲校尉[97]。夫以千人與父俱。灌孟年老，潁陰侯彊請之[98]，鬱鬱不得意，故戰常陷堅[99]，遂死吳軍中。軍法，父子俱從軍，有死事，得與喪歸。灌夫不肯隨喪歸，奮曰："願取吳王若將軍頭[100]，以報父之仇。"於是灌夫被甲持戟，募軍中壯士所善願從者數十人。及出壁門[101]，莫敢前。獨二人及從奴十數騎馳入吳軍[102]，至吳將麾下[103]，所殺傷數十人。不得前，復馳還，走入漢壁，皆亡其奴，獨與一騎歸。夫身中大創十餘，適有萬金良藥[104]，故得無死。夫創少瘳[105]，又復請將軍曰："吾益知吳壁中曲折，請復往。"將軍壯義之，恐亡夫[106]，乃言太尉，太尉乃固止之。吳已破，灌夫以此名聞天下。

潁陰侯言之上，上以夫爲中郎將[107]。數月，坐法去。後家居長安，長安中諸公莫弗稱之。孝景時，至代相。孝景崩，今上初即位，以爲淮陽天下交[108]，勁兵處[109]，故徙夫爲淮陽太守。建元元年，入爲太僕[110]。二年，夫與長樂衛尉竇甫飲[111]，輕重不得[112]，夫醉，搏甫[113]。甫，竇太后昆弟也。上恐太后誅夫，徙爲燕相。數歲，坐法去官，家居長安。

灌夫爲人剛直，使酒[114]，不好面諛。貴戚諸有勢在己之右[115]，不欲加禮，必陵之；諸士在己之左，愈貧賤，尤益敬，與鈞[116]。稠人廣衆，薦寵下輩。士亦以此多之[117]。

夫不喜文學，好任俠[118]，已然諾[119]。諸所與交通，無非豪桀大猾[120]。家累數千萬，食客日數十百人。陂池田園，宗族賓客爲權利[121]，横於潁川[122]。潁川兒乃歌之曰："潁水清[123]，灌氏寧；潁水濁，灌氏族。"灌夫家居雖富，然失勢，卿相侍中賓客益衰[124]。及魏其侯失勢，亦欲倚灌夫引繩批根生平慕之後弃之者[125]。灌夫亦倚魏其而通列侯宗室爲名高。兩人相爲引重，其游如父子然。相得驩甚，無厭[126]，恨相知晚也。

灌夫有服[127]，過丞相[128]。丞相從容曰："吾欲與仲孺過魏其侯[129]，會仲孺有服。"灌夫曰："將軍乃肯幸臨況魏其侯[130]，夫安敢以服爲解[131]！請語魏其侯帳具[132]，將軍旦日蚤臨[133]。"武安許諾。灌夫具語魏其侯如所謂武安侯。魏其與其夫人益市牛酒，夜灑埽，早帳具至旦。平明[134]，令門下候伺。至日中，丞相不來。魏其謂灌夫曰："丞相豈忘之哉？"灌夫不懌[135]，曰："夫以服請，宜往。"乃駕，自往迎丞相。丞相特前戲許灌夫，殊無意往。及夫至門，丞相尚卧。於是夫入見，曰："將軍昨日幸許過魏其，魏其夫妻治具，自旦至今，未敢嘗食。"武安鄂謝曰[136]："吾昨日醉，忽忘與仲孺言[137]。"乃駕往，又徐行，灌夫愈益怒。及飲酒酣，夫起舞屬丞相[138]，丞相不起，夫從坐上語侵之。魏其乃扶灌夫去，謝丞相。丞相卒飲至夜，極驩而去。

丞相嘗使籍福請魏其城南田。魏其大望曰[139]："老僕雖弃，將軍雖貴，寧可以勢奪乎！"不許。灌夫聞，怒，駡籍福。籍福惡兩人有郄[140]，乃謾自好謝丞相曰[141]："魏其老且死，易忍，且待之。"已而武安聞魏其、灌夫實怒不予田，亦怒曰："魏其子嘗殺人，蚡活之。蚡事魏其無所不可，何愛數頃田？且灌夫何與也？吾不敢復求田。"武安由此大怨灌夫、魏其。

元光四年春[142]，丞相言灌夫家在潁川，横甚，民苦之。請案[143]。上曰："此丞相事，何請。"灌夫亦持丞相陰事，爲姦利，受淮南王金與語言[144]。賓客居間[145]，遂止，俱解。

夏，丞相取燕王女爲夫人[146]，有太后詔，召列侯宗室皆往賀。魏其侯過灌夫，欲與俱。夫謝曰："夫數以酒失得過丞相，丞相今者又與夫有郄。"魏其曰："事已解。"彊與俱。飲酒酣，武安起爲壽，坐皆避席伏[147]。已魏其侯爲壽，獨故人避席耳，餘半膝席[148]。灌夫不悦。起行酒[149]，至武安，武安膝席曰："不能滿觴。"夫怒，因嘻笑曰："將軍貴人也，屬之[150]！"時武安不肯。行酒次至臨汝侯[151]，臨汝侯方與程不識耳語[152]，又不避席。夫無所發怒，乃駡臨汝侯曰："生平毁程不識不直一錢，今日長者爲壽，乃效女兒呫囁耳語[153]！"武安謂灌夫曰："程、李俱東西宫衛尉，今衆辱程將軍，仲孺獨不爲李將軍地乎[154]？"灌夫曰："今日斬頭陷匈[155]，何知程、李乎！"坐乃起更衣[156]，稍稍去。魏其侯去，麾灌夫出[157]。武安遂怒曰："此吾驕灌夫罪。"乃令騎留灌夫。灌夫欲出不得。籍福起爲謝，案灌夫項令謝[158]。夫愈怒，不肯謝。武安乃麾騎縛夫置傳舍[159]，召長史曰[160]："今日召宗室，有詔。"劾灌夫罵坐不敬[161]，繫居室[162]。遂按其前事，遣吏分曹逐捕諸灌氏支屬，皆得弃市罪。魏其侯大媿[163]，爲資使賓客請，莫能解。武安吏皆爲耳目，諸灌氏皆亡匿，夫繫，遂不得告言武安陰事。

魏其鋭身爲救灌夫[164]。夫人諫魏其曰："灌將軍得罪丞相，與太后家忤，寧可救邪?"魏其侯曰："侯自我得之，自我捐之[165]，無所恨[166]。且終不令灌仲孺獨死，嬰獨生。"乃匿其家[167]，竊出上書。立召入，具言灌夫醉飽事，不足誅。上然之，賜魏其食，曰："東朝廷辯之[168]。"

魏其之東朝，盛推灌夫之善，言其醉飽得過，乃丞相以他事誣罪之。武安又盛毁灌夫所爲橫恣，罪逆不道。魏其度不可柰何，因言丞相短。武安曰："天下幸而安樂無事，蚡得爲肺腑，所好音樂狗馬田宅。蚡所愛倡優巧匠之屬，不如魏其、灌夫日夜招聚天下豪桀壯士與論議，腹誹而心謗[169]，不仰視天而俯畫地[170]，辟倪兩宫閒[171]，幸天下有變，而欲有大功。臣乃不知魏其等所爲。"於是上問朝臣："兩人孰是?"御史大夫韓安國曰："魏其言灌夫父死事，身荷戟馳入不測之吴軍，身被數十創，名冠三軍，此天下壯士，非有大惡[172]，爭杯酒，不足引他過以誅也。魏其言是也。丞相亦言灌夫通姦猾，侵細民，家累巨萬，橫恣潁川，淩轢宗室[173]，侵犯骨肉，此所謂'枝大於本，脛大於股，不折必披[174]'，丞相言亦是。唯明主裁之。"主爵都尉汲黯是魏其[175]。内史鄭當時是魏其[176]，後不敢堅對。餘皆莫敢對。上怒内史曰："公平生數言魏其、武安長短，今日廷論，局趣效轅下駒[177]，吾并斬若屬矣。"即罷起入，上食太后[178]。太后亦已使人候伺，具以告太后。太后怒，不食，曰："今我在也，而人皆藉吾弟[179]，令我百歲後[180]，皆魚肉之矣。且帝寧能爲石人邪[181]！此特帝在，即録録[182]，設百歲後，是屬寧有可信者乎?"上謝曰："俱宗室外家，故廷辯之。不然，此一獄吏所决耳。"是時郎中令石建爲上分别言兩人事[183]。

武安已罷朝，出止車門[184]，召韓御史大夫載[185]，怒曰："與長孺共一老秃翁[186]，何爲首鼠兩端[187]？”韓御史良久謂丞相曰：“君何不自喜？夫魏其毀君，君當免冠解印綬歸，曰‘臣以肺腑幸得待罪[188]，固非其任，魏其言皆是’。如此，上必多君有讓，不廢君。魏其必内愧，杜門齰舌自殺[189]。今人毀君，君亦毀人，譬如賈豎女子爭言，何其無大體也！”武安謝罪曰：“爭時急，不知出此。”

於是上使御史簿責魏其所言灌夫[190]，頗不讎[191]，欺謾。劾繫都司空[192]。孝景時，魏其常受遺詔，曰“事有不便，以便宜論上[193]”。及繫，灌夫罪至族，事日急，諸公莫敢復明言於上。魏其乃使昆弟子上書言之，幸得復召見。書奏上，而案尚書[194]，大行無遺詔[195]。詔書獨藏魏其家，家丞封[196]。乃劾魏其矯先帝詔[197]，罪當弃市。五年十月，悉論灌夫及家屬[198]。魏其良久乃聞，聞即恚[199]，病痱[200]，不食，欲死。或聞上無意殺魏其，魏其復食，治病，議定不死矣。乃有蜚語爲惡言聞上[201]，故以十二月晦[202]，論弃市渭城。

其春[203]，武安侯病，專呼服謝罪。使巫視鬼者視之，見魏其、灌夫共守，欲殺之。竟死。子恬嗣。元朔三年[204]，武安侯坐衣襜褕入宫[205]，不敬[206]。

淮南王安謀反覺[207]，治。王前朝[208]，武安侯爲太尉，時迎王至霸上[209]，謂王曰：“上未有太子，大王最賢，高祖孫，即宫車晏駕[210]，非大王立當誰哉！”淮南王大喜，厚遺金財物。上自魏其時不直武安[211]，特爲太后故耳。及聞淮南王金事，上曰：“使武安侯在者，族矣。”

太史公曰：魏其、武安皆以外戚重，灌夫用一時決筴而名顯[212]。魏其之舉以吴楚[213]，武安之貴在日月之際[214]。然魏其誠不知時變，灌夫無術而不遜，兩人相翼，乃成禍亂。武安負貴而好權，杯酒責望[215]，陷彼兩賢。嗚呼哀哉！遷怒及人，命亦不延。衆庶不載[216]，竟被惡言。嗚呼哀哉！禍所從來矣！

注釋

①魏其（jī）：侯國名。竇嬰封邑，屬琅邪郡（亦作瑯琊郡）。治所在今山東臨沂市南。

②孝文后：漢文帝劉恒皇后竇氏，即下文的竇太后。生二子。長子劉啓，即景帝，少子劉武，封梁王。傳見《史記》卷四十九《外戚世家》。從兄：堂兄。

③觀津：漢縣名，屬信都國。治所在今河北武邑縣東二十五里觀津村。

④吴相：爲吴王劉濞（bì）之相。相：漢朝諸侯王國的最高行政長官，地位高於郡守，多由朝廷代置，選派功臣或有才能者充任。

⑤孝景初即位：漢景帝於文帝後元七年（前157年）六月即位。

⑥詹事：官名。掌管皇太后、皇后、太子諸宫事務。

⑦因昆弟燕飲：指景帝以兄弟禮接待梁王，而不用君臣之禮。昆弟：兄弟。燕：同“宴”。

⑧驩：通“歡”。

⑨引：取過來。卮（zhī）酒：用卮器盛的酒，猶言杯酒。卮：古代的盛酒器。

⑩薄：輕視，看不起。

⑪因：於是，因此就。

⑫門籍：懸挂於宫殿門前的記名牌。長二尺，竹制，各書官員姓名、年齡、身份等。

⑬朝請：裴駰《史記集解》：“律，諸侯春朝天子曰朝，秋曰請。”此泛稱朝見皇帝。

⑭孝景三年：漢景帝前元三年，前154年。

⑮吴楚反：即“吴楚七國之亂”，以吴王劉濞爲首的七個同姓諸侯王武裝叛亂事件。漢命周亞夫率兵平亂，以竇嬰爲大將軍駐屯滎陽，監趙、齊兵。前後凡三月，亂平。

⑯宗室：皇族宗室。諸竇：外戚竇氏家族。

⑰王孫：竇嬰的字。

⑱袁盎：或作“爰盎”，字絲。文帝時爲郎中，建議削地以弱諸侯。歷任隴西都尉、齊相、吴相。素與晁錯交惡。景帝時，錯爲御史大夫，盎以事廢爲庶人。事見《史記》卷一百一《袁盎鼂錯列傳》。欒布：曾爲梁大夫。梁王彭越被誅，布祠而哭之，爲吏所捕。慷慨陳言，爲越辯誣，得赦免，拜都尉。文帝時，爲燕相，至將軍。事見《史記》卷一百《季布欒布列傳》。

⑲廊廡：堂前東西兩側的廂房。廡（wǔ）：高堂下周圍的廊房，廂房。

⑳財：同“裁”。裁度。衡量，酌量。

㉑滎陽：縣名，秦置。治所在今河南鄭州市西北古滎鎮。

㉒條侯：即周亞夫。周勃次子。文帝時任河内守，封條侯。後六年（前158年），任將軍，軍細柳（在今陝西咸陽西南），備匈奴。治軍嚴謹，遷中衛。景帝即位，爲車騎將軍。前三年（前154年），以太尉率軍平定吴楚七國之亂。越五年，遷丞相。後因諫廢栗太子等事觸犯景帝，遭猜忌。後元元年（前143年），因其子事受牽連，召詣廷尉，絶食而死。事見《史記》卷五十七《絳侯周勃世家》。

㉓亢：同“抗”。匹敵，相當。

㉔孝景四年：漢景帝前元四年，前153年。

㉕栗太子：劉榮，漢景帝長子。栗姬所生。景帝前元四年（前153年），立爲皇太子。七年（前150年），廢爲臨江王。景帝中元二年（前148年），坐侵太宗廟壖垣爲宫，召至中衛府責訊，即自殺，國除。

㉖太子傅：太子太傅與太子少傅的合稱。西漢初掌保養、監護、輔翼太子。

㉗孝景七年：漢景帝前元七年，前150年。

㉘爭（zhèng）：規勸，直言勸告。此意後寫作“諍”。

㉙屏（bǐng）居：隱居。藍田：縣名。治所在今陝西藍田縣西三十里。南山：即終南山，今陝西省秦嶺山脉。

㉚趙女：趙地的美女。亦泛指美女。

㉛有如：如果，假設。兩宫：東西兩宫，指竇太后和景帝。太后所居長樂宫在東，皇帝宫殿未央宫在西，故稱。螫（shì）：毒蟲、毒蛇刺咬。此言因惱怒而加害。

㉜妻子毋類：言全家無活口。類：噍（jiào）類，指活着的人。噍：吃東西。

㉝桃侯：指丞相劉舍。景帝中元三年（前147年），以御史大夫繼周亞夫爲丞相。後元元年（前143年），免相。見《史記》卷十一《孝景本紀》。

㉞臣：景帝對太后的自稱。愛：吝嗇。

㉟沾沾自喜：驕矜自得的樣子。

㊱易：輕率。

㊲持重：擔負重任。

㊳衛綰：文帝時以戲車爲郎，遷中郎將。景帝時爲河間王太傅，以擊吴楚七國之亂有功，任中衛，封建陵侯。武帝時，因事失職，坐法免。

㊴武安：縣名。屬邯鄲郡。治所在今河北武安市西南五里店子古城。

㊵孝景后同母弟：孝景帝王皇后的同母異父弟。王皇后母臧兒先嫁王仲，生王信、王皇后、王兒姁。後改嫁田氏，生田蚡、田勝。

㊶長陵：縣名。治所在今陝西咸陽市東北三十里，以漢高祖陵墓而得名。

㊷諸郎：郎官泛稱。依職責不同，有郎中、中郎、外郎、侍郎、議郎等，皆隸郎中令。掌守衛皇宫殿廊門户，出充車騎扈從，備顧問應對，守衛陵園寢廟等。

㊸子姓：子孫，子孫輩。

㊹晚節：晚年。

㊺太中大夫：郎中令屬官，秩比千石。侍從皇帝左右，掌顧問應對，參謀議政，奉詔出使，多以寵臣貴戚充任。

㊻口：口才。

㊼《槃盂》諸書：《槃盂》一類收録盤盂銘文之書。《漢書・藝文志》諸子略雜家類著録“孔甲《盤盂》二十六篇”，相傳爲黄帝史官孔甲所作。早佚。裴駰《史記集解》引應劭曰：“書槃盂中，所爲法戒。”槃：同“盤”。

㊽太子：即漢武帝劉徹，母爲王皇后。初爲膠東王。景帝前元七年（前 150 年），立爲皇太子。景帝後元三年（前 141 年）正月，景帝崩，遂即位。年十六歲。

㊾稱制：代行皇帝的職權。此指因武帝即位時年少，由王皇后代行皇帝的職權。

㊿筴：同“策”。

51按：《史記》卷十一《孝景本紀》載：“後三年三月，封皇太后弟蚡爲武安侯，弟勝爲周陽侯。”

52欲用事爲相：意爲既用事，而又欲爲丞相。

53傾：壓倒，勝過。

54建元元年：前 140 年。建元：漢武帝第一個年號，前 140—前 135 年。

55籍福：游食於權貴之門的食客。

56微言：婉轉含蓄之言。風：同“諷”。暗示。

57弔：憂慮。

58君侯：對列侯的尊稱。兩漢丞相皆封侯，故亦尊稱君侯。

59今：即將，就。

60推轂：推車。此指推薦。轂：車軸。

61郎中令：九卿之一，掌宫廷戍衛，侍從皇帝，統屬諸郎。

62申公：魯人，名培，亦稱申培公。以治《詩》著稱，文帝時爲博士。後居家教授，弟子千餘人。趙綰、王臧皆其弟子。事見《史記》卷一百二十一《儒林列傳》。

63明堂：古代帝王宣明政教、祭祀天神及祖先的禮儀場所。

64令列侯就國：令住在京師的列侯回到自己的封邑去。

65除關：除去關禁制度，即憑藉“符傳”（出入關門的憑證）出入關門的制度。

66以禮爲服制：按照禮來規定各種器服制度。司馬貞《史記索隱》：“其時禮度踰侈，多不依禮，今令吉凶服制皆法於禮也。”

67舉：檢舉。適：通“謫”。處罰。

68屬籍：族譜，譜籍。

⑲尚：娶公主爲妻。

⑳隆推：盛推，極力推許。

㉑滋：更加。説：通“悦”。

㉒建元二年：前 139 年。

㉓請無奏事東宫：即請求武帝處理政事不再聽從竇太后的裁斷。東宫：指竇太后。

㉔建元六年：前 135 年。

㉕韓安國：字長孺。初事梁孝王爲中大夫。武帝時，歷任北地都尉、大司農、御史大夫。田蚡死去，一度以御史大夫行丞相事。不久以病免。事見《史記》卷一百八《韓長孺列傳》。

㉖侵（qǐn）：短小醜陋。

㉗生貴甚：言生於權貴之家，一出生就十分顯貴。

㉘長：年長。

㉙肺腑：喻至親關係。京師相：國家的丞相，言不同於諸侯相。

㉚折節：降低身份，屈己下人。此使動用法，言打壓，壓制。詘：同“屈”。屈服。

㉛移日：日影移位，形容時間長。

㉜起家：自家居徵召，授以官職。二千石：漢制，郡守俸禄爲二千石，此指郡守、諸侯相一類高官。

㉝除吏：任命官吏。

㉞考工地：少府考工室的地盤。考工室，掌器械製造。

㉟蓋侯：王信。爲田蚡同母異父兄。鄉：通“嚮”。朝着，對着。

㊱東鄉：古人室中座次以東向爲尊。參王文錦《古人座次的尊卑和堂室制度——從鴻門宴的座次談起》，載《古代禮制風俗漫談》（一集），北京，中華書局，1983 年，第 105～110 頁。

㊲私橈（náo）：私自降低身份和尊嚴。橈：彎曲。屈服，削弱。

㊳曲旃（zhān）：用整幅帛製成的曲柄長幡。田蚡立曲旃爲仿用帝王儀制的僭越之舉。

㊴奉：進獻，送。

㊵引：退避，離開。

㊶故：舊。舊日的交情。

㊷潁陰：縣名。治所在今河南許昌市。

㊸潁陰侯嬰：灌嬰。漢初功臣，封潁陰侯。文帝時任太尉、丞相。事見《史記》卷九十五《樊酈滕灌列傳》。

㊹蒙：冒，假托。

㊺灌何：灌嬰之子。灌嬰卒後，襲父封爵爲侯。

㊻屬太尉：受太尉周亞夫節制。

㊼校尉：統兵武官名。低於將軍，高於都尉。

㊽彊請之：如言强爲之請。言灌何爲灌孟極力向周亞夫推薦、請求。彊：同“强”（qiǎng）。竭力，盡力。

㊾陷堅：攻打、攻入堅固的陣地。陷：深入。

⑩若：與，和。

⑩壁門：軍營之門。

⑩從奴：隨從的家奴。

⑩麾下：將旗下。

⑩萬金良藥：十分貴重的好藥。

⑩瘳（chōu）：痊愈。

⑩⑥亡：失去。此指戰死。

⑩⑦中郎將：中郎長官。秩比二千石，隸郎中令，掌宮禁宿衛。

⑩⑧淮陽：郡名。治所在今河南淮陽縣。交：交會之處。

⑩⑨勁兵處：重兵駐守之地，軍事重鎮。

⑪⓪太僕：九卿之一。掌皇帝專用車馬。

⑪①長樂衛尉：官名。掌長樂宮禁衛。

⑪②輕重不得：争論是非，意見不一。

⑪③搏：拍打，擊打。

⑪④使酒：藉酒使性。

⑪⑤在己之右：猶言在己之上。漢代以右爲尊。

⑪⑥鈞：通“均”。平等。

⑪⑦多：稱贊。

⑪⑧任俠：以狹義之行自任，替人打抱不平。

⑪⑨已然諾：重視并實行應許的諾言。已：完成。此重視并實行。

⑫⓪大猾：異常奸詐之人。

⑫①宗族賓客爲權利：言宗族賓客藉着灌夫的勢力作威作福。

⑫②潁川：郡名。治所在今河南禹州市。

⑫③潁水：河名。即今潁河。發源於今河南登封市嵩山西南，東南匯入淮河。此河貫穿當時的潁川郡。

⑫④侍中：西漢爲加官。加此官者即可入侍宮禁，親近皇帝。

⑫⑤引繩批根：以木工治木之事爲喻，猶言打擊，教訓。引繩：引墨繩糾曲。批根：用斧子砍削根節。

⑫⑥無厭：毫無厭倦。

⑫⑦有服：有喪服在身，表示正在服喪期間。

⑫⑧過：訪，探望。

⑫⑨仲孺：灌夫的字。

⑬⓪況：通“貺”。賜，賞賜。此猶言恩賜。

⑬①解：解説，托詞。

⑬②語（yù）：告訴。賬具：陳列帷帳几筵，指備辦酒席。

⑬③旦日：明日。蚤：通“早”。

⑬④平明：猶黎明，天剛亮。

⑬⑤懌（yì）：喜悦，高興。

⑬⑥鄂：通“愕”。驚訝。

⑬⑦忽忘：忘記。

⑬⑧屬（zhǔ）：連接。此勸請，邀請。

⑬⑨望：怨，埋怨。

⑭⓪郄（xì）：同“郤”。縫隙。此嫌隙，矛盾。

⑭①謾（mán）：欺騙，謊稱。

⑭②元光四年：前 131 年。元光：武帝第二個年號。

⑭③案：審查。

⑭④受淮南王金與語言：見下文。

⑭⑤居閒：居中調解。“閒”：中間。後代寫作“間”。

⑭⑥取：娶妻。

⑭⑦避席：離開坐席，表示恭敬。

⑭⑧膝席：欠身直腰跪在席上而未離席。

⑭⑨行酒：依次敬酒。

⑮⓪屬（zhǔ）：傾注，注入。此斟酒相勸，滿觴盡飲意。

⑮①臨汝侯：灌嬰之孫灌賢。

⑮②程不識：與李廣齊名的名將，時任長樂宮衛尉，李廣爲未央宮衛尉。二人事迹見《史記》卷一百九《李將軍列傳》。

⑮③呫囁（chè niè）：貼耳低語聲。

⑮④地：地位，引申爲面子。

⑮⑤陷：刺穿。匈：胸膛。此意後寫作“胸”。

⑮⑥更衣：更换衣服。此上厠所之婉辭。實則座中人見勢不妙，藉故離去。

⑮⑦麾：揮。此示意灌夫離開。

⑮⑧案：同“按”。用手壓按。項：脖子。

⑮⑨傳舍：古時供行人休息住宿的處所。

⑯⓪長史：官名。丞相、太尉、御史大夫、大將軍等皆置，爲所在官署掾屬之長，秩皆千石。丞相長史職權尤重。

⑯①不敬：漢代罪名之一，不敬詔命。

⑯②居室：官署名。屬少府，掌拘禁犯人。有令、丞掌其事。後改稱保宫。

⑯③媿：同“愧”。

⑯④鋭身：猶言挺身，奮身。

⑯⑤捐：捨弃。

⑯⑥恨：遺憾。

⑯⑦匿：隱瞞。

⑯⑧東朝廷：指東宫，王太后所居之長樂宫。

⑯⑨腹誹而心謗：心懷不滿，口中不言，暗中發泄。

⑰⓪不仰視天而俯畫地：不是仰視天文就是俯畫地理，言其有謀劃造反之狀。

⑰①辟倪：旁視，側目窺察。

⑰②大惡：大的惡行罪過。

⑰③淩轢（lì）：干犯，欺壓。

⑰④披：裂開。

⑰⑤主爵都尉：官名。掌封爵之事。汲黯：武帝時一位敢言直諫的大臣。事見《史記》卷一百二十《汲鄭列傳》。

⑰⑥内史：官名。掌治京師，分左、右。鄭當時爲右内史。

⑰⑦局趣（cù）：拘束，窘迫。趣：同“促”。

⑰⑧上食：獻食。此陪太后吃飯。

⑰⑨藉（jí）：踐踏，欺凌。

⑱⓪令：假使。

⑱①石人：喻人無主見，徒具其形。一説石雕人像，喻千秋常在之人。

⑱②録録：碌碌。平庸，無所作爲。録，通“碌”。

⑱③石建：萬石君石奮子。有父風，以馴行孝謹，景帝時官至二千石。武帝建元二年（前139年）爲郎中令。傳見《史記》卷一百三《萬石張叔列傳》。

⑱止車門：宫禁之外門，官吏入宫，自此下車步行。

⑱載：乘坐。此同坐一車。

⑱老秃翁：指竇嬰。

⑱首鼠兩端：猶豫不决、進退不定的樣子。首鼠：聯綿詞，同“躊躇”。一説“首鼠”即“首尾”之意，“首鼠兩端”即“畏首畏尾”（參王念孫《讀書雜志餘編上·後漢書》“首施兩端”條；陸宗達、王寧《談“首鼠兩端”的“鼠”》，載陸宗達、王寧《古漢語詞義答問》，北京，中華書局，2018年，第68～69頁）。

⑱待罪：古代官吏任職的謙稱，意謂不勝其職而將獲罪。

⑱齰（zé）舌：咬嚙舌頭。表示悔恨已極。

⑲簿責：按文書所載逐一責問、核實。

⑲讎：相應，應驗。

⑲都司空：官署名。有令、丞，屬宗正。執掌土木工程，又設獄囚繫宗族外戚等，東漢省。

⑲便宜論上：不拘成規，便宜行事，直接上奏。

⑲尚書：官名。掌管宫中文書檔案。

⑲大行：即大行皇帝，剛死去的皇帝，指景帝。

⑲家丞封：由家丞蓋印封存。家丞：官名。列侯家臣，管家。

⑲劾：判罪。

⑲論：判罪。此論死，處决。

⑲恚（huì）：惱怒，發怒。

⑳痱（féi）：即中風。

⑳蜚語：流言蜚語，無根據的誹謗之言。蜚：通“飛”。

⑳十二月晦：十二月的最後一天。司馬貞《史記索隱》：“張晏云著日月者，見春垂至，恐遇赦贖也。”

⑳其春：竇嬰被殺同一年的春天。漢代當時仍用秦曆，以十月爲歲首，故當年之春在十二月之後。按：《漢書·武帝紀》載：“（元光）四年冬，魏其侯竇嬰有罪，棄世。春三月乙卯，丞相蚡薨。”張守節《史記正義》據之以爲前文“五年十月，悉論灌夫及家屬”之“五年”有誤；這裏的“其春，即四年春也。”

⑳元朔三年：前126年。

⑳襜褕（chān yú）：直襟單短衣，非正式朝服。

⑳按：《史記》卷十九《惠景閒侯者年表》載：“坐衣襜褕入宫廷中，不敬，國除。”

⑳淮南王安：淮南王劉安，高祖少子淮南厲王劉長之子。武帝元狩元年（前122年），因謀反事敗露，自殺。

⑳王前朝：淮南王前次入朝。事在武帝建元二年（前139年），見《史記》卷一百一十八《淮南衡山列傳》。

⑳霸上：一作“灞上”，在今陝西西安市東郊。

㉑晏駕：車駕晚出。古代稱帝王死亡的諱辭。晏：晚，遲。

㉑不直武安：不以武安侯爲是。

㉑一時決筴：指灌夫奮身衝入吴軍以報父仇之舉。

㉑以吴楚：指平定吴楚之亂。

㉑日月之際：指武帝初即位，太后稱制之時。日月：喻指帝后。

㉑杯酒責望：言因喝酒小事而責怪怨恨。

㉑載：通“戴”，擁戴。

導讀

本文選自《史記》卷一百七《魏其武安侯列傳第四十七》。

本篇記述了漢武帝初年魏其侯竇嬰與武安侯田蚡之間的矛盾鬥爭，深刻地揭露了漢代統治集團内部帝后之間，天子與諸侯、外戚之間，中央與地方豪强之間的利益衝突及其互相傾軋、互相殘殺的黑暗現實，體現了司馬遷對當世政治、對君主專制的中央集權制度所隱含的外戚專權等矛盾危機的敏鋭觀察。本篇實爲竇嬰、田蚡和灌夫三人的合傳。傳中司馬遷運用對比的手法，通過對不同人物之間和同一人物在行爲舉止上的差異與變化的描述，鮮明地刻畫了他們各自的品格特徵，蘊含了作者對竇、灌正直慷慨、倔强俠義的贊賞和同情，對田蚡專權跋扈、貪婪驕奢的揭露與鞭撻。同時，司馬遷也指出："魏其誠不知時變，灌夫無術而不遜"，最終導致了他們悲劇的命運。這個"時變"就是漢武帝爲建立大一統的中央集權制國家"以興太平"之業而進行的一系列政治、經濟、軍事、文化上的變革，本篇所記武帝初年漢代統治思想由漢初的"好黄老之言"到"務隆推儒術"的轉變以及由此激起的尖鋭鬥争，就是其中的一個方面。本篇的標點，參考了張大可、鄧瑞全主編的《中國歷史文選》(第三版)(北京，商務印書館，2011年)。

參考文獻

司馬遷. 史記：卷四十九. 外戚世家. 修訂本. 北京：中華書局，2014.

王魁田. 漢初的一次宮廷鬥争——讀《魏其武安侯列傳》. 唐都學刊，1987 (3)：60-62，77.

古非清. 重讀《魏其武安侯列傳》——兼論西漢前期統治集團内部矛盾鬥爭性質. 固原師專學報，1992 (2)：42-47.

貨殖列傳序（《史記》）

選文

《老子》曰[①]：“至治之極[②]，鄰國相望，雞狗之聲相聞，民各甘其食，美其服，安其俗，樂其業，至老死不相往來。”必用此爲務[③]，輓近世塗民耳目[④]，則幾無行矣[⑤]。

太史公曰：夫神農以前[⑥]，吾不知已[⑦]。至若《詩》《書》所述虞夏以來，耳目欲極聲色之好，口欲窮芻豢之味[⑧]，身安逸樂，而心誇矜埶能之榮使[⑨]，俗之漸民久矣[⑩]，雖户説以眇論[⑪]，終不能化。故善者因之[⑫]，其次利道之[⑬]，其次教誨之，其次整齊之[⑭]，最下者與之爭[⑮]。

夫山西饒材[⑯]、竹、穀[⑰]、纑[⑱]、旄[⑲]、玉石；山東多魚、鹽、漆、絲、聲色[⑳]；江南出柟[㉑]、梓、薑、桂[㉒]、金、錫、連[㉓]、丹沙[㉔]、犀[㉕]、瑇瑁[㉖]、珠璣[㉗]、齒革[㉘]；龍門[㉙]、碣石北多馬[㉚]、牛、羊、旃裘[㉛]、筋角[㉜]；銅、鐵則千里往往山出棊置[㉝]：此其大較也[㉞]。皆中國人民所喜好，謡俗被服飲食奉生送死之具也[㉟]。故待農而食之，虞而出之[㊱]，工而成之，商而通之。此寧有政教發徵期會哉[㊲]？人各任其能，竭其力，以得所欲。故物賤之徵貴[㊳]，貴之徵賤，各勸其業，樂其事，若水之趨下，日夜無休時，不召而自來，不求而民出之。豈非道之所符[㊴]，而自然之驗邪[㊵]？

《周書》曰[㊶]：“農不出則乏其食，工不出則乏其事[㊷]，商不出則三寶絶[㊸]，虞不出則財匱少[㊹]。”財匱少而山澤不辟矣[㊺]。此四者，民所衣食之原也[㊻]。原大則饒，原小則鮮[㊼]。上則富國，下則富家。貧富之道，莫之奪予[㊽]，而巧者有餘，拙者不足。故太公望封於營丘[㊾]，地潟鹵[㊿]，人民寡，於是太公勸其女功[51]，極技巧，通魚鹽，則人物歸之，繈至而輻湊[52]。故齊冠帶衣履天下[53]，海岱之閒斂袂而往朝焉[54]。其後齊中衰，管子修之[55]，設輕重九府[56]，則桓公以霸，九合諸侯[57]，一匡天下；而管氏亦有三歸[58]，位在陪臣[59]，富於列國之君。是以齊富彊至於威、宣也[60]。

故曰：“倉廩實而知禮節，衣食足而知榮辱[61]。”禮生於有而廢於無。故君子富，好行其德；小人富，以適其力[62]。淵深而魚生之，山深而獸往之，人富而仁義附焉。富者得埶益彰，失埶則客無所之[63]，以而不樂。夷狄益甚。諺曰："千金之子，不死於市[64]。"此非空言也。故曰："天下熙熙[65]，皆爲利來；天下壤壤[66]，皆爲利往。"夫千乘之王，萬家之侯，百室之君，尚猶患貧，而況匹夫編户之民乎[67]！

注釋

①按：引語見《老子》第八十章，但文字不盡相同。

②至治：最好的治理，猶言太平社會。

③必用此爲務：言一定要把這些作爲所要從事的要務。務：事情，事務。

④輓近世：指後於"至治"時代的晚近社會。輓：同"晚"。一説爲"挽"，挽回。塗：塗抹，堵塞。

⑤幾：幾乎。無行：無法實行。

⑥神農：神農氏。傳説中的太古帝王，始教民耕稼，故稱。

⑦已：通"矣"。

⑧芻豢（chú huàn）：以草和穀料喂養牲畜，代指牛羊猪狗之類的家畜。芻：割草。以草料餵牲口。豢：喂養，飼養。

⑨誇矜：驕傲自誇。矜：誇耀。埶："勢"的古字。勢力，權勢。

⑩漸：浸染。

⑪説（shuì）：勸説，説服。眇論：美妙的言辭。眇（miào）：通"妙"。

⑫因：依照，順應。

⑬道（dǎo）：引導。

⑭整齊：用法令規章加以約束限制。

⑮最下者與之爭：最下等的做法是與人民爭奪財富。

⑯山西：戰國、秦漢時稱崤山或華山以西爲山西，與當時所謂"關中"同義。饒：富足，多。材：木材。

⑰穀（gǔ）：木名。又名"構"或"楮"，皮可爲紙。

⑱纑（lú）：苧麻類植物，可用以織布。

⑲旄（máo）：牦牛尾。用作旗杆的裝飾物。

⑳聲色：音樂和女色。

㉑江南：大江以南廣大地區。枏：通"楠"。楠木。

㉒桂：即"木犀"。珍貴的芳香植物，簡稱"桂"。

㉓連：通"鏈"。鉛礦石。

㉔丹沙：礦物名，即朱砂。可用以製作紅色顔料。

㉕犀：犀牛角。

㉖瑇瑁（dài mào）：似龜的爬行動物，甲殼可爲裝飾品。

㉗珠璣：泛指珍珠、珠寶。圓者爲珠，不圓者爲璣。

㉘齒革：象牙及皮革。

㉙龍門：即禹門口。在今山西河津市西北和陝西韓城市東北。

㉚碣石：山名。在今河北昌黎縣西北仙臺山。

㉛旃（zhān）：通“氈”。毛氈。

㉜筋角：牲畜或野獸的筋角，可用以製造弓弩等。

㉝棊置：像棋子一樣分布各處。棊：即“棋”。

㉞大較：大略，大概。

㉟謡俗：風俗。奉生：養生。奉：供養。被（pī）服：猶言穿戴。被：同“披”。具：器具，物品。

㊱虞：古代掌管山林、川澤之官。此指從事漁獵等副業者。

㊲政教：政令教化。發徵：徵發，徵調。期會：約期會集。

㊳徵：迹象，預兆。

㊴符：符合。

㊵自然之驗：合於自然規律（即“道”）的驗證。驗：效果，應驗。

㊶《周書》：《尚書》的一部分。但此處引文不見於今傳世的《尚書·周書》和《逸周書》，當屬佚篇文字。

㊷事：指百工製造的器物。

㊸三寶：此指農所生産的“食”（糧食）、工所生産的“事”（器物）、虞所生産的“財”（財物、貨物）。

㊹匱（kuì）：缺乏。

㊺辟（pì）：開墾，開發。

㊻原：來源。

㊼鮮：少。

㊽莫之奪予：没有人能够剥奪或賜予，猶言没有人能够改變它。

㊾太公望：即姜太公吕尚。營丘：亦名營城。在今山東淄博市臨淄西北臨淄故城。周武王封吕尚於齊，建都於此。後改名臨淄。

㊿潟鹵（xì lǔ）：指土地含有過多鹽碱成分不適於耕種，即鹽碱地。

51女功：又作“女工”，指婦女從事的紡織、刺綉、縫紉等工作。

52繦（qiǎng）至：拖家帶口地來到。繦：同“襁”。背嬰兒用的寬帶，背負嬰兒。《論語·子路》：“夫如是，則四方之民襁負其子而至矣。”一説“繦至”言若繩索之連接不斷而至。繦：貫錢索。輻（fú）湊：像輻條一樣聚集於車輪的中心。湊：會合，聚集。

53冠帶衣履：四字皆用如動詞，言以所生産的冠帶衣履供應全天下。

54海岱之閒：渤海、東海到泰山之間。岱：岱岳，泰山。斂袂：整理衣袖。袂（mèi）：衣袖。

55管子：即管仲。傳見《史記》卷六十二《管晏列傳》。修：治理。

56輕重：古代一種調劑商品、平抑物價的經濟思想，主要體現在《管子·輕重》篇中。九府：周代設置的掌管財政的九個官府。張守節《史記正義》曰：“夫治民有輕重之法，周有大府、玉府、内府、外府、泉府、天府、職内、職金、職幣，皆掌財幣之官，故云九府也。”

57合：會合，盟會。匡：正，匡正。

58三歸：三處或多處封邑。參李衡眉《〈論語〉“三歸”另解》，載《孔子研究》，1992年第3期，第125～128頁。

59陪臣：諸侯之卿大夫，對周天子自稱陪臣。此指管仲。

60威、宣：指齊威王田因齊（前356—前320年在位）、齊宣王田辟彊（前319—前301年在位）。

61“故曰”二句語出《管子·牧民》。

62適其力：言盡其所能地做事。適：適用，使用。

㊸客無所之：離家外出没有可供容身之所。之：到……去，往。
㊹市：集市，鬧市。此指弃市，即在鬧市執行死刑，并將尸體暴露街頭示衆。
㊺熙熙：盛多的樣子。
㊻壤壤：紛亂的樣子。
㊼編户之民：編入户籍的平常百姓。

導讀

本篇選自《史記》卷一百二十九《貨殖列傳第六十九》。

“貨殖”一詞最早見於《論語·先進》:“賜不受命而貨殖焉，億則屢中。”貨，是貨物；殖，是生長、增加。“貨殖”，即指經商營利。中國古代以農業立國，自戰國、秦漢以來重農輕商、崇本抑末一直是統治者的傳統經濟政策。到漢武帝時期，爲了加强中央集權，推行鹽鐵官營、平準均輸、算緡告緡等一系列措施，更加强化了重農抑商的政策，使民間商業遭受殘酷的損害和打擊。在這樣的背景下，司馬遷通過對先秦以來歷史發展的深刻觀察，看到了商業和商人在社會經濟發展中不可或缺的重要作用，創設《貨殖列傳》，爲春秋末年直到西漢初年數十位商人樹碑立傳，記述他們經商致富的事迹和經驗，同時闡發其傑出的經濟思想。本篇序文中，司馬遷認爲求利致富是人類的自然本性，是符合“道”的正當活動。對於民間商業的發展，他主張國家應當采取因勢利導的政策，反對官辦工商，與民争利。序中還體現了行業分工和地區分工的思想，肯定了商業在不同行業和地區經濟發展中所具有的溝通有無、調節促進的意義和地位。除《貨殖列傳》外，《史記》還設立了《平準書》，記述漢初至武帝時期的經濟發展和財政政策。這些都顯示了司馬遷對經濟史的重視。司馬遷《史記》的開創性貢獻，對後代的正史編纂産生了十分深遠的影響。

參考文獻

司馬遷. 史記：卷三十：平準書. 修訂本. 北京：中華書局，2014.
張大可. 史記論贊輯釋. 西安：陝西人民出版社，1986.
張文江.《史記·貨殖列傳》講記//張文江. 古典學術講要. 修訂本. 上海：上海古籍出版社，2015：42-103.
夏京春. 從《貨殖列傳》看司馬遷的經濟思想. 北京商學院學報，2000（3）：55-58.
孫洪升，宋一森. 論司馬遷的經濟思想. 思想戰綫，2016（1）：152-157.

食貨志上（《漢書》）（節選）

選文

漢興，接秦之敝，諸侯並起，民失作業，而大饑饉。凡米石五千，人相食，死者過半。高祖乃令民得賣子，就食蜀漢①。天下既定，民亡蓋臧②，自天子不能具醇駟③，而將相或乘牛車。上於是約法省禁④，輕田租，什五而稅一⑤，量吏祿，度官用⑥，以賦於民⑦。而山川園池市肆租稅之入，自天子以至封君湯沐邑⑧，皆各爲私奉養，不領於天子之經費⑨。漕轉關東粟以給中都官⑩，歲不過數十萬石。孝惠、高后之間，衣食滋殖⑪。

文帝即位，躬修儉節，思安百姓。時民近戰國，皆背本趨末，賈誼說上曰⑫：

筦子曰"倉廩實而知禮節⑬"。民不足而可治者，自古及今，未之嘗聞。古之人曰："一夫不耕，或受之飢；一女不織，或受之寒⑭。"生之有時，而用之亡度，則物力必屈⑮。古之治天下，至孅至悉也⑯，故其畜積足恃。今背本而趨末，食者甚衆，是天下之大殘也⑰；淫侈之俗，日日以長，是天下之大賊也⑱。殘賊公行，莫之或止；大命將泛⑲，莫之振救⑳。生之者甚少而靡之者甚多㉑，天下財產何得不蹷㉒！漢之爲漢幾四十年矣㉓，公私之積猶可哀痛㉔。失時不雨，民且狼顧㉕；歲惡不入，請賣爵、子㉖。既聞耳矣㉗，安有爲天下阽危者若是而上不驚者㉘！

世之有飢穰㉙，天之行也㉚，禹、湯被之矣㉛。即不幸有方二三千里之旱㉜，國胡以相恤㉝？卒然邊境有急㉞，數十百萬之衆，國胡以餽之㉟？兵旱相乘，天下大屈，有勇力者聚徒而衡擊㊱，罷夫羸老易子而齩其骨㊲。政治未畢通也，遠方之能疑者並舉而爭起矣㊳，乃駭而圖之㊴，豈將有及乎？

夫積貯者，天下之大命也㊵。苟粟多而財有餘，何爲而不成？以攻則取，以守則固，以戰則勝。懷敵附遠㊶，何招而不至？今毆民而歸之農[42]，皆著於本[43]，使天下各食其力，末技游食之民轉而緣南畮[44]，則畜積足而人樂其所矣。可以爲富安天下，而直爲此廩廩也[45]，竊爲陛下惜之！

於是上感誼言，始開籍田[46]，躬耕以勸百姓。鼂錯復說上曰[47]：

聖王在上而民不凍飢者，非能耕而食之，織而衣之也，爲開其資財之道也。故堯、禹有九年之水，湯有七年之旱，而國亡捐瘠者[48]，以畜積多而備先具也。今海內爲一，土地人民之衆不避湯、禹[49]，加以亡天災數年之水旱，而畜積未及者，何也？地有遺利，民有餘力，生穀之土未盡墾，山澤之利未盡出也，游食之民未盡歸農也。民貧，則姦邪生。貧生於不足，不足生於不農，不農則不地著[50]，不地著則離鄉輕家，民如鳥獸，雖有高城深池，嚴法重刑，猶不能禁也。

夫寒之於衣，不待輕煖[51]；飢之於食，不待甘旨[52]；飢寒至身，不顧廉恥。人情，一日不再食則飢[53]，終歲不製衣則寒[54]。夫腹飢不得食，膚寒不得衣，雖慈母不能保其子[55]，君安能以有其民哉！明主知其然也，故務民於農桑，薄賦斂，廣畜積，以實倉廩，備水旱，故民可得而有也。

民者，在上所以牧之[56]，趨利如水走下[57]，四方亡擇也。夫珠玉金銀，飢不可食，寒不可衣，然而衆貴之者，以上用之故也。其爲物輕微易臧[58]，在於把握，可以周海內而亡飢寒之患。此令臣輕背其主，而民易去其鄉，盜賊有所勸，亡逃者得輕資也。粟米布帛生於地，長於時，聚於力，非可一日成也；數石之重，中人弗勝[59]，不爲姦邪所利，一日弗得而飢寒至。是故明君貴五穀而賤金玉。

今農夫五口之家，其服役者不下二人，其能耕者不過百畮，百畮之收不過百石。春耕夏耘，秋穫冬臧，伐薪樵[60]，治官府[61]，給繇役；春不得避風塵，夏不得避暑熱，秋不得避陰雨，冬不得避寒凍，四時之間亡日休息；又私自送往迎來，弔死問疾[62]，養孤長幼在其中。勤苦如此，尚復被水旱之災，急政暴賦[63]，賦斂不時，朝令而暮改。當具有者半賈而賣[64]，亡者取倍稱之息[65]，於是有賣田宅鬻子孫以償責者矣[66]。而商賈大者積貯倍息，小者坐列販賣[67]，操其奇贏[68]，日游都市，乘上之急，所賣必倍。故其男不耕耘，女不蠶織，衣必文采，食必粱肉[69]；亡農夫之苦，有仟伯之得[70]。因其富厚，交通王侯[71]，力過吏勢，以利相傾[72]；千里游敖[73]，冠蓋相望，乘堅策肥[74]，履絲曳縞。此商人所以兼並農人，農人所以流亡者也。

今法律賤商人，商人已富貴矣；尊農夫，農夫已貧賤矣。故俗之所貴，主之所賤也；吏之所卑，法之所尊也。上下相反，好惡乖迕[75]，而欲國富法立，不可得也。方今之務，莫若使民務農而已矣。欲民務農，在於貴粟；貴粟之道，在於使民以粟爲賞罰。今募天下入粟縣官[76]，得以拜爵，得以除罪。如此，富人有爵，農民有錢，粟有所渫[77]。夫能入粟以受爵，皆有餘者也；取於有餘，以供上用，則貧民之賦可損[78]，所謂損有餘補不足，令出而民利者也。順於民心，所補者三：一曰主用足，二曰民賦少，三曰勸農功。今令民有車騎馬一匹者[79]，復卒三人[80]。車騎者，天下武備也，故爲復卒。神農之教曰："有石城十仞[81]，湯池百步[82]，帶甲百萬，而亡粟，弗能守也。"以是觀之，粟者，王者大用，政之本務。令民入粟受爵至五大夫以上[83]，乃復一人耳，此其與騎馬之功相去遠矣。爵者，上之所擅[84]，出於口而亡窮；粟者，民之所種，生於地而不乏。夫得高爵與免罪，人之所甚欲也。使天下人入粟於邊，以受爵免罪，不過三歲，塞下之粟必多矣。

於是文帝從錯之言，令民入粟邊，六百石爵上造[85]，稍增至四千石爲五大夫，萬二千石爲大庶長[86]，各以多少級數爲差。錯復奏言："陛下幸使天下入粟塞下以拜爵，甚大惠也。竊恐塞卒之食不足用大渫天下粟[87]。邊食足以支五歲，可令入粟郡縣矣；足支一歲以上，可時赦[88]，勿收農民租。如此，德澤加於萬民，民俞勤農[89]。時有軍役，若遭水旱，民不困乏，天下安寧；歲孰且美[90]，則民大富樂矣。"上復從其言，乃下詔賜民十二年租稅之半[91]。明年，遂除民田之租稅。

後十三歲，孝景二年[92]，令民半出田租[93]，三十而稅一也。其後，上郡以西旱，復修賣爵令，而裁其賈以招民[94]；及徒復作[95]，得輸粟於縣官以除罪。始造苑馬以廣用[96]，宮室列館車馬益增修矣。然婁敕有司以農爲務[97]，民遂樂業。至武帝之初七十年間，國家亡事，非遇水旱，則民人給家足，都鄙廩庾盡滿[98]，而府庫餘財。京師之錢累百鉅萬，貫朽而不可校[99]。太倉之粟陳陳相因[100]，充溢露積於外，腐敗不可食。衆庶街巷有馬，仟伯之間成羣，乘牸牝者擯而不得會聚[101]。守閭閻者食粱肉[102]；爲吏者長子孫；居官者以爲姓號。人人自愛而重犯法[103]，先行誼而黜媿辱焉[104]。於是罔疏而民富，役財驕溢[105]，或至并兼豪黨之徒以武斷於鄉曲。宗室有土，公卿大夫以下爭於奢侈，室廬車服僭上亡限。物盛而衰，固其變也。

是後，外事四夷[106]，內興功利，役費並興，而民去本。董仲舒說上曰[107]："《春秋》它穀不書，至於麥禾不成則書之，以此見聖人於五穀最重麥與禾也。今關中俗不好種麥，是歲失《春秋》之所重，而損生民之具也。願陛下幸詔大司農[108]，使關中民益種宿麥[109]，令毋後時。"又言："古者稅民不過什一，其求易共[110]；使民不過三日[111]，其力易足。民財內足以養老盡孝，外足以事上共稅，下足以畜妻子極愛，故民說從上[112]。至秦則不然，用商鞅之法，改帝王之制，除井田，民得賣買，富者田連仟伯，貧者亡立錐之地。又顓川澤之利[113]，管山林之饒，荒淫越制，踰侈以相高；邑有人君之尊，里有公侯之富，小民安得不困？又加月爲更卒，已復爲正，一歲屯戍，一歲力役[114]，三十倍於古；田租口賦[115]，鹽鐵之利[116]，二十倍於古。或耕豪民之田，見稅什五[117]。故貧民常衣牛馬之衣，而食犬彘之食。重以貪暴之吏，刑戮妄加，民愁亡聊[118]，亡逃山林，轉爲盜賊，赭衣半道[119]，斷獄歲以千萬數。漢興，循而未改。古井田法雖難卒行，宜少近古，限民名田[120]，以澹不足[121]，塞并兼之路。鹽鐵皆歸於民。去奴婢，除專殺之威。薄賦斂，省繇役，以寬民力。然後可善治也。"仲舒死後，功費愈甚，天下虛耗，人復相食。

武帝末年，悔征伐之事，乃封丞相爲富民侯[122]。下詔曰："方今之務，在於力農。"以趙過爲搜粟都尉[123]。過能爲代田[124]，一晦三甽[125]。歲代處，故曰代田，古法也。后稷始甽田，以二耜爲耦[126]，廣尺深尺曰甽[127]，長終晦[128]。一晦三甽，一夫三百甽，而播種於甽中。苗生葉以上，稍耨隴草[129]，因隤其土以附苗根[130]。故其《詩》曰："或芸或芋，黍稷儗儗[131]。"芸，除草也。芋，附根也。言苗稍壯，每耨輒附根，比盛暑，隴盡而根深，能風與旱[132]，故儗儗而盛也。其耕耘下種田器，皆有便巧。率十二夫爲田一井一屋，故晦五頃[133]，用耦犂[134]，二牛三人，一歲之收常過縵田晦一斛以上[135]，善者倍之。過使教田太常[136]、三輔[137]，大農置工巧奴與從事，爲作田器。二千石遣令長、三老、力田及里父老善田者受田器[138]，學耕種養苗狀。民或苦少牛，亡以趨澤[139]，故平都令光教過以人輓犂[140]。過奏光以爲丞，教民相與庸輓犂[141]。率多人者田日三十晦，少者十三晦，以故田多墾闢。過試以離宮卒田其宮壖地[142]，課得穀皆多其旁田晦一斛以上。令命家田三輔公田[143]，又教邊郡及居延城[144]。是後邊城、河東[145]、弘農[146]、三輔、太常民皆便代田，用力少而得穀多。

注釋

①就食：謂出外謀生。蜀漢：指蜀郡、漢中郡。

②亡蓋臧：没有積蓄，無物可貯藏。亡：無，没有。臧：通“藏”。

③自：即使。醇駟：同樣毛色的四匹馬。醇：通“純”。駟：一車四馬。

④約法省禁：簡約、簡省法規禁令。

⑤什五而税一：税收占收入的十五分之一。

⑥度（duó）：推測，測度。

⑦賦：徵收賦税。

⑧封君：領受封邑的貴族，此指公主及列侯等。湯沐邑：周代供諸侯朝見天子時住宿并沐浴齋戒的封地。此指國君、皇后、公主等收取賦税的私邑。

⑨不領於天子之經費：不屬於國家財政主管的範圍。領：統領。天子之經費：指由大司農掌管的國家的經費。

⑩漕轉：水運和車運。中都官：漢朝京師諸官府之統稱。

⑪滋：益，更加。

⑫賈誼：西漢洛陽（今河南洛陽東）人。文帝時任太中大夫，後爲長沙王太傅，轉梁懷王太傅。多次上疏陳説政事。傳見《漢書》卷四十八《賈誼傳》。有著述五十八篇，後人結集爲《新書》。此篇見於《新書·無蓄》。

⑬筦子：即管子，管仲。筦：同“管”。

⑭按：語見《管子·輕重甲》：“管子曰：‘一農不耕，民或爲之飢；一女不織，民或爲之寒。’”

⑮屈（jué）：竭，窮盡。

⑯至孅至悉：極爲細微周備。孅：通“纖”。細微。

⑰殘：傷害。

⑱賊：禍害。

⑲大命將泛（fěng）：國家將要傾覆。大命：天命，此指國家。泛：覆，翻倒。

⑳振：救濟，挽救。

㉑靡：耗費。

㉒曆：傾竭。

㉓幾：將近。四十年：當作“三十年”。按：下文“於是上感誼言，始開籍田。”“開籍田”事在文帝前二年（前 178 年，見《漢書》卷四《文帝紀》)，則誼上此《論積貯疏》距漢興（前 206 年）應將近三十年。

㉔積：積蓄。哀痛：悲傷。

㉕狼顧：狼行走時，常轉過頭顧看，以防襲擊，因以喻人心中恐慌，有所畏懼。

㉖請賣爵、子：請求出賣爵位和子女。

㉗既聞耳矣：既聞於天子之耳，意爲天子既然聽説了。

㉘阽（diàn）危：面臨危險。阽：臨近。

㉙穰（ráng)：莊稼豐收。

㉚天之行也：天的運行，指自然規律。

㉛被：蒙受，遭受。

㉜即：如果，假如。

㉝胡：通“何”。恤：救濟，周濟。

㉞卒（cù)：通“猝”。突然，倉猝。

㉟餽：通“饋”。給人食物。此爲運送糧餉。

㊱衡擊：横行劫擊。衡：通“横”。

㊲罷夫：疲憊的人。罷：通“疲”。疲勞，困乏。羸老：年老體弱的人。羸：瘦弱。齩：“咬”之古字。

㊳能疑者：敢與天子相比擬的人，指欲争天下的人。疑：通“擬”。

㊴乃：才。圖：反復思考，設法應對。

㊵大命：此指國家的根本命脉。

㊶懷：安撫。附：使歸附。

㊷毆（qū)：同“驅”。驅趕。

㊸本：此指農業。

㊹末技：猶末作、末業，指工商業。游食：離開農業四處謀食的人。緣南畮：回到農業生産上來。緣：依循，依附。南畮：泛指田畝。畮：同“畝”。

㊺直：竟然，却。廩廩：通“懔懔”。恐懼的樣子。

㊻籍田：亦作“藉田”，古代皇帝親自耕種的小塊農田。《漢書》卷四《文帝紀》載：文帝前二年（前 178 年）春正月丁亥，詔曰：“夫農，天下之本也，其開藉田，朕親率耕，以給宗廟粢盛。”

㊼鼂錯：即晁錯（《史記》《漢書》均作“鼂錯”，後代多寫作“晁錯”)。西漢潁川（治今河南禹州市）人。文帝時任太常掌故，景帝時任内史，遷御史大夫。力主削奪諸侯王權力，實施削藩。吴楚七國之亂時，被景帝處死。傳見《史記》卷一百一《袁盎鼂錯列傳》、《漢書》卷四十九《爰盎鼂錯傳》。

㊽捐瘠（zì)：飢餓而死。瘠：通“胔”。腐爛的肉。

㊾避：遜於，比……差。

㊿地著：附着於土地。

51煖：同“暖”。

52甘旨：甜美。

53再食：吃兩頓飯。再：兩次。

54終歲：終年，整年。

55慈母：當依景祐本作“慈父”（參王念孫《讀書雜志·漢書第四》)。保：撫養，養育。

56牧：統治，管理。

57走：舊讀 zòu，奔向，趨向。

㊽臧：通“藏”。

㊾中人：中等體力的人。勝：舊讀 shēng，能承擔，承受。

㊿薪樵：柴火。樵：木柴。

51治官府：爲官府修治房屋。

52弔死問疾：悼念死去的人，慰問患病的人。

53政：通“征”。徵收賦税。

54當具：收齊租税。按：此句據金少英集釋、李慶善整理《漢書食貨志集釋》（北京，中華書局，1986 年，第 83 頁），唐寫本作“朝令而暮當具”，無“改”字；“改”字爲衍文，言朝令而暮求具也。賈：同“價”。

55倍稱之息：倍於其本的高利貸。稱：稱貸，所貸之款。息：有息貸款。

56責：同“債”。

57坐列：指坐在店鋪内。

58奇贏：指商人所獲的贏利。

59粱肉：精美的膳食。粱：精細的小米。

60仟伯之得：指田地上的產物。仟伯：通“阡陌”。指農田。

61交通：結交。

62傾：傾軋。

63游敖：敖游，漫游。敖：游玩，游逛。

64乘堅策肥：乘好車，驅良馬。形容生活奢華。

65乖迕：抵觸，違逆。

66縣官：朝廷，官府。

67渫（xiè）：分散，擴散。

68損：減少。

69車騎馬：軍馬，戰馬。

70復卒：免除兵役或免納賦税。

71仞：測量單位。古以八尺或七尺爲一仞。

72湯池，流淌熱水的護城河，是説城池險固，難以逾越。湯：熱水，開水。步：量詞。長度單位。周以八尺爲步，秦以六尺爲步。此極言其寬。

73五大夫：爵號。漢承秦制，設爵二十級，五大夫爲第九級。

74擅：獨攬。

75爵：授爵。上造：漢爵第二級。

76大庶長：漢爵第十八級。

77塞卒之食不足用大渫天下粟：言塞卒之食還不足以用盡天下之粟。用：猶“以”。

78時赦：隨時減免田租。

79俞：通“愈”。更加。按：（清）王先謙《漢書補注》曰：“唐寫本‘勤’作‘勸’，是。”

80孰：“熟”的古字。莊稼有收成，豐收。

81十二年：文帝前元十二年，前 168 年。

82孝景二年：景帝前元二年，前 155 年。

83半出田租：繳納一半田租。

84裁：削減。

85徒復作：免去枷鎖等刑具而仍需服其苦役的刑徒。

86苑馬：顔師古曰：“謂爲苑以牧馬。”指漢代所置專門養馬的牧場。

⑰婁：通“屢”。

⑱庾（yǔ）：穀倉。

⑲貫朽：穿錢的繩子朽爛。校：計數。

⑳太倉：京師儲穀的大倉。

⑩牸牝（zì pìn）：指母馬。牸：雌性牲畜。牝：雌性的鳥或獸。

⑩閭閻：里巷的門。

⑩重：慎重，不輕易。

⑩媿辱：指可耻的行爲。媿：同“愧”。

⑩役財驕溢：言恃其富有而驕盈不軌。驕溢：驕傲自滿。

⑩外事四夷：指對周邊少數民族的戰事。

⑩董仲舒：西漢廣川（今河北景縣西南）人。景帝時爲博士。武帝時，歷任江都相、膠西相。後稱病家居，以治學著書爲事。武帝初年，建議罷黜百家，獨尊儒術，爲漢武帝所推行。此後，儒家思想成爲中國古代社會的正統思想。著有《春秋繁露》。

⑩大司農：官名。簡稱“大農”。秩中二千石，列位九卿。掌管全國租賦收入和國家財政開支。

⑩宿麥：隔年成熟的麥，即冬小麥。

⑩共：通“供”。供給。

⑪使民不過三日：《禮記・王制》云：“用民之力，歲不過三日。”

⑫說（yuè）：喜歡，高興。

⑬顓：通“專”，專擅，壟斷。

⑭“又加月爲更卒”至“一歲力役”：漢代男子到了一定的年齡，要去官府登記（即“傅籍”），開始爲國家服勞役。月爲更卒：是指力役（徭役）。每人每年要服一個月的力役，到時更換，故稱。正：正卒。即丁男，相當於後世的正丁。漢代兵役大致分爲專門兵役（以材官爲主，又有車士、騎士、樓船士等）與一般兵役（郡縣卒及邊郡戍卒），這裏“一歲屯戍，一歲力役”，是指一般兵役而言。“一歲力役”，兼有勞役、兵役等屬性。

⑮口賦：人頭税。

⑯鹽鐵之利：指鹽鐵專賣的獲利。

⑰見税什五：言農民租種富豪的田地需向富豪交納的佃租達到田地收成的一半。見：被。

⑱亡聊：没有依靠。

⑲赭衣：秦漢囚徒所穿赤褐色囚衣。此指囚犯、罪人。

⑳名田：以私名占有田地，占田。

㉑澹：通“贍”。富足，充足。

㉒丞相：指車千秋，本姓田。傳見《漢書》卷六十六《車千秋傳》。

㉓搜粟都尉：官名。西漢武帝置。屬大司農，不常設，掌農耕及屯田事宜。

㉔代田：一種輪作的耕種方法。將一畝地分爲三甽三壟，每年輪换耕種，以保養地力，提高産量。甽（quǎn），田中的壟溝。

㉕甽：同“甽”。

㉖二耜爲耦：即古代的耦耕。兩人并肩協作，持耜翻土。耜（sì）：古代的翻土農具，安在耒的下端，形狀如鍬。

㉗廣尺深尺爲甽：每甽寬一尺，深一尺。

㉘長終晦：甽的長度一直到一畝的盡頭。

㉙苗生葉以上，稍耨隴草：按：王念孫認爲此句本作“苗生三葉以上，稍壯，耨隴草”（詳參《讀書雜志・漢書第四》）。耨（nòu）：鋤草。

⑬⓪隤（tuí）：落下。此指鏟下壟臺上的土。

⑬①或芸或芓，黍稷儗儗：見《詩經・小雅・甫田》。芸：通“耘”。鋤草。芓：通“耔”。培土。儗儗（nǐ nǐ）：草木茂盛的樣子。

⑬②能：通“耐”。禁得住。

⑬③十二夫爲田一井一屋，故晦五頃：顏師古注引鄧展曰：“九夫爲井，三夫爲屋。夫百晦，於古爲十二頃。古百步爲晦，漢時二百四十步爲晦，古千二百晦，則得今五頃。”言古夫百畝，十二夫爲一千二百畝，百畝爲頃，即十二頃；古百步爲畝，漢代改爲二百四十步爲畝，則古代的十二頃相當於漢代的五頃。

⑬④耦犂：二牛一犁。

⑬⑤縵田：不做壟溝耕作的土地。斛：十斗。

⑬⑥太常：官名。九卿之首。掌宗廟禮儀文教，兼管諸帝陵墓。顏師古注引蘇林曰：“太常主諸陵，有民，故亦課田種也。”

⑬⑦三輔：西漢治理京畿地區的三個行政長官的合稱，即京兆尹、左馮翊、右扶風。亦指三輔地區。

⑬⑧二千石：指郡守、諸侯國相一級官員。令長：縣令、縣長的合稱。萬户以上爲令，萬户以下爲長。三老：鄉官名。掌教化。力田：亦鄉官名。

⑬⑨趨澤：趕上雨水的到來。顏師古曰：“趨讀曰趣。趣，及也。澤，雨之潤澤也。”

⑭⓪平都：縣名。西漢置。治所在今陝西子長縣西南。

⑭①相與庸輓犂：相互更代、换工拉犁。庸：更，代（詳參王念孫《讀書雜志・漢書第四》）。輓：亦作“挽”，拉，牽引。

⑭②離宫卒：守衛帝王别宫的士卒。宫壖（ruán）地：離宫内墻以外、外墻以内的空餘土地。壖：空地，餘地。

⑭③命家：受爵命之家。顏師古注引韋昭曰：“命家，謂受爵命一爵爲公士以上，令得田公田，優之也。”田：耕種。

⑭④居延：縣名。屬張掖郡。治所在今内蒙古額濟納旗東南黑城東北故城。

⑭⑤河東：郡名。治所在今山西夏縣西北十五里禹王城。

⑭⑥弘農：郡名。治所在今河南靈寶市北故函谷關城。

導讀

《漢書》一百二十卷，東漢班固撰。班固，字孟堅，右扶風安陵（今陝西咸陽東北）人。生於光武帝建武八年（32 年），卒於和帝永元四年（92 年）。班固的父親班彪是一位著名的儒家學者，好述作，於史學尤爲究心。班彪以司馬遷《史記》記事止於武帝太初時，其後雖有褚少孫、揚雄等續作，然多鄙俗，不足以接續其書，遂采前朝遺事，旁貫異聞，撰《史記後傳》六十五篇（一説百篇以上），爲班固完成《漢書》奠定了堅實的基礎。班固早年在太學學習，建武三十年（54 年），父親去世，遂歸鄉里守喪，并着手續撰《史記後傳》。後任蘭台令史，奉命與人同修東漢開國以來史事，成《世祖本紀》，遷爲郎，典校秘書。又自撰功臣、平林、新市、公孫述等列傳、載記二十八篇，爲《東觀漢記》的初形，首開官修當代正史之例，於是明帝復命其完成前所著書。章帝時，以文才深得器重，遷爲玄武司馬。建初四年（79 年），章帝集諸儒於白虎觀講論五經同異，命他記述其事，撰成《白虎通德論》（一名《白虎通義》）。和帝永元元年（89 年），以中護軍隨竇憲出擊匈奴。永元四年（92 年），竇憲失勢自殺，他受牽連免官、被捕，死於獄中。班固生前，《漢書》基本完成，八表和《天文志》尚未最後完稿。和帝遂命班固妹班昭續作八表，又命馬續協助班昭補作《天文志》，《漢書》由此得以最終完成。

《漢書》原書一百篇，後人析出子卷，爲一百二十卷。起漢高帝元年（前 206 年），迄王莽地皇四年（23 年），記西漢一代二百三十年歷史。全書包括十二本紀、八表、十志、七十列傳，是中國歷史上第一部紀傳體斷代史。其書武帝以前大多采用《史記》，武帝以後則以班彪《史記後傳》爲藍本，綜合各家《史記》續作，但都經過班固的重新剪裁和組合，同時又能博觀廣采各種皇家檔案文獻資料，故其書内容十分豐富，對於《史記》的記載亦有所增補。如：關於烏孫王昆莫之父被攻殺一事，《史記・大宛列傳》載："匈奴攻殺其父，而昆莫生，弃於野。"《漢書・張騫傳》載："昆莫父難兜靡本與大月氏俱在祁連、焞煌間，小國也。大月氏攻殺難兜靡，奪其地，人民亡走匈奴。"兩相比較，可見《漢書》對《史記》的訂補。後司馬貞爲《史記》作注即采用了《漢書》的記載："按《漢書》，父名難兜靡，爲大月氏所殺。"（《史記索隱》）在編纂方法上，《漢書》根據斷代爲史的新格局和漢代的政治實際，對司馬遷所創立的紀傳體史書形式做了調整，如一帝一紀，取消"世家"，改"書"爲"志"，在列傳的排列上，也進一步規範。在内容方面，《漢書》也有新創，增設了《刑法志》、《五行志》、《地理志》和《藝文志》，使紀傳體史書在記述典章制度方面範圍更爲寬廣，擴大了歷史學的研究領域。值得注意的是，《漢書》雖然是斷代史，但"十志"部分在叙述典章制度時，却能"寓通於斷"，往往上溯先秦，系統記述每種制度和歷史現象的來龍去脉，這些方法都對後代的正史、政書編纂産生了深遠的影響。

《漢書》的編纂是爲了總結西漢一代歷史的成敗得失，爲鞏固維護東漢的統治提供歷史依據和經驗教訓，具有濃厚的"君權神授""天人感應"等儒家的天命正統思想，但在歷史記述上能够注重史料考辯，直書實録，顯示出高超的歷史識見。後世史家評價《漢書》"文贍而事詳"（《後漢書・班彪列傳下》），《漢書》體例嚴整，語言典雅富麗，確爲《史記》之後又一部具有極高成就的史學和文學名著。

《漢書》問世後，從東漢到唐初，出現了很多的注釋之書，據唐初顔師古所列，總二十餘家（見點校本《漢書》卷首《漢書敍例》），而顔師古的《漢書注》一百二十卷則是集大成之作。清代樸學發達，相繼産生了一批《漢書》考證的力作，尤以清末王先謙的《漢書補注》，廣徵博采，匯聚衆家，詳爲詮釋考訂，代表了清代《漢書》研究的最高成就，是顔師古注以來的最佳注本。1962 年，中華書局出版的點校本《漢書》，以王先謙《漢書補注》爲底本，校以北宋景祐本（商務印書館影印的百衲本）、明末毛氏汲古閣本、清乾隆武英殿本（簡稱"殿本"）和同治金陵書局本（簡稱"局本"）四種本子，是目前最爲通行的《漢書》整理本（參點校本《漢書》卷首《出版説明》）。

本篇選自《漢書》卷二十四上《食貨志上》。

《漢書・食貨志》源於《史記・平準書》，記述自上古到王莽時期社會經濟財政的演變。分爲食、貨兩部分。上篇爲"食"，記農業生産和農業政策；下篇爲"貨"，分記貨幣、商業和財政政策。班固重視經濟史，認爲食、貨二者，爲"生民之本"，是關係國家興衰的首要大政。選文主要記述了漢初到武帝時期農業生産的發展情况，以及賈誼、晁錯、董仲舒針對當時的社會經濟和土地問題的奏疏，是瞭解西漢前期經濟發展和經濟政策的重要文獻。

選文據中華書局1962年點校本《漢書》。以下《漢書》各篇同。

参考文獻

班固. 漢書：卷一百：敍傳. 北京：中華書局，1962.

范曄. 後漢書：卷四十：班彪列傳. 北京：中華書局，1956.

王先謙. 漢書補注. 上海師範大學古籍整理研究所，整理. 上海：上海古籍出版社，2008.

王繼如. 漢書今注. 南京：鳳凰出版社，2013.

汪文.《汉書》//本書編委會. 二十五史導讀辭典. 北京：華齡出版社，1991：73-137.

周天游. 漢書説略//王鍾翰，安平秋，等. 二十五史説略. 北京：中華書局，2015：37-46.

金少英. 漢書食貨志集釋. 李慶善，整理. 北京：中華書局，1986.

藝文志諸子略序（《漢書》）

選文

儒家者流[①]，蓋出於司徒之官[②]，助人君順陰陽明教化者也[③]。游文於六經之中[④]，留意於仁義之際，祖述堯舜[⑤]，憲章文武[⑥]，宗師仲尼[⑦]，以重其言[⑧]，於道最爲高。孔子曰："如有所譽，其有所試[⑨]。"唐虞之隆，殷周之盛，仲尼之業，已試之效者也[⑩]。然惑者既失精微[⑪]，而辟者又隨時抑揚[⑫]，違離道本[⑬]，苟以譁衆取寵[⑭]。後進循之，是以《五經》乖析[⑮]，儒學寖衰[⑯]，此辟儒之患。

道家者流，蓋出於史官[⑰]，歷記成敗存亡禍福古今之道，然後知秉要執本，清虚以自守[⑱]，卑弱以自持[⑲]，此君人南面之術也[⑳]。合於堯之克攘[㉑]，《易》之嗛嗛[㉒]，一謙而四益[㉓]，此其所長也。及放者爲之[㉔]，則欲絶去禮學，兼棄仁義[㉕]，曰獨任清虚可以爲治。

陰陽家者流[㉖]，蓋出於羲和之官[㉗]，敬順昊天[㉘]，歷象日月星辰[㉙]，敬授民時，此其所長也。及拘者爲之[㉚]，則牽於禁忌[㉛]，泥於小數[㉜]，舍人事而任鬼神[㉝]。

法家者流，蓋出於理官[㉞]，信賞必罰[㉟]，以輔禮制。《易》曰"先王以明罰飭法"[㊱]，此其所長也。及刻者爲之[㊲]，則無教化，去仁愛，專任刑法而欲以致治，至於殘害至親[㊳]，傷恩薄厚[㊴]。

名家者流[㊵]，蓋出於禮官[㊶]。古者名位不同，禮亦異數[㊷]。孔子曰："必也正名乎！名不正則言不順，言不順則事不成[㊸]。"此其所長也。及警者爲之[㊹]，則苟鉤鈲析亂而已[㊺]。

墨家者流，蓋出於清廟之守[㊻]。茅屋采椽[㊼]，是以貴儉；養三老五更[㊽]，是以兼愛；選士大射[㊾]，是以上賢[㊿]；宗祀嚴父[51]，是以右鬼[52]；順四時而行，是以非命[53]；以孝視天下[54]，是以上同[55]：此其所長也。及蔽者爲之[56]，見儉之利，因以非禮[57]，推兼愛之意[58]，而不知别親疏。

從横家者流[59]，蓋出於行人之官[60]。孔子曰："誦《詩》三百，使於四方，不能專對，雖多亦奚以爲[61]？”又曰：“使乎，使乎[62]！”言其當權事制宜[63]，受命而不受辭[64]，此其所長也。及邪人爲之，則上詐諼而棄其信[65]。

雜家者流[66]，蓋出於議官[67]。兼儒、墨，合名、法，知國體之有此[68]，見王治之無不貫[69]，此其所長也。及盪者爲之[70]，則漫羡而無所歸心[71]。

農家者流[72]，蓋出於農稷之官[73]。播百穀，勸耕桑，以足衣食，故八政一曰食[74]，二曰貨。孔子曰“所重民食”[75]，此其所長也。及鄙者爲之[76]，以爲無所事聖王[77]，欲使君臣並耕，誖上下之序[78]。

小說家者流[79]，蓋出於稗官[80]。街談巷語，道聽塗說者之所造也[81]。孔子曰：“雖小道[82]，必有可觀者焉，致遠恐泥，是以君子弗爲也[83]。”然亦弗滅也。閭里小知者之所及[84]，亦使綴而不忘[85]。如或一言可采，此亦芻蕘狂夫之議也[86]。

諸子十家，其可觀者九家而已[87]。皆起於王道既微，諸侯力政[88]，時君世主，好惡殊方，是以九家之術蠭出並作[89]，各引一端[90]，崇其所善[91]，以此馳說，取合諸侯。其言雖殊，辟猶水火[92]，相滅亦相生也。仁之與義，敬之與和，相反而皆相成也。《易》曰：“天下同歸而殊塗，一致而百慮[93]。”今異家者各推所長，窮知究慮[94]，以明其指[95]，雖有蔽短[96]，合其要歸[97]，亦《六經》之支與流裔[98]。使其人遭明王聖主[99]，得其所折中[100]，皆股肱之材已[101]。仲尼有言：“禮失而求諸野[102]。”方今去聖久遠，道術缺廢，無所更索[103]，彼九家者，不猶瘉於野乎[104]？若能修六藝之術[105]，而觀此九家之言，舍短取長[106]，則可以通萬方之略矣[107]。

注釋

①流：流派。

②司徒：官名。《周禮・地官》有大司徒、小司徒等官。春秋戰國置司徒，卿爵，掌民衆教化、土地管理和徵發徒役。

③陰陽：此指儒家所説的陰陽之道，即天地人事自然之道。

④游文於六經之中：鑽研六經文字。游文：習文。

⑤祖述：效法，遵循。

⑥憲章：效法。

⑦宗師：尊崇，效法，以之爲師。

⑧以重其言：用以增加自己學説的重要性。

⑨語出《論語・衛靈公》：“如有所譽者，其有所試矣。”言如果我對人有所稱譽，是因爲我已經

有所察驗了。試：考察，察驗。

⑩效：效驗，證明。

⑪惑：迷惑，糊塗。精微：儒家學説的精妙細微之處。

⑫辟（pì）者：邪僻不正之人。辟：同“僻”。邪僻。隨時抑揚：或褒或貶，隨時變化。抑揚：按壓或抬高。此言褒貶。一説爲沉浮，進退。

⑬違離：背離。道本：儒道的本旨。

⑭譁衆取寵：使衆人轟動，以取得尊榮。譁：同“嘩”。喧嘩。寵：榮耀，尊崇。

⑮《五經》乖析：言背離《五經》本旨，使經義支離破碎。乖：背離，相反。析：分開，分離。

⑯寖（jìn）：漸，逐漸。

⑰史官：掌記録書寫、圖書典册、天文曆法、祭祀占卜諸事。

⑱清虚：清静虚無，無爲。

⑲卑弱：卑微柔弱。

⑳君人：爲人之君主，治理人民。南面：古代君主坐北朝南臨朝聽政，因指君主統治天下。

㉑克攘：能够恭敬謙讓。克：能。攘：通“讓”。謙讓。語出《尚書·堯典》：“允恭克讓”。

㉒嗛嗛（qiān qiān）：同“謙謙”。謙而又謙。《周易·謙》：“謙謙君子，卑以自牧也。”極言其謙退。

㉓四益：天益、地益、神益、人益。《周易·謙》：“天道虧盈而益謙，地道變盈而流謙，鬼神害盈而福謙，人道惡盈而好謙。謙尊而光，卑而不可踰，君子之終也。”這裏是以“天道”“地道”“鬼道”“人道”爲例，説明宇宙間的事理無不是抑盈揚謙的，這與道家所提倡的卑弱以自持一致，故用以説明道家。

㉔放：放散，放任。

㉕絶去禮學，兼棄仁義：道家主張絶聖弃智，絶仁弃義，純任自然。

㉖陰陽家：戰國時提倡陰陽五行之説的學派，代表人物有戰國末年齊人鄒衍等。

㉗羲和：羲氏與和氏，相傳爲上古掌天文曆法之官，重黎氏之後代。《尚書·堯典》：“乃命羲和，欽若昊天，歷象日月星辰，敬授民時。”

㉘昊：大，廣大。常用以指天。

㉙歷象：推算觀測天體的運行。歷：推算。象：效法。此觀測。

㉚拘：拘泥，固執。

㉛牽：牽制。禁忌：指有關吉凶的禁忌。

㉜泥（nì）：滯，拘泥。小數：有關禁忌的小術。數：占卜等技藝、方術。

㉝舍：放弃，不用。任：聽任。

㉞理官：治獄之官，即法官。

㉟信賞必罰：有功必賞，有罪必罰，賞罰嚴明。信：誠實，誠信。必：果斷，一定。

㊱先王以明罰飭法：語見《周易·噬嗑》。飭（chì）：整頓，整治。

㊲刻：刻薄，苛刻。

㊳至親：最親近的親屬，父母、兄弟姐妹等。

㊴薄厚：使親厚之情變爲疏薄。

㊵名家：戰國時以辯論名實問題爲中心的一個學派，主要代表人物爲惠施、公孫龍。

㊶禮官：掌管禮儀之官。

㊷名位不同，禮亦異數：名號爵位不同，禮儀規格亦異。數：指差等。

㊸語出《論語·子路》。正名：辨正名分。名：名稱，名分，名位。

㊹警（jiào）：挑剔，揭人之短。

㊺鉤鈲（pī）析亂：言鉤取怪異的道理而破壞名實。鉤：鉤取。鈲：裁截，劈破。析亂：離析淆亂。

㊻清廟：宗廟。守：當作“官”。

㊼采椽：柞木做的椽子。采：柞木，又稱櫟木。

㊽三老五更：古代天子於年老致仕的官員中設三老、五更，以父兄之禮奉養之，意在倡導孝養老人。更：更事，閱歷世事。一説“更”當作“叟”。

㊾選士：相傳周有選士制度。《禮記・王制》：“命鄉論秀士，升之司徒，曰選士。”大射：見《史記・孔子世家》注。

㊿上：通“尚”。崇尚，尊重。

51宗祀：對祖宗的祭祀。嚴父：尊敬父親。嚴：尊敬。

52右鬼：尊信鬼神。右：尊崇。古代尚右，以右位爲尊。

53非命：不信有吉凶之命。

54視：通“示”。昭示。

55上同：與在上者取得一致。墨子主張在下位者要與在上者在思想、言論和行爲方面取得一致，由上同於鄉長、國君到上同於天子，天子最後上同於天。

56蔽者：見解不全面的人。

57非禮：不合禮儀制度。墨家崇儉，主張節葬。儒家强調禮儀人倫，重厚葬。

58兼愛：泛愛。

59縱横家：指戰國時，以蘇秦、張儀等爲代表的、專以合縱之説或連横之策游説諸侯，從事政治外交活動的謀辯之士，合稱縱横家。

60行人：使者。《周禮・秋官》有“大行人”“小行人”，掌朝覲聘問禮儀等事。

61語出《論語・子路》。專對：獨自應對。專：專斷，獨斷。

62語出《論語・憲問》：“蘧伯玉使人於孔子，孔子與之坐而問焉，曰：‘夫子何爲？’對曰：‘夫子欲寡其過而未能也。’使者出，子曰：‘使乎，使乎！’”（孔子贊揚這個使者善於應答。）

63權事制宜：權衡事情，制定合宜的對策。

64受命而不受辭：衹從國君那裏接受出使的命令，而不接受應對之語。《公羊傳・莊公十九年》：“聘禮，大夫受命不受辭。出竟有可以安社稷、利國家者，則專之可也。”

65上：同“尚”。詐諼（xuān）：欺詐。諼：欺詐，欺騙。

66雜家：不主一説而博采各家學説的綜合學派。

67議官：言官，諫議之官。

68知國體之有此：看到國家之治體也需要綜合各家的雜家之説。一説“此”指儒、墨、名、法諸家學説。

69貫：縱貫，貫通。

70盪者：學識浮淺之人。盪：通“蕩”。放蕩。

71漫羡（yǎn）：同“漫衍”。涉及内容廣泛而不得要領。無所歸心：指人心無所歸宿。

72農家：戰國時一個重視農業生産的學派。

73農稷之官：主管農業之官。稷：農官。《左傳・昭公二十九年》：“稷，田正也。”

74八政：國家政務的八個方面。語出《尚書・洪範》：“八政：一曰食，二曰貨，三曰祀，四曰司空，五曰司徒，六曰司寇，七曰賓，八曰師。”

75所重民食：語見《論語・堯曰》：“所重：民、食、喪、祭。”

76鄙者：鄙野之人。此指主張親自參加農業勞動之人。如《孟子・滕文公上》所記“爲神農之言者”許行。按：儒家主張禮義之學，以親自參加農業勞動爲鄙事，含有輕視之意。如《論語・子路》

載："樊遲請學稼。子曰：'吾不如老農。'請學爲圃。曰：'吾不如老圃。'樊遲出，子曰：'小人哉，樊須也！上好禮，則民莫敢不敬；上好義，則民莫敢不服；上好信，則民莫敢不用情。夫如是，則四方之民襁負其子而至矣，焉用稼！'"

⑺無所事聖王：言不需要聖王。

⑻誖（bèi）：同"悖"。違背，乖謬。

⑼小説家：采集民間傳説議論，藉以考察民情風俗之士。小説：記録下來的街談巷議。

⑽稗官：小官。稗：微小，卑微。

⑾塗：同"途"。道路。

⑿小道：小的技藝。

⒀語見《論語·子張》。按，今本《論語》爲子夏之語。

⒁閭里小知者之所及：言是里巷中知識淺薄的人所能看到和理解的道理。

⒂綴：聯綴。指把辭語聯綴記録下來。

⒃芻蕘（chú ráo）：割草打柴的人，泛指草野之人。狂夫：無知妄爲之人。《史記·淮陰侯列傳》："狂夫之言，聖人擇焉。"

⒄九家：指除小説家之外的九家。

⒅諸侯力政：指諸侯以武力相征伐。政：同"征"。

⒆蠭出：紛然并起。蠭：同"蜂"。

⒇引：引進，引用。

㉑崇：尊崇，推重。

㉒辟：通"譬"。譬如。

㉓語出《易·繫辭下》。一致而百慮：趨向雖然相同，却有各種考慮。

㉔窮知究慮：窮盡智慮。窮、究：盡。知（zhì）：智，智慧。

㉕指：同"旨"。宗旨。

㉖蔽短：蔽塞不足之處。

㉗合其要歸：綜合其主旨和目的。歸：歸宿，目的。

㉘支：分支。流裔：末流，沿承的流派。

㉙使：如果。

⑩⓪折中：取正，選擇適中，合於中道。

⑩①股肱：喻輔佐之臣。已：如"矣"。

⑩②野：指民間。

⑩③索：求。

⑩④瘉：同"愈"。勝，超過。

⑩⑤六藝：指儒家六經。

⑩⑥舍：廢。

⑩⑦萬方之略：猶天下之道。萬方：指天下。略：道術。

導讀

本篇選自《漢書》卷三十《藝文志第十》。

《藝文志》作爲《漢書》"十志"之一，是以目録的形式記録先秦至漢代的學術發展情况，是正史"藝文志"的首次設立。《漢書·藝文志》的主要内容是根據西漢劉歆所撰《七略》編寫而成的。全志按六略（大類）三十八種（小類）著録圖書。"六略"是：

六藝、諸子、詩賦、兵書、數術、方技。《七略》原有《輯略》爲全書之叙録，説明每個大類和小類的内容、意義和流派，《漢書・藝文志》將其内容分别散入六略和三十八種之後。本篇所選即爲《諸子略》每種之後的小序和該略最後的大序。在《漢書・藝文志》以前，司馬談著《論六家之要指》，首次把諸子之學分爲陰陽、儒、墨、法、名、道六家進行總結（見《史記・太史公自序》），《漢書・藝文志》在此基礎上進一步擴大，將先秦至西漢末期諸子各家著作分爲儒、道、陰陽、法、名、墨、縱横、雜、農、小説十類加以著録（即所謂“十家”），并以後序的形式對各家學術乃至整個諸子之學的産生、特色及其得失進行概括總結，反映了先秦時期王官之學向諸子之學的演變以及漢武帝罷黜百家、獨尊儒術以來漢代思想學術發展的基本傾嚮。

參考文獻

陳國慶．漢書藝文志注釋彙編．北京：中華書局，1983.
張舜徽．漢書藝文志通釋．武漢：華中師範大學出版社，2004.
李零．蘭台萬卷：讀《漢書・藝文志》．北京：三聯書店，2011.
温浚源．《漢書・藝文志》講要．北京：社會科學文獻出版社，2018.

張騫傳（《漢書》）

選文

張騫，漢中人也[①]，建元中爲郎。時匈奴降者言匈奴破月氏王[②]，以其頭爲飲器[③]，月氏遁而怨匈奴，無與共擊之。漢方欲事滅胡，聞此言，欲通使，道必更匈奴中[④]，乃募能使者。騫以郎應募，使月氏，與堂邑氏奴甘父俱出隴西[⑤]。徑匈奴，匈奴得之，傳詣單于[⑥]。單于曰："月氏在吾北，漢何以得往使？吾欲使越，漢肯聽我乎？"留騫十餘歲，予妻，有子，然騫持漢節不失[⑦]。

居匈奴西[⑧]，騫因與其屬亡鄉月氏[⑨]，西走數十日，至大宛[⑩]。大宛聞漢之饒財，欲通不得，見騫，喜，問欲何之。騫曰："爲漢使月氏而爲匈奴所閉道[⑪]，今亡，唯王使人道送我[⑫]。誠得至，反漢，漢之賂遺王財物不可勝言[⑬]。"大宛以爲然，遣騫[⑭]，爲發譯道，抵康居[⑮]。康居傳致大月氏。大月氏王已爲胡所殺，立其夫人爲王[⑯]。既臣大夏而君之[⑰]，地肥饒，少寇，志安樂。又自以遠遠漢，殊無報胡之心。騫從月氏至大夏，竟不能得月氏要領[⑱]。

留歲餘，還，並南山[⑲]，欲從羌中歸，復爲匈奴所得。留歲餘，單于死，國內亂[⑳]，騫與胡妻及堂邑父俱亡歸漢。拜騫太中大夫[㉑]，堂邑父爲奉使君。

騫爲人彊力[㉒]，寬大信人，蠻夷愛之。堂邑父胡人，善射，窮急射禽獸給食。初，騫行時百餘人，去十三歲，唯二人得還。

騫身所至者，大宛、大月氏、大夏、康居，而傳聞其旁大國五六，具爲天子言其地形、所有。語皆在《西域傳》[㉓]。

騫曰："臣在大夏時，見邛竹杖[㉔]、蜀布，問安得此，大夏國人曰：'吾賈人往市之身毒國[㉕]。身毒國在大夏東南可數千里[㉖]。其俗土著[㉗]，與大夏同，而卑溼暑熱。其民乘象以戰。其國臨大水焉。'以騫度之，大夏去漢萬二千里，居西南。今身毒又居大夏東南數千里，有蜀物，此其去蜀不遠矣。今使大夏，從羌中，險，羌人惡之；少北[㉘]，則爲匈奴所得；從蜀，宜徑[㉙]，又無寇。”

天子既聞大宛及大夏、安息之屬皆大國[30]，多奇物，土著，頗與中國同俗，而兵弱，貴漢財物；其北則大月氏、康居之屬，兵彊，可以賂遺設利朝也[31]。誠得而以義屬之，則廣地萬里，重九譯[32]，致殊俗，威德徧於四海。天子欣欣以騫言爲然。乃令因蜀犍爲發間使[33]，四道並出：出駹，出莋，出徙、邛，出僰[34]，皆各行一二千里。其北方閉氐、莋，南方閉巂、昆明。昆明之屬無君長，善寇盜，輒殺略漢使[35]，終莫得通。然聞其西可千餘里，有乘象國，名滇越，而蜀賈間出物者或至焉[36]，於是漢以求大夏道始通滇國[37]。初，漢欲通西南夷，費多，罷之。及騫言可以通大夏，及復事西南夷。

騫以校尉從大將軍擊匈奴[38]，知水草處，軍得以不乏[39]，乃封騫爲博望侯[40]。是歲元朔六年也[41]。後二年，騫爲衛尉[42]，與李廣俱出右北平擊匈奴[43]。匈奴圍李將軍，軍失亡多，而騫後期，當斬，贖爲庶人。是歲，驃騎將軍破匈奴西邊[44]，殺數萬人，至祁連山。其秋，渾邪王率衆降漢[45]，而金城、河西並南山至鹽澤[46]，空無匈奴。匈奴時有候者到[47]，而希矣[48]。後二年，漢擊走單于於幕北[49]。

天子數問騫大夏之屬。騫既失侯，因曰：“臣居匈奴中，聞烏孫王號昆莫[50]。昆莫父難兜靡本與大月氏俱在祁連、焞煌間，小國也。大月氏攻殺難兜靡，奪其地，人民亡走匈奴。子昆莫新生，傅父布就翎侯抱亡置草中[51]，爲求食，還，見狼乳之，又烏銜肉翔其旁，以爲神，遂持歸匈奴，單于愛養之。及壯，以其父民衆與昆莫，使將兵，數有功。時，月氏已爲匈奴所破，西擊塞王[52]。塞王南走遠徙，月氏居其地。昆莫既健，自請單于報父怨，遂西攻破大月氏。大月氏復西走，徙大夏地。昆莫略其衆，因留居，兵稍彊，會單于死，不肯復朝事匈奴。匈奴遣兵擊之，不勝，益以爲神而遠之。今單于新困於漢，而昆莫地空。蠻夷戀故地，又貪漢物，誠以此時厚賂烏孫，招以東居故地，漢遣公主爲夫人，結昆弟，其勢宜聽[53]，則是斷匈奴右臂也。既連烏孫，自其西大夏之屬皆可招來而爲外臣[54]。”天子以爲然，拜騫爲中郎將[55]，將三百人，馬各二匹，牛羊以萬數，齎金幣帛直數千鉅萬[56]，多持節副使，道可便遣之旁國。騫既至烏孫，致賜諭指[57]，未能得其決。語在《西域傳》。騫卽分遣副使使大宛、康居、月氐、大夏。烏孫發譯道送騫，與烏孫使數十人，馬數十匹，報謝，因令窺漢，知其廣大。

騫還，拜爲大行[58]。歲餘，騫卒。後歲餘，其所遣副使通大夏之屬者，皆頗與其人俱來，於是西北國始通於漢矣。然騫鑿空[59]，諸後使往者皆稱博望侯，以爲質於外國[60]，外國由是信之。其後，烏孫竟與漢結婚[61]。

初，天子發書《易》[62]，曰"神馬當從西北來"。得烏孫馬好，名曰"天馬"。及得宛汗血馬[63]，益壯，更名烏孫馬曰"西極馬"，宛馬曰"天馬"云。而漢始築令居以西[64]，初置酒泉郡[65]，以通西北國。因益發使抵安息、奄蔡[66]、犛軒[67]、條支[68]、身毒國。而天子好宛馬，使者相望於道，一輩大者數百[69]，少者百餘人，所齎操[70]，大放博望侯時[71]。其後益習而衰少焉[72]。漢率一歲中使者多者十餘，少者五六輩，遠者八九歲，近者數歲而反。

是時，漢旣滅越，蜀所通西南夷皆震，請吏[73]。置牂柯[74]、越巂[75]、益州[76]、沈黎[77]、文山郡[78]，欲地接以前通大夏。乃遣使歲十餘輩，出此初郡[79]，皆復閉昆明，爲所殺，奪幣物。於是漢發兵擊昆明，斬首數萬。後復遣使，竟不得通。語在《西南夷傳》[80]。

自騫開外國道以尊貴，其吏士爭上書言外國奇怪利害，求使。天子爲其絕遠，非人所樂，聽其言，予節，募吏民無問所從來，爲具備人衆遣之，以廣其道。來還不能無侵盜幣物[81]，及使失指，天子爲其習之，輒覆按致重罪，以激怒令贖，復求使。使端無窮[82]，而輕犯法。其吏卒亦輒復盛推外國所有，言大者予節，言小者爲副，故妄言無行之徒皆爭相效。其使皆私縣官齎物[83]，欲賤市以私其利[84]。外國亦厭漢使人人有言輕重[85]，度漢兵遠，不能至，而禁其食物，以苦漢使。漢使乏絕，責怨[86]，至相攻擊。樓蘭、姑師小國[87]，當空道[88]，攻劫漢使王恢等尤甚[89]。而匈奴奇兵又時時遮擊之。使者爭言外國利害，皆有城邑，兵弱易擊。於是天子遣從票侯破奴將屬國騎及郡兵數萬以擊胡[90]，胡皆去。明年，擊破姑師，虜樓蘭王。酒泉列亭鄣至玉門矣[91]。

而大宛諸國發使隨漢使來，觀漢廣大，以大鳥卵及犛軒眩人獻於漢[92]，天子大說。而漢使窮河源[93]，其山多玉石，采來，天子案古圖書，名河所出山曰昆侖云。

是時，上方數巡狩海上，乃悉從外國客[94]，大都多人則過之，散財帛賞賜，厚具饒給之，以覽視漢富厚焉。大角氐[95]，出奇戲諸怪物，多聚觀者，行賞賜，酒池肉林，令外國客徧觀各倉庫府臧之積，欲以見漢廣大，傾駭之。及加其眩者之工，而角氐奇戲歲增變，其益興，自此始。而外國使更來更去[96]。大宛以西皆自恃遠，尚驕恣，未可詘以禮羈縻而使也[97]。

漢使往既多，其少從率進孰於天子[98]，言大宛有善馬在貳師城[99]，匿不肯示漢使。天子既好宛馬，聞之甘心[100]，使壯士車令等持千金及金馬以請宛王貳師城善馬。宛國饒漢物，相與謀曰："漢去我遠，而鹽水中數有敗[101]，出其北有胡寇，出其南乏水草，又且往往而絕邑[102]，乏食者多。漢使數百人爲輩來，常乏食，死者過半，是安能致大軍乎？且貳師馬，宛寶馬也。"遂不肯予漢使。漢使怒，妄言，椎金馬而去[103]。宛中貴人怒曰："漢使至輕我！"遣漢使去，令其東邊郁成王遮攻[104]，殺漢使，取其財物。天子大怒。諸嘗使宛姚定漢等言："宛兵弱，誠以漢兵不過三千人，强弩射之，即破宛矣。"天子以嘗使浞野侯攻樓蘭，以七百騎先至，虜其王，以定漢等言爲然，而欲侯寵姬李氏[105]，乃以李廣利爲將軍[106]，伐宛。

騫孫猛，字子游，有俊才，元帝時爲光祿大夫[107]，使匈奴，給事中[108]，爲石顯所譖[109]。自殺。

注釋

①漢中：郡名。戰國秦置，治所在今陝西漢中市東。西漢移治今陝西安康市西北。

②月氏（yuè zhī）：或作"月支""月氐"，古西域族名。其先游牧於今甘肅敦煌、祁連山之間。漢初爲匈奴冒頓單于所敗，其王被匈奴老上單于（冒頓單于子，名稽粥）所殺，被迫西遷中亞地區并建立政權，國號貴霜，中國仍沿用其故號，稱爲"大月氏"；部分未西遷的月氏人，留存於祁連山區，同羌族雜居，稱爲"小月氏"。

③飲器：飲酒之器。

④更：經過。

⑤隴西：地區名。指甘肅隴山以西之地。

⑥傳（zhuàn）詣：用傳車送到。詣：到，到達。單于：匈奴最高首領之稱號。

⑦節：符節。指用以表明其漢使身份的憑證。

⑧居匈奴西：《史記·大宛列傳》作"居匈奴中"。結合前後文内容，《漢書》的記載較爲合理。參張志坤《張騫出使西域路綫辨正》，載《中國人民大學學報》，1995年第3期，第84～86頁。

⑨亡鄉：逃往。鄉：通"嚮"。趋向，奔向。

⑩大宛（yuān）：西域古國名。在今烏兹别克斯坦費爾干納盆地，都貴山城，今塔什干東南卡散賽。

⑪閉：阻塞，斷絶。

⑫道（dǎo）送：引導護送。道：同“導”。

⑬賂遺（wèi）：贈送。

⑭遣：送，送行。

⑮康居（qú）：西域古國名。在今哈薩克斯坦巴爾喀什湖和鹹海之間，都卑闐城，今烏兹别克斯坦塔什干一帶。

⑯立其夫人爲王：按：《史記·大宛列傳》作“立其太子爲王”。

⑰臣大夏而君之：以大夏爲臣而爲之君長。大夏：西域古國名。古希臘人稱爲巴克特里亞（Bactria），主要指今中亞阿姆河以南、興都庫什山以北地區，今阿富汗北部。約前140—前130年，大月氏渡過阿姆河，征服大夏。西方記載稱此後的大月氏爲吐火羅人，他們居住的地區通稱爲吐火羅，但中國仍長期稱之爲大月氏。楊共樂《張騫所訪大夏考》一文認爲這裏的“大夏”是“吐火羅”（Tochara）一字的音譯，載《北京師範大學學報》（社會科學版），2005年第6期，第137頁。

⑱要領：即腰領，喻事情的要旨、關鍵。

⑲並（bàng）：通“傍”，沿着。南山：指昆侖山、阿爾金山和祁連山。

⑳國内亂：此指漢武帝元朔三年（前126年）軍臣單于死，其弟左谷蠡王伊穉斜自立爲單于，攻敗軍臣單于太子於單，於單亡降漢。見《史記》卷一百二十三《大宛列傳》、《漢書》卷九十四上《匈奴傳上》。

㉑太中大夫：官名。秩比千石，掌侍從顧問，參謀議政，奉詔出使。

㉒彊力：堅忍有毅力。彊：同“强”。

㉓語皆在《西域傳》：見《漢書》卷九十六上、下《西域傳上》《西域傳下》。

㉔邛（qióng）：山名。此山生高節竹，可爲杖。

㉕身毒（juān dǔ）：印度的古譯名之一。又作天毒、天竺。

㉖可：大約，約計。

㉗土著（zhuó）：定居於一地。西域諸國大致有兩種形態，一是土著的城郭之國，主要從事緑洲農業，過相對定居的生活；一是遷徙的游牧之國（《史記·大宛列傳》所謂“行國”），主要從事畜牧業，多居無定所。

㉘少：稍。

㉙徑：徑直。此直道。

㉚安息：古西域國名，即帕提亞。國勢强大時，領有全部伊朗高原及兩河流域，爲西亞大國。

㉛設利朝：施以好處，使之入朝。設：施行。

㉜重（chóng）九譯：指經過多次輾轉翻譯。

㉝犍（qián）爲：西漢郡名。建元六年（前135年）置，屬益州。治所在今貴州遵義市西。元光五年（前130年），移治今四川筠連縣境。昭帝始元元年（前86年），移治今四川宜賓市西南。間使：秘密的使者。

㉞駹（máng）、筰（zuó）、徙（sī）、邛、僰（bó）：皆爲古代西南少數民族名，下文之氐、嶲（xī）、昆明，亦爲當時分布於西南的古代民族名。

㉟殺略：亦作“殺掠”。殺戮擄掠。

㊱蜀賈間出物者：秘密外出販運貨物的蜀郡商人。

㊲滇：古國名。其都在今雲南晉寧縣東北三十二里晉城附近，轄境約當今雲南中部滇池附近一帶。

㊳校尉：武官名。職位略次於將軍，高於都尉。大將軍：指衛青，傳見《漢書》卷五十五《衛青霍去病傳》。

㊴乏：缺少，此困乏。

㊵博望：縣名。屬南陽郡。治所在今河南方城縣西南五十六里博望鎮。

㊶元朔六年：前 123 年。

㊷衛尉：官名。秩中二千石，列位九卿。掌皇帝所居未央宫禁衛，主管宫門屯駐衛士，專司晝夜巡警和檢查出入者之門籍。亦稱未央衛尉。

㊸右北平：郡名。戰國燕置。秦治所在今天津市薊縣，西漢移治今内蒙古寧城縣西南。

㊹驃騎（piào jì）將軍：漢代將軍稱號，指霍去病。

㊺渾邪王：匈奴部落首領之一，活動於今西北一帶。因屢次爲漢兵所敗，單于要懲處他，遂於武帝元狩二年（前 121 年）脱離匈奴，率衆降漢。

㊻金城：郡名。西漢昭帝始元六年（前 81 年）置。治所在允吾縣（今青海民和縣南古鄯鎮北古城）。按：此句《史記·大宛列傳》作："其明年，渾邪王率其民降漢，而金城、河西西並南山至鹽澤，空無匈奴。"點校本《資治通鑑》卷十九《漢紀》武帝元狩二年（前 121 年）作："而金城河西，西並南山至鹽澤，空無匈奴。"胡三省注曰："河水出金城河關縣西南塞外積石山，東流逕金城郡界。自允吾以西，通謂之金城河。渡河而西，則武威等四郡之地。然金城郡昭帝於元始六年方置，史追書也。"（第 2 册，北京，中華書局，1956 年，第 634 頁）河西：古地區名。指今甘肅、青海兩省黄河以西，即河西走廊與湟水流域。鹽澤：即蒲昌海，今新疆羅布泊。

㊼候者：斥候，軍中任偵察之事者。

㊽希：通"稀"。

㊾幕北：大漠以北。幕：通"漠"。沙漠。

㊿烏孫：古西域國名。都赤谷城，在今吉爾吉斯斯坦伊塞克湖東南伊什提克一帶。

51傅父：負責保育、教導貴族子女的老年男子。布就翎（xī）侯：烏孫官名。按：此處之"翖"，點校本原文作"翎"，當爲"翖"。顔師古曰："翖侯，烏孫大臣官號，其數非一，亦猶漢之將軍耳。而布就者，又翖侯之中别號，猶右將軍、左將軍耳，非其人之字。翖與翕同。"

52塞：古西域族名，又稱塞種。原分布於今伊犁河流域，後爲大月氏所迫逐步南移。其王族君臨罽賓，部衆分爲數國，自疏勒西北、休循、捐毒之屬皆故塞種。

53其勢宜聽：言烏孫應該會聽從漢朝的意見。

54外臣：猶藩臣。

55中郎將：中郎長官。秩比二千石，隸屬郎中令。掌宫禁宿衛、隨行護駕等事，亦常奉詔出使。

56直：同"值"。

57致賜諭指：向烏孫王轉達漢天子的賞賜和意旨。諭：告訴，使知道。指：意旨，意向。

58大行：官名。大行令的省稱，掌接待賓客之事。武帝太初元年（前 104 年），改名大鴻臚。

59按："鑿空"之説出自司馬遷。《史記·大宛列傳》："然張騫鑿空，其後使往者皆稱博望侯。"鑿空：開通孔道。言張騫開通西域道路。空：通"孔"。洞，通道。

60爲質於外國：取信於其他國家。質：誠信，信用。裴駰《史記集解》引如淳曰："質，誠信也。博望侯有誠信，故後使稱其意以喻外國。"（《史記·大宛列傳》）

61烏孫竟與漢結婚：指漢武帝元封年間（前 110—前 105 年）以江都王建之女細君爲公主，嫁與烏孫昆莫。昆莫以之爲右夫人。結婚：通婚。

62發書《易》：顔師古注引鄧展曰："發《易》書以卜。"

63汗血馬：古代西域駿馬名。流汗如血，故稱。《漢書·武帝紀》顔師古注引應劭曰："大宛舊有天馬種，蹋石汗血。汗從前肩髆出，如血。號一日千里。"師古曰："蹋石者，謂蹋石而有跡，言其蹶堅利。"

64令居：縣名。西漢武帝時置，屬張掖郡。治所在今甘肅永登縣城附近。

㉟酒泉郡：漢武帝元狩二年（前121年）置，治所在今甘肅酒泉市。

㊱奄蔡：又名阿蘭。古西域國名。在康居西北，分布於今中亞鹹海、裏海北部草原。

㊲犛靬：亦作“黎軒”，又名大秦。即古羅馬帝國，都城在今意大利羅馬市。

㊳條支：西亞古國名。亦稱塞琉西王國（或譯作塞琉古王國）。前312年，塞琉古一世建，都城在安條克（今土耳其南部安塔基亞），前64年，爲羅馬所滅。

㊴一輩：一批。

㊵齎操：携帶和操持，指財幣和符節。

㊶放（fǎng）：通“仿”。依照，仿照。

㊷其後益習而衰少焉：後來由於對西域情况更爲熟悉，因此派遣出使西域的人數就逐漸減少了。

㊸請吏：請求爲臣。謂願意臣服。《漢書》卷九十五《西南夷兩粵朝鮮傳》作“請臣置吏”。《史記·大宛列傳》作“請吏入朝”。

㊹牂柯：郡名。亦作“牂牁”。武帝元鼎六年（前111年）置，治所在今貴州黄平縣西南（一説在今貴陽附近）。

㊺越嶲（xī）：郡名。武帝元鼎六年（前111年）以邛都國地置，治所在今四川西昌市東南五里。

㊻益州：郡名。武帝元封二年（前109年）置，治所在今雲南晋寧縣東北三十二里晋城鎮。

㊼沈（chén）黎：郡名。亦作“沈犁”。武帝元鼎六年（前111年）置，治所在今四川漢源縣東北九襄鎮。

㊽文山郡：即汶山郡。見《史記·大宛列傳》。武帝元鼎六年（前111年）置，治所在今四川茂縣北。

㊾初郡：新設郡。

㊿見《漢書》卷九十五《西南夷兩粵朝鮮傳》。

81幣物：財幣貨物。幣：此指用作餽贈的絲帛等禮物。

82使端無窮：請求出使的理由無窮無盡。端：端由，緣由。

83私縣官齎物：把所携帶的官方的貨物據爲己有。縣官：官府。

84市：做買賣，賣出。

85人人有言輕重：言漢使對外國所言各有輕重，不合實際。

86責怨：《史記·大宛列傳》作“積怨”。

87樓蘭、姑師：皆西域國名。樓蘭都扜泥城，在今新疆若羌縣東北羅布泊西岸樓蘭古城。後於昭帝元鳳四年（前77年）改名鄯善國。姑師：即車師。都城在今新疆吐魯番市西北二十里雅爾湖西。

88空道：即“孔道”，交通要道。

89王恢：按：據《漢書》卷九十六上《西域傳上》載，王恢出使西域，“數爲樓蘭所苦”，後受命佐從票侯趙破奴擊姑師。破奴與輕騎七百人先至，虜樓蘭王，遂破姑師。恢以功爲浩侯。

90從票侯破奴：即趙破奴。太原人。任驃騎將軍霍去病司馬，出擊匈奴有功，封從票侯。後以匈河將軍擊胡，破姑師，虜樓蘭王，封浞野侯。

91亭鄣：指邊塞要地設置的堡壘。鄣：通“障”。

92按：《史記·大宛列傳》載：條枝“有大鳥，卵如甕”。又載：“國善眩”。本篇顔師古曰：“烏卵如汲水之罋耳。”又曰：“‘眩’讀與‘幻’同。即今吞刀吐火、殖瓜種樹、屠人截馬之術皆是也。本從西域來。”罋，“甕”之異體字。

93河源：指黄河河源。在今青海曲麻萊縣東境。西漢時，以爲河源在今新疆維吾爾自治區西南部。

94從：使跟從。

95角（jué）氐：古代一種較力游戲，猶今之摔跤。《漢書·武帝紀》作“角抵”。顔師古注引應劭曰：“角者，角技也。抵者，相抵觸也。”《史記·大宛列傳》作“觳抵”。

⑯更來更去：遞相來去，前後不絶。

⑰詘：同“屈”。屈從。羈縻：籠絡，懷柔。

⑱少從：年輕的隨從。進孰：進奏熟習之言。孰：即“熟”。《史記·大宛列傳》作“進熟”。

⑲貳師城：本大宛屬地。在今吉爾吉斯斯坦西南奥什（Osh）以西馬爾哈馬特（今屬乌兹别克斯坦）。

⑩甘心：羡慕，嚮慕。

⑪鹽水：鹽澤之地。指今羅布泊一帶。敗：指死亡。

⑫絕邑：没有城邑。

⑬椎（chuí）：槌子，敲擊的工具。此椎打，敲擊。

⑭郁成：西域國名。在今吉爾吉斯斯坦奥什（Osh）東北。

⑮李氏：指武帝李夫人的兄弟。

⑯李廣利：中山（治今河北定州市）人。武帝寵姬李夫人之兄。武帝太初元年（前104年），任命他爲貳師將軍，率軍攻大宛，取善馬，以功封海西侯。傳見《漢書》卷六十一《張騫李廣利傳》。

⑰光祿大夫：官名。武帝太初元年（前104年），改中大夫置，屬光禄勳，秩比二千石。掌議論，在大夫中地位最爲尊顯。

⑱給事中：官名。爲加官，位次中常侍。凡加此號者得給事宫禁中，常侍皇帝左右，備顧問應對。爲中朝要職，多以名儒国親充任。

⑲石顯：字君房，濟南（治今山東章丘市西）人。少犯法受腐刑，爲中黄門，選爲中尚書。宣帝時，爲中書僕射，典掌機要。元帝時，委以政事，爲中書令。善窺伺帝意，阿諛順承，凡忤恨不附者，輒以法加害。蕭望之、張猛、京房、賈捐之等，皆爲所害，或自殺，或弃市。先後專權數十年。成帝即位後，失勢免官，憂死。傳見《漢書》卷九十三《佞幸傳》。譖（zèn）：誣陷。

導讀

本篇選自《漢書》卷六十一《張騫李廣利傳第三十一》。

本篇前半部分主要記述了張騫前後兩次出使西域的經歷以及參與打擊匈奴戰役，“知水草處，軍得以不乏”，受封博望侯的事迹。後半部分則記述了張騫死後漢朝與西域各國的往來情形并引出武帝派貳師將軍李廣利出征大宛之事。張騫第一次出使西域的目的是聯絡大月氏夾擊匈奴，結果未能成功，但却通過親身經歷使漢朝獲得了關於西域乃至中亞各國的可靠的知識和信息，這是早期中西交通史最寶貴的資料。張騫第二次出使，是爲了聯絡烏孫，“結昆弟”，以“斷匈奴右臂”，結果亦未能如願，但跟隨張騫回到漢朝的烏孫使者數十人，看到了漢朝的廣大富厚，“其國乃益重漢”（《史記·大宛列傳》），其後“烏孫竟與漢結婚”。更有意義的是，這一次由於漢朝多派副使分頭前往大宛、大夏等諸旁國，在張騫回來後的一年多，這些副使也紛紛連同所到國家之人一起回到漢朝，“於是西北國始通於漢矣”。從此，漢朝與西域諸國開始了官方的互通使節，司馬遷所謂“鑿空”之説的意義正在這裏（參余太山《張騫西使新考》，載《西域研究》，1999年第1期，第40～46頁）。

《漢書·張騫傳》基本上是依據《史記·大宛列傳》寫成的。《史記》没有爲張騫單獨立傳，寓有對漢武帝打通西域的動機和武力擴張的批評。但從《史記·大宛列傳》和《漢書·張騫傳》中，我們都可以看到張騫身上所體現的堅毅勇敢、忠於祖國的高尚品格和强烈的觀察瞭解未知世界的探險精神。

参考文獻

司馬遷. 史記：卷一百二十三：大宛列傳. 修訂本. 北京：中華書局，2014.

司馬遷. 史記：卷一百一十六：西南夷列傳. 修訂本. 北京：中華書局，2014.

班固. 漢書：卷九十六：西域傳. 北京：中華書局，1962.

黄文弼. 張騫使西域路綫考//黄文弼. 西北史地論叢. 上海：上海人民出版社，1981：73-75.

王宗維. 張騫出使西域的路綫. 西北大學學報（哲學社會科學版），1984（4）：41-47.

第三單元

魏晉至隋唐典籍精讀

黨錮列傳（《後漢書》）（節選）

選文

孔子曰：“性相近也，習相遠也[①]。”言嗜惡之本同，而遷染之塗異也[②]。夫刻意則行不肆[③]，牽物則其志流[④]。是以聖人導人理性[⑤]，裁抑宕佚[⑥]，慎其所與，節其所偏[⑦]，雖情品萬區，質文異數[⑧]，至於陶物振俗[⑨]，其道一也。叔末澆訛，王道陵缺[⑩]，而猶假仁以效己[⑪]，憑義以濟功[⑫]。舉中於理，則強梁褫氣[⑬]，片言違正，則厮臺解情[⑭]。蓋前哲之遺塵[⑮]，有足求者。

霸德既衰[⑯]，狙詐萌起[⑰]。彊者以決勝爲雄，弱者以詐劣受屈。至有畫半策而綰萬金，開一說而錫琛瑞[⑱]。或起徒步而仕執珪[⑲]，解草衣以升卿相[⑳]。士之飾巧馳辯[㉑]，以要能釣利者，不期而景從矣[㉒]。自是愛尚相奪[㉓]，與時回變[㉔]，其風不可留，其敝不能反。

及漢祖杖劍，武夫教興[㉕]，憲令寬賒[㉖]，文禮簡闊，緒餘四豪之烈[㉗]，人懷陵上之心[㉘]，輕死重氣[㉙]，怨惠必讎，令行私庭[㉚]，權移匹庶[㉛]，任俠之方[32]，成其俗矣。自武帝以後，崇尚儒學，懷經協術[33]，所在霧會[34]，至有石渠分爭之論，黨同伐異之説[35]，守文之徒[36]，盛於時矣。至王莽專僞，終於篡國，忠義之流，恥見纓紼[37]，遂乃榮華丘壑，甘足枯槁[38]。雖中興在運，漢德重開[39]，而保身懷方[40]，彌相慕襲[41]，去就之節[42]，重於時矣[43]。逮桓靈之閒[44]，主荒政繆，國命委於閹寺，士子羞與爲伍，故匹夫抗憤[45]，處士橫議[46]，遂乃激揚名聲[47]，互相題拂[48]，品覈公卿[49]，裁量執政[50]。婞直之風[51]，於斯行矣。

夫上好則下必甚[52]，矯枉故直必過[53]，其理然矣。若范滂、張儉之徒，清心忌惡[54]，終陷黨議[55]，不其然乎？

初，桓帝爲蠡吾侯[56]，受學於甘陵周福[57]，及即帝位，擢福爲尚書。時同郡河南尹房植有名當朝[58]，鄉人爲之謠曰："天下規矩房伯武，因師獲印周仲進。"二家賓客，互相譏揣[59]，遂各樹朋徒，漸成尤隙[60]，由是甘陵有南北部[61]，黨人之議，自此始矣。後汝南太守宗資任功曹范滂[62]，南陽太守成瑨亦委功曹岑晊[63]，二郡又爲謠曰："汝南太守范孟博，南陽宗資主畫諾[64]。南陽太守岑公孝，弘農成瑨但坐嘯[65]。"因此流言轉入太學，諸生三萬餘人，郭林宗、賈偉節爲其冠[66]，並與李膺、陳蕃、王暢更相褒重[67]。學中語曰："天下模楷李元禮，不畏強禦陳仲舉[68]，天下俊秀王叔茂[69]。"又渤海公族進階、扶風魏齊卿[70]，並危言深論[71]，不隱豪強[72]。自公卿以下，莫不畏其貶議，屣履到門[73]。

時河内張成善説風角[74]，推占當赦，遂教子殺人。李膺爲河南尹，督促收捕，既而逢宥獲免[75]，膺愈懷憤疾，竟案殺之[76]。初，成以方伎交通宦官[77]，帝亦頗誶其占[78]。成弟子牢脩因上書誣告膺等養太學遊士，交結諸郡生徒，更相驅馳[79]，共爲部黨[80]，誹訕朝廷[81]，疑亂風俗[82]。於是天子震怒，班下郡國[83]，逮捕黨人，布告天下，使同忿疾，遂收執膺等。其辭所連及陳寔之徒二百餘人[84]，或有逃遁不獲，皆懸金購募[85]。使者四出，相望於道。明年，尚書霍諝、城門校尉竇武並表爲請[86]，帝意稍解，乃皆赦歸田里，禁錮終身。而黨人之名，猶書王府[87]。

自是正直廢放[88]，邪枉熾結[89]，海内希風之流[90]，遂共相摽搒[91]，指天下名士，爲之稱號。上曰："三君"，次曰"八俊"，次曰"八顧"，次曰"八及”，次曰“八廚”，猶古之“八元”“八凱”也[92]。竇武、劉淑[93]、陳蕃爲“三君”。君者，言一世之所宗也[94]。李膺、荀翌、杜密、王暢、劉祐、魏朗、趙典、朱寓爲“八俊”。俊者，言人之英也[95]。郭林宗、宗慈、巴肅、夏馥、范滂、尹勳、蔡衍、羊陟爲“八顧”。顧者，言能以德行引人者也。張儉、岑晊、劉表、陳翔、孔昱、苑康、檀敷、翟超爲“八及”。及者，言其能導人追宗者也[96]。度尚、張邈、王考、劉儒、胡母班、秦周、蕃嚮、王章爲“八廚”。廚者，言能以財救人者也。

又張儉鄉人朱並，承望中常侍侯覽意旨[97]，上書告儉與同鄉二十四人別相署號，共爲部黨，圖危社稷。以儉及檀彬、褚鳳、張肅、薛蘭、馮禧、魏玄、徐乾爲“八俊”，田林、張隱、劉表、薛郁、王訪、劉祗、宣靖、公緒恭爲“八顧”，朱楷、田槃、疎耽、薛敦、宋布、唐龍、嬴咨、宣褒爲“八及”，刻石立墠[98]，共爲部黨，而儉爲之魁。靈帝詔刊章捕儉等[99]。大長秋曹節因此諷有司奏捕前黨故司空虞放[100]、太僕杜密、長樂少府李膺、司隸校尉朱寓、潁川太守巴肅、沛相荀翌、河內太守魏朗、山陽太守翟超、任城相劉儒、太尉掾范滂等百餘人，皆死獄中。餘或先歿不及，或亡命獲免。自此諸爲怨隙者，因相陷害，睚眦之忿[101]，濫入黨中。又州郡承旨，或有未嘗交關[102]，亦離禍毒[103]，其死徙廢禁者，六七百人。

熹平五年[104]，永昌太守曹鸞上書大訟黨人[105]，言甚方切[106]。帝省奏大怒，即詔司隸、益州檻車收鸞，送槐里獄掠殺之[107]。於是又詔州郡更考黨人門生故吏父子兄弟，其在位者，免官禁錮，爰及五屬[108]。

光和二年[109]，上禄長和海上言[110]：“禮，從祖兄弟別居異財[111]，恩義已輕，服屬疎末。而今黨人錮及五族，既乖典訓之文，有謬經常之法[112]。”帝覽而悟之，黨錮自從祖以下，皆得解釋。

中平元年[113]，黄巾賊起[114]，中常侍呂彊言於帝曰：“黨錮久積，人情多怨。若久不赦宥，輕與張角合謀，爲變滋大，悔之無救。”帝懼其言，乃大赦黨人，誅徙之家皆歸故郡。其後黄巾遂盛，朝野崩離，綱紀文章蕩然矣[115]。

凡黨事始自甘陵、汝南，成於李膺、張儉，海內塗炭[116]，二十餘年，諸所蔓衍[117]，皆天下善士。三君、八俊等三十五人，其名迹存者，並載乎篇。

范滂字孟博，汝南征羌人也[118]。少厲清節[119]，爲州里所服，舉孝廉、光祿四行[120]。時冀州飢荒，盜賊羣起，乃以滂爲清詔使[121]，案察之。滂登車攬轡，慨然有澄清天下之志。及至州境，守令自知臧汙[122]，望風解印綬去。其所舉奏，莫不厭塞衆議[123]。遷光祿勳主事[124]。時陳蕃爲光祿勳，滂執公儀詣蕃[125]，蕃不止之，滂懷恨，投版弃官而去[126]。郭林宗聞而讓蕃曰："若范孟博者，豈宜以公禮格之[127]？今成其去就之名，得無自取不優之議也?"蕃乃謝焉。

復爲太尉黃瓊所辟[128]。後詔三府掾屬舉謠言[129]，滂奏刺史、二千石權豪之黨二十餘人。尚書責滂所劾猥多[130]，疑有私故。滂對曰："臣之所舉，自非叨穢姦暴[131]，深爲民害，豈以汙簡札哉！閒以會日迫促[132]，故先舉所急，其未審者，方更參實[133]。臣聞農夫去草，嘉穀必茂；忠臣除姦，王道以清。若臣言有貳[134]，甘受顯戮[135]。"吏不能詰。滂覩時方艱，知意不行，因投劾去[136]。

太守宗資先聞其名，請署功曹，委任政事。滂在職，嚴整疾惡。其有行違孝悌，不軌仁義者，皆埽迹斥逐，不與共朝。顯薦異節，抽拔幽陋[137]。滂外甥西平李頌[138]，公族子孫，而爲鄉曲所弃[139]，中常侍唐衡以頌請資[140]，資用爲吏。滂以非其人，寢而不召[141]。資遷怒，捶書佐朱零[142]。零仰曰："范滂清裁[143]，猶以利刃齒腐朽[144]。今日寧受笞死，而滂不可違。"資乃止。郡中中人以下，莫不歸怨，乃指滂之所用以爲"范黨"。

後牢脩誣言鉤黨[145]，滂坐繫黃門北寺獄[146]。獄吏謂曰："凡坐繫皆祭皋陶[147]。"滂曰："皋陶賢者，古之直臣。知滂無罪，將理之於帝[148]；如其有罪，祭之何益！"衆人由此亦止。獄吏將加掠考，滂以同囚多嬰病[149]，乃請先就格[150]，遂與同郡袁忠爭受楚毒[151]。桓帝使中常侍王甫以次辨詰[152]，滂等皆三木囊頭[153]，暴於階下[154]。餘人在前，或對或否，滂、忠於後越次而進。王甫詰曰："君爲人臣，不惟忠國，而共造部黨，自相褒舉，評論朝廷，虛搆無端，諸所謀結，並欲何爲？皆以情對，不得隱飾。"滂對曰："臣聞仲尼之言，'見善如不及，見惡如探湯[155]'。欲使善善同其清，惡惡同其汙，謂王政之所願聞，不悟更以爲黨。"甫曰："卿更相拔舉，迭爲脣齒，有不合者，見則排斥，其意如何?"滂乃慷慨仰天曰："古之循善[156]，自求多福；今之循善，身陷大戮。身死之日，願埋滂於首陽山側[157]，上不負皇天，下不愧夷、齊。"甫愍然爲之改容[158]。乃得並解桎梏[159]。

滂後事釋，南歸。始發京師，汝南、南陽士大夫迎之者數千兩[160]。同囚鄉人殷陶、黄穆，亦免俱歸，並衛侍於滂，應對賓客。滂顧謂陶等曰："今子相隨，是重吾禍也。"遂遁還鄉里。

初，滂等繫獄，尚書霍諝理之[161]。及得免，到京師，往候諝而不爲謝。或有讓滂者[162]。對曰："昔叔向嬰罪，祁奚救之，未聞羊舌有謝恩之辭，祁老有自伐之色[163]。"竟無所言。

建寧二年[164]，遂大誅黨人，詔下急捕滂等。督郵吴導至縣[165]，抱詔書，閉傳舍[166]，伏牀而泣。滂聞之，曰："必爲我也。"即自詣獄。縣令郭揖大驚，出解印綬，引與俱亡。曰："天下大矣，子何爲在此?"滂曰："滂死則禍塞，何敢以罪累君，又令老母流離乎!"其母就與之訣[167]。滂白母曰："仲博孝敬[168]，足以供養，滂從龍舒君歸黄泉[169]，存亡各得其所。惟大人割不可忍之恩，勿增感戚。"母曰："汝今得與李、杜齊名[170]，死亦何恨！既有令名，復求壽考，可兼得乎?"滂跪受教，再拜而辭。顧謂其子曰："吾欲使汝爲惡，則惡不可爲；使汝爲善，則我不爲惡[171]。"行路聞之，莫不流涕。時年三十三。

論曰：李膺振拔汙險之中[172]，藴義生風，以鼓動流俗[173]，激素行以恥威權，立廉尚以振貴埶[174]，使天下之士奮迅感槩[175]，波蕩而從之，幽深牢破室族而不顧[176]，至于子伏其死而母歡其義。壯矣哉！子曰："道之將廢也與？命也[177]！"

注釋

①語出《論語・陽貨》，意思是人的本性是相近的，後天形成的習慣則相去甚遠。

②遷染：指人的性情爲習俗所改變。這是强调人的好恶本性是相同的，後天習染途徑却大不一樣。塗：同"途"。道路。

③刻意：克制意志。語出《莊子・刻意》。肆：放縱。

④牽物：謂爲物所牽制，則其志流宕忘反。

⑤理性：治其本性，謂修養品性。

⑥裁抑：限制，壓抑。宕佚：放蕩，不受拘束。

⑦愼其所與，節其所偏：在結交朋友方面要慎重，對所偏愛的人、事要有節制。所與：結交。節：節制。

⑧情品萬區，質文異數：人的情態和品類、内涵與表象有不同的定數。質：本質，質地。文：花紋，文采，表象。

⑨陶物振俗：陶冶萬物，激勵風俗。

⑩叔末澆訛，王道陵缺：末世風俗敗壞，浮薄詐僞。叔末：叔世，末期。指王室衰微、諸侯争霸

的春秋時期。王道：指禹、湯、文、武等帝王以道德仁義治理天下之正道，與霸道相對。陵缺：又作“陵夷”，衰敗廢缺。

⑪假：假借，依靠。效己：貢獻一己之力。

⑫濟功：成就功業。

⑬強梁：指强横凶暴之人。褫（chǐ）：奪。“舉中於理，则強梁褫氣”一句，典出召陵之盟前楚國屈完與齊桓公的對話，見《左傳·僖公四年》。

⑭厮臺：奴僕。解情：意爲剖析情理以獲得他人之理解。“片言違正，則厮臺解情”一句，典出寺人披與晋文公的對話，見《左傳·僖公二十四年》。

⑮遺塵：遺迹。

⑯霸德：春秋之霸主皆因德以成霸業，故稱霸德。霸德衰指戰國之時。

⑰狙（jū）詐：詭詐。狙：獼猴，以其多詐，故比之。

⑱至有晝半策而綰萬金，開一説而錫琛瑞：這句指戰國的策士進獻一點策略就能得到國君優厚的賞賜。如蘇秦説趙王，獲賜白璧百雙，黄金萬鎰；虞卿見趙王，得賜白璧一雙，黄金百鎰。分見《史記》卷六十九《蘇秦列傳》、卷七十六《平原君虞卿列傳》。綰（wǎn）：繫挂。錫：賜。琛（chēn）：珍寶。

⑲徒步：步行者，指平民。此或指楚之勇士佽非，見《吕氏春秋·知分》。執珪：亦作“執圭”。“珪”同“圭”。本楚國爵位名。以圭區分爵位等級，漢初沿用，功臣賜圭，故稱。

⑳草衣：草製之衣，指未出仕者。如范睢、蔡澤入秦，見《史記》卷七十九《范睢蔡澤列傳》。

㉑飾巧：飾辭欺詐。馳辯：縱横辯説，賣弄口才。

㉒不期：未事先約定。景從：如影附人，意爲一個跟着一個。景：古“影”字。

㉓愛尚：崇尚。

㉔與時回變：隨着時代而迂回變化。

㉕敎：同“勃”。突然，迅速。

㉖寬賒：寬緩。

㉗緒餘：本爲抽絲後留在繭子上的殘絲。此處爲殘餘、剩餘之意。四豪：指戰國四公子，即魏信陵君無忌、趙平原君趙勝、楚春申君黄歇、齊孟嘗君田文。《漢書》卷九十二《游俠傳序》云：“搤掔（扼腕）而游談者，以四豪爲稱首。”

㉘陵：同“凌”。侵侮。

㉙重氣：以義氣爲重。

㉚私庭：私家，指豪强權貴之家。

㉛匹庶：平民。

㉜任俠：以俠義扶助弱小，幫助他人。方：類。

㉝懷經協術：懷揣經書，帶着學問。協：通“挾”。

㉞霧會：如霧氣彌漫一樣多而密，聚集在一起。

㉟“石渠分爭”句：漢宣帝甘露三年（前 51 年）集儒士於石渠閣，裁定五經異同。諸儒偏袒同黨，討伐異己。諸儒的意見編成《石渠議奏》一書，已佚。

㊱守文之徒：指死守文字章句的儒生。

㊲纓紼：喻做官任仕。纓：繫在頷下的冠帶。紼：古同“紱”。繫印的丝帶。

㊳榮華丘壑，甘足枯槁：視居住於偏僻的山谷爲榮華，以貧苦爲滿足。枯槁：困苦，貧窮。這是指龔勝、薛方、郭欽、蔣詡等人，隱居不接受王莽的徵召。

㊴按：此二句之“運”“德”，指王朝的德運説。據五行終始理論，每個王朝都會得到五行中的一德，其德衰後，有新的王朝獲得與之相生或相克之德興起，王朝之間遂按着五德的次序運轉下去。關

於這個理論的研究，見顧頡剛《秦漢的方士與儒生》，上海，上海古籍出版社，2005 年。

㊵方：治國之方略。

㊶慕襲：相互仰慕效仿。

㊷去就之節：辭官、任官之氣節，偏重於辭官歸隱。

㊸重於時：爲時人所重視。

㊹桓靈：指東漢桓帝劉志（146—167 年在位）、靈帝劉宏（168—189 年在位）。

㊺抗憤：激昂憤慨。

㊻處士：有才德而隱居不仕的人。橫議：不顧一切地批評朝政。

㊼激揚：激勵宣揚。

㊽題拂：評論，褒貶。

㊾品覈：評價，考察。覈：核實。

㊿裁量：鑒别，衡量。這裏所言各種現象即東漢末年的清議，是士人群體對專權的宦官、外戚集團的批評與對抗，也被學者稱爲士大夫群體的自覺（參余英時《漢晉之際士之新自覺與新思潮》，載《士與中國文化》，上海，上海人民出版社，1987 年），受到打壓之後，一變而成爲魏晉之清談（參唐長孺《清談與清議》，載《魏晉南北朝史論叢》，北京，中華書局，2011 年）。

[51]婞（xìng）直：剛直不阿。婞：剛强。

[52]上好則下必甚：指上行下效，語出《孟子·滕文公上》。

[53]矯枉故直必過：糾正彎曲，結果又彎向另一邊，指糾正錯誤超過應有之限度。後簡化爲成語“矯枉過正”，語出《漢書·諸侯王表序》。

[54]清心忌惡：心無邪念，憎恨醜惡。清心：心地純潔。忌：疾，憎惡。

[55]黨議：朋黨之議論。

[56]蠡吾：在今河北博野縣西南。桓帝入繼帝位之前，曾襲其父之爵爲蠡吾侯。

[57]甘陵：本名清河，治今山東臨清市東。東漢章帝子劉慶封爲清河王，劉慶之子劉祐即位爲漢安帝，追尊其父爲皇，尊父陵爲甘陵，故名。周福：字仲進，事迹不詳。

[58]河南尹：河南府之長官，治所在今河南洛陽市。房植：字伯武，清河人。桓帝時官至司空。

[59]譏揣：譏諷猜度。

[60]尤隙：怨端，怨仇。

[61]南北部：南北兩派。周福支持的漢桓帝劉志是源出清河王的一支小宗，其封地蠡吾亦從清河國分出，在清河國之北部。當時的清河王劉蒜年長有德，深孚衆望，其支持者多爲外朝大臣與太學生，劉志是在内朝外戚、宦官集團的支持下，得登帝位。所謂的甘陵南北部，矛盾焦點在帝位的繼承，實質爲士人與外戚之對立。參見汪華龍《黨錮始于“甘陵南北部”考論》，載梁安、徐衛民主編《秦漢研究》，第六輯，西安，陝西人民出版社，2012 年，第 184～189 頁。

[62]宗資：字叔都，南陽安衆（今河南鎮平東）人，時任汝南（治今河南上蔡西南）太守。功曹：郡太守佐吏，職掌選舉，兼參諸曹事務。范滂（pāng）：字孟博，事迹見後文。

[63]成瑨：字幼平，弘農（今河南靈寶北）人，時任南陽（治今河南南陽市）太守。岑晊（zhì）：字公孝，任功曹時嚴厲打擊當地的外戚宗族賓客，後逃亡山中而卒，傳見《後漢書·黨錮列傳》。

[64]畫諾：漢魏時，帝王和郡守在公文上簽寫“諾”字，以批準實行，後代改爲“準”字。

[65]坐嘯：閑坐嘯咏。意思是成瑨委公事於岑晊，自己無事可幹，衹是坐而吟嘯。

[66]郭林宗：名泰，太原介休（今山西介休西）人。賈偉節：名彪，潁川定陵（今河南漯河市郾城區）人。冠：首。二人皆太學生之領袖。郭林宗傳見《後漢書》卷六十八《郭太傳》，賈彪傳見《後漢書·黨錮列傳》。按：范曄父名泰，所以《後漢書》卷六十八正文中除開篇提及郭林宗其名時改爲“郭太”，其餘皆稱郭林宗，以避家諱。賈彪稱字，則是爲了叙述對稱而已。

⑥⑦李膺：字元禮，傳見《黨錮列傳》。陳蕃：字仲舉，傳見《後漢書》卷六十六。王暢：字叔茂。三人皆爲黨人領袖。

⑥⑧強禦：豪强，有權勢之人。

⑥⑨俊秀：才智傑出者。

⑦⓪公族進階：姓公族，名進階，渤海（治今河北南皮縣）人。魏齊卿：扶風（治今陝西興平縣）人。二人事迹不詳。

⑦①危言深論：直言無忌，議論透徹。語出《論語・憲問》。

⑦②隱：包庇，避忌。

⑦③屣（xǐ）履：拖着鞋子走路，多形容急忙的樣子。

⑦④河内：郡名。治今河南武陟縣西南。風角：一種占卜方法，觀測四方、四隅之風，以占吉凶。

⑦⑤宥（yòu）：寬恕，赦免，多用於赦免重罪。

⑦⑥竟：最終，竟然。案：審理。

⑦⑦方伎：亦作"方技"，泛指醫、卜、星、相等術。

⑦⑧誶（suì）：詢問。

⑦⑨驅馳：奔走效力。

⑧⓪部黨：指黨人以輿論而成之集團。

⑧①誹訕：誹謗，非議。

⑧②疑亂：擾亂，惑亂。

⑧③班：同"頒"。頒布。

⑧④陳寔：字仲弓，潁川許縣（今河南許昌東）人，傳見《後漢書》卷六十二。

⑧⑤懸金購募：懸賞緝捕。

⑧⑥霍諝（xū）：字叔智，魏郡鄴（今河北臨漳西）人。歷任尚書僕射、司隸校尉、廷尉等職，傳見《後漢書》卷四十八。竇武：字游平，扶風平陵（今陝西咸陽西）人。其女爲桓帝皇后，傳見《後漢書》卷六十九。城門校尉：掌管京師城門警衛。

⑧⑦王府：指帝王收藏財物或文書的府庫。

⑧⑧廢放：廢黜和流放。

⑧⑨熾結：强盛。原指火勢很大，此處引申爲壞人勾結在一起，勢力很大。

⑨⓪希風之流：指黨人之獄所牽連者皆天下名賢，士人遂以附會党人而成爲一時風尚。希風：仰慕正直之風操。希：望，景仰。

⑨①摽搒：同"標榜"。誇耀，稱揚。

⑨②八元、八凱：分别指傳説時代高辛氏、高陽氏的八位有才德之人，見《左傳・文公十八年》。凱：又作"愷"。

⑨③劉淑：字仲成，河間樂城（今河北獻縣東）人，傳見《黨錮列傳》。本文所云"三君""八俊"等共三十五人，有事迹者可參考《黨錮列傳》等篇卷，下文不再注釋。

⑨④宗：尊崇，仰慕。

⑨⑤英：才幹過人。

⑨⑥導人追宗：引導人們追隨效仿。

⑨⑦承望：察顔望色，指迎合他人。中常侍：西漢時爲加官，東漢改爲固定職官，掌侍從皇帝左右，關通宫内外，顧問應對。起初兼用士人、宦官，安帝以後由宦官專職，掌理文書和傳達詔命，權力極大。侯覽：桓帝時專權的宦官，貪贓枉法，無惡不作。傳見《後漢書》卷七十八《宦者列傳》。

⑨⑧墠（shàn）：經過清理的平地，用於祭祀或會盟。

⑨⑨刊章：削去舉報人姓名的奏章，以免泄露告發者之名。刊：削。

⑩大長（zhǎng）秋：漢置，職掌爲宣達皇后旨意，管理宫中事宜，多由宦官充任。曹節：宦官。因迎立靈帝，受封爲長安鄉侯。諷：用委婉的語言暗示。奏捕：奏請逮捕。

⑩睚眦（yá zì）：瞪眼睛，怒目而視，引申爲小怨小忿。

⑩交關：交往，串通。

⑩離：通“罹”。遭遇，遭受。

⑩熹平五年：176 年。熹平：東漢靈帝第二個年號，172—177 年。

⑩永昌：郡名。治不韋（今雲南保山東北）。訟：上書爲人申冤。曹鸞：生平不詳。他爲黨人申訴後，即被處死。

⑩方切：正直而懇切。

⑩槐里：縣名。治今陝西興平縣東。

⑩爰：乃，於是。五屬：指五服以内的親屬。

⑩光和二年：179 年。光和：東漢靈帝第三個年號，178—183 年。

⑪上禄：縣名。治今甘肅成縣西南。

⑪從（zòng）祖兄弟：指同一曾祖的族兄弟。

⑪“既乖典訓之文”二句：既違背了經典中的訓示内容，又不符合國家實行的法律條令。典訓：指《左傳·昭公二十年》齊大夫苑何忌所引《康誥》“父子兄弟，罪不相及”之語，今本《康誥》無此文。有：通“又”。

⑪中平元年：184 年。中平：東漢靈帝第四個年號，184—188 年。

⑪黄巾：指東漢末年張角等人發動的黄巾起義，“賊”是統治階級對農民起義軍的蔑稱。

⑪綱紀文章：法度政令和禮樂制度。

⑪塗炭：爛泥和炭火，比喻灾難困苦。

⑪蔓衍：像蔓草一樣蔓延擴展，此處指牽連。

⑪征羌：縣名。今河南漯河市東。

⑪少厲清節：指年少時以清正氣節自勉。厲：通“勵”。勸勉。

⑫舉孝廉：漢代人才選拔的科目之一。孝：指孝悌者。廉：指清廉之士。光禄四行：光禄勳每年以四種德行（敦厚、質樸、遜讓、節儉）來評定郎、從官是否合格，故稱光禄四行。

⑫清詔使：朝廷特派到州郡宣達詔命、案察情況的使者，一般由公卿掾屬擔任。

⑫臧汙：貪污受賄等非法行爲。臧：同“贜”。汙：同“污”。

⑫厭塞：滿足。

⑫光禄勳：本稱郎中令。東漢職掌宫廷侍衛、門禁之事，主事是光禄勳的屬官。

⑫公儀：即公禮，指官府中正式場合用的禮節。

⑫版：又稱“笏”（hù），官員朝見皇帝時持之以指劃或記事，是任官身份之象徵。投版：指弃官而去。

⑫格：限制，約束。

⑫黄瓊：字世英，江夏郡安陵縣（今湖北安陸）人。傳見《後漢書》卷六十一。

⑫三府掾屬舉謠言：三公府主要屬員上奏民間對州郡的評價和民情疾苦。謠言：指民間流傳的評議時政的歌謠、諺語。

⑬猥多：衆多，繁多。

⑬叨（tāo）穢：貪婪卑鄙。叨：貪。

⑬會日：指三府掾屬約定在朝堂舉謠言的日期。

⑬參實：驗證，核實。

⑬有貳：有貳心，指做事有私心而不忠於朝廷。

⑬⑤顯戮：明正典刑，陳尸示衆。

⑬⑥投劾：古代官員呈上彈劾自己、請求去職的狀子，是古代弃官的一種方式。

⑬⑦顯薦異節，抽拔幽陋：表彰舉薦志節高尚之士，提拔選用卑微之人。

⑬⑧西平：汝南郡西平縣，治今河南舞陽縣東南。

⑬⑨鄉曲：同鄉，鄉里。以鄉皆偏處一隅，故稱鄉曲。

⑭⓪唐衡：宦官，潁川郡郾縣（今河南漯河市）人。漢桓帝時與單超等五人謀誅大將軍梁冀，以功封汝陽侯。事詳《後漢書》卷七十八。

⑭①寑：同“寢”。止。此阻止不行。

⑭②捶：杖擊。書佐：州郡諸曹屬吏，主文書。

⑭③清裁：指清心公正的裁決。

⑭④啇：觸，當。

⑭⑤誣言鉤黨：以誣陷之言上書告發，引起逮捕黨人之事。

⑭⑥黄門北寺獄：設在宮禁之内的詔獄。囚禁對象是反對宦官專權的朝野士大夫。黄門北寺是宦官處理公務之官署。

⑭⑦皋陶（yáo）：傳説中他是帝堯時代的作士，即獄官之長，故獄吏令囚犯祭之。

⑭⑧理之於帝：向上天申訴。

⑭⑨嬰病：患病。嬰：纏繞，遭受。

⑮⓪就格：接受拷打。格：擊打。

⑮①楚毒：指酷刑。楚：痛苦。

⑮②次：順序。

⑮③三木囊頭：頸及手、足皆有械具，用布囊覆其頭。

⑮④暴：同“曝”。

⑮⑤見善如不及，見惡如探湯：語出《論語・季氏》，意思是見到善良就努力追求，就像趕不上似的，見到邪惡就使勁避開，就好像將手伸到沸水裏。探湯：探试沸水，形容戒惧。

⑮⑥循善：修善，做好事。

⑮⑦首陽山：傳説中伯夷、叔齊不食周粟，餓死於此山。其地説法不一，或云在洛陽東北。

⑮⑧愍然：憐憫貌。

⑮⑨桎梏：束縛手足的木質械具，在手曰桎，在足曰梏。

⑯⓪兩：同“輛”。車輛。

⑯①理之：爲其上書申訴。

⑯②讓：責怪，責備。

⑯③“昔叔向嬰罪”句：事見《左傳・襄公二十一年》。叔向：羊舌氏，春秋時晋國賢臣。晋討欒書之黨，殺叔向之弟羊舌虎，并囚禁叔向。大夫祁奚爲其向范宣子申訴，得免。祁奚不等見到叔向就回到家中，叔向也没有去向祁奚表示感謝。自伐：自以爲有功。伐：誇耀。

⑯④建寧二年：169 年。建寧：東漢靈帝的第一個年號，168—171 年。

⑯⑤督郵：官名。郡國的重要佐吏，掌督察縣鄉，宣達命令，并兼管獄訟捕亡。

⑯⑥傳（zhuàn）舍：驛舍，古時供往來公務人員住宿的館舍。

⑯⑦就：前去。訣：訣别。

⑯⑧仲博：范滂之弟的字。

⑯⑨龍舒君：范滂父名顯，曾任龍舒侯國相，故稱之。

⑰⓪李、杜：李膺和杜密，是黨人的首領。

⑰①按：這句話深有哲理，類似的對話出現在《世説新語・賢媛》“趙母嫁女條”及其注所引兩則

故事中。

⑰振拔：挺立，引申爲超群出衆。汙險：污濁險惡的環境。指東漢末年桓、靈之時的宦官專權，政治敗壞。

⑰流俗：世俗。

⑰振：同“震”。震驚，震動。埶：同“勢”。權勢之人。

⑰奮迅感槩：奮發迅疾而起，感慨激奮而爲。槩，同“慨”。

⑰幽深牢破室族：幽禁在深深的牢房之中，破敗了家族。

⑰“道之將廢也與？命也”：語出《論語·憲問》。

導讀

現在通行的《後漢書》共一百二十卷，包括范曄所撰《後漢書》九十卷，司馬彪（？—約306）所撰《續漢志》三十卷。

范曄（398—445），字蔚宗，南朝宋順陽（今河南淅川）人，傳見《宋書》卷六十九、《南史》卷三十三。其祖范寧有《穀梁集解》，父范泰亦善文章。他在晋宋之交投向劉裕，在劉義康輔政時任吏部郎。因劉義康之母去世時不守喪禮，被貶爲宣城太守，鬱鬱不得志，寄情著述，遂有《後漢書》之作。後劉義康和宋文帝劉義隆争權，范曄被牽連入獄，元嘉二十二年（445年）被殺，年僅四十八歲。

范曄的書稿僅存紀、傳，其中帝紀九、后紀一，傳八十，起於光武起兵推翻王莽新朝，終於曹魏代漢，共195年的歷史。范書在編纂體例上有三個突出的優點：第一，一些紀傳篇目的設立，揭示了東漢的時代特徵。比如《皇后紀》以“紀”記皇后之事，反映了東漢普遍存在的少主在位，太后、外戚主政的政治常態，以之爲綫索可以勾勒出東漢政治很重要的一個方面。《皇后紀》不能包括的“親屬別事，各依列傳”（《後漢書·皇后紀序》），以補《皇后紀》之不足。清人何焯云：“東京皇后，竇、鄧、閻、梁、竇、何，臨朝者六，其間殤帝、北鄉侯、冲帝、質帝，皆未嘗親政。鄧氏既立安帝，復臨朝者十六年，遂終身稱制。作《皇后紀》爲得其實，雖人所不必效，然范氏自合史家之變，未可議也。”（《義門讀書記·後漢書》）再加上《宦者列傳》《黨錮列傳》，三種力量的糾纏與鬥争，構成東漢後期重大政治事件的主要綫索。《文苑列傳》《獨行列傳》《逸民列傳》《方術列傳》《列女傳》等類傳也是范曄的首創，如使“文苑”從“儒林”中脱離出來，著録了作者之詩賦和文章，東漢一代文章詩賦得以保全不少，爲後世研究東漢文學提供了寶貴的資料。第二，范書是在各家《後漢書》的基礎上寫成的，剪裁得當，尤其是録載了許多人物的奏疏和文章，保留了大量一手材料。如《崔寔傳》載其《政論》一篇；《桓譚傳》載其《陳時政》一疏；《王符傳》載其《潛夫論》中五篇；《仲長統傳》載其《樂志論》及《昌言》中三篇；《張衡傳》載其《客問》一篇、《上疏陳事》一篇；《請禁圖讖》一篇；《左雄傳》載其《陳政事疏》等，都是有關時政的文章，有着重要的史料價值。第三，范曄爲紀傳所作序、論、贊都很精彩，乃“欲因事就卷内發論，以正一代得失”，是研究史學思想史的重要資料。

在范曄之前，有關東漢的史作不下十部。他以《東觀漢記》爲基本依據，以華嶠書爲主要藍本，采諸家書之長，删繁補缺，整齊故事，後來居上。范曄對自己的書很自負，説是“體大而思精”，劉知幾也稱贊他删各家《後漢書》能够做到“簡而且周，疏而不漏”（《史通・補注》），都是實情。不過也要注意，由於范曄過於重視史書的文采，對史實的記載不免有所影響。如《虞詡傳》記其爲武都太守，司馬彪《續漢書》稱：“詡始到，穀石千，鹽石八千，見戶萬三千。視事三歲，米石八十，鹽石四百，流人歸還，郡戶數萬，人足家給，一郡無事”。而范書將之徑改爲：“二三年間，遂增至四萬餘戶。鹽米豐賤，十倍於前。”這樣的記載，簡則簡矣，却失去了史實的細節，容易出現套語化、概念化的毛病。

南朝梁劉昭注《後漢書》時，用司馬彪《續漢書》裏的“八志”以補范書之缺，稱爲《續漢書志》。司馬彪，字紹統，是晋宗室高陽王司馬睦的長子，死於晋惠帝末年，事迹不詳。他寫的《續漢志》頗得到范曄的稱贊，八志分别是：律曆、禮儀、祭祀、天文、五行、郡國、百官、輿服，是研究東漢典章制度的重要文獻。可惜的是，司馬彪未志食貨、藝文，使一代經濟制度和文史典籍都未能得到集中的反映。

到了唐代，章懷太子李賢（655—684）組織一些儒士再次給范書作注，由於《續漢志》非范曄所撰，遂缺而不注。李賢注的《後漢書》一時風行天下，取代《東觀漢記》，與《史記》《漢書》并稱“三史”，成爲研究東漢史最主要的史籍。到了北宋乾興元年（1022年），孫奭建議把李賢所注范書紀傳和劉昭所注《續漢志》（佚《天文志》卷下注及《五行志》卷四注）合并成書。此後，《後漢書》就形成今天通行的一百二十卷的本子。

本書《後漢書》的選文，依據中華書局1965年點校本。該本以南宋紹興本爲底本，參校明代的汲古閣本和清代的武英殿本，并廣泛吸收了前人的研究成果，是目前閱讀《後漢書》最理想的版本。

本篇選自《後漢書》卷六十七《黨錮列傳》。

在傳統儒家觀念中，君子群而不黨，官員、士人結黨一直被統治者懸爲厲禁。黨錮，意爲對黨人之禁錮，禁止黨人出仕及與人交通往來。東漢後期，外戚和宦官交替把持朝政，政治黑暗，社會矛盾尖鋭，士大夫和太學生憤起抗争。延熹九年（166年）和建寧二年（169年），宦官集團兩次興起黨獄，打擊和鎮壓重視氣節的士大夫，對東漢歷史的走向，乃至對帝制時代的官僚政治文化，都産生了重大影響。

范曄在《後漢書・黨錮列傳》中，對這一事件做了完整的叙述，内容包括傳序和二十一位黨人的傳記。本篇所選爲傳序和《范滂傳》。序文用駢體文寫成，叙述了黨錮之禍之始末，表彰了黨人的氣節。《范滂傳》記載了范滂的生平事迹，他有澄清天下之志，舉劾權豪之党二十餘人。第一次坐黨事入獄，凛然不屈，第二次黨錮事件中自詣牢獄，壯烈赴死，母子訣别時的言辭更足發千古之思，令人慨歎。

參考文獻

余英時．漢晋之際士之新自覺與新思潮//余英時．士與中國文化．上海：上海人民出版社，1987.

唐長孺．清談與清議//唐长孺．魏晋南北朝史論叢．北京：中華書局，2011.

班超傳（《後漢書》）（節選）

選文

班超字仲升，扶風平陵人[①]，徐令彪之少子也[②]。爲人有大志，不修細節。然内孝謹，居家常執勤苦，不恥勞辱。有口辯，而涉獵書傳。

永平五年[③]，兄固被召詣校書郎[④]，超與母隨至洛陽。家貧，常爲官傭書以供養[⑤]。久勞苦，嘗輟業投筆歎曰："大丈夫無它志略，猶當效傅介子、張騫立功異域[⑥]，以取封侯，安能久事筆研閒乎？"左右皆笑之。超曰："小子安知壯士志哉！"其後行詣相者，曰："祭酒[⑦]，布衣諸生耳，而當封侯萬里之外。"超問其狀。相者指曰："生燕頷虎頸[⑧]，飛而食肉，此萬里侯相也。"久之，顯宗問固"卿弟安在[⑨]？"固對"爲官寫書，受直以養老母[⑩]"。帝乃除超爲蘭臺令史[⑪]。後坐事免官。

十六年，奉車都尉竇固出擊匈奴[⑫]，以超爲假司馬[⑬]，將兵别擊伊吾[⑭]，戰於蒲類海[⑮]，多斬首虜而還。固以爲能，遣與從事郭恂俱使西域[⑯]。

超到鄯善[⑰]，鄯善王廣奉超禮敬甚備，後忽更疏懈[⑱]。超謂其官屬曰："寧覺廣禮意薄乎[⑲]？此必有北虜使來[⑳]，狐疑未知所從故也。明者睹未萌，況已著邪。"乃召侍胡詐之曰："匈奴使來數日，今安在乎？"侍胡惶恐，具服其狀[㉑]。超乃閉侍胡，悉會其吏士三十六人，與共飲，酒酣，因激怒之曰："卿曹與我俱在絕域[㉒]，欲立大功，以求富貴。今虜使到裁數日[㉓]，而王廣禮敬即廢；如令鄯善收吾屬送匈奴[㉔]，骸骨長爲豺狼食矣。爲之柰何？"官屬皆曰："今在危亡之地，死生從司馬。"超曰："不入虎穴，不得虎子。當今之計，獨有因夜以火攻虜[㉕]，使彼不知我多少，必大震怖，可殄盡也[㉖]。滅此虜，則鄯善破膽，功成事立矣。"衆曰："當與從事議之。"超怒曰："吉凶決於今日。從事文俗吏，聞此必恐而謀泄，死無所名，非壯士也！"衆曰："善。"初夜，遂將吏士往奔虜營。會天大風，超令十人持鼓藏虜舍後，約曰："見火然[㉗]，皆當鳴鼓大呼。"餘人悉持兵弩夾門而伏。超乃順風縱火，前後鼓噪。虜衆驚亂，超手格殺三人，吏兵斬其使及從士三十餘級，餘衆百許人悉燒死。明日乃還告郭恂，恂大驚，既而色動[28]。超知其意，舉手曰：“掾雖不行[29]，班超何心獨擅之乎[30]？”恂乃悅。超於是召鄯善王廣，以虜使首示之，一國震怖。超曉告撫慰[31]，遂納子爲質[32]。還奏於竇固，固大喜，具上超功效[33]，并求更選使使西域。帝壯超節，詔固曰：“吏如班超，何故不遣而更選乎？今以超爲軍司馬，令遂前功[34]。”超復受使，固欲益其兵，超曰：“願將本所從三十餘人足矣。如有不虞[35]，多益爲累。”

是時于寘王廣德新攻破莎車[36]，遂雄張南道[37]，而匈奴遣使監護其國。超既西，先至于寘。廣德禮意甚疏。且其俗信巫。巫言：“神怒何故欲向漢？漢使有騧馬[38]，急求取以祠我。”廣德乃遣使就超請馬。超密知其狀，報許之，而令巫自來取馬。有頃，巫至，超即斬其首以送廣德，因辭讓之[39]。廣德素聞超在鄯善誅滅虜使，大惶恐，即攻殺匈奴使者而降超。超重賜其王以下，因鎮撫焉。

時龜茲王建爲匈奴所立[40]，倚恃虜威，據有北道[41]，攻破疏勒[42]，殺其王，而立龜茲人兜題爲疏勒王。明年春，超從閒道至疏勒[43]。去兜題所居槃橐城九十里[44]，逆遣吏田慮先往降之[45]。勑慮曰[46]：“兜題本非疏勒種，國人必不用命。若不即降，便可執之。”慮既到，兜題見慮輕弱，殊無降意。慮因其無備，遂前劫縛兜題。左右出其不意，皆驚懼奔走。慮馳報超，超即赴之，悉召疏勒將吏，説以龜茲無道之狀，因立其故王兄子忠爲王，國人大悅。忠及官屬皆請殺兜題，超不聽，欲示以威信，釋而遣之。疏勒由是與龜茲結怨。

十八年，帝崩。焉耆以中國大喪[47]，遂攻沒都護陳睦[48]。超孤立無援，而龜茲、姑墨數發兵攻疏勒[49]。超守盤橐城，與忠爲首尾，士吏單少，拒守歲餘。肅宗初即位[50]，以陳睦新沒，恐超單危不能自立[51]，下詔徵超[52]。超發還，疏勒舉國憂恐。其都尉黎弇曰：“漢使弃我，我必復爲龜茲所滅耳。誠不忍見漢使去。”因以刀自剄。超還至于寘，王侯以下皆號泣曰：“依漢使如父母，誠不可去。”互抱超馬脚，不得行。超恐于寘終不聽其東，又欲遂本志，乃更還疏勒。疏勒兩城自超去後，復降龜茲，而與尉頭連兵[53]。超捕斬反者，擊破尉頭，殺六百餘人，疏勒復安。

建初三年[54]，超率疏勒、康居、于寘、拘彌兵一萬人攻姑墨石城[55]，破之，斬首七百級。超欲因此叵平諸國[56]，乃上疏請兵。曰：

臣竊見先帝欲開西域，故北擊匈奴，西使外國，鄯善、于寘卽時向化。今拘彌、莎車、疏勒、月氏、烏孫[57]、康居復願歸附，欲共并力破滅龜兹，平通漢道。若得龜兹，則西域未服者百分之一耳。臣伏自惟念，卒伍小吏，實願從谷吉效命絕域[58]，庶幾張騫弃身曠野。昔魏絳列國大夫[59]，尚能和輯諸戎[60]，況臣奉大漢之威，而無鉛刀一割之用乎[61]？前世議者皆曰取三十六國，號爲斷匈奴右臂[62]。今西域諸國，自日之所入[63]，莫不向化，大小欣欣，貢奉不絕，唯焉耆、龜兹獨未服從。臣前與官屬三十六人奉使絕域，備遭艱戹。自孤守疏勒，於今五載，胡夷情數，臣頗識之。問其城郭小大，皆言"倚漢與依天等"。以是效之[64]，則葱領可通[65]，葱領通則龜兹可伐。今宜拜龜兹侍子白霸爲其國王[66]，以步騎數百送之，與諸國連兵，歲月之閒，龜兹可禽[67]。以夷狄攻夷狄，計之善者也。臣見莎車、疏勒田地肥廣，草牧饒衍，不比敦煌、鄯善閒也，兵可不費中國而糧食自足。且姑墨、溫宿二王[68]，特爲龜兹所置，既非其種，更相厭苦，其埶必有降反[69]。若二國來降，則龜兹自破。願下臣章[70]，參考行事。誠有萬分[71]，死復何恨。臣超區區[72]，特蒙神靈[73]，竊冀未便僵仆[74]，目見西域平定，陛下舉萬年之觴[75]，薦勳祖廟[76]，布大喜於天下。

書奏，帝知其功可成，議欲給兵。平陵人徐幹素與超同志[77]，上疏願奮身佐超。五年，遂以幹爲假司馬，將弛刑及義從千人就超[78]。

先是莎車以爲漢兵不出，遂降於龜兹，而疏勒都尉番辰亦復反叛。會徐幹適至，超遂與幹擊番辰，大破之，斬首千餘級，多獲生口。超既破番辰，欲進攻龜兹。以烏孫兵彊，宜因其力[79]，乃上言："烏孫大國，控弦十萬，故武帝妻以公主，至孝宣皇帝，卒得其用[80]。今可遣使招慰，與共合力。"帝納之。八年，拜超爲將兵長史，假鼓吹幢麾[81]。以徐幹爲軍司馬，別遣衛候李邑護送烏孫使者[82]，賜大小昆彌以下錦帛[83]。

李邑始到于寘，而值龜兹攻疏勒，恐懼不敢前，因上書陳西域之功不可成，又盛毁超擁愛妻[84]，抱愛子，安樂外國，無内顧心[85]。超聞之，歎曰："身非曾參而有三至之讒[86]，恐見疑於當時矣。"遂去其妻。帝知超忠，乃切責邑曰[87]："縱超擁愛妻，抱愛子，思歸之士千餘人，何能盡與超同心乎？"令邑詣超受節度。詔超："若邑任在外者，便留與從事[88]。"超即遣邑將烏孫侍子還京師。徐幹謂超曰："邑前親毁君，欲敗西域，今何不緣詔書留之，更遣它吏送侍子乎？"超曰："是何言之陋也[89]！以邑毁超，故今遣之。内省不疚，何卹人言[90]！快意留之，非忠臣也。"

明年，復遣假司馬和恭等四人將兵八百詣超，超因發疏勒、于寘兵擊莎車。莎車陰通使疏勒王忠，啖以重利[91]，忠遂反從之，西保烏即城[92]。超乃更立其府丞成大爲疏勒王，悉發其不反者以攻忠。積半歲，而康居遣精兵救之，超不能下。是時，月氏新與康居婚，相親，超乃使使多齎錦帛遺月氏王[93]，令曉示康居王，康居王乃罷兵，執忠以歸其國，烏即城遂降於超。

後三年，忠説康居王借兵，還據損中[94]，密與龜兹謀，遣使詐降於超。超内知其姦而外僞許之。忠大喜，即從輕騎詣超。超密勒兵待之[95]，爲供張設樂[96]，酒行[97]，乃叱吏縛忠斬之。因擊破其衆，殺七百餘人，南道於是遂通。

明年，超發于寘諸國兵二萬五千人，復擊莎車。而龜兹王遣左將軍發溫宿、姑墨、尉頭合五萬人救之。超召將校及于寘王議曰："今兵少不敵，其計莫若各散去。于寘從是而東，長史亦於此西歸[98]，可須夜鼓聲而發。"陰緩所得生口[99]。龜兹王聞之大喜，自以萬騎於西界遮超[100]，溫宿王將八千騎於東界徼于寘[101]。超知二虜已出，密召諸部勒兵，雞鳴馳赴莎車營，胡大驚亂奔走，追斬五千餘級，大獲其馬畜財物。莎車遂降，龜兹等因各退散，自是威震西域。

明年[102]，龜兹、姑墨、溫宿皆降，乃以超爲都護，徐幹爲長史。拜白霸爲龜兹王，遣司馬姚光送之。超與光共脅龜兹廢其王尤利多而立白霸，使光將尤利多還詣京師。超居龜兹它乾城[103]，徐幹屯疏勒。西域唯焉耆、危須、尉犁以前沒都護[104]，懷二心，其餘悉定。

六年秋，超遂發龜兹、鄯善等八國兵合七萬人，及吏士賈客千四百人討焉耆。兵到尉犁界，而遣曉說焉耆、尉犁、危須曰：“都護來者，欲鎮撫三國。卽欲改過向善，宜遣大人來迎[105]，當賞賜王侯已下，事畢卽還。今賜王綵五百匹。”焉耆王廣遣其左將北鞬支奉牛酒迎超。超詰鞬支曰：“汝雖匈奴侍子，而今秉國之權。都護自來，王不以時迎，皆汝罪也。”或謂超可便殺之。超曰：“非汝所及。此人權重於王，今未入其國而殺之，遂令自疑，設備守險，豈得到其城下哉！”於是賜而遣之。廣乃與大人迎超於尉犁，奉獻珍物。

焉耆國有葦橋之險，廣乃絕橋，不欲令漢軍入國。超更從它道厲度[106]。七月晦，到焉耆，去城二十里，營大澤中。廣出不意，大恐，乃欲悉驅其人共入山保。焉耆左侯元孟先嘗質京師，密遣使以事告超，超卽斬之，示不信用。乃期大會諸國王，因揚聲當重加賞賜，於是焉耆王廣，尉犁王汎及北鞬支等三十人相率詣超。其國相腹久等十七人懼誅，皆亡入海，而危須王亦不至。坐定，超怒詰廣曰：“危須王何故不到？腹久等所緣逃亡？”遂叱吏士收廣、汎等於陳睦故城斬之，傳首京師。因縱兵鈔掠，斬首五千餘級，獲生口萬五千人，馬畜牛羊三十餘萬頭，更立元孟爲焉耆王。超留焉耆半歲，慰撫之。於是西域五十餘國悉皆納質內屬焉。

明年，下詔曰：“往者匈奴獨擅西域，寇盜河西，永平之末，城門晝閉。先帝深愍邊萌嬰羅寇害[107]，乃命將帥擊右地，破白山，臨蒲類，取車師，城郭諸國震慴響應，遂開西域，置都護[108]。而焉耆王舜、舜子忠獨謀悖逆，恃其險隘，覆沒都護[109]，并及吏士。先帝重元元之命[110]，憚兵役之興，故使軍司馬班超安集于窴以西[111]。超遂踰葱領，迄縣度[112]，出入二十二年，莫不賓從。改立其王，而綏其人[113]。不動中國，不煩戎士，得遠夷之和，同異俗之心，而致天誅，蠲宿恥[114]，以報將士之讎。《司馬法》曰[115]：‘賞不踰月，欲人速覩爲善之利也。’其封超爲定遠侯，邑千戶。”

超自以久在絕域，年老思土。十二年[116]，上疏曰：“臣聞太公封齊，五世葬周[117]，狐死首丘[118]，代馬依風[119]。夫周齊同在中土千里之閒，況於遠處絕域，小臣能無依風首丘之思哉？蠻夷之俗，畏壯侮老。臣超犬馬齒殲[120]，常恐年衰，奄忽僵仆，孤魂弃捐[121]。昔蘇武留匈奴中尚十九年，今臣幸得奉節帶金銀護西域[122]，如自以壽終屯部[123]，誠無所恨，然恐後世或名臣爲沒西域。臣不敢望到酒泉郡[124]，但願生入玉門關[125]。臣老病衰困，冒死瞽言[126]，謹遣子勇隨獻物入塞。及臣生在，令勇目見中土。”而超妹同郡曹壽妻昭亦上書請超曰：

妾同產兄西域都護定遠侯超，幸得以微功特蒙重賞，爵列通侯[127]，位二千石。天恩殊絕[128]，誠非小臣所當被蒙。超之始出，志捐軀命，冀立微功，以自陳效。會陳睦之變，道路隔絕，超以一身轉側絕域，曉譬諸國，因其兵衆，每有攻戰，輒爲先登[129]，身被金夷[130]，不避死亡。賴蒙陛下神靈，且得延命沙漠，至今積三十年。骨肉生離，不復相識。所與相隨時人士衆，皆已物故[131]。超年最長，今且七十。衰老被病，頭髮無黑，兩手不仁[132]，耳目不聰明，扶杖乃能行。雖欲竭盡其力，以報塞天恩，迫於歲暮，犬馬齒索。蠻夷之性，悖逆侮老，而超旦暮入地，久不見代，恐開姦宄之源，生逆亂之心。而卿大夫咸懷一切[133]，莫肯遠慮。如有卒暴[134]，超之氣力不能從心，便爲上損國家累世之功，下弃忠臣竭力之用，誠可痛也。故超萬里歸誠，自陳苦急，延頸踰望[135]，三年於今，未蒙省錄。

妾竊聞古者十五受兵，六十還之，亦有休息不任職也。緣陛下以至孝理天下，得萬國之歡心，不遺小國之臣，況超得備侯伯之位，故敢觸死爲超求哀，匄超餘年[136]。一得生還，復見闕庭[137]，使國永無勞遠之慮，西域無倉卒之憂，超得長蒙文王葬骨之恩[138]，子方哀老之惠[139]。《詩》云：“民亦勞止，汔可小康，惠此中國，以綏四方[140]。”超有書與妾生訣[141]，恐不復相見。妾誠傷超以壯年竭忠孝於沙漠，疲老則便捐死於曠野，誠可哀憐。如不蒙救護，超後有一旦之變，冀幸超家得蒙趙母、衛姬先請之貸[142]。妾愚戇不知大義[143]，觸犯忌諱。

書奏，帝感其言，乃徵超還。

超在西域三十一歲。十四年八月至洛陽，拜爲射聲校尉[144]。超素有匈脅疾，既至，病遂加。帝遣中黃門問疾，賜醫藥。其年九月卒，年七十一[145]。朝廷愍惜焉，使者弔祭，贈賵甚厚[146]。子雄嗣。

初，超被徵，以戊己校尉任尚爲都護[147]。與超交代。尚謂超曰："君侯在外國三十餘年，而小人猥承君後[148]，任重慮淺，宜有以誨之。"超曰："年老失智，任君數當大位，豈班超所能及哉！必不得已，願進愚言。塞外吏士，本非孝子順孫，皆以罪過徙補邊屯。而蠻夷懷鳥獸之心，難養易敗。今君性嚴急，水清無大魚，察政不得下和。宜蕩佚簡易[149]，寬小過，總大綱而已。"超去後，尚私謂所親曰："我以班君當有奇策，今所言平平耳。"尚至數年，而西域反亂，以罪被徵，如超所戒。

注釋

①扶風：漢代長安三輔之一。本名右扶風，轄區相當於今陝西秦嶺以北，鄠邑、咸陽、旬邑以西地，治槐里縣（今興平市東南）。三國魏去"右"字，改轄區爲扶風郡。兩漢文獻對於這一地區的正式稱呼爲"右扶風"，極少省稱"扶風"。范曄用曹魏出現的地名述東漢人物之籍貫，不妥。平陵：縣名，治今咸陽市西北十五里。據《後漢書·班彪傳》，超應該是右扶風安陵縣（在今咸陽東北）人。

②徐令：徐縣縣令。徐縣屬下邳國，在今安徽泗洪縣。彪：即班彪，班固和班超之父。

③永平五年，62年。永平：東漢明帝年號，58—75年。

④固：即班超的兄長班固，《漢書》的作者。詣（yì）：到。指赴任。校書郎：東漢的東觀是宮廷藏書之處，以郎官典校圖書，稱爲校書郎。據《後漢書·班固傳》，班固因私撰《漢書》爲人告發，被捕入京兆獄，班超馳赴洛陽上書爲其辨明，班固出獄任蘭臺令史，遷爲郎，典校秘書。

⑤爲官傭書：受官府雇傭抄寫書籍。

⑥傅介子：西漢北地（今甘肅慶陽）人。昭帝時奉命出使西域，因樓蘭王幫助匈奴反對漢朝，介子率壯士刺殺之，加强了漢朝對西域的控制，後被封爲義陽侯，傳見《漢書》卷七十。張騫：西漢漢中人，武帝時奉命出使西域，以功封爲博望侯。參見本書"精讀文選"之《張騫傳》選篇。

⑦祭酒：官名。東漢時有博士祭酒、軍謀祭酒等職，皆由學識淵博者擔任，這裏是相士對班超的尊稱，類似今人敬稱他人爲"先生"。

⑧燕頷虎頸：下巴頦像燕子，頭頸像老虎。

⑨顯宗：東漢明帝的廟號，57—75年在位。

⑩直：同"值"。報酬。

⑪蘭臺令史：蘭臺本爲漢代宮廷藏書處，由御史中丞管理。後設蘭臺令史，掌書奏及印工文書，秩六百石。

⑫奉車都尉：官名。初置於漢武帝時，隸光禄勳，掌皇帝之車駕，秩比二千石。竇固（？—88）：字孟孫，光武帝之婿，曾率兵擊敗北匈奴，傳見《後漢書》卷二十三。竇固的父親竇友、伯父竇融在班彪的勸説下歸附光武帝，故竇、班二家世代交好。

⑬假司馬：亦作軍假司馬。漢代領軍將軍所屬各營部，設校尉、軍司馬各一人，軍假司馬是軍司馬的副手。

⑭伊吾：即伊吾盧，在今新疆哈密市西北四堡，爲匈奴呼衍王庭。

⑮蒲類海：即今新疆巴里坤哈薩克自治縣西之巴里坤湖。

⑯從事：漢代司隸校尉、州刺史、郡國皆有從事史，或分掌政事，或督促文書，察舉非法，所以後文班超説從事郭恂是"文俗吏"。

⑰鄯善：西域三十六國之一。本名樓蘭，漢昭帝元鳳四年（前 77 年），改名鄯善，屬西域都護府，都城在扜泥城（今新疆若羌縣東北羅布泊西岸）。

⑱更：改變。

⑲寧：副詞。表疑問。意爲“是否”。

⑳北虜使：指匈奴使者。

㉑具服其狀：全部招認了實情。服：屈服，承認。

㉒卿曹：你們，君等。絕域：極遠之地，指遠離中原的地方。

㉓裁：通“纔”。僅僅，剛剛。

㉔收：逮捕。吾屬：我們這些人。屬：同輩，同夥。

㉕因：趁着。

㉖殄（tiǎn）：消滅。

㉗然：通“燃”。

㉘色動：臉色改變。

㉙掾（yuàn）：古代屬官的通稱，這裏指從事。

㉚獨擅：指獨占（功勞）。

㉛曉告：告知，曉諭。

㉜質：人質。

㉝具：詳盡地。上：上奏。

㉞遂：完成。

㉟不虞：預料不到的事。

㊱于寘：即于闐，西域國名。都城在今新疆和田市西二十里約特干遺址。莎車：西域國名。都城在今新疆莎車縣。

㊲雄張：勢力强盛。南道：中原出陽關、玉門關西行，有南北兩道，從鄯善沿昆侖山北麓西行至于闐，稱南道。

㊳騧（guā）馬：黑嘴的黄馬。

㊴辭讓：責問。

㊵龜茲（qiū cí）：西域國名。都城在今新疆庫車縣東郊皮朗舊城。

㊶北道：從車師沿天山南麓，西行到疏勒，稱北道。

㊷疏勒：西域國名。都城在今新疆喀什市。

㊸間道：小道。

㊹槃橐城：在今新疆喀什附近一帶，距疏勒約九十里。

㊺逆遣：預先派遣。

㊻勑：告誡。

㊼焉耆：西域國名。國都在員渠城（今新疆焉耆回族自治縣）。

㊽都護：西域都護的簡稱，始置於西漢宣帝初，使護西域三十六國。陳睦爲都護時，郭恂爲副校尉，睦駐地被攻陷，戰死，恂亦被殺。

㊾姑墨：西域國名。故地在今新疆阿克蘇市。

㊿肅宗：東漢章帝，75—88 年在位。

51單危：孤立無援，處危險之境。

52徵：徵召，指徵召班超回長安。

53尉（yù）頭：西域國名。都城在今新疆阿合奇縣西南。

54建初三年：78 年。建初：東漢章帝年號，76—83 年。

⑤⑤康居：見“精讀文選”《張騫傳》注。拘彌：西域國名，國都在寧彌城（今新疆于田縣北克里雅河東岸）。

⑤⑥叵（pǒ）：遂，於是。

⑤⑦月氏：古西域族名。這裏說的應該是大月氏。烏孫：古西域族名。東漢時居住在今伊犁河和伊塞克湖一帶。

⑤⑧谷吉：西漢長安人。元帝時護送郅支單于之子回匈奴，被郅支所殺。

⑤⑨魏絳：春秋時晋國大夫。晋悼公時，山戎遣使至晋，絳陳和戎之利，悼公遂派他與諸戎結盟，從而使晋國免遭山戎之侵擾。

⑥⓪和輯：和睦團結。

⑥①鈆：同“鉛”。鉛刀不鋒利，這裏是謙詞。

⑥②按：這裏取西域三十六國，“斷匈奴之右臂”的說法，出現於漢武帝時期張騫出使西域。見《史記·大宛列傳》《漢書·張騫傳》。

⑥③日之所入：即日落處，言西方極遠處。

⑥④效：驗，檢驗。

⑥⑤葱領：在今新疆西南，古代是帕米爾高原和昆侖山、喀喇昆侖山西部諸山的總稱，在西域三十六國的西部，其北麓也是中西交通的南道所經之處。

⑥⑥侍子：即龜茲王子入朝爲質者，名義上要侍衛天子，故名。

⑥⑦禽：通“擒”。

⑥⑧溫宿：西域國名。都城在今新疆烏什縣。

⑥⑨埶：同“勢”。降反：指温宿民衆降漢，反抗龜茲所置國王。

⑦⓪下：頒下。章：奏章。

⑦①誠有萬分：意爲假若有萬分之一的機會和可能。

⑦②區區：自稱的謙辭。

⑦③特蒙神靈：指得到神靈的保佑。

⑦④未便：不至於。僵仆：死去。

⑦⑤舉萬年之觴：舉杯慶祝天下長治久安。觴：酒杯。

⑦⑥薦勳祖廟：向祖先進獻功勳。薦：獻，進獻。

⑦⑦徐幹：字伯張，善章草書，與班固友善。

⑦⑧弛刑：解除徒刑之人。義從：自願從軍者。就超：去班超那裏。

⑦⑨因：依靠，憑藉。

⑧⓪按：漢武帝時，以江都公主妻烏孫王昆莫，至宣帝時，烏孫與漢朝共擊匈奴，見《漢書·西域傳下》。卒：終於。用：功效。

⑧①鼓吹：軍樂。幢麾（chuáng huī）：儀仗旗幟之類，其上飾以鳥羽。這是大將纔擁有的儀仗，超非統兵萬人之大將，故言“假”，有特准借用之意。

⑧②衛候：官名。西域都護屬官有校尉、丞、長史、司馬、候等，衛候即候之有名號者。

⑧③昆彌：烏孫王之稱號。漢宣帝時烏孫王昆莫死，子孫爭國，漢朝立元貴靡爲大昆彌，烏就屠爲小昆彌，故有大小昆彌之稱。

⑧④盛毀：竭力詆毀。

⑧⑤內顧：對漢朝事務之顧念。

⑧⑥曾參：孔子的弟子，事親孝，有德行。據《戰國策·秦策》云，有與曾參同姓名者在外殺人，人告參母，母不信，織布自若。又一人來告，參母仍不信。又一人至，說曾參殺人，母懼而逃。班超的意思是，自己没有曾參的孝行，而有三至之讒，很容易被大家懷疑。

⑧切責：嚴詞斥責。

⑧此句言李邑若能任外職，便留在你那裏做事。

⑧是何言之陋：這話是多麽的淺陋。何：多麽，表程度。言：話，言語。

⑨語本《論語·顔淵》："内省不疚，夫何憂何懼?"言自我反思而不内疚，何必擔憂别人的話。疚：慚愧。卹：擔憂。

⑨啖：以利益引誘人。

⑨烏即城：在今新疆疏附县境。

⑨齎：携帶。

⑨損中：一本作"植中"。《東觀漢記》《資治通鑑》分作"頓中""楨中"，爲疏勒城名，今地不詳。

⑨勒兵：操練或指揮軍隊。

⑨供張：亦作"供帳"，陳設供宴會用帷帳、用具、飲食等物，指舉行宴會。

⑨酒行：依次斟酒。

⑨長史：即班超自稱，他是漢朝的將兵長史。于寘、疏勒分居莎車之東、西，班超是占領疏勒之後與于寘王合攻莎車，故有分别回東、西散去之説。

⑨緩：放鬆。指對所抓獲的部衆放鬆看管。

⑩遮：阻擋，攔截。

⑩徼：同"邀"。攔截，截擊。

⑩明年：東漢和帝永元三年（91年）。

⑩它乾城：在今新疆庫車縣東牙哈鄉塔汗其。

⑩危須：西域國名。都城在今新疆和碩縣東烏什塔拉回族鄉附近。尉犁：西域國名。都城在今新疆焉耆縣西南紫泥泉。沒：殺害。

⑩大人：指部族酋長。

⑩厲度：涉水而過。

⑩愍：憐憫。邊萌：亦作"邊氓"，即邊民。嬰羅：遭受。羅：遭遇。

⑩按：此事發生在東漢明帝永平十七年（74年），竇固等出敦煌昆侖塞擊匈奴，車師投降，設置西域都護、戊己校尉。右地：河右之地，今河西走廊地區。白山：即天山，山上冬夏有雪，故名，這裏指白山的部族，在蒲類海南百里，今新疆哈密市附近。

⑩覆沒都護：焉耆殺漢朝都護陳睦，在永平十八年（75年）。

⑪元元：指百姓，庶民。

⑪安集：安定和睦。

⑪迄：至。縣度：山名。意爲衹可用繩索懸縋而過，在今新疆皮山縣西部。

⑪綏：安撫。

⑪致天誅，蠲宿恥：實施了朝廷的誅罰，除去了過去的耻辱。

⑪《司馬法》：古代兵學典籍。《漢書·藝文志》著録的《司馬法》有一百五十五篇，今本僅五篇，已無本文所引的"賞不踰月"一句。

⑪十二年：和帝永元十二年（100年）。

⑪語出《禮記·檀弓上》，指姜太公在周初封到齊地，而他與五世子孫皆歸葬於周的都城鎬京。

⑪狐死首丘：語出《禮記·檀弓上》，是説狐狸臨死時，還盡力將頭朝着丘穴。

⑪代馬依風：語出《韓詩外傳》，指代郡（今河北蔚縣一帶）的馬南來之後，仍依戀北風。喻指人雖立功遠方，到老仍懷念故鄉。

⑫犬馬：舊時臣子對君上的自卑之稱。齒殲：指年老。殲：盡。

⑫棄捐：抛弃，遺弃。

⑫節：符節。金銀：指金印、銀印。

⑫屯部：屯戍之處。班超任西域都護，居龜兹，率衆屯田。

⑫酒泉郡：治所在今甘肅酒泉。

⑫玉門闕：在今甘肅敦煌西北，遺址尚在。

⑫瞽言：不明事理之言論，謙詞。瞽：目盲。

⑫通侯：亦作“列侯”，秦漢二十等爵的最高等級。

⑫天恩：指皇帝的恩惠。殊絕：超絶，特出。

⑫輒：總是。

⑬金夷：即“金痍”，金瘡，爲兵器所傷。

⑬物故：死亡。

⑬不仁：指肢體麻木，不靈便。

⑬咸懷一切：都衹考慮眼前的事情或權宜之計。

⑬卒（cù）暴：突然的暴亂。卒：通“猝”。倉猝。

⑬延頸：伸長脖子。踰望：遥望。

⑬匄：同“丐”。乞求。

⑬闕庭：又作“闕廷”，即朝廷，亦借指京城。闕：宫門、城門兩側的高臺。

⑬文王葬骨：典出賈誼《新書・諭誠》。傳説文王夢見有人登城呼己，説是城東北角的枯骨，請求以王禮葬之，文王答應了他。醒來在城東北挖到枯骨，臣下認爲用五大夫之禮安葬就可以，文王説自己夢中已許之，最終用王禮葬之。士民因此贊美文王之誠信。

⑬子方哀老：事見《韓詩外傳》《淮南子・人間訓》，講的是戰國時期魏文侯的老師田子方的故事，子方見老馬被主人出售，感慨“少而貪其力，老而棄其身，仁者弗爲也”，以束帛購買，將之收養。

⑭語出《詩經・大雅・民勞》。汔：義同“其”。

⑭生訣：訣别。

⑭冀幸：希望。趙母：戰國趙括之母。趙王任命趙括爲將，母知其必敗，勸趙王收回成命不果，於是向趙王請求，一旦趙括作戰不利，自己可免予連坐。事見《史記・廉頗藺相如列傳》。衛姬：春秋時衛國之女，齊桓公姬，曾勸阻桓公伐衛之謀，事見劉向《列女傳》“齊桓衛姬”條。貸：寬恕，寬免。

⑭愚戇（zhuàng）：愚笨戇直，這裏是自謙之辭。戇：迂而剛直。

⑭射聲校尉：漢武帝所置八校尉之一。掌待詔射聲士，秩二千石，以宿衛京師。所謂射聲士，指聞聲即能射中的善射者。東漢沿置，秩比二千石。

⑭按：班超卒於永元十四年（102 年），享年七十一歲，當生於光武帝建武八年（32 年）。

⑭賵賵（fèng）：送給辦喪事人家的財物。

⑭戊己校尉：西域都護的屬官，若爲兩人則分爲戊校尉、己校尉，秩比二千石，時置時廢。任尚：東漢經營西北的重要將軍，曾隨大將軍竇憲擊敗匈奴。繼班超任西域都護，數年後西域諸國反叛，任尚被徵召免職。其後任尚長期參與朝廷的征羌之役，封爲樂亭侯。安帝元初五年（118 年），因與外戚鄧遵争功、虚報戰功、受賄等罪，被處死。

⑭猥：謙詞，猶有幸，承蒙。

⑭蕩佚：放寬約束。

導讀

本篇選自《後漢書》卷四十七《班梁列傳第三十七》。

班超是中國古代投筆從戎的典型，他率領三十六人殺死匈奴使者的壯舉成爲教科書經久傳誦的故事，這一切都緣於作者的生花妙筆，將班超這個人物置於東漢拓疆西域的歷史脉絡中，其人物形象格外豐富生動。毋庸置疑，張騫和班超是兩漢經營西域的標志性人物，將《漢書》和《後漢書》中二人的傳記對讀，一眼可知兩漢經營西域的不同國際政治環境和策略，前者旨在“鑿空”，對月氏、大宛、大夏等國以利誘之，拉攏諸國對付大敵匈奴，後者則是要斷匈奴的右臂，對西域諸國殺伐決斷，合縱連横，最終將之牢牢控制在自己手中。兩篇史傳的寫法也不一樣，《張騫傳》脱胎於《史記·大宛列傳》，張騫的個人形象淹没在漢匈關係、經營西域的叙述之中，《班超傳》中的班超，是鮮活的，有力量的，重要的歷史事件有了活動的場景、人物。文末所附班超之妹班昭的上書，言辭婉切，可謂傳主一生行事、精神之總結，有畫龍點睛之效。

參考文獻

胡昆．班超．北京：人民文學出版社，1996.

陳其泰，趙永春．班固評傳．南京：南京大學出版社，2002.

劉夏欣．家、國視野下的扶風班氏研究：以班超爲研究中心．上海：上海師範大學碩士學位論文，2016.

諸葛亮傳（《三國志》）（節選）

選文

諸葛亮字孔明，琅邪陽都人也①。漢司隸校尉諸葛豐後也②。父珪，字君貢，漢末爲太山郡丞③。亮早孤，從父玄爲袁術所署豫章太守④，玄將亮及亮弟均之官。會漢朝更選朱皓代玄。玄素與荆州牧劉表有舊⑤，往依之。

玄卒，亮躬畊隴畝⑥，好爲《梁父吟》⑦。身長八尺⑧，每自比於管仲、樂毅⑨，時人莫之許也⑩。惟博陵崔州平、潁川徐庶元直與亮友善⑪，謂爲信然⑫。

時先主屯新野⑬。徐庶見先主，先主器之，謂先主曰："諸葛孔明者，臥龍也，將軍豈願見之乎⑭？"先主曰："君與俱來。"庶曰："此人可就見⑮，不可屈致也⑯。將軍宜枉駕顧之⑰。"由是先主遂詣亮⑱，凡三往，乃見。因屏人曰⑲："漢室傾頽⑳，姦臣竊命㉑，主上蒙塵㉒。孤不度德量力㉓，欲信大義於天下㉔，而智術淺短，遂用猖蹶㉕，至于今日。然志猶未已㉖，君謂計將安出㉗？"亮答曰："自董卓已來㉘，豪傑並起，跨州連郡者不可勝數㉙。曹操比於袁紹㉚，則名微而衆寡，然操遂能克紹，以弱爲强者，非惟天時㉛，抑亦人謀也㉜。今操已擁百萬之衆，挾天子而令諸侯，此誠不可與爭鋒。孫權據有江東㉝，已歷三世㉞，國險而民附，賢能爲之用，此可以爲援而不可圖也。荆州北據漢㉟、沔，利盡南海㊱，東連吳會㊲，西通巴、蜀㊳，此用武之國㊴，而其主不能守，此殆天所以資將軍㊵，將軍豈有意乎㊶？益州險塞㊷，沃野千里，天府之土㊸，高祖因之以成帝業㊹。劉璋闇弱㊺，張魯在北㊻，民殷國富而不知存恤㊼，智能之士思得明君。將軍既帝室之胄㊽，信義著於四海㊾，總攬英雄㊿，思賢如渴，若跨有荆、益，保其巖阻[51]，西和諸戎[52]，南撫夷越[53]，外結好孫權，内脩政理[54]；天下有變，則命一上將將荆州之軍以向宛、洛[55]，將軍身率益州之衆出於秦川[56]，百姓孰敢不簞食壺漿以迎將軍者乎[57]？誠如是，則霸業可成，漢室可興矣。"先主曰："善！"於是與亮情好日密。關羽、張飛等不悦[58]，先主解之曰："孤之有孔明，猶魚之有水也。願諸君勿復言。”羽、飛乃止。

劉表長子琦，亦深器亮。表受後妻之言，愛少子琮，不悅於琦。琦每欲與亮謀自安之術，亮輒拒塞[59]，未與處畫。琦乃將亮游觀後園，共上高樓，飲宴之間，令人去梯，因謂亮曰：“今日上不至天，下不至地，言出子口，入於吾耳，可以言未？”亮答曰：“君不見申生在內而危，重耳在外而安乎[60]？”琦意感悟，陰規出計。會黄祖死[61]，得出，遂爲江夏太守[62]。俄而表卒，琮聞曹公來征[63]，遣使請降。先主在樊聞之[64]，率其衆南行，亮與徐庶並從，爲曹公所追破，獲庶母。庶辭先主而指其心曰：“本欲與將軍共圖王霸之業者，以此方寸之地也。今已失老母，方寸亂矣，無益於事，請從此別。”遂詣曹公。

先主至於夏口[65]，亮曰：“事急矣，請奉命求救於孫將軍。”時權擁軍在柴桑[66]，觀望成敗。亮説權曰：“海内大亂，將軍起兵據有江東，劉豫州亦收衆漢南[67]，與曹操並爭天下。今操芟夷大難[68]，略已平矣，遂破荆州，威震四海。英雄無所用武，故豫州遁逃至此。將軍量力而處之：若能以吳、越之衆與中國抗衡，不如早與之絕；若不能當，何不案兵束甲[69]，北面而事之！今將軍外託服從之名，而内懷猶豫之計，事急而不斷，禍至無日矣！”權曰：“苟如君言，劉豫州何不遂事之乎？”亮曰：“田横[70]，齊之壯士耳，猶守義不辱；況劉豫州王室之胄，英才蓋世，衆士慕仰，若水之歸海，若事之不濟，此乃天也，安能復爲之下乎！”權勃然曰：“吾不能舉全吳之地，十萬之衆，受制於人。吾計決矣！非劉豫州莫可以當曹操者，然豫州新敗之後，安能抗此難乎？”亮曰：“豫州軍雖敗於長阪[71]，今戰士還者及關羽水軍精甲萬人，劉琦合江夏戰士亦不下萬人。曹操之衆，遠來疲弊，聞追豫州，輕騎一日一夜行三百餘里，此所謂‘彊弩之末，勢不能穿魯縞’者也[72]。故兵法忌之，曰‘必蹶上將軍[73]’。且北方之人，不習水戰；又荆州之民附操者，偪兵勢耳[74]，非心服也。今將軍誠能命猛將統兵數萬，與豫州協規同力[75]，破操軍必矣。操軍破，必北還，如此則荆、吳之勢彊，鼎足之形成矣。成敗之機，在於今日。”權大悅，卽遣周瑜、程普、魯肅等水軍三萬，隨亮詣先主，并力拒曹公。曹公敗於赤壁[76]，引軍歸鄴[77]。先主遂收江南，以亮爲軍師中郎將[78]，使督零陵、桂陽、長沙三郡[79]，調其賦稅[80]，以充軍實[81]。

建安十六年[82]，益州牧劉璋遣法正迎先主[83]，使擊張魯。亮與關羽鎮荆州。先主自葭萌還攻璋[84]，亮與張飛、趙雲等率衆泝江[85]，分定郡縣，與先主共圍成都。成都平，以亮爲軍師將軍[86]，署左將軍府事[87]。先主外出，亮常鎮守成都，足食足兵。二十六年，羣下勸先主稱尊號，先主未許，亮說曰："昔吳漢、耿弇等初勸世祖卽帝位[88]，世祖辭讓，前後數四，耿純進言曰：'天下英雄喁喁[89]，冀有所望。如不從議者，士大夫各歸求主，無爲從公也。'世祖感純言深至[90]，遂然諾之。今曹氏篡漢，天下無主，大王劉氏苗族[91]，紹世而起[92]，今卽帝位，乃其宜也[93]。士大夫隨大王久勤苦者，亦欲望尺寸之功如純言耳[94]。"先主於是卽帝位，策亮爲丞相曰[95]："朕遭家不造[96]，奉承大統，兢兢業業，不敢康寧，思靖百姓，懼未能綏[97]。於戲[98]！丞相亮其悉朕意，無怠輔朕之闕[99]，助宣重光[100]，以照明天下，君其勖哉[101]！"亮以丞相錄尚書事[102]，假節[103]。張飛卒後，領司隸校尉[104]。

章武三年春[105]，先主於永安病篤[106]，召亮於成都，屬以後事[107]，謂亮曰："君才十倍曹丕，必能安國，終定大事。若嗣子可輔，輔之；如其不才，君可自取。"亮涕泣曰："臣敢竭股肱之力[108]，效忠貞之節，繼之以死！"先主又爲詔敕後主曰："汝與丞相從事[109]，事之如父。"建興元年[110]，封亮武鄉侯[111]，開府治事[112]。頃之，又領益州牧。政事無巨細，咸決於亮。南中諸郡[113]，並皆叛亂[114]，亮以新遭大喪，故未便加兵，且遣使聘吳[115]，因結和親，遂爲與國[116]。

三年春，亮率衆南征，其秋悉平[117]。軍資所出，國以富饒，乃治戎講武，以俟大舉。五年，率諸軍北駐漢中[118]，臨發，上疏曰：

先帝創業未半而中道崩殂[119]，今天下三分，益州疲弊[120]，此誠危急存亡之秋也。然侍衛之臣不懈於內，忠志之士忘身於外者，蓋追先帝之殊遇[121]，欲報之於陛下也。誠宜開張聖聽[122]，以光先帝遺德，恢弘志士之氣[123]，不宜妄自菲薄[124]，引喻失義[125]，以塞忠諫之路也。宮中府中，俱爲一體，陟罰臧否[126]，不宜異同。若有作姦犯科及爲忠善者，宜付有司論其刑賞，以昭陛下平明之理[127]，不宜偏私，使內外異法也。侍中、侍郎郭攸之、費禕、董允等[128]，此皆良實，志慮忠純，是以先帝簡拔以遺陛下[129]。愚以爲宫中之事，事無大小，悉以咨之，然後施行，必能裨補闕漏，有所廣益。將軍向寵[130]，性行淑均[131]，曉暢軍事，試用於昔日，先帝稱之曰能，是以衆議舉寵爲督。愚以爲營中之事，悉以咨之，必能使行陳和睦，優劣得所。親賢臣，遠小人，此先漢所以興隆也；親小人，遠賢臣，此後漢所以傾頹也。先帝在時，每與臣論此事，未嘗不歎息痛恨於桓、靈也[132]。侍中、尚書、長史、參軍[133]，此悉貞良死節之臣，願陛下親之信之，則漢室之隆，可計日而待也。

臣本布衣，躬耕於南陽[134]，苟全性命於亂世，不求聞達於諸侯。先帝不以臣卑鄙[135]，猥自枉屈[136]，三顧臣於草廬之中，諮臣以當世之事，由是感激，遂許先帝以驅馳[137]。後值傾覆，受任於敗軍之際，奉命於危難之閒，爾來二十有一年矣。先帝知臣謹慎，故臨崩寄臣以大事也。受命以來，夙夜憂歎，恐託付不效，以傷先帝之明，故五月渡瀘[138]，深入不毛[139]。今南方已定，兵甲已足，當獎率三軍，北定中原，庶竭駑鈍[140]，攘除姦凶，興復漢室，還于舊都。此臣所以報先帝，而忠陛下之職分也。

至於斟酌損益，進盡忠言，則攸之、禕、允之任也。願陛下託臣以討賊興復之效；不效，則治臣之罪，以告先帝之靈。若無興德之言[141]，則責攸之、禕、允等之慢[142]，以彰其咎。陛下亦宜自謀，以諮諏善道[143]，察納雅言，深追先帝遺詔。臣不勝受恩感激，今當遠離，臨表涕零，不知所言。

遂行，屯于沔陽[144]。

六年春，揚聲由斜谷道取郿[145]，使趙雲、鄧芝爲疑軍，據箕谷[146]，魏大將軍曹眞舉衆拒之[147]。亮身率諸軍攻祁山[148]，戎陳整齊，賞罰肅而號令明，南安、天水、安定三郡叛魏應亮[149]，關中響震。魏明帝西鎮長安[150]，命張郃拒亮[151]，亮使馬謖督諸軍在前[152]，與郃戰于街亭[153]。謖違亮節度[154]，舉動失宜，大爲郃所破。亮拔西縣千餘家[155]，還于漢中，戮謖以謝衆。上疏曰："臣以弱才，叨竊非據[156]，親秉旄鉞以厲三軍[157]，不能訓章明法[158]，臨事而懼，至有街亭違命之闕，箕谷不戒之失[159]，咎皆在臣授任無方[160]。臣明不知人，恤事多闇[161]，《春秋》責帥[162]，臣職是當。請自貶三等，以督厥咎[163]。”於是以亮爲右將軍[164]，行丞相事[165]，所總統如前[166]。

冬，亮復出散關[167]，圍陳倉[168]，曹眞拒之，亮糧盡而還。魏將王雙率騎追亮，亮與戰，破之，斬雙。七年，亮遣陳式攻武都、陰平[169]。魏雍州刺史郭淮率衆欲擊式[170]，亮自出至建威[171]，淮退還，遂平二郡。詔策亮曰：“街亭之役，咎由馬謖，而君引愆，深自貶抑，重違君意，聽順所守。前年燿師[172]，馘斬王雙；今歲爰征，郭淮遁走。降集氐、羌，興復二郡，威鎮凶暴，功勳顯然。方今天下騷擾，元惡未梟，君受大任，幹國之重[173]，而久自挹損[174]，非所以光揚洪烈矣。今復君丞相，君其勿辭。”

九年[175]，亮復出祁山，以木牛運[176]，糧盡退軍，與魏將張郃交戰，射殺郃。十二年春，亮悉大衆由斜谷出，以流馬運[177]，據武功五丈原[178]，與司馬宣王對於渭南[179]。亮每患糧不繼，使己志不申，是以分兵屯田，爲久駐之基。耕者雜於渭濱居民之間，而百姓安堵[180]，軍無私焉[181]。相持百餘日。其年八月，亮疾病，卒于軍，時年五十四。及軍退，宣王案行其營壘處所[182]，曰：“天下奇才也！”

亮遺命葬漢中定軍山[183]，因山爲墳，冢足容棺，斂以時服，不須器物。詔策曰：“惟君體資文武，明叡篤誠[184]，受遺託孤，匡輔朕躬，繼絕興微[185]，志存靖亂[186]；爰整六師[187]，無歲不征，神武赫然，威鎮八荒[188]，將建殊功於季漢[189]，參伊、周之巨勳[190]。如何不弔[191]，事臨垂克[192]，遘疾隕喪[193]！朕用傷悼，肝心若裂。夫崇德序功[194]，紀行命謚[195]，所以光昭將來，刊載不朽。今使使持節左中郎將杜瓊[196]，贈君丞相武鄉侯印綬，謚君爲忠武侯。魂而有靈，嘉茲寵榮。嗚呼哀哉！嗚呼哀哉！”

初，亮自表後主曰：“成都有桑八百株，薄田十五頃，子弟衣食，自有餘饒。至於臣在外任，無別調度[197]，隨身衣食，悉仰於官，不別治生，以長尺寸。若臣死之日，不使內有餘帛，外有贏財，以負陛下。”及卒，如其所言。

亮性長於巧思，損益連弩[198]，木牛流馬，皆出其意；推演兵法，作八陳圖[199]，咸得其要云。亮言教書奏多可觀，別爲一集[200]。

景耀六年春[201]，詔爲亮立廟於沔陽。秋，魏鎮西將軍鍾會征蜀[202]，至漢川[203]，祭亮之廟，令軍士不得於亮墓所左右芻牧樵採。亮弟均，官至長水校尉[204]。亮子瞻，嗣爵。

評曰：諸葛亮之爲相國也，撫百姓，示儀軌[205]，約官職[206]，從權制[207]，開誠心，布公道。盡忠益時者雖讎必賞，犯法怠慢者雖親必罰，服罪輸情者雖重必釋[208]，游辭巧飾者雖輕必戮[209]；善無微而不賞，惡無纖而不貶；庶事精練[210]，物理其本[211]，循名責實[212]，虛僞不齒[213]；終於邦域之內，咸畏而愛之，刑政雖峻而無怨者，以其用心平而勸戒明也。可謂識治之良才，管、蕭之亞匹矣[214]。然連年動衆，未能成功，蓋應變將略，非其所長歟！

注釋

①琅邪（yá）：東漢王國名，治所在開陽縣（今山東臨沂市北十五里）。陽都：琅邪國下屬縣名，在今山東沂水南。

②司隸校尉：掌糾察京師百官及所轄附近各郡，相當於州刺史，秩二千石。諸葛豐：字少季，琅邪人。漢元帝時任司隸校尉。傳見《漢書》卷七十七。

③太山郡：即泰山郡，治今山東泰安市東。郡丞：爲太守副貳，佐郡守掌衆事。

④袁術：字公路，汝南汝陽（今河南商水西南）人。司空袁逢之子。董卓之亂後，割據揚州，後爲曹操所敗，病死。署：委任，任命。豫章：郡名，治今江西南昌。

⑤劉表（142—208）：字景升，山陽高平（今山東微山西北）人。西漢魯恭王劉餘的後裔，東漢末任荆州牧，是當時較大的割據勢力。荆州牧：爲荆州刺史部（治今湖北襄樊市）的長官，轄境約當今湖北、湖南兩省和河南、貴州、廣東、廣西的部分地區。漢武帝設十三州部，每部設一刺史，督察州部内的郡縣長官。漢成帝時改刺史爲州牧，後廢置無常。東漢靈帝時爲鎮壓黄巾起義，再設州牧，掌一州之軍政大權，位居郡守之上，權勢較過去更重，成爲漢末地方割據的主要力量。

⑥畊：古“耕”字。裴注引《漢晉春秋》曰：“亮家于南陽之鄧縣，在襄陽城西二十里，號曰隆中。”

⑦《梁父吟》：古歌謡名。“父”或作“甫”。

⑧八尺：意指諸葛亮身材高大。漢尺相當於今 0.69 尺，合 0.23 米，八尺約合 1.84 米。

⑨每自比於管仲、樂毅：是説自己兼具治國、用軍之才。管仲是春秋時輔佐齊桓公稱霸的政治家，樂毅是戰國時佐燕王伐齊興燕的名將。

⑩莫之許：即莫許之，没有人認可、承認他。

⑪博陵：郡名。治今河北蠡縣南。崔州平：太尉崔烈之子，西河太守崔均之弟。潁川：郡名。治今河南禹州。徐庶：東漢末名士，字元直。

⑫信然：確實如此。

⑬先主：指劉備。陳壽寫《三國志》時劉備去世，故稱“先主”。新野：治今河南新野。漢獻帝建安六年（201 年），劉備依附劉表，屯駐新野。

⑭豈：表推測或疑問，意爲是不是，莫非。

⑮就：前去。

⑯屈致：謂屈其志節而招致。

⑰枉駕顧之：屈尊相訪，即親身登門。枉駕：敬語，屈駕。顧：拜訪。

⑱詣：去，到。舊時特指到尊長那兒去。

⑲屏（bǐng）：退避，回避。此使動用法。

⑳傾頹：衰敗。

㉑姦臣竊命：指曹操挾天子以令諸侯。竊命：盜用皇帝的權柄。

㉒蒙塵：蒙受塵土，比喻天子出奔。此處指漢獻帝被曹操挾持遷都許昌，遭受垢辱。

㉓度（duó）：衡量。

㉔信：伸。大義：即君臣的大義，指誅滅奸臣，匡扶漢室。

㉕遂用：因此。猖蹶：顛覆，失敗。此處作挫敗講。

㉖已：止，放弃。

㉗計將安出：謂計謀何在，即有何計謀。

㉘董卓：字仲穎，隴西臨洮（今甘肅岷縣）人。原爲凉州豪强，靈帝時任并州牧。靈帝死，外戚何進與袁紹謀誅宦官，召董卓進京。卓率兵入洛陽，廢少帝，立獻帝，專斷朝政，各地起兵反對，許多割據勢力由此崛起。

㉙不可勝數：不能盡數。勝（舊讀 shēng）：盡，窮盡。

㉚曹操（155—220）：字孟德，小名阿瞞，沛國譙縣（今安徽亳州）人。東漢末年，鎮壓黄巾起義，起兵討伐董卓，最終統一了北方，封爲魏王。曹丕稱帝后，追尊他爲魏武帝。袁紹（？—202）：字本初，袁術族兄，初爲司隸校尉，後起兵討伐董卓，據有冀、青、幽、并四州，是當時北方勢力最强的割據力量，後爲曹操所敗。

㉛惟：祇是。

㉜抑：表輕微的轉折，猶却也。

㉝孫權（182—252）：字仲謀，吴郡富春（今浙江富陽）人。江東：長江在蕪湖、南京之間，折向東北流，古代習慣稱自此以下的長江南岸地區爲江東。

㉞三世：孫權父孫堅據有江東，傳子策，策又傳弟權，已經歷三世。

㉟漢：指今漢水下游，其上游古稱沔水。

㊱南海：指中國南部近海地區。

㊲吴會（kuài）：指吴郡（治今江蘇蘇州）和會稽郡（治今浙江紹興）。

㊳巴：指今川東、重慶、湖北西北一帶以大巴山爲中心的區域。蜀：指今以成都爲中心的川西地區。

㊴用武之國：指軍事上相互争奪的戰略要地。

㊵殆：大概。

㊶豈：表推測，是否，莫非。

㊷益州：治所在今四川成都，轄境包括今四川、雲南、貴州的大部分地區和陝西、甘肅南部地區。

㊸天府：古人認爲蜀地沃野千里，水旱從人，不知饑饉，時無荒年，故謂之天府，見《華陽國志》卷三《蜀志》。

㊹高祖因之以成帝業：漢高祖劉邦被項羽封爲漢王，擁有漢中、巴、蜀之地，後以此爲根據地，奪取天下。

㊺劉璋：字季玉，江夏（漢郡，治所在西陵縣，今武漢新洲區西）人，東漢末繼其父劉焉任益州牧。闇弱：暗弱，愚昧軟弱。

㊻張魯：字公祺，沛國豐縣（今江蘇豐縣）人，天師道創立者張道陵之孫，東漢末割據漢中三十年，後爲曹操所敗，投降。

㊼存恤：愛護。

㊽冑：後代。《三國志·蜀書·先主傳》稱劉備是“漢景帝子中山靖王勝之後也”。

㊾信義：信用和道義。著：明顯，顯著。

㊿總攬：廣爲延攬。

51巖阻：阻要之處。

52諸戎：指當時居於川西、甘肅和青海南部的部族。

53夷越：指西南夷和荆州南部的越人。

54政理：政治，治國之道。

55宛：今河南南陽。洛：東漢都城，今河南洛陽。

56秦川：今秦嶺以北的陝西、甘肅的渭水流域平原地區。

57簞食：以竹籃盛着飯。壺漿：用壺裝着飲料。這裹借用《孟子·梁惠王下》所説的“簞食壺漿，以迎王師”之語，亦有表示正義之師的意味。

58關羽（？—220）：字雲長，河東解縣（山西臨猗西南）人。張飛（？—221）：字益德，涿郡（今河北涿州）人。關、張二人皆蜀漢名將，傳見《三國志》卷三十六。

59拒塞：拒絶。

60按：這裹申生、重耳都是春秋時晋獻公之子，遭獻公寵姬驪姬的讒害，長子申生不願出走，在國内自縊而死，重耳流亡在外十九年，終於回國爲君，即晋文公。參本書“泛讀文選”經部選篇《晋公子重耳之亡》。

61黄祖：劉表所任命的江夏太守，建安十三年（208年）被孫權所擊殺。

62江夏：郡名。時治夏口城，今武漢市漢口城區。

63征：古代文獻所説的戰争一般有四種：兩相攻曰攻，以大加小曰伐，加有罪曰討，天子自往曰征。用“征”强調是以上進攻下，是正義的。陳壽這裏用“征”字，因爲曹操是“挾天子以令諸侯”。

64樊：樊城，在今湖北襄樊。

65夏口：又稱漢口，即漢水入江處。故址在今武漢三鎮之漢口。

66柴桑：縣名。在今江西九江西南。

67劉豫州：即劉備，他曾任豫州牧，故稱。漢南：漢水之南。

68芟（shān）夷：削除，平定。指曹操此時已消滅袁術、吕布和袁紹等割據勢力。

69案兵束甲：放下兵器，收起甲衣，表示歸順。

70田横：戰國末年田齊宗室，楚漢戰争時自立爲齊王。西漢統一之後，田横率五百壯士逃避海島。劉邦派人招田横入朝，田横行至洛陽附近自殺，島上壯士聞訊皆自殺。下面的“義”，指君臣之義，田横作爲宗室，認爲向劉邦（曾經與自己一樣爲王）稱臣是耻辱。

71長阪：地名。在今湖北當陽。

72語出《漢書·韓安國傳》。魯縞：魯地出産的絹，以薄聞名。這應該是秦漢時期的一句俗語，這裏强調曹軍長途奔襲，人馬疲憊，戰鬥力已經不再强大了。

73語出《孫子·軍争篇》，軍隊日行五十里而争利，一定使上將軍挫敗。蹶：受挫折。

74偪：同“逼”。此被逼於。

75協規：共同謀劃。

76赤壁：地名。關於赤壁古戰場的地點，一般認爲在今湖北赤壁市。

77鄴：古都邑名。曹操封爲魏王後，定都於此，故址在今河北臨漳西南。

78軍師中郎將：劉備所創武官名，參與軍事决策，執掌兵權。

⑲零陵：治所在今湖南零陵。桂陽：治所在今湖南郴州。長沙：治所在今湖南長沙。諸葛亮占領這三郡之後，劉備的勢力滲透到荆州南部地區。

⑳調：徵調，徵收。

㉑軍實：軍需物資。

㉒建安十六年：211 年。

㉓法正：字孝直，右扶風眉縣（今陝西眉縣）人。先依附劉璋，後成爲劉備的重要謀士。《三國志・蜀書》有傳。

㉔葭萌：縣名。在今四川廣元西南。

㉕泝（sù）：同“溯”。逆水而上。

㉖軍師將軍：本爲西漢所設雜號將軍，負責征伐，不常設。當時劉備爲左將軍，諸葛亮以軍師將軍的名義署理左將軍府日常事務。

㉗署：代理，暫任。

㉘“昔吳漢”句：吳漢、耿弇、耿純都是光武帝劉秀的大將，“世祖”是劉秀的廟號。耿純勸進之事，見《後漢書・光武帝紀上》，但文字有很大差異。

㉙喁喁（yóng yóng）：很多魚在水面向上張着嘴的樣子，比喻衆人景仰和歸向。

㉚深至：深入，透徹。

㉛苗族：苗裔，後裔。

㉜紹世：繼承漢室的世系。

㉝宜：義。指符合道義。

㉞尺寸之功：指微末的功勞、功名。

㉟策：策命，册命。

㊱不造：不幸。

㊲綏：安寧，安定。

㊳於戲：嗚呼。

㊴輔：輔助，匡正。闕：缺失。

⑩重光：比喻累世盛德，輝光相承。

⑩勖：勉勵。

⑩錄尚書事：官名。西漢時，掌樞要之大臣，加領尚書事，掌出納奏章。東漢時權歸尚書省，大臣加“錄尚書事”，則可總攬朝政，是掌握實權的宰相。錄：總領之意。

⑩假節：古代皇帝給大臣授予處理軍政事務的特權時，依次加“假節”“持節”“使持節”等名號，其中假節者有權處理違反軍令者。

⑩領：兼任。

⑩章武三年：223 年。章武：劉備的年號。

⑩永安：宮名。故址在今重慶奉節東北之白帝城。章武二年（222 年），劉備伐吳，兵敗退於白帝城，建此宮。病篤：病重。

⑩屬（zhǔ）：囑托，托付。

⑩敢：敢不之意。股肱：大腿和胳膊，喻指竭盡全力。

⑩從事：行事，辦事。

⑪建興元年：223 年。劉備於章武三年五月去世，劉禪繼位後隨即改元建興。

⑪武鄉：是琅邪國的一個縣，諸葛亮是琅邪人，因以武鄉遥封之。

⑪開府治事：開建府署，設置屬官。漢代，唯三公得開府。

⑪南中諸郡：指蜀漢的牂柯、越巂、永昌諸郡，皆在巴蜀以南，故稱南中。

⑭並皆叛亂：建興元年夏，南中的地方勢力同時叛亂。

⑮聘：出使。

⑯與國：相互親善友好之國。

⑰其秋悉平：建興三年（225年），諸葛亮率軍南征，連戰皆捷，七擒孟獲，平定了南中諸郡，爲出師北伐解除了後顧之憂。

⑱漢中：蜀漢郡名。治所在今陝西漢中市。

⑲崩殂（cú）：去世。

⑳疲弊：困乏，指蜀漢國力困乏。

㉑追先帝之殊遇：懷念先帝的特殊恩遇、恩寵。

㉒開張聖聽：廣開言路，聽取意見。

㉓恢弘：發揚，振作。

㉔妄自菲薄：隨意自輕自賤。

㉕引喻：援引譬況。失義：失宜。諸葛亮希望後主要振作，效法古代賢君，不要引喻失宜，甘爲庸君。

㉖陟罰臧否：賞罰褒貶。

㉗平明：公平嚴明。

㉘侍中：官名。侍從皇帝左右，顧問應對。侍郎：官名。指黄門侍郎，侍從皇帝，掌草擬詔令。郭、費、董三人分别是南陽、江夏、南郡人，都是劉備在荆州網羅的人才，很受諸葛亮的器重。

㉙簡拔：挑選，提拔。

㉚向寵：襄陽人。劉備夷陵之敗，衹有向寵所部完好無損。劉禪繼位後，諸葛亮推薦向寵爲中部督，掌宿衛軍，後升爲中領軍。

㉛淑均：和善公平。

㉜桓、靈：指東漢末年的漢桓帝、靈帝。當時宦官專權，朝政混亂。

㉝侍中、尚書、長史、參軍：這裏侍中指郭攸之、費禕；尚書指陳震，協助皇帝處理政務；長史和參軍都是丞相府的屬官，分别指張裔、蔣琬，諸葛亮北伐後，二人負責處理丞相留府的日常事務。

㉞南陽：東漢郡名。治所在今河南南陽。關於諸葛亮的躬耕地，學界一直有争議，一説在南陽郡鄧縣隆中，一説在南陽郡治宛縣。

㉟卑鄙：出身低賤，謙詞。

㊱猥：謙詞，有辱、委屈之意。枉屈：枉駕屈就。

㊲驅馳：奔走效命。

㊳瀘：即瀘水。今長江上游金沙江流經四川的一部分。

㊴不毛：荒蕪不毛之地。指諸葛亮南征時之環境惡劣與艱苦。

㊵駑鈍：劣馬鈍刀，謙稱自己才能平庸。

㊶興德：發揚聖德。

㊷慢：輕慢，懈怠。

㊸諮諏（zōu）善道：徵求治國的好辦法。

㊹沔陽：縣名。治今陝西勉縣東。

㊺斜谷道：古陝、蜀之間的險要通道爲褒斜道，北部稱斜谷，南部稱褒谷，其北起陝西眉縣，南口在今陝西勉縣的褒城鎮。

㊻箕谷：在今陝西勉縣褒城鎮北十五里箕山中，是漢中出褒斜道的必經之路。

㊼曹眞：字子丹。曹操之族子，曹魏鎮守關中之大將。

㊽祁山：在今甘肅禮縣東，在谷口西漢水的北岸築有城堡，名祁山堡，爲軍事要地。據《諸葛亮

傳》的記載，亮出兵攻魏五次，出祁山兩次。《三國志》偶爾也以祁山泛指整個祁山地區。

⑭⑨南安：治所在今甘肅隴西縣東南。天水：治所在今甘肅甘谷縣東。安定：治所在今甘肅鎮原縣西南。

⑮⓪魏明帝：曹丕之子，名叡，226—239 年在位。

⑮①張郃：曹魏名將，督諸軍拒蜀漢軍於街亭。

⑮②馬謖：字幼常，襄陽宜城人。好論軍事，諸葛亮北伐，以謖爲先鋒，失街亭後下獄而死。《三國志》有傳。

⑮③街亭：故址在今甘肅莊浪縣南，是控制關隴通道的要害之地。

⑮④節度：部署。

⑮⑤西縣：在今甘肅禮縣東北，祁山北麓。

⑮⑥叨（tāo）竊非據：慚愧自己擔任了不應擔任的職務。叨竊：貪占。

⑮⑦旄鉞：軍旗和斧鉞，爲天子賜給統兵大臣的儀仗，代表指揮軍隊和對部下的生殺大權。厲：操練，整飭。

⑮⑧訓章明法：依照規章，嚴明法紀。

⑮⑨箕谷不戒之失：裴注引《漢晉春秋》載諸葛亮曰："大軍在祁山、箕谷，皆多於賊，而不能破賊爲賊所破者，則此病不在兵少也，在一人耳。"當時趙雲、鄧芝兵敗箕谷，能聚衆固守，才得以損失不大。

⑯⓪授任：授官任命。諸葛亮以馬謖爲先鋒之前，許多人表示過不同意見，亮堅持自己的看法，這也是他的反思。

⑯①恤事：考慮事情。

⑯②《春秋》責帥：指依《春秋》之義，兵敗由主帥負其責，意爲應該受到相應責罰。

⑯③督：責罰。厥：其，指諸葛亮自己。

⑯④右將軍：爲上卿，位三品，而丞相位居一品，故云自貶三等。

⑯⑤行：代理。

⑯⑥總統：指所負責的事務。

⑯⑦散關：又名大散關，在今陝西寶雞市西南的秦嶺北麓，扼守着川陝交通的要道，歷來是兵家必爭之地。

⑯⑧陳倉：縣名。治今陝西寶雞市東。這是漢高祖劉邦"明修棧道，暗渡陳倉"，出漢中還定三秦的路綫。

⑯⑨武都：郡名。治下辨，今甘肅成縣西北。陰平：郡名。治陰平，今甘肅文縣西北。二郡的山谷間氐人、羌人部落甚衆，參見《三國志·魏書·西羌傳》及《烏丸傳》裴注所引《魏略·西戎傳》。

⑰⓪郭淮：字伯濟，太原陽曲（今山西陽曲西南）人。時任雍州（治所在長安，今西安西北）刺史，爲曹魏抗蜀名將。

⑰①建威：地名。在下辨西北，今甘肅西和縣北。

⑰②燿：同"耀"。

⑰③幹國：治國。

⑰④挹損：貶抑。

⑰⑤九年：建興九年，231 年。

⑰⑥木牛：適合山地運輸的木制推車，有人認爲由四人推挽，前有轅。

⑰⑦流馬：適合山地運輸的獨輪車，形似馬，一人推挽即可。

⑰⑧五丈原：在今陝西岐山縣南斜谷口西側，三國時爲武功轄地。

⑰⑨司馬宣王：即司馬懿，字仲達。魏元帝咸熙元年（264 年），懿子司馬昭加封爲晉王，追尊其父

懿爲宣王。渭南：渭水南岸，今陝西眉縣到周至一帶。

⑱⓪安堵：安居如墻，謂不受侵擾。

⑱①軍無私：言軍隊不搶劫百姓財物作爲個人所有。

⑱②案行：巡視，巡察。

⑱③定軍山：在今陝西勉縣東南。

⑱④明叡：聰明睿智。

⑱⑤繼絕興微：此指繼承漢室中斷之皇統，興復弱小之蜀漢。

⑱⑥志存靖亂：下定決心，平定叛亂，指平定南中之亂。

⑱⑦六師：《周禮》王者六師，這裏指蜀漢的全部軍隊。

⑱⑧八荒：指遠離京畿之外的八方荒遠之地。

⑱⑨建殊功於季漢：因爲蜀漢自稱繼承漢朝的正統，故云。季漢：漢末。

⑲⓪伊、周：伊尹、周公。前者輔佐商湯和他的長孫太甲，後者輔佐周文王和他的兒子成王，奠定了商、周王朝的基礎，立下不朽功勳。

⑲①不弔：不幸。

⑲②垂克：將要成功。

⑲③遘：遭受。隕：通"殞"。去世。

⑲④序功：論列功績。

⑲⑤紀行命謚：按生前的行爲賜給謚號。

⑲⑥左中郎將：官名。西漢始置，隸屬光禄勳，掌其署中郎、侍郎、郎中等後備官員。杜瓊：字伯瑜，成都人，《三國志》有傳。

⑲⑦調度：安排，經營。

⑲⑧損益連弩：改進連弩裝置。據裴注引《魏氏春秋》所載，諸葛亮改進的連弩能"一弩十矢俱發"，其法後失傳。

⑲⑨八陳圖：即八陣圖，爲諸葛亮所創軍隊作戰之陣法，《水經注·江水》稱奉節縣西南江灘上還有八陣圖的遺迹。陳：古"陣"字。

⑳⓪別爲一集：即陳壽所編《諸葛亮集》，共二十四篇，已失傳，其目録附於諸葛亮本傳。現在通行的《諸葛亮集》由清人張澍所編，共十一卷，不僅有諸葛亮自己的文章，還包括他的傳記資料。

⑳①景耀六年：263年。景耀：後主劉禪的年號。

⑳②鍾會：字士季，穎川長社人，與鄧艾共同滅蜀。

⑳③漢川：指漢中。

⑳④長水校尉：掌宿衛禁卒，秩比二千石。

⑳⑤儀軌：禮儀法度。

⑳⑥約：裁減。

⑳⑦權制：權宜之制。

⑳⑧輸情：表達真情，指如實服罪。

⑳⑨游辭巧飾：以虛浮不實之言辭詐僞粉飾。

㉑⓪精練：精通練達。

㉑①物理：處理事務。

㉑②循名責實：根據官員之聲譽考察其實績。

㉑③齒：録用。

㉑④管、蕭之亞匹：與管仲、蕭何同爲一流人物。

導讀

《三國志》包括《魏書》(一作《魏志》）三十卷，記漢末董卓之亂以後到曹魏建國和滅亡的歷史;《蜀書》十五卷，記劉備建立蜀國和劉禪統治蜀國直到滅亡的歷史;《吴書》二十卷，記江南孫氏父子建立吴國，直到爲西晋所滅的歷史。

作者陳壽（233—297)，字承祚，巴西安漢（今四川南充）人，《晉書》卷八十二、《華陽國志》卷十一有傳。陳壽這個人應該是很正派，在蜀漢時不願依附黄皓，西晋代曹魏後爲張華所識，做過著作佐郎、著作郎之類的官職，好像官運一直不太好，經常遭到别人的嫉妒和陷害。但他在著述方面却因此得益，先是有《益部耆舊傳》的撰寫，還編了《諸葛亮集》，當然，最著名的是《三國志》。

《三國志》是關於三國時期歷史最重要的傳世史料，當時就有人“稱其善敍事，有良史之才”(《晉書》卷八十二《陳壽傳》)。裴松之説：“壽書銓敍可觀，事多審正。誠遊覽之苑囿，近世之嘉史。然失在于略，時有所脱漏。”(裴松之《上三國志注表》，見點校本《三國志》卷末）應該説，這個評價是比較客觀的。陳壽這部書寫得確實簡明扼要，基本上算得上是實録。這跟當時的條件有關係：一是他寫書時離三國不遠，很多事情都在他的經歷、聞見範圍之内；二是魏、吴兩國都有官修史書，成爲陳壽撰述的依據，這也是書中這兩部分比較詳細的原因。蜀漢未立史官，但陳壽心懷故國，盡力搜求能得到的材料，雖然寫得單薄一些，但也很不錯了。這部書的體裁只有紀、傳，没有志、表，紀在《魏書》中，吴、蜀都只有列傳。

《三國志》簡略的問題在劉宋時由裴松之得到彌補。裴松之（372—451)，字世期，河東聞喜（今山西聞喜）人，先世東晋時渡江。松之官至國子博士、太中大夫。他奉宋文帝命爲《三國志》作注，元嘉六年（429年）奏上。他的注除了字詞的訓釋，主要做了四方面的工作：“其壽所不載，事宜存録者，則罔不畢取以補其闕。或同説一事而辭有乖雜，或出事本異，疑不能判，並皆抄内以備異聞。若乃紕繆顯然，言不附理，則隨違矯正以懲其妄。其時事當否及壽之小失，頗以愚意有所論辯。”(《上三國志注表》）亦即補闕，備異，懲妄，論辯。《三國志》在許多關鍵處語焉不詳，裴注的補闕確有補充史料之功。如陳壽衹在《武帝紀》和《任峻傳》中各用了十三字和四十一字敘述曹魏重要措施屯田，而裴注在《武帝紀》中引用王沈《魏書》的記載，補充了一百四十七字，在《任峻傳》注中，引用《魏武故事》所載曹操令以補充棗祗事迹，關於屯田有一百八十二字。裴注雖然有六十一篇傳（包括一些重要人物的傳）没有注，但字數約爲本書的三倍。《四庫全書總目》的作者對裴注有褒有貶，既認爲裴注“嗜奇愛博，頗傷蕪雜”，又從積極的方面説：“然網羅繁富，凡六朝舊籍今所不傳者，尚一一見其厓略；又多首尾完具，不似酈道元《水經注》、李善《文選注》皆翦裁割裂之文，故考證之家取材不竭，轉相引據者，反多於陳壽本書焉。”據今人逯耀東統計，注中魏晋史料多達一百八十七種，多首尾俱全，且這些著作在唐宋後多散佚（參逯耀東《〈三國志〉注引用的魏晋材料》，載逯耀東《魏晋史學的思想與社會基礎》，北京，中華書局，2006年）。所以，有些學者認爲裴注中保存的史料，質和量都不在原書之下，其史料價值甚至比陳書還要高。閲讀《三國志》，還應參考盧弼（1876—1967）的《三國志集解》，這部書彙集各家之注，并附自己的校勘與見解，由於作者是楊守敬的弟子，所以地理方面尤詳。

本書《三國志》的選文，依據的是中華書局 1959 年點校本第一版（1964 年第 4 次印本），并參考了 1982 年點校本第二版。該本采用百衲本（以南宋紹興本和紹熙本配合影印）和百衲本之外的幾種版本互相勘對，擇善而從，還吸收了清人的一些考訂成果，是目前閲讀《三國志》最理想的版本。本篇的注釋還參考了繆鉞主編的《三國志選注》（北京，中華書局，1984 年）一書。

本篇選自《三國志》卷三十五《蜀書》五，講述了諸葛亮的生平事迹，語言精練，是《三國志》中的名篇。由於《三國演義》、民間説唱等文學形式的影響，諸葛亮是中國歷史上“箭垛式的人物”（胡適語），其源頭多可追溯到本傳和裴注。由於本書體例和篇幅所限，本篇只節選了《諸葛亮傳》的部分内容，裴松之注則全部删去，只在注釋中偶爾提及，然讀《三國志》必參讀裴注，以明不同作者對歷史之叙述，這是必須説明的。陳壽在史評中説，諸葛亮“庶事精練”，是“識治之良才，管、蕭之亞匹”，可能不太擅長“應變將略”，所以連年動衆，未能成功，後人對這段評論争議也很多。值得注意的是，陳壽對諸葛亮的描寫，重心却圍繞着“應變將略”，隆中對、出使江東、《出師表》皆是如此。透過言語對話、書面文字呈現諸葛亮的人物形象、性格，這也是本文最精彩之處。

參考文獻

田餘慶．隆中對再認識　李嚴興廢與諸葛用人//田餘慶．秦漢魏晋史探微．重訂本．北京：中華書局，2011：163-207.

陳翔華．諸葛亮形象史研究．杭州：浙江古籍出版社，1990.

胡寶國．《三國志》裴注研究//胡寶國．漢唐間史學的發展．北京：北京大學出版社，2014.

戴燕．《三國志》講義．北京：三聯書店，2017.

周瑜傳（《三國志》）

選文

周瑜字公瑾，廬江舒人也[1]。從祖父景，景子忠，皆爲漢太尉[2]。父異，洛陽令。

瑜長壯有姿貌。初，孫堅興義兵討董卓[3]，徙家於舒。堅子策與瑜同年[4]，獨相友善，瑜推道南大宅以舍策，升堂拜母，有無通共。瑜從父尚爲丹楊太守[5]，瑜往省之。會策將東渡，到歷陽[6]，馳書報瑜，瑜將兵迎策。策大喜曰："吾得卿，諧也。"遂從攻横江、當利[7]，皆拔之。乃渡江擊秣陵[8]，破笮融、薛禮[9]，轉下湖孰、江乘[10]，進入曲阿[11]，劉繇奔走[12]，而策之衆已數萬矣。因謂瑜曰："吾以此衆取吴會平山越已足[13]。卿還鎮丹楊。"瑜還。頃之，袁術遣從弟胤代尚爲太守，而瑜與尚俱還壽春。術欲以瑜爲將，瑜觀術終無所成，故求爲居巢長[14]，欲假塗東歸，術聽之。遂自居巢還吴。是歲，建安三年也[15]。策親自迎瑜，授建威中郎將[16]，即與兵二千人，騎五十匹。瑜時年二十四，吴中皆呼爲周郎。以瑜恩信著於廬江，出備牛渚[17]，後領春穀長[18]。頃之，策欲取荆州，以瑜爲中護軍[19]，領江夏太守[20]，從攻皖[21]，拔之。時得橋公兩女，皆國色也。策自納大橋，瑜納小橋。復進尋陽[22]，破劉勳[23]，討江夏，還定豫章、廬陵[24]，留鎮巴丘[25]。

五年，策薨，權統事。瑜將兵赴喪，遂留吴，以中護軍與長史張昭共掌衆事[26]。十一年，督孫瑜等討麻、保二屯[27]，梟其渠帥，囚俘萬餘口，還備宫亭[28]。江夏太守黄祖遣將鄧龍將兵數千人入柴桑[29]，瑜追討擊，生虜龍送吴。十三年春，權討江夏，瑜爲前部大督。

其年九月，曹公入荆州，劉琮舉衆降，曹公得其水軍，船步兵數十萬，將士聞之皆恐。權延見羣下，問以計策。議者咸曰[30]："曹公豺虎也，然託名漢相，挾天子以征四方，動以朝廷爲辭，今日拒之，事更不順。且將軍大勢，可以拒操者，長江也。今操得荆州，奄有其地[31]，劉表治水軍，蒙衝鬬艦[32]，乃以千數，操悉浮以沿江，兼有步兵，水陸俱下，此爲長江之險，已與我共之矣。而勢力衆寡，又不可論。愚謂大計不如迎之。”瑜曰：“不然。操雖託名漢相，其實漢賊也。將軍以神武雄才，兼仗父兄之烈，割據江東，地方數千里，兵精足用，英雄樂業[33]，尚當横行天下，爲漢家除殘去穢。況操自送死，而可迎之邪？請爲將軍籌之：今使北土已安，操無内憂，能曠日持久，來爭疆埸[34]，又能與我校勝負於船檝閒乎？今北土既未平安，加馬超、韓遂尚在關西[35]，爲操後患。且舍鞍馬，仗舟檝，與吴越爭衡，本非中國所長。又今盛寒，馬無藁草，驅中國士衆遠涉江湖之閒，不習水土，必生疾病。此數四者，用兵之患也，而操皆冒行之。將軍禽操，宜在今日。瑜請得精兵三萬人，進住夏口，保爲將軍破之。”權曰：“老賊欲廢漢自立久矣，徒忌二袁、吕布、劉表與孤耳。今數雄已滅，惟孤尚存，孤與老賊，勢不兩立。君言當擊，甚與孤合，此天以君授孤也。”

時劉備爲曹公所破，欲引南渡江，與魯肅遇於當陽[36]，遂共圖計，因進住夏口，遣諸葛亮詣權。權遂遣瑜及程普等與備并力逆曹公，遇於赤壁。時曹公軍衆已有疾病，初一交戰，公軍敗退，引次江北[37]。瑜等在南岸。瑜部將黄蓋曰[38]：“今寇衆我寡，難與持久。然觀操軍船艦首尾相接，可燒而走也。”乃取蒙衝鬬艦數十艘，實以薪草，膏油灌其中，裹以帷幕，上建牙旗[39]，先書報曹公，欺以欲降。又豫備走舸[40]，各繫大船後，因引次俱前[41]。曹公軍吏士皆延頸觀望，指言蓋降。蓋放諸船，同時發火。時風盛猛，悉延燒岸上營落。頃之，煙炎張天，人馬燒溺死者甚衆，軍遂敗退，還保南郡[42]。備與瑜等復共追。曹公留曹仁等守江陵城，徑自北歸。

瑜與程普又進南郡，與仁相對，各隔大江。兵未交鋒，瑜即遣甘寧前據夷陵[43]。仁分兵騎别攻圍寧。寧告急於瑜。瑜用吕蒙計，留淩統以守其後，身與蒙上救寧。寧圍既解，乃渡屯北岸，克期大戰[44]。瑜親跨馬擽陳[45]，會流矢中右脅，瘡甚，便還。後仁聞瑜卧未起，勒兵就陳[46]。瑜乃自興[47]，案行軍營，激揚吏士，仁由是遂退。

權拜瑜偏將軍，領南郡太守。以下雋、漢昌、劉陽、州陵爲奉邑[48]，屯據江陵。劉備以左將軍領荆州牧，治公安[49]。備詣京見權[50]，瑜上疏曰：“劉備以梟雄之姿，而有關羽、張飛熊虎之將，必非久屈爲人用者。愚謂大計宜徙備置吳[51]，盛爲築宮室，多其美女玩好，以娛其耳目，分此二人，各置一方，使如瑜者得挾與攻戰，大事可定也。今猥割土地以資業之[52]，聚此三人，俱在疆場，恐蛟龍得雲雨，終非池中物也。”權以曹公在北方，當廣擥英雄，又恐備難卒制[53]，故不納。

是時劉璋爲益州牧，外有張魯寇侵，瑜乃詣京見權曰：“今曹操新折衄[54]，方憂在腹心，未能與將軍連兵相事也。乞與奮威俱進取蜀[55]，得蜀而幷張魯，因留奮威固守其地，好與馬超結援。瑜還與將軍據襄陽以蹙操[56]，北方可圖也。”權許之。瑜還江陵，爲行裝，而道於巴丘病卒，時年三十六。權素服舉哀，感動左右。喪當還吳，又迎之蕪湖[57]，衆事費度，一爲供給。後著令曰：“故將軍周瑜、程普，其有人客[58]，皆不得問。”初瑜見友於策[59]，太妃又使權以兄奉之[60]。是時權位爲將軍，諸將賓客爲禮尚簡，而瑜獨先盡敬，便執臣節[61]。性度恢廓[62]，大率爲得人[63]，惟與程普不睦。

瑜少精意於音樂，雖三爵之後，其有闕誤，瑜必知之，知之必顧[64]，故時人謠曰：“曲有誤，周郎顧。”

注釋

①舒：縣名。治今安徽省廬江縣西南，東漢時爲廬江郡治。

②從祖父：祖父之親兄弟。周景及其子周忠任太尉在漢桓帝、獻帝時期。

③孫堅（155—191）：字文臺，吳郡富春人。東漢末任長沙太守，董卓專權，他與其他地方勢力聯合討卓。其後孫堅參與軍閥混戰，初平二年（191 年），率軍攻劉表，被劉表部將黄祖射死。

④堅子策：孫堅子孫策。孫策（175—200）：字伯符，孫堅死後，孫策在袁術支持下在江東建立孫氏政權，後遇刺而死，其弟孫權繼之據有江東。

⑤丹楊：郡名，亦作丹陽。治所在宛陵（今安徽宣城）。

⑥歷陽：縣名。在今安徽和縣。孫策從袁術處得其父親部曲，於興平二年（195 年）率軍渡江。

⑦横江：亦稱横江渡。在和縣東南二十六里的長江北岸，南岸即采石磯。這裏是長江下游的緊要渡口。當利：亦稱當利口、當利浦，在和縣東十二里。

⑧秣陵：縣名。在今江蘇南京江寧區南。

⑨笮（zé）融：東漢末丹楊人，曾任下邳相。薛禮：東漢末曾任彭城相。

⑩湖孰：縣名。在今江蘇南京江寧區東南。江乘：縣名。在今江蘇句容北。

⑪曲阿：縣名。在今江蘇丹陽。劉繇任揚州刺史時，州城在江北的壽春（今安徽壽縣），爲袁術所奪，遂以江南之曲阿作爲州城。

⑫劉繇：字正禮，東萊牟平（今山東牟平）人，漢末被任命爲揚州刺史。笮、薛二人投奔繇，據守秣陵城，爲孫策所破。

⑬吳會：泛指江蘇南部、浙江東部一帶。吳：指吳郡。會：指會稽。山越：指居住在江浙閩贛一帶山地的南方土著，由漢化的居山的越人和避役入山的人民組成。參唐長孺《孫吳建國及漢末江南的

宗部與山越》，載唐長孺《魏晋南北朝史論叢》，北京，中華書局，1983年。

⑭居巢：縣名。在今安徽桐城南。

⑮建安三年：198年。

⑯建威中郎將：官名。源出中郎將之職，屬於三國時期的雜號中郎將之一。中郎將始置於秦，西漢時掌侍從天子、隨行護駕，東漢時方有領兵征戰之職，周瑜的建威中郎將已經類似於將軍之稱了。

⑰牛渚：即牛渚磯，一名采石磯，在安徽當塗縣西北二十里，隔江與横江渡相對。

⑱春穀：縣名。在今安徽繁昌西南。

⑲中護軍：官名。掌禁兵，統領諸將，後來吴置中、左、右護軍。

⑳江夏：郡名。治所在夏口城，今武漢市漢口城區。當時由劉表所任命的太守黄祖控制，周瑜的任命只是名義上的。

㉑皖：皖口，指皖水入長江之口，有皖口鎮，屬廬江皖縣（在今安徽潜山），是長江北岸的軍事重鎮。

㉒尋陽：縣名。在今湖北黄梅西南。

㉓劉勳：字子臺，東漢末爲廬江太守，被周瑜擊敗，歸附曹操，後因犯法被殺。

㉔豫章：郡名。治所在南昌（今江西南昌）。廬陵：郡名。治所在石陽（今江西吉水東北）。

㉕巴丘：縣名。在今江西峽江縣，後文周瑜“道於巴丘病卒”之巴丘在今湖南岳陽。

㉖張昭：字子布，彭城（今江蘇徐州）人。漢末渡江，任孫策的長史，極得信任。策死，張昭與周瑜輔立孫權，以正直、穩重見稱於時。《三國志》有傳。

㉗孫瑜：孫堅季弟孫静之子。麻、保二屯：在今湖北嘉魚境内。

㉘宫亭：湖名。本指廬山南麓祭山神的宫亭廟，由於廟神靈驗傳説的廣泛影響，本來名爲彭蠡澤的鄱陽湖，也被稱作宫亭湖。

㉙柴桑：縣名。在今江西九江西南。

㉚議者咸曰：《資治通鑑》作“長史張昭等曰”。

㉛奄：全部。

㉜蒙衝：狹長的兵船，外蒙牛皮，兩旁有洞孔可以划船或射擊，用於衝擊敵船。鬬艦：船上設有女墻、戰棚等設施，屬於大型指揮戰艦。

㉝樂業：言樂於效力。此指事業順利。

㉞疆埸（yì）：即疆界。大界曰疆，小界曰埸。

㉟馬超：字孟起，右扶風茂陵（今陝西興平東北）人，凉州豪强馬騰之子。韓遂：字文約，金城（治今甘肅蘭州西南）人，亦爲凉州地方力量之一。曹操征荆州之前，已徵詔馬騰入朝爲衛尉，但馬超、韓遂在關西并未真正服從，牽制了曹操的南征之舉。

㊱魯肅：字子敬，臨淮東城人。力主聯劉抗曹，赤壁之戰前奉命赴荆州與劉備商議結盟之事，至當陽（今湖北當陽），正逢劉備遭長阪之敗。《三國志》有傳。

㊲引次：退兵駐扎。引：退避。

㊳黄蓋：字公覆，零陵泉陵人。追隨孫堅起兵，赤壁之戰建策火攻。《三國志》有傳。

㊴牙旗：將軍之旗，旗子的邊似猛獸的牙齒狀，故稱。

㊵走舸：輕便快速的戰船。

㊶引次：指將小船拖在大船之後，依次列隊而前。

㊷南郡：郡名。治所在江陵（今湖北江陵）。

㊸夷陵：縣名。在今湖北宜昌東南。

㊹克期：定期，如期。

㊺擽陳：到陣中督戰。擽：通“掠”。

㊻勒兵就陳：統率軍隊到陣地中。

㊼自興：自己勉强起來。

㊽下雋：在今湖北通城西北。漢昌：在今湖南平江東。劉陽：在今湖南瀏陽東。州陵：在今湖北嘉魚北。此四縣，僅州陵爲南郡屬縣，其他三縣皆屬長沙郡。奉邑：指將四縣之租税供周瑜使用。

㊾公安：縣名。今湖北公安縣西北，在長江南岸，與周瑜所據之江陵隔江相望。

㊿京：京口，今江蘇鎮江。

51吳：吴郡，治今江蘇蘇州。

52猥：多，衆。資業：謂以土地、物資資助他們。

53卒制：一下子控制住。卒：同“猝”。

54折衄（nǜ）：挫敗。指赤壁之戰。衄：挫折，失敗。

55奮威：指奮威將軍孫瑜。

56蹴（cù）：同“蹙”。迫近。

57蕪湖：縣名。在今安徽蕪湖東。

58客：佃客，當時孫吴政權優待豪强大族，他們占有的佃客可免除賦税徭役，即“不得而問”之意。

59見友於策：被孫策視爲朋友。

60太妃：孫權之母。

61便執臣節：便使用臣子的禮節對待孫權。

62恢廓：寬宏。

63大率爲得人：大體上能得人心。

64顧：回頭。

導讀

本篇選自《三國志》卷五十四，《吳書》九。

周瑜是孫吴建國時期的重要人物，他和張昭形成的孫吴權力結構，成爲穩定江東的重要因素。周瑜的主要事功是赤壁之戰中聯劉抗曹，《三國志》之周瑜叙事與諸葛亮、魯肅等傳互補，成爲有機的整體。司馬光在《資治通鑑》中寫赤壁之戰，主要據此篇改寫，然叙事順序多有調整。如本傳中孫權延見群下，詢問計策，在諸葛亮出使江東之前，而亮傳置於其後，爲《通鑑》所采納；本傳記述主張迎曹操爲“議者”，周瑜當面指陳其誤，而《通鑑》中改作“長史張昭等曰”；議事時“周瑜受使至番陽”，隨後被召回柴桑上陳自己的意見。以史源學的方法考察《通鑑》的文本，足見史事記載之歧異，以及司馬光整合史事之不易也。

參考文獻

田餘慶．孫吴建國的道路//田餘慶．秦漢魏晋史探微．重訂本．北京：中華書局，2011：264-297.

袁伯誠．從“赤壁之戰”看《資治通鑑》的編纂方法．西北師大學報，1983（3）：25-35.

釋老志（《魏書》）（節選）

選文

魏先建國於玄朔[①]，風俗淳一，無爲以自守[②]，與西域殊絶[③]，莫能往來。故浮圖之教[④]，未之得聞，或聞而未信也。及神元與魏、晉通聘[⑤]，文帝久在洛陽[⑥]，昭成又至襄國[⑦]，乃備究南夏佛法之事。太祖平中山[⑧]，經略燕趙[⑨]，所逕郡國佛寺，見諸沙門、道士[⑩]，皆致精敬[⑪]，禁軍旅無有所犯。帝好黄老，頗覽佛經。但天下初定，戎車屢動，庶事草刱[⑫]，未建圖宇[⑬]，招延僧衆也。

天興元年[⑭]，下詔曰："夫佛法之興，其來遠矣。濟益之功，冥及存没[⑮]，神蹤遺軌[⑯]，信可依憑[⑰]。其敕有司，於京城建飾容範[⑱]，修整宫舍，令信向之徒，有所居止。"是歲，始作五級佛圖、耆闍崛山及須彌山殿[⑲]，加以績飾[⑳]。别構講堂、禪堂及沙門座[㉑]，莫不嚴具焉。太宗踐位[㉒]，遵太祖之業，亦好黄老，又崇佛法，京邑四方，建立圖像[㉓]，仍令沙門敷導民俗[㉔]。

初，皇始中[㉕]，趙郡有沙門法果[㉖]，誡行精至[㉗]，開演法籍[㉘]。太祖聞其名，詔以禮徵赴京師[㉙]。後以爲道人統[㉚]，綰攝僧徒[㉛]。每與帝言，多所愜允[㉜]，供施甚厚。至太宗，彌加崇敬，永興中[㉝]，前後授以輔國、宜城子、忠信侯、安成公之號，皆固辭。帝常親幸其居，以門小狹，不容輿輦，更廣大之。年八十餘，泰常中卒[㉞]。未殯[㉟]，帝三臨其喪[㊱]，追贈老壽將軍、赵胡靈公。初，法果每言太祖明叡好道[㊲]，即是當今如來，沙門宜應盡禮，遂常致拜。謂人曰："能鴻道者人主也[㊳]，我非拜天子，乃是禮佛耳。"

世祖初即位[㊴]，亦遵太祖、太宗之業，每引高德沙門，與共談論。於四月八日[㊵]，輿諸佛像，行於廣衢，帝親御門樓，臨觀散花，以致禮敬。

涼州自張軌後[㊶]，世信佛教。敦煌地接西域，道俗交得其舊式，村塢相屬，多有塔寺。太延中，涼州平[㊷]，徙其國人於京邑，沙門佛事皆俱東，象教彌增矣[㊸]。尋以沙門衆多，詔罷年五十已下者[㊹]。

世祖即位，富於春秋。既而鋭志武功，每以平定禍亂爲先。雖歸宗佛法，敬重沙門，而未存覽經教，深求緣報之意[45]。及得寇謙之道[46]，帝以清淨無爲，有仙化之證，遂信行其術。時司徒崔浩[47]，博學多聞，帝每訪以大事。浩奉謙之道，尤不信佛，與帝言，數加非毁，常謂虚誕，爲世費害[48]。帝以其辯博，頗信之。會蓋吴反杏城[49]，關中騷動，帝乃西伐，至於長安。先是，長安沙門種麥寺内，御騶牧馬於麥中，帝入觀馬。沙門飲從官酒，從官入其便室，見大有弓矢矛楯，出以奏聞。帝怒曰："此非沙門所用，當與蓋吴通謀，規害人耳[50]！"命有司案誅一寺[51]，閲其財産[52]，大得釀酒具及州郡牧守富人所寄藏物，蓋以萬計。又爲屈室[53]，與貴室女私行淫亂。帝既忿沙門非法，浩時從行，因進其説。詔誅長安沙門，焚破佛像，敕留臺下四方[54]，令一依長安行事。又詔曰："彼沙門者，假西戎虚誕[55]，妄生妖孽，非所以一齊政化，布淳德於天下也。自王公已下，有私養沙門者，皆送官曹，不得隱匿。限今年二月十五日，過期不出，沙門身死，容止者誅一門[56]。"

時恭宗爲太子監國[57]，素敬佛道。頻上表，陳刑殺沙門之濫，又非圖像之罪。今罷其道，杜諸寺門，世不修奉，土木丹青，自然毁滅。如是再三，不許。乃下詔曰：

> 昔後漢荒君，信惑邪僞，妄假睡夢，事胡妖鬼，以亂天常[58]，自古九州之中無此也。夸誕大言，不本人情。叔季之世[59]，闇君亂主，莫不眩焉[60]。由是政教不行，禮義大壞，鬼道熾盛[61]，視王者之法，蔑如也[62]。自此以來，代經亂禍，天罰亟行[63]，生民死盡，五服之内[64]，鞠爲丘墟[65]，千里蕭條，不見人迹，皆由於此。朕承天緒[66]，屬當窮運之弊[67]，欲除僞定真，復羲農之治[68]。其一切盪除胡神，滅其蹤迹，庶無謝於風氏矣[69]。自今以後，敢有事胡神及造形像泥人、銅人者，門誅。雖言胡神，問今胡人，共云無有。皆是前世漢人無頼子弟劉元真、吕伯彊之徒[70]，接乞胡之誕言[71]，用老莊之虚假，附而益之，皆非真實。至使王法廢而不行，蓋大姦之魁也。有非常之人，然後能行非常之事。非朕孰能去此歷代之僞物！有司宣告征鎮諸軍、刺史，諸有佛圖形像及胡經，盡皆擊破焚燒，沙門無少長悉坑之。

是歲，真君七年三月也。恭宗言雖不用，然猶緩宣詔書，遠近皆豫聞知，得各爲計。四方沙門，多亡匿獲免，在京邑者，亦蒙全濟。金銀寶像及諸經論，大得秘藏。而土木宫塔，聲教所及[72]，莫不畢毁矣。

始謙之與浩同從車駕，苦與浩諍，浩不肯，謂浩曰："卿今促年受戮[73]，滅門户矣。"後四年，浩誅，備五刑，時年七十。浩既誅死，帝頗悔之。業已行，難中修復。恭宗潛欲興之，未敢言也。佛淪廢終帝世[74]，積七八年。然禁稍寬弛，篤信之家，得密奉事，沙門專至者，猶竊法服誦習焉[75]。唯不得顯行於京都矣。

先是，沙門曇曜有操尚[76]，又爲恭宗所知禮。佛法之滅，沙門多以餘能自效，還俗求見。曜誓欲守死，恭宗親加勸喻，至於再三，不得已，乃止。密持法服器物，不暫離身，聞者歎重之。

高宗踐極[77]，下詔曰：

> 夫爲帝王者，必祗奉明靈[78]，顯彰仁道，其能惠著生民，濟益羣品者，雖在古昔，猶序其風烈[79]。是以《春秋》嘉崇明之禮[80]，祭典載功施之族[81]。況釋迦如來功濟大千，惠流塵境[82]，等生死者歎其達觀，覽文義者貴其妙明，助王政之禁律，益仁智之善性，排斥羣邪，開演正覺[83]。故前代已來，莫不崇尚，亦我國家常所尊事也。世祖太武皇帝，開廣邊荒，德澤遐及。沙門道士善行純誠，惠始之倫[84]，無遠不至，風義相感，往往如林。夫山海之深，怪物多有，姦淫之徒，得容假託，講寺之中，致有兇黨。是以先朝因其瑕釁[85]，戮其有罪。有司失旨，一切禁斷。景穆皇帝每爲慨然，值軍國多事，未遑修復。朕承洪緒，君臨萬邦，思述先志，以隆斯道。今制諸州郡縣[86]，於衆居之所，各聽建佛圖一區，任其財用，不制會限[87]。其好樂道法，欲爲沙門，不問長幼，出於良家，性行素篤，無諸嫌穢，鄉里所明者，聽其出家。率大州五十，小州四十人，其郡遥遠臺者十人[88]。各當局分[89]，皆足以化惡就善，播揚道教也[90]。"

天下承風，朝不及夕，往時所毁圖寺，仍還修矣。佛像經論，皆復得顯。

京師沙門師賢，本罽賓國王種人[91]，少入道，東遊涼城，涼平赴京。罷佛法時，師賢假爲醫術還俗，而守道不改。於修復日，即反沙門，其同輩五人。帝乃親爲下髪。師賢仍爲道人統。是年，詔有司爲石像，令如帝身。既成，顔上足下[92]，各有黑石，冥同帝體上下黑子。論者以爲純誠所感。興光元年秋[93]，敕有司於五級大寺内，爲太祖已下五帝，鑄釋迦立像五，各長一丈六尺，都用赤金二十五萬斤。

和平初[94]，師賢卒。曇曜代之，更名沙門統。初，曇曜以復佛法之明年，自中山被命赴京[95]，值帝出，見于路，御馬前銜曜衣，時以爲馬識善人。帝後奉以師禮。曇曜白帝，於京城西武州塞[96]，鑿山石壁，開窟五所，鐫建佛像各一。高者七十尺，次六十尺，彫飾奇偉，冠於一世。曇曜奏：平齊户及諸民[97]，有能歲輸穀六十斛入僧曹者，即爲“僧祇户”，粟爲“僧祇粟”，至於儉歲，賑給飢民。又請民犯重罪及官奴以爲“佛圖户”，以供諸寺掃洒，歲兼營田輸粟[98]。高宗並許之。於是僧祇户、粟及寺户，徧於州鎮矣。

承明元年八月，高祖於永寧寺[99]，設太法供[100]，度良家男女爲僧尼者百有餘人，帝爲剃髮，施以僧服，令修道戒[101]，資福於顯祖[102]。是月，又詔起建明寺。太和元年二月[103]，幸永寧寺設齋[104]，赦死罪囚。三月，又幸永寧寺設會，行道聽講，命中、祕二省與僧徒討論佛義，施僧衣服、寶器有差。又於方山太祖營壘之處，建思遠寺[105]。自兴光至此，京城内寺新舊且百所，僧尼二千餘人，四方諸寺六千四百七十八，僧尼七萬七千二百五十八人。

（太和）十年冬，有司又奏：“前被敕以勒籍之初[106]，愚民僥倖，假稱入道，以避輸課，其無籍僧尼罷遣還俗。重被旨，所檢僧尼，寺主、維那當寺隱審[107]。其有道行精勤者，聽仍在道；爲行凡麤者，有籍無籍，悉罷歸齊民。今依旨簡遣，其諸州還俗者，僧尼合一千三百二十七人。”奏可。十六年詔：“四月八日、七月十五日，聽大州度一百人爲僧尼，中州五十人，下州二十人，以爲常準，著於令。”十七年，詔立《僧制》四十七條[108]。

世宗即位[109]，永平元年秋[110]，詔曰：“緇素既殊，法律亦異。故道教彰於互顯，禁勸各有所宜[111]。自今已後，衆僧犯殺人已上罪者，仍依俗斷，餘犯悉付昭玄，以内律僧制治之[112]。”

（永平）四年夏，詔曰：“僧祇之粟，本期濟施，儉年出貸，豐則收入。山林僧尼，隨以給施；民有窘弊，亦即賑之。但主司冒利，規取贏息，及其徵責[113]，不計水旱，或償利過本，或翻改券契，侵蠹貧下，莫知紀極[114]。細民嗟毒[115]，歲月滋深。非所以矜此窮乏，宗尚慈拯之本意也[116]。自今已後，不得專委維那、都尉，可令刺史共加監括[117]。尚書檢諸有僧祇穀之處，州别列其元數[118]，出入贏息，賑給多少，并貸償歲月，見在未收，上臺録記[119]。若收利過本，及翻改初券，依律免之，勿復徵責。或有私債，轉施償僧，即以丐民，不聽收檢。後有出貸，先盡貧窮，徵債之科，一準舊格[120]。富有之家，不聽輒貸。脱仍冒濫，依法治罪。”

世宗篤好佛理，每年常於禁中，親講經論，廣集名僧，標明義旨。沙門條録，爲《内起居》焉[121]。上既崇之，下彌企尚。至延昌中[122]，天下州郡僧尼寺，積有一萬三千七百二十七所，徒侣逾衆[123]。

（熙平）二年春[124]，靈太后令曰[125]："年常度僧，依限大州應百人者，州郡於前十日解送三百人，其中州二百人，小州一百人。州統、維那與官及精練簡取充數[126]。若無精行，不得濫採。若取非人，刺史爲首，以違旨論，太守、縣令、綱寮節級連坐[127]，統及維那移五百里外異州爲僧。自今奴婢悉不聽出家，諸王及親貴，亦不得輒啓請。有犯者，以違旨論。其僧尼輒度他人奴婢者，亦移五百里外爲僧。僧尼多養親識及他人奴婢子，年大私度爲弟子，自今斷之。有犯還俗，被養者歸本等。寺主聽容一人，出寺五百里，二人千里。私度之僧，皆由三長罪不及已，容多隱濫。自今有一人私度，皆以違旨論。隣長爲首，里、黨各相降一等。縣滿十五人，郡滿三十人，州鎮滿三十人，免官，寮吏節級連坐。私度之身，配當州下役。”時法禁寬褫[128]，不能改肅也。

未幾，天下喪亂，加以河陰之酷[129]，朝士死者，其家多捨居宅，以施僧尼，京邑第舍，略爲寺矣[130]。前日禁令，不復行焉。

元象元年秋[131]，詔曰："梵境幽玄，義歸清曠，伽藍淨土[132]，理絶囂塵。前朝城内，先有禁斷，自聿來遷鄴[133]，率由舊章。而百辟士民，届都之始[134]，城外新城，並皆給宅。舊城中暫時普借，更擬後須，非爲永久。如聞諸人，多以二處得地，或捨舊城所借之宅，擅立爲寺。知非己有，假此一名。終恐因習滋甚，有虧恒式。宜付有司，精加隱括[135]。且城中舊寺及宅，並有定帳，其新立之徒，悉從毀廢。”冬，又詔："天下牧守令長，悉不聽造寺。若有違者，不問財之所出，并計所營功庸[136]，悉以枉法論。”興和二年春[137]，詔以鄴城舊宮爲天平寺[138]。

自魏有天下，至於禪讓[139]，佛經流通，大集中國，凡有四百一十五部，合一千九百一十九卷。正光已後[140]，天下多虞，王役尤甚，於是所在編民，相與入道，假慕沙門，實避調役，猥濫之極，自中國之有佛法，未之有也。略而計之，僧尼大衆二百萬矣，其寺三萬有餘。流弊不歸，一至於此，識者所以歎息也。

注釋

①玄朔：指遥遠的北方。《爾雅》：“朔，北方也。”北魏由鮮卑人中的拓跋部所建，其先祖的石室位於今大興安嶺北部東麓的内蒙古鄂倫春自治旗的嘎仙洞。據傳拓跋部祖先推寅南遷於大澤，即今呼倫湖。推寅八傳之詰汾，又南移至匈奴故地。三國魏黄初元年（220年），詰汾子力微繼位，力量開始强大，移居盛樂（今内蒙古和林格爾北）。

②無爲以自守：意爲不圖進攻而自守一地。

③殊絶：很隔絶，十分遠。

④浮圖：又作“浮屠”“佛圖”等。一爲梵文 Buddha 的音譯，同“佛陀”，即佛教創始人釋迦牟尼；二爲梵文 Buddhastupa 音譯之訛略，即佛塔。這裏當指前者。

⑤神元：即詰汾之子力微，後被追謚爲始祖神元皇帝，曾派其子沙漠汗兩赴洛陽。

⑥文帝：即沙漠汗的追謚，他在洛陽待了很久，對中原文化應該有所瞭解。

⑦昭成：即拓跋什翼犍的追謚，曾作爲質子在石趙都城襄國（邢臺）居住九年。石勒時期，佛圖澄在襄國影響很大。

⑧太祖：即北魏道武帝拓跋珪，386年稱代王，392年稱魏皇帝，409年駕崩。他與後燕慕容垂相争，奪取燕都中山（今河北定縣）等重鎮，據有山西、河北。

⑨經略：經營，攻取。

⑩沙門：又作“桑門”。梵語 sramana 的音譯，出家修道者之通稱，也稱作道人、僧人。道士：與沙門對舉，當指道教徒。道士、道人本混用，故亦指僧人，至太武帝拓跋燾（423—452年在位）時，崇信道教，改道教之祭酒爲道士，於是道士逐漸成爲道教徒之專稱。

⑪精敬：專一敬奉。

⑫刱：同“創”。

⑬圖宇：即浮圖之屋也，浮圖亦有佛寺、佛塔之義，參見本篇“浮圖”注。

⑭天興：北魏道武帝的年號（398—404年）。

⑮冥：幽冥之中。

⑯神蹤遺軌：指佛陀神奇的事迹，遺傳的法度。

⑰信：確實，的確。依憑：依靠。

⑱容範：指佛像。《釋老志》在追溯東漢佛教東傳時説：“明帝夜夢金人，遣郎中蔡愔、博士弟子秦景等使於天竺，寫浮屠遺範，令畫工圖佛像。愔之還也，以白馬負經而至。”這裏稱“建飾”，蓋有塑有繪也。

⑲五級佛圖：即五層的佛塔。耆闍崛山：梵語的音譯，又譯作靈鷲山、鷲峰，在古代中印度摩揭

陀國王舍城東北，爲釋迦牟尼説法之地。須彌山：梵語 sumeru 的譯音，原爲古印度神話中的山名，後爲佛教所采用，山頂爲統治三十三天的帝釋天所居，供奉帝釋天的殿即爲須彌殿。帝釋天乃佛教的護法神。

⑳繢（huì）飾：描繪裝飾。

㉑講堂：講法説法之處。禪堂：修行禪定之處。沙門座：僧人修行之位次。

㉒太宗：即北魏明元帝拓跋嗣，409—423 年在位。

㉓圖像：指佛寺、佛塔與佛像。

㉔敷導：指導教化。敷：施，布。

㉕皇始：北魏道武帝的年號，396—398 年。

㉖趙郡：治今河北趙縣。

㉗誡行精至：指遵守戒律相當嚴。誡行：戒行。

㉘法籍：佛法典籍。

㉙京師：皇始年間（396—398），北魏的都城在盛樂。天興元年（398 年）後定都於平城，在今山西大同市。

㉚道人統：後稱沙門統。北魏所設管理全國僧衆的僧官機構監福曹（後改稱昭玄）之長官，亦省稱僧統、統。州、軍鎮、郡亦設沙門曹，由統、都統、維那等管理地方僧衆。

㉛綰攝：統管。

㉜愜允：稱心，滿意。

㉝永興：北魏明元帝年號，409—413 年。

㉞泰常：北魏明元帝年號，416—423 年。

㉟殯：安葬。

㊱臨：親臨。

㊲明叡：聰明睿智。

㊳鴻：弘揚。法果爲弘揚佛法而拜帝王，東晋僧人慧遠則在同時提出著名的“沙門不敬王者論”，宣稱沙門乃方外之賓，不應該向君主禮拜。

㊴世祖：指北魏太武帝拓跋燾，424—452 年在位。

㊵四月八日：即釋迦牟尼的誕日。北魏的佛誕日慶典來源於印度，也是用車載佛像繞行城内，帝后等散花迎接。

㊶張軌（255—314）：西晋末凉州刺史，與其子孫割據一方達六十餘年，爲前凉。

㊷凉州平：太延五年（439 年）六月，北魏太武帝率軍西討北凉沮渠牧犍。九月，牧犍降。十月，北魏遷徙凉州民十萬户於平城等地，所遷居民稱平凉户。

㊸象教：指佛教，因爲北方的佛教特别重視佛像寺塔之類行爲。這裏講北魏佛教信仰之來源，與凉州地區關係密切。

㊹按：《魏書》卷四《世祖太武帝紀》、《北史》卷二《世祖太武帝本紀》載：太延四年（438 年）三月，“癸未，罷沙門年五十已下”。

㊺緣報：即因果報應，是佛教因緣與業報的基本思想，謂善惡業因必生起相應的果報。

㊻寇謙之（365—448）：字輔真，是北方道教的改革者之一。由於崔浩的引薦，得到太武帝的支持，對於後來北魏廢佛有一定影響。

㊼崔浩（？—450）：字伯淵，清河崔氏。由於他本人和家庭信奉道教，故極力排佛。他對太武帝南征北伐功勞很大，後因修國史事被誅。傳見《魏書》卷三十五。

㊽費害：指佛教奢侈浪費。

㊾蓋吴：盧水胡。太平真君六年（445 年）在杏城（今陝西黄陵縣）起兵反叛北魏，後被太武帝

鎮壓。

㊿規：謀劃，陰謀。

51案誅：審訊并誅殺。

52閲：搜索，核實。下言寺内有州郡牧守富人之寄藏物，足見當時寺院經濟之情形。

53屈室：亦作“窟室”“掘室”“密室”，指讓人見不到的密室。

54留臺：指太武帝出征，則令太子拓跋晃録尚書事，或爲監國，留守平城，代皇帝處理朝政。拓跋晃死後追謚爲恭宗景穆皇帝。

55西戎：因佛教來自西方，故稱西戎，後文“胡神”亦此意。

56容止：收容藏匿。按：此詔於《魏書》卷四下《帝紀四下・世祖太武帝》繫於太平真君五年（444年）正月戊申條，則發生在長安寺院事件之前。

57恭宗：即拓跋晃。拓跋燾長子。先燾而卒。子濬爲帝，追尊爲景穆皇帝，廟號恭宗。

58天常：天之常道，指儒家的五倫。

59叔季：没落，末世。

60眩：眩惑，迷惑。

61鬼道：迷信鬼神之道，北方佛教盛行像教，乃神靈崇拜。

62蔑如：没有什麽了不起，輕視之意。

63天罰：上天的懲罰。亟：屢次。

64五服：古代王畿周邊，以五百里爲一區劃，由近及遠分爲侯服、甸服、綏服、要服、荒服，合稱五服，這是古代關於國家疆域的一個同心圓想象。

65鞠爲丘墟：盡爲廢墟。鞠：窮，盡。

66天緒：天子的世系，皇統。

67窮運：窮盡的命運。

68羲農：指傳説中伏羲、神農。

69風氏：即太皞，伏羲之别稱。

70劉元真：西晋清談名士，其弟子竺法深是有名的僧人。吕伯彊：不詳所指，可能是名僧康法朗的弟子吕韶。

71乞胡之誕言：是説佛教是中原的士人盗用了胡人之妄言，加上漢人老莊之説，創造出來的。乞胡：漢魏時對胡僧的蔑稱。誕：荒誕，欺騙。

72聲教所及：指朝廷政令所到之處。聲教：聲威教化。

73促年：縮短壽命。

74淪廢：廢弃。

75法服：亦稱法衣、道服，指按照佛法、順應佛法而製作的衣服。俗稱僧服、僧衣。

76曇曜：凉州僧人。素習禪業，太武帝滅北凉時被徙至平城，得到北魏皇室禮遇。太武滅佛，携法器潛藏於中山。文成帝即位後回京，後任沙門統，主持開鑿雲岡石窟，并組織僧人翻譯佛經。

77高宗：指文成帝拓跋濬，拓跋晃之子，452—465年在位。

78祇奉：敬奉。

79風烈：風教德業。

80嘉崇明之禮：即尊崇明神祭祀之禮。《左傳・僖公二十一年》云：“崇明祀，保小寡，周禮也。”杜預注曰：“明祀，大皞、有濟之祀。”

81祭典載功施之族：指《禮記・祭法》所云聖王祭祀的對象爲“有功烈於民者”。

82塵境：指色聲香味觸法所形成之世界。

83正覺：即佛教的真理。按：以上這一整句反映了古代印度人之宇宙觀。古代印度人以四大洲及日月諸天爲一小世界，合一千小世界爲小千世界，合一千小千世界爲中千世界，合一千中千世界爲大千世界。三千大千世界常喻指人間之紛紜諸相。

⑭惠始：一作曇始，北朝名僧。始光三年（426年），太武帝破赫連昌於長安，惠始與長安民衆遷移到平城。惠始有很多神異，爲太武帝所敬重。《高僧傳》卷十有他的傳。

⑮瑕釁：指過錯和罪過。

⑯制：皇帝的詔書稱制。

⑰會限：限制。

⑱郡遥遠臺：指離京師遥遠的州郡。

⑲各當局分：即各自在其管轄的地區。

⑳道教：這裏指佛教，因爲當時僧人亦稱作道人、道士，故稱。

㉑罽賓：西域國名。都城在循鮮城（今克什米爾潘德勒坦）。

㉒顔：面容，臉上。

㉓興光元年：北魏文成帝年號，454年。

㉔和平：北魏文成帝年號，460—465年。

㉕中山：後燕都城，在今河北定州市，東晋隆安元年（北魏道武帝皇始二年，397年）爲北魏攻占。

㉖武州塞：在今山西左雲至大同市西一帶。秦築以備匈奴，以在武州（今左雲縣）置障塞故名。北魏開鑿的雲岡石窟在武州塞的東端，位於今大同市以西16公里處的武周山南麓。曇曜所開鑿的五窟，即今雲岡石窟的第16—20窟。

㉗平齊户：北魏獻文帝皇興三年（469年），魏軍攻陷南朝宋朝的青、齊二州，徙其民至平城附近，被稱爲平齊民、平齊户。

㉘按：曇曜創立的僧祇户、僧祇粟制度，隨後推廣到北魏全境，使僧團有了經濟基礎，也同時具備了賑濟饑民的功能。

㉙高祖：即北魏孝文帝元宏，471—499年在位。承明元年（476年）六月，太上皇帝（獻文帝，廟號顯祖）去世，當時孝文帝在位，年僅10歲，由文明太后馮氏臨朝聽政。永寧寺：這裏指平城的永寧寺。據《釋老志》的記載，該寺建於天安二年（467年），孝文帝出生，“於時起永寧寺，構七級佛圖，高三百餘尺，基架博敞，爲天下第一。”永寧寺是馮太后時期平城的佛教活動中心。

⑩⓪太法供：法供，意指供食物、衣服等予佛法僧三寶、師長、父母、亡者等，以獲福佑，這裏指用規模盛大的法會爲世祖祈福。

⑩①道戒：佛教戒律。

⑩②資福：祈福，求福。

⑩③太和：孝文帝的年號，477—499年。

⑩④齋：即齋供儀式。設齋食供僧，請僧人舉行儀式，旨在使自己或與自己有關之人獲取功德。

⑩⑤方山太祖營壘處，建思遠寺：方山即今大同市北25公里之西寺兒梁山，文明太后馮氏的永固陵即在此地，太祖道武帝之營壘的位置不詳。寺名思遠，即追思道武帝之意。

⑩⑥勒籍：編纂僧籍。

⑩⑦維那：又作“都維那”，爲各級沙門統之副職，縣級則是僧官之首，寺院在寺主之下亦設都維那以輔之。隱審：猶“穩審”，穩妥，妥當。

⑩⑧《僧制》：關於僧尼宗教活動、日常行事、寺院設立等方面的法律規定，若有違反，由昭玄寺依《僧制》治罪。

⑩⑨世宗：即北魏宣武帝元恪，孝文帝之子，499—515年在位。

⑪⓪永平元年：508年。永平：北魏宣武帝年號，508—512年。

⑪禁勸：謂禁止與勉勵。

⑫内律：佛教的戒律。

⑬徵責：即討取債務。責：同“債”。

⑭紀極：終極，限度。按：“償利過本”“翻改券契”，説明僧祇粟的出貸要收取一定利息，還要立下契券。

⑮嗟毒：歎恨，痛恨。

⑯宗尚：崇尚。慈拯：仁慈地拯救。

⑰監括：監察，審核。

⑱元數：原來的數字。元：同“原”。

⑲臺：應該指尚書臺。北魏初中央管理全國僧衆的機構爲監福曹（後名昭玄），乃尚書三百六十曹之一，故由尚書出面檢查僧祇穀的情况。

⑳舊格：舊規，當指曇曜立僧祇粟時制定的相關規定。

㉑《内起居》：即内《起居注》，仿起居注記録世宗對佛教教義的講解。

㉒延昌：北魏宣武帝元恪的年號，512—515 年。

㉓按：這是對北魏宣武帝時期（500—515 年在位）佛教勢力上升的總結。此時魏收不滿十歲。

㉔熙平：北魏孝明帝元詡的年號，516—518 年。

㉕靈太后：胡氏，宣武帝的妃子，孝明帝元詡的生母。由於孝明帝即位時年幼，靈太后臨朝聽政十餘年之久。靈太后的家族素崇佛教，所以她聽政後大力推行佛教，使北魏晚期佛教盛極一時。

㉖按：此句中之“及”，於文義不協，疑爲“司”字之訛，或爲衍文（見修訂本本卷卷末校勘記）。

㉗綱寮：州縣地方官廳的主要僚佐。節級：次第，依次。

㉘寛褫（chǐ）：寛鬆廢弛。褫：通“弛”。

㉙河陰之酷：河陰在今河南省孟津縣東北。武泰元年（528 年），北魏將領尒朱榮在這裏殺死靈太后、幼帝，以及百官王公卿士二千餘人，將洛陽的鮮卑貴族和出仕北魏王朝的漢人世家大族官僚消滅殆盡。這一年魏收二十三歲。

㉚按：《釋老志》原文此段之上載有任城王元澄的奏疏（因疏文太長，本文未選），稱洛陽佛寺多達五百，而《洛陽伽藍記》卷五載北魏末年洛陽户十萬九千餘，寺有一千三百六十七所。參周祖謨《洛陽伽藍記校釋》卷五《城北》，北京，中華書局，2010 年，第 212 頁。

㉛元象：東魏孝静帝元善見的年號，538—539 年。

㉜伽（qié）藍：梵語 Samghārāma 譯音“僧伽藍摩”的略稱，意爲衆園或僧院，即僧衆居住的庭園。後因稱佛寺爲伽藍。

㉝聿：語助詞。

㉞屆都之始：到都城之初。屆：到，至。

㉟隱括：審核，審查。

㊱功庸：工程，人工數量。庸：用。

㊲興和二年：540 年。興和：東魏孝静帝元善見的年號，539—542 年。

㊳舊宫：孝静帝定都鄴城，重新修建宫殿，遂將不用的舊宫改作寺院。

㊴禪讓：武定八年（550 年），孝静帝被迫將帝位禪讓給齊王高洋，東魏結束。

㊵正光：北魏孝明帝元詡年號，520—525 年。

導讀

《魏書》，北齊魏收（505—572）撰。共一百三十卷，包括十二本紀十四卷、列傳九十六卷、十志二十卷。主要記述自北魏道武帝登國元年（386 年）到東魏孝静帝武定八年（550 年），北魏和東魏（有時亦涉及西魏）共 160 餘年的歷史。

魏收，字伯起，钜鹿下曲陽（今河北晋州）人，傳見《魏書》卷一百四《自序》、《北齊書》卷三十七、《北史》卷五十六（以《北史》爲準）。他在魏、齊兩朝先後任過太學博士、秘書監、中書令、尚書右僕射等官職，是當時最有名氣的學者之一，與温子升、邢子才并稱“三才”，朝廷的重要文告、册命、詔書等，大多由他執筆。魏收於北齊天保二年（551 年）奉詔撰魏史，三年之後就完成了。據説，魏收負責修史之後，曾經對人説過：“何物小子，敢共魏收作色，舉之則使上天，按之當使入地。”（《北史・魏收傳》）所以書成之後曾引起激烈争論，有人説“此爲不刊之書，傳之萬古”，也有人斥之“妄有非毁”，是一部“穢史”，後來兩易其稿，才頒行於世。此外，北魏以鮮卑族入中原，部族、華夷等問題錯綜複雜，忌諱甚多，此前就發生過崔浩國史之獄，雖説北齊文宣帝對魏收説過：“好直筆！我終不作魏太武誅史官。”（《魏書・自序》）魏收本人恃才傲物，但也深諳與時浮沉之道，又貪財好色，怕觸犯時忌，所以對高歡和北齊的事，頗多曲筆回護。由於北齊繼承東魏，所以《魏書》以東魏爲正統，而西魏的事多略去不書。如《地形志》所載并非北魏宣武帝延昌時期（512—515 年）國家最遼闊的版圖，而是東魏孝静帝武定時期（543—550 年）的疆域，缺關西地區，這點很爲後來的史家所詬病。

不過，《魏書》具有極高的史料價值，不僅是魏收的文采與史才，更重要的是所依據的材料之豐富。北魏重視修史工作，從開國到滅亡，歷史記録未嘗中斷，可供魏收參考的有《代紀》（編年體，10 卷）、《國書》（30 卷）、《國紀》（紀傳體）等本朝國史，還有孝文帝、宣武帝、孝明帝起居注及崔鴻《十六國春秋》等文獻。南朝的諸家《晋書》、沈約《宋書》等也往往記載了北朝史實，皆可供魏收采用。這些文獻中的大部分都已亡佚，所以《魏書》已成爲研究北魏歷史最重要的文獻。

《魏書》在體例上亦多有創新之處。比如首卷以《序紀》的方式追叙創國之前的世系和史事，是認識北魏早期歷史的珍貴文獻。《外戚傳》改變《漢書》的體例，不包括后妃，只叙其家人，爲後世史書沿用。《官氏志》與此前諸史《百官志》不同，既叙百官之制，兼載草原部落、氏族名號及其進入中原後所改姓氏，是深知北魏官制的創舉。本書所選的《釋老志》，記述釋、道二教史事，也是前所未有的。

北宋前期命史官檢查前朝史書，發現《魏書》亡逸、不完者近三十卷，且當時已經有人據隋人魏澹《魏書》，唐人的《後魏書》《高氏小史》《北史》等書將所殘缺各卷内容補足，所以《魏書》形式上仍是完整的，但經後人補足的篇目已非魏收原書了，這是我們在閱讀、引用《魏書》時要特别注意的。

本篇選文依據中華書局 2018 年點校本《魏書》修訂本，個别文字參考了點校本。修訂本在點校本的基礎上以百衲本爲底本，利用三朝本、南監本、北監本、殿本進行通校，對原來點校本的校勘記進行全面覆核，并確定點校本改動的版本依據，厘清了文本的源流，是目前整理最好的版本。

本篇選自《魏書》卷一百一十四《釋老志》。

《釋老志》是正史中首次設專志記載釋、道歷史的創舉，叙述了佛教在北方的傳播和寇謙之清整道教的經過，爲研究北魏時期佛教、道教發展狀况提供了不可多得的材料。該志全文 18 000 餘言，其中佛教部分 13 000 餘字，超过三分之二，本篇節録其中關於佛教的部分内容。此前已經有一些史家主張將釋、道二教之史納入官修史書，如參與編寫北魏孝文、宣武二朝起居注的陽尼，就曾"奏佛、道宜在史録"（《魏書》卷七十二《陽尼傳》）。魏收小字佛助，出生於佛教家庭，生活在朝野極其盛行佛教的環境中，但受儒學影響，對佛教有一種批評態度，這就使得他對佛教的書寫具有特殊價值。《釋老志》不僅記載了北魏王朝政治與佛教的微妙關係，也是北魏僧官制度、佛教寺院經濟的重要資料。本篇的注釋參考了塚本善隆的《〈魏書·釋老志〉研究》一書。

參考文獻

周一良. 魏收之史學//周一良. 魏晋南北朝史論集. 北京：北京大學出版社，1997：256-292.

塚本善隆.《魏書·釋老志》研究. 林保堯，譯. 臺北：覺風佛教藝術文化基金會，2007.

向燕南.《魏書·釋老志》的史學價值. 史學史研究，1993（2）：57-61.

葛兆光.《魏書·釋老志》與初期中國佛教史的研究方法. 世界宗教研究，2009（1）：25-38.

經籍志序（《隋書》）

選文

夫經籍也者，機神之妙旨[1]，聖哲之能事[2]，所以經天地，緯陰陽[3]，正紀綱，弘道德[4]，顯仁足以利物，藏用足以獨善[5]，學之者將殖焉，不學者將落焉[6]。大業崇之[7]，則成欽明之德[8]；匹夫克念[9]，則有王公之重。其王者之所以樹風聲[10]，流顯號[11]，美教化，移風俗[12]，何莫由乎斯道？故曰："其爲人也，溫柔敦厚，《詩》教也；疏通知遠，《書》教也；廣博易良，《樂》教也；絜靜精微，《易》教也；恭儉莊敬，《禮》教也；屬辭比事，《春秋》教也[13]。"遭時制宜[14]，質文迭用[15]，應之以通變[16]，通變之以中庸[17]。中庸則可久，通變則可大。其教有適[18]，其用無窮，實仁義之陶鈞[19]，诚道德之橐籥也[20]。其爲用大矣，隨時之義深矣，言無得而稱焉[21]。故曰："不疾而速，不行而至[22]。"今之所以知古，後之所以知今，其斯之謂也。是以大道方行，俯龜象而設卦[23]，後聖有作[24]，仰鳥跡以成文[25]。書契已傳[26]，繩木棄而不用[27]，史官既立，經籍於是興焉。

夫經籍也者，先聖據龍圖[28]，握鳳紀[29]，南面以君天下者，咸有史官，以紀言行。言則左史書之，動則右史書之。故曰"君舉必書[30]"，懲勸斯在[31]。考之前載[32]，則《三墳》、《五典》、《八索》、《九丘》之類是也[33]。下逮殷、周，史官尤備，紀言書事，靡有闕遺，則《周禮》所稱[34]：太史掌建邦之六典、八法、八則[35]，以詔王治；小史掌邦國之志，定世繫，辨昭穆[36]；内史掌王之八柄[37]，策命而貳之[38]；外史掌王之外令及四方之志[39]，三皇、五帝之書；御史掌邦國都鄙萬民之治令[40]，以贊冢宰[41]。此則天子之史，凡有五焉。諸侯亦各有國史，分掌其職。則《春秋傳》，晉趙穿弑靈公，太史董狐書曰"趙盾殺其君"，以示於朝。宣子曰："不然。"對曰："子爲正卿，亡不越境，反不討賊，非子而誰？"[42]齊崔杼弑莊公，太史書曰"崔杼弑其君"，崔子殺之。其弟嗣書[43]，死者二人。其弟又書，乃舍之[44]。南史聞太史盡死，執簡以往，聞既書矣，乃還[45]。楚靈王與右尹子革語[46]，左史倚相趨而過[47]。

王曰：“此良史也，能讀《三墳》、《五典》、《八索》、《九丘》。”然則諸侯史官，亦非一人而已，皆以記言書事，太史總而裁之，以成國家之典。不虚美，不隱惡，故得有所懲勸，遺文可觀，則《左傳》稱《周志》[48]，《國語》有《鄭書》之類是也[49]。

暨夫周室道衰[50]，紀綱散亂，國異政，家殊俗，褒貶失實，隳紊舊章[51]。孔丘以大聖之才，當傾頹之運[52]，歎鳳鳥之不至[53]，惜將墜於斯文[54]，乃述《易》道而删《詩》、《書》，脩《春秋》而正《雅》、《頌》。壞禮崩樂，咸得其所[55]。自哲人萎而微言絶[56]，七十子散而大義乖[57]，戰國縱横，真僞莫辨，諸子之言，紛然淆亂。聖人之至德喪矣，先王之要道亡矣，陵夷踳駁[58]，以至于秦。秦政奮豺狼之心，剗先代之迹，焚《詩》、《書》，坑儒士，以刀筆吏爲師，制挾書之令[59]。學者逃難，竄伏山林，或失本經，口以傳説。

漢氏誅除秦、項，未及下車[60]，先命叔孫通草緜蕝之儀，救擊柱之弊[61]。其後張蒼治律曆[62]，陸賈撰《新語》[63]，曹參薦蓋公言黄老[64]，惠帝除挾書之律，儒者始以其業行於民間。猶以去聖既遠，經籍散逸，簡札錯亂，傳説紕繆，遂使《書》分爲二，《詩》分爲三，《論語》有齊、魯之殊，《春秋》有數家之傳[65]。其餘互有踳駁，不可勝言。此其所以博而寡要，勞而少功者也。武帝置太史公，命天下計書，先上太史，副上丞相[66]，開獻書之路，置寫書之官[67]，外有太常、太史、博士之藏[68]，内有延閣、廣内、祕室之府[69]。司馬談父子，世居太史，探采前代，斷自軒皇[70]，逮于孝武[71]，作《史記》一百三十篇。詳其體制，蓋史官之舊也。至於孝成，祕藏之書，頗有亡散，乃使謁者陳農，求遺書於天下。命光禄大夫劉向校經傳諸子詩賦，步兵校尉任宏校兵書，太史令尹咸校數術，太醫監李柱國校方技。每一書就，向輒撰爲一録，論其指歸，辨其訛謬，敍而奏之[72]。向卒後，哀帝使其子歆嗣父之業[73]。乃徙温室中書於天禄閣上[74]。歆遂總括羣篇，撮其指要[75]，著爲《七略》：一曰《集略》[76]，二曰《六藝略》，三曰《諸子略》，四曰《詩賦略》，五曰《兵書略》，六曰《術數略》，七曰《方技略》。大凡三萬三千九十卷[77]。王莽之末，又被焚燒。光武中興，篤好文雅，明、章繼軌[78]，尤重經術。四方鴻生鉅儒[79]，負袠自遠而至者[80]，不可勝筭。石室、蘭臺[81]，彌以充積。又於東觀及仁壽閣集新書，校書郎班固、傅毅等典掌焉[82]。並依《七略》而爲書部，固又編之，以爲《漢書藝文志》[83]。董卓之亂，獻帝西遷。圖書縑帛，軍人皆取爲帷囊。所收而西，猶七十餘載。兩京大亂，掃地皆盡[84]。

魏氏代漢，采掇遺亡[85]，藏在祕書中、外三閣[86]。魏祕書郎鄭默[87]，始制《中經》，祕書監荀勗[88]，又因《中經》，更著《新簿》，分爲四部，總括羣書。一曰甲部，紀六藝及小學等書。二曰乙部，有古諸子家、近世子家、兵書、兵家、術數。三曰丙部，有史記、舊事、皇覽簿[89]、雜事。四曰丁部，有詩賦、圖讃、《汲冢書》[90]，大凡四部合二萬九千九百四十五卷[91]。但録題及言，盛以縹囊，書用緗素[92]。至於作者之意，無所論辯。惠、懷之亂[93]，京華蕩覆[94]，渠閣文籍[95]，靡有孑遺[96]。

東晉之初，漸更鳩聚[97]。著作郎李充[98]，以勗舊簿校之，其見存者，但有三千一十四卷。充遂總没衆篇之名[99]，但以甲乙爲次。自爾因循，無所變革。其後中朝遺書，稍流江左。宋元嘉八年[100]，祕書監謝靈運造《四部目録》[101]，大凡六萬四千五百八十二卷。元徽元年[102]，祕書丞王儉又造《目録》[103]，大凡一萬五千七百四卷。儉又别撰《七志》：一曰《經典志》，紀六藝、小學、史記、雜傳；二曰《諸子志》，紀今古諸子；三曰《文翰志》，紀詩賦；四曰《軍書志》，紀兵書；五曰《陰陽志》，紀陰陽圖緯；六曰《術藝志》，紀方技；七曰《圖譜志》，紀地域及圖書。其道、佛附見，合九條。然亦不述作者之意，但於書名之下，每立一傳，而又作九篇條例，編乎首卷之中。文義淺近，未爲典則。齊永明中[104]，祕書丞王亮、監謝朏，又造《四部書目》，大凡一萬八千一十卷。齊末兵火，延燒祕閣，經籍遺散。梁初，祕書監任昉[105]，躬加部集[106]，又於文德殿内列藏衆書[107]，華林園中總集釋典[108]，大凡二萬三千一百六卷[109]，而釋氏不豫焉。梁有祕書監任昉、殷鈞《四部目録》[110]。又《文德殿目録》，其術數之書，更爲一部，使奉朝請祖暅撰其名。故梁有《五部目録》[111]。普通中[112]，有處士阮孝緒[113]，沉靜寡慾，篤好墳史[114]，博采宋、齊已來，王公之家凡有書記[115]，參校官簿[116]，更爲《七録》：一曰《經典録》，紀六藝；二曰《記傳録》，紀史傳；三曰《子兵録》，紀子書、兵書；四曰《文集録》，紀詩賦；五曰《技術録》[117]，紀數術；六曰《佛録》；七曰《道録》。其分部題目[118]，頗有次序，割析辭義，淺薄不經。梁武敦悦詩書[119]，下化其上，四境之内，家有文史。元帝克平侯景[120]，收文德之書及公私經籍，歸于江陵，大凡七萬餘卷。周師入郢，咸自焚之[121]。陳天嘉中[122]，又更鳩集，考其篇目，遺闕尚多。

其中原則戰爭相尋[123]，干戈是務，文教之盛，苻、姚而已[124]。宋武入關[125]，收其圖籍，府藏所有，纔四千卷。赤軸青紙[126]，文字古拙。後魏始都燕、代[127]，南略中原，粗收經史，未能全具。孝文徙都洛邑，借書於齊，祕府之中，稍以充實。暨於尒朱之亂[128]，散落人間。後齊遷鄴[129]，頗更搜聚，迄於天統、武平[130]，校寫不輟。後周始基關右[131]，外逼彊隣，戎馬生郊[132]，日不暇給。保定之始[133]，書止八千，後稍加增，方盈萬卷。周武平齊[134]，先封書府，所加舊本，纔至五千。

隋開皇三年[135]，祕書監牛弘[136]，表請分遣使人，搜訪異本。每書一卷，賞絹一匹，校寫既定，本即歸主。於是民間異書，往往間出。及平陳已後[137]，經籍漸備。檢其所得，多太建時書[138]，紙墨不精，書亦拙惡。於是總集編次，存爲古本。召天下工書之士，京兆韋霈、南陽杜頵等，於祕書内補續殘缺，爲正副二本，藏于宫中，其餘以實祕書内、外之閣，凡三萬餘卷。煬帝即位[139]，祕閣之書，限寫五十副本，分爲三品：上品紅瑠璃軸，中品紺瑠璃軸，下品漆軸。於東都觀文殿東西廂構屋以貯之[140]，東屋藏甲乙[141]，西屋藏丙丁[142]。又聚魏已來古跡名畫，於殿後起二臺，東曰妙楷臺，藏古跡；西曰寶蹟臺，藏古畫。又於内道場集道[143]、佛經，别撰《目録》。

大唐武德五年[144]，克平僞鄭[145]，盡收其圖書及古跡焉。命司農少卿宋遵貴載之以船，泝河西上[146]，將致京師。行經底柱[147]，多被漂没，其所存者，十不一二。其《目録》亦爲所漸濡[148]，時有殘缺。今考見存，分爲四部，合條爲一萬四千四百六十六部，有八萬九千六百六十六卷。其舊録所取，文義淺俗、無益教理者，並删去之。其舊録所遺，辭義可采，有所弘益者，咸附入之。遠覽馬《史》、班《書》，近觀王、阮《志》、《録》，挹其風流體制[149]，削其浮雜鄙俚，離其疏遠，合其近密，約文緒義[150]，凡五十五篇，各列本條之下，以備《經籍志》。雖未能研幾探賾[151]，窮極幽隱，庶乎弘道設教，可以無遺闕焉。夫仁義禮智，所以治國也，方技數術，所以治身也。諸子爲經籍之鼓吹[152]，文章乃政化之黼黻[153]，皆爲治之具也。故列之於此志云。

注釋

①機神：即幾神，精微神妙。《易・繫辭上》云："唯幾也，故能成天下之務；唯神也，故不疾而速，不行而至。"原指《易》之神妙，這裏借指經籍的功用。妙旨：精微玄妙的含義。

②能事：所擅長之事。

③經天地，緯陰陽：言使天地、陰陽有條理和秩序。經、緯：織物之縱綫和横綫。這裏用如動詞。

④正紀綱，弘道德：是説經籍能端正法度，弘揚道德。紀綱：法度。

⑤顯仁、藏用：源自《易・繫辭上》的"顯諸仁，藏諸用"，即天地之"道"顯現於仁德，潛藏於日用，這裏進一步引申爲經籍顯現於仁德，有利於萬物生長；潛藏於日用，足以使人獨善其身。

⑥"學之者將殖焉"句：指學習經籍可以增長知識，反之將止步不前。殖：生長、繁殖。落：停止，停留。

⑦大業：成大業者，指帝王。

⑧欽明：敬肅明察。通常用來稱頌君主處理政務之態度。

⑨克念：能時刻思念。

⑩樹風聲：語出《尚書・畢命》："彰善癉惡，樹之風聲。"指樹立良好的風氣教化。

⑪流：傳布。顯號：顯貴的名位。

⑫美教化，移風俗：《詩・大序》稱詩可以"美教化，移風俗"。

⑬按：這一句話出自《禮記・經解》，古人認爲是孔子的話，這裏用以强調經籍化民之效。疏通：通達。知遠：知曉遠古帝王之事。因爲《尚書》的内容都是古代帝王的訓誥，所以有通達博古之效。廣博：心胸開闊。易良：使人從善如流，接受教化。絜靜：行爲合宜寧静。精微：窮理盡性，明察秋毫。屬辭。連綴文辭；比事：排比史事。

⑭遭時：根據具體時勢。

⑮質文：質樸與文飾。迭：交替。

⑯通變：變通，不拘常規。

⑰中庸：指不偏不倚、過猶不及的處事態度，被儒家視爲最高道德標準。

⑱適：恰當。

⑲陶鈞：本指製作陶器之轉輪，這裏指造就仁義之手段。

⑳槖：鼓風之器。籥：送風的管子。二者都是古代冶煉之器具，這裏引申爲動力、源泉。

㉑稱：相稱。此言經籍作用之大，隨時變化，意義深遠，難以找到相稱的言語來表達。

㉒語出《易・繫辭上》（見本篇"機神"注），稱贊《易》道神妙功用，不費氣力而能成事，這裏用來稱贊經籍的功用。

㉓俯龜象而設卦：此説出自《易・繫辭上》："成天下之亹亹者，莫大乎蓍龜。是故天生神物，聖人則之。"這是説聖人根據蓍數和龜象創作了八卦。

㉔後聖：指蒼頡。

㉕鳥跡：鳥的爪印。古代傳説蒼頡見鳥獸之迹而造文字，見許慎《説文解字序》。

㉖書契：文字。契有刀刻之義，古代用刀筆刻寫文字，故文字有書契之稱。

㉗繩木：指結繩刻木的記事方法。《易・繫辭下》云："上古結繩而治，後世聖人易之以書契。"

㉘龍圖：即河圖。傳説伏羲時有龍馬自黄河負圖而出，遂據其圖以畫八卦，見《尚書・顧命》之

《孔傳》。

㉙鳳紀：即鳳曆。傳説少皞氏即位時，有鳳鳥至，遂以鳥做官名，曆稱鳳曆，見《左傳・昭公十七年》。河圖、鳳紀都是聖人得以治天下的祥瑞。紀：通“記”。記載。

㉚君舉必書：君主的行爲，史官必記於簡策，語出《左傳・莊公二十三年》。

㉛懲勸：懲惡勸善，這是傳統史學的主要功能。

㉜前載：前代。

㉝《三墳》、《五典》、《八索》、《九丘》：即三皇、五帝之書，傳説中我國最早的古籍，已佚。見《左傳・昭公十二年》。

㉞按：以下所云五史，見《周禮・春官・宗伯第三》。

㉟六典、八法、八則：見《周禮・天官・冢宰》，都是治理國家的基本原則。太史負責制定治理國家的各項基本原則，以詔告帝王的治道。

㊱昭穆：古代宗法制度規定，宗廟神主或墓葬的排列次序，始祖居中，以下父子（祖、父）遞爲昭穆，左爲昭，右爲穆。小史職掌朝廷的歷史記載，明確帝王的世系、祖先的昭穆排序。

㊲八柄：指古代統治者控御臣下的八種手段：爵、禄、廢、置、殺、生、予、奪。

㊳策命：帝王對臣下分封、賜爵、任免官職，記其語於簡策，稱策命。貳：協助。

㊴外令：王畿以外之政令。四方之志：王畿外四方之記載。

㊵都鄙：這裏指周代公卿、大夫、王子弟的采邑、封地。

㊶贊：協助。冢宰：太宰，《周禮》中的百官之長。

㊷按：事見《左傳・宣公二年》。董狐：晋國太史。晋靈公殘暴，欲殺卿趙盾，趙盾出逃未出國境，其弟趙穿殺死晋靈公，趙盾便返回國都。董狐在史書上寫道“趙盾弑其君”，於是有了這一段著名的對話。宣子：即趙盾，“宣”是他的謚號，子爲古代對人之尊稱。對此事，孔子表彰董狐是“古之良史”，書法不隱；趙盾是“古之良大夫也，爲法受惡”。

㊸嗣：接着。

㊹舍：放弃。後寫作“捨”。

㊺按：齊太史事見《左傳・襄公二十五年》。崔杼：春秋時齊國大夫。齊惠、靈、莊公時爲齊國執政，因莊公與其妻私通，便殺死莊公。

㊻楚靈王（？—前529）：春秋時楚共王庶子，篡其侄之位爲王。右尹：是楚國之卿，地位僅次於令尹、左尹。

㊼倚相：楚國的左史，并見《國語・楚語》《韓非子・説林下》。一説他是左丘明的祖父。趨：快步走。

㊽《左傳》稱《周志》：《左傳・文公二年》提及《周志》，應該是周朝的史書，後失傳。

㊾《國語》有《鄭書》：《左傳》襄公三十八年、昭公二十八年兩次引《鄭書》，而今本《國語》無《鄭書》，可能是誤記。

㊿暨：及，至，等到。

51隳（huī）紊：敗壞，紊亂。語出《詩・大序》。

52傾頹：傾覆，衰敗。運：氣運，命運。

53鳳鳥：傳説中清明之世才會出現的祥瑞，孔子關於鳳鳥不至、斯文將墜的感歎，見《論語・子罕》。

54斯文：指禮樂制度等文化傳承，孔子是在感歎世運之衰敗。

55“述《易》道而删《詩》、《書》”數句：參見《史記・孔子世家》。述：闡述，指孔子撰解釋《易經》的《易傳》十篇，又稱“十翼”。正：審定樂曲的聲律音調。

56哲人：指孔子。《史記・孔子世家》載，孔子死前曾感歎：“太山壞乎！梁柱摧乎！哲人萎乎！”萎：草木枯萎。此病危，將死。

㊼七十子：孔子弟子中身通六藝者七十二人，這裏舉其成數。乖：背離。這句話出自《漢書・藝文志》，原作："昔仲尼沒而微言絕，七十子喪而大義乖。"

㊽陵夷：由盛到衰。衰頽，衰落。踳駁：錯亂，駁雜。

㊾"秦政奮豺狼之心"数句：指秦始皇嬴政焚書坑儒，令士人以吏爲師，見《史記・秦始皇本紀》。挾書令：指秦朝關於收藏、挾帶圖書的法律。《漢書》卷二《惠帝紀》四年（前191）三月"除挾書律"條下，顔師古注引張晏曰："秦律敢有挾書者族。"剗（chǎn）：消除，消滅。

㊿下車：指剛即位或到任。

51先命叔孫通草緜蕝（jué）之儀，救擊柱之弊：據《史記・劉敬叔孫通列傳》載，漢初未立儀制，群臣飲酒争功，醉後狂呼，拔劍擊柱，叔孫通奉漢高祖之命創立朝儀，他和弟子"爲綿蕞野外"，演習月餘始成。緜：指用繩子圈定行禮的空間。蕝：亦作"蕞"，指束茅草標示行禮者之站位。

52張蒼：漢初官至丞相，曾改定音律、曆法。《史記》有傳。

53陸賈：曾勸劉邦重《詩》《書》，以文治天下，著有《新語》十二篇。《史記》有傳。

54曹參：漢初功臣，任齊相時采納膠西蓋公的意見，以黄老之術治國，後繼蕭何任丞相。事見《史记・曹相國世家》。

55按：據《隋志》所述，當指《尚書》分爲歐陽、大小夏侯二家，《詩》分爲齊、魯、韓三家，《春秋》有左氏、公羊、穀梁、鄒氏、夾氏五家也。但《漢書・藝文志》總序稱"詩分爲四"，乃三家加毛氏。

56"武帝置太史公"數句：見《史記・太史公自序》"談爲太史公"句《集解》"如淳曰"所引《漢儀注》。計書：即計簿。漢代地方官年終向朝廷呈報之簿籍，包括人事、户口、賦税等信息。

57語出《漢書・藝文志》總序。

58外：指宫外。言宫外太常、太史、博士所在的官府皆有藏書。

59内：宫内。延閣、廣内、祕室都是西漢宫廷藏書之所，由御史中丞負責。

60軒皇：即《五帝本紀》中的黄帝，名軒轅，是後世所説的三皇之一，故稱之軒皇。

61孝武：即漢武帝。

62"至於孝成"至"敍而奏之"：見《漢書・藝文志》總序。孝成：即漢成帝。祕藏之書：指西漢宫廷藏書，亦稱中秘、秘府藏書。謁者：掌引見賓客禮儀、承受上奏等事務，亦有奉命出使者。陳農：生平未詳。劉向：字子政，成帝時官至光禄大夫、中壘校尉。河平三年（前26年），奉命主持整理國家圖書，撰成《别録》一書，是我國目録學的奠基性著作，另著有《新序》《説苑》《列女傳》等。數術：指天文、曆法、占卜、五行之類的書。方技：指醫藥養生之書。就：完成。録：敘録。劉向每整理完一部書，便撰寫一篇敘録，講述該書的著述主旨，討論其文字和内容的訛誤之處，各書敘録編在一起，即《别録》。該書已佚，今存七篇，可參考清末姚振宗輯録、鄧駿捷校補《七略别録佚文》（上海，上海古籍出版社，2008年）。

63歆：劉歆，字子駿，古文經學家。漢成帝時，他與父劉向同校秘府藏書。漢哀帝、平帝時，歷任騎都尉、奉車都尉、光禄大夫、中壘校尉等職。王莽稱帝時，奉爲帝師，後因謀誅王莽，事泄自殺。劉歆還繼承父親的事業，整理群書，撰成《七略》，是我國最早的分類目録。關於劉向、劉歆的生平，可參考錢穆《劉向歆父子年譜》（載錢穆《兩漢經學今古文平議》，北京，九州出版社，2011年）。

64温室：漢武帝所建宫殿名。長樂宫、未央宫均有温室，據《漢書》京房傳、霍光傳，當爲皇帝與公卿朝臣議事之所。天禄閣：漢初蕭何所造，爲收藏典籍之所。

65撮：提取，概括。指要：即内容要旨。這一句是將《漢書・藝文志》總序的"向輒條其篇目，撮其指意"和"歆於是總羣書而奏其《七略》"拼合在一起，意思是劉歆將其父所撰《别録》中的全部敘録加以整合，分成六略，并總括其要旨，撰寫了每略的小序，以及六略之上的總要而爲《輯略》。

⑯《集略》：本作《輯略》，謂全書之總綱，綜論學術之源流。

⑰三萬三千九十卷：據《廣弘明集》卷三所引《古今書最》，《七略》收書 38 種，603 家，13 219 卷，《漢書・藝文志》是"删其要"并有增入而成。據學者統計，《漢志》收書 38 種，592 家，13 269 卷（見李零《蘭臺萬卷：讀〈漢書・藝文志〉》，北京，三聯書店，2011 年，第 222 頁），本文稱《七略》收書 33 090 卷，數字相差過大，疑有誤，"三"字或爲"一"之誤。

⑱明、章：東漢明帝、章帝。繼軌：繼續前人的事業。

⑲鴻生鉅儒：大儒。

⑳負袠：即背着書籍。袠：同"帙"。布帛做的書套，指書籍。

㉑石室、蘭臺：均爲東漢藏圖書檔案之處，下面東觀、仁壽閣同。

㉒傅毅：字武仲，章帝時爲蘭臺令史，與班固、賈逵等共校内府藏書。

㉓"并依《七略》而爲書部"句：這裏是説東漢的圖書收藏、整理依據《七略》的分類，班固將《七略》"删其要"，編寫爲《漢書・藝文志》。書部：圖書的分部分類。

㉔"董卓之亂"至"掃地皆盡"：出自《後漢書・儒林傳》。董卓入洛陽後，廢漢靈帝，立獻帝，專斷朝政，曹操、袁紹等起兵討伐。初平元年（190 年），董卓挾持獻帝西遷長安，縱火焚燒洛陽周圍數百里。圖書縑帛：均指書籍，當時縑帛是貴重的書寫材料。帷囊：帷帳和口袋。載：車。這一句《儒林傳》原作"裁七十餘乘"，"裁"（纔）比"猶（尚且）"表達的意思更佳。

㉕采掇（duō）遺亡：搜集散失的書籍。掇：拾取。

㉖祕書中、外三閣：指曹魏的官方藏書機構。丛文俊認爲是秘書、中書、御史，三個機構都收藏朝廷文書檔案、圖書秘笈（見丛文俊《"秘書中外三閣"考辨》，載《古籍整理研究學刊》，1986 年第 4 期）。

㉗祕書郎：秘書省屬官，有四人，秩四百石，第六品，掌圖書收藏及校勘事務。鄭默：字思元，所編《中經》，爲國家藏書目録。

㉘祕書監：秘書省長官，秩六百石，第三品，掌圖書典籍。荀勗：字公曾，西晋潁陰（今河南許昌）人。他出身魏晋士族，在西晋歷任中書監、秘書監至尚書令，曾參加整理官府藏書和汲冢竹書，先後校録的圖書達十萬餘卷，并爲竹書編目。所編《新簿》，又稱《中經簿》《中經新簿》，是文獻記載中最早的四部分類法目録。

㉙皇覽簿：指《皇覽》。魏文帝令文臣集儒家經傳，分類爲篇，共千餘篇，供皇帝閱覽，故名《皇覽》，是我國類書之祖。

㉚《汲冢書》：晋太康二年（281 年），汲郡人不准盗發戰國時魏襄王（一作魏安釐王）墓，得竹書數十車，整理出書籍 16 部，75 卷，後人稱爲《汲冢書》。荀勖等人没有將這些新出土的文獻按内容分别歸入各部，而是整體附於丁部之後。

㉛按：據《廣弘明集》卷三所引《古今書最》，《中經新簿》著録的書爲 1 885 部，20 935 卷，與此不同。

㉜"但録題及言"至"無所論辯"：余嘉錫、張固也認爲，此句當讀爲"但録題，及言盛以縹囊，書用緗素"，題指書的篇題，而非書名。縹囊：青白色絲綢做的書套。緗素：用於書寫的淺黄色的帛。據《北堂書鈔》等文獻所引，《中經新簿》提及的圖書裝幀形式還有縑帙、青縑帙、布帙等，書寫材料還有白縑、黄紙、二尺竹牒等。這是説《中經新簿》著録了書籍的篇名和裝幀形式，而没有像《别録》那樣"論其旨歸"。參見張固也《古典目録學研究》（武漢，華中師範大學出版社，2014 年）所收相關論文。

㉝惠、懷：指晋惠帝、懷帝，當時發生了"八王之亂"和匈奴人劉聰、羯人石勒率兵攻陷長安、洛陽之事。

㉞京華：即京都。蕩覆：毀壞，顛覆。

㉟渠閣：西漢宫中藏書之處石渠閣的省稱，借指國家藏書。

㊱靡有孑遺：没有殘留。

㊲鳩集：收集，聚集。

㊳李充：字弘度，江夏（今湖北安陸）人。東晋初任著作郎，整理書籍，删除繁重，以類相從，著有《晋元帝四部書目》。

㊴總没：省略。指李充删除了荀勖《中經新簿》的各書篇題，只保留甲乙部次，并將乙丙兩部的次序互换，其四部次序一直爲後世沿用。

⑩⓪元嘉：南朝宋文帝劉義隆的年號，424—453 年。

⑩①謝靈運：原名公義，字靈運，以字行於世，南朝著名詩人。著《四部目録》應該是他任秘書監時所爲，其卷數《廣弘明集》卷三所引《古今書最》作 14 582 卷，與此不同，《隋志》"六"當爲"一"之誤。

⑩②元徽：南朝宋後廢帝劉昱的年號，473—476 年。

⑩③王儉：字仲寶，琅邪臨沂（今山東臨沂）人。劉宋時任秘書監，後來助蕭道成建立南齊，成爲南齊政權的重要人物。

⑩④永明：南朝齊武帝蕭賾的年號，483—493 年。

⑩⑤任昉：字彦昇，樂安博昌（今山東壽光）人，南朝文學家和藏書家。梁時曾任秘書監，校定秘閣所藏四部書籍，見《梁書》本傳。

⑩⑥部集：分類收集。

⑩⑦文德殿：建康宫前殿。

⑩⑧華林園：三國時吴始建，南朝續有擴建，故址在今江蘇南京市雞鳴山南臺城内。釋典：佛經。

⑩⑨二萬三千一百六卷：據《廣弘明集》卷三所引《古今書最》，《梁天監四年文德正御四部及術數書目録》共"二萬三千一百六卷"，當爲《隋志》的來源。

⑪⓪《四部目録》：指《梁天監六年四部書目録》，秘書丞殷均所撰，任昉未參與或獨撰《四部目録》，《隋志》的叙述可能誤讀了《七録序》等文獻。

⑪①"又《文德殿目録》"至"故梁有《五部目録》"：《文德殿目録》：指劉孝標所撰《梁天監四年文德正御四部（書目録）》。術數之書：指祖暅所整理的文德殿術數之書，著有《術數書目録》。"撰其名"：當依《七録序》作"撰其名録"，因爲祖暅的《術數書目録》是單行的。《五部目録》：是《隋志》將《古今書最》所説的《梁天監四年文德正御四部及術數書目録》視爲一種目録，合四部、術數之書爲五部，實則兩種目録是單行的，并不存在所謂的五部分類。按：本段"梁初"以下的史源當是《廣弘明集》卷三《七録序》、《古今書最》，此處標點和注釋參考了孫振田《〈隋志序〉"梁有五部目録"再考釋——兼釋"任昉、殷鈞〈四部目録〉"》（載《文史哲》，2015 年第 1 期）一文的觀點。

⑪②普通：南朝梁武帝蕭衍的年號，520—527 年。

⑪③阮孝緒：字士宗，陳留尉氏（河南尉氏）人。通五經，著有《七録》《高隱傳》等，生平見《梁書·處士傳》。

⑪④墳史：指典籍史書。以"墳"稱典籍源出《三墳》《五典》。

⑪⑤書記：指書籍的目録，《七録序》作"名簿"。

⑪⑥官簿：即《七録序》所説的"官目"，指官修目録。

⑪⑦技術録：《廣弘明集》卷三《七録序》作"術伎録"，當據改。以上參見本書"泛讀文選"子部選文《七録序》。

⑪⑧題目：指七録的命名。後面説"割析辭義，淺薄不經"，也是針對這一點，如將數術、方伎合稱爲"術伎録"，子書、兵書合稱"子兵録"，都有拼凑不經之嫌。

⑪⑨梁武：指梁武帝。敦悦：尊崇愛好。

⑳元帝：指梁元帝蕭繹（552—554 年在位）。侯景於梁末自東魏來降，後舉兵反叛，攻克建康，梁武帝憤恨而死。552 年，湘東王、荆州刺史蕭繹派兵討平侯景，隨後在江陵（今湖北江陵）稱帝。

㉑按：梁元帝承聖三年（554 年），西魏宇文泰攻破江陵，元帝被殺，死前命人將藏書全部焚毀。關於梁元帝的藏書，見其所著《金樓子·聚書》。周師：指宇文泰的軍隊，因其子宇文覺代魏建周，故云。郢：即江陵，春秋時楚國都城郢的所在地。

㉒天嘉：南朝陳文帝陳蒨的年號，560—565 年。

㉓中原：指北方黄河流域，西晋滅亡後，這裏成爲北方少數民族争奪征戰之地。相尋：指連續不斷。

㉔苻、姚：指前秦皇帝苻堅和後秦皇帝姚萇、姚興，他們在位時重視儒學，興辦學校，促進了文化的恢復和發展。

㉕宋武入關：東晋義熙十三年（417 年），劉裕率軍北伐，攻入關中，消滅後秦。劉裕後代晋稱帝，即宋武帝，故此稱宋武。

㉖赤軸：指書籍的卷軸爲紅色。青紙：指藍色的紙。

㉗後魏：即北魏。孝文帝遷都洛陽之前，都城在平城（今山西大同）。燕、代：指戰國時燕國、代國所在地，泛指今河北西北部和山西東北部地區，平城即在其地。

㉘尒朱之亂：北魏武泰元年（528 年），部落首領尒朱榮率軍攻入洛陽，殺胡太后、少帝及官員二千餘人，立孝莊帝，專斷朝政。後爲孝莊帝所殺。尒："爾"之異體字。"尒朱"，中国北方複姓，通常寫作"尒"。

㉙後齊：指北齊。北魏末年，高歡立孝静帝，并於天平元年（534 年）遷都於鄴（今河北臨漳）。至東魏武定八年（550 年），高歡次子高洋廢孝静帝，才建立齊國。所以本文所説"後齊遷鄴"實爲東魏遷鄴。

㉚天統、武平：均爲北齊後主高緯年號，時間分别爲 565—569 年、570—575 年。

㉛後周：即北周。始基：創基。關右：即關西。北周建都長安，故稱。

㉜戎馬生郊：語出《老子》，言母馬在郊野生下小馬。形容戰亂不斷，連懷胎的母馬也應徵作戰。

㉝保定：北周武帝宇文邕的第一個年號，561—565 年。

㉞周武平齊：指北周武帝建德六年（577 年）出兵滅北齊。

㉟開皇三年：583 年。開皇：隋文帝年號，581—600 年。

㊱牛弘：字里仁，安定鶉觚（今甘肅靈臺縣一帶）人。少好學，博覽群書，隋文帝時任秘書監、吏部尚書等職，曾建議文帝開獻書之路，使散失於民間的書籍得以集中於官府，見《隋書·牛弘傳》。

㊲平陳：指隋文帝開皇九年（589 年）出兵滅陳，統一中國。

㊳太建：南朝陳宣帝陳頊年號，569—582 年。

㊴煬帝：即隋煬帝楊廣，604—618 年在位。

㊵觀文殿：東都洛陽宫殿名，隋煬帝時建造。

㊶甲乙：指經部和史部書籍。

㊷丙丁：指子部和集部書籍。

㊸内道場：隋煬帝將佛教寺院稱作道場，道觀稱作玄壇，内道場即東都洛陽宫内的佛寺。

㊹武德五年：622 年。武德：唐高祖李淵年號，618—626 年。

㊺僞鄭：隋大業十四年（618 年），煬帝爲宇文化及所殺，王世充在洛陽擁立楊侗爲帝，次年廢侗自立，國號鄭，唐高祖武德四年（621 年），兵敗降唐。《隋志》作"五年"，誤。

㊻泝：同"溯"。逆水而上。

㊼底柱：山名。又作"砥柱"。原在今河南三門峽市東北黄河中，因修三門峽水庫，山已不見。

㊽《目録》：即後文所説"舊録"。王重民認爲就是《大業正御書目録》（九卷），著録了從長安運

到洛陽的正御本三萬七千多卷，這部目録是魏徵等人纂修《隋書・經籍志》的底本。參王重民《中國目録學史論叢》，北京，中華書局，1984年，第89～90頁。漸濡：被水浸濕。

⑭挹：汲取。風流：文章風采。體制：體例。

⑮約文：簡約其文字。緒義：推求其意義。

⑯研幾：窮究精微之理。探賾（zé）：探索奥秘。

⑰鼓吹：即鼓吹樂，古代的一種器樂合奏曲。漢初用於邊軍，以壯聲威，後漸用於朝廷，這裏指子部是經籍的羽翼、輔佐者。

⑱黼黻：泛指禮服上所綉的華美花紋，這裏指文章與政化形同表裏的關係。

導讀

《隋書》，共八十五卷，包括帝紀五卷、列傳五十卷、志三十卷，是唐朝魏徵（580—643）、長孫無忌（594—659）領銜編撰的官修紀傳體正史。紀、傳記隋代史事，於貞觀三年（629年）開始纂修，貞觀十年（636年）完成。參加者有顏師古、孔穎達、敬播、許敬宗等，總其事者爲魏徵。志三十卷（《禮儀》《音樂》《律曆》《天文》《五行》《食貨》《刑法》《百官》《地理》《經籍》），記梁、陳、周、齊、隋五代典章制度，貞觀十五年（641年）始修，高宗顯慶元年（656年）完成，參加者有于志寧、李淳風、韋安仁、李延壽、令狐德棻等，以長孫無忌的名義上表進呈，當時稱爲《五代史志》。

毋庸置疑，《隋書》是研究隋代歷史最重要的史料，修撰者距隋亡國很近，有的在隋朝生活過很長時間，基本屬於當時人寫當時事，耳聞目接，其記事有一定原始性。但是，隋朝没有注意修撰國史，文獻又多散佚，武德四年（621年）起居舍人令狐德棻建議高祖修史已提到，隋代的文籍"多有遺闕"（《舊唐書》卷七十三《令狐德棻傳》）。所以，唐初修史的依據較少，史料失載處亦不少。帝紀部分《高祖紀》尚可稱充實，《煬帝紀》已經比較單薄，遂將隋末起事衆人都納入其中以充數，且極爲簡略，我們要瞭解這些人和隋末的史事，還必須查閲《舊唐書》的相關記載。《隋書》諸傳的史料來源如本紀一樣，應該主要是官方的檔案，是後人認識隋代歷史的重要文獻。列傳中人物有不少兼跨前後代的，《隋書》采取了上限寬、下限嚴的方式，對傳主在前代的事迹多有追述，而對入唐人物則僅記其在隋朝的行事。（《隋書》修訂本前言）由於書出衆手，加之紀、傳與十志前後修撰，導致全書相互之間缺乏照應。如《牛弘傳》稱事在《音律志》，而今本《隋書》的《音樂志》與《律曆志》分列。《何稠傳》稱事見《威儀志》，《閻毗傳》稱語在《輿服志》，而今本《隋書》只有《禮儀志》。

《隋書》最有價值的部分是十志（三十卷），篇幅與紀傳差不多，除《地理》《經籍》兩志外，都按五代次序叙述，眉目比較清楚，具有很高的史料價值。比如《食貨志》只有一卷，但《魏書》之後北齊、北周和隋的均田制僅見此志，也是討論南朝經濟的重要資料。《地理志》追溯了南北朝後期州縣數目，分述隋朝最强盛時的州縣沿革、風土人情，可補《魏書》之不足。《經籍志》的價值更大，是瞭解《漢書・藝文志》之後至隋朝學術思想、目録分類演變、文獻存亡最重要的史料。

《隋書》於北宋年間已有刻本，其後歷代刻印不絶，民國年間的百衲本以元大德本爲底本影印，成爲學界可讀可用的善本。然自1973年中華書局的點校本出版之後，逐漸取代諸本，成爲最通行的本子。本篇選文，即根據中華書局2019年點校本《隋書》

的修訂本，注釋參考了胡楚生、李致忠的研究成果。

本篇選自《隋書》卷三十二《經籍志》。它的撰者，舊題魏徵，實際上李延壽、敬播也參加了早期的編修工作。《隋書・經籍志》是繼《漢書・藝文志》之後的第二部史志目録，對於我國圖書分類從六分法到四分法的轉變起了決定性作用。《隋志》通計亡書共著録圖書 4 757 部，49 467 卷（見姚振宗《隋書經籍志考證》，載《二十五史補編》，第 4 册，北京，中華書局，1956 年，第 864 頁），每書皆羅列書名、卷數，并以注文的形式標明作者或圖書存佚的狀况。《隋志》既有總序，又在各部類之末分别撰寫大序、小序，這在當時的官私目録中并不多見。其總序基本上據《七録》的總序和隋牛弘的“五厄論”寫成，大、小序也可以看到《漢志》的影子，并且大多言及與《漢志》的繼承關係。這些序有很高的學術水準，對部類設置的原因，各家學術源流及其演變，各個部類圖書的沿革、内容和意義，都做了歷史的分析和理論的闡述。閱讀《隋志》，最重要的參考書是姚振宗的《隋書經籍志考證》。

參考文獻

胡楚生．隋書經籍志總序箋證//胡楚生．中國目録學研究．臺北：華正書局有限公司，1980：127-166.

李致忠．《隋書・經籍志》總序箋注．文獻，2001（4）：79-95.

杜雲虹．隋書經籍志研究．北京：文物出版社，2016.

二體（《史通》）

選文

三、五之代[①]，書有典、墳[②]，悠哉邈矣，不可得而詳。自唐、虞以下迄於周，是爲《古文尚書》[③]。然世猶淳質[④]，文從簡略，求諸備體[⑤]，固以闕如[⑥]。旣而丘明傳《春秋》[⑦]，子長著《史記》，載筆之體[⑧]，於斯備矣。後來繼作，相與因循，假有改張，變其名目，區域有限[⑨]，孰能踰此！蓋荀悅、張璠[⑩]，丘明之黨也；班固、華嶠[⑪]，子長之流也。惟此二家，各相矜尚[⑫]。必辨其利害，可得而言之。

夫《春秋》者[⑬]，繫日月而爲次，列時歲以相續，中國外夷，同年共世，莫不備載其事，形於目前。理盡一言，語無重出。此其所以爲長也。至於賢士貞女，高才儁德，事當衝要者，必盱衡而備言[⑭]；迹在沈冥者[⑮]，不枉道而詳說[⑯]。如絳縣之老，杞梁之妻，或以酬晉卿而獲記，或以對齊君而見錄[⑰]。其有賢如柳惠[⑱]，仁若顏回[⑲]，終不得彰其名氏，顯其言行。故論其細也，則纖芥無遺；語其粗也，則丘山是棄。此其所以爲短也。

《史記》者，紀以包舉大端，傳以委曲細事[⑳]，表以譜列年爵[㉑]，志以總括遺漏[㉒]，逮於天文、地理、國典、朝章，顯隱必該[㉓]，洪纖靡失。此其所以爲長也。若乃同爲一事，分在數篇，斷續相離，前後屢出，於《高紀》則云語在《項傳》[㉔]，於《項傳》則云事具《高紀》。又編次同類，不求年月，後生而擢居首帙，先輩而抑歸末章；遂使漢之賈誼將楚屈原同列，魯之曹沫與燕荊軻並編[㉕]。此其所以爲短也。

考茲勝負，互有得失。而晉世干寶著書[㉖]，乃盛譽丘明而深抑子長，其義云：能以三十卷之約，括囊二百四十年之事[㉗]，靡有遺也。尋其此說，可謂勁挺之詞乎[㉘]？案春秋時事，入於左氏所書者，蓋三分得其一耳。丘明自知其略也，故爲《國語》以廣之。然《國語》之外，尚多亡逸，安得言其括囊靡遺者哉？向使丘明世爲史官[㉙]，皆仿《左傳》也，至於前漢之嚴君平、鄭子眞[㉚]，後漢之郭林宗、黃叔度[㉛]，晁錯、董生之對策[㉜]，劉向、谷永之上書[33]，斯並德冠人倫[34]，名馳海内，識洞幽顯[35]，言窮軍國[36]。或以身隱位卑，不預朝政[37]；或以文煩事博，難爲次序[38]。皆略而不書，斯則可也。必情有所吝，不加刊削，則漢氏之志傳百卷，併列於十二紀中，將恐碎瑣多蕪，闌單失力者矣[39]。故班固知其若此，設紀傳以區分，使其歷然可觀[40]，綱紀有别[41]。荀悦厭其迂闊，又依左氏成書，翦截班史，篇才三十，歷代褒之，有逾本傳。

然則班、荀二體，角力爭先，欲廢其一，固亦難矣。後來作者，不出二途。故晉史有王、虞[42]，而副以干《紀》；《宋書》有徐、沈[43]，而分爲裴《略》[44]。各有其美，並行於世。異夫令升之言，唯守一家而已。

注釋

①三、五：指三皇五帝。據崔述、顧頡剛等人的考證，應該是戰國以來興起的傳説，詳見顧頡剛《三皇考》。

②典、墳：即指《三墳》《五典》。分别爲三皇、五帝之書，傳説中我國最早的古籍，見《左傳·昭公十二年》。劉知幾對《三墳》《五典》的看法是謹慎的，所以一筆帶過，稱之"不可得而詳"。

③自唐、虞以下迄於周，是爲《古文尚書》：劉知幾在《六家》中將《尚書》作爲記言家之代表。該書有今文、古文之别，前者爲西漢初伏生所傳，共二十八篇，以當時通行的隸書抄録，後來稱爲《今文尚書》。漢武帝時，魯恭王壞孔子舊宅，在壁中得戰國文字抄寫的《尚書》四十四篇，即《古文尚書》，後失傳。現在的《古文尚書》二十五篇據傳爲東晋梅賾所獻，明清學者定其爲僞書。現在通行的《尚書》爲今古文合編本。唐、虞：指堯、舜，後世認爲分别是陶唐氏、有虞氏的首領，其事見於《尚書·堯典》。劉知幾認爲堯、舜、夏、商、周的歷史都記載在《古文尚書》之中，詳見《史通·古今正史》。

④淳質：淳厚質樸。

⑤備體：體例完備。

⑥闕如：缺少，没有。

⑦丘明傳《春秋》：左丘明爲《春秋》作傳，即《左傳》。左丘明：春秋、戰國之際人，關於其姓氏、年世，異説衆多，未能落實。《史記》之《十二諸侯年表序》和《太史公自序》，認爲他是《左傳》和《國語》的作者，但後世很多人都不贊成這一説法。《左傳》記事，始於魯隱公元年（前722年），終於魯哀公二十七年（前468年），以大量的史實補充、解釋了《春秋》，故又稱《左氏春秋》《春秋左氏傳》。

⑧載筆：指歷史著作。《禮記·曲禮》云："史載筆，士載言"。孔穎達疏："史，謂國史，書録王事者。王若舉動，史必書之；王若行往，則史載書具而從之也。"

⑨區域：指史書的編纂體制。

⑩荀悦：東漢潁川（今河南許昌）人。有《漢紀》三十卷，"辭約事詳，論辨多美"。關於他的研究可參陳啓雲：《荀悦與中古儒學》（沈陽，遼寧大學出版社，2000年）。張璠：西晋安定（今甘肅鎮原東）人，有《後漢紀》三十卷。二書皆爲斷代編年史。

⑪華嶠：西晋高唐（今山東高唐）人。撰有《漢後書》九十七卷，人稱"文質事核，有遷、固

之規”。

⑫矜尚：誇耀，推重。

⑬《春秋》：浦起龍和宋葉大慶《考古質疑》都說是指《左傳》，而非《春秋經》。

⑭盱（xū）衡：睜眼上瞧，舉目揚眉。意爲理直氣壯。盱：張目。衡：指眉毛上方。《漢書》卷九十九上《王莽傳上》："盱衡厲色，振揚武怒”顔師古注引孟康曰："眉上曰衡。盱衡，舉眉揚目也。”備言：詳盡地説。

⑮沈冥：幽暗，不顯著。意思是其事迹平凡。

⑯枉道：違常道。

⑰“如絳縣之老，杞梁之妻”句：絳縣在今山西翼城東。晋國絳縣有一位七十三歲的老人，孤貧無依，參加修築杞城以求食，當政的晋卿趙武得知緣由，賜給他田地和官位，事見《左傳·襄公三十年》。杞梁之妻：齊國大夫杞梁（名殖）隨齊莊公襲莒，被俘而死。莊公歸，路遇梁妻，派人在郊外向她表示哀悼，梁妻以不合禮儀推辭，莊公至其家弔唁成禮。事見《左傳·襄公二十三年》。二人本不可能載入史册，因與晋卿、齊君的對答有可觀之處，才“獲記”“見録”。

⑱柳惠：即柳下惠，展禽，魯國大夫，因食邑在柳下，謚惠，故名。他曾任獄官，三黜而不去，人問其故，曰："直道而事人，焉往而不三黜？枉道而事人，何必去父母之邦。”（見《論語·微子》）他最有名的是在道德倫理上“坐懷不亂”的故事，而孟子則説他相當隨和寬容，所以“聞柳下惠之風者，鄙夫寬，薄夫敦”。按：據宋人葉大慶《考古質疑》，《左傳》曾在文公二年、僖公二十六年都提到他。

⑲顔回：孔子弟子，以德行著稱，孔子稱贊他“其心三月不違仁”，事迹見《論語》和《史記·仲尼弟子列傳》。

⑳委曲：曲折周密之意。

㉑譜列：羅列之意。年爵：年代爵位。

㉒遺漏：指紀、傳所未能記述者。

㉓顯：顯著的，重要的。隱：不十分引人注意的，次要的。該：具備，包括。

㉔《高紀》：指《高祖本紀》。《項傳》：指《項羽本紀》。劉知幾認爲《項羽本紀》是紀名傳體，名實“乖謬”，所以直接稱之爲“項傳”，見《史通》之《本紀》《列傳》篇。

㉕“又編次同類，不求年月”數句：編次：編纂，排列。帙：書套，指篇卷。按：《史記》按照言行將不同時期的人物合并到一個傳中，如賈誼與屈原同傳，春秋的曹沫與戰國的荆軻同在《刺客列傳》中。首帙、末章：當指《史記》的列傳總體按時間先後順序排列，由於按事類合傳，就會出現漢初的賈誼在列傳第二十四（《屈原賈生列傳》），而一些春秋戰國時期的人物却在列傳第六十九（《蘇秦列傳》），先後失序。

㉖干寶：字令升，東晋河西新蔡（今河南新蔡）人，著《晋紀》二十卷，已佚，事迹見《晋書》卷八十二。

㉗三十卷之約：《左傳》自《漢書·藝文志》已著録爲三十卷，後世注疏本則有三十六卷、六十卷本之不同。《春秋》記事自魯隱公元年（前722年）至哀公十四年（前481年），共242年，《左傳》記事終於哀公二十七年（前468年），則有255年。

㉘逕挺：即“徑庭”。《莊子·逍遥游》："大有徑庭，不近人情焉。”過份，偏激。

㉙向：假若。

㉚嚴君平、鄭子眞：二人事見《漢書·王吉傳》。嚴君平：即嚴遵，有《老子指歸》一書，西漢隱士，賣卜成都，善於伺機規勸他人，每日所得足以維持生活即闢門講老子。鄭子眞：名朴，漢成帝時大將軍王鳳禮聘他做官，他拒不接受。

㉛郭林宗、黄叔度：分别爲郭泰和黄憲的字。郭泰，漢桓帝時太學生領袖，黨錮之後，在家授

徒。黄憲，以德行名，曾拒絶官府徵召。二人事迹，分見《後漢書》卷六十八和《後漢書》卷五十三。

㉜晁錯、董生之對策：董生：指董仲舒。分别見《漢書》卷四十九《鼂錯傳》、卷五十六《董仲舒傳》。

㉝劉向、谷永之上書：分别見《漢書》卷三十六《劉向傳》、卷八十五《谷永傳》。

㉞冠：超群出衆。人倫：人群，人們。

㉟識洞：即識通，見識通達。

㊱窮：窮盡。

㊲"身隱位卑"句：指嚴、鄭、郭、黄，雖名震士林，交游甚廣，却未任官。

㊳"文繁事博"句：文章内容繁富，難以編排記載，指晁、董、劉、谷之對策、上書。

㊴闌單：支離破碎的樣子。失力：涣散。

㊵歷然：清晰的樣子。

㊶綱紀：大綱要領。

㊷王、虞：指王隱、虞預。王隱：字處叔，陳留（治今河南開封市東）人，東晋初撰寫《晋書》八十卷。虞預：字叔寧，余姚（今浙江余姚）人，參考王隱書稿寫成《晋書》四十餘卷。二書皆爲紀傳體，前者更是唐修《晋書》的重要依據。

㊸徐、沈：指徐爰、沈約。徐爰：字長玉。南朝宋人。著有《宋書》六十五卷。沈約曾撰《宋書》，爲紀傳體。

㊹裴《略》：指裴子野的《宋略》，編年體，乃删削沈約《宋書》而成，沈約曾自歎不及，今佚。

導讀

《史通》，是我國古代第一部主要探討史學理論、史學批評和史學方法的著作，它與清代章學誠的《文史通義》同被譽爲傳統史學的"雙璧"，在中國古代史學發展史上，占有極爲重要的地位。

《史通》的作者劉知幾，字子玄，唐朝彭城（今江蘇徐州）人，生於唐高宗龍朔元年（661年），卒於唐玄宗開元九年（721年）。關於他的生平事迹，主要參見《史通·自叙》和《舊唐書·劉子玄傳》。劉知幾自幼有志於史學著述，多次任職史館，參與修撰《唐史》，重修《武后實録》等官書，主張秉筆直書、以史爲鑒。當時史館中主持修史之人和史官大多凡俗之士，劉知幾修史的主張難以實施，遂在任職史館的同時，"以載削餘暇，商榷史篇"，於景龍四年（710年）二月，撰成《史通》，凡二十卷。

《史通》一書，包括内篇三十九篇、外篇十三篇，各十卷，其中内篇的《體統》《紕繆》《弛張》三篇在北宋歐陽修等人撰《新唐書》前已佚，全書今存四十九篇。内篇爲全書的主體，着重講史書的體裁體例、史料采集、表述方法和作史原則，以評論史書體裁爲主；外篇論述史官制度、史籍源流并雜評史家得失。若從内容而言，《史通》的"商榷史篇"又主要是圍繞着兩方面展開：一是史書編纂制度，亦即爲編纂史書形成的一整套制度，既有溯源性的考察，亦有對當時史館、史官制度的批評與反思，前者是爲後者服務的；二是史書編纂的方法，涉及史料的采集和史書編纂的體例、方法、原則，并根據自己的標準對既往史書進行分類、評點。

劉知幾認爲，史家修史應當秉着實録直書的精神，史家必須具有三長，即史才、史學、史識，這樣才能實現史學的懲勸功能。他秉承魏晋以來的經史傳統，將經書也納入史學編纂討論的範圍,《史通》的第一篇《六家》專論正史類各家流派的發展演變,前三家《尚書》、《春秋》和《左傳》皆屬經傳,被視爲記言、記事、紀年三個史書流派的代表,并在《疑古》《惑經》等篇質疑了儒家經典所載聖君明王之事迹。

據《舊唐書·劉子玄傳》,當時的史學家徐堅"深重其書",認爲負責史職者"宜置此書於座右"。劉知幾死後,唐玄宗下令從其家抄録《史通》進呈,"讀而善之"。然而,《史通》并未因徐氏的激賞、玄宗的稱贊而廣爲流傳,反倒是遭受指責,甚至長期被人忽視。根據《玉海》《群書拾補》等書所載,《史通》應該曾有幾種宋刻本,但都没有流傳下來。現在所能見到的最早刻本是明嘉靖十四年(1535年)的陸深刻本,清人浦起龍疏通明清各種版本之訓釋,詳加校勘,撰《史通通釋》,刻於乾隆十七年(1752年),即求放心齋刻本,成爲最流行的本子。該書1978年由上海古籍出版社出版王煦華點校本(2009年出了新版),校勘精審,是目前的通行本。

本篇選文以浦起龍《史通通釋》本爲依據,參考了趙吕甫的《史通新校注》(重慶,重慶出版社,1990年)。

本篇選自《史通》卷二《内篇·二體第二》。

二體,指以《左傳》爲代表的編年體和以《史記》爲代表的紀傳體。浦起龍認爲,六家、二體"四字管全書",是全書的綱領。"六家",是劉知幾所認爲的正史,"二體",則是六家中之最善者,可以行之後世。《二體》是承接《六家》而來,對編年體、紀傳體的長短得失進行深入分析。在他看來,編年體的代表作是《左傳》,以時爲綱,便於考察某個時代的大勢,與之無關者概不記載;紀傳體的代表作則是《史記》,紀、傳皆以人物爲中心,志則兼載天文、地理、國典、朝章等,但有不同時代人物合傳等問題。他認爲紀傳體、編年體各有優點、缺點,可以并存而不可偏廢。劉知幾强調斷代爲史,這不僅是漢魏以來史學發展的趨勢使然,也是現實的需要,《史通》對史書編纂體裁、方法等方面的討論都應置於這一觀點之下考慮,而後來鄭樵、章學誠正是從這裏進行反思,提出自己的史學思想的。閱讀《二體》,應兼讀《六家》《古今正史》等篇,以明劉氏立論之依據。

參考文獻

浦起龍. 史通通釋. 上海:上海古籍出版社,2009.
張振珮. 史通箋注. 貴陽:貴州人民出版社,1985.
趙吕甫. 史通新校注. 重慶:重慶出版社,1990.
許凌雲. 劉知幾評傳. 南京:南京大學出版社,1994.
張舜徽. 史學三書平議. 北京:中華書局,1983.

直書（《史通》）

選文

夫人稟五常[①]，士兼百行[②]，邪正有別，曲直不同。若邪曲者，人之所賤，而小人之道也；正直者，人之所貴，而君子之德也。然世多趨邪而棄正，不踐君子之迹，而行由小人者，何哉？語曰："直如弦，死道邊；曲如鉤，反封侯[③]。"故寧順從以保吉，不違忤以受害也。况史之爲務，申以勸誡，樹之風聲[④]。其有賊臣逆子，淫君亂主，苟直書其事，不掩其瑕，則穢迹彰於一朝，惡名被於千載。言之若是，吁可畏乎！

夫爲於可爲之時則從，爲於不可爲之時則凶[⑤]。如董狐之書法不隱，趙盾之爲法受屈[⑥]，彼我無忤，行之不疑，然後能成其良直，擅名今古。至若齊史之書崔弑[⑦]，馬遷之述漢非，韋昭仗正於吳朝[⑧]，崔浩犯諱於魏國[⑨]，或身膏斧鉞[⑩]，取笑當時；或書填坑窖，無聞後代。夫世事如此，而責史臣不能申其強項之風[⑪]，勵其匪躬之節[⑫]，蓋亦難矣。是以張儼發憤[⑬]，私存《嘿記》之文；孫盛不平，竊撰遼東之本[⑭]。以兹避禍，幸獲兩全。足以驗世途之多隘，知實錄之難遇耳。

然則歷考前史，徵諸直詞，雖古人糟粕，眞僞相亂，而披沙揀金，有時獲寶。案金行在曆[⑮]，史氏尤多。當宣、景開基之始，曹、馬搆紛之際，或列營渭曲，見屈武侯[⑯]，或發仗雲臺，取傷成濟[⑰]。陳壽、王隱咸杜口而無言，陸機、虞預各栖毫而靡述[⑱]。至習鑿齒，乃申以死葛走達之說，抽戈犯蹕之言[⑲]。歷代厚誣，一朝如雪[⑳]。考斯人之書事，蓋近古之遺直歟[㉑]？次有宋孝王《風俗傳》、王劭《齊志》[㉒]，其敍述當時，亦務在審實。案于時河朔王公，箕裘未隕[㉓]；鄴城將相，薪構仍存[㉔]。而二子書其所諱，曾無憚色。剛亦不吐[㉕]，其斯人歟？

蓋烈士徇名[㉖]，壯夫重氣[㉗]，寧爲蘭摧玉折，不作瓦礫長存。若南、董之仗氣直書，不避強禦[㉘]；韋、崔之肆情奮筆，無所阿容[㉙]。雖周身之防有所不足，而遺芳餘烈，人到於今稱之。與夫王沈《魏書》，假回邪以竊位，董統《燕史》，持諂媚以偷榮[30]，貫三光而洞九泉，曾未足喻其高下也[31]。

注釋

①稟：稟賦，與生俱來的氣質。五常：即儒家的仁、義、禮、智、信。

②士兼百行：語出《詩·衛風·氓》的鄭箋："士有百行，可以功過相除"。意指士人有多種優良品行。

③按：這句俗語出自《後漢書·五行志》，是東漢順帝時的一則謠諺，當時太尉李固正直如弓弦，却被大將軍梁冀害死於獄中，梁氏的爪牙胡廣等邪曲如帶鉤，紛紛獲封侯爵。

④樹之風聲：語出《尚書·畢命》，指樹立良好的風氣教化。

⑤這兩句語出《文選》楊雄《解嘲篇》。

⑥董狐之書法不隱，趙盾之爲法受屈：事載《左傳·宣公二年》。詳見本書《隋書·經籍志序》選篇。

⑦齊史之書崔弑：事載《左傳·襄公二十五年》。詳見本書《隋書·經籍志序》選篇。

⑧韋昭：三國時吴國重臣、史家。吴末帝孫皓欲爲其父孫和作"紀"，韋昭堅持認爲孫和未登帝位，只宜做"傳"。由於韋昭多次冒犯孫皓，最終被孫皓殺死。事見《三國志·吴志·韋曜傳》。

⑨崔浩：北魏太武帝時以司徒監秘書事的身份主持修《國書》三十卷，由於如實地書寫了鮮卑拓跋部祖先國破家亡的耻辱，并刻石道旁，以炫耀其秉筆直書，招致鮮卑貴族的嫉恨，被太武帝處死。關於崔浩國史之獄的研究，可參考周一良《魏晋南北朝史劄記》"崔浩國史之獄條"（北京，中華書局，1985年，第342～350頁）。

⑩身膏斧鉞：身體的油脂塗抹在刀斧之上，意指被誅殺。

⑪強項：性格剛强而不肯低頭。典見《後漢書·董宣傳》。項：頸後部。

⑫匪躬：盡忠而不顧自身的利害安危。匪：通"非"。語出《周易·蹇》："王臣蹇蹇，匪躬之故"。

⑬張儼：曾任三國時期吴國的大鴻臚，博文多識，《隋書·經籍志》、兩《唐書》都著録他有《嘿記》三卷，已佚。他發憤著《嘿記》之事已不可考。

⑭孫盛：字安國，曾任東晋著作佐郎、秘書監等職。據《晋書·孫盛傳》，他寫的《晋陽秋》"詞直而理正，咸稱良史"，但枋頭之敗的記載觸怒了桓温，威脅孫盛的兒子"若此史遂行，自是關君門戶事"。諸子畏懼，哭請孫盛修改相關内容，未得孫盛許可，遂私自改之，孫盛乃將定本抄寄遼東慕容儁。

⑮金行：指晋朝，根據五行相生理論，曹魏土德尚黄，土生金，故晋金德尚白。

⑯列營渭曲，見屈武侯：這件事見《三國志·蜀志·諸葛亮傳》裴注引《漢晋春秋》的記載，諸葛亮與司馬懿（即宣王）對峙於渭水南，亮卒，司馬懿欲追擊，蜀將姜維按照諸葛亮的計策"反旗鳴鼓"，司馬懿退兵，"百姓爲之諺曰：死諸葛走生仲達（司馬懿的字）"。

⑰發仗雲臺，取傷成濟：甘露五年（260年）五月，魏帝曹髦不滿於司馬昭把持朝政，率僕從數百至陵雲臺取兵仗，欲討伐司馬昭，中護軍賈充迎戰於南闕下，太子舍人成濟"前刺帝，刃出於背"。事見《三國志·魏志·高貴鄉公紀》裴注引《漢晋春秋》《魏氏春秋》。

⑱按：陳壽《三國志·魏志·高貴鄉公紀》只在甘露五年（260年）五月己丑記載"高貴鄉公卒"一語，没有提及事件的經過。王隱、虞預：見本書《二體》篇，二人所撰《晋書》已佚，無可考。陸機：字士衡，吴郡（今江蘇蘇州）人，西晋著名文學家、史學家。《隋書·經籍志》著録陸機《晋紀》

四卷，其書已佚。據《初學記》卷二十一引陸機《晋書限斷議》的看法，認爲司馬懿、司馬師、司馬昭雖然是人臣，但被晋朝追尊宣帝、景帝、文帝，則應該立紀。

⑲死葛走達：見前注。“抽戈犯蹕”：出自《三國志・魏志・高貴鄉公紀》該條裴注所引干寶《晋紀》，故浦起龍注疑此前脱“干令升亦斥以”六字，可從。犯蹕：指冲犯皇帝的車駕。蹕：止行者也。古代帝王出行時清道，禁止行人通行。

⑳如：一作“始”，可從。雪：昭雪。

㉑古之遺直：語出《左傳・昭公十四年》對叔向的稱贊，指有古人直道而行之遺風。

㉒宋孝王：《北史・宋世景傳》提到他曾任北齊東平王文學，齊亡後作《關東風俗傳》，“言多妄謬，篇第冗雜，無著述體”，書中對北齊大臣多有譏刺，已佚。王劭：字君懋，太原（今山西太原）人，《北史》《隋書》皆有傳，任隋著作郎、秘書少監，專掌國史修撰事。曾作《隋書》八十卷，《北齊志》十七卷，皆佚。他寫史很喜歡“采迂怪之語及委巷之言”。值得注意的是，宋孝王、王劭寫的史書被劉知幾稱贊爲“審實”，却遭到《北史》《隋書》嚴厲批評，惜原書不存，只好闕而不論。

㉓河朔王公：指北魏的宗室貴族。箕裘：《禮記・學記》云：“良冶之子，必學爲裘。良弓之子，必學爲箕。”意謂子弟由於耳濡目染，往往繼承父兄之業，後因以“箕裘”比喻祖上的事業，這裏是説宋孝王寫史時，北魏的王公貴族威勢尚未衰敗也。

㉔鄴城：北齊都城。薪構：語出《左傳・昭公七年》“其父析薪，其子弗克負荷”和《尚書・大誥》“若考作室，既厎法，厥子乃弗肯堂，矧肯構”，皆針對繼承先人事業而言，這裏是説王劭撰《齊志》時，北齊的餘威還在。

㉕剛亦不吐：語出《詩・大雅・烝民》，意指不畏强權。

㉖烈士：胸懷大志，視死如歸之人。殉名：爲名而死。

㉗壯夫重氣：語出《文選》張衡《西京賦》：“都邑遊俠，輕死重氣”，這裏意指史家看重的是浩然之氣，後面的“南、董之仗氣直書”，亦此氣也。

㉘强禦：有權勢之人。

㉙阿容：偏袒寬容。

㉚王沈：字處道，太原晋陽（今山西太原南）人，傳見《晋書》卷三十九。他做過曹魏黄門侍郎、秘書監，高貴鄉公被殺，他因告密有功封安平侯。著有《魏書》四十八卷，其書“多爲時諱”，所以劉知幾説他“假回邪以竊位”。回邪：不正。董統：其人不詳。《史通・古今正史》説他在後燕建興元年（386 年）受詔撰本紀、佐命功臣王公列傳，共三十卷，“慕容垂稱其敘事富贍，足成一家之言。但褒述過美，有慚董史之直”。其書已佚，他如何以該書諂媚後燕皇帝慕容垂以竊取榮耀的，已不得而知。

㉛這一句語出《文選》張衡《西京賦》。三光：日、月、星。九泉：指地下極深處。意爲王、董與韋、崔相比，如天地之相隔懸遠也。

導讀

本篇選自《史通》卷七《内篇・直書第二十四》。

在劉知幾看來，史學的要務在於“申以勸誡，樹之風聲”，所以要實録直書，本篇和隨後的《曲筆》一正一反，討論的都是這個問題，這也是歷史書寫的原則性問題。劉知幾談到時事對於直書、曲筆的影響，也知道“古來唯聞以直筆見誅，不聞以曲詞獲罪”（《曲筆》），但依然主張史家應“仗氣直書，不避强禦”，并表彰了那些秉筆直書的史家。

参考文獻

浦起龍. 史通通釋. 上海：上海古籍出版社，2009.
張振珮. 史通箋注. 貴陽：貴州人民出版社，1985.
趙吕甫. 史通新校注. 重慶：重慶出版社，1990.
許凌雲. 劉知幾評傳. 南京：南京大學出版社，1994.

第四單元

宋元典籍精讀

北魏孝文帝遷都（《資治通鑑》）（節選）

選文

永明十一年（癸酉，493年）[1]

五月，魏主以平城地寒[2]，六月雨雪，風沙常起，將遷都洛陽；恐羣臣不從，乃議大舉伐齊，欲以脅衆。齋於明堂左个[3]，使太常卿王諶筮之[4]，遇《革》[5]，帝曰："'湯、武革命，應乎天而順乎人。'吉孰大焉[6]！"羣臣莫敢言。尚書任城王澄曰[7]："陛下奕葉重光[8]，帝有中土；今出師以征未服，而得湯、武革命之象，未爲全吉也。"帝厲聲曰："繇云[9]：'大人虎變[10]'，何言不吉！"澄曰："陛下龍興已久[11]，何得今乃虎變！"帝作色曰："社稷我之社稷，任城欲沮衆邪[12]！"澄曰："社稷雖爲陛下之有，臣爲社稷之臣，安可知危而不言[13]！"帝久之乃解，曰："各言其志，夫亦何傷！"

既還宮[14]，召澄入見，逆謂之曰[15]："嚮者《革卦》[16]，今當更與卿論之。明堂之忿[17]，恐人人競言，沮我大計，故以聲色怖文武耳。想識朕意。"因屏人謂澄曰："今日之舉，誠爲不易。但國家興自朔土[18]，徙居平城；此乃用武之地，非可文治。今將移風易俗，其道誠難。朕欲因此遷宅中原，卿以爲何如？"澄曰："陛下欲卜宅中土[19]，以經略四海，此周、漢所以興隆也。"帝曰："北人習常戀故，必將驚擾，柰何？"澄曰："非常之事，故非常人之所及[20]。陛下斷自聖心，彼亦何所能爲！"帝曰："任城，吾之子房也[21]！"

六月，丙戌，命作河橋，欲以濟師[22]。祕書監盧淵上表[23]，以爲："前代承平之主[24]，未嘗親御六軍[25]，決勝行陳之間[26]；豈非勝之不足爲武，不勝有虧威望乎！昔魏武以弊卒一萬破袁紹[27]，謝玄以步兵三千摧苻秦[28]，勝負之變，決於須臾，不在衆寡也。"詔報曰："承平之主，所以不親戎事，或以同軌無敵[29]，或以懦劣偷安[30]。今謂之同軌則未然，比之懦劣則可恥，必若王者不當親戎，則先王制革輅[31]，何所施也？魏武之勝，蓋由仗順[32]；苻氏之敗，亦由失政；豈寡必能勝衆，弱必能制強邪！"丁未，魏主講武[33]，命尚書李沖典武選[34]。

秋，七月，癸丑，魏立皇子恂爲太子。戊子，魏中外戒嚴，發露布及移書[35]，稱當南伐。

［八月］[36]，魏主使錄尚書事廣陵王羽持節安撫六鎮[37]，發其突騎[38]。丁亥，魏主辭永固陵[39]；己丑，發平城，南伐，步騎三十餘萬；使太尉丕與廣陵王羽留守平城[40]，並加使持節。

壬寅，魏主至肆州[41]，見道路民有跛眇者，停駕慰勞，給衣食終身。

戊申，魏主至并州[42]。并州刺史王襲，治有聲跡[43]，境內安靜，帝嘉之。襲教民多立銘置道側，虛稱其美；帝聞而問之，襲對不以實。帝怒，降襲號二等。

九月，戊辰，魏主濟河；庚午，至洛陽；壬申，詣故太學觀《石經》[44]。

魏主自發平城至洛陽，霖雨不止。丙子，詔諸軍前發。丁丑，帝戎服，執鞭乘馬而出。羣臣稽顙於馬前[45]。帝曰："廟算已定[46]，大軍將進，諸公更欲何云？"尚書李沖等曰："今者之舉，天下所不願，唯陛下欲之。臣不知陛下獨行，竟何之也！臣等有其意而無其辭，敢以死請！"帝大怒曰："吾方經營天下，期於混壹，而卿等儒生，屢疑大計。斧鉞有常[47]，卿勿復言！"策馬將出，於是安定王休等並慇勤泣諫[48]。帝乃諭羣臣曰："今者興發不小，動而無成，何以示後！朕世居幽朔，欲南遷中土；苟不南伐，當遷都於此，王公以爲何如？欲遷者左，不欲者右。"安定王休等相帥如右[49]。南安王楨進曰[50]："'成大功者不謀於衆[51]。'今陛下苟輟南伐之謀，遷都洛邑，此臣等之願，蒼生之幸也。"羣臣皆呼萬歲。時舊人雖不願内徙[52]，而憚於南伐，無敢言者；遂定遷都之計。

李沖言於上曰："陛下將定鼎洛邑[53]，宗廟宫室，非可馬上遊行以待之[54]。願陛下暫還代都，俟羣臣經營畢功，然後備文物、鳴和鸞而臨之[55]。"帝曰："朕將巡省州郡[56]，至鄴小停[57]，春首卽還[58]，未宜歸北。"乃遣任城王澄還平城，諭留司百官以遷都之事，曰："今日眞所謂革也。王其勉之!"

帝以羣臣意多異同，謂衛尉卿、鎭南將軍于烈曰[59]："卿意如何?"烈曰："陛下聖略淵遠，非愚淺所測。若隱心而言，樂遷之與戀舊，適中半耳。"帝曰："卿旣不唱異，卽是肯同，深感不言之益。"使還鎭平城，曰："留臺庶政，一以相委。"烈，栗磾之孫也。

冬，十月，戊寅朔，魏主如金墉城[60]，徵穆亮[61]，使與尚書李沖、將作大匠董爾經營洛都。己卯，如河南城[62]；乙酉，如豫州[63]；癸巳，舍于石濟[64]。乙未，魏解嚴[65]，設壇于滑臺城東[66]，告行廟以遷都之意[67]。大赦。起滑臺宫。任城王澄至平城，衆始聞遷都，莫不驚駭。澄援引古今，徐以曉之，衆乃開伏。澄還報於滑臺，魏主喜曰："非任城，朕事不成。"

癸卯，魏主如鄴城。王肅見魏主於鄴[68]，陳伐齊之策。魏主與之言，不覺促席移晷[69]。自是器遇日隆，親舊貴臣莫能間也。魏主或屏左右與肅語，至夜分不罷，自謂君臣相得之晚。尋除輔國將軍、大將軍長史。時魏主方議興禮樂，變華風，凡威儀文物，多肅所定。

乙巳，魏主遣安定王休帥從官迎家於平城。

魏主築宫於鄴西，十一月，癸亥，徙居之。

（以上《資治通鑑》卷一百三十八）

建武元年（甲戌，494 年）[70]

春，正月，癸亥，魏主南巡。乙亥，魏主如洛陽西宫。

二月，乙丑，魏主如河陰[71]，規方澤[72]。辛卯，帝祀明堂。壬寅，魏主北巡。癸卯，濟河。

三月，壬申，至平城。使羣臣更論遷都利害，各言其志。燕州刺史穆羆曰[73]："今四方未定，未宜遷都。且征伐無馬，將何以克?"帝曰："廐牧在代，何患無馬！今代在恆山之北，九州之外[74]，非帝王之都也。"尚書于果曰："臣非以代地爲勝伊、洛之美也[75]。但自先帝以來，久居於此，百姓安之；一旦南遷，衆情不樂。"平陽公丕曰："遷都大事，當訊之卜筮。"帝曰："昔周、召聖賢，乃能卜宅[76]。今無其人，卜之何益！且'卜以決疑，不疑何卜！'黄帝卜而龜焦[77]，天老曰'吉'，黄帝從之。然則至人之知未然，審於龜矣。王者以四海爲家，或南或北，何常之有！朕之遠祖，世居北荒[78]，平文皇帝始都東木根山[79]，昭成皇帝更營盛樂[80]，道武皇帝遷于平城。朕幸屬勝殘之運[81]，何爲獨不得遷乎[82]！"羣臣不敢復言。羆，壽之孫；果，烈之弟也。癸酉，魏主臨朝堂，部分遷留[83]。

夏，四月，庚辰，魏罷西郊祭天[84]。己亥，魏罷五月五日、七月七日饗祖考[85]。

秋，七月，壬戌，魏主北巡。辛丑，魏主至朔州[86]。

八月，甲辰，魏主至陰山。癸丑，魏主如懷朔鎮；己未，如武川鎮；辛酉，如撫宜鎮；甲子，如柔玄鎮；乙丑，南還；辛未，至平城。

九月，壬午，魏主臨朝堂，黜陟百官，謂諸尚書曰："尚書，樞機之任，非徒總庶務，行文書而已；朕之得失，盡在於此。卿等居官，年垂再期，未嘗獻可替否，進一賢退一不肖，此最罪之大者。"又謂錄尚書事廣陵王羽曰："汝爲朕弟，居機衡之右，無勤恪之聲，有阿黨之迹，今黜汝錄尚書、廷尉，但爲特進、太子太保。"

帝又謂陸叡曰[87]："北人每言'北俗質魯，何由知書！'朕聞之，深用憮然[88]！今知書者甚衆，豈皆聖人！顧學與不學耳[89]。朕脩百官，興禮樂，其志固欲移風易俗。朕爲天子，何必居中原！正欲卿等子孫漸染美俗，聞見廣博；若永居恆北，復值不好文之主，不免面牆耳[90]。"對曰："誠如聖言。金日磾不入仕漢朝[91]，何能七世知名！"帝甚悦。

冬，十月，甲辰，魏以太尉東陽王丕爲太傅、錄尚書事，留守平城。

戊申，魏主親告太廟，使高陽王雍、于烈奉遷神主于洛陽；辛亥，發平城。

十一月，丁丑，魏主如鄴。戊子，魏主至洛陽，欲澄清流品，以尚書崔亮兼吏部郎[92]。亮，道固之兄孫也。

十二月，魏主欲變易舊風，壬寅，詔禁士民胡服。國人多不悦。戊申，詔代民遷洛者復租賦三年。

（以上《資治通鑑》卷一百三十九）

建武二年（乙亥，495 年）

三月，戊子，魏太師京兆武公馮熙卒于平城[93]。

夏，四月，辛丑，爲馮熙舉哀[94]。太傅、錄尚書事平陽公丕不樂南遷，與陸叡表請魏主還臨熙葬。帝曰："開闢以來，安有天子遠奔舅喪者乎[95]！今經始洛邑，豈宜妄相誘引，陷君不義！令、僕以下[96]，可付法官貶之[97]。"仍詔迎熙及博陵長公主之柩[98]，南葬洛陽，禮如晉安平獻王故事[99]。

五月，甲午，魏太子冠於廟[100]。

六月，癸卯，魏主使太子如平城赴太師熙之喪。

魏有司奏："廣川王妃葬於代都[101]，未審以新尊從舊卑，以舊卑就新尊？"魏主曰："代人遷洛者，宜悉葬邙山[102]。其先有夫死於代者，聽妻還葬；夫死於洛者，不得還代就妻。其餘州之人，自聽從便。"丙辰，詔："遷洛之民死，葬河南，不得還北。"於是代人遷洛者悉爲河南洛陽人。

八月，魏金墉宮成，立國子、太學、四門小學於洛陽。

帝好讀書，手不釋卷，在輿、據鞍，不忘講道。善屬文，多於馬上口占，既成，不更一字；自太和十年以後，詔策皆自爲之。好賢樂善，情如飢渴，所與遊接，常寄以布素之意[103]，如李沖、李彪、高閭、王肅、郭祚、宋弁、劉芳、崔光、邢巒之徒，皆以文雅見親，貴顯用事；制禮作樂，鬱然可觀，有太平之風焉。

九月，庚午，魏六宮、文武悉遷于洛陽。

十一月，庚午，魏主如委粟山[104]，定圜丘[105]。己卯，帝引諸儒議圜丘禮。

祕書令李彪建言[106]："魯人將有事于上帝，必先有事于泮宮[107]。請前一日告廟。"從之。甲申，魏主祀圜丘；丙戌[108]，大赦。

十二月，甲子，魏主引見羣臣於光極堂[109]，頒賜冠服[110]。

（以上《資治通鑑》卷一百四十）

注釋

①永明：南朝齊武帝的年號，483—493年。《資治通鑑》南北朝時期的紀年，以南朝爲正統。

②魏主：指北魏孝文帝（471—499年在位）。平城：今山西大同市。北魏道武帝拓跋珪於天興元年（398年）定都至此，至孝文帝太和十八年（494年）遷都洛陽，建都於此97年。

③明堂：帝王宣布政教、祭祀祖先的禮制建築。左个：在明堂東南角。

④太常卿：官名。九卿之一，掌禮樂、祭祀、宗廟、朝會等事務。筮之：據《魏書・任城王澄傳》，卜筮的過程爲"親令龜卜，易筮南伐之事，其兆遇《革》"，當包括龜卜觀察兆紋和用蓍草占卦。

⑤革：《易》六十四卦之一。引文是革卦的彖傳，意爲商湯、周武王變革夏桀、商紂的王命，既順於天命，又符合百姓的願望。

⑥吉孰大焉：没有比這更吉利的了。這四字不見於《魏書》《北史》，或爲《資治通鑑》所增。

⑦任城王澄：即任城王元澄，字道鎮，北魏宗室，時任尚書令，總攬朝政，正二品。本文所言元澄之事皆出自《魏書・任城王澄傳》。

⑧奕葉：累世。重光：比喻累世盛德，輝光相承，多指帝王。

⑨繇：同"繇"（zhòu）。《易》每卦由六爻組成，繇是解釋每爻之辭。

⑩大人：君主。虎變：謂虎皮花紋斑斕多彩。比喻因時革新，斐然可觀。這則繇辭是解釋《革卦》九五這一爻的。

⑪龍興：龍爲帝王象徵，龍興即帝王興起，這裏指登基做皇帝。

⑫沮衆：破壞衆人的意志。

⑬按：此句《魏書・任城王澄傳》作："社稷誠知陛下之社稷，然臣是社稷之臣子，豫參顧問，敢盡愚衷。"語氣更爲迂回委婉，《資治通鑑》删改之後，簡潔明快，諫諍之語氣更爲直率。但也有不妥之處，如"社稷之臣子"，改作"社稷之臣"，後者在傳統語境中乃特指，不宜出於臣下自稱。

⑭還宫：指從明堂左个還宫。

⑮逆：迎，迎接。

⑯嚮者：剛纔。

⑰忿：憤怒，生氣。

⑱朔土：北方。

⑲卜宅：占卜决定建都的地方。

⑳故：通"固"。本來。

㉑子房：漢高祖劉邦的謀士張良的字。張良曾贊助劉邦遷都長安，故以爲比喻。

㉒河橋：渡黄河之浮橋。濟：渡。按：據後文之意，這裏的河橋當爲洛陽北面的黄河渡口，故址在今河南孟縣西南、孟津東北黄河上。北魏、東魏先後築河陽三城於橋北、橋南及河中洲上，是洛陽周邊的防禦要地。

㉓祕書監：官名。秘書省長官，典掌圖籍、編修國史等。盧淵：字伯源，出身北魏著名的士族范陽盧氏，這一段话出自《魏書・盧淵傳》。

㉔承平之主：指太平時期的君主。

㉕親御六軍：指親自統率軍隊。

㉖陳：同“陣”。

㉗魏武：指曹操，死後被追尊爲魏武帝。

㉘謝玄：字幼度，淝水之戰時，玄爲前鋒，大破前秦苻堅。

㉙同軌：車同軌，指天下統一。

㉚懦劣：懦弱。

㉛革輅（lù）：以皮革蒙飾的供君主使用的兵車，用於作戰或巡視四境。

㉜仗順：憑藉着順應天命。

㉝講武：講習武事，檢閱軍隊。

㉞李沖：字思順，隴西狄道人。孝文帝初，沖典禁中文事，歷任南部尚書、尚書僕射等職。李沖曾主持營建洛陽，議定禮儀律令，傳見《魏書》卷五十三，本文涉及他的史事多源於本傳。典武選：負責武官的選任。時欲用武，需選拔武勇之士也。

㉟露布：征討的檄文。移書：發送給南朝齊境的布告。

㊱按：本條記事《資治通鑑》未繫月日，據前後史事及干支推算，其時間當在八月癸未與丁亥之間。

㊲錄尚書事：總領尚書省事，北魏多爲諸王、大臣行使相權之加官，事無不統。廣陵王羽：孝文帝的異母弟，決定遷都後，負責留守平城，傳見《魏書》卷二十一。六鎮：北魏初年，於都城平城以北，自西而東設置六個軍事重鎮，即沃野鎮、懷朔鎮、武川鎮、撫冥鎮、柔玄鎮、懷荒鎮。

㊳突騎：用於衝鋒陷陣的精鋭騎兵。

㊴永固陵：北魏文明太后馮氏的陵墓，在今大同市北二十五公里鎮川堡鄉境内之西寺梁山。文明太后爲文成帝之皇后，是孝文帝的祖母輩，死於太和十四年（490年），死前長期臨朝聽政。

㊵太尉丕：是拓跋氏先世烈帝翳槐的玄孫，孝文帝時封爲東陽王，遷太尉、録尚書事。孝文帝遷都，他和廣陵王羽一起留守平城，兩人都加使持節，有賞罰專斷之權。傳見《魏書》卷十四。他是北魏宗室和功臣元勳之後的重要代表，反對孝文帝遷都和改革。

㊶肆州：治所在今山西忻州市。

㊷并州：治所在今山西太原市。

㊸聲跡：聲望與事迹。

㊹故太學：東漢、曹魏時在洛陽所建太學。石經：即太學所立石刻儒家經書，當爲東漢熹平石經和曹魏的正始石經。

㊺稽顙：古代一種跪拜禮，屈膝下拜，以額觸地，表示極度的虔誠。

㊻廟算：朝廷或帝王對戰事進行的謀劃，指朝廷的重大決策。

㊼斧鉞有常：意爲國有常刑。斧鉞：皆爲兵器，亦泛指刑罰、殺戮。

㊽安定王休：北魏宗室大臣，太武帝之孫，是孝文帝祖父輩，南伐時任大司馬。傳見《魏書》卷十九。

㊾安定王休等相帥如右：按：原文無此句，據點校本附注之章鈺《校記》補。

㊿南安王楨：太武帝之孫，以孝行著稱，後因聚斂被剥奪爵位。隨孝文帝南伐，支持遷都，恢復了南安王之爵。傳見《魏書》卷十九。

51語出《史記·商君列傳》，這是商鞅勸秦孝公下決心變法而説的話。

52舊人：指北魏拓跋部的一些宗室貴族，他們反對南遷。

53定鼎：鼎爲古代王權的象徵，定鼎即定都。

54遊行：游逛，指乘着馬四處游逛等候都城建好。

55文物：指儀仗車駕之類。鳴和鸞：指駕車。和鸞：馬車上的鈴鐺。

㊺巡省：巡視。

㊻鄴：即鄴城，曹魏曾定都於此，在今河北臨漳。

㊼春首：春初。

㊽于烈：鮮卑族。其祖于栗磾是北魏道武帝的大將，于烈從孝文帝南伐，加鎮南將軍，對遷都持中立態度，隨後奉命鎮守平城。傳見《魏書》卷三十一。

㊾金墉城：在今河南洛陽市東，位於漢魏洛陽城西北。

㊿穆亮：鮮卑族。時任秦州刺史，在關中鎮壓叛亂，孝文帝徵召他參加修建洛陽城。傳見《魏書》卷二十七。

62河南城：在今洛陽市西。

63豫州：在虎牢關，今河南滎陽西北。

64石濟：在今河南延津縣東北，過去有黃河渡口，黃河改道後已堵塞。

65解嚴：取消戒嚴。七月魏軍南下時，宣布戒嚴，此時已定遷都之議，停止南伐，故解嚴。

66滑臺：在今河南滑縣東南八里城關鎮。

67行廟：臨時安放祖先神主之處。此次南伐，魏軍奉神主而行，故有行廟之稱。

68王肅：字恭懿，琅邪臨沂（今山東臨沂北）人。仕南朝齊爲秘書丞。以父奐被齊武帝所誅，全家被殺，於孝文帝太和十七年（493年）奔魏，深得孝文帝信任，參與了北魏禮儀、官制等方面的改革。傳見《魏書》卷六十三。

69促席：坐席相互靠近。移晷：日影移動，意爲過了一段時間。

70建武：南朝齊明帝年號，494—498年。

71河陰：縣名，在今河南孟津縣東北。

72規：規劃。方澤：古代夏至祭地祇的方壇。因爲壇設於澤中，故稱。

73穆羆：穆亮之兄。此時任鎮北將軍、燕州刺史（治所在今北京昌平區），後參與穆泰等人的謀反，被削爲平民。傳見《魏書》卷二十七。

74九州：傳説中我國上古的行政區劃，具體州名有爭議，孝文帝將中原視爲九州，故有代在九州之外的説法。這裏孝文帝在平城與群臣議遷都利害的叙述，源自《魏書》卷十四《東陽王丕傳》，有不少删改，如穆羆還提出黄帝都涿鹿之説，以反駁孝文帝的觀點。

75伊、洛：即洛陽，境内有伊、洛二水。

76卜宅：語出《尚書》的《召誥》《洛誥》篇，指西周初年周公、召公通過卜筮選址營建洛邑之事。

77龜焦：占卜時灼龜過熱無兆紋。

78北荒：指北方極荒遠之區。

79平文皇帝：北魏的先祖拓跋鬱律，後追謚爲帝。東木根山：在今内蒙古兴和县西北。

80昭成皇帝：即拓跋什翼健，後追謚爲帝。盛樂：在今内蒙古和林格爾縣。

81勝殘：是“勝殘去殺”之省稱，意指可以實施仁政。

82何爲獨：原文作“而獨”，據章鈺《校記》改。

83部分：部署，安排。

84西郊祭天：是北魏在平城時期最重要的祭天形式，夏四月於西郊舉行。該儀式將拓跋部傳統的天神崇拜、草原游牧民族的祭祀儀式與漢族的郊祀制度三者結合起來。罷西郊祭天是孝文帝改革在禮制上的重要體現。

85五月五日、七月七日饗祖考：北魏在端午、七夕祭祖，是鮮卑族的傳統習俗。

86朔州：治盛樂，在今内蒙古和林格爾縣。

87帝：指孝文帝。按：依《資治通鑑》行文，當作“魏主”。陸叡：北魏代郡（治今山西大同市東北）人，字思弼。鮮卑族。襲爵爲平原王。以破柔然有功，除尚書令、恒州刺史。

⑱憮然：悵然自失貌。

⑲顧：只是。

⑳面牆：比喻不學而識見淺薄。

㉑金日磾（jīn mì dī），匈奴休屠王太子，漢武帝時被俘歸漢，子孫後代因忠孝顯名，七世不衰。

㉒崔亮：字敬儒，清河東武城（今山東武城西北）人。本爲南朝劉宋之人，469 年，與其叔祖崔道固等被俘入魏。亮以抄書爲生，得李沖舉薦爲中書博士，累官至尚書右僕射。傳見《魏書》卷六十六。

㉓馮熙：文明太后馮氏的兄長，孝文帝的岳父。

㉔爲馮熙舉哀：孝文帝爲馮熙舉行哀哭追悼的儀式。舉哀：高聲號哭以哀悼死者。

㉕舅：妻子的父親。指馮熙。

㉖令、僕：指平城尚書省留臺的尚書令、僕射。

㉗法官：指御史。

㉘博陵長公主：馮熙之妻，北魏文成帝拓跋濬的姐妹。

㉙晉安平獻王：指西晉的司馬孚。西晉代曹魏之後，封安平王，死後謚爲“獻”。晉武帝爲他舉哀三日，采用了很高的喪葬禮儀。

⑩⓪冠：冠禮。梁滿倉認爲，孝文帝爲太子舉行冠禮有緩和與代北反對遷都勢力矛盾的用意。參梁滿倉《魏晋南北朝五禮制度考論》，北京，社會科學文獻出版社，2009 年，第 322～324 頁。

⑩①廣川王：指廣川王諧，死於太和十九年（495 年）五月一日。據傳統禮制，夫尊婦卑，廣川王諧新卒，故曰新尊；其妃先卒，故曰舊卑。

⑩②邙山：在今洛陽城北。

⑩③布素：布衣素服。言布素之交，指與士人之交游。

⑩④委粟山：在今洛陽市東南。

⑩⑤圜丘：古代帝王冬至祭天的地方。

⑩⑥李彪：字道固，頓丘衛國（今河南清豐縣）人，傳見《魏書》卷六十二。

⑩⑦語出《禮記·禮器》。泮宮：指學宮，意思是魯國人將要祭祀上帝，必先在學宮祭告祖先后稷。所以後文云“告廟”，即先祭告太廟也。

⑩⑧按：“丙戌”據章鈺《校記》補。

⑩⑨光極堂：在洛陽城内，北魏皇帝與群臣議事之殿。

⑪⓪頒賜冠服：意爲賜冠服以易胡服。

導讀

《資治通鑑》，二百九十四卷，北宋司馬光（1019—1086）撰，是一部著名的編年體史書，上起戰國，下迄五代，囊括 1 362 年的歷史，以朝代爲紀，共 16 紀。

司馬光，字君實，自號迂夫，晚年號迂叟。因祖籍陝州夏縣（治今山西夏縣）涑水鄉，後人尊稱“涑水先生”。死後贈爵號“温國公”，謚號爲“文正”，故後世尊稱“司馬温公”或“司馬文正公”。事迹見《宋史》卷三百三十六。他一生最著名的有兩件事：一是王安石變法時期他是反對派的代表人物，宋神宗死後，他入朝爲相，雷厲風行地廢除新法；二是編寫了這部《資治通鑑》。當代著名宋史學者鄧廣銘曾說過，司馬光做宰相期間的一些政治措施“基本上無足稱道”，但他編撰的《資治通鑑》“却真正稱得起是一部空前絶後的編年史巨著”［鄧廣銘《略論有關

〈涑水記聞〉的幾個問題》，載《北京大學學報》（哲學社會科學版），1986 年第 2 期，第 32 頁〕。

司馬光編撰《資治通鑑》，有劉恕、劉攽和范祖禹等人做他的助手。第一步工作是把收集來的史料作長編，將歷朝正史、雜史、傳記小説以及諸家文集等各種史料中“稍干時事者，皆須依年月日添附”，儘量詳備。然後對史料進行“考異”，當同一歷史事件有幾種不同的記載時，要對這些不同的記載（異文）加以考訂，判斷正誤真僞，决定取捨，同時要將其餘的史料注於正文之下，并説明取捨的理由。司馬光曾將長編正文之下附注的考異文字彙編爲《資治通鑑考異》30 卷，與《資治通鑑》一同奏進，後胡三省在爲《資治通鑑》作注時將《考異》文字附注於《通鑑》正文之下。

《資治通鑑》原爲帝王的歷史教科書，司馬光在給宋英宗的奏疏中説得很清楚，“凡關國家之盛衰，繫生民之休戚，善可爲法，惡可爲戒，帝王所宜知者，略依《左氏春秋傳》體爲編年一書”，“其餘浮冗之文，悉刪去不載，庶幾聽覽不勞，而聞見甚博”（李燾《續資治通鑑長編》卷二百八，治平三年四月辛丑條）。所以《通鑑》的叙述以政治史爲中心，强調歷史的借鑒作用，對王朝治亂興衰的關注，對戰争的寫法，對典制因革的重視，包括書中“臣光曰”所反映的政治見解、史識，皆極有特點，使其成爲中國史學的一座高峰。

《資治通鑑》的卷帙甚繁，内容廣泛，閲讀不易，成書之後即有人爲之作注。元初胡三省注是《資治通鑑》最好的注本，我們今天看到的中華書局 1956 年出版的點校本《資治通鑑》，就是選用胡注本作底本標點整理而成，本書的選文即以此本爲據，注釋亦參考了胡注。

本篇選自《資治通鑑》卷一百三十八至一百四十，事情發生在南朝齊武帝永明十一年（493 年）至齊明帝建武二年（495 年）之間。由於選文以“北魏孝文帝遷都”爲中心，還要考慮篇幅的適當，故只能選取與這一件事關係最密切的大事，而將同期發生的其他事件略去。即使如此，亦不難發現編年體史書叙事的優勢：以時間爲軸，呈現歷史的複雜性。從《通鑑》的記載可知，遷都洛邑涉及北魏立國的方針，關乎各種力量的角力，不是簡單的決策、謀略，而是一個逐步實現，中間甚至有反復的過程。以史源學的方法，將《通鑑》文本與《魏書》等文獻對讀，可見其熔鑄史料之功，偶爾參以己見的字句調整、改動，則反映出司馬光本人對史事、歷史寫作的認識，這也是我們閲讀《通鑑》時要特别用心之處。

參考文獻

柴德賡．資治通鑑介紹．北京：求實出版社，1981.

張煦侯．通鑑學．北京：北京聯合出版公司，2019.

逯耀東．北魏孝文帝遷都與其家庭悲劇//逯耀東．從平城到洛陽：拓跋魏文化轉變的歷程．北京：中華書局，2006.

康樂．從西郊到南郊：國家祭典與北魏政治．臺北：稻鄉出版社，1995：第三篇.

通志總序（《通志》）（節選）

選文

百川異趣[1]，必會于海，然後九州無浸淫之患[2]。萬國殊途，必通諸夏[3]，然後八荒無壅滯之憂[4]。會通之義大矣哉！自書契以來[5]，立言者雖多[6]，惟仲尼以天縱之聖，故總《詩》、《書》、《禮》、《樂》而會于一手，然後能同天下之文[7]，貫二帝三王而通爲一家[8]，然後能極古今之變[9]。是以其道光明，百世之上，百世之下不能及。仲尼既没，百家諸子興焉，各效《論語》，以空言著書。（《論語》，門徒集仲尼語。）至於歷代實蹟，無所紀繫[10]。迨漢建元、元封之後[11]，司馬氏父子出焉。

司馬氏世司典籍[12]，工於制作[13]。故能上稽仲尼之意[14]，會《詩》、《書》、《左傳》、《國語》、《世本》、《戰國策》、《楚漢春秋》之言，通黄帝、堯、舜至于秦、漢之世，勒成一書，分爲五體[15]。本紀紀年[16]，世家傳代[17]，表以正歷[18]，書以類事[19]，傳以著人[20]。使百代而下，史官不能易其法，學者不能舍其書，六經之後，惟有此作。故謂："周公五百歲而有孔子，孔子五百歲而在兹乎。"[21]是其所以自待者已不淺。

然大著述者，必深於博雅，而盡見天下之書，然後無遺恨。當遷之時，挾書之律初除[22]，得書之路未廣。亘三千年之史籍[23]，而跼蹐於七八種書[24]，所可爲遷恨者，博不足也。凡著書者，雖採前人之書，必自成一家言。左氏[25]，楚人也，所見多矣，而其書盡楚人之辭。公羊[26]，齊人也，所聞多矣，而其書皆齊人之語。今遷書全用舊文，間以俚語，良由採摭未備，筆削不遑。故曰："予不敢墮先人之言，乃述故事，整齊其傳，非所謂作也[27]。"劉知幾亦譏其多聚舊記，時插雜言[28]。所可爲遷恨者，雅不足也。

大抵開基之人不免草創，全屬繼志之士爲之彌縫[29]。晉之《乘》，楚之《檮杌》，魯之《春秋》，其實一也[30]。《乘》、《檮杌》無善後之人，故其書不行。《春秋》得仲尼挽之於前[31]，左氏推之於後，故其書與日月並傳。不然，則一卷事目，安能行於世[32]？

自《春秋》之後，惟《史記》擅制作之規模[33]。不幸班固非其人，遂失會通之旨，司馬氏之門户自此衰矣。班固者，浮華之士也，全無學術，專事剽竊。肅宗問以制禮作樂之事[34]，固對以在京諸儒必能知之，儻臣鄰皆如此，則顧問何取焉。及諸儒各有所陳，固惟竊叔孫通十二篇之儀以塞白而已[35]，儻臣鄰皆如此，則奏議何取焉。肅宗知其淺陋，故語竇憲曰[36]："公愛班固而忽崔駰[37]，此葉公之好龍也[38]。"固於當時已有定價，如此人材，將何著述。《史記》一書，功在十表，猶衣裳之有冠冕，木水之有本原。班固不通旁行邪上，以古今人物彊立差等[39]。且謂漢紹堯運，自當繼堯[40]，非遷作《史記》厠於秦、項[41]，此則無稽之談也。由其斷漢爲書，是致周、秦不相因，古今成間隔。自高祖至武帝，凡六世之前，盡竊遷書[42]，不以爲慚。自昭帝至平帝，凡六世，資於賈逵、劉歆[43]，復不以爲恥。況又有曹大家終篇[44]，則固之自爲書也幾希。往往出固之胸中者，《古今人表》耳，他人無此謬也。後世衆手修書，道傍築室[45]，掠人之文，竊鍾掩耳[46]，皆固之作俑也[47]。固之事業如此，後來史家，奔走班固之不暇[48]，何能測其淺深。遷之於固，如龍之於猪，奈何諸史棄遷而用固，劉知幾之徒尊班而抑馬[49]。

且善學司馬遷者莫如班彪，彪續遷書，自孝武至于後漢，欲令後人之續己，如己之續遷，既無衍文，又無絶緒[50]，世世相承，如出一手。善乎其繼志也。其書不可得而見，所可見者，元、成二帝贊耳[51]，皆於本紀之外，别記所聞，可謂深入太史公之閫奥矣[52]。凡《左氏》之有"君子曰"者，皆經之新意。《史記》之有"太史公曰"者，皆史之外事，不爲襃貶也[53]。間有及襃貶者，褚先生之徒雜之耳[54]。且紀傳之中既載善惡，足爲鑒戒，何必於紀傳之後更加襃貶？此乃諸生決科之文[55]，安可施於著述，殆非遷、彪之意，況謂爲贊，豈有貶辭？後之史家，或謂之論，或謂之序，或謂之銓，或謂之評，皆效班固，臣不得不劇論固也[56]。

司馬談有其書，而司馬遷能成其父志。班彪有其業，而班固不能讀父之書。固爲彪之子，既不能保其身，又不能傳其業，又不能教其子[57]，爲人如此，安在乎言爲天下法。范曄、陳壽之徒繼踵，率皆輕薄無行，以速罪辜[58]，安在乎筆削而爲信史也。

孔子曰："殷因於夏禮，所損益可知也。周因於殷禮，所損益可知也[59]。"此言相因也。自班固以斷代爲史，無復相因之義，雖有仲尼之聖，亦莫知其損益，會通之道，自此失矣。語其同也，則紀而復紀，一帝而有數紀；傳而復傳，一人而有數傳[60]。天文者，千古不易之象，而世世作《天文志》；《洪範五行》者[61]，一家之書，而世世序《五行傳》。如此之類，豈勝繁文[62]！語其異也，則前王不列於後王，後事不接於前事。郡縣各爲區域，而昧遷革之源。禮樂自爲更張，遂成殊俗之政。如此之類，豈勝斷綆[63]！曹魏指吴、蜀爲寇，北朝指東晉爲僭。南謂北爲索虜，北謂南爲島夷[64]。《齊史》稱梁軍爲義軍，謀人之國，可以爲義乎？《隋書》稱唐兵爲義兵，伐人之君，可以爲義乎[65]？房玄齡董史册[66]，故房彦謙擅美名。虞世南預修書[67]，故虞荔、虞寄有嘉傳。甚者桀犬吠堯，吠非其主。《晉史》黨晉而不有魏，凡忠於魏者，目爲叛臣，王淩、諸葛誕、毌邱儉之徒，抱屈黄壤[68]。《齊史》黨齊而不有宋，凡忠於宋者，目爲逆黨，袁粲、劉秉、沈攸之之徒，含寃九原[69]。噫，天日在上，安可如斯！似此之類，歷世有之。傷風敗義，莫大乎此。

遷法既失，固弊日深。自東都至江左[70]，無一人能覺其非。惟梁武帝爲此慨然，乃命吴均作《通史》[71]。上自太初，下終齊室，書未成而均卒。隋楊素又奏令陸從典續《史記》，訖于隋[72]，書未成而免官。豈天之靳斯文而不傳與[73]？抑非其人而不祐之與？自唐之後，又莫覺其非。凡秉史筆者，皆準《春秋》，專事褒貶。夫《春秋》以約文見義，若無傳釋，則善惡難明。史册以詳文該事，善惡已彰，無待美刺[74]。讀蕭、曹之行事[75]，豈不知其忠良？見莽、卓之所爲[76]，豈不知其凶逆？夫史者，國之大典也，而當職之人，不知留意於憲章[77]，徒相尚於言語[78]。正猶當家之婦不事饔飧[79]，專鼓唇舌，縱然得勝，豈能肥家？此臣之所深恥也。

江淹有言[80]：修史之難，無出於志。誠以志者憲章之所繫，非老於典故者不能爲也。不比紀、傳，紀則以年包事，傳則以事繫人，儒學之士皆能爲之。惟有志難，其次莫如表。所以范曄、陳壽之徒，能爲紀傳，而不敢作表、志。志之大原，起於《爾雅》[81]。司馬遷曰書，班固曰志，蔡邕曰意，華嶠曰典，張勃曰録，何法盛曰説[82]，餘史並承班固謂之志，皆詳於浮言，略於事實，不足以盡《爾雅》之義。

臣今總天下之大學術而條其綱目，名之曰略，凡二十略，百代之憲章，學者之能事[83]，盡於此矣。其五略，漢、唐諸儒所得而聞；其十五略，漢、唐諸儒所不得而聞也[84]。

注釋

①趣（qū）：趨向，奔赴。

②九州：《尚書・禹貢》等文獻謂中國分爲九州，後遂以九州指稱天下、全中國。浸淫：河水泛濫。

③諸：相當於“之於”。

④八荒：八方荒遠之地，通常指華夏之外的地區。壅滯：阻隔，堵塞。

⑤書契：指文字。古代文字有書寫、契刻兩種方式。

⑥立言：指著書立説。

⑦同：會合，整合。

⑧二帝三王：唐堯、虞舜和夏禹、商湯、周文王三代之王。

⑨極：窮盡。

⑩紀繫：記載聯屬。這句話是説《論語》旨在記載孔子的言論思想，而非記録當時的歷史過程，諸子百家的著作都屬於這一性質，即“空言著書”，使得歷代事迹“無所紀繫”。

⑪建元、元封：都是漢武帝的年號。建元：前140—前135年。元封：前110—前105年。

⑫司：掌管。典籍：文獻。

⑬制作：著述。

⑭稽：考察，推究。

⑮“會《詩》、《書》”之句：會：會通。通：貫通。勒成：編纂成。按：鄭樵關於司馬遷會通《詩》《書》等著作撰寫《史記》的看法，可能源自《史通》的《采撰》篇和《古今正史》篇。

⑯紀年：記録年代。

⑰傳代：傳承世系。

⑱正歷：匡正曆譜。歷：通“曆”。

⑲類事：分類記載典章制度。

⑳著人：記録人物。

㉑“周公”二句：見《史記・太史公自序》，乃司馬談之語，實則周公卒至孔子約五百年，而孔子卒（前479年）至太初元年（前104年）僅375年而已。故“五百歲”非實指，只是爲了説明祖述之意，是司馬遷借其父之口自述胸懷。

㉒挾書之律：指秦朝關於收藏、挾帶圖書的法律。《漢書》卷二《惠帝紀》四年（前191年）三月“除挾書律”條下，顔師古注引張晏曰：“秦律敢有挾書者族。”

㉓亘：横跨，跨越。

㉔踢踖（jú jí）：局限，受拘束。七八種書：即上文所説的《詩》《書》等文獻。按：鄭樵的看法失之過偏，據金德建的統計，《史記》徵引的文獻資料在一百種以上（見金德建《司馬遷所見書考》，上海，上海人民出版社，1963年；張大可《論〈史記〉取材》，載《史記研究》，北京，華文出版社，2006年，第216～251頁）。

㉕左氏：即《左傳》的作者。按：自司馬遷以來，多認爲《左傳》的作者是左丘明，但唐宋以後

出現多種説法。鄭樵、朱熹認爲左氏乃戰國時楚人，相傳鄭樵所撰《六經奥論》卷四有“左氏非丘明辨”一條，提出八條證據，惜此書是否鄭氏所撰尚無定論，且書中提到的“八驗”皆爲清人駁倒。

㉖公羊：指戰國時齊人公羊高，相傳是孔子弟子子夏的弟子，著有《春秋公羊傳》。

㉗引語出《史記·太史公自序》，强調自己是述而不作，乃太史公自謙之語。墮：通“隳”。毁壞，荒廢。故事：舊事。整齊：使之有條理。

㉘按：劉知幾之説見《史通·六家》篇。

㉙屬（zhǔ）：依靠，托付。彌縫：彌補。

㉚“晉之《乘》”之句：語出《孟子·離婁下》，指晋、楚、魯三國之史書。

㉛挽：牽引。此宜導。

㉜這句是説《春秋》之簡略，僅列舉史事之條目，鄭樵此論與王安石説《春秋》是“斷爛朝報”有異曲同工之處。

㉝擅：獨占。制作：著述。規模：典範，榜樣。

㉞肅宗：漢章帝。問制禮作樂事見《後漢書·曹褒傳》，在元和三年（86年），此時班固任玄武司馬，建議廣招京師諸儒，“共議得失”。

㉟按：《後漢書·曹褒傳》載，章和元年（87年），章帝命曹褒删改“班固所上《漢儀》十二篇”。叔孫通：傳見《史記》卷九十九，在漢初主持儀制修訂，但其篇卷數量不詳。塞白：本義爲堵塞空白，這裏指敷衍塞責。

㊱竇憲：字伯度，其妹爲章帝皇后。漢和帝即位後，封大將軍，父子并居侯位，顯赫一時。傳見《後漢書》卷二十三。

㊲崔駰：字亭伯。通《詩》《易》《春秋》，與班固齊名。漢章帝出巡，崔駰上《四方頌》稱頌漢德，章帝以爲文章在班固之上。肅宗之語見《後漢書·崔駰傳》。

㊳葉公好龍：典出劉向《新序·雜事》篇。

㊴旁行邪上：指《史記》表的格式。邪：同“斜”。《漢書》的《古今人表》有古人，無今人，分三品九等。

㊵且謂漢紹堯運，自當繼堯：見《漢書·叙傳》引班彪的《王命論》，主張東漢繼承堯的德運，即火德，於是漢被稱爲炎漢、炎劉。《漢書·高帝紀》直接將劉邦的先祖追溯至夏朝豢龍的劉累，他是帝堯的後人，這樣劉邦就成了帝堯的後裔。事實上，漢朝關於自己的德運是水運、土運，還是火運，一直存在争議，堯運、火運説在兩漢之際才出現，參見顧頡剛《秦漢的方士與儒生》一書。紹：繼承。

㊶非：指責。厠：置身。此雜置。

㊷盡竊遷書：此説不妥。《漢書》關於高祖、惠帝、吕后、文帝、景帝、武帝時期的歷史叙述，多有承襲《史記》者，但具體的文字表述往往不同，并增補了不少史料，都反映了班固對歷史的看法。

㊸賈逵：字景伯，東漢著名古文經學家，乃劉歆再傳弟子，不聞有續《史記》之事。劉歆：字子駿，與其父劉向校理西漢皇室藏書，著《七略》，成爲班固撰寫《藝文志》的依據。《史通·古今正史》中提到《史記》的記載到漢武帝爲止，太初以後的歷史有劉向、劉歆等十餘人續作，鄭樵認爲班固是根據劉歆等人的著作來寫昭帝至平帝時期的歷史的。

㊹曹大家（gū）：即班固之妹班昭。大家：亦作“大姑”，是古代對女子的尊稱。班昭是曹世叔之妻，故尊稱曹大家。班固死後，班昭和馬續奉命續寫了《漢書》的八表和《天文志》。

㊺道傍築室：語出《詩經·小旻》：“如彼築室於道謀，是用不潰於成”，意謂衆説紛紜，難以成事。

㊻竊鍾掩耳：即掩耳盗鈴，語出《吕氏春秋·自知》。

㊼作俑：語出《孟子·梁惠王上》，“仲尼曰‘始作俑者，其無後乎！’”原指用俑來殉葬，後意指首開惡例。

㊽奔走：效法。

㊾劉知幾之徒尊班而抑馬：按：《史通·六家》中，《史記》《漢書》都名列其中，但劉知幾認爲《漢書》包舉一代，言簡事該，“學者尋討，易爲其功。自爾迄今，無改斯道”。甚至將《左傳》和《漢書》作爲後世可以效法的史書的代表。

㊿絶緒：中斷。按：據《史通·古今正史》，班彪在諸家續撰《史記》的基礎上，“採其舊事，旁貫異聞，作《後傳》六十五篇”。

51所可見者，元、成二帝贊耳：《漢書·元帝本紀贊》《成帝本紀贊》有“臣外祖兄弟”“臣之姑”等語，據東漢應劭的考證，“臣”係班彪自稱，所以説這二篇贊出自班彪之手。另據《四庫全書總目》，《漢書》的《韋賢傳》《翟方進傳》《元后傳》中都有“司徒掾班彪曰”，所以這三篇亦當是班彪所作。

52閫奥：室内深隱之處，引申爲學問、事理的深奥精微的境界。

53按：《左傳》有“君子曰”“君子謂”之類的評論八十餘處，都是對史事、人物的評論，而非闡發經之新意。《史記》的“太史公曰”有一百三十多處，也主要是對所述人物、事件的評價，很少有對史事的補充。

54褚先生：即漢元帝、成帝年間的博士褚少孫，曾補過《史記》，曹魏時張晏注《漢書·司馬遷傳》稱今本《史記》的《孝武本紀》《三王世家》《日者列傳》《龜策列傳》都是褚氏所補，“言辭鄙陋，非遷本意也”。

55諸生決科之文：儒生參加科舉考試所作的文章。

56按：此言史家在記録史事之後，以各種形式表達自己的評論，荀悦《漢紀》、范曄《後漢書》曰“論”，《東觀漢記》曰“序”，謝承《後漢書》曰“詮”，陳壽《三國志》曰“評”。劇論：深刻地議論，激烈地評論。

57“既不能保其身”句：此指永元四年（92年）班固受竇憲案牽連死於獄中之事。《後漢書·班固傳》説“固不教學諸子，諸子不遵法度，吏人苦之”。

58“范曄、陳壽之徒”句：范曄：《後漢書》的作者，於劉宋元嘉二十二年（445年）以參與謀反事被殺。陳壽：《三國志》的作者，居父喪期間，因病使侍婢調治藥丸，母親去世遵遺囑將她葬於洛陽而非故鄉蜀中，這兩件事都被鄉里斥爲不孝。罪辜：罪責，罪咎。

59語出《論語·爲政》。因：因襲。

60按：這是説一人在不同的斷代史中都有紀、傳，主要針對那些朝代更替之際的君臣。

61《洪範五行》：指劉向所撰《洪範五行傳論》，保存在《漢書·五行志》中，記録了上古至秦漢的符瑞、灾異及其徵驗。鄭樵關於《天文志》《五行志》的看法有失偏頗，天文并非千古不易，歷代《五行志》所載雖是天人感應，但不同時期五行異常的記録，無論從帝王鑒戒，還是從史料價值來説，都有其合理性。

62豈勝繁文：意謂數不盡的繁冗之文。勝：盡，此數不盡。

63斷綆：斷了的汲水繩，比喻前後不連貫。

64“曹魏指吴、蜀爲寇”數句：這是説各朝史書自居正統，斥對方爲僭僞。如諸葛亮北伐天水，《三國志·魏志》稱之爲“寇”；魏收的《魏書》稱東晋爲“僭晉”，將桓玄、劉裕等人説成是“島夷”，而沈約《宋書》稱北魏爲“索虜”，特立《索虜傳》。索虜：因鮮卑族編髮如繩索，南朝斥之爲索虜。島夷：語出《尚書·禹貢》“島夷卉服”，説東南沿海地區的人編織草木爲衣。

65按：如《南齊書·東昏侯紀》云：“永元二年（500年）十二月，雍州刺史梁王（即後來的梁武帝蕭衍）起義兵於襄陽。”《隋書·煬帝紀》於大業十三年（617年）記載“唐公（即後來的唐高祖李淵）

起義師於太原”。這裏的“義兵”“義師”都是站在梁、唐的立場而言，鄭樵以爲不妥，所以在《通志》的《南齊紀》《隋紀》記述這兩件事時，皆削爵而書名，并去掉“義”字。

㊻房玄齡：字喬（一説名喬，字玄齡），貞觀年間曾任尚書左僕射，監修國史。其父房彦謙，隋朝時任司隸刺史，傳見《隋書》卷六十六，稱贊他一生“清白”，所謂“一言一行，未嘗涉私”。

㊼虞世南：字伯施，貞觀年間修《五代史》，他并未參與。虞荔、虞寄分别是虞世南的生父和繼父，皆以文史知名於南朝梁、陳間，傳見《陳書》卷十九，這是因爲《陳書》作者姚察、姚思廉父子與虞氏父子爲世交，故得以立傳，并曲筆粉飾。

㊽“《晉史》黨晉而不有魏”句：這裏是指晋人所修《晋史》以維護司馬氏的政權爲宗旨，將起兵反對司馬氏竊取曹魏政權的王淩、諸葛誕、毌丘儉等人斥爲叛臣，三人傳見《三國志·魏志》卷二十八。黨：偏私。

㊾“《齊史》黨齊而不有宋”句：這裏是指蕭道成在南朝劉宋順帝時期獨掌朝政，有廢立之意，司徒袁粲、尚書令劉秉呼應荆州刺史沈攸之起兵，戰敗被殺，在《南齊書·高帝紀》等處被説成是“謀反”。

㊿東都：指東漢。江左：指東晋。

(71)吴均：字叔庠，梁武帝時奉命撰《通史》，起三皇，迄蕭梁，撰成本紀、世家，只是列傳未成而卒，事見《梁書·吴均傳》。據《史通·六家》，該書共六百二十卷，體例如《史記》，唯無表而已。該書至宋代已佚。

(72)陸從典：字由儀，隋時任著作佐郎，右僕射楊素奏命續寫《史記》，書未成，因其弟接受漢王楊瓊官職之事的牽連而免官，事見《南史》卷四十八《陸慧曉附傳》。

(73)靳：吝惜。斯文：語出《論語·子罕》，原指禮樂制度，此言文獻傳承、文化傳統。

(74)美刺：稱贊和指責。

(75)蕭、曹：指漢初名臣蕭何、曹參。

(76)莽、卓：指謀篡兩漢政權的王莽、董卓。

(77)憲章：指典章制度。

(78)尚：崇尚。言語：指通過文字褒貶美刺的《春秋》筆法。

(79)饔飧（yōng sūn）：早飯與晚飯。

(80)江淹：字文通，歷仕宋、齊、梁三朝，是南朝著名的文學家，有《江文通集》。下引句當轉引自《史通·古今正史》，原話爲：“江淹始受詔著述，以爲史之所難，無出於志，故先著《十志》以見其才。”

(81)《爾雅》：漢初學者輯録周漢諸書舊文，遞相增益而成，今本三卷，十九篇，是我國現存最早的訓釋名物、詞義之書，後世經學家通常用它來解釋儒家經義，至唐宋時遂列入十三經之一。按：鄭樵以爲志體源於《爾雅》，所以將六書、七音、昆蟲草木等列入《二十略》中。劉知幾認爲書志源出“三禮”（《史通·書志》），章學誠也認爲出於“官禮”（《亳州志·掌故例議》），較鄭説更爲合理。

(82)按：語出《史通·書志》。《史記》有“八書”，《漢書》有“十志”，蔡邕曾作《靈帝紀》和《十意》，華嶠作《後漢書》有“十典”，晋張勃作《吴録》三十卷，南朝宋何法盛撰《晋中興書》，變“志”爲“説”。據後人對《吴録》的徵引，這是該書的總名，其書志篇仍稱“志”。

(83)能事：所能之事，所擅長之事。

(84)按：五略：指《禮略》《職官略》《選舉略》《刑法略》《食貨略》，這五略是漢唐著述中已經有的篇名，故云“可得而聞”。其餘十五略有九略完全是鄭氏自創，另外六略是參照前史，在内容上有所繼承和發展。《通志總序》下文逐一叙述了“二十略”的創作緣起和主要思想。

導讀

《通志》，共二百卷，鄭樵撰，是一部紀傳體通史。鄭樵，字漁仲，自號“溪西逸民”，以卜居縣内夾漈山，學者稱他爲“夾漈先生”，福建路興化軍興化縣（今福建莆田縣）人。生於宋徽宗崇寧三年（1104 年），卒於南宋高宗紹興三十二年（1162 年）。傳見《宋史》卷四百三十六《鄭樵傳》。

鄭樵少年時便立下讀古人之書、通百家之學的志向，或在山中苦讀，或在當地講學，或到各處訪書。他曾將自己的著作進獻給朝廷，并於紹興二十七年（1157 年）獲高宗召見，授予右迪功郎之官，主管尚書禮兵部架閣文字，這使他有機會閲讀朝廷的藏書。不過，鄭樵很快遭人彈劾，遂回家專心撰寫《通志》。紹興三十一年（1161 年）全書完成，改官爲樞密院編修，次年病逝。

據文獻所載，鄭樵的著作有近百種，上千卷，但流傳下來的只有《通志》《夾漈遺稿》《爾雅注》及一些零散遺文，其中最能體現他在史學、文獻學等方面創見的則是《通志》。這部書凡二百卷，包括本紀十八卷、年譜四卷、二十略五十二卷、世家三卷、列傳一百一十五卷、載記八卷，在體例上對《史記》等史書借鑒、整合之處甚多。由於本紀、年譜、世家、列傳、載記使用的材料多爲歷代正史，後世評價不高。

《通志》的精華在“二十略”，其中《禮略》《職官略》《選舉略》《刑法略》《食貨略》五略，其立目與内容皆依前史。另外十五略有的是參照前史，而在内容上有所繼承和發展，如《天文略》《地理略》《器服略》《樂略》《藝文略》《災祥略》六略；完全屬於鄭氏自創者有《氏族略》《六書略》《七音略》《都邑略》《謚略》《校讎略》《圖譜略》《金石略》《昆蟲草木略》九略。

二十略的價值主要體現在廣博、會通兩個方面，過去史書很少涉及的一些内容如氏族、六書、七音、謚法、昆蟲草木等，受到重視，充分反映了鄭樵廣闊的學術視野，而《圖譜略》《金石略》的設立，尤其反映了他在文獻收集方面的卓識。二十略中與文獻學關係最密切的是《藝文略》和《校讎略》，前者是鄭樵目録學的實踐，他提出十二分法，并建立起大類、小類、種類三級分類法，後者是他一生求書、校書、編制圖書目録的經驗總結，他提出的“校書久任”“求書八法”等思想，不僅在當時有很强的針對性，對後世圖書的搜訪也有指導意義。

《通志》二十略最好的本子是王樹民點校的《通志二十略》（北京，中華書局，1995 年），卷首冠有《通志總序》。本篇選文即以此爲依據。

《通志總序》主要由兩部分内容組成，前半段討論著史會通的觀念，是鄭樵自抒胸臆，暢論其著述要義的宏文，後半段分述二十略的宗旨，他認爲“天下之大學術”“學者之能事”，盡於此矣，自負可知。本文選取前半段，因其文氣縱横，立場鮮明，可見鄭樵文章、學術之精神。鄭樵認爲，史學的要義在於會通，唯孔子以天縱之聖才能做到，司馬遷的《史記》繼其志，所以能“擅制作之規模”，班固的《漢書》斷代爲史，失會通之旨。後世史家如劉知幾等尊班抑馬，使得通史的寫作不絶如綫。他還直指斷代爲史的諸多弊病，皆切要之語。不過，他説“遷之於固，如龍之於猪”，甚至批評司馬遷也不够博雅，皆偏激之論也。

參考文獻

吳懷祺. 鄭樵研究. 厦門：厦門大學出版社，2010.
徐有富. 鄭樵評傳. 南京：南京大學出版社，2011.

伾文用事（《通鑑紀事本末》）

選文

唐德宗貞元十九年[1]。初，翰林待詔王伾善書[2]，山陰王叔文善棋[3]，俱出入東宮，娛侍太子。伾，杭州人也。叔文譎詭多計，自言讀書知治道，乘間常爲太子言民間疾苦[4]。太子嘗與諸侍讀及叔文等論及宮市事[5]。太子曰："寡人方欲極言之。"衆皆稱贊，獨叔文無言。既退，太子自留叔文，謂曰："向者君獨無言，豈有意邪?"叔文曰："叔文蒙幸太子[6]，有所見，敢不以聞。太子職當視膳、問安[7]，不宜言外事。陛下在位久，如疑太子收人心，何以自解?"太子大驚，因泣曰："非先生，寡人無以知此。"遂大愛幸[8]，與王伾相依附。

叔文因爲太子言某可爲相，某可爲將，幸異日用之。密結翰林學士韋執誼及當時朝士有名而求速進者陸淳、呂溫、李景儉、韓曄、韓泰、陳諫、柳宗元、劉禹錫等[9]，定爲死友[10]。而凌準、程异等又因其黨以進[11]，日與遊處，蹤跡詭祕，莫有知其端者。藩鎮或陰進資幣，與之相結。淳，吳人，嘗爲左司郎中[12]。溫，渭之子，時爲左拾遺[13]。景儉，瑀之孫，進士及第。曄，滉之族子。諫，嘗爲侍御史。宗元、禹錫，時爲監察御史[14]。

左補闕張正一上書[15]，得召見。正一與吏部員外郎王仲舒[16]、主客員外郎劉伯芻等相親善[17]，叔文之黨疑正一言己陰事，令韋執誼反譖正一等於上，云其朋黨，遊宴無度。九月甲寅，正一等皆坐遠貶，人莫知其由。伯芻，迺之子也。

十二月庚申，以太常卿高郢爲中書侍郎[18]，吏部侍郎鄭珣瑜爲門下侍郎[19]，並同平章事[20]。珣瑜，餘慶之從父兄弟也。

二十年秋九月，太子始得風疾[21]，不能言。

順宗永貞元年春正月辛未朔，諸王親戚入賀德宗，太子獨以疾不能來，德宗涕泣悲歎，由是得疾，日益甚。凡二十餘日，中外不通，莫知兩宮安否。癸巳，德宗崩。蒼猝召翰林學士鄭絪、衛次公等至金鑾殿草遺詔[22]。宦官或曰："禁中議所立尚未定。"衆莫敢對。次公遽言曰[23]："太子雖有疾，地居冢嫡[24]，中外屬心。必不得已，猶應立廣陵王[25]，不然必大亂。"絪等從而和之，議始定。次公，河東人也。太子知人情憂疑，紫衣麻鞋，力疾出九仙門[26]，召見諸軍使[27]，京師粗安。甲午，宣遺詔於宣政殿[28]，太子縗服見百官[29]。丙申，即皇帝位於太極殿[30]。衛士尚疑之，企足引領而望之，曰："眞太子也。"乃喜而泣。

時順宗失音，不能決事，常居深宮，施簾帷，獨宦官李忠言、昭容牛氏侍左右[31]。百官奏事，自帷中可其奏。自德宗大漸[32]，王伾先入，稱詔召王叔文，坐翰林中使決事。伾以叔文意入言於忠言，稱詔行下，外初無知者。以杜佑攝冢宰[33]。二月癸卯，上始朝百官於紫宸門[34]。辛亥，以吏部郎中韋執誼爲尚書左丞、同平章事[35]。王叔文欲專國政，首引執誼爲相，己用事於中，與相唱和。

壬戌，以殿中丞王伾爲左散騎常侍[36]，依前翰林待詔。蘇州司功王叔文爲起居舍人、翰林學士[37]。伾寢陋，吳語，上所褻狎[38]。而叔文頗任事自許，微知文義，好言事，上以故稍敬之，不得如伾出入無阻。叔文入至翰林，而伾入至柿林院[39]，見李忠言、牛昭容計事。大抵叔文依伾，伾依忠言，忠言依牛昭容，轉相交結。每事先下翰林，使叔文可否，然後宣于中書，韋執誼承而行之。外黨則韓泰、柳宗元、劉禹錫等主采聽外事。謀議唱和，日夜汲汲如狂，互相推獎，曰伊，曰周，曰管，曰葛[40]，僴然自得[41]，謂天下無人。榮辱進退，生於造次[42]，惟其所欲，不拘程式。士大夫畏之，道路以目。素與往還者，相次拔擢，至日除數人。其黨或言曰某可爲某官，不過一二日，輒已得之。於是叔文及其黨十餘家之門，晝夜車馬如市。候見叔文、伾者，至宿其坊中餅肆、酒壚下，一人得千錢，乃容之。伾尤闒茸[43]，專以納賄爲事，作大匱貯金帛，夫婦寢其上。

三月辛未，以王伾爲翰林學士。

以王叔文爲度支、鹽鐵轉運副使[44]。先是，叔文與其黨謀，得國賦在手，則可以結諸用事人，取軍士心，以固其權。又懼驟使重權，人心不服，藉杜佑雅有會計之名，位重而務自全，易可制，故先令佑主其名[45]，而自除爲副以專之。叔文雖判兩使，不以簿書爲意，日夜與其黨屏人竊語，人莫測其所爲。

以御史中丞武元衡爲左庶子[46]。德宗之末，叔文之黨多爲御史，元衡薄其爲人，待之莽鹵。元衡爲山陵儀仗使，劉禹錫求爲判官，不許。叔文以元衡在風憲，欲使附己，使其黨誘以權利，元衡不從，由是左遷。元衡，平一之孫也。

侍御史竇羣奏屯田員外郎劉禹錫挾邪亂政[47]，不宜在朝。又嘗謁叔文，揖之曰："事固有不可知者。"叔文曰："何謂也?"羣曰："去歲李實怙恩挾貴[48]，氣蓋一時，公當此時，逡巡路旁[49]，乃江南一吏耳。今公一旦復據其地，安知路旁無如公者乎?"其黨欲逐之，韋執誼以羣素有強直名，止之。

上疾久不愈，時扶御殿，羣臣瞻望而已，莫有親奏對者。中外危懼，思早立太子，而王叔文之黨欲專大權，惡聞之。宦官俱文珍、劉光琦、薛盈珍等皆先朝任使舊人[50]，疾叔文、忠言等朋黨專恣，乃啓上召翰林學士鄭絪、衛次公、李程、王涯入金鑾殿，草立太子制[51]。時牛昭容輩以廣陵王淳英睿，惡之；絪不復請，書紙爲"立嫡以長"字呈上，上頷之。癸巳，立淳爲太子，更名純。程，神符五世孫也。

賈躭以王叔文黨用事[52]，心惡之，稱疾不出，屢乞骸骨。丁酉，諸宰相會食中書[53]。故事[54]，丞相方食，百寮無敢謁見者。叔文至中書，欲與執誼計事，令直省通之[55]。直省以舊事告，叔文怒，叱直省。直省懼，入白執誼，執誼逡巡慚赧[56]，竟起迎叔文，就其閤語良久。杜佑、高郢、鄭珣瑜皆停筯以待。有報者云："叔文索飯，韋相公已與之同食閤中矣。"佑、郢心知不可，畏叔文、執誼，莫敢出言。珣瑜獨歎曰："吾豈可復居此位。"顧左右取馬，徑歸，遂不起。二相皆天下重望，相次歸臥，叔文、執誼等益無所顧忌，遠近大懼。

夏四月乙巳，上御宣政殿，册太子。百官睹太子儀表，退，皆相賀，至有感泣者，中外大喜。而叔文獨有憂色，口不敢言，但吟杜甫《題諸葛亮祠堂》詩曰："出師未捷身先死，長使英雄淚滿襟。"聞者哂之。

先是，太常卿杜黃裳爲裴延齡所惡[57]，留滯臺閣，十年不遷[58]。及其壻韋執誼爲相，始遷太常卿。黄裳勸執誼帥羣臣請太子監國，執誼驚曰："丈人甫得一官，柰何啓口議禁中事!"黄裳勃然曰："黄裳受恩三朝，豈得以一官相買乎?"拂衣起出。

戊申，以給事中陸淳爲太子侍讀，仍更名質。韋執誼自以專權，恐太子不悦，故以質爲侍讀，使潛伺太子意，且解之。及質發言，太子怒曰："陛下令先生爲寡人講經義耳，何爲預他事!"質惶懼而出。

五月辛未，以右金吾大將軍范希朝爲左右神策、京西諸城鎮行營節度使[59]。甲戌，以度支郎中韓泰爲其行軍司馬。王叔文自知爲内外所憎疾，欲奪取宦官兵權以自固，籍希朝老將，使主其名，而實以泰專其事。人情不測其所爲，益疑懼。

辛卯，以王叔文爲户部侍郎，依前充度支、鹽鐵轉運副使。俱文珍等惡其專權，削去翰林之職。叔文見制書，大驚，謂人曰："叔文日時至此商量公事[60]，若不得此院職事，則無因而至矣。"王伾即爲疏請，不從；再疏，乃許三五日一入翰林，去學士名。叔文始懼。

六月己亥，貶宣歙巡官羊士諤爲汀州寧化尉[61]。士諤以公事至長安，遇叔文用事，公言其非。叔文聞之，怒，欲下詔斬之，執誼不可；則令杖煞之[62]，執誼又以爲不可，遂貶焉。由是叔文始大惡執誼，往來二人門下者皆懼。

先時劉闢以劍南支度副使將韋臯之意于叔文[63]，求都領劍南三川，謂叔文曰："太尉使闢致微誠於公，若與某三川，當以死相助；若不與，亦當有以相酬。"叔文怒，亦將斬之，執誼固執不可。闢尚遊長安未去，聞貶士諤，遂逃歸。執誼初爲叔文所引用，深附之，既得位，欲掩其迹，且迫於公議，故時時爲異同。輒使人謝叔文曰："非敢負約，乃欲曲成兄事耳[64]。"叔文詬怒[65]，不之信，遂成仇怨。

癸丑，韋臯上表，以爲："陛下哀毁成疾，重勞萬機，故久而未安，請權令皇太子親監庶政，俟皇躬痊愈，復歸春宫。臣位兼將相，今之所陳，乃其職分。"又上太子牋，以爲："聖上遠法高宗亮陰不言[66]，委政臣下而所付非人。王叔文、王伾、李忠言之徒，輒當重任，賞罰縱情，墮紀紊綱。散庫之積，以賂權門。樹置心腹，徧於貴位。潛結左右，憂在蕭牆[57]。竊恐傾太宗盛業，危殿下家邦。願殿下即日奏聞，斥逐羣小，使政出人主，則四方獲安。”皋自恃重臣，遠處西蜀，度王叔文不能動搖，遂極言其姦。俄而荊南節度使裴均、河東節度使嚴綬牋表繼至，意與皋同，中外皆倚以爲援，而邪黨震懼。均，光庭之曾孫也。

王叔文既以范希朝、韓泰主京西、神策軍，諸宦者尚未寤。會邊上諸將各以狀辭中尉，且言方屬希朝。宦者始寤兵柄爲叔文等所奪，乃大怒曰："從其謀，吾屬必死其手。”密令其使歸告諸將曰："無以兵屬人。”希朝至奉天，諸將無至者。韓泰馳歸白之，叔文計無所出，唯曰："奈何！奈何！”無幾，其母病甚。丙辰，叔文盛具酒饌，與諸學士及李忠言、俱文珍、劉元琦等飲於翰林。叔文言曰："叔文母病，以身任國事之故，不得親醫藥，今將求假歸侍。叔文比竭心力[68]，不避危難，皆爲朝廷之恩。一旦去歸，百謗交至，誰肯見察，以一言相助乎？”文珍隨其語輒折之，叔文不能對，但引滿相勸[69]，酒數行而罷。丁巳，叔文以母喪去位。

秋七月，王叔文既有母喪，韋執誼益不用其語。叔文怒，與其黨日夜謀起復[70]，必先斬執誼而盡誅不附己者，聞者恟懼。

自叔文歸第，王伾失據，日詣宦官及杜佑請起叔文爲相，且總北軍；既不獲，則請以爲威遠軍使、平章事，又不得。其黨皆憂悸不自保。是日，伾坐翰林中，疏三上，不報。知事不濟，行且臥，至夜，忽叫曰："伾中風矣。”明日，遂輿歸，不出。己丑，以倉部郎中、判度支案陳諫爲河中少尹。伾、叔文之黨至是始去。

乙未，制以"積疹未復，其軍國政事權令皇太子純勾當[71]”。時內外共疾王叔文黨與專恣，上亦惡之。俱文珍等屢啓上請令太子監國，上固厭倦萬機，遂許之。又以太常卿杜黃裳爲門下侍郎，左金吾大將軍袁滋爲中書侍郎，並同平章事。俱文珍等以其舊臣，故引用之。又以鄭珣瑜爲吏部尚書，高郢爲刑部尚書，並罷政事。太子見百官於東朝堂，百官拜賀，太子涕泣，不答拜。

八月庚子，制："令太子即皇帝位，朕稱太上皇，制敕稱誥。”辛丑，太上皇徙居興慶宮[72]，誥改元永貞，立良娣王氏爲太上皇后[73]。后，憲宗之母也。

壬寅，貶王伾開州司馬[74]，王叔文渝州司戶[75]。伾尋病死貶所。明年，賜叔文死。

乙巳，憲宗卽位於宣政殿。

九月己卯，貶神策行軍司馬韓泰爲撫州刺史[76]，司封郎中韓曄爲池州刺史[77]，禮部員外郎柳宗元爲邵州刺史[78]，屯田員外郎劉禹錫爲連州刺史[79]。

冬十一月壬申，貶中書侍郎、同平章事韋執誼爲崖州司馬[80]。執誼以嘗與王叔文異同，且杜黃裳壻，故獨後貶。然叔文敗，執誼亦自失形勢，知禍且至，雖尚爲相，常不自得，奄奄無氣，聞人行聲，輒惶悸失色，以至於貶。

朝議謂王叔文之黨或自員外郎出爲刺史，貶之太輕。己卯，再貶韓泰爲虔州司馬[81]，韓曄爲饒州司馬[82]，柳宗元爲永州司馬[83]，劉禹錫爲朗州司馬[84]。又貶河中少尹陳諫爲台州司馬[85]，和州刺史凌準爲連州司馬[86]，岳州刺史程异爲郴州司馬[87]。

憲宗元和四年[88]。初，王叔文之黨旣貶，有詔，雖遇赦，無得量移[89]。

十年。王叔文之黨坐讁官者，凡十年不量移，執政有憐其才欲漸進之者，悉召至京師。諫官爭言其不可，上與武元衡亦惡之。三月乙酉，皆以爲遠州刺史，官雖進而地益遠。永州司馬柳宗元爲柳州刺史[90]，朗州司馬劉禹錫爲播州刺史[91]。宗元曰："播州非人所居，而夢得親在堂，萬無母子俱往理。"欲請於朝，願以柳易播。會中丞裴度亦爲禹錫言曰[92]："禹錫誠有罪，然母老，與其子死別，良可傷。"上曰："爲人子尤當自謹，勿貽親憂，此則禹錫重可責也。"度曰："陛下方侍太后，恐禹錫在所宜矜。"上良久乃曰："朕所言以責爲人子者耳，然不欲傷其親心。"退謂左右曰："裴度愛我終切。"明日，禹錫改連州刺史。

注釋

①貞元十九年：803年。唐德宗李适，779—805年在位。

②翰林待詔：官名。王伾善書，當是翰林院書待詔，奉皇帝之命謄寫公文、碑銘之類，有宫廷御用書手的性質。王伾（pī）：杭州（今浙江杭州）人，傳見《舊唐書》卷一百三十五，其父祖無可考，

應該出身於地位低微的庶族。

③山陰：縣名。在今浙江省紹興市。王叔文因善於對弈，任侍棋待詔，傳見《舊唐書》卷一百三十五。王叔文也出身庶族，其父“舉明經，授任城尉、左金吾衛兵曹”，見柳宗元《河東先生集》卷十三《故尚書户部侍郎王君先太夫人河間劉氏志文》。

④太子：即唐德宗之子李誦（761—806）。貞元二十一年（805年）正月繼位，八月讓位於太子李純（即唐憲宗），次年正月去世。

⑤宫市：始於唐朝，專指内廷日常所需派專人主持，到京城市場上直接采購。德宗朝，因負責采買的宦官肆意壓價、强取豪奪，嚴重擾亂市場，屢受抨擊。參寧欣《内廷與市場：對唐朝“宫市”的重新審視》，載《歷史研究》，2004年第6期，第41～53頁。

⑥蒙幸：猶幸蒙，幸運地受到。謙詞。

⑦視膳：古代臣下侍奉君主或子女侍奉雙親進餐的一種禮節。語本《禮記·文王世子》：“食上，必在視寒暖之節；食下，問所膳。”

⑧愛幸：寵信。

⑨翰林學士：官名。負責起草詔書，備皇帝侍從顧問，對朝廷重大機密事宜提出建議，供皇帝决策時參考。韋執誼：字宗仁，京兆（今陝西西安）人，傳見《舊唐書》卷一百三十五。陸淳：吴郡（今江蘇蘇州）人，後因避憲宗“純”之諱改名爲“質”。通經學，尤深於《春秋》，傳見《舊唐書》卷一百八十九。吕温：字和叔，804—806年奉命出使吐蕃，未參與“永貞革新”，傳見《舊唐書》卷一百三十七。李景儉：字寬中，出身於唐宗室，貞元十五年（799年）舉進士，“永貞革新”時爲母守喪，故未受牽連，傳見《舊唐書》卷一百七十一。韓曄、韓泰、陳諫三人的生平附見於兩《唐書》之《王叔文王伾傳》，都十分簡略。柳宗元（773—819）：字子厚，河東（今山西運城永濟）人；劉禹錫（772—842）：字夢得，彭城（今江蘇徐州市）人。二人皆爲唐朝著名的文學家、思想家，傳見《舊唐書》卷一百六十。

⑩死友：指交情篤厚、至死不相負的朋友。

⑪凌準：有史學，尚古文，順宗時被王叔文推薦爲翰林學士，生平附見於兩《唐書》之《王叔文王伾傳》。程异：京兆長安人，“永貞革新”之後被貶，善於理財，傳見《舊唐書》卷一百三十五。

⑫左司郎中：官名。尚書省都省設左右司郎中各一人，從五品上，負責協助尚書丞處理吏、户、禮三部十二司之事。

⑬左拾遺：官名。武則天時所創，從八品上，朝廷政令有不妥之處，皆可參與廷議或上奏。

⑭侍御史、監察御史：皆爲唐朝監察機關御史臺之官員，分别是臺院、察院之長官。侍御史從六品下，掌御史臺日常事務，彈劾大臣不法之事；監察御史從八品上，分察尚書省六部，巡察地方州縣。

⑮左補闕：官名。武則天時所創，從七品上，朝廷政令有不妥之處，皆可參與廷議或上奏。張正一：一作張正買，生平不詳，其上書内容亦不可知。胡三省在此事下注云：“爲伾、叔文等亂順宗初政張本。”

⑯吏部員外郎：從六品上，掌吏部日常事務、選舉文書。王仲舒：字弘中，太原（今山西太原）人。事母孝，好學工文，起草詔誥，“人皆傳寫”，傳見《舊唐書》卷一百九十。

⑰主客員外郎：禮部主客司次官，掌北周宇文氏、隋朝楊氏後人，諸蕃使節的相關事務。劉伯芻：字素芝，洺州廣平（治今河北永年東南）人，其父劉迺在德宗初任兵部侍郎，以忠烈聞名，傳見《舊唐書》卷一百五十三。

⑱高郢：字公楚，其先渤海蓨（今河北景縣）人。通《春秋》，善文學，性剛正。傳見《舊唐書》卷一百四十七。中書侍郎：正三品，中書省長官。

⑲鄭珣瑜：字元伯，鄭州滎澤（今河南滎陽市）人，傳見《新唐書》卷一百六十五。門下侍郎：

正三品，門下省長官。

⑳同平章事：爲宰相名號。

㉑風疾：即中風。

㉒蒼猝：即“倉猝”。蒼：同“倉”。鄭絪：字文明，“永貞革新”期間，“能守道中立”。憲宗初，任宰相。衛次公：字從周，河東（今山西運城永濟）人，與鄭絪友善。二人傳并見《舊唐書》卷一百五十九。金鑾殿：大明宮之偏殿，位於太液池之西南，便於召見西側翰林院的學士、待詔。

㉓遽：急忙，匆忙。

㉔冢嫡：嫡長子。

㉕廣陵王：即李誦的長子李純。

㉖九仙門：位於大明宮西宫墻北側，皇帝可在門上觀看北衙禁軍操練或軍中雜戲。

㉗諸軍使：唐朝實行宦官監軍制度，這裏指北衙禁軍中的監軍諸使。

㉘宣政殿：大明宮内宫殿，舉行慶典大朝會之所。

㉙縗（cuī）服：喪服。

㉚太極殿：太極宮内宫殿，是皇帝主要聽政視朝之處。

㉛昭容：皇帝九嬪之一，正二品，地位僅次於皇后、四夫人。

㉜大漸：病危。

㉝杜佑：字君卿，京兆萬年（今陝西西安市長安區）人。德宗時長期擔任淮南節度使，貞元十九年（803年）入朝，拜檢校司空、同平章事，充太清宫使。傳見《舊唐書》卷一百四十七。冢宰：指宰相之首。

㉞紫宸門：即紫宸殿門，在宣政殿北。

㉟吏部郎中：正五品上，掌文官的品級、散階的升遷等。尚書左丞：正四品上，負責處理尚書省的日常事務，加同平章事，則爲宰相。

㊱殿中丞：從七品上，殿中省的次官，掌乘輿服御之事。左散騎常侍：正三品，掌侍從顧問，向皇帝進諫。

㊲蘇州司功：蘇州府之僚佐，從七品下。據後文竇羣之言，王叔文以此身份人京爲侍棋待詔。起居舍人：從六品上，中書省記録天子言行的記注官。按：此從州府僚佐改爲中書省屬官，以便加翰林學士之職，進入中樞。

㊳褻狎（xiè xiá）：親近寵幸。

㊴柿林院：其址不詳，當在大明宮金鑾殿側的翰林院往東，離順宗寢殿更近。

㊵曰伊，曰周，曰管，曰葛：指自比於伊尹、周公、管仲、諸葛亮。

㊶僴（xiàn）然：狂妄、自大貌。僴：同“僩”。

㊷造次：輕率，隨便。

㊸闒（tà）茸：庸碌低劣。

㊹度支、鹽鐵轉運副使：即度支、鹽鐵轉運使之副手，唐代後期出現的使職。度支司是全國財賦的主管機構，鹽鐵司掌鹽鐵茶等之專賣，該使職“執天下之利權”，兼掌財政和財務，是超出於户部之上的財政職官。

㊺先令佑主其名：《資治通鑑》在此前有“（三月）丙戌，加杜佑度支及諸道鹽鐵轉運使”一條。

㊻武元衡：字伯蒼，河南緱氏（今河南偃師緱氏鎮）人。傳見《舊唐書》卷一百五十八。武元衡自貞元二十年（804年）起，任御史中丞，正五品上，安史之亂以後實際上是御史臺之長官，職掌監察，位置重要。左庶子：東宫屬官，正四品上，掌侍從啓奏，雖品位甚高，實則官閑事簡。

㊼竇羣：字丹列，扶風平陵（今陝西咸陽西）人，傳見《舊唐書》卷一百五十五。竇羣在德宗末年任侍御史，他謁見王叔文和彈劾劉禹錫之事，分見本傳和《舊唐書》卷一百六十《劉禹錫傳》。

㊽李實：唐朝宗室，爲政殘暴，不顧法令。順宗即位之後二十餘日，將之罷免，人人相賀。傳見《舊唐書》卷一百三十五。

㊾逡巡（qūn xún）：遲疑猶豫、徘徊不前的樣子。

㊿俱文珍：一名劉貞亮，是德、順、憲宗三朝的宦官，順宗即位時當爲宦官之首領，是反對王伾、王叔文，擁立憲宗的主要力量，傳見《舊唐書》卷一百八十四。

[51]制：本稱詔書，用於重要的賞罰、重大官爵的授予、改革舊政等。

[52]賈耽：字敦詩，滄州南皮（今河北南皮）人。貞元九年（793年）起，任宰相，傳見《舊唐書》卷一百三十八。

[53]中書：即政事堂，是宰相處理政務的地方，每位宰相各有閣。開元十一年（723年），改名中書門下，常簡稱爲“中書”。

[54]故事：先例，慣例。

[55]直省：中書門下的官吏，百官入見宰相，負責通報。

[56]慚赧：因羞慚而臉紅。

[57]太常卿：太常寺的長官，正三品。杜黃裳：字遵素，京兆杜陵（今陝西西安市長安區）人。曾入郭子儀幕府，德宗年間歷任司封郎中、給事中、河南尹等職。裴延齡：河東（今山西運城永濟）人，爲人奸邪，貞元八年（792年），遷户部侍郎、判度支，掌朝廷財賦，深得德宗信任，十二年（796年）病卒。傳見《舊唐書》卷一百三十五。

[58]臺閣：指尚書省。東漢以尚書直接輔佐皇帝以處理政務，尚書臺（魏晋以後改稱尚書省）取代三公成爲朝廷最高政務機構。因漢尚書臺在宫禁内，故有此稱。關於杜氏十年不遷，《舊唐書·杜黃裳傳》云：“後入爲臺省官，爲裴延齡所惡，十年不遷。”而《新唐書·杜黃裳傳》載：“入爲侍御史，爲裴延齡所惡，十期不遷。”御史臺有“臺省”之簡稱，《資治通鑑》改作“臺閣”，不妥。

[59]范希朝：字致君，河中虞鄉（今山西永濟市東北）人。德宗末年，任振武節度使，入朝後拜檢校右僕射，兼右金吾大將軍。神策軍：和北衙六軍一樣，皆爲禁軍，主要分布在京畿及附近地區，范氏所領京西諸城鎮行營在奉天（今陝西乾縣）。當時北衙六軍和神策軍皆由宦官所任的中尉掌握，范希朝雖然是地方藩鎮，却無力控制神策軍。傳見《舊唐書》卷一百五十一。

[60]日時：日日時時之省稱。

[61]宣歙巡官：爲宣歙觀察使府（治所在今安徽宣城）的幕職官，無品秩，是最低級的正式幕職。寧化：在今福建寧化縣。尉：指縣尉。

[62]煞：同“殺”。

[63]韋皋：字城武，京兆（今陝西西安）人。貞元元年（785年），任劍南西川節度使，長期執掌西川藩鎮，升任使相。順宗即位後，韋皋派支度副使劉闢謁見王叔文，希望朝廷任命自己爲劍南三川（唐中期以後將劍南西川、劍南東川及山南西道三鎮合稱“三川”）節度使。支度副使：無階品，是節度使府之幕職，負責籌畫錢糧等軍事物資。韋、劉的傳并見《舊唐書》卷一百四十。

[64]曲成：委曲成全。

[65]詬怒：怒罵。

[66]亮陰（ān）：指帝王居喪。語出《尚書·無逸》：（殷高宗武丁）“乃或亮陰，三年不言”，過去將“亮陰”解釋爲守喪時杜門不出之意。三年不言是因爲信任執政大臣，故不對政務發表意見。

[67]蕭牆：古代宫室内作爲屏障的矮墻。蕭：通“肅”。

[68]比：近來。

[69]引滿：謂斟酒滿杯而飲。

[70]起復：官員遭父母之喪需辭官守喪三年，朝廷以忠君爲名，讓官員中止服喪而任職。

[71]勾當：主管，負責。

⑫興慶宮：唐代三大宫之一，是唐玄宗開元、天寶時期的政治中心，安史之亂後成爲太上皇或太后閑居之所。

⑬良娣：順宗爲太子時的命婦，地位僅次於太子妃，正三品。

⑭開州：在今重慶市開州區。司馬：官名。州的僚佐，五品，刺史之副官，多爲閑職，以安排被貶謫的官員。

⑮渝州：在今重慶市。

⑯撫州：治所在今江西撫州市。

⑰池州：治所在今安徽貴池縣。

⑱邵州：治所在今湖南邵陽市。

⑲連州：治所在今廣東連州。

⑳崖州：治所在今海南瓊山東南。

㉑虔州：治所在今江西贛州市。

㉒饒州：治所在今江西波陽縣。

㉓永州：治所在今湖南零陵。

㉔朗州：治所在今湖南常德。

㉕台州：治所在今浙江臨海。

㉖和州：治所在今安徽和縣。

㉗岳州：治所在今湖南岳陽。郴州：治所在今湖南郴州。

㉘元和四年：809年。

㉙量移：指官吏因罪遠謫，根據謫居時間、遇恩赦次數，逐步由遠州向近地任職。

㉚柳州：治所在今廣西柳州。

㉛播州：治所在今貴州遵義。

㉜裴度（765—839）：字中立，河東聞喜（今山西聞喜北）人，是憲宗“元和中興”之功臣，傳見《舊唐書》卷一百七十。

導讀

司馬光曾對人説，“自吾爲《資治通鑑》，人多欲求觀讀，未終一紙，已欠伸思睡。能閲之終篇者，惟王勝之耳。”（《宋史》卷二百八十六《王曙傳附王益柔傳》）《通鑑》卷帙浩繁，内容廣泛，加之編年體頭緒龐雜的共性，閲讀頗艱。爲便於閲讀，遂出現注釋、改編它的各種努力。比如袁樞用紀事本末方法編了《通鑑紀事本末》四十二卷，沈樞用類書方法編了《通鑑總類》二十卷，朱熹用綱目方法編了《通鑑綱目》五十九卷。其中，袁樞的《通鑑紀事本末》最有影響。

袁樞（1131—1205），字機仲，建寧建安（治今福建建甌市）人，事迹詳見《宋史》卷三百八十九。本傳説他做嚴州教授時，喜讀《資治通鑑》，深感其卷帙浩博，遂自定體例，以事件爲中心，輯録排比原書的材料，編成《通鑑紀事本末》。該書將《資治通鑑》1362年的史事組合爲239件大事，每事立一標題，起《三家分晋》，迄《（周）世宗征淮南》，每事“各詳起訖”，“各編年月”（《四庫全書總目》卷四十九《通鑑紀事本末》提要），本末完整，時序清晰，極便閲讀，一種新的史書體例——紀事本末體亦隨之産生。

從本質上説，《通鑑紀事本末》是袁樞的一部讀書筆記，編撰的目的是解决讀《通鑑》的困難。全書的文字都抄自《資治通鑑》，材料上有選擇删減，而無增補，從史料角度而言價值不大。袁樞的關注面比司馬光要窄，正目 239 個，附録 66 條，一共記載 305 件要事，絶大多數是有關政治、軍事方面的内容，經濟方面只有唐朝兩條：一是奸臣聚斂，一是兩税之弊。此外，袁樞在編纂過程中，很講究"《春秋》筆法"，注意用"平""據""滅""叛""亂""篡""寇""伐""逆"等特定的字，以表示善惡褒貶的態度（柴德賡《史籍舉要》，北京，北京出版社，2002 年，第 266～267 頁）。這一點很可能與南宋日益緊張的政治環境，以及史學日益受到《春秋》學的影響有一定關聯。

《通鑑紀事本末》成書後刻印，受到朝野上下的關注，宋孝宗甚至將之頒賜東宫和一些統兵將帥，令其熟讀。袁書之後，類似的著作也逐漸出現，如南宋楊仲良的《皇宋通鑑長編紀事本末》以及明陳邦瞻的《宋史紀事本末》《元史紀事本末》等，至《四庫全書總目》遂於史部專立"紀事本末"一類。對於紀事本末體在史學體裁上的創新，清代學者章學誠大爲激賞，説它是"因事命篇，不爲常格，非深知古今大體、天下經綸，不能網羅隱括，無遺無濫。文省于紀傳，事豁於編年，決斷去取，體圓用神，斯真《尚書》之遺也"（《文史通義·書教下》）。評價極高，此後史家撰史，亦多有借鑒紀事本末體之長者（白壽彝主編《中國通史》，第一卷，上海，上海人民出版社，1989 年，第八章"史學體裁和歷史文學"）。

《通鑑紀事本末》較好的版本是《四部叢刊》影印南宋刻大字本，現在通行的中華書局 1964 年標點本（2015 年出了新版）即以此本爲底本整理而成，本篇選文即以點校本爲據。

本篇選自《通鑑紀事本末》卷三十四。貞元二十一年（805 年）正月癸巳，唐德宗去世，皇太子李誦即位（即順宗），以王叔文、王伾爲首的政治集團掌權，至八月庚子，順宗禪位於皇太子李純（即憲宗），王叔文等皆遭貶斥。這是政治史、文學史上的重大事件，被貶的八司馬裏有劉禹錫、柳宗元，韓愈《順宗實録》的寫作，亦可謂間接牽連其中，後人甚至將之稱作"永貞革新"，袁樞將之單獨立目，足見其史識。本文充分體現了紀事本末體"因事命篇"之妙處，其内容分見於《資治通鑑》卷二百三十六至二百三十九，袁樞將其中關於權力轉移、政治鬥争、伾文施政、王叔文之党遭貶斥的相關文字輯録編排，中心綫索清楚，人物形象亦極鮮明。當然，史料剪裁也難免有照應不到之處，如本篇提到順宗即位前與王叔文曾"論及宫市事"，這是德宗朝一大弊政，《通鑑》於順宗永貞元年（805 年）二月甲子條記罷宫市之事，《通鑑紀事本末》將該條删去。又《通鑑紀事本末》於永貞元年三月辛未，有"以王叔文爲度支、鹽鐵轉運副使"，因爲杜佑有會計之名，位重而務自全，所以"先令（杜）佑主其名，而自除爲副以專之"一語，但文中并未提及杜佑出任度支、鹽鐵轉運使，檢《資治通鑑》，於三月丙戌條，有"加杜佑度支及諸道鹽鐵轉運使"的記載，袁樞將之删去，使得文中對杜佑的這段叙述頗感突兀。

參考文獻

黄永年．六至九世紀中國政治史．上海：上海書店出版社，2004：第十四章"所謂永貞革新"．

寧欣．内廷與市場：對唐朝"宫市"的重新審視．歷史研究，2004（6）：41-53.

文獻通考自序（《文獻通考》）（節選）

選文

昔荀卿子曰："欲觀聖王之迹，則於其粲然者矣，後王是也[①]。""君子審後王之道，而論於百王之前，若端拜而議[②]。"然則考制度，審憲章[③]，博聞而强識之，固通儒事也[④]。《詩》、《書》、《春秋》之後，惟太史公號稱良史，作爲紀、傳、書、表，紀、傳以述理亂興衰[⑤]，八書以述典章經制[⑥]，後之執筆操簡牘者[⑦]，卒不易其體[⑧]。然自班孟堅而後[⑨]，斷代爲史，無會通因仍之道[⑩]，讀者病之[⑪]。至司馬温公作《通鑑》，取千三百餘年之事迹，十七史之紀述[⑫]，萃爲一書[⑬]，然後學者開卷之餘，古今咸在。然公之書詳於理亂興衰而略於典章經制，非公之智有所不逮也[⑭]，編簡浩如烟埃[⑮]，著述自有體要[⑯]，其勢不能以兩得也。

竊嘗以爲理亂興衰，不相因者也，晉之得國異乎漢，隋之喪邦殊乎唐，代各有史，自足以該一代之始終[⑰]，無以參稽互察爲也[⑱]。典章經制，實相因者也[⑲]，殷因夏，周因殷，繼周者之損益[⑳]，百世可知，聖人蓋已預言之矣[㉑]。爰自秦漢以至唐宋[㉒]，禮樂兵刑之制，賦斂選舉之規，以至官名之更張[㉓]，地理之沿革，雖其終不能以盡同，而其初亦不能以遽異[㉔]。如漢之朝儀、官制，本秦規也[㉕]；唐之府衛、租庸[㉖]，本周制也。其變通張弛之故[㉗]，非融會錯綜[㉘]，原始要終而推尋之[㉙]，固未易言也[㉚]。其不相因者，猶有温公之成書，而其本相因者，顧無其書[㉛]，獨非後學之所宜究心乎[㉜]！

唐杜岐公始作《通典》[㉝]，肇自上古[㉞]，以至唐之天寶，凡歷代因革之故，粲然可考。其後，宋白嘗續其書[㉟]，至周顯德[㊱]，近代魏了翁又作《國朝通典》[㊲]。然宋之書成而傳習者少，魏嘗屬稿而未成書[㊳]，今行於世者，獨杜公之書耳，天寶以後蓋闕焉。有如杜書綱領宏大，考訂該洽[㊴]，固無以議爲也，然時有古今，述有詳略，則夫節目之間[㊵]，未爲明備；而去取之際頗欠精審，不無遺憾焉。蓋古者因田制賦，賦乃米粟之屬，非可析之於田制之外也。古者任土作貢，貢乃包篚之屬，非可雜之於税法之中也[㊶]。乃若叙選舉則秀、孝與銓選不分，叙典禮則經文與傳注相汩，叙兵則盡遺賦調之規而姑及成敗之迹，諸如此類，寧免小疵[42]。至於天文、五行、藝文，歷代史各有志，而《通典》無述焉。馬、班二史各有諸侯王、列侯表，范曄《東漢書》以後無之，然歷代封建王侯未嘗廢也。王溥作唐及五代《會要》，首立《帝系》一門[43]，以叙各帝歷年之久近，傳授之始末，次及后妃、皇子、公主之名氏封爵，後之編會要者倣之，而唐以前則無其書。凡是二者，蓋歷代之統紀[44]，典章係焉，而杜書亦復不及，則亦未爲集著述之大成也[45]。

愚自蚤歲[46]，蓋嘗有志於綴緝[47]，顧百憂薰心[48]，三餘少暇[49]，吹竽已濫[50]，汲綆不修[51]，豈復敢以斯文自詭[52]？昔夫子言夏、殷之禮而深慨"文獻之不足徵"[53]，釋之者曰："文，典籍也。獻，賢者也。"生乎千百載之後，而欲尚論千百載之前[54]，非史傳之實録具存，何以稽考？儒先之緒言未遠[55]，足資討論，雖聖人亦不能臆爲之説也[56]。竊伏自念[57]：業紹箕裘[58]，家藏墳索[59]，插架之收儲[60]，趨庭之問答[61]，其於文獻蓋庶幾焉[62]。嘗恐一旦散軼失墜[63]，無以屬來哲[64]，是以忘其固陋[65]，輒加考評，旁搜遠紹[66]，門分彙别[67]：曰田賦，曰錢幣，曰户口，曰職役，曰征榷，曰市糴，曰土貢，曰國用，曰選舉，曰學校，曰職官，曰郊社，曰宗廟，曰王禮，曰樂，曰兵，曰刑，曰輿地，曰四裔，俱倣《通典》之成規[68]。自天寶以前，則增益其事迹之所未備，離析其門類之所未詳；自天寶以後，至宋嘉定之末[69]，則續而成之。曰經籍，曰帝系，曰封建，曰象緯，曰物異，則《通典》元未有論述，而采摭諸書以成之者也。

凡叙事，則本之經史，而參之以歷代會要，以及百家傳記之書，信而有證者從之，乖異傳疑者不録，所謂"文"也。凡論事，則先取當時臣僚之奏疏，次及近代諸儒之評論，以至名流之燕談、稗官之紀録[70]，凡一話一言可以訂典故之得失[71]，證史傳之是非者，則採而録之，所謂"獻"也。其載諸史傳之紀録而可疑，稽諸先儒之論辨而未當者，研精覃思[72]，悠然有得，則竊著己意，附其後焉。命其書曰《文獻通考》，爲門二十有四，卷三百四十有八，而其每門著述之成規，考訂之新意，各以小序詳之[73]。

昔江淹有言："修史之難，無出於志。"誠以志者，憲章之所繫，非老於典故者不能爲也[74]。陳壽號善叙述，李延壽亦稱究悉舊事[75]，然所著二史[76]，俱有紀傳而獨不克作志，重其事也。況上下數千年，貫串二十五代[77]，而欲以末學陋識[78]，操觚竄定其間[79]，雖復窮老盡氣[80]，劌目鉥心[81]，亦何所發明？聊輯見聞，以備遺忘耳！後之君子，儻能芟削繁蕪[82]，增廣闕略，矜其仰屋之勤[83]，而俾免於覆車之愧[84]，庶有志於經邦稽古者或可考焉[85]。

注釋

①荀卿子：即荀子，名况。卿者，時人相尊而號爲卿也。這一句話出自《荀子·非相》，意思是要想觀察聖王的政績，應該從最清楚明白者，即後王的行爲入手。粲然：顯著，明白。後王：近代之王。

②語出《荀子·不苟》，意思是君子考察後王的治道，來討論百王之前的情形，將十分從容。端拜：正坐拱手，指從容不迫。

③審：考察，研究。憲章：典章制度。

④通儒：指通曉古今、學識淵博的儒者。

⑤理亂興衰：即治亂興衰。

⑥經制：治國的制度。

⑦操簡牘者：指寫歷史之人，簡牘乃古代的書寫材料。

⑧卒：最終。

⑨班孟堅：即班固，所撰《漢書》記漢高祖至王莽的歷史，爲斷代體史書。

⑩因仍：因襲，沿襲。

⑪病：責備，指責。

⑫十七史：指宋人所説的十七史，包括《史記》《漢書》《後漢書》《三國志》《晋書》《宋書》《南齊書》《梁書》《陳書》《魏書》《北齊書》《周書》《南史》《北史》《隋書》《新唐書》《新五代史》。

⑬萃：聚集，彙集。

⑭不逮：不及。

⑮編簡：指文獻。浩如煙埃：數量衆多如煙雲塵埃，指文獻之多。

⑯體要：著作的體例綱要。

⑰該：通“賅”。包括。

⑱參稽：對照考察。

⑲因：沿襲，繼承。

⑳損益：减少和增加。

㉑聖人：指孔子。這裏所言關於夏、殷、周禮之間的因革損益之語，見《論語·爲政》。

㉒爰：於是。

㉓更張：變更或改革。

㉔遽異：突然不同。

㉕如漢之朝儀、官制，本秦規也：意爲西漢的禮儀、官制都源自秦朝，如《史記·禮書》就明確説漢初叔孫通所定朝儀“大抵皆襲秦故”，而《晋書·職官志》在總結歷代官制沿革時，也説“秦變周官，漢遵嬴舊”。

㉖府衛：即府兵制。源於西魏、北周，至唐太宗時達到鼎盛，以十六衛遥領天下折衝府，居中御

外，衛戍京師，故名府衛。租庸：指租庸調制。

㉗張弛：開弓爲張，松弓爲弛，指事物的興廢起落。

㉘錯綜：交錯綜合。

㉙原始要終：推原事物的起源和結果。原：推源。要：求取。

㉚固：本來。

㉛顧：却，反而。

㉜究心：專心研究。

㉝杜岐公：即杜佑，封岐國公。

㉞肇：開始。《通典》一書，始於黄帝、堯、舜，下限則直到天寶之末，肅、代以後的沿革，也附注其中，馬端臨的説法并不準確。

㉟宋白：字太素。宋太宗時與李昉等修《文苑英華》，又與李宗諤等續修《通典》二百卷，今不傳。傳見《宋史》卷四百三十九。

㊱顯德：五代後周世宗柴榮的年號，954—959年。

㊲魏了翁：字華父，号鶴山。南宋中期理學名臣，有《鶴山集》存世。傳見《宋史》卷四百三十七。《直齋書録解題》著録《國朝通典》二百卷，曰："不著名氏，或言魏鶴山所爲，似方草創未成書也"。而魏了翁曾説自己仿《通典》作了一部《國朝通典》(《鶴山集》卷六十四《通典跋》)。

㊳屬稿：起草文稿。

㊴該洽：詳盡廣博。

㊵節目：指《通典》的分門、篇目。

㊶按：《通典·食貨門》中將田制、賦税分爲二類，即馬端臨所説的"析之於田制之外"。任土作貢：依據土地的具體情况，制定貢賦的品種和數量。包篚：本指用葦或茅編織的包裹用具和盛物的竹筐，這裏借指各地的貢物。《文獻通考》將田制與賦税合而爲一，作《田賦考》，租税之外的貢物作《土貢考》。

㊷按：這數句是説《通典》的《選舉門》將漢唐舉秀才、孝廉的人才選拔之制與官員的選拔放在一起，《禮門》在叙述古代禮制時，經與注多混而不分，《兵門》以《孫子十三篇》和唐代《李靖兵法》爲綱，大量列舉歷代戰例，多談用兵之道，却没有依例記載歷代及唐朝的軍事制度。銓選：選才授官，古代舉士與選官合一，至唐代以科目舉士，銓選舉官。汩(gǔ)：擾亂，弄混。賦調：賦役制度。姑及：且及。小疵：小缺點。

㊸"王溥作唐及五代《會要》"句：王溥：字齊物。五代、宋初曾任宰輔，著《唐會要》一百卷、《五代會要》三十卷，述唐代、五代的典章制度沿革，以"帝號門"爲首，這一做法爲宋人所編《宋會要》沿用。傳見《宋史》卷二百四十九。

㊹統紀：綱紀，準則。

㊺集著述之大成：指在前人學説、著作基礎上形成完整的體系，這裏是説集各種史書之精華。

㊻蚤：通"早"。

㊼綴輯：著述，編纂。

㊽顧：但，只是。百憂薰心：指心裏受到各種憂慮熏灼，意思是心裏十分焦慮愁苦。

㊾三餘：指三國時曹魏人董遇所説爲學的三餘，即"冬者歲之餘，夜者日之餘，陰雨者時之餘也"(《三國志·魏志·王肅傳》裴注)。

㊿吹竽：即濫竽充數的典故，語出《韓非子·内儲説上》。澀：艱澀，不滑潤。比喻自己没有真才實學。

(51)汲綆：從井中取水所用水桶上的繩索。修：長。這裏的意思與《荀子·榮辱》所説"短綆不可以汲深井之泉"是一樣的，比喻自己能力小，難以勝任艱巨的事。

㊾詭：欺詐。

㊿夫子：即孔子。孔子感歎夏殷之禮“文獻不足徵”見《論語·八佾》，這裏所引“文獻”一詞的解釋見朱熹《論語集注》。徵：證明，驗證。

54尚：通“上”。

55緒言：已發而未盡之言論。

56臆爲之說：指主觀推測、想當然的言論。臆：主觀。

57竊伏：私下裏。竊：私下，私自，多作謙詞。伏：敬詞，以下承上，表恭敬之意。

58業紹箕裘：指繼承了先輩的事業。箕裘：見本書《史通·直書》注。

59墳索：《左傳·昭公十二年》提到“能讀《三墳》、《五典》、《八索》、《九丘》”，皆爲古書名，這裏泛指古代的典籍。

60插架：書架。

61趨庭之問答：語出《論語·季氏》載孔鯉“趨而過庭”，其父孔子教導他要學《詩》學《禮》，後以“趨庭”指承受父親之教導，馬端臨這裏是說自己經常得到父親馬廷鸞的教誨。

62庶幾：差不多。

63散軼：同“散逸”。失墜：喪失。

64無以：不能。屬：通“囑”。托付。來哲：後世的賢能之人。

65固陋：閉塞淺陋，指見識短淺。

66旁搜遠紹：四處搜尋，繼承古代的資料。

67彙別：彙聚區別，亦分門別類之意。

68成規：前人已定之規矩、方法。

69嘉定：南宋寧宗年號，1208—1224年。

70燕談：閑談。燕：通“宴”。稗官：古代稱説街談巷議、風俗故事之小官，《漢書·藝文志》云：“小説家者流，蓋出於稗官。”故後世亦稱野史小説爲稗官。

71典故：典章制度和掌故。

72研精覃（tán）思：精心研究，深入思考。

73各以小序詳之：指《文獻通考》總序所包括對每門的概括文字，各詳述其立門分目之沿革、用意。

74“昔江淹有言”之句：參見本書《通志總序》有關注釋。

75李延壽：字遐齡，唐初史學家。參加編撰《五代史志》《晋書》等史著，個人還整理南北朝時期八朝史事，著《南史》《北史》二書。

76二史：指陳壽所撰《三國志》和李延壽所撰《南北史》。

77二十五代：指自唐堯、虞舜至宋共二十五代。

78末學：膚淺無本之學。陋識：見識淺陋。多用作自謙之詞。

79操觚：指作文。操：持。觚：木牘。竄定：删改訂正。

80窮老：垂老，衰老。盡氣：用盡力氣。

81劌（guì）目鉥（shù）心：指傷目刺心，文中是傷目勞神之意。劌：刺傷。鉥：長針，這裏用作動詞。

82儻：假使。芟削：删除。

83矜：同情，憐惜。仰屋：卧而仰望屋梁，用以形容窮思冥想之狀。

84俾：使。覆車：翻車，喻指失敗。

85經邦：治理國家。稽古：研究古事。

導讀

《文獻通考》，共三百四十八卷，宋末元初馬端臨撰，記載上古到南宋寧宗朝的典章制度，後世將該書與杜佑的《通典》、鄭樵的《通志》合稱“三通”。

馬端臨（1254—1323），字貴與，饒州樂平（今江西樂平）人，其事迹僅見於《新元史》《元史類編》等文獻，都比較簡略。他父親馬廷鸞曾供職館閣，官至右丞相兼樞密使，與權臣賈似道不和，辭位還鄉。馬端臨隨父歸隱，一直在父親指導下學習、整理歷史文獻。元世祖至元二十七年（1290 年），馬廷鸞去世，馬端臨開始編撰《文獻通考》，全書約在元仁宗延祐五年（1318 年）前後完成，不久由朝廷下令雕版印行。

《文獻通考》共二十四門。其中田賦、錢幣、户口、職役、征榷、市糴、土貢、國用、選舉、學校、職官、郊社、宗廟、王禮、樂、兵、刑、輿地、四裔，共十九門，皆源自唐代杜佑《通典》的门目、篇名，但《通典》止於天寶年間，《文獻通考》於天寶以前之事基本刪改《通典》原文，偶有補充，天寶以後至宋嘉定之末，則另行續寫。而經籍、帝系、封建、象緯、物異等五門，則是《通典》所無，馬端臨以個人之力搜集材料自創。在編纂體例上，馬端臨采取了謹慎、務實的態度，所有資料分爲“文”和“獻”兩類：“凡叙事，則本之經史，而參之以歷代會要，以及百家傳記之書，信而有證者從之，乖異傳疑者不録，所謂‘文’也。凡論事，則先取當時臣僚之奏疏，次及近代諸儒之評論，以至名流之燕談、稗官之紀録，凡一話一言可以訂典故之得失，證史傳之是非者，則採而録之，所謂‘獻’也。”“文”屬於經史和官私典籍對於史事之記載，可靠性較高；“獻”是士大夫對史事之議論，包括軼聞逸事等。在“文”“獻”之後還有“按”，即馬端臨自己的見解。三部分内容前後相續，“文”皆頂格書寫，“獻”低一格，“按”又低一格，層次分明。這一形式使《文獻通考》在保存文獻上有獨到之處，尤其是唐天寶以後至宋嘉定之末的許多重要史料，都原原本本地保存下來。《四庫全書總目》評價該書説：“其所載宋制最詳，多《宋史》各志所未備。案語亦多能貫串古今，折衷至當，雖稍遜《通典》之簡嚴，而詳贍實爲過之。”對於宋史研究而言，《文獻通考》幾乎是必讀之書，書中的許多記載甚至比元修《宋史》出處更早，也更可靠，如《宋史·職官志》有很多内容便是抄自《文獻通考·職官考》，而且有不少抄錯、妄改之處。

《文獻通考》問世以後，出現了不少續作，有明王圻的《續文獻通考》二百五十四卷、清朱奇齡《續文獻通考補》四十八卷、清乾隆時敕撰《續文獻通考》二百五十二卷、近人劉錦藻《清朝續文獻通考》等，可見《文獻通考》影響之大。而《經籍考》使用輯録體著録圖書的方法也爲後世目録學家所喜愛和效仿，如清人朱彝尊的《經義考》、謝啓昆的《小學考》等，都是運用這一方法的成功著作。

《文獻通考》自元代刊印之後，明清多次刊刻或傳抄，影響最大的是乾隆十二年（1747 年）武英殿校刊本，1936 年商務印書館《萬有文庫》叢書中之“十通”本，即據此本排印，最爲通行。現在最好的本子是中華書局 2011 年點校本，校勘較精，本篇選文即依據這個本子。

本篇選自《文獻通考》卷首。本篇内容包括兩部分，第一部分爲全書著述之宗旨，

第二部分敘述“每門著述之成規，考訂之新意”，本文只選取了第一部分。馬端臨認爲，史學之精髓在於會通，這是司馬遷創立的優良傳統，自班固斷代爲史之後，會通的風氣中斷，只有《資治通鑑》和《通典》兩部史書還保持了通史的特點。前者“取千三百餘年之事迹，十七史之紀述，萃爲一書，然後學者開卷之餘，古今咸在”，但“詳於理亂興衰，而略於典章經制”；後者綱領宏大，考訂該洽，却也存在“節目之間，未爲明備，而去取之際頗欠精審”等缺陷，而且天寶以後之事皆缺載。因此，他要“倣《通典》之成規，自天寶以前，則增益其事迹之所未備，離析其門類之所未詳；自天寶以後，至宋嘉定之末，則續而成之”，希望“有志於經邦稽古者或可考焉”。從中我們可以看到，馬端臨撰作《文獻通考》，不衹是爲了保存、整理文獻，更重要的還在於經世致用，這也是元初最初發現此書的王壽衍和清代乾隆帝爲《文獻通考》寫的序中特意强調的。將鄭樵的《通志總序》與本文對讀，可見二者在論題、主張上存在關聯，但馬端臨的文風質樸，語氣平和，鄭樵却措辭激烈，鋒芒畢露，從中或可略窺二人、二書之差異。

參考文獻

王瑞明. 馬端臨評傳. 南京：南京大學出版社，2001.
劉兆祐.《文獻通考》版本考. “國家圖書館”館刊，2005（2）：155-170.

第五單元
明清典籍精讀

深慮論（《遜志齋集》）

選文

慮天下者，常圖其所難[1]，而忽其所易；備其所可畏，而遺其所不疑[2]。然而禍常發於所忽之中，而亂常起於不足疑之事。豈其慮之未周與[3]？蓋慮之所能及者，人事之宜然[4]，而出於智力之所不及者，天道也[5]。

當秦之世，而滅六諸侯[6]，一天下，而其心以為周之亡在乎諸侯之强耳，變封建而為郡縣[7]；方以為兵革可不復用[8]，天子之位可以世守[9]，而不知漢帝起隴畝之匹夫[10]，而卒亡秦之社稷[11]。

漢懲秦之孤立[12]，於是大建庶孽而為諸侯[13]。以為同姓之親，可以相繼而無變，而七國萌簒弑之謀[14]。武、宣以後[15]，稍剖析之[16]，而分其勢。以為無事矣，而王莽卒移漢祚[17]。光武之懲哀、平[18]，魏之懲漢，晉之懲魏，各懲其所由亡而為之備，而其亡也，皆出其所備之外。

唐太宗聞武氏之弑其子孫，求人於疑似之際而除之[19]，而武氏日侍其左右而不悟[20]。宋太祖見五代方鎮之足以制其君[21]，盡釋其兵權[22]，使力弱而易制，而不知子孫卒困於夷狄。此其人皆有出人之智，負蓋世之才，其於治亂存亡之幾[23]，思之詳而備之審矣[24]。慮切於此而禍興於彼[25]，終至於亂亡者，何哉？蓋智可以謀人，而不可以謀天。良醫之子，多死於病；良巫之子，多死於鬼。彼豈工於活人[26]，而拙於活己之子哉？乃工於謀人，而拙於謀天也。

古之聖人，知天下後世之變，非智慮之所能周[27]，非法術之所能制[28]，不敢肆其私謀詭計[29]，而惟積至誠，用大德，以結乎天心，使天眷其德[30]，若慈母之保赤子而不忍釋[31]。故其子孫，雖有至愚不肖者足以亡國，而天下不忍遽亡之[32]。此慮之遠者也。夫苟不能自結於天[33]，而欲以區區之智籠絡當世之務[34]，而必後世之無危亡，此理之所必無者[35]，而豈天道哉！

注釋

①圖：圖謀，設法對付。

②遺：遺漏，不注意。

③與：同“歟”。

④人事：人之所爲。宜然：應該這樣。

⑤天道：上天的意志。指客觀規律。

⑥六諸侯：指周王朝所封齊、楚、燕、韓、趙、魏六國諸侯。

⑦封建：分封疆土建立諸侯國，指周以來的分封制度。郡縣：秦統一中國後，實行中央集權制，分全國爲三十六郡，郡下設縣，郡縣長官，均由中央任免。

⑧兵革：兵器衣甲的總稱。兵：兵器。革：皮革制衣甲。

⑨世守：世世代代延續。

⑩漢帝：指漢高祖劉邦。起隴畝：指出身低微。隴：通“壟”。田埂。匹夫：百姓，庶人。

⑪社稷：社與稷的合稱。指土地神（地域神）與穀神（農神）。周代天子和諸侯均舉行對社稷的祭祀，其含義在於顯示對王國或封國的主權，以及對立國根本（農業）的責任，故社稷亦被視爲國家的象徵。

⑫懲：懲戒，以前失爲鑒戒。

⑬建：猶設置。庶孽：庶子，妃妾所生之子。這裏泛指宗室之子。

⑭七國：指漢景帝時吴、楚、趙、膠西、濟南、淄川、膠東等七個諸侯國，於前154年同時發動叛亂，史稱“七國之亂”。篡弑：殺死君主而奪其帝位。古代臣殺君、子殺父母稱爲“弑”。

⑮武、宣：指漢武帝、漢宣帝。漢武帝頒行“推恩令”，使諸侯王多分封子弟爲侯，以削弱諸侯割據勢力。

⑯剖析：分割，削減。

⑰王莽（前45—23）：字巨君，漢元帝皇后侄，後毒死平帝，於初始元年（8年）稱帝，改國號爲“新”。漢祚：漢朝的帝位。

⑱光武：指東漢光武帝劉秀。哀、平：指西漢哀帝劉欣、平帝劉衎。

⑲按：據《舊唐書・李淳風傳》載，唐太宗時期，有《祕記》云：“唐三世之後，則女主武王代

有天下”。太宗密問太史令李淳風，淳風曰：“據象推算，其兆已成。然其人已生，在陛下宫内，從今不踰三十年，當有天下。”太宗欲將“疑似者盡殺之”，被李淳風勸止。

⑳武氏：即武則天。十四歲時被唐太宗選入宫中爲才人，太宗死後爲尼。高宗時，被召爲昭儀，永徽六年（655年）立爲皇后，逐步掌握實權。後廢唐睿宗，自稱聖神皇帝，改國號爲周，史稱武周。

㉑方鎮：指掌握兵權、鎮守一方的軍事長官。

㉒盡釋其兵權：宋太祖兩次宴請掌有兵權的重臣，以高官厚禄爲條件，解除了他們的兵權，加强了中央集權統治，後人稱之爲“杯酒釋兵權”。

㉓幾：事物變化的前兆、迹象。

㉔審：周全細緻。

㉕切：貼近，切近。

㉖工：精於，擅長。

㉗周：遍及。

㉘法術：此處指策略，方法。

㉙肆：不顧一切地施行。私謀詭計：同“陰謀詭計”。私：暗中。

㉚眷：顧念，垂愛。

㉛赤子：嬰兒。釋：放下。

㉜遽：迅速。此立即，馬上。亡之：使之滅亡。

㉝苟：假如。

㉞籠絡：猶控制。務：事業。

㉟理：世間的道理。

導讀

《遜志齋集》，明方孝孺之詩文集，共二十四卷，含文二十二卷，詩二卷，附録一卷。方孝孺（1357—1402），浙江寧海（今浙江寧海）人，明初重要的思想家、文學家。字希直，一字希古，號遜志，因其故里舊屬緱城里，故又稱“緱城先生”。從學宋濂，工文章，常以明王道、致太平爲己任。洪武二十五年（1392年），任漢中府學教授。蜀獻王朱椿聘爲世子師，名其讀書之廬爲“正學”，世人遂以“正學先生”尊稱之。惠帝即位，召爲翰林侍講，次年遷侍講學士，後改文學博士，深所倚重，朝廷議論國家大事，多向方孝孺咨詢。曾主持編纂《太祖實録》《類要》等書。惠帝采取削藩政策，燕王朱棣起兵，朝廷决定討伐，詔令、檄文多出其手。建文四年（1402年），燕兵入京，惠帝焚死，燕王召其起草登位詔書，拒不從命，被磔於市，株連九族并其學生爲“十族”，死難者達八百七十餘人，慘烈震驚朝野。

在學術思想上，方孝孺尊奉理學，强調禮制，主張以《周禮》爲範本，用於指導道德操守和治國理政的社會實踐。文學上，以明道致用爲出發點，提倡文以載道、文道合一。其散文風格雄健豪放，《四庫全書總目》提要謂其“學術醇正”，文章“乃縱横豪放，頗出入於東坡、龍川（陳亮）之間”。他的寓言性散文，如《蚊對》《指喻》等詞鋒犀利，析理透闢，言簡意明，史稱方文“每一篇出，海内爭相傳誦”（《明史》卷一百四十一《方孝孺傳》）。永樂年間，凡藏方孝孺文者判死罪，門人王稌冒死抄録，暗輯爲《緱城集》密藏家中。宣德以後，文禁漸寬，方文才稍稍流傳。天順七年（1463年），臨海趙洪始得彙集其散落詩文，付梓於蜀，稱爲蜀本，爲《遜志齋集》之首刻本。其後多次重編再刻，各種刻本不下三十種，主要有明嘉靖四十年（1561年）刻本、《四庫全書》本、《四部叢刊》本等。2000年，寧波出版社出版徐光大校點本《遜志齋集》，本篇選文即依據此本，同時參考了浙江古籍出版社2013年出版的徐光大點校整理的《方孝孺集》、《四庫全書》本及《四部叢刊》本，個别標點有改動。

本篇選自《遜志齋集》卷二。《深慮論》十篇，是方孝孺創作的史論，本文爲第一篇。

《深慮論》寫於明初洪武七年（1374年），是方孝孺早年的作品。時值明朝開國之初，如何鞏固和加强統治權威，并維持長治久安，是統治者急於思考和解决的問題。在政治上，朱元璋進行了一系列中央和地方的官僚機構改革，以加强中央集權；在經濟上，興修水利、鼓勵生産，以恢復和繁榮經濟。與此同時，朱元璋爲了防止王室孤立，恢復分封，令朱氏子孫建藩就國，又使明初潛伏政治分裂和戰亂的危機。正是基於這樣的時代背景，方孝孺撰寫了《深慮論》，向當政者提出警告，加以勸諫。文中方孝孺列舉大量史事，指出歷代君主往往會借鑒前朝敗亡的歷史經驗教訓來制定新政，但又會産生新的流弊，導致王朝走向滅亡，進而得出結論“禍常發於所忽之中，而亂常起於不足疑之事”，提示明代統治者“深慮”長治久安的道理，并采取相應的辦法。方孝孺認爲，靠“私謀詭計”來進行局部改革是行不通的，要想長治久安，“惟積至誠，用大德，以結乎天心”。他將治亂興衰的歷史原因歸結爲非人智所能慮及的天道，陷入了天命論，有一定局限，但能結合歷史經驗提出深刻的認識，居安思危，防患於未然，眼界開闊，頗具卓識。全文寓意深刻，論點鮮明，論據充分，行文簡潔有力，是古代論説文中的名篇。

參考文獻

王春南．趙映林．宋濂　方孝孺評傳．南京：南京大學出版社，1998.
龔顯宗．明初越派文學批評研究．臺北：文史哲出版社，1988.
胡夢琪．方孝孺年譜．西安：陝西人民出版社，1988.

朱元璋北伐檄文（《明實録》）

選文

（吳元年[①]，冬十月）丙寅，檄諭齊、魯、河、洛、燕、薊、秦、晉之人曰[②]：

自古帝王臨御天下[③]，中國居内以制夷狄[④]，夷狄居外以奉中國，未聞以夷狄居中國而治天下者也。

自宋祚傾移[⑤]，元以北狄入主中國，四海内外，罔不臣服[⑥]，此豈人力，實乃天授。彼時君明臣良，足以綱維天下[⑦]，然達人志士，尚有冠履倒置之嘆。自是以後，元之臣子，不遵祖訓，廢壞綱常，有如大德廢長立幼[⑧]，泰定以臣弑君[⑨]，天曆以弟酖兄[⑩]，至於弟收兄妻，子烝父妾[⑪]，上下相習，恬不為怪[⑫]，其於父子、君臣、夫婦、長幼之倫，瀆亂甚矣[⑬]！夫人君者，斯民之宗主；朝廷者，天下之本根；禮義者，御世之大防。其所為如彼，豈可為訓於天下後世哉！及其後嗣沉荒[⑭]，失君臣之道，又加以宰相專權[⑮]，憲臺報怨[⑯]，有司毒虐，於是人心離叛，天下兵起，使我中國之民，死者肝腦塗地，生者骨肉不相保，雖因人事所致，實天厭其德而棄之之時也。古云："胡虜無百年之運"，驗之今日，信乎不謬！當此之時，天運循環，中原氣盛，億兆之中，當降生聖人，驅逐胡虜，恢復中華，立綱陳紀，救濟斯民。今一紀於兹[⑰]，未聞有濟世安民者，徒使爾等戰戰兢兢，處於朝秦暮楚之地，誠可矜憫！

方今河、洛、關、陝，雖有數雄[⑱]，忘中國祖宗之姓，反就胡虜禽獸之名，以爲美稱。假元號以濟私，恃有衆以要君，憑陵跋扈，遥制朝權，此河、洛之徒也[⑲]；或衆少力微，阻兵據險，賄誘名爵，志在養力，以俟釁隙，此關、陝之人也[⑳]。二者，其始皆以捕妖人為名[㉑]，乃得兵權。及妖人既滅，兵權已得，志驕氣盈，無復尊主庇民之意，互相吞噬，反為生民之巨害，皆非華夏之主也。

予本淮右布衣[22]，因天下亂，為衆所推，率師渡江，居金陵形勢之地，得長江天塹之險，今十有三年[23]。西抵巴蜀，東連滄海，南控閩越，湖湘漢沔，兩淮徐邳，皆入版圖，奄及南方[24]，盡為我有。民稍安，食稍足，兵稍精，控弦執矢，目視我中原之民久無所主，深用疚心！

予恭天成命，罔敢自安，方欲遣兵北逐群虜，拯生民於塗炭，復漢官之威儀。慮民人未知，反為我讎，挈家北走，陷溺尤深，故先諭告。兵至，民人勿避。予號令嚴肅，無秋毫之犯，歸我者永安於中華，背我者自竄於塞外。蓋我中國之民，天必命中國之人以安之，夷狄何得而治哉！予恐中土久汙膻腥，生民擾擾，故率群雄，奮力廓清，志在逐胡虜，除暴亂，使民皆得其所，雪中國之恥。爾民其體之！如蒙古、色目[25]，雖非華夏族類，然同生天地之間，有能知禮義、願為臣民者，與中夏之人撫養無異。

故茲告諭，想宜知悉。

注釋

①吳元年：元順帝至正二十七年（1367 年），朱元璋自號吳王。

②檄：軍中文書統稱，凡徵召、詰責、曉諭等皆用之。

③臨御：統治，治理。

④中國：指華夏族、漢族地區，義與“中土”“中原”“中夏”“中華”同。

⑤祚：皇位，國統。

⑥罔：没有。

⑦綱維：國家法度。此用爲動詞。

⑧大德廢長立幼：大德：元成宗鐵穆耳年號，1297—1307 年，指成宗。大德十一年（1307 年），元成宗死，太子德壽早卒，無嗣。皇侄懷寧王海山以親以長，當即帝位。但皇后伯岳吾氏想另立安西王阿難答。朝臣哈剌哈孫等反對，便和海山弟愛育黎拔力八達合謀，盡殺皇后及其黨羽，迎立海山，即武宗。

⑨泰定以臣弒君：泰定：元泰定帝也孫鐵木兒年號，1324—1328 年，指泰定帝。元英宗至治三年（1323 年），御史大夫鐵失和諸王大臣合謀，在英宗碩德八剌從上都（開平）返回大都（燕京）途中，將他殺死，派人迎立晋王也孫鐵木兒爲帝，即泰定帝。

⑩天曆以弟酖兄：天曆：元文宗圖帖睦爾年號，1328—1330 年。致和元年（1328 年），泰定帝死在上都，太子阿剌吉八嗣立。樞密使燕鐵木兒等蒙古諸王公大臣認爲泰定帝得位不正，想立武宗子，因武宗長子和世㻋遠在漠北，於是先迎立在江陵的武宗次子圖帖睦爾即位，即文宗，宣稱待兄和世㻋到來讓位。上都擁立阿剌吉八的諸王大臣攻入大都，爲燕鐵木兒擊敗，阿剌吉八不知所終。武宗長子和世㻋聞訊，亦領兵南下嗣位，文宗和燕鐵木兒以迎駕爲名，用藥酒鴆殺和世㻋。

⑪烝：和母輩通姦。《左傳・桓公十六年》：“衛宣公烝於夷姜，生急子。”杜預注：“夷姜，宣公之庶母也。上淫曰烝。”但上古時期，在父親死後，其子收納後母、庶母爲妻妾，爲收繼婚或轉房婚的一種，是比較通行的習俗，把烝視爲淫是后來儒家的觀念。

⑫恬：不爲所動，毫不在乎。恠：同“怪”。

⑬潰亂：褻瀆混亂。

⑭後嗣：指元順帝，爲元朝最後一位君主。沉荒：沉迷於荒淫的生活。

⑮宰相專權：指元順帝時脱脱長期執政。

⑯憲臺報怨：指哈麻陷害脱脱。憲臺：御史臺的别稱。哈麻：字士廉，其母爲元寧宗乳母。早年充順帝宿衛，累遷殿中侍御史。元順帝至正初年，哈麻轉而趨附丞相脱脱及其弟御史大夫也先帖木兒，升任中書右丞。後被脱脱改派爲宣政院使，剥奪軍政大權，因而銜恨。元順帝至正十四年（1354年），哈麻任中書平章政事，譖脱脱、也先帖木兒等，致脱脱等遭貶逐而死。

⑰紀：古代十二年爲一紀。朱元璋二十八歲起兵，到發布檄文時四十歲，正好十二年，故稱一紀。

⑱方今河、洛、關、陜，雖有數雄：指元末盤踞在今河南、山西南部一帶的擴廓帖木兒（王保保）和盤踞在關中、秦、隴一帶的李思齊、張良弼、孔興、脱列伯諸地方勢力。

⑲“忘中國祖宗之姓”至“此河、洛之徒也”：指擴廓帖木兒（？—1375），元末沈丘（今安徽臨泉西北）人，本名王保保。察罕帖木兒甥、養子。察罕帖木兒被刺後，代領其軍，破益都城，殺田豐、王士誠。累與孛羅帖木兒争奪晋、冀。順帝至正二十五年（1365年），擁皇太子攻孛羅帖木兒，入京爲左丞相。封河南王，總統天下兵馬，進兵關中，與李思齊交兵。明軍北攻，自平陽（今山西臨汾）退守太原。二十八年（1368年），元都陷落，由太原敗走甘肅，成爲明代西北邊患。

⑳“或衆少力微”至“此關、陜之人也”：指李思齊、張良弼、孔興、脱列伯諸地方勢力。

㉑妖人：指元末劉福通爲首的紅巾軍。紅巾軍曾秘密傳布白蓮教，托言“彌勒佛下生”“明王出世”以組織群衆。

㉒淮右布衣：朱元璋本爲濠州鍾離（今安徽鳳陽東）人，出身貧農，曾在皇覺寺爲僧，故自稱淮右布衣。

㉓今十有三年：朱元璋於元順帝至正十六年（1356年）三月率領諸軍攻取集慶（今江苏南京市），到至正二十七年（1367年）發布檄文，前後計十三年。

㉔奄：覆蓋，包括。

㉕色目：元代通稱西方各異族之民爲色目人。

導讀

實録，是專記某一皇帝統治時期之大事的編年體官修史書。最早見於記載的有記南朝梁武帝史事的《梁皇帝實録》。唐以後，每一皇帝死後，必由嗣位之君敕修實録，遂成定例。據記載，至清光緒時止，共修有實録116部。但唐、宋實録多已亡佚，唐僅存《順宗實録》，宋僅存《太宗實録》，明、清實録多完整保存至今。

《明實録》共13部，2 909卷，記録明太祖朱元璋到明熹宗朱由校共十五代皇帝的史事。按明制，新君繼位，即修先君實録，以勛臣充監修官，閣臣充總裁官。實録以官方檔案爲依據，凡政治、軍事、經濟、灾祥、帝王婚喪、生子命名、祭祀、營造，以及詔令、奏議、大臣生平事迹等，都予記載。因由當代人奉敕修撰，於史事每多忌諱，且後來亦有所修改，故有實録不實之譏。但其史料價值仍較一般記載爲高，是研究明代歷史的基本史籍。《明太祖高皇帝實録》，257卷，記述元至正十一年（1351年）到洪武三十一年（1398年）的史事，曾经三修。建文元年（1399年），命禮部侍郎董倫等修；明成祖朱棣即位後命解縉等重修；永樂九年（1411年），又改令胡廣等再修，十六年

(1418年）修成。前兩本今已不存，傳世者爲三修本。三修本經反復刪改，不無疏漏舛誤之處。《明實録》稿成後，謄録正、副兩本，正本初藏内府，嘉靖十三年（1534年），始建皇史宬以貯之，外人不可得見；副本藏内閣，掌於翰林院。但凡修實録時，必取前朝實録副本爲參校，故閣臣、史官均得私抄，遂流布於外。《明實録》傳世者爲傳抄本，卷帙互有出入，内容也間有詳略，唯國家圖書館所藏者爲原副本，内缺天啓四年（1624年）十二卷及七年六月一卷，是各本中最完善的。1961年以後，臺北"中央研究院"歷史語言研究所，以國家圖書館藏本顯微膠捲陸續影印，并附有校勘，該校印本爲今日所見最全之本，本篇選文即以此本爲據。除《明實録》外，明人程敏政輯録的《皇明文衡》（收入《四部叢刊》）和傅鳳翔輯録的《皇明詔令》（有《續修四庫全書》本）亦收録此文，且文字有所差異，研讀時可注意這一情況。

本篇選自《明太祖高皇帝實録》卷二十六。朱元璋稱帝之前，自號吴王。吴元年十月甲子（1367年11月13日），命徐達爲征虜大將軍，常遇春爲副將軍，帶兵二十五萬，從淮河入黄河，北取中原。兩天後，爲配合北伐的軍事攻勢，發表了本篇檄文。檄文的作者爲宋濂（1310—1381)，明浦江（今浙江金華）人，字景濂，號潛溪，又號玄真子，明初文學家。元至正中，薦授翰林編修，辭不就，隱居著書。明初應朱元璋召至應天（今江蘇南京），任江南儒學提舉，兼授太子經書。尋改起居注，常侍朱元璋左右，以備顧問，爲明開國第一文臣，朝廷文字多出其手。檄文層次分明，邏輯嚴密，其要義有三：其一，元統治者"廢壞綱常"，君臣失道，政治黑暗，統治氣數已盡；其二，朱元璋爲順天應時而生、濟世安民的聖人；其三，宣告北伐的目的是"驅除胡虜，恢復中華"，"中國之民，天必命中國之人以安之"，伐元是爲了"拯生民於塗炭，復漢官之威儀"。檄文反映了當時的民族矛盾和階級矛盾，很大程度上代表了廣大勞動人民的呼聲，引起强烈的社會共鳴，達到了宣傳和號召的社會效果，加速了反元鬥争勝利的進程。同時，檄文强調"夷夏之辨"，宣揚天命論，具有狹隘的大漢族主義傾向，有一定的歷史局限性。

參考文獻

商傳．關於《明太祖實録》三修本的評價問題//文史：第28輯．北京：中華書局，1987：179-188.

謝貴安．明實録研究．上海：上海古籍出版社，2013.

叙論四（《讀通鑑論》）

選文

（一）

治道之極致[1]，上稽《尚書》[2]，折以孔子之言[3]，而蔑以尚矣[4]。其樞[5]，則君心之敬肆也[6]；其戒[7]，則怠荒刻覈[8]，不及者倦，過者欲速也；其大用[9]，用賢而興教也；其施及於民，仁愛而錫以極也[10]。以治唐、虞，以治三代，以治秦、漢而下，迄至於今，無不可以此理推而行也；以理銓選[11]，以均賦役，以詰戎兵[12]，以飭刑罰[13]，以定典式[14]，無不待此以得其宜也[15]。至於設爲規畫[16]，措之科條[17]，《尚書》不言，孔子不言，豈遺其實而弗求詳哉？以古之制，治古之天下，而未可概之今日者[18]，君子不以立事[19]；以今之宜，治今之天下，而非可必之後日者，君子不以垂法[20]。故封建、井田[21]、朝會[22]、征伐、建官、頒祿之制，《尚書》不言，孔子不言。豈德不如舜、禹、孔子者，而敢以記誦所得者斷萬世之大經乎[23]？

《夏書》之有《禹貢》[24]，實也，而系之以禹，則夏后一代之法[25]，固不行於商、周；《周書》之有《周官》[26]，實也，而系之以周，則成周一代之規[27]，初不上因於商、夏[28]。孔子曰："足食、足兵，民信之矣[29]。"何以足，何以信，豈靳言哉[30]？言所以足，而即啓不足之階[31]；言所以信，而且致不信之咎也[32]。

孟子之言異是[33]，何也？戰國者，古今一大變革之會也[34]。侯王分土，各自爲政，而皆以放恣漁獵之情，聽耕戰刑名殃民之説[35]，與《尚書》、孔子之言，背道而馳。勿暇論其存主之敬怠仁暴[36]，而所行者，一令出而生民即趨入於死亡。三王之遺澤[37]，存十一於千百[38]，而可以稍蘇[39]，則抑不能預謀漢、唐已後之天下，勢異局遷[40]，而通變以使民不倦者奚若[41]。蓋救焚拯溺[42]，一時之所迫，於是有"徒善不足爲政"之説[43]，而未成乎郡縣之天下，猶有可遵先王之理勢[44]，所繇與《尚書》、孔子之言異也。要非以參萬世而咸可率繇也[45]。

編中所論[46]，推本得失之原，勉自竭以求合於聖治之本[47]；而就事論法，因其時而酌其宜，即一代而各有弛張[48]，均一事而互有伸詘[49]，寧爲無定之言[50]，不敢執一以賊道[51]。有自相蹠盭者矣[52]，無強天下以必從其獨見者也。若井田、封建、鄉舉、里選[53]、寓兵於農[54]、舍笞杖而行肉刑諸法，先儒有欲必行之者矣。襲《周官》之名迹[55]，而適以成乎狄道者[56]，宇文氏也；據《禹貢》以導河，而適以益其潰決者，李仲昌也[57]。盡破天下之成規，駭萬物而從其記誦之所得[58]，浸使爲之[59]，吾惡知其所終哉[60]！

（二）

旨深哉[61]！司馬氏之名是編也[62]。曰“資治”者[63]，非知治知亂而已也，所以爲力行求治之資也。覽往代之治而快然[64]，覽往代之亂而愀然[65]，知其有以致治而治，則稱說其美；知其有以召亂而亂，則詬厲其惡[66]；言已終，卷已掩，好惡之情已竭，頹然若忘[67]，臨事而仍用其故心，聞見雖多，辨證雖詳，亦程子所謂“玩物喪志”也[68]。

夫治之所資，法之所著也。善於彼者，未必其善於此也。君以柔嘉爲則[69]，而漢元帝失制以釀亂[70]；臣以戇直爲忠[71]，而劉栖楚碎首以藏姦[72]。攘夷復中原，大義也，而梁武以敗[73]；含怒殺將帥，危道也，而周主以興[74]。無不可爲治之資者，無不可爲亂之媒[75]。然則治之所資者，一心而已矣。以心馭政，則凡政皆可以宜民，莫匪治之資[76]；而善取資者，變通以成乎可久[77]。設身於古之時勢，爲己之所躬逢；研慮於古之謀爲，爲己之所身任。取古人宗社之安危，代爲之憂患，而己之去危以即安者在矣；取古昔民情之利病，代爲之斟酌，而今之興利以除害者在矣。得可資，失亦可資也；同可資，異亦可資也。故治之所資，惟在一心，而史特其鑑也。

“鑑”者，能別人之妍媸[78]，而整衣冠、尊瞻視者[79]，可就正焉。顧衣冠之整，瞻視之尊，鑑豈能爲功於我哉！故論鑑者，於其得也，而必推其所以得；於其失也，而必推其所以失。其得也，必思易其迹而何以亦得[80]；其失也，必思就其偏而何以救失[81]；乃可爲治之資，而不僅如鑑之徒縣於室，無與炤之者也[82]。

其曰“通”者，何也？君道在焉，國是在焉[83]，民情在焉，邊防在焉，臣誼在焉[84]，臣節在焉[85]，士之行己以無辱者在焉[86]，學之守正而不陂者在焉[87]。雖扼窮獨處[88]，而可以自淑[89]，可以誨人，可以知道而樂[90]，故曰“通”也。

引而伸之，是以有論；浚而求之[91]，是以有論；博而證之，是以有論；協而一之，是以有論；心得而可以資人之通，是以有論。道無方，以位物於有方[92]；道無體，以成事之有體[93]。鑑之者明，通之也廣，資之也深，人自取之，而治身治世、肆應而不窮[94]。抑豈曰此所論者立一成之侀[95]，而終古不易也哉！

注釋

①極致：頂點，最高造詣。

②稽：考查。

③折：本義折斷，此判斷。

④蔑以尚：無以超過。蔑：無。

⑤樞：樞紐，關鍵。

⑥敬：恭敬謹慎。肆：放縱。

⑦戒：警惕，戒備。

⑧怠荒：懶怠荒廢。刻覈：苛刻，嚴酷。

⑨大用：最大的功用。

⑩錫：同“賜”。給予。

⑪銓選：指量才授官的選官制度。

⑫以詰戎兵：意爲用以訓練兵馬，整備軍事。語出《尚書·立政》：“其克詰爾戎兵。”詰：整治，治理。

⑬飭：整理，整顿。

⑭典式：法令制度的基本規範。

⑮待：依靠。

⑯設爲規畫：制訂具體規劃。

⑰措：安排，設置。科條：法律條規。

⑱概之今日：一概施行於今日。

⑲立事：建立事業。

⑳垂法：垂示法則，把法令制度流傳下去。

㉑井田：商周田制，以方九百畝之地爲一里，平分爲九區，四邊八家爲私田各一百畝，中間一百畝爲公田，由八家共同耕種。因爲形如井字，故稱井田。

㉒朝會：古時諸侯朝天子，春見稱朝，時見稱會，有一定儀式。

㉓大經：常道，常規。

㉔《夏書》之有《禹貢》：指《尚書·虞夏書》中《禹貢》篇，記述夏禹治水以後的地理情況，

含行政區劃，以及水道、山岳、土壤、物産、貢賦等。

㉕夏后：亦稱“夏后氏”，指禹治水有功，受舜禅讓而建立的夏王朝。

㉖《周書》之有《周官》：指《尚書·周書》中的《周官》（屬僞古文），記述周王朝官職設置及成王的訓誡。

㉗成周：原指西周的東都洛邑，爲西周初周公平定武庚叛亂後營建，這裏指周代。

㉘初：本來。因：沿襲。

㉙語出《論語·顔淵》。

㉚靳：吝惜，不肯給予。

㉛啓不足之階：言打開了導致不足的門徑。啓：啓發，打開。階：階梯，門徑。

㉜致不信之咎：言導致不相信朝廷的惡果。咎：過錯，指惡果。

㉝異是：與此不同。孟子强調“行先王之道”，與《尚書》、孔子所言治國之道不同。

㉞會：時機，際會。

㉟耕戰：又作“農戰”，指戰國時期法家、兵家所主張和推行的重農重戰政策。刑名：戰國時代法家的一派，即刑名之學，以申不害爲代表，强調循名責實，强化君主專制。

㊱存主：在位的君主。敬怠仁暴：謹慎、怠惰、寬仁、暴虐。

㊲三王：指夏、商、周三代開國君主。

㊳存十一於千百：千中存十，百中存一。

㊴蘇：減輕痛苦。

㊵勢異局遷：形勢不同，時局變遷。

㊶奚若：犹奚如，何如。

㊷救焚拯溺：意爲救人於水深火熱之中。

㊸徒善不足爲政：語出《孟子·離婁上》，指祇有仁愛之心，而無先王的治國綱領，是治理不好國政的。

㊹理势：事理和情势。

㊺要非：總不是。參：參證，參驗。率繇：即“率由舊章”，一律按舊章程辦事。繇：同“繇”(yóu)。由，從。遵循，按照。

㊻编中：指《讀通鑑論》中。

㊼勉：勉勵。竭：竭力。聖治之本：聖賢治國的根本原則。

㊽弛張：喻政策法令有寬有嚴、有興有廢。弛：放鬆弓弦。張：拉緊弓弦。

㊾均：同樣是。伸詘：伸展與收縮。

㊿無定之言：靈活的話。

(51)執一：堅持一成不變的主張。賊：毁壞，損害。

(52)蹠盭（zhí lì）：亦作“蹠戾”。指脚掌外翻，不能行走，引申爲自相矛盾。蹠：脚掌。戾，乖背。

(53)鄉舉、里選：指古代由地方推薦選舉官吏的制度。

(54)寓兵於農：法家耕戰政策的一種措施。

(55)襲《周官》之名迹：西魏恭帝時，太師宇文泰曾命蘇綽等依托《周官》，按照古禮，改革漢、魏的法度。王夫之稱此事爲沿襲《周官》的名義和事迹。王夫之反對以《周官》爲名，依托古禮改制的做法。

(56)狄道：即夷狄之道。王夫之以狹隘的大漢族主義立場叱西魏以古禮改制的做法爲夷狄之道。

(57)李仲昌：北宋博州聊城（今屬山東）人。宋仁宗時主持治河工程，依據《禹貢》，堵塞黄河商胡决口，導水入六塔河，再走横、隴兩河，因六塔河容量太小，工程剛完工，堵口就崩潰了，造成很大損失。

㊽駭：驚擾。

㊾浸：逐步。

㊿惡：怎麽。

61旨：意旨，意義。

62名：命名，定名。

63資治：指爲治國理政作參考。資：資助。此提供參考。治：治理。

64快然：痛快高興的様子。

65愀（qiǎo）然：悶悶不樂的様子。

66詬厲：嚴厲指責。

67頹然：萎靡不振的様子。

68程子：指北宋理學家程顥。字伯淳，號明道。玩物喪志：只顧玩賞、迷戀所喜愛的東西，而喪失、消磨掉志氣。語見朱熹、吕祖謙撰《近思録》卷二："明道先生以記誦博識爲玩物喪志。"

69柔嘉爲則：語出《詩經·大雅·烝民》，原文爲"柔嘉維則"，意爲温和而善良是做人的準則。

70漢元帝失制以釀亂：據《資治通鑑》記載，漢元帝劉奭爲太子時"柔仁好儒"，建議漢宣帝重用儒生，漢宣帝曾感歎道，"亂我家者太子也"。劉奭即位後，重用儒生，優柔寡斷，西漢政局日漸衰敗。

71戇（zhuàng）直：敦厚而剛直。

72劉栖楚碎首以藏奸：劉栖楚，中唐人，唐敬宗時曾任左拾遺，因敬宗貪好聲色，懈怠政務，直言進諫，叩頭於龍墀地上，流血不止。劉栖楚爲此聲名鵲起，成爲忠直敢言的楷模，并接連遷升，青雲直上。但劉栖楚實則内藏奸心，嘩衆取寵，以忠言直諫爲晋升手段而已。事見《資治通鑑》卷二百四十三，傳見兩《唐書》本傳。

73"攘夷復中原"句：是説梁武帝蕭衍爲攘除夷狄，恢復中原，多次北伐，均遭失敗。後想利用東魏高歡部將侯景收復中原，結果侯景叛變，梁武帝被圍困，餓死在建康（今南京市）的臺城。攘夷：即抵禦少數民族入侵。攘：排斥。夷：古代指各少數民族。

74"含怒殺將帥"句：五代後周世宗柴榮，在與北漢作戰中，將官樊愛能等臨陣逃跑，周世宗誅殺樊等七十餘人，整肅了軍紀，取得戰争的勝利。

75媒：媒介。

76莫匪：同"莫非"。匪：不，不是。

77變通：靈活運用，不拘守常規。

78妍媸（chī）：美惡。媸：醜惡。

79尊瞻視：端正儀容。

80易其迹：指在另一種情况下。易：改變。迹：行迹。

81就：依據。偏：偏差，錯誤。

82炤：同"照"。

83國是：國家大計。

84臣誼：臣子之義。誼：同"義"。

85臣節：臣子之節操。

86士之行己以無辱者在焉：語出《論語·子路》，原文爲"行己有恥，使於四方，不辱君命，可謂士矣"。

87學之守正而不陂者在焉：語見《尚書·洪範》："無偏無陂，遵王之義"，意爲不偏離先王之道。陂：不正。

⑱扼窮：困窮。扼：通“厄”。
⑲自淑：自善其身，不同流合污。淑：善良。
⑳知道：懂得立身行事的道理。
㉑浚：深挖。
㉒道無方，以位物於有方：意思是道没有固定的方所，它都是體現在具體事物之中的。
㉓道無體，以成事之有體：意思是道没有固定的形體，它是在形成事物的過程中表現出來的。
㉔肆應：運用自如。
㉕立一成之侀：一成不變的模式。侀（xíng）：成形之物。

導讀

王夫之（1619—1692），明末清初思想家、經學家、史學家和文學家。字而農，號薑齋，湖南衡陽人，晚年隱居衡陽石船山，學者尊稱爲“船山先生”。王夫之生逢明清鼎革之際，他在明崇禎十五年（1642年）中舉人。清兵南下，曾在衡山舉兵抗清，兵敗。後赴桂林，依永曆帝圖復明，任行人司行人。桂林陷落，退居衡陽，築土室“觀生居”於湘西石船山，晚年仍堅持抗清立場，講學著述終老。他與顧炎武、黄宗羲并稱明清之際三大思想家。王夫之一生著作宏富，涉及哲學、政治、歷史、文學各方面，多達百餘種，如《周易外傳》《黄書》《尚書引義》《永曆實録》《春秋世論》《噩夢》《讀通鑑論》《宋論》等，後人輯爲《船山遺書》。

《讀通鑑論》爲王夫之晚年之作，成書於清康熙二十六年（1687年），是他閱讀《資治通鑑》有感而發寫成的一部歷史評論。全書約80萬字，分爲30卷。每卷以朝代爲别，各朝以帝號爲目，唯三國與五代各自成目，不分帝號，總計85目；目下再分作不同專題，卷末另附《叙論》四篇，全書總共912篇史論（宋小莊《讀〈讀通鑑論〉》，昆明，雲南人民出版社，1991年，第7頁）。《讀通鑑論》藉引司馬光《資治通鑑》所載史實，系統地評論自秦至五代之間漫長的古代社會歷史，分析歷代盛衰得失，臧否人物，總結經驗，引古鑒今。王夫之立論往往追本溯源，議論跌宕馳騁，内容遠遠超出《資治通鑑》的記事範圍，新見迭出，論點精到，被譽爲傳統史論中最系統、最精彩的杰作，同時也全面地反映了王夫之進步的歷史觀和政治思想傾向。該書現存最早版本爲道光二十年（1840年）湘潭雕版刊印本，現通行版本爲中華書局1975年舒士彦點校本，本篇選文即依據此本。

本篇選自《讀通鑑論》卷末《叙論》。該《叙論》共四篇，本篇所選爲《叙論四》。本篇内容分爲兩部分，前一部分反映了王夫之政治革新的主張和深刻的歷史借鑒思想。王夫之認爲成功的歷史經驗有具體的歷史環境，古代制度衹是治理古代國家的良法，不能完全適合當世情況，治國不能不顧條件，生搬硬套，而應結合社會實際需要，借鑒利用古人之法。他反對固守傳統，襲用成規，强調政治革新，即“因其時而酌其宜”。王夫之还提出借鑒歷史，“寧爲無定之言，不敢執一以賊道”；總結歷史經驗，得可以鑒，失亦可以鑒，要有見盛觀衰的歷史眼光。後一部分則是對《讀通鑑論》一書的寫作目的和指導思想的闡發説明。王夫之重視以史爲鑒的原則，他詳細解釋了“資治通鑑”四字的含義：對於“資治”，王夫之强調變通致用的必要性；對於“通鑑”，王夫之强調普遍適用的重要性；同時，他不滿足於司馬光“監前世之興衰，考當今之得失，嘉善矜惡，取是捨非”的治史原則，提出要進一步推究得失的原因，“其得也，必思易其迹而何以亦得；其失也，必思就其偏而何以救失”，從而將“經世致用”的治史理念貫徹於史論之中。本篇可謂理解《讀通鑑論》全書讀史方法、著述原則、史學理念的窗口。

參考文獻

李季平．王夫之與讀通鑑論．濟南：山東教育出版社，1982.
蕭萐父，許蘇民．王夫之評傳．南京：南京大學出版社，2002.

書教下（《文史通義》）

選文

《易》曰：“蓍之德圓而神，卦之德方以智[①]。”閒嘗竊取其義[②]，以概古今之載籍[③]，撰述欲其圓而神[④]，記注欲其方以智也[⑤]。夫智以藏往，神以知來[⑥]，記注欲往事之不忘，撰述欲來者之興起，故記注藏往似智，而撰述知來擬神也[⑦]。藏往欲其賅備無遺，故體有一定，而其德爲方；知來欲其決擇去取，故例不拘常，而其德爲圓。《周官》三百六十[⑧]，天人官曲之故可謂無不備矣[⑨]。然諸史皆掌記注[⑩]，而未嘗有撰述之官；（祝史命告[⑪]，未嘗非撰述，然無撰史之人。如《尚書》誓誥，自出史職，至於帝典諸篇[⑫]，並無應撰之官。）則傳世行遠之業[⑬]，不可拘於職司，必待其人而後行；非聖哲神明，深知二帝三王精微之極致[⑭]，不足以與此[⑮]。此《尚書》之所以無定法也[⑯]。

《尚書》《春秋》，皆聖人之典也。《尚書》無定法，而《春秋》有成例[⑰]。故《書》之支裔，折入《春秋》[⑱]，而《書》無嗣音[⑲]。有成例者易循，而無定法者難繼，此人之所知也。然圓神方智，自有載籍以還，二者不偏廢也。不能究六藝之深耳[⑳]，未有不得其遺意者也[㉑]。史氏繼《春秋》而有作[㉒]，莫如馬、班[㉓]，馬則近於圓而神，班則近於方以智也。

《尚書》一變而爲左氏之《春秋》，《尚書》無成法而左氏有定例，以緯經也[㉔]。左氏一變而爲史遷之紀傳，左氏依年月而遷書分類例[㉕]，以搜逸也[㉖]。遷書一變而爲班氏之斷代，遷書通變化，而班氏守繩墨[㉗]，以示包括也[㉘]。就形貌而言，遷書遠異左氏，而班史近同遷書，蓋左氏體直[㉙]，自爲編年之祖，而馬、班曲備[㉚]，皆爲紀傳之祖也。推精微而言[㉛]，則遷書之去左氏也近，而班史之去遷書也遠；蓋遷書體圓用神，多得《尚書》之遺；班氏體方用智，多得《官禮》之意也[㉜]。

遷書紀、表、書、傳，本左氏而略示區分，不甚拘拘於題目也[㉝]。《伯夷列傳》，乃七十篇之序例[34]，非專爲伯夷傳也。《屈賈列傳》所以惡絳、灌之讒[35]，其敍屈之文，非爲屈氏表忠，乃弔賈之賦也。《倉公》録其醫案[36]，《貨殖》兼書物産[37]，《龜策》但言卜筮[38]，亦有因事命篇之意，初不沾沾爲一人具始末也[39]。《張耳陳餘》，因此可以見彼耳[40]。《孟子荀卿》，總括遊士著書耳[41]。名姓標題，往往不拘義例，僅取名篇，譬如《關雎》《鹿鳴》，所指乃在嘉賓淑女[42]，而或且譏其位置不倫[43]，（如孟子與三鄒子[44]。）或又摘其重複失檢[45]，（如子貢已在《弟子傳》，又見於《貨殖》。）不知古人著書之旨，而轉以後世拘守之成法[46]，反訾古人之變通[47]，亦知遷書體圓而用神，猶有《尚書》之遺者乎！

遷《史》不可爲定法，固《書》因遷之體，而爲一成之義例，遂爲後世不祧之宗焉[48]。三代以下，史才不世出，而謹守繩墨，待其人而後行，勢之不得不然也。然而固《書》本撰述而非記注，則於近方近智之中，仍有圓且神者，以爲之裁制，是以能成家[49]，而可以傳世行遠也。後史失班史之意，而以紀表志傳，同於科舉之程式[50]，官府之簿書[51]，則於記注撰述，兩無所似，而古人著書之宗旨，不可復言矣。史不成家，而事文皆晦[52]，而猶拘守成法，以謂其書固祖馬而宗班也[53]，而史學之失傳也久矣！

曆法久則必差[54]，推步後而愈密[55]，前人所以論司天也[56]。而史學亦復類此。《尚書》變而爲《春秋》，則因事命篇，不爲常例者，得從比事屬辭爲稍密矣[57]。《左》《國》變而爲紀傳，則年經事緯[58]，不能旁通者，得從類別區分爲益密矣。紀傳行之千有餘年，學者相承，殆如夏葛冬裘，渴飲饑食，無更易矣。然無别識心裁[59]，可以傳世行遠之具[60]，而斤斤如守科舉之程式，不敢稍變；如治胥吏之簿書[61]，繁不可删。以云方智，則冗複疏舛[62]，難爲典據；以云圓神，則蕪濫浩瀚[63]，不可誦識。蓋族史但知求全於紀表志傳之成規[64]，而書爲體例所拘，但欲方圓求備，不知紀傳原本《春秋》，《春秋》原合《尚書》之初意也。《易》曰：“窮則變，變則通，通則久[65]。”紀傳實爲三代以後之良法，而演習既久，先王之大經大法，轉爲末世拘守之紀傳所蒙，曷可不思所以變通之道歟？

左氏編年，不能曲分類例[66]，《史》《漢》紀表傳志，所以濟類例之窮也[67]。族史轉爲類例所拘，以致書繁而事晦；亦猶訓詁注疏[68]，所以釋經，俗師反溺訓詁注疏而晦經旨也[69]。夫經爲解晦，當求無解之初；史爲例拘[70]，當求無例之始。例自《春秋》左氏始也，盍求《尚書》未入《春秋》之初意歟？

神奇化臭腐，臭腐復化爲神奇[71]，解《莊》書者，以謂天地自有變化，人則從而奇腐云耳。事屢變而復初，文飾窮而反質[72]，天下自然之理也。《尚書》圓而神，其於史也，可謂天之至矣[73]。非其人不行，故折入左氏，而又合流於馬、班，蓋自劉知幾以還，莫不以謂書教中絶[74]，史官不得衍其緒矣[75]。又自《隋·經籍志》著録，以紀傳爲正史，編年爲古史，歷代依之，遂分正附[76]，莫不甲紀傳而乙編年[77]。則馬、班之史，以支子而嗣《春秋》[78]，荀悦、袁宏[79]，且以左氏大宗，而降爲旁庶矣。司馬《通鑑》病紀傳之分[80]，而合之以編年。袁樞《紀事本末》又病《通鑑》之合[81]，而分之以事類[82]。按本末之爲體也，因事命篇[83]，不爲常格；非深知古今大體[84]，天下經綸[85]，不能網羅隱括[86]，無遺無濫。文省於紀傳，事豁於編年[87]，決斷去取，體圓用神，斯真《尚書》之遺也。在袁氏初無其意，且其學亦未足與此，書亦不盡合於所稱。故歷代著録諸家，次其書於雜史。自屬纂録之家[88]，便觀覽耳。但即其成法，沉思冥索[89]，加以神明變化，則古史之原，隱然可見。書有作者甚淺，而觀者甚深，此類是也。故曰：神奇化臭腐，而臭腐復化爲神奇，本一理耳。

夫史爲記事之書。事萬變而不齊，史文屈曲而適如其事[90]，則必因事命篇，不爲常例所拘，而後能起訖自如，無一言之或遺而或溢也[91]。此《尚書》之所以神明變化，不可方物[92]。降而左氏之傳，已不免於以文徇例[93]，理勢不得不然也[94]。以上古神聖之制作，而責於晚近之史官，豈不懸絶歟[95]！不知經不可學而能，意固可師而倣也[96]。且《尚書》固有不可盡學者也，即《紀事本末》，不過纂録小書，亦不盡取以爲史法，而特以義有所近[97]，不得以辭害意也。斟酌古今之史，而定文質之中[98]，則師《尚書》之意，而以遷《史》義例，通左氏之裁制焉[99]，所以救紀傳之極弊，非好爲更張也[100]。

紀傳雖創於史遷，然亦有所受也[101]。觀於《太古年紀》[102]、《夏殷春秋》[103]、

《竹書紀年》[104]，則本紀編年之例，自文字以來，卽有之矣。《尚書》爲史文之別具[105]，如用左氏之例，而合於編年，卽傳也。以《尚書》之義[106]，爲《春秋》之傳，則左氏不致以文徇例，而浮文之刊落者多矣[107]。以《尚書》之義，爲遷《史》之傳，則八書三十世家，不必分類，皆可倣左氏而統名曰傳。或考典章制作，或敍人事終始，或究一人之行，（卽列傳本體。）或合同類之事，或録一時之言，（訓誥之類。）或著一代之文，因事命篇，以緯本紀。則較之左氏翼經[108]，可無局於年月後先之累；較之遷《史》之分列，可無歧出互見之煩[109]。文省而事益加明，例簡而義益加精，豈非文質之適宜，古今之中道歟[110]？至於人名事類，合於本末之中，難於稽檢，則别編爲表，以經緯之[111]；天象地形，輿服儀器，非可本末該之[112]，且亦難以文字著者，别繪爲圖，以表明之。蓋通《尚書》《春秋》之本原，而拯馬《史》、班《書》之流弊[113]，其道莫過於此。至於創立新裁，疏别條目，較古今之述作[114]，定一書之規模，别具《圓通》之篇[115]，此不具言。

注釋

①蓍之德圓而神，卦之德方以智：語出《易·繫辭上》。晋韓康伯注：“圓者，運而不窮。方者，止而有分。言蓍以圓象神，卦以方象智也。”大意爲蓍的性質是預測神秘莫測的未來，卦的性質是總結過去得出結論，使人獲得智慧。蓍：占卜用的蓍草。德：性，此處指蓍的形體和性質。圓：指運轉無窮。神：陰陽變化莫測。卦：占卜時擺出的卦形，指八卦、六十四卦。方：與“圓”相對，止而不變。

②閒：同“間”。近來。

③概：量粟時用來刮平斗斛的工具，引申爲度量、衡量。載籍：指書籍。

④撰述：指有獨到見解的著作。

⑤記注：指資料彙編之類的著作。

⑥智以藏往，神以知來：語出《易·繫辭上》，原文作“神以知來，智以藏往”。本義爲用智慧收藏往事，用神靈預測未來。這裏用來比喻“撰述”與“記注”兩類史書的不同作用。記注類的著作是記載匯輯往事，使人們從中得到智慧；撰述類的著作要有創見，能預測未來的變化，使人們得到啓示。

⑦擬：類似。

⑧《周官》三百六十：《禮記·明堂位》載：“有虞氏官五十，夏后氏官百，殷二百，周三百。”漢鄭玄注：“周之六卿，其屬各六十，則周三百六十官也。”

⑨天人官曲之故可謂無不備矣：意爲周官三百六十，把職掌天、地、人的官職以及統屬記載無遺。官曲：各級各類官制。曲：周遍，詳盡。故：故事，歷史。《文史通義·書教上》有“周官三百六十，具天下之纖析矣”，可爲此句注脚。

⑩史：指《周禮》中的各種史官，如内史、外史、大史、小史、御史等。

⑪祝史：魏晋之前未設專門編撰史書的史官，多由祝負責，故稱祝史。祝：祭祀時司告鬼神

之人。

⑫帝典：指《尚書》中的《堯典》《舜典》。

⑬行遠：流行久遠。

⑭二帝三王：指堯、舜二帝，夏禹、商湯、周文王三王。

⑮與：參加，參與。

⑯無定法：没有一定的撰著方法，即上文所説的“圓而神”。

⑰《尚書》無定法，而《春秋》有成例：指《尚書》詳略去取，無一定的成法，屬撰述類史書，而《春秋》屬記注類史書，有一定的體例。成例：既定的體例。

⑱故《書》之支裔，折入《春秋》：指《尚書》既有記言的篇章，又有記事的篇章，而《春秋》則采用了記事的方法。支裔：子孫後代。

⑲嗣音：繼承前人的事業，如聲音之有回應。

⑳六藝：指六經。

㉑未有不得其遺意者也：此句前省略“若深究六藝”。

㉒史氏：指史家，寫史書的人。

㉓馬：指司馬遷。班：指班固。

㉔緯經：解釋補充經書。緯：織物的横綫，引申指解釋補充。經：織物的縱綫，此處指《春秋經》。

㉕分類例：指《史記》分本紀、書、表、世家、列傳五種體例。

㉖逸：遺漏。

㉗繩墨：工匠以繩濡墨以打直綫，比喻人們遵循規矩、法度。此處指紀傳體的體裁、體例。

㉘包括：包舉概括，指《漢書》改《史記》通代爲紀傳體斷代史，包舉西漢一代歷史。

㉙體直：指按時間順序直綫記述。

㉚曲備：完備，詳備。指紀傳體包括紀、表、書、傳等，體例内容完備。

㉛精微：精細嚴密。

㉜《官禮》：即《周禮》。章學誠認爲“《官禮》制密而後記注有成法”（見《書教上》），《漢書》體例完備，故謂得《周禮》遺意。

㉝拘拘：拘泥。

㉞《伯夷列傳》，乃七十篇之序例：《伯夷列傳》爲《史記》七十列傳之首篇，議論多而事實少，章學誠認爲該篇可視爲列傳發凡起例的序論。

㉟《屈賈列傳》：即《屈原賈生列傳》，見《史記》卷八十四。絳：指絳侯周勃。灌：指潁陰侯灌嬰。漢文帝時，賈誼上疏建議削弱地方諸侯勢力，以鞏固中央集權，遭到周勃和灌嬰等人的反對，因此被貶爲長沙王太傅。賈誼渡湘水，作《弔屈原賦》，借古人以發泄自身的苦悶。

㊱《倉公》：指《倉公列傳》，見《史記》卷一百五。倉公，爲漢文帝時名醫淳于意，因其曾任齊太倉令，故稱倉公。傳中記載了淳于意治病的藥方。

㊲《貨殖》：即《貨殖列傳》，見《史記》卷一百二十九。該傳除記載人物外，兼録各地特産。

㊳《龜策》：即《龜策列傳》，見《史記》卷一百二十八。該傳備載龜卜的方法和徵兆吉凶的判斷等。

㊴沾沾：自矜自得的樣子。

㊵《張耳陳餘》，因此可以見彼耳：即《張耳陳餘列傳》，見《史記》卷八十九。張、陳同爲秦末漢初人，二人初爲刎頸交，後起兵反秦，積怨日深，互相攻伐。《史記》將二人合傳，二者可以互見。劉知幾《史通·列傳》曰：“傳之爲體，大抵相同，而述者多方，有時而異。如二人行事，首尾相隨，則有一傳兼書，包括令盡，如陳餘、張耳合體成篇，陳勝、吴廣相參並録是也。”可參。

㊶《孟子荀卿》，總括遊士著書耳：指《孟子荀卿列傳》兼載鄒忌、鄒衍、淳于髡、慎到、環淵、

接子、田駢、鄒奭諸子的事迹學説。見《史記》卷七十四。

㊷譬如《關雎》《鹿鳴》，所指乃在嘉賓淑女：《關雎》是《詩經·國風·周南》中的第一篇，是描寫男女相戀的詩歌，主旨在淑女應以君子爲配偶。《鹿鳴》是《詩經·小雅》中的第一篇，是寫宴請賓客與親睦宗族的篇章。

㊸不倫：不同類。

㊹孟子與三鄒子：孟子爲儒家，而三鄒子（鄒忌、鄒衍、鄒奭）爲陰陽家，同列《孟子荀卿列傳》中，故被譏爲不倫。

㊺摘：指責。

㊻成法：慣例，已定的規則。

㊼訾（zǐ）：詆毀。

㊽不祧（tiāo）之宗：不遷徙而永遠祭祀的始祖的神主。比喻《漢書》成爲後世傳習的史書體裁。祧：遠祖之廟。此指把世次較遠的祖宗神主遷入遠祖之廟。

㊾成家：成爲獨立的著書體例和學術流派。

㊿程式：程文格式。宋朝以後，把科舉考試所取的士子試卷稱爲“程文”，這種程文有嚴格的格式，出格者必落選。

51簿書：文書簿册。指史書像官府簿書，只是例行公事，繁瑣羅列。

52事文：指史事和文采。晦：昏暗不明。

53以謂：以爲。

54曆法：曆，原作“憲”，避清高宗弘曆諱改。此句意爲天文曆法應用時間久了，就會出現誤差。

55推步：古稱推算曆法爲“推步”，意謂日月轉運於天，猶如人的行步，可以推算而知。

56司天：主管天文曆法之事。

57比事屬辭：排比事件和撰寫言辭。屬（zhǔ）：連接，撰寫。

58年經事緯：以年代爲綱，按年代的先後編排事件。

59别識：卓識，高見。心裁：心中的籌劃和判斷。

60具：才具，才能。

61胥吏：辦理文書的小吏。

62冗複疎舛：繁冗重複，疏漏錯亂。

63蕪濫：雜亂。

64族史：衆史，一般的史書。族：衆，衆多。

65語出《易·繫辭下》。意爲遇到困難就要變革，才能行得通，才能行之久遠。

66曲分：細分。

67濟：助成，增益。

68訓詁：解釋古書中的字、詞的意義。注疏：注文和疏解的合稱。對文章或書籍正文做解釋的文字稱爲“注”；對前人的注解再加注釋，總地加以疏通，稱爲“疏”。

69溺：沉湎，過於相信。

70例：體例。

71神奇化臭腐，臭腐復化爲神奇：語出《莊子·知北游》，指萬物的變化周而復始，迴旋不息，互相轉化。

72文：文采。反：同“返”。質：質樸。

73天之至：達到最高境界。

74中絶：中斷。

75衍其緒：延長其事業。

⑯“又自《隋・經籍志》著録”句：《隋書・經籍志》史部正史類後序云：“自是世有著述，皆擬班、馬，以爲正史，作者尤廣。一代之史，至數十家。今依其世代，聚而編之，以備正史。”古史類後序云：《竹書紀年》“蓋魏國之史記也，其著書皆編年相次，文意大似《春秋經》，諸所記事，多與《春秋左氏》扶同。學者因之，以爲《春秋》則古史記之正法，有所著述，多依《春秋》之體。今依其世代，編而敍之，以見作者之別，謂之古史”。

⑰甲紀傳而乙編年：古代目録學家以紀傳體爲正史，故紀傳體在目録中列在編年體之前。甲、乙，表示次序的先後。

⑱支子：按照古代宗法，嫡長子及繼承先祖嫡系之子爲宗子，其他兒子爲支子。這裏用來表示《史記》、《漢書》與《春秋》的關係。嗣：繼承。

⑲荀悦（148—209）：字仲豫，潁川潁陰（今河南許昌）人，東漢史學家、政論家。漢獻帝以《漢書》文字繁多而不易周覽，命他用編年體删繁就簡，歷時三年，著成《漢紀》。袁宏（328—376）：字彦伯，陳郡陽夏（今河南太康）人，東晋史學家，著有《後漢紀》三十卷。

⑳病：此用爲動詞，擔心，憂慮。

㉑袁樞《紀事本末》：袁樞及其《通鑑紀事本末》參見本書“精讀文選”《伭文用事》“導讀”中的有關介紹。

㉒分之以事類：按史事分類進行編寫。

㉓因事命篇：以史事爲中心分篇記述。

㉔大體：指事關大局的道理。

㉕經綸：有關治理天下的學問。

㉖隱括：矯正彎曲竹木的工具，此處指對歷史素材的裁剪、修飾。

㉗豁：通達，明白。

㉘纂録之家：指從事文獻輯録、編纂的學者。

㉙沉思冥索：沉思探索隱晦的道理。

㉚適：恰好，正好。

㉛溢：多出。

㉜不可方物：語出《國語・楚語下》“民神雜糅，不可方物”，本義指民神相混淆，不能區別其名位，此處指《尚書》寫法靈活，後人無法識别其體例，因而無法效仿。

㉝徇：曲從。

㉞理勢：指著史義例的發展趨勢。

㉟懸絶：相差很遠。

㊱師：效法。倣：模仿。

㊲特：衹是。

㊳定文質之中：規定文采和内容適中的原則。文：文采。質：質樸，指内容。

㊴裁制：編纂方法。

㊵更張：更改，改變。

㊶受：接受，繼承。

㊷《太古年紀》：即《太古以來年紀》，共二篇，久佚。

㊸《夏殷春秋》：汲冢書《瑣語》，共十一篇，其中記殷初太丁時史事的部分，稱爲《夏殷春秋》，已佚。

㊹《竹書紀年》：汲冢書之一，記事自夏禹至戰國魏襄王，已佚，今有輯本傳世。按：上述三書皆爲古代編年體史書。

㊺别具：别具一格，具有一種獨特的形式。

⑯義：義例，體例。
⑰浮文：虚文。刊落：刪除繁瑣蕪雜的文字。
⑱翼：補充，闡釋。
⑲歧出互見：指《史記》記載歷史事件出於不同的篇目而彼此互見。歧：岔路，分岔。
⑩中道：適中的修史方法。
⑪經緯：編排處理。
⑫該：包括。
⑬流弊：沿習而成的弊端。
⑭述作：泛指著作。
⑮《圓通》：今本《文史通義》無此篇，章學誠擬撰而并未完成。

導讀

章學誠（1738—1801），字實齋，號少岩，會稽（今浙江紹興）人，清代杰出的史學家和思想家。屢試不第，遲至乾隆四十三年（1778 年）方中進士，官國子監典籍。曾主講定州定武、肥鄉清漳、永平敬勝、保定蓮池、歸德文正各書院。後入畢沅幕府，協助編纂《續資治通鑑》。

章學誠畢生致力於講學、著述和編修方志。曾先後主修《和州志》《永清縣志》《亳州志》《湖北通志》等十多部志書，創立了一套完整的修志義例。并用畢生精力撰寫了《文史通義》《校讎通義》《史籍考》等論著。其《文史通義》與唐劉知幾的《史通》齊名，并爲中國古代史學理論的“雙璧”。章學誠注重史學理論研究，具有豐富的史學思想，他强調“經世致用”，提倡“六經皆史”，提出“史意”“史識”“史德”等治史要旨，注重史才、史法，對歷史編纂學和方志學的發展有不朽貢獻，總結、發展了中國古代史學理論，對後世産生了深遠影響。

《文史通義》全書八卷，分内、外篇。内篇泛論文史，外篇均爲論述方志的文章，多有創見，對於修志條例，闡述甚細。其論學主旨，以“考索”與“義理”并重。該書從章氏三十五歲始撰，歷時二十餘年，直至逝世前尚未定稿，便委托友人王宗炎代爲校定，今流傳之《章氏遺書》本即劉承幹依王宗炎編目補定。道光十二年（1832 年），學誠次子華紱在開封另行編印《文史通義》，内篇五卷，外篇三卷，此即廣爲流傳之“大梁本”。兩種版本在編排次序和内容方面均有不同。中華書局 1956 年出版有《文史通義》標點本，所據爲劉氏嘉業堂所刻《章氏遺書》本，1985 年又出版了《文史通義校注》，由葉瑛校注，所據爲通行大梁本。本書選文以葉瑛校注本爲據。

2005、2017 年，浙江古籍出版社和商務印書館先後出版了倉修良編注《文史通義新編新注》（均爲簡體横排本），較葉瑛校注本多出 176 篇，且在充分吸收胡適、錢穆等前賢研究成果基礎上詳細考訂了《文史通義》所收篇目的成書年代，注文在闡釋章氏思想方面亦有所推進，是可資參考的最新版本。

本篇選自章學誠《文史通義》内篇一。《書教》大約作於清乾隆五十七年（1792 年），此時距章學誠辭世不滿九年，因此被研究者視爲其晚年成熟的史學見解，其中尤以《書教下》最爲後人所重視。“書教”，是《尚書》遺教的意思，章學誠以《尚書》爲宗，探討古代史體的沿革流變。文中，章學誠把古今歷史書籍編纂概括成“圓而通”的“撰述”和“方以智”的“記注”兩大類。章學誠借對《尚書》和《春秋》對後世史學影響的分析，系統地評述了紀傳、編年、紀事本末三大史體的源流和演變得失，闡述了史學應標榜獨創精神，并提倡創立新史體的見解。章學誠認爲，紀傳替代編年，本來是史書體裁發展的進步，但從《漢書》成爲“正史”的模式後，史書體裁的發展日趨僵化，嚴重束縛史學發展，故應恢復《尚書》“因事命篇，不爲常例所拘”的遺意。

參考文獻

葉瑛. 文史通義校注. 北京：中華書局，1985.
倉修良，葉建華. 章學誠評傳. 南京：南京大學出版社，1996.

史德（《文史通義》）

選文

才、學、識三者，得一不易，而兼三尤難，千古多文人而少良史[①]，職是故也[②]。昔者劉氏子玄[③]，蓋以是說謂足盡其理矣。雖然，史所貴者義也[④]，而所具者事也[⑤]，所憑者文也[⑥]。孟子曰："其事則齊桓、晉文，其文則史，義則夫子自謂竊取之矣[⑦]。"非識無以斷其義[⑧]，非才無以善其文，非學無以練其事[⑨]，三者固各有所近也[⑩]，其中固有似之而非者也。記誦以爲學也，辭采以爲才也，擊斷以爲識也[⑪]，非良史之才、學、識也。雖劉氏之所謂才、學、識，猶未足以盡其理也。夫劉氏以谓有學無識，如愚估操金[⑫]，不解貿化[⑬]，推此說以證劉氏之指，不過欲於記誦之間，知所決擇，以成文理耳。故曰：古人史取成家，退處士而進奸雄，排死節而飾主闕[⑭]，亦曰一家之道然也。此猶文士之識，非史識也。能具史識者，必知史德。德者何？謂著書者之心術也。夫穢史者所以自穢，謗書者所以自謗，素行爲人所羞，文辭何足取重。魏收之矯誣[⑮]，沈約之陰惡[⑯]，讀其書者，先不信其人，其患未至於甚也。所患夫心術者[⑰]，謂其有君子之心，而所養未底於粹也[⑱]。夫有君子之心，而所養未粹，大賢以下，所不能免也。此而猶患於心術，自非夫子之《春秋》，不足當也。以此責人，不亦難乎？是亦不然也。蓋欲爲良史者，當慎辨於天人之際[⑲]，盡其天而不益以人也[⑳]。盡其天而不益以人，雖未能至，苟允知之[㉑]，亦足以稱著述者之心術矣。而文史之儒，競言才、學、識，而不知辨心術以議史德，烏乎可哉[㉒]？

夫是堯、舜而非桀、紂[㉓]，人皆能言矣；崇王道而斥霸功[㉔]，又儒者之習故矣。至於善善而惡惡[㉕]，褒正而嫉邪，凡欲託文辭以不朽者，莫不有是心也。然而心術不可不慮者，則以天與人參，其端甚微，非是區區之明所可恃也。夫史所載者事也，事必藉文而傳[㉖]，故良史莫不工文，而不知文又患於爲事役也[㉗]。蓋事不能無得失是非，一有得失是非，則出入予奪相奮摩矣[㉘]。奮摩不已，而氣積焉[㉙]。事不能無盛衰消息[㉚]，一有盛衰消息，則往復憑弔生流連矣[31]。流連不已，而情深焉。凡文不足以動人[32]，所以動人者，氣也。凡文不足以入人，所以入人者[33]，情也。氣積而文昌，情深而文摯[34]；氣昌而情摯，天下之至文也。然而其中有天有人，不可不辨也。氣得陽剛而情合陰柔[35]，人麗陰陽之間[36]，不能離焉者也。氣合於理，天也；氣能違理以自用，人也。情本於性，天也；情能汩性以自恣[37]，人也。史之義出於天，而史之文，不能不藉人力以成之。人有陰陽之患，而史文即忤於大道之公[38]，其所感召者微也。夫文非氣不立，而氣貴於平。人之氣，燕居莫不平也[39]，因事生感，而氣失則宕[40]，氣失則激[41]，氣失則驕，毘於陽矣[42]。文非情不深，而情貴於正。人之情，虛置無不正也。因事生感，而情失則流[43]，情失則溺[44]，情失則偏，毘於陰矣。陰陽伏沴之患[45]，乘於血氣而入於心知，其中默運潛移[46]，似公而實逞於私，似天而實蔽於人，發爲文辭，至於害義而違道，其人猶不自知也。故曰心術不可不慎也。

夫氣勝而情偏，猶曰動於天而參於人也[47]。才藝之士，則又溺於文辭，以爲觀美之具焉，而不知其不可也。史之賴於文也，猶衣之需乎采，食之需乎味也。采之不能無華樸[48]，味之不能無濃淡，勢也。華樸爭而不能無邪色，濃淡爭而不能無奇味。邪色害目，奇味爽口[49]，起於華樸濃淡之爭也。文辭有工拙，而族史方且以是爲競焉[50]，是舍本而逐末矣。以此爲文，未有見其至者。以此爲史，豈可與聞古人大體乎？

韓氏愈曰："仁義之人，其言藹如[51]。"仁者情之普[52]，義者氣之遂也[53]。程子嘗謂"有《關雎》《麟趾》之意，而後可以行《周官》之法度[54]。"吾則以謂通六義比興之旨[55]，而後可以講春王正月之書[56]。蓋言心術貴於養也[57]。史遷百三十篇[58]，《報任安書》所謂"究天地之際，通古今之變，成一家之言[59]"。《自序》以謂"紹名世，正《易傳》，本《詩》《書》《禮》《樂》之際"[60]，其本旨也。所云發憤著書[61]，不過敍述窮愁，而假以爲辭耳。後人泥於發憤之說，遂謂百三十篇，皆爲怨誹所激發[62]，王允亦斥其言爲謗書[63]。於是後世論文，以史遷爲譏謗之能事[64]，以微文爲史職之大權[65]，或從羡慕而倣效爲之；是直以亂臣賊子之居心，而妄附《春秋》之筆削[66]，不亦悖乎！今觀遷所著書，如《封禪》之惑於鬼神[67]，《平準》之算及商販[68]，孝武之秕政也[69]。後世觀於相如之文[70]，桓寬之論[71]，何嘗待史遷而後著哉？《遊俠》《貨殖》諸篇[72]，不能無所感慨，賢者好奇，亦洵有之。餘皆經緯古今[73]，折衷六藝[74]，何嘗敢於訕上哉[75]！朱子嘗言，《離騷》不甚怨君[76]，後人附會有過。吾則以謂史遷未敢謗主，讀者之心自不平耳。夫以一身坎軻，怨誹及於君父，且欲以是邀千古之名[77]，此乃愚不安分，名教中之罪人[78]，天理所誅，又何著述之可傳乎？

夫《騷》與《史》，千古之至文也[79]。其文之所以至者，皆抗懷於三代之英[80]，而經緯乎天人之際者也。所遇皆窮，固不能無感慨。而不學無識者流，且謂誹君謗主，不妨尊爲文辭之宗焉，大義何由得明，心術何由得正乎？夫子曰："《詩》可以興[81]。"說者以謂興起好善惡惡之心也。好善惡惡之心，懼其似之而非，故貴平日有所養也。《騷》與《史》，皆深於《詩》者也。言婉多風[82]，皆不背於名教，而梏於文者不辨也[83]。故曰必通六義比興之旨，而後可以講春王正月之書。

注釋

①良史：指能秉筆直書、記事信而有徵的史官。

②職：主要。劉知幾《史通·敘事》："史之煩蕪，職由於此。"

③劉氏子玄：即劉知幾。

④貴：看重。

⑤具：陳述。

⑥文：文字描述。

⑦語出《孟子·離婁下》。

⑧斷：判斷是非。

⑨練：熟悉。

⑩近：相似，相通。

⑪"記誦以爲學也"句：按：劉咸炘《文史通義識語》："記誦以爲學，近世之史考也。辭采以爲才，沈、蕭以下之陋史也。擊斷以爲識，宋人之史論也。"可參。擊斷：專斷，決斷。

⑫愚估操金：語出《新唐書·劉子玄傳》："史有三長：才、學、識，世罕兼之，故史者少。夫有學無才，猶愚賈操金，不能殖貨。"估：通"賈"。

⑬貿化：買賣財貨。

⑭退處士而進奸雄，排死節而飾主闕：語出《史通·忤時》。原文爲："《史記》則退處士而進奸雄，《漢書》則抑忠臣而飾主闕。"處士：指有才德而隱居不仕的人。死節：爲守節義而死的人。主闕：君主的過失。闕：缺誤，疏失。

⑮魏收：北朝史學家，著有《魏書》。詳參本書《魏書·釋老志》選篇"導讀"。劉知幾認爲，魏收作《魏書》時有一己之私心，故"世薄其書，號爲穢史"(《史通·古今正史》)。矯誣：假借名義以行誣罔。

⑯沈約（441—513）：字休文，吴興武康（今浙江德清）人，南朝史學家。出身仕宦之家，歷仕宋、齊、梁三代，著有《宋書》。劉知幾認爲沈約作《宋書》時“故造奇說”，“多出謗言”，“助紂爲虐”，“幸人之災”（《史通·采撰》）。

⑰心術：思想和心計。術：本義爲道路。《禮記·樂記》：“夫民有血氣心知之性，而無哀樂喜怒之常，應感起物而動，然後心術形焉。”孔《疏》云：“術，謂所由道路也。”

⑱底：至。粹：純美。

⑲天地之際：天道與人事之間的相互關係。

⑳盡其天：遵循天道，各如其分。益以人：以個人主觀情感用事。

㉑苟：假如。允：確實。

㉒烏乎：此同“惡乎”。意为怎麽，如何。

㉓是、非：用爲動詞。

㉔崇：崇尚。斥：排斥，抵觸。

㉕善善而惡（wù）惡（è）：贊美美好的事物，憎惡醜惡的事物。

㉖藉：憑藉，藉助。

㉗役：役使。此約束，限制。

㉘予奪：褒貶。奮摩：言對史事的對錯、褒貶等態度互相衝突影響，令史家生發意氣。奮：舉起，上揚。摩：摩擦，接觸。

㉙氣：據《孟子·公孫丑上》：“氣，體之充也。”趙岐注云：“氣，所以充滿形體爲喜怒也。”可理解爲意氣。

㉚消息：消長。息：繁衍，生長。

㉛流連：依戀。

㉜動人：打動人心。

㉝入人：指爲人所感受和理解。

㉞摯：懇切。

㉟陰柔：温和。

㊱麗：附着。

㊲汩（gǔ）：擾亂。恣：放縱。

㊳忤：忤逆，觸犯。

㊴燕居：閑居。燕：通“宴”。

㊵宕：通“蕩”。放蕩不受約束。

㊶激：水流因受阻而騰涌、飛濺。此指激憤不平。

㊷“毘於陽矣”及下文“毘於陰矣”：語出《莊子·在宥》：“人大喜邪，毗於陽；人大怒邪，毗於陰。”毘（pí）：同“毗”。損傷。

㊸流：形容游移不定。

㊹溺：沉迷。

㊺伏：伏氣，指伏藏於體内的邪氣。沴（lì）：指陰陽之氣不和而生的惡氣。

㊻默運潛移：暗中運行移動。

㊼參：參與。

㊽華樸：華麗和樸素。

㊾爽：傷，敗壞。《老子》第十二章：“五音令人耳聾，五味令人口爽。”王弼注：“爽，差失也。”

㊿族：衆。

51仁義之人，其言藹如：語出《韓昌黎集》卷十六《答李翊書》。藹如：和氣可親的様子。

㊾普：普遍，廣大。

㊿遂：順應，通達。

54程子：指程顥。“有《關雎》《麟趾》之意，而後可以行《周官》之法度”：語見《二程外書》卷十二。《關雎》《麟趾》：都出自《詩經・周南》，歌頌王者風化。“有《關雎》《麟趾》之意”，意爲正心誠意以行王者之教化。

55六義：又稱“《詩》六義”。《詩・大序》：“故詩有六義焉，一曰風，二曰賦，三曰比，四曰興，五曰雅，六曰頌。”比興，詩歌寫作的兩種手法。比是譬喻，興是寄托。參見本書《豳風・七月》“導讀”中的介紹。

56春王正月之書：《春秋》開首爲“隱公元年，春，王正月”。此指史籍。

57養：培養。

58史遷百三十篇：指司馬遷所著《史記》。

59《報任安書》：是司馬遷因“李陵之禍”受腐刑後寫給友人任安的書信，信中司馬遷闡述了編纂《史記》的目的，介紹了全書的篇數和體例。《漢書》卷六十二《司馬遷傳》載録。按：“究天地之際”，《報任安書》原文作“究天人之際”。

60語見《史記》卷一百三十《太史公自序》，原文“正《易傳》”下有“繼《春秋》”三字。

61所云發憤著書：指司馬遷在《報任安書》中以“《詩》三百篇，大氐聖賢發憤之所爲作也”自勉。

62誹：指摘他人過失。

63王允亦斥其言爲謗書：據《三國志・魏書・董卓傳》裴松之注引謝承《後漢書》，東漢末大臣王允曾言，“昔武帝不殺司馬遷，使作謗書，流於後世”。宋代學者洪邁以爲“司馬遷作《史記》，於《封禪書》中述武帝神仙、鬼竈、方士之事甚備，故王允謂之謗書”（《容齋隨筆》卷四）。

64譏謗：譏議誹謗。

65微文：隱寓諷喻的文辭。

66筆削：古無紙，取竹作簡書寫。遇有訛誤，需用削刀刮去重寫。此處借指編寫歷史。

67《封禪》：即《史記・封禪書》，記述秦漢帝王祭祀天地諸神及名山大川之事。

68《平準》：即《史記・平準書》，記述説明貨幣制度的變動以及控制商品流通和物價的均輸平準政策。

69秕（bǐ）政：不良的政治措施。

70相如：即西漢司馬相如，字長卿，西漢蜀郡成都（今屬四川）人。工辭賦，以賦諷諫君王。

71桓寬：字次公，西漢汝南（治今河南上蔡西南）人。治《公羊春秋》，善屬文，擅長議論，編撰有《鹽鐵論》一書。

72《遊俠》：即《史記・游俠列傳》，記述漢興以來游俠朱家、田仲、王公、劇孟、郭解等人的事迹，展現其出言必諾、解人危困、懲强誅暴之俠義風範。《貨殖》：即《史記・貨殖列傳》，記述先秦至漢以來中國各地區的生産、商業狀况，記叙陶朱、白圭、卓氏、孔氏等富豪的發家業績，提出求富乃人之本性。參見本書“精讀文選”《貨殖列傳序》。

73經緯：條理，梳理。

74折衷：取正，判斷。

75訕：誹謗，詆毀。

76《離騷》不甚怨君：語出《朱子語類》卷一百三十九，朱熹認爲“《楚辭》不甚怨君，今被諸家解得都成怨君，不成模樣。”［（宋）黎靖德編、王星賢點校《朱子語類》，北京，中華書局，1988年，第3297頁］

77邀：謀求。

⑱名教：以長幼、尊卑之名分爲主的儒家禮教。
⑲至文：最好的作品。
⑳抗懷：堅守高尚的情懷。
㉛《詩》可以興：語出《論語·陽貨》。
㉜風：同"諷"。微言勸誡。
㉝梏：約束，限制。

導讀

本文選自《文史通義》内篇三，是该篇的開篇之作。作于乾隆五十六年（1791年）。

良史，即史家自身修養問題，對於歷史研究來説，是至關重要的。唐劉知幾曾提出良史必備才、學、識三長，章學誠在總結前人思想成果的基礎上，首次提出"史德"論，爲中國古代史學理論建立起又一塊豐碑。《史德》一文，便是古代獨一無二的專門闡述"史德"的理論篇章。

章學誠首先對"史才三長"論加以肯定，申明史家兼具才、學、識於一身的難度和重要性，在總結歷史經驗教訓和發揚古代史家"據事直書"的優良傳統基礎上，進一步提出了史德論。章學誠認爲，所謂"史德"，即"著書者之心術"，也就是史家作史，能否忠實於客觀史實，做到"善惡褒貶，務求公正"的一種品德。"史德"不祇是據事直書、書法不隱而已，更重要的還在於分清史家主觀與歷史客觀，正確處理好兩者之間的關係，要盡可能如實地反映客觀史實，尊重歷史真相，而不摻雜主觀偏見。章學誠指出史家要克制自己的感情，使自己的感情儘量符合事理，以理性來制約自己的感情，提出要"氣合於理""情本於性"，即主觀服從於客觀，反對"違理以自用""汩性以自恣"，强調"氣貴於平""情貴於正"。章學誠的"史德"論提出了史家治史的思想修養和態度問題，實質上反映了對史家的主觀與史事的客觀之間關係問題的思考，大大完善和深化了古代史家修養的理論。

當然，章學誠所謂的"心術"是具有歷史局限性的。他經常以是否有悖"天理""名教"作爲"心術"正與不正的標準，并以此去評論史家，動輒給人扣上"名教中之罪人，天理所誅"的帽子，這是章學誠"史德"論的局限所在。

泛读文选（拓展阅读）

第一單元

四部文獻泛讀——經部

經部總叙（《四庫全書總目》）

題解

《四庫全書總目》，二百卷，清代乾隆時期編撰的大型官修目録，永瑢等領銜修撰，實際負責者爲《四庫全書》館總纂官紀昀（字曉嵐，1724—1805）。乾隆三十八年（1773 年）二月，清朝正式設館修纂《四庫全書》，纂修官每校閱一種書籍，即撰寫提要一篇，後經紀昀總加修改潤色，統一體例，撰爲此書。全書按四部分類，計經部十類、史部十五類、子部十四類、集部五類，總計四十四類。一些收書較多、内容複雜的類目下則再分若干子目（"屬"），如史部傳記類下再分聖賢、名人、總録、雜録、别録五子目，史部政書類下再分通制、典禮、邦計、軍政、法令、考工六子目，子部雜家類下再分雜學、雜考、雜説、雜品、雜纂、雜編六子目，總計六十六子目，構成一個層級分明的三級分類體系。據統計，《總目》著録正目之書（收入《四庫全書》者）3 461 種，79 309 卷；存目之書（未收入《四庫全書》，僅存其目）6 793 種，93 551 卷（《四庫全書總目・出版説明》），合計 10 254 種，172 860 卷，基本上囊括了乾隆以前尤其是元代以前的各種主要著作，是中國古代各種官修目録中收書最多的一部目録書（參來新夏《古典目録學》修訂本，北京，中華書局，2013 年，第 229 頁）。

《四庫全書總目》是一部解題式目録。每部之前有總叙（大序），每類之前有小序，分別概述該部、類的學術流變和分類情況；每書之下有提要，說明作者和本書情況，評論得失；有些提要後還有“按語”，說明類目調整情況，這些解題形式與內容繼承發展了古代目録學的傳統，對清乾隆時期以前的古代學術做了系統總結，是一部具有重要學術價值的目録學巨著。

本篇選自《四庫全書總目》卷一，爲該書經部之總叙。叙文概述了自漢代以來古代經學的歷次重要演變并評論得失，交代了本書經部類目的構成情況，從中可見其撰寫方法繼承了《漢書·藝文志》“辨章學術，考鏡源流”（章學誠語）的傳統。序中對漢學、宋學的區分及其得失評價，體現了清代乾嘉學派尊崇漢學、貶抑宋學、注重考據的學術思想，這一思想也貫穿於《總目》全書。篇末“消融門戶之見而各取所長”之語，也指出漢學、宋學的發展亦有相互吸納、融合兼采的必要，揭明古代經學的宗旨是爲政治服務（參周積明《乾嘉時期的漢宋之“不争”與“相争”——以〈四庫全書總目〉爲觀察中心》，載《清史研究》，2004年第4期，第1～18頁）。

《總目》在乾隆五十四年（1789年）完成寫定後，同年由武英殿首次刊印，是爲殿本。乾隆六十年（1795年），浙江地方官府根據杭州文瀾閣所藏殿本重刻，是爲浙本。同治七年（1868年），廣東又以浙本爲底本翻刻，是爲粤本。1965年中華書局出版的繁體豎排本是以浙本爲底本，參用殿本和粤本校理而成，由王伯祥斷句，卷末還附録了《四庫撤燬書提要》九種和阮元撰、阮福編《四庫未收書提要》五卷一百七十餘篇（按：所據爲收録於阮元《揅經室外集》者，後有上海商務印書館1955年出版的傅以禮重編本，較爲完善），并編制了書名及著者姓名索引（參見該本卷首之《出版説明》），一直是《四庫全書總目》的通行之本。

選文據中華書局1965年《四庫全書總目》整理本。今有張舜徽《四庫提要叙講疏》（昆明，雲南人民出版社，2005年）、司馬朝軍《〈四庫全書總目〉研究》（北京，社會科學文獻出版社，2004年）、周積明《〈四庫全書總目〉的經學論》（一）（二）[載《湖北大學學報》（哲學社會科學版），1991年第3期，第26～32頁；1991年第4期，第114～120頁]，可參考。

選文

經稟聖裁，垂型萬世，刪定之旨，如日中天，無所容其贊述。所論次者，詁經之説而已。自漢京以後垂二千年[①]，儒者沿波，學凡六變。其初專門授受，遞稟師承[②]，非惟詁訓相傳，莫敢同異，卽篇章字句[③]，亦恪守所聞，其學篤實謹嚴，及其弊也拘。王弼、王肅稍持異議[④]，流風所扇，或信

① 漢京：指漢朝都城長安或洛陽。亦借指漢朝。漢班固《西都賦》：“博我以皇道，弘我以漢京。”《東都賦》：“光漢京于諸夏，總八方而爲之極。”

② 遞：輪流，順次。

③ 卽：即使。

④ 王弼（226—249）：字輔嗣，三國魏玄學家，魏晋玄學主要創始人之一。山陽（今河南焦作市東）人。王肅（195—256），字子雍，三國魏學者，經學家。東海郯（治今山東郯城縣北門外）人。

或疑，越孔、賈、啖、趙以及北宋孫復、劉敞等①，各自論說，不相統攝，及其弊也雜。洛、閩繼起②，道學大昌③，擺落漢、唐，獨研義理，凡經師舊說，俱排斥以爲不足信，其學務別是非，及其弊也悍。（如王柏④、吳澄攻駁經文⑤，動輒删改之類。）學脈旁分，攀緣日衆，驅除異己，務定一尊，自宋末以逮明初，其學見異不遷，及其弊也黨。（如《論語集註》誤引包咸“夏瑚商璉”之說⑥，張存中《四書通證》卽闕此一條以諱其誤⑦。又如王柏删《國風》三十二篇⑧，許謙疑之⑨，吳師道反以爲非之類⑩）。主持太過，勢有所偏，材辨聰明，激而橫決，自明正德、嘉靖以後，其學各抒心得，及其弊也

---

① 孔：孔穎達（574—648），字沖遠，唐初經學家，冀州衡水（今屬河北）人。曾奉太宗之命主持編撰《五經正義》。賈：賈公彥，唐代經學家，洺州永年（今屬河北）人。高宗永徽中，官至太學博士。撰有《周禮疏》和《儀禮疏》。啖（dàn）：啖助（724—770）：字叔佐，唐代經學家，趙州（今河北趙縣）人，後徙關中。撰有《春秋集傳》《春秋統例》，後由趙匡、陸淳加以補訂、編纂。趙：趙匡，字伯循，唐代經學家，河東（今山西永濟）人。撰有《春秋闡微纂類義疏》。啖、趙遺說保存在陸淳編纂《春秋集傳纂例》中，其注重闡發《春秋》“微言大義”、舍傳求經的解經方法，開宋儒疑古之風氣。孫復（992—1057）：字明復，北宋初學者，晉州平陽（今山西臨汾）人，世稱“泰山先生”。其學上承陸淳，著有《春秋尊王發微》，强調“尊王”，反對佛老，推尊儒家道統。治經不惑傳注，注重探尋本義，開宋代以義解經的風氣。劉敞（1019—1068）：字原父，北宋學者，世稱“公是先生”。臨江軍新喻（今江西新餘）人。長於《春秋》之學，主張擺脱傳統束縛，開宋儒批評漢儒之先聲。著有《七經小傳》《春秋權衡》《公是集》。

② 洛、閩：洛學和閩學，指宋代二程和朱熹的理學（又稱道學）。洛學：北宋程顥（世稱明道先生）、程頤（世稱伊川先生）爲代表的學派，因二人皆居洛陽，故名。其學以“理”爲宇宙的根本，後爲朱熹所繼承發展。閩學：南宋朱熹爲代表的學派。因朱熹曾僑寓并講學於福建路的建陽，福建別稱“閩”，故稱。又因其講學地址曰考亭，故稱“考亭學派”，其學集宋代理學之大成。

③ 道學：宋儒的哲學思想。繼承孔孟“道統”，講求“性命義理”之學，以周敦頤、程顥、程頤、張載、朱熹爲代表。元修《宋史》特設《道學傳》，記述了二十餘位講求義理之學的宋儒事迹。

④ 王柏（1197—1274）：南宋末年學者。字會之，號長嘯，更號魯齋。篤信朱熹理學。著有《書疑》《詩疑》等。按：《總目》卷一三經部書類《書疑》提要批評說：“柏作是書，乃動以脱簡爲辭，臆爲移補”，“師心杜撰，竄亂聖經”。

⑤ 吳澄（1249—1333）：字幼清，宋元之際學者。撫州崇仁（今屬江西）人。其學本於朱熹，兼宗陸學，主張折衷朱陸。貫通經傳，對諸經都有《纂言》之作。《總目》卷一二經部書類吳澄《書纂言》提要批評其書“顛倒錯簡，皆以意自爲，且不明言所以改竄之故”，“不可以爲訓”。

⑥ 如《論語集註》誤引包咸“夏瑚商璉”之說：按：《論語·公冶長》：“子貢問曰：‘賜也何如?’子曰：‘女，器也。’曰：‘何器也?’曰：‘瑚璉（hú liǎn）也。’”《禮記·明堂位》載：“夏后氏之四連，殷之六瑚，周之八簋。”何晏《論語集解》引包咸注曰：“瑚璉，黍稷之器。夏曰瑚，殷曰璉，周曰簠簋，宗廟之器貴者。”包咸此注不確，既改“連”爲“璉”，又顛倒了“連”和“瑚”的次序。朱熹《論語集注》曰：“夏曰瑚，商曰璉，周曰簠簋，皆宗廟盛黍稷之器而飾以玉，器之貴重而華美者也。”（朱熹《四書章句集注》，北京，中華書局，1983年，第76頁）沿用了包注之誤。參彭占清《說瑚璉、瑚、連——兼論名物詞的訓釋原則》，載《烟臺師範學院學報》（哲社版），1997年第1期，第57～62頁。

⑦ 按：參見《總目》卷三六經部四書類二張存中《四書通證》提要。

⑧ 按：參見《總目》卷一七經部詩類存目一王柏《詩疑》提要。

⑨ 許謙疑之：參見《總目》卷一六經部詩類二許謙《詩集傳名物鈔》提要。許謙（1270—1337）：字益之，宋元之際學者。婺州金華（今屬浙江）人。不仕於元，自號白雲山人。貫通經傳，潛心著述講學。著有《讀書叢說》《詩集傳名物鈔》等。

⑩ 吳師道反以爲非：亦見前揭《詩集傳名物鈔》提要。吳師道（1283—1344）：字正傳，元經學家、哲學家。婺州蘭溪（今屬浙江）人。有《易詩書雜說》《戰國策校注》等。

肆。（如王守仁之末派皆以狂禪解經之類[①]。）空談臆斷，考證必疎，於是博雅之儒引古義以抵其隙，國初諸家，其學徵實不誣，及其弊也瑣。（如一字音訓動辨數百言之類。）要其歸宿，則不過漢學、宋學兩家互爲勝負。

夫漢學具有根柢，講學者以淺陋輕之，不足服漢儒也。宋學具有精微，讀書者以空疎薄之，亦不足服宋儒也。消融門戶之見而各取所長，則私心祛而公理出，公理出而經義明矣。蓋經者非他，卽天下之公理而已。今參稽衆說，務取持平，各明去取之故，分爲十類：曰易，曰書，曰詩，曰禮，曰春秋，曰孝經，曰五經總義，曰四書，曰樂，曰小學。

---

① 王守仁（1472—1529），字伯安，明代哲學家。余姚（今屬浙江）人。力倡南宋陸九淵的“象山之學”，提出“心即理”，認爲事物之理取決於心之理，“心外無理”。陸、王都把“心”看作是宇宙的本原，谓“聖人之學，心學也”（王守仁語），故後人稱此派爲“心學”，但王學的一些末流則流於空談心性。狂禪：佛教謂學禪不當而流於狂妄。這裏指王學後學王艮等泰州學派所表現出的對理學的叛逆，如何心隱、王廷相、吕坤、李贄等，以李贄爲最。《總目》對所謂王學末派以狂禪解經者多有批評。如《總目》卷一二五子部雜家類存目二《焦弱侯問答》提要。

繫辭上二章（《周易正義》）

題解

《周易正義》十卷，《四庫全書總目》卷一經部易類一著録。

《周易》，又稱《易經》，儒家重要經典之一。“周”指朝代，“易”爲“簡易”，義即周人簡易的算卦之書（按：一説“周”爲“周普”，“易”爲“變易”“變化”，《周易》爲探求普遍變化法則之書）。《周易》的内容包括《經》《傳》兩部分。《經》爲古代占筮之書，包括六十四卦、三百八十四爻，卦、爻各有説明（即卦辭、爻辭）。《傳》是對《經》的最早的解説，共七種十篇，即《彖》上、下，《象》上、下，《文言》，《繫辭》上、下，《説卦》，《序卦》，《雜卦》，統稱“十翼”。

《繫辭》（《繫辭傳》）是對《周易》的總論，“繫”是繫屬之義，用以説明《易經》的基本意義、原理、功用、起源及筮法等，并穿插解説了十九條爻辭，在《易傳》中地位十分重要，是《周易》思想的主要代表作。如提出“一陰一陽謂之道”（《繫辭上》第五章），“窮則變，變則通，通則久”（《繫辭下》第二章），肯定自然界中陰陽、動静、剛柔等矛盾勢力的運動是事物變化的普遍規律，也用“天尊地卑，乾坤定矣；卑高以陳，貴賤位矣”（《繫辭上》第一章），論證社會等級制度的永恆性。《周易》的通行之本爲《十三經注疏》所收《周易正義》，三國魏王弼、晋韓康伯注，唐孔穎達疏。本篇所選爲《繫辭上》第五章和第十二章。前者講陰陽在創化萬物時的相互依存轉化關係，認爲掌握《易》的陰陽之理可以知來通變，建立盛德功業。後者講道器利用的彼此依存和相互轉化，認爲道器利用轉化之功的實現關鍵在於聖人對《易》的體悟和實踐。

選文據《十三經注疏》整理工作委員會整理《十三經注疏·周易正義》（北京，北京大學出版社，2000 年），并參考了黄壽祺、張善文《周易譯注》（上海，上海古籍出版社，2004 年），陳鼓應、趙建偉《周易今注今譯》（北京，中華書局，2015 年）。另有鄭萬耕《〈周易〉説略》（載王寧、褚斌傑等《十三經説略》，北京，中華書局，2015 年，第 1～21 頁）、廖名春《周易經傳十五講》（第二版，北京，北京大學出版社，2012 年），可參考。《四庫全書總目》卷一經部易類序對古代易學源流及流派做了精要的概括，亦可參考。

選文

第五章

一陰一陽之謂道，繼之者善也，成之者性也①。仁者見之謂之仁②，知者見之謂之知，百姓日用而不知，故君子之道鮮矣。顯諸仁，藏諸用，鼓萬物而不與聖人同憂，盛德大業至矣哉！富有之謂大業，日新之謂盛德。生生之謂易③，成象之謂乾，效法之謂坤④，極數知來之謂占⑤，通變之謂事⑥，陰陽不測之謂神⑦。

第十二章

《易》曰："自天祐之，吉无不利⑧。"子曰⑨："祐者，助也。天之所助者，順也；人之所助者，信也。履信思乎順，又以尚賢也。是以自天祐之，吉无不利也。"子曰："書不盡言，言不盡意。"然則聖人之意，其不可見乎？子曰：聖人立象以盡意⑩，設卦以盡情僞⑪，繫辭焉以盡其言⑫，變而通之以盡利⑬，鼓之舞之以盡神⑭。乾坤其《易》之緼邪⑮？乾坤成列，而《易》立乎其中矣。乾坤毁，則无以見《易》。《易》不可見，則乾坤或幾乎息矣⑯。是故形而上者謂之道，形而下者謂之器⑰，化而裁之謂之變⑱，推而行之謂

① 繼之者善也，成之者性也：言衍生萬物是《易》道的美德，養成萬物是《易》道的本性。繼：傳繼。此發生，衍生。成：成就，蓄養。

② 按：此句中二"之"字均指《易》道。

③ 生生：創生生命。

④ 按：《繫辭上》第一章説："在天成象，在地成形，變化見矣。"

⑤ 極：推究。數：蓍策之數。占：占筮，占卦。

⑥ 通變之謂事：參《繫辭上》第十二章："化而裁之謂之變，推而行之謂之通，舉而錯之天下之民，謂之事業。"

⑦ 神：《易》道的神妙作用。

⑧ 語見《易・大有》卦上九爻辭。謂獲得上天的佑助，吉祥無比，無所不利。

⑨ 子曰：孔子説。

⑩ 立象：此與"設卦"互文，指設立爻象。

⑪ 設卦：指設立八卦之象，即乾天、坤地、震雷、巽風、坎水、離火、艮山、兑澤。

⑫ 繫辭焉以盡其言：撰寫文辭繫屬於卦爻之下以表達其（聖人）的語言。

⑬ 變：謂錯綜爻象、組合卦象。通：謂溝通物情。

⑭ 鼓之舞之：謂擺弄蓍占。鼓：動。舞：弄。

⑮ 乾坤：指《乾》《坤》二卦。緼：通"蘊"。猶言"精蘊"。

⑯ 息：止息。

⑰ 形而上：有形之上，即無形象可見者，此指《易》理。形而下：有形之下，有形象可見者，此指《乾》《坤》天地間萬象萬物。

⑱ 裁：當爲"制"。《廣雅・釋言》："裁，制也。"此言道、器的轉化。

之通，舉而錯之天下之民[1]，謂之事業。是故夫象[2]，聖人有以見天下之賾[3]，而擬諸其形容，象其物宜，是故謂之象。聖人有以見天下之動，而觀其會通，以行其典禮，繫辭焉以斷其吉凶，是故謂之爻。極天下之賾者存乎卦，鼓天下之動者存乎辭。化而裁之存乎變，推而行之存乎通，神而明之存乎其人。默而成之，不言而信，存乎德行。

① 錯：同"措"。
② 象：指卦象、爻象。
③ 賾（zé）：深奧，玄妙。

天府（《周禮注疏》）

題解

《周禮注疏》四十二卷，《四庫全書總目》卷一九經部禮類一著録。

《周禮》，本稱《周官》，又稱《周官經》，是西漢中後期始出的古文經。分爲《天官冢宰》、《地官司徒》、《春官宗伯》、《夏官司馬》、《秋官司寇》和《冬官司空》（按：《周禮》爲未完成之書，原缺《冬官》。漢人取《考工記》補之，以足六篇之數，而仍冠以《冬官》之名）六篇，記述了一整套詳密的職官體系。《周禮》的成書年代古今學者有多種看法，一般認爲成書於戰國時期，當代學者彭林認爲此書當成書于漢初（參見彭林《〈三禮〉説略》，載王寧、褚斌傑等《十三經説略》，北京，中華書局，2015 年，第 82～112 頁）。《周禮注疏》，漢鄭玄注，唐賈公彦疏。《總目》該書提要説："公彦之《疏》，亦極博核，足以發揮鄭學。《朱子語録》稱：'五經疏中，《周禮疏》最好。'蓋宋儒惟朱子深於《禮》，故能知鄭、賈之善云。"清代孫詒讓著《周禮正義》八十六卷，搜集豐富，考訂精審，是《周禮》注疏的集大成之作，今有中華書局 2013 年王文錦、陳玉霞點校本（第二版）。本篇選自《周禮·春官宗伯第三》。選文記載了"天府"的屬官及其主要執掌。結合《周禮·地官司徒》之"鄉大夫"，《秋官司寇》之"大司寇"、"小司寇"等記載，"天府"應爲春官宗伯下的機構與官員名稱，主要執掌爲宗廟寶器的保藏，兼掌民數登記、盟書、獄訟、賢能之書等行政文書的保管。本篇所選爲原書經文（正文）部分，本書"點讀文選"之"舊注標點"部分選取了《周禮注疏·天府》的全部經注文字，可參互閱讀練習。

選文據北京大學出版社 2000 年出版的《十三經注疏》整理本，標點和注釋參考了楊天宇《周禮譯注》（上海，上海古籍出版社，2004 年）。另有錢玄《三禮通論》（南京，南京師範大學出版社，1996 年），錢玄、錢興奇《三禮辭典》（南京，鳳凰出版社，2014 年），可參考。

選文

天府掌祖廟之守藏與其禁令[①]。凡國之玉鎮、大寶器，藏焉。若有大祭、大喪，則出而陳之；既事[②]，藏之。

---

① 按：《周禮·春官宗伯》開篇"敘官"部分載："天府，上士一人，中士二人，府四人，史二人，胥二人，徒二十人。"爲"天府"系統之設官及人員情況。其中，"府四人，史二人"，據王引之説，當作"府二人，史四人"。

② 既事：祭事完畢。

凡官府、鄉、州及都鄙之治中[①]，受而藏之，以詔王察羣吏之治[②]。

上春[③]，釁寶鎮及寶器[④]。

凡吉凶之事，祖廟之中沃盥[⑤]，執燭[⑥]。

季冬[⑦]，陳玉以貞來歲之媺惡[⑧]。

若遷寶，則奉之。

若祭天之司民、司禄[⑨]，而獻民數、穀數，則受而藏之。

---

① 都鄙：指采邑。治中：治理政事的文書。鄭司農云："治中，謂其治職簿書之要。"江永云："凡官府簿書謂之中，故諸官言治中、受中，小司寇斷庶民訟獄之中，皆謂簿書，猶今之案卷也。此中字之本義。故掌文書者謂之史，其字從又從中。又者，右手以手持簿書也。吏字、事字皆從中。"（載孫詒讓《周禮正義》卷三十八《春官·天府》，第3册，王文錦、陳玉霞點校本，北京，中華書局，2013年，第1566～1567頁）

② 詔：告。

③ 上春：孟春，春正月。

④ 寶鎮、寶器：即前文之玉鎮、大寶器。

⑤ 沃盥：吉凶之禮尚潔净，故事前當沃盥。

⑥ 執燭：吉凶之禮皆天未明即行事，故需執燭。

⑦ 季冬：冬十二月。

⑧ 媺（měi）：古同"美"。

⑨ 司民、司禄：皆星宿名。

覲禮（《儀禮注疏》）（節選）

題解

《儀禮注疏》十七卷，《四庫全書總目》卷二〇經部禮類二《儀禮》之屬著録。

《儀禮》本稱《禮》，《漢書·藝文志》著録亦只稱《禮》，而不稱《儀禮》。東晋元帝時，荀崧奏請置《儀禮》博士（《晋書·荀崧傳》），始有《儀禮》之名。唐開成石經采用《儀禮》之名，遂成通稱，沿用至今。《儀禮》包括十七篇，因主要講士的日常禮儀，又名《士禮》。《漢書·藝文志》著録《禮古經》五十六卷、《經》七十篇（當爲十七篇），爲漢代的《儀禮》之書，前者爲古文，後者爲今文。古文經已失傳，故稱爲“逸經”。《儀禮》的成書年代，古文經學家認爲是周公所作，今文經學家認爲是孔子所作。近人沈文倬認爲該書是在春秋至西漢之間陸續完成的，其中關於喪禮的四篇年代最早，約在春秋末期（參彭林《〈三禮〉説略》，見王寧、褚斌傑等《十三經説略》，北京，中華書局，2015年，第82～112頁）。《儀禮注疏》，漢鄭玄注，唐賈公彦疏，今通行之本爲清阮元《十三經注疏》本，五十卷。本篇選自該本卷二十六下到卷二十七。覲禮，是周代諸侯秋季朝見天子的禮儀。《儀禮·覲禮》詳細記載了覲禮的具體儀式過程，包括朝覲的諸侯到達王城的近郊，天子派使者前往慰勞，并賜給館舍，諸侯覲見天子以及向天子行享禮的禮儀，天子賜給諸侯輿服以及依禮款待諸侯的情形，還記載了不定期的朝會等禮儀，體現了周代森嚴的等級制度。本篇節選其中關於諸侯朝覲天子過程中儀式禮節的記述。

選文據北京大學出版社2000年出版《十三經注疏》整理本，標點和注釋參考了楊天宇《儀禮譯注》（上海，上海古籍出版社，2004年）。另有清胡培翬《儀禮正義》（段熙仲點校本，南京，江蘇古籍出版社，1993年），可參考。

選文

侯氏裨冕①，釋幣于禰②。乘墨車③，載龍旂、弧韣④，乃朝以瑞玉⑤，有繅⑥。天子設斧依於户牖之間⑦，左右几⑧。天子衮冕，負斧依。嗇夫承命⑨，

---

① 侯氏：來朝的諸侯。裨（bì）冕：穿裨衣戴冕。裨衣，諸侯和卿大夫可以穿的禮服，又稱裨服。

② 幣：束帛。禰（mí）：古代對已在宗廟中立牌位的亡父的稱謂。這裏指行主，即諸侯出行時載於齋車而隨行的祖宗的神主（即牌位）。

③ 墨車：漆成黑色的車。

④ 弧：張挂旗幟的竹弓。韣（dú）：弓袋，套在弓上起裝飾作用。

⑤ 瑞玉：此指玉圭。古代帝王、諸侯舉行朝會、祭祀典禮時拿的一種玉器。

⑥ 繅（zǎo）：玉器的墊板。

⑦ 斧依：形如屏風，上畫有九斧。户牖之間：指廟堂上的正中間位。

⑧ 左右几：左右設几案。

⑨ 嗇夫：司空屬官，這裏擔任末擯。擯，通“儐”。接引賓客者。

告于天子。天子曰："非他，伯父實來，予一人嘉之。伯父其入，予一人將受之。"侯氏入門右，坐，奠圭[①]，再拜稽首。擯者謁[②]。侯氏坐取圭，升致命。王受之玉。侯氏降，階東北面再拜稽首。擯者延之曰[③]："升。"升成拜，乃出。

四享[④]，皆束帛加璧，庭實唯國所有[⑤]。奉束帛，匹馬卓上[⑥]，九馬隨之，中庭西上，奠幣，再拜稽首。擯者曰："予一人將受之。"侯氏升致命。王撫玉。侯氏降自西階，東面授宰幣[⑦]，西階前再拜稽首，以馬出，授人，九馬隨之。事畢。

乃右肉袒于庿門之東[⑧]。乃入門右，北面立，告聽事[⑨]。擯者謁諸天子。天子辭於侯氏，曰："伯父無事，歸寧乃邦。"侯氏再拜稽首，出，自屏南適門西[⑩]，遂入門左，北面立，王勞之。再拜稽首。擯者延之曰："升。"升成拜，降出。

天子賜侯氏以車服。迎于外門外[⑪]，再拜。路先設，西上，路下四[⑫]，亞之[⑬]。重賜無數[⑭]，在車南。諸公奉篋服[⑮]，加命書于其上，升自西階，東面，大史是右。侯氏升，西面立。大史述命[⑯]。侯氏降兩階之間，北面再拜稽首，升成拜。大史加書于服上，侯氏受。使者出。侯氏送，再拜，儐使者[⑰]，諸公賜服者，束帛四馬，儐大史亦如之。

同姓大國，則曰"伯父"，其異姓，則曰"伯舅"。同姓小邦，則曰"叔

---

① 奠圭：放圭於地。
② 謁：告。
③ 延：延請。
④ 四享："四"，當作"三"。侯氏覲見王後，要向王行三次享禮。享：獻。獻物於上。
⑤ 庭實：陳列於朝堂的貢獻物品。
⑥ 匹馬卓上：一匹白馬領頭。卓：猶的，白色。上：領頭。
⑦ 宰：天子之宰，此爲天子之下的最高執政官。
⑧ 庿：古同"廟"。
⑨ 告聽事：向王報告本國治理情況，并願聽從王的譴責。
⑩ 屏：此謂廟門外正對廟門的小墻。
⑪ 迎于外門外：指侯氏到所在館舍大門外迎接使者。
⑫ 路：車。路下四：指車下駕車的四馬。
⑬ 亞之：次之。
⑭ 重賜：加賜。
⑮ 諸公：天子的諸公。篋服：盛放着王所賜服的筐篋。
⑯ 大史述命：大史宣讀天子的命書。
⑰ 儐使者：向使者行儐禮。

父”，其異姓小邦，則曰“叔舅”。

饗、禮，乃歸[①]。

① 饗、禮，乃歸：言王用饗禮、食禮和燕禮款待侯氏，然後侯氏回國。饗：饗禮。禮：鄭玄注說：“謂食、燕禮也。”即食禮和燕禮。

禮運（《禮記正義》）（節選）

題解

《禮記正義》六十三卷，《四庫全書總目》卷二一經部禮類三《禮記》之屬著録。

漢代以前，凡是注解和説明古籍的書，泛稱爲“記”。《禮記》就是對《禮經》（即《儀禮》）的注説和闡釋。《禮記》傳到漢初，數量和種類都很多，當時的禮學家根據自己的需要，選抄一定的篇數，於是就有了戴聖的四十九篇《禮記》和戴德的八十五篇《禮記》。二人都是漢代的《禮經》學專家，德號“大戴”，聖號“小戴”（《漢書》卷八十八《儒林傳》），聖爲德之兄子，故後人稱前者爲《小戴禮記》，後者爲《大戴禮記》。現在通行的《禮記》四十九篇，即戴聖彙輯的《小戴禮記》，是一部先秦至秦漢時期的禮學文獻彙編，對研究古代禮制、曆法、文教、樂律等都有一定的參考價值。後來南宋朱熹將其中的《中庸》、《大學》二篇與《論語》、《孟子》合編爲“四書”并爲之作注（即《四書章句集注》），作爲儒學啓蒙的必讀之書，“四書”之名由此而定。通行之本爲《十三經注疏》所收録的《禮記正義》，漢鄭玄注，唐孔穎達疏。本篇選自《禮記正義》卷二十一《禮運第九》，主要記述了孔子關於“大同”之世和“小康”之世的言論、孔子對“禮”之意義的論述及其研求古禮的情況。

選文據北京大學出版社 2000 年出版《十三經注疏》整理本，今有清孫希旦《禮記集解》（沈嘯寰、王星賢點校本，北京，中華書局，1989 年）、王文錦《禮記譯解》（北京，中華書局，2001 年）、楊天宇《禮記譯注》（上海，上海古籍出版社，2004 年），可參考。

選文

昔者仲尼與於蜡賓[①]，事畢，出遊於觀之上，喟然而嘆。仲尼之嘆，蓋嘆魯也。言偃在側[②]，曰：“君子何嘆？”孔子曰：“大道之行也，與三代之英[③]，丘未之逮也，而有志焉。”

“大道之行也，天下爲公，選賢與能[④]，講信脩睦。故人不獨親其親，不獨子其子。使老有所終，壯有所用，幼有所長，矜寡孤獨廢疾者，皆有所養。男有分，女有歸，貨惡其弃於地也，不必藏於己，力惡其不出於身也，

---

① 蜡（zhà）：通“䄍”。祭名。每年歲終舉行，合聚萬物之神而祭之。賓：貴賓。

② 言偃：孔子學生子游。

③ 三代之英：夏、商、周三代的杰出人物，指禹、湯、文、武、周公等人物。英：精英。

④ 與：通“舉”。選拔。

不必爲己。是故謀閉而不興，盜竊亂賊而不作。故外户而不閉，是謂大同。”

“今大道既隱，天下爲家。各親其親，各子其子，貨力爲己。大人世及以爲禮，城郭溝池以爲固。禮義以爲紀，以正君臣，以篤父子，以睦兄弟，以和夫婦，以設制度，以立田里，以賢勇知，以功爲己。故謀用是作，而兵由此起。禹、湯、文、武、成王、周公，由此其選也。此六君子者，未有不謹於禮者也。以著其義，以考其信，著有過，刑仁講讓①，示民有常。如有不由此者，在埶者去，衆以爲殃。是謂小康。”

言偃復問曰：“如此乎禮之急也？”孔子曰：“夫禮，先王以承天之道，以治人之情，故失之者死，得之者生。《詩》曰：‘相鼠有體，人而無禮。人而無禮，胡不遄死②？’是故夫禮必本於天，殽於地③，列於鬼神。達於喪祭、射御、冠昏、朝聘。故聖人以禮示之，故天下國家可得而正也。”

言偃復問曰：“夫子之極言禮也，可得而聞與？”孔子曰：“我欲觀夏道，是故之杞④，而不足徵也⑤。吾得《夏時》焉⑥。我欲觀殷道，是故之宋⑦，而不足徵也。吾得《坤乾》焉⑧。《坤乾》之義，《夏時》之等，吾以是觀之⑨。”

---

① 刑：同“型”。典範。講：提倡。

② 語出《詩經·鄘風·相鼠》。遄（chuán）：速。

③ 殽：通“效”。效法。

④ 之：適，至。杞：夏禹後代所建國家。

⑤ 徵：證，取以爲證。

⑥ 《夏時》：傳説爲夏代的曆法。鄭玄以爲即《夏小正》。

⑦ 宋：商湯後代所建國家。

⑧ 《坤乾》：指殷《易》。

⑨ 按：《論語·八佾》載：“子曰：夏禮，吾能言之，杞不足徵也。殷禮，吾能言之，宋不足徵也。文獻不足故也。足，則吾能徵之矣。”《禮運》的這段話，應該是對《論語·八佾》該章文字的解釋（參王欣夫《文獻學講義》，上海，上海古籍出版社，2014年，第1頁）。

晋公子重耳之亡（《春秋左傳正義》）

題解

《春秋左傳正義》六十卷，《四庫全書總目》卷二六經部春秋類一著録。

晉獻公（前676—前651年在位）是晉國歷史上一位頗有作爲的君主，但在他爲政晚期，却發生了驪姬專寵亂政。他的昏庸殘暴，最終導致太子申生自縊身死，公子重耳、夷吾被迫出亡，晉國政治動亂不安，直到重耳返國成爲晉君之後，晉國的局面才得以改變，是爲晉文公。十幾年的流亡生活，對晉公子重耳是一個重要的人生歷練。他先後到過狄、衛、齊、曹、宋、鄭、楚、秦等國，“險阻艱難，備嘗之矣；民之情僞，盡知之矣”，加之子犯等晉大夫的始終跟隨和規劃謀略，使他成爲一個胸懷大志、思想成熟的政治家，最終繼齊桓公之後確立中原霸主地位。本篇選自《左傳》莊公二十八年（前666年）到僖公二十四年（前636年），主要記述了晉獻公晚年的驪姬之亂和晉公子重耳流亡的史實。本篇内容對於瞭解晉楚城濮之戰的歷史背景很有助益，可與本書“精讀文選”之《晉楚城濮之戰》參互閱讀。

選文據北京大學出版社2000年《十三經注疏》整理本《春秋左傳正義》。

選文

莊公二十八年[①]

春。晉獻公娶于賈，無子。烝於齊姜[②]，生秦穆夫人及太子申生。又娶二女於戎，大戎狐姬生重耳，小戎子生夷吾。晉伐驪戎，驪戎男女以驪姬[③]。歸，生奚齊。其娣生卓子。

驪姬嬖，欲立其子，賂外嬖梁五與東關嬖五，使言於公曰：“曲沃，君之宗也。蒲與二屈，君之疆也。不可以無主。宗邑無主，則民不威；疆埸無主，則啓戎心。戎之生心，民慢其政，國之患也。若使大子主曲沃，而重耳、夷吾主蒲與屈，則可以威民而懼戎，且旌君伐。”使俱曰：“狄之廣莫，於晉爲都。晉之啓土，不亦宜乎？”晉侯説之。夏，使大子居曲沃，重耳居

① 本年爲晉獻公十一年，前666年。

② 烝：以下淫上，指與母輩通姦。齊姜：杜預注：“武公妾”。

③ 女：納女於人。

蒲城，夷吾居屈。羣公子皆鄙[1]，唯二姬之子在絳。二五卒與驪姬譖羣公子而立奚齊，晋人謂之“二五耦[2]”。

閔公元年[3]

冬。晋侯作二軍[4]。公將上軍，大子申生將下軍。趙夙御戎，畢萬爲右。以滅耿，滅霍，滅魏。還，爲大子城曲沃。賜趙夙耿，賜畢萬魏，以爲大夫。士蔿曰：“大子不得立矣。分之都城而位以卿，先爲之極，又焉得立？不如逃之，無使罪至。爲吴大伯，不亦可乎？猶有令名，與其及也。且諺曰：‘心苟無瑕，何恤乎無家！’天若祚大子，其無晋乎！”

閔公二年[5]

冬，十二月。晋侯使大子申生伐東山皋落氏。里克諫曰：“大子奉冢祀、社稷之粢盛，以朝夕視君膳者也，故曰冢子。君行則守，有守則從。從曰撫軍，守曰監國，古之制也。夫帥師，專行謀，誓軍旅，君與國政之所圖也，非大子之事也。師在制命而已，禀命則不威，專命則不孝，故君之嗣適不可以帥師。君失其官，帥師不威，將焉用之？且臣聞皋落氏將戰，君其舍之！”公曰：“寡人有子，未知其誰立焉！”不對而退。見大子，大子曰：“吾其廢乎？”對曰：“告之以臨民，教之以軍旅，不共是懼，何故廢乎？且子懼不孝，無懼弗得立，脩己而不責人，則免於難。”

僖公四年[6]

冬。初，晋獻公欲以驪姬爲夫人，卜之，不吉；筮之，吉。公曰：“從筮。”卜人曰：“筮短龜長，不如從長。且其繇曰：‘專之渝，攘公之羭[7]。一薰一蕕，十年尚猶有臭。’必不可！”弗聽，立之。生奚齊，其娣生卓子。及將立奚齊，既與中大夫成謀[8]，姬謂大子曰：“君夢齊姜，必速祭之！”大子

① 鄙：居於邊鄙。
② 耦：古二人共作爲耦。
③ 閔公元年：前661年。
④ 晋侯：晋獻公。
⑤ 閔公二年：前660年。
⑥ 僖公四年：前656年。
⑦ 羭（yú）：羊之肥美者，此指申生。
⑧ 中大夫：里克。

祭于曲沃，歸胙于公。公田，姬寘諸宮六日。公至，毒而獻之。公祭之地，地墳。與犬，犬斃。與小臣，小臣亦斃。姬泣曰："賊由大子。"大子奔新城[①]。公殺其傅杜原款。或謂大子："子辭[②]，君必辯焉。"大子曰："君非姬氏，居不安，食不飽。我辭，姬必有罪。君老矣，吾又不樂。"曰："子其行乎?"大子曰："君實不察其罪，被此名也以出，人誰納我?"十二月，戊申，縊于新城。姬遂譖二公子曰："皆知之。"重耳奔蒲，夷吾奔屈。

僖公二十三年[③]

冬，十一月。晋公子重耳之及於難也，晋人伐諸蒲城。蒲城人欲戰，重耳不可，曰："保君父之命而享其生禄[④]，於是乎得人。有人而校[⑤]，罪莫大焉。吾其奔也。"遂奔狄。從者狐偃、趙衰、顛頡、魏武子、司空季子。狄人伐廧咎如[⑥]，獲其二女叔隗、季隗[⑦]，納諸公子。公子取季隗，生伯鯈、叔劉；以叔隗妻趙衰，生盾。將適齊，謂季隗曰："待我二十五年，不來而後嫁。"對曰："我二十五年矣，又如是而嫁，則就木焉。請待子。"處狄十二年而行。

過衛，衛文公不禮焉。出於五鹿，乞食於野人，野人與之塊，公子怒，欲鞭之。子犯曰："天賜也。"稽首，受而載之。

及齊，齊桓公妻之，有馬二十乘，公子安之。從者以爲不可，將行，謀於桑下。蠶妾在其上，以告姜氏。姜氏殺之，而謂公子曰："子有四方之志，其聞之者吾殺之矣。"公子曰："無之。"姜曰："行也。懷與安，實敗名。"公子不可。姜與子犯謀，醉而遣之。醒，以戈逐子犯。

及曹，曹共公聞其駢脅[⑧]，欲觀其裸。浴，薄而觀之。僖負羈之妻曰："吾觀晋公子之從者，皆足以相國。若以相，夫子必反其國。反其國，必得

---

① 新城：即曲沃。
② 辭：指申辯。
③ 僖公二十三年：晋惠公十四年，前637年。
④ 生禄：養生之禄。
⑤ 校：同"較"。對抗，較量。
⑥ 廧（qiáng）咎（gāo）如：赤狄之别種。
⑦ 隗（wěi）：姓。
⑧ 駢脅（pián xié）：肋骨連成一片。

志於諸侯。得志於諸侯而誅無禮，曹其首也。子盍蚤自貳焉[①]。”乃饋盤飧[②]，寘璧焉。公子受飧反璧。

及宋，宋襄公贈之以馬二十乘。

及鄭，鄭文公亦不禮焉。叔詹諫曰：“臣聞天之所啓，人弗及也。晋公子有三焉，天其或者將建諸，君其禮焉。男女同姓，其生不蕃。晋公子，姬出也[③]，而至于今，一也。離外之患，而天不靖晋國，殆將啓之，二也。有三士足以上人而從之，三也。晋、鄭同儕，其過子弟，固將禮焉，况天之所啓乎？”弗聽。

及楚，楚子饗之[④]，曰：“公子若反晋國，則何以報不穀？”對曰：“子女玉帛則君有之，羽毛齒革則君地生焉。其波及晋國者，君之餘也，其何以報君？”曰：“雖然，何以報我？”對曰：“若以君之靈，得反晋國，晋、楚治兵，遇於中原，其辟君三舍。若不獲命，其左執鞭弭[⑤]，右屬櫜鞬[⑥]，以與君周旋。”子玉請殺之。楚子曰：“晋公子廣而儉，文而有禮。其從者肅而寬，忠而能力。晋侯無親[⑦]，外内惡之。吾聞姬姓，唐叔之後[⑧]，其後衰者也，其將由晋公子乎！天將興之，誰能廢之。違天必有大咎。”乃送諸秦。

秦伯納女五人[⑨]，懷嬴與焉。奉匜沃盥，既而揮之。怒曰：“秦、晋匹也，何以卑我！”公子懼，降服而囚。

他日，公享之。子犯曰：“吾不如衰之文也。請使衰從。公子賦《河水》，公賦《六月》。趙衰曰：“重耳拜賜。”公子降，拜，稽首，公降一級而辭焉。衰曰：“君稱所以佐天子者命重耳，重耳敢不拜。”

僖公二十四年[⑩]

春，王正月，秦伯納之[⑪]，不書，不告入也。及河，子犯以璧授公子，

---

① 貳：不同於衆人。
② 飧（sūn）：晚食也。
③ 姬出：姬姓父母所生。
④ 楚子：楚成王。
⑤ 弭：弓。
⑥ 屬（zhǔ）：佩帶，繫。櫜（gāo）：箭袋。鞬：弓袋。
⑦ 晋侯：指晋惠公。
⑧ 唐叔：武王發之子，成王弟，名虞。封地在唐，稱唐叔虞。晋國始祖。
⑨ 秦伯：秦穆公。
⑩ 僖公二十四年：晋文公元年，前636年。
⑪ 秦伯納之：秦穆公送重耳回晋國。

曰："臣負羈紲從君巡於天下，臣之罪甚多矣。臣猶知之，而況君乎！請由此亡。"公子曰："所不與舅氏同心者，有如白水①。"投其璧于河。濟河，圍令狐，入桑泉，取臼衰。

二月甲午，晋師軍于廬柳。秦伯使公子縶如晋師，師退，軍于郇。辛丑，狐偃及秦、晋之大夫盟于郇。壬寅，公子入于晋師。丙午，入于曲沃。丁未，朝于武宫②。戊申，使殺懷公于高粱。不書，亦不告也。

三月，晋侯潛會秦伯于王城③。己丑晦，公宫火，瑕甥、郤芮不獲公④，乃如河上，秦伯誘而殺之。晋侯逆夫人嬴氏以歸。秦伯送衛於晋三千人，實紀綱之僕。

---

① 有如：古人誓詞中用語，意爲有神明爲證。白水：指河水。

② 武宫：重耳祖父曲沃武公的神廟。

③ 王城：秦地，今陝西大荔縣朝邑鎮東。

④ 瑕甥、郤芮：晋大夫，晋惠公黨羽。此時欲謀害晋文公，未成。瑕甥：即吕省，又作吕甥、吕飴甥。

城楚丘（《春秋公羊傳注疏》）

題解

《春秋公羊傳注疏》二十八卷，《四庫全書總目》卷二六經部春秋類一著録。

《春秋公羊傳》，舊題戰國時公羊高撰。今本《公羊傳》成書於漢景帝時代的公羊壽和胡毋生之手。其書采用問答形式，圍繞經文加以解説，重在闡發經文的微言大義，對史實的解釋比較少。所涉年代與《春秋》完全相同。通行之本爲《十三經注疏》所收《春秋公羊傳注疏》，漢公羊壽傳，漢何休解詁，唐徐彦疏。本篇選自《春秋公羊傳注疏》卷十。衛國初都朝歌（今河南淇縣），魯閔公二年（前660年），遭狄人入侵，國都淪陷。魯僖公二年（齊桓公二十八年，前658年），在齊國幫助下重建，遷都楚丘（今河南滑縣東北）。關於"城楚丘"這件事，《春秋》經載："（僖公）二年，春，王正月，城楚丘。"《左傳》載："二年春，諸侯城楚丘而封衛焉。"没有更多評論。但《公羊傳》和《穀梁傳》則皆就此事有一番評論（《穀梁傳》見下一篇），比較可見，《穀梁傳》的批評更爲嚴格一些。

選文據北京大學出版社2000年出版《十三經注疏》整理本《春秋公羊傳注疏》。今有王維堤、唐書文《春秋公羊傳譯注》（上海，上海古籍出版社，2004年），劉尚慈《春秋公羊傳譯注》（北京，中華書局，2010年），清陳立撰、劉尚慈整理《公羊義疏》（北京，中華書局，2017年），可參考。

選文

孰城之？城衛也。曷爲不言城衛？滅也。孰滅之？蓋狄滅之。曷爲不言狄滅之？爲桓公諱也①。曷爲爲桓公諱？上無天子，下無方伯②，天下諸侯有相滅亡者，桓公不能救，則桓公恥之也。然則孰城之？桓公城之。曷爲不言桓公城之？不與諸侯專封也③。曷爲不與？實與而文不與。文曷爲不與？諸侯之義，不得專封。諸侯之義不得專封，則其曰實與之何？上無天子，下無方伯，天下諸侯有相滅亡者，力能救之，則救之可也。

---

① 桓公：指齊桓公。
② 方伯：强大一方的諸侯。
③ 與：許，贊許。專封：擅行封國之事。

城楚丘（《春秋穀梁傳注疏》）

题解

《春秋穀梁傳注疏》二十卷，《四庫全書總目》卷二六經部春秋類一著録。

《漢書・藝文志》載："《穀梁傳》十一卷。穀梁子，魯人。"東漢桓譚、應劭等學者認爲"穀梁子"是子夏弟子穀梁赤。子夏是春秋後期人，其弟子應與其同時或稍晚，但書中有些内容却大大晚於子夏的時代。現在不少學者在比較了《公》《穀》兩傳内容的基礎上，認爲《穀梁傳》的定型是在漢景帝時期或更晚些。（據承載《春秋穀梁傳譯注・前言》）同《春秋公羊傳》一樣，《穀梁傳》也采用問答形式解説《春秋》經，并注重闡述《春秋》的義理。通行之本爲《十三經注疏》收録之《春秋穀梁傳注疏》，晋范甯集解，唐楊士勛疏。本篇選自《春秋穀梁傳注疏》卷七。《穀梁傳》在此亦闡發《春秋》"不與齊侯專封"之義，但措辭更顯嚴厲，并説"雖通其仁"，但"仁不勝道。"

選文據北京大學出版社2000年出版《十三經注疏》整理本《春秋穀梁傳注疏》。今有承載《春秋穀梁傳譯注》（上海，上海古籍出版社，2004年），徐正英、鄒皓《春秋穀梁傳譯注》（北京，中華書局，2016年），柯劭忞撰、張鴻鳴點校《春秋穀梁傳注》（北京，中華書局，2020年），可參考。

選文

楚丘者何？衛邑也。國而曰城，此邑也。其曰城，何也？封衛也。則其不言城衛，何也？衛未遷也。其不言衛之遷焉，何也？不與齊侯專封也。其言城之者，專辭也①。故非天子不得專封諸侯，諸侯不得專封諸侯，雖通其仁②，以義而不與也。故曰，仁不勝道。

① 專辭：指魯國史書記述本國事情所用言辭。

② 通其仁：認同齊桓公的仁愛之心。

孝經二章（《孝經注疏》）

題解

《孝經正義》三卷，《四庫全書總目》卷三二經部孝經類著録。（按：此書名、卷數當作《孝經注疏》九卷，參崔富章《四庫提要補正》，杭州，杭州大學出版社，1990年，第186～188頁。）

《漢書・藝文志》"六藝略"載："《孝經》者，孔子爲曾子陳孝道也。夫孝，天之經，地之義，民之行也。舉大者言，故曰《孝經》。"一般認爲當是孔門後學所作，當代學者彭林認爲《孝經》的作者當爲孔子之孫子思（參彭林《〈孝經〉説略》，載王寧、褚斌傑等《十三經説略》，北京，中華書局，2015年，第213頁）。《孝經》有今、古文之分。今文《孝經》爲漢初河間人顔芝之子顔貞所獻，凡十八章（見《隋書・經籍志》經部孝經類後序），古文《孝經》武帝末年出孔子宅壁中，爲二十二章（見《漢書・藝文志》六藝略《孝經古孔氏》注）。今通行之《十三經注疏》本《孝經注疏》九卷，爲唐玄宗以今文《孝經》爲主所作注釋，宋邢昺疏。本篇二章分别選自《孝經注疏》卷一、卷七。《開宗明義章》爲《孝經》全書綱領，孔子於此指出孝爲先王之至德要道，孝始於事親，中於事君，終於立身。《諫争章》中，孔子明確反對將孝理解爲唯父命是從，認爲臣子有以義匡扶君父的責任。

選文據北京大學出版社2000年《十三經注疏》整理本《孝經注疏》。注釋參考了胡平生《孝經譯注》（北京，中華書局，2009年）。另有顧遷注譯《孝經》（鄭州，中州古籍出版社，2012年），可參考。

選文

開宗明義章第一[①]

仲尼居[②]，曾子侍[③]。子曰："先王有至德要道，以順天下[④]，民用和睦，上下無怨。汝知之乎？"曾子避席曰："參不敏，何足以知之？"子曰："夫孝，德之本也，教之所由生也。復坐[⑤]，吾語汝。身體髮膚，受之父母，不敢毁傷[⑥]，孝之始也。立身行道，揚名於後世，以顯父母，孝之終也。夫孝，

---

① 開宗明義：闡述本經宗旨，説明孝道義理。開：揭示。
② 居：閑居。
③ 侍：侍坐，陪坐。
④ 順：古文本作"訓"，教化，教導。
⑤ 復坐：回到自己的座位上。
⑥ 毁傷：此當針對遭受各種肉刑而言。

始於事親，中於事君，終於立身。《大雅》云：‘無念爾祖，聿脩厥德[①]。’”

諫争章第十五

曾子曰：“若夫慈愛恭敬，安親揚名，則聞命矣。敢問子從父之令，可謂孝乎？”子曰：“是何言與？是何言與？昔者天子有争臣七人，雖無道，不失其天下。諸侯有争臣五人，雖無道，不失其國。大夫有争臣三人，雖無道，不失其家。士有争友，則身不離於令名。父有争子，則身不陷於不義。故當不義，則子不可以不争於父，臣不可以不争於君。故當不義則争之，從父之令，又焉得爲孝乎？”

① 語出《詩經・大雅・文王》。

經典釋文序（《經典釋文》）

題解

《經典釋文》三十卷，《四庫全書總目》卷三三經部五經總義類著録。

《經典釋文》是一部文字、音韵、訓詁學著作，唐陸德明撰。陸德明，名元朗，字德明，以字行，蘇州人（今江蘇省蘇州市）。歷仕南朝陳、隋，唐貞觀初遷國子博士，封吴縣男，尋卒。兩《唐書》有傳。該書首爲《序録》一卷，叙述經典源流，包括序、條例、次第和注解傳述人幾個部分，是學術史研究的重要資料。正文部分則以摘字形式對經注加以音義。所釋經典爲十二經（“十三經”除去《孟子》）加《老子》和《莊子》，計十四種。《總目》提要評論説：“所採漢、魏六朝音切凡二百三十餘家（按：《總目》這裏統計不確。據學者研究，《經典釋文・序録》著録凡 174 家，256 種。詳參趙永磊《〈經典釋文〉撰述時代及過程再探》，載《語言學論叢》，2020 年第 61 輯，第 198～221 頁，注 17），又兼載諸儒之訓詁，證各本之異同。後來得以考見古義者，注疏以外，惟賴此書之存”，價值尤爲珍貴。本篇序文載於《序録》，説明了本書編撰的意旨、過程和内容構成情況。

選文據上海古籍出版社 2012 年張一弓點校本《經典釋文》。今有吴承仕《經典釋文序録疏證》（北京，中華書局，1984 年）、黄焯《經典釋文彙校》（北京，中華書局，1980 年），可參考。

選文

夫書音之作，作者多矣，前儒撰著，光乎篇籍，其來既久，誠無閒然①。但降聖已還，不免偏尚，質文詳略，互有不同。漢魏迄今，遺文可見，或專出已意，或祖述舊音，各師成心，製作如面②，加以楚夏聲異，南北語殊，是非信其所聞，輕重因其所習，後學鑽仰，罕逢指要。夫筌蹄所寄③，唯在文言，差若毫釐，謬便千里。夫子有言：“必也正名乎”，“名不正則言不順，言不順則事不成”，“故君子名之必可言也，言之必可行也④。”斯富哉，言乎

① 閒然：即“間然”。非議，批評。

② 各師成心，製作如面：成心：成見，偏見。語出《莊子・齊物論》。面：面容。《左傳・襄公三十一年》：“人心之不同，如其面焉。”《文心雕龍・體性》：“各師成心，其異如面。”

③ 筌蹄：語出《莊子・外物》。“筌”和“蹄”分别爲捕魚、捕兔的器具，後以“筌蹄”喻達到某種目的的工具或手段。

④ 以上語出《論語・子路》。

大矣、盛矣、無得而穪矣[①]。

然人稟二儀之淳和[②]，含五行之秀氣，雖復挺生天縱，必資學以知道。故唐堯師於許由，周文學於虢叔[③]，上聖且猶有學，而況其餘乎。至於處鮑居蘭、翫所先入[④]，染絲斵梓、功在初變[⑤]，器成采定，難復改移，一薰一蕕，十年有臭，豈可易哉，豈可易哉。

余少愛墳典，留意藝文，雖志懷物外而情存著述。粵以癸卯之歲[⑥]，承乏上庠[⑦]，循省舊音，苦其太簡。況微言久絶，大義愈乖，攻乎異端，競生穿鑿。不在其位，不謀其政，既職司其憂，寧可視成而已。遂因暇景，救其不逮，研精六籍，采摭九流，搜訪異同，校之《蒼》《雅》。輒撰集《五典》《孝經》《論語》及《老》《莊》《爾雅》等音，合爲三袟三十卷，号曰《經典釋文》。古今竝録，括其樞要，經註畢詳，訓義兼辯，質而不野，繁而非蕪，示傳一家之學，用貽後嗣，令奉以周旋，不敢墜失。與我同志，亦無隱焉。但代匠指南[⑧]，固取誚於博識，既述而不作，言其所用，復何傷乎云爾。

---

① 穪："稱"之異體字。

② 二儀：指天地。

③ 虢叔：周文王弟，與兄虢仲爲文王卿士。

④ 處鮑居蘭、翫所先入：張衡《東京賦》："凡人心是所學，體安所習。鮑肆不知其臰，翫其所以先入。"（《文選》，卷三，上海，上海古籍出版社，1986年，第132頁）《孔子家語・六本》載孔子曰："與善人居，如入芝蘭之室，久而不聞其香，即與之化矣；與不善人居，如入鮑魚之肆，久而不聞其臭，亦與之化矣。丹之所藏者赤，漆之所藏者黑。是以君子必慎其所與處者焉。"（楊朝明等《孔子家語通解》，濟南，齊魯書社，2013年，第187頁。又見於《説苑・雜言》）翫：玩習，玩賞。臰，同"臭"。

⑤ 染絲斵梓：語出《文心雕龍・體性》："夫才有天資，學愼始習，斵梓染絲，功在初化，器成彩定，難可翻移。"

⑥ 癸卯之歲：陳後主至德元年（583年）。參吴承仕《經典釋文序録疏證》，北京，中華書局，1984年，第1～4頁。

⑦ 上庠：古之大學。此指國子學。

⑧ 代匠：語出《老子》第七十四章："夫代大匠斵，稀有不傷其手者矣。"後多用爲自謙之詞，喻在名家高手面前，易顯出自己的拙劣。

論語二章（《論語注疏》）

題解

《論語注疏》二十卷，《四庫全書總目》卷三五經部四書類一著録，題爲《論語正義》。

《論語》是一部記載孔子及其弟子言論行事之書，是儒家的重要經典。《漢書·藝文志》六藝略載：“《論語》者，孔子應答弟子時人及弟子相與言而接聞於夫子之語也。當時弟子各有所記。夫子既卒，門人相與輯而論篹，故謂之《論語》。”《論語》并非寫定於一時，大約經過了以孔門弟子爲主的幾代人之手，最後大概由曾參的學生編定於戰國初期（楊伯峻《論語譯註·導言》）。西漢時，《論語》有三種不同的本子，即今文本《魯論語》《齊論語》和古文本《論語》，西漢末年張禹根據《魯論》，參考《齊論》，擇善而從，編爲定本，號爲《張侯論》。東漢末年，鄭玄以該書爲依據，參照《齊論語》、古文《論語》作《論語注》，今本《論語》就是在此基礎之上形成的。通行之本爲《十三經注疏》所收之《論語注疏》，魏何晏注，宋邢昺疏。本篇《言志》和《季氏將伐顓臾》分别選自《論語·公冶長》第二十六章和《論語·季氏》第一章，題目爲後人所加。《言志》中，孔子道出了他的人生志向，《季氏將伐顓臾》記録了孔子面對突發政治事件時所秉持的政治主張。

選文據北京大學出版社 2000 年出版《十三經注疏》整理本《論語注疏》。另有南朝梁皇侃《論語義疏》（北京，中華書局，2013 年）、南宋朱熹《論語集注》（見朱熹《四書章句集注》，北京，中華書局，1983 年）、清劉寶楠《論語正義》（北京，中華書局，1990 年）、民國程樹德《論語集解》（北京，中華書局，1990 年）、楊伯峻《論語譯注》（北京，中華書局，2009 年第三版）、錢穆《論語新解》（北京，三聯書店，2002 年）、金良年《論語譯注》（上海，上海古籍出版社，2004 年），可參考。

選文

言志

顔淵、季路侍。子曰：“盍各言爾志？”子路曰：“願車馬，衣輕裘，與朋友共，敝之而無憾。”顔淵曰：“願無伐善①，無施勞②。”子路曰：“願聞子之志。”子曰：“老者安之，朋友信之，少者懷之。”

---

① 伐：誇耀。
② 施：表白。

季氏將伐顓臾

季氏將伐顓臾[1]，冉有、季路見於孔子曰[2]："季氏將有事於顓臾。"孔子曰："求！無乃爾是過與？夫顓臾，昔者先王以爲東蒙主[3]，且在邦域之中矣，是社稷之臣也。何以伐爲？"冉有曰："夫子欲之，吾二臣者皆不欲也。"孔子曰："求！周任有言曰[4]：'陳力就列，不能者止。'危而不持，顛而不扶，則將焉用彼相矣[5]？且爾言過矣，虎兕出於柙[6]，龜玉毁於櫝中[7]，是誰之過與？"冉有曰："今夫顓臾，固而近於費[8]，今不取，後世必爲子孫憂。"孔子曰："求！君子疾夫舍曰欲之，而必爲之辭。丘也聞有國有家者，不患寡而患不均，不患貧而患不安[9]。蓋均無貧，和無寡，安無傾。夫如是，故遠人不服，則脩文德以來之。既來之，則安之。今由與求也，相夫子，遠人不服，而不能來也；邦分崩離析，而不能守也；而謀動干戈於邦內，吾恐季孫之憂，不在顓臾，而在蕭牆之內也[10]。"

---

① 季氏：指當時執掌魯國大權的季孫氏，魯國"三桓"之一。顓臾（zhuān yú）：魯國之附庸國，在今山東費縣西北。

② 冉有：冉求，字子有。曾任季氏宰。季路：即仲由，字子路，一字季路。孔子任魯司寇時，使爲季孫氏宰。

③ 東蒙主：東蒙山祭祀的主持。東蒙：山名。即蒙山，在今山東蒙陰縣西南。

④ 周任：古代史官。

⑤ 相：輔助，幫助。引申爲幫助盲人行路的人。錢穆《論語新解》："相，如相瞽之相。瞽者行遇颠危，当由相者扶持。若不扶不持，则何用彼相。"

⑥ 柙（xiá）：檻，關獸類的木籠。

⑦ 櫝（dú）：木櫃，木匣。

⑧ 費（bì）：季氏采邑，在今山東費縣西北二十里古城。

⑨ 不患寡而患不均，不患貧而患不安：此句清俞樾《群經平議》認爲當作"不患貧而患不均，不患寡而患不安"。

⑩ 蕭牆之內：指魯君。蕭牆：魯君使用的屏風。蕭：通"肅"，肅敬。

齊桓晉文之事（《孟子注疏》）

題解

《孟子注疏》十四卷，《四庫全書總目》卷三五經部四書類一著録，題作《孟子正義》，當作《孟子注疏》。

孟子（約前372—前289；一説生於前380年左右，卒於前300年左右），戰國中期儒家學派代表人物。名軻，字子與，鄒（今山東鄒城市東南）人。受業於子思門人，曾歷游魯、齊、宋、滕、梁等國，宣傳儒家的政治主張，并任齊宣王客卿，但其主張最終不被采用，晚年回到家鄉與弟子萬章、公孫丑等著書立説，《孟子》一書即爲他與弟子共同編著，事見《史記》卷七十四《孟子荀卿列傳》。《漢書·藝文志》諸子略儒家類著録《孟子》十一篇，現存七篇（《梁惠王》、《公孫丑》、《滕文公》、《離婁》、《萬章》、《告子》和《盡心》）。其書詳盡記載了孟子的生平事迹和思想學説，是先秦時期的重要典籍，後來成爲儒家的經典之一。通行之本爲《十三經注疏》所收之《孟子注疏》，漢趙岐注，宋孫奭疏，每篇分上下，計十四卷。本篇選自《孟子》卷一《梁惠王上》，題目爲後人所加，是孟子與齊宣王的對話。篇中孟子闡述了他關於“愛民”、“仁政”和“王道”的主張，從中可見他對孔子“仁”的思想的發展。

選文據北京大學出版社2000年出版《十三經注疏》整理本《孟子注疏》，另有南宋朱熹《孟子集注》（載朱熹《四書章句集注》，北京，中華書局，1983年）、清焦循《孟子正義》（沈文倬點校本，北京，中華書局，1987年）、楊伯峻《孟子譯注》（北京，中華書局，2010年第三版）、金良年《孟子譯注》（上海，上海古籍出版社，2004年），可參考。

選文

齊宣王問曰①：“齊桓、晉文之事，可得聞乎？”

孟子對曰：“仲尼之徒，無道桓、文之事者，是以後世無傳焉，臣未之聞也。無以②，則王乎？”

曰：“德何如，則可以王矣？”

曰：“保民而王，莫之能禦也。”

曰：“若寡人者，可以保民乎哉？”

曰：“可。”

---

① 齊宣王：齊威王之子，名辟彊。前319—前301年在位。謚宣。

② 以：同“已”。

曰："何由知吾可也？"

曰："臣聞之胡齕曰[①]，王坐於堂上，有牽牛而過堂下者，王見之，曰：'牛何之？'對曰：'將以釁鍾。'王曰：'舍之，吾不忍其觳觫[②]，若無罪而就死地。'對曰：'然則廢釁鍾與？'曰：'何可廢也，以羊易之。'不識有諸？"

曰："有之。"

曰："是心足以王矣。百姓皆以王爲愛也，臣固知王之不忍也。"

王曰："然。誠有百姓者。齊國雖褊小，吾何愛一牛？即不忍其觳觫，若無罪而就死地，故以羊易之也。"

曰："王無異於百姓之以王爲愛也，以小易大，彼惡知之？王若隱其無罪而就死地，則牛、羊何擇焉？"

王笑曰："是誠何心哉？我非愛其財而易之以羊也，宜乎百姓之謂我愛也。"

曰："無傷也，是乃仁術也，見牛而未見羊也。君子之於禽獸也，見其生，不忍見其死；聞其聲[③]，不忍食其肉。是以君子遠庖廚也[④]。"

王説，曰："《詩》云：'他人有心，予忖度之[⑤]。'夫子之謂也。夫我乃行之，反而求之，不得吾心。夫子言之，於我心有戚戚焉。此心之所以合於王者，何也？"

曰："有復於王者曰：'吾力足以舉百鈞，而不足以舉一羽；明足以察秋毫之末，而不見輿薪'，則王許之乎？"

曰："否。"

"今恩足以及禽獸，而功不至於百姓者，獨何與？然則一羽之不舉，爲不用力焉；輿薪之不見，爲不用明焉；百姓之不見保，爲不用恩焉。故王之不王，不爲也，非不能也。"

曰："不爲者與不能者之形何以異？"

---

① 胡齕（hé）：齊宣王侍臣。
② 觳觫（hú sù）：恐懼貌。
③ 聲：朱熹《孟子集注》："謂將死而哀鳴也。"
④ 君子遠庖廚：語見《禮記・玉藻》。庖：廚房。
⑤ 語出《詩經・小雅・巧言》。

曰：“挾太山以超北海，語人曰：‘我不能’，是誠不能也。爲長者折枝①，語人曰：‘我不能’。是不爲也，非不能也。故王之不王，非挾太山以超北海之類也；王之不王，是折枝之類也。老吾老，以及人之老；幼吾幼，以及人之幼，天下可運於掌。《詩》云：‘刑于寡妻，至于兄弟，以御于家邦②。’言舉斯心加諸彼而已。故推恩足以保四海，不推恩無以保妻子。古之人所以大過人者，無他焉，善推其所爲而已矣。今恩足以及禽獸，而功不至於百姓者，獨何與？權，然後知輕重；度，然後知長短。物皆然，心爲甚。王請度之。抑王興甲兵，危士臣，構怨於諸侯，然後快於心與？”

王曰：“否。吾何快於是？將以求吾所大欲也。”

曰：“王之所大欲可得聞與？”王笑而不言。

曰：“爲肥甘不足於口與？輕煖不足於體與？抑爲采色不足視於目與？聲音不足聽於耳與？便嬖不足使令於前與③？王之諸臣，皆足以供之，而王豈爲是哉？”

曰：“否。吾不爲是也。”

曰：“然則王之所大欲可知已。欲辟土地，朝秦、楚，莅中國而撫四夷也④。以若所爲，求若所欲，猶緣木而求魚也。”

王曰：“若是其甚與？”

曰：“殆有甚焉。緣木求魚，雖不得魚，無後災。以若所爲，求若所欲，盡心力而爲之，後必有災。”

曰：“可得聞與？”

曰：“鄒人與楚人戰，則王以爲孰勝？”

曰：“楚人勝。”

曰：“然則小固不可以敵大，寡固不可以敵衆，弱固不可以敵强。海内之地，方千里者九，齊集有其一。以一服八，何以異於鄒敵楚哉？蓋亦反其本矣⑤。今王發政施仁，使天下仕者皆欲立於王之朝，耕者皆欲耕於王之野，

① 折枝：楊伯峻《孟子譯注》説：折取樹枝。
② 語出《詩經·大雅·思齊》。刑：同“型”。示範。寡妻：“寡德之妻”，謙辭。御：治理。
③ 便嬖（pián bì）：又作“便辟”，君王親信寵幸的人。
④ 莅（lì）：臨，即統治。
⑤ 蓋：通“盍”。何不。

商賈皆欲藏於王之市，行旅皆欲出於王之塗，天下之欲疾其君者皆欲赴愬於王。其若是，孰能禦之？"

王曰："吾惛，不能進於是矣。願夫子輔吾志，明以教我。我雖不敏，請嘗試之。"

曰："無恒産而有恒心者，惟士爲能。若民，則無恒産，因無恒心。苟無恒心，放辟邪侈①，無不爲已。及陷於罪，然後從而刑之，是罔民也②。焉有仁人在位，罔民而可爲也？是故明君制民之産③，必使仰足以事父母，俯足以畜妻子，樂歲終身飽，凶年免於死亡。然後驅而之善，故民之從之也輕。今也制民之産，仰不足以事父母，俯不足以畜妻子，樂歲終身苦，凶年不免於死亡，此惟救死而恐不贍，奚暇治禮義哉！王欲行之，則盍反其本矣！五畝之宅，樹之以桑，五十者可以衣帛矣。雞豚狗彘之畜，無失其時，七十者可以食肉矣。百畝之田，勿奪其時，八口之家可以無飢矣。謹庠序之教，申之以孝悌之義④，頒白者不負戴於道路矣⑤。老者衣帛食肉，黎民不飢不寒，然而不王者，未之有也。"

---

① 辟：同"僻"。邪僻。侈：越軌行爲。

② 罔：同"網"。此使陷入法網。

③ 制：制定。

④ 申：重復，再三。言反復開導。

⑤ 頒白：通"斑白"。鬢髮花白，喻指老人。負戴：指頭頂或背負重物。

釋宮（《爾雅注疏》）

題解

《爾雅註疏》十一卷，《四庫全書總目》卷四〇經部小學類一著録。

《爾雅》不是一般意義的經書，而是經書訓詁的彙編，即古代經典的詞語解釋之書。漢文帝時已置《爾雅》博士，是其列入“經書”的淵源。《總目》提要說：“特説經之家多資以證古義，故從其所重，列之經部耳。”《爾雅》的彙編也不是一人一時而成，其初具規模在戰國時期，漢代古文經傳注發達起來後，又經過一度增補潤色，才成爲今天所見的樣子（參王寧《〈爾雅〉説略》，載王寧、褚斌傑等《十三經説略》，北京，中華書局，2015 年，第 226～236 頁）。該書共 19 篇，即《釋詁》、《釋言》、《釋訓》、《釋親》、《釋宮》、《釋器》、《釋樂》、《釋天》、《釋地》、《釋丘》、《釋山》、《釋水》、《釋草》、《釋木》、《釋蟲》、《釋魚》、《釋鳥》、《釋獸》和《釋畜》，彙集了古代常用詞語兩千多個，内容十分豐富，不僅是古代訓詁學研究的重要文獻，而且有助於瞭解古代的社會生活和自然狀況，具有重要的文化科技史價值。今通行之本爲收録於《十三經注疏》中的《爾雅注疏》，十卷，晋郭璞注，宋邢昺疏。此外，清代邵晋涵《爾雅正義》、郝懿行《爾雅義疏》，都是《爾雅》注説的重要著作。本篇選自《爾雅・釋宮》，該篇内容是解釋宮室與道路、橋梁等事物的名稱。古人以爲道路、橋梁都出於宮（按：宮，古代房屋的通稱，後專指帝王之住所），故以“宮”統之，作爲總稱，實際是指各種土木工程之事，是古代建築史的寶貴文獻。

選文據北京大學出版社 2000 年《十三經注疏》整理本，注釋參考了胡奇光、方環海《爾雅譯注》（上海，上海古籍出版社，2004 年）。另有徐朝華《爾雅今注》（天津，南開大學出版社，1987 年），李嘉翼、祝鴻杰點校《爾雅正義》（北京，中華書局，2017 年），王其和、吴慶峰、張金霞點校《爾雅義疏》（北京，中華書局，2017 年），郭郛《爾雅注證——中國科學技術文化的歷史紀録》（北京，商務印書館，2013 年），可參考。

選文

宮謂之室，室謂之宮①。

牖户之間謂之扆，其内謂之家。東西牆謂之序。

西南隅謂之奥，西北隅謂之屋漏，東北隅謂之宧，東南隅謂之窔②。

---

① 室：房屋，住宅。宮、室對舉，宮，指整個圍墻内的房子，室，指其中的一個居住單位。

② 窔（yǎo）：房屋的東南角。

柣謂之閾①。棖謂之楔②。楣謂之梁③。樞謂之椳④。樞達北方謂之落時⑤，落時謂之戺⑥。

垝謂之坫⑦。牆謂之墉。

鏝謂之杇⑧。椹謂之榩⑨。地謂之黝⑩。牆謂之堊。

樴謂之杙⑪。在牆者謂之楎⑫，在地者謂之臬。大者謂之栱⑬，長者謂之閣⑭。

闍謂之臺⑮，有木者謂之榭⑯。

雞棲於弋爲榤⑰，鑿垣而棲爲塒。

植謂之傳⑱，傳謂之突。

杗廇謂之梁⑲。其上楹謂之梲⑳。閞謂之槉㉑，栭謂之楶㉒，棟謂之桴㉓，桷謂之榱㉔。桷直而遂謂之閲，直不受檐謂之交。檐謂之樀㉕。

容謂之防㉖。

---

① 柣（zhì）：門檻。
② 棖（chéng）：門兩旁樹立的木柱。郭璞注："門兩旁木"。
③ 楣：郭璞注："門户上横梁"。
④ 椳（wēi）：承托門户轉軸的門臼。許慎《説文》："門樞謂之椳。"
⑤ 落時：古代宫室撐持門樞之木。
⑥ 戺（shì）：同"戹"。門軸。邢昺《疏》："落時又名戺，是持樞一木有此二名也。"
⑦ 垝（guì）：室内放東西的土臺。
⑧ 鏝（màn）：泥工塗墻的工具。《説文》："鏝，鐵杇也。"
⑨ 椹（zhēn）：斫木砧。
⑩ 黝（yǒu）：黑色。此言塗飾地面。
⑪ 樴（zhí）：小木樁。
⑫ 楎（huī）：釘在墻上可以挂衣物的木橛。
⑬ 栱：立柱和横梁之間呈弓形的承重結構。
⑭ 閣：門開後插在兩旁用來固定門扇的長木柱。《説文》："閣，所以止扉也。"
⑮ 闍（dū）：城門上的臺。
⑯ 榭：建在高臺上的木屋。郭璞注："臺上起屋。"
⑰ 弋（yì）：木樁。後作"杙"。
⑱ 植：《説文》："植，户植也。"門外閉時用以加鎖的中立直木。
⑲ 杗廇（máng liù）：郭璞注："屋大梁也。"
⑳ 梲（zhuō）：梁上的短柱。郭璞注："侏儒柱也。"
㉑ 閞（biàn）：柱上的方木。又作"栟"。
㉒ 栭（ér）：柱頂上支承屋梁的方木。一名"楶"（jié），即斗拱。
㉓ 桴：房屋的二梁。亦泛指房棟。《説文》："桴，棟名。"
㉔ 桷（jué）：方形的椽子。《説文》："桷，榱（cuī）也，椽方曰桷。"
㉕ 樀（dí）：屋檐。
㉖ 容：小屏風。

連謂之簃①。

屋上薄謂之筄②。

兩階間謂之鄉③。中庭之左右謂之位。門屏之間謂之宁④。屏謂之樹。

閍謂之門⑤。正門謂之應門。觀謂之闕。

宫中之門謂之闈，其小者謂之閨。小閨謂之閤。衖門謂之閎⑥。

門側之堂謂之塾。

橛謂之闑。闔謂之扉。所以止扉謂之閎⑦。

瓴甋謂之甓。

宫中衖謂之壼⑧。廟中路謂之唐。堂途謂之陳。

路、旅，途也⑨。路、場、猷、行，道也⑩。

一達謂之道路，二達謂之歧旁，三達謂之劇旁，四達謂之衢，五達謂之康，六達謂之莊，七達謂之劇驂，八達謂之崇期，九達謂之逵⑪。

室中謂之時⑫。堂上謂之行，堂下謂之步。門外謂之趨，中庭謂之走，大路謂之奔⑬。

隄謂之梁⑭。石杠謂之徛⑮。

室有東西廂曰廟。無東西廂，有室曰寢⑯，無室曰榭。四方而高曰臺，陜而脩曲曰樓⑰。

---

① 連：同“槤”。堂樓閣邊小屋。

② 薄：簾子。後作“箔”。筄（yào）：鋪在椽上瓦下的竹席或葦席。

③ 鄉（xiàng）：殿堂前兩階之間。郭璞注：“人君南鄉當階間。”郝懿行《義疏》曰：“兩階者，堂之東西階也。”

④ 宁（zhù）：古代宫殿的門屏之間。

⑤ 閍（bēng）：古代宗廟門内設祭的地方。或作“祊”。

⑥ 衖（xiàng）：同“巷”。

⑦ 閎：《玉篇》引作“閣”。意同前文“（杙）長者謂之閣”之“閣”。

⑧ 壼（kǔn）：宫中巷舍間道。

⑨ 旅：旅途。

⑩ 場：古代祭神用的平地。《説文》：“場：祭神道也。”猷：道路。

⑪ 按：以上是一組關於道路的名稱。

⑫ 時：通“峙”（chí）。踟躕不前。

⑬ 按：以上是一組關於人們在道路上行走的名稱。

⑭ 隄（dī）：橋梁。郭璞注：“即橋也。或曰：‘石絶水者爲梁’。”

⑮ 石杠（gāng）：兩頭聚石，以木横架之可行如橋，故名。一説即石橋。

⑯ 寢：宗廟中藏祖先衣冠的後殿。

⑰ 陜：同“狹”。狹隘，狹窄。

説文解字叙（《説文解字》）

題解

《説文解字》三十卷，《四庫全書總目》卷四一經部小學類二著録。

《説文解字》，是我國第一部分析字形、説解字義、辨識聲讀的字典，東漢許慎撰。許慎（约 58—约 147），字叔重。汝南召陵（今河南漯河市召陵區東召陵鎮）人，經學家。《説文解字》外，還著有《五經異義》。事見《後漢書·許慎傳》。《説文解字》的編寫始於東漢和帝永元十二年（100 年），安帝建光元年（121 年），由其子許沖進上，前後歷時二十餘年。該書十四篇，搜集“文”9 353 字，“重文”1 163 字，共計 10 516 字，幾乎彙集了東漢以前出現的所有單字，并且按照字形把這些字分成五百四十部，“分別部居”，“據形繫聯”，成爲有系統的偏旁編字法，這是許慎的獨創。在内容方面，《説文》涉及了文字、音韵、訓詁各個方面，内容十分廣博豐富，價值珍貴，無論在傳統語言學方面還是在字書的編纂方面，對後世都産生了十分深遠的影響（參陸宗達《説文解字通論·引言》，北京，中華書局，2015 年，第 1～20 頁）。本篇選自《説文解字》卷末，是許慎撰寫的該書叙文。本篇系統叙述了先秦至漢代文字的産生、發展和文字學著述的流變，具體説明了“六書”的含義和本書的體例，對於經今文學家依據隸書説解文字及其穿鑿附會之弊提出批評，同時闡述了文字的政治文化功用和本書的撰述宗旨。

選文據湯可敬《説文解字今釋》（上海，上海古籍出版社，2018 年增訂本），本篇的注釋亦主要依據該書，個別標點，參考其他整理本有所改動。今有漢許慎撰、清段玉裁注、許惟賢整理《説文解字注》（南京，鳳凰出版社，2015 年），張舜徽《説文解字導讀》（成都，巴蜀書社，1990 年），陸宗達《説文解字通論》（北京，中華書局，2015 年），可參考。孫欽善選注《中國古文獻學文選》（南京，江蘇教育出版社，2008 年）選注了本篇，亦可參考。

選文

古者庖犧氏之王天下也，仰則觀象於天，俯則觀法於地，視鳥獸之文與地之宜，近取諸身，遠取諸物，於是始作《易》八卦，以垂憲象[①]。及神農氏結繩爲治而統其事[②]，庶業其繁[③]，飾僞萌生。黃帝之史倉頡，見鳥獸蹏

① 憲象：法象，現象。
② 統：絲之端緒。此指紀，即記，記録。
③ 其：同“綦”。即極。

迒之迹[①]，知分理之可相别異也[②]，初造書契[③]。“百工以乂，萬品以察，蓋取諸《夬》[④]。”“夬，揚于王庭[⑤]。”言文者宣教明化於王者朝廷，君子所以施禄及下，居德明忌也[⑥]。

倉頡之初作書，蓋依類象形[⑦]，故謂之文；其後形聲相益[⑧]，即謂之字。[文者，物象之本[⑨]；] 字者，言孳乳而浸多也[⑩]。著於竹帛謂之書[⑪]，書者，如也[⑫]。以迄五帝三王之世[⑬]，改易殊體，封于泰山者[⑭]，七十有二代，靡有同焉。

周禮：八歲入小學，保氏教國子[⑮]，先以六書[⑯]。一曰指事。指事者，視而可識，察而見意，上、下是也[⑰]。二曰象形。象形者，畫成其物，隨體詰詘，日、月是也[⑱]。三曰形聲。形聲者，以事爲名，取譬相成，江、河是也[⑲]。四曰會意。會意者，比類合誼，以見指撝，武、信是也[⑳]。五曰轉注。

---

① 蹏迒之迹：鳥獸的足迹。蹏：古“蹄”字。迒（háng）：獸迹。

② 分理：猶文理，即紋理。

③ 書契：文字。書：寫。契：刻。

④ 語出《易・繫辭下》。原文作：“百官以治，萬民以察，蓋取諸《夬》。”夬（guài）：《易》卦名。六十四卦之一。

⑤ 此句見《易・夬卦》卦辭。

⑥ 明忌：王筠《説文句讀》：“令行禁止之意”。

⑦ 依類象形：段玉裁《説文解字注》（簡稱“《段注》”）：“謂指事、象形二者也。指事亦所以象形也。”

⑧ 形聲相益：《段注》：“謂形聲、會意二者也。有形則必有聲，聲與形相軵爲形聲，形與形相軵爲會意。”

⑨ 文者，物象之本：《段注》：“各本無此六字，依《左傳・宣十五年》正義補。”

⑩ 按：《段注》：“析言之，獨體曰文，合體曰字；統言之，則文字可以互稱。”

⑪ 著於竹帛：《段注》：“附著而著明之於竹帛也。”

⑫ 如：《段注》：“謂如其事物之狀也。”

⑬ 迄：當爲“訖”。止也。

⑭ 封：帝王築壇祭天。

⑮ 保氏：官名。見《周禮・地官・保氏》。國子：公卿大夫子弟。

⑯ 六書：即下文的指事、象形、形聲、會意、轉注、假借。班固《漢書・藝文志》作：象形、象事、象意、象聲、轉注、假借；鄭衆《周禮・保氏》注作：象形、會意、轉注、處事、假借、諧聲。當代説“六書”者，名稱取之許慎，次第取之班固。

⑰ “指事者”句：“指事”的意思是看見了就可以認識，仔細觀察就能發現意義。上、下二字就是這樣。上、下：《段注》作“二、二”，曰：“此謂古文也。”

⑱ “象形者”句：“象形”的意思是畫成那個事物的形象，隨着它的形體而曲折描摹。日、月二字就是這樣。詰詘：猶屈曲。

⑲ “形聲者”句：“形聲”的意思是根據事類確定一個字，再選擇一個與被造字讀音近似的字配合而成。江、河二字就是這樣。

⑳ “會意者”句：“會意”的意思是排比字類，合成新義，來體現造字的旨意。武、信二字就是這樣。

轉注者，建類一首，同意相受，考、老是也①。六曰假借。假借者，本無其字，依聲託事，令、長是也②。

及宣王太史籀，箸《大篆》十五篇③，與古文或異。至孔子書六經，左丘明述《春秋傳》，皆以古文④，厥意可得而説。其後，諸侯力政，不統於王⑤，惡禮樂之害己，而皆去其典籍。分爲七國，田疇異畮，車涂異軌，律令異法，衣冠異制，言語異聲，文字異形。

秦始皇帝，初兼天下，丞相李斯乃奏同之，罷其不與秦文合者。斯作《倉頡篇》，中車府令趙高作《爰歷篇》，太史令胡母敬作《博學篇》，皆取史籀大篆，或頗省改，所謂小篆者也。是時，秦燒滅經書，滌除舊典，大發隸卒，興役戍⑥，官獄職務繁，初有隸書，以趣約易，而古文由此絶矣⑦。

自爾，秦書有八體。一曰大篆，二曰小篆，三曰刻符，四曰蟲書⑧，五曰摹印，六曰署書⑨，七曰殳書⑩，八曰隸書。

漢興，有草書。尉律⑪：學僮十七已上，始試。諷籀書九千字⑫，乃得爲吏⑬，又以八體試之。郡移太史并課⑭，最者以爲尚書史。書或不正，輒舉劾之。今雖有尉律，不課，小學不修，莫達其説久矣。

孝宣時，召通《倉頡》讀者，張敞從受之。涼州刺史杜業、沛人爰禮、講學大夫秦近，亦能言之。孝平時，徵禮等百餘人，令説文字未央廷中，以禮爲小學元士。黄門侍郎杨雄采以作《訓纂篇》，凡《倉頡》已下十四篇，凡五千三百四十字，羣書所載，略存之矣。

---

① “轉注者”句：“轉注”的意思是造字統一部首，部首字把同一個意思灌注給新造字。考、老二字就是這樣。轉注：輾轉灌注。

② “假借者”句：“假借”的意思是本來没有那個字，依照音同原則而把意義寄托給它。令、長二字就是這樣。

③ 箸：同“著”。《段注》作“著”。

④ 古文：泛指先秦時期的古文字。

⑤ 王：指周天子。

⑥ 興役戍：《段注》作“興戍役”。

⑦ 古文由此絶矣：謂古文由此不再通行。

⑧ 蟲書：指鳥蟲書。

⑨ 署書：題署之體。指一切封檢、門榜題字。

⑩ 殳書：刻於兵器的文字。殳：一種兵器。此泛指一切兵器。

⑪ 尉律：廷尉治獄之律。

⑫ 諷：背誦。籀：抽繹，理解。書：書寫。

⑬ 吏：《段注》作“史”。

⑭ 移：移送。

及亡新居攝，使大司空甄豐等校文書之部，自以爲應制作①，頗改定古文②。時有六書：一曰古文，孔子壁中書也。二曰奇字，即古文而異者也。三曰篆書，即小篆，秦始皇帝使下杜人程邈所作也。四曰佐書，即秦隸書。五曰繆篆③，所以摹印。六曰鳥蟲書，所以書幡信也。

壁中書者，魯恭王壞孔子宅，而得《禮記》、《尚書》、《春秋》、《論語》、《孝經》，又北平侯張倉獻《春秋左氏傳》④，郡國亦往往於山川得鼎彝，其銘即前代之古文，皆自相似。雖叵復見遠流，其詳可得略説也。

而世人大共非訾，以爲好奇者也，故詭更正文，鄉壁虛造不可知之書，變亂常行，以燿於世。諸生競説字解經，誼稱秦之隸書⑤，爲倉頡時書，云父子相傳，何得改易。乃猥曰⑥：馬頭人爲長，人持十爲斗，虫者屈中也。廷尉説律，至以字斷法，苛人受錢，苛之字止句也⑦。若此者甚衆，皆不合孔氏古文，謬於史籀。

俗儒啚夫，翫其所習，蔽所希聞⑧。不見通學，未嘗覩字例之條，怪舊埶而善野言⑨，以其所知爲祕妙，究洞聖人之微恉。又見《倉頡篇》中“幼子承詔”⑩，因號“古帝之所作也⑪，其辭有神僊之術焉⑫。”其迷誤不諭，豈不悖哉！

《書》曰：“予欲觀古人之象⑬。”言必遵修舊文而不穿鑿。孔子曰：“吾猶及史之闕文，今亡也夫⑭。”蓋非其不知而不問，人用己私，是非無正，巧

---

① 應制作：應制而作。制：詔令。

② 頗：稍微，間或。

③ 繆（móu）篆：其形屈曲纏繞，故名。

④ 北平侯張倉：《漢書》作“張蒼”。

⑤ 誼：同“誼”。詐妄。《段注》作“誼”，連上文讀，“誼”，即“義”，二字爲古今字，典籍中常通用。

⑥ 猥曰：没有根據地、胡亂解釋説。此批評俗學諸生不知古字而根據隸書字形曲解附會。

⑦ “廷尉説律”至“苛之字止句也”：《段注》曰：“説律者曰：此字從止句，句讀同鉤，謂止之而鉤取其錢。”是説掌管刑獄的官員，根據隸書的訛體、俗體，曲解法律，掠奪民財。

⑧ 希聞：瞭解很少者。指古文。希：同“稀”。

⑨ 埶：“藝”之古字，指典籍。

⑩ 幼子承詔：孩童接受老師的訓誥。詔：告，教育。此爲李斯《倉頡篇》中的一句話。

⑪ 因號：徐鍇《説文解字繫傳》作“因曰”，《段注》同。

⑫ 按：《段注》曰：“俗儒啚夫既謂隸書即倉頡時書，因謂李斯等所作《倉頡篇》爲黃帝之所作，以黃帝、倉頡君臣同時也。其云‘幼子承詔’者，謂黃帝乘龍上天，而少子嗣位爲帝也。”

⑬ 語出《尚書·益稷》。

⑭ 語出《論語·衛靈公》。

説衺辭，使天下學者疑。

蓋文字者，經藝之本，王政之始。前人所以垂後，後人所以識古。故曰："本立而道生①"，知天下之至嘖而不可亂也②。

今敘篆文，合以古籀，博采通人，至於小大，信而有證。稽譔其説，將以理羣類，解謬誤，曉學者，達神恉。分别部居，不相雜厠。萬物咸覩，靡不兼載。厥誼不昭，爰明以諭。其偁《易》③，孟氏；《書》，孔氏；《詩》，毛氏；《禮》；《周官》；《春秋》，左氏；《論語》；《孝經》，皆古文也。其於所不知，蓋闕如也④。

① 語出《論語·學而》。
② 至嘖（zé）：最深奥的道理。嘖：深遠。此句約舉《易·繫辭上》之語，原文作"賾"。
③ 偁：偁舉，徵引。
④ 其於所不知，蓋闕如也：語出《論語·子路》。

第二單元

四部文獻泛讀——史部

史部總叙（《四庫全書總目》）

題解

本篇選自《四庫全書總目》卷四五，爲該書史部之總叙。叙文從目録學的角度提出了史書編纂需以“撰述欲其簡，考證則欲其詳”爲原則，交代了史部十五個類目的劃分及其相互關係。十五個類目爲：正史、編年、紀事本末、别史、雜史、詔令奏議、傳記、史鈔、載記、時令、地理、職官、政書、目録、史評，本書以下史部泛讀文選即按照這個類目順序選録編排。叙文在梳理學術發展歷程的基礎上，强調考證的重要性，指出無論“作史”還是“讀史”都離不開考證，并以尊經崇儒爲根本立場，從而體現了《四庫全書總目》“辨章學術，考鏡源流”的政治文化功能。

選文據中華書局1965年整理本。今有张舜徽《四庫提要叙講疏》（昆明，雲南人民出版社，2005年），陳尚君、張金耀《四庫提要精讀》（上海，復旦大學出版社，2008年），可參考。

選文

史之爲道，撰述欲其簡，考證則欲其詳[①]。莫簡於《春秋》，莫詳於《左

① 考證：又稱“考據”，是運用證據考辨文獻史料真實性的一種方法。具體來説，主要是通過訓詁、校勘和資料的搜輯、排比、歸納，提出可信的證據，進而得出一定的結論。

傳》。魯史所錄[①]，具載一事之始末。聖人觀其始末，得其是非，而後能定以一字之襃貶[②]，此作史之資考證也。丘明錄以爲傳，後人觀其始末，得其是非，而後能知一字之所以襃貶，此讀史之資考證也。苟無事蹟，雖聖人不能作《春秋》。苟不知其事蹟，雖以聖人讀《春秋》，不知所以襃貶。儒者好爲大言，動曰舍傳以求經[③]，此其說必不通。其或通者，則必私求諸傳，詐稱舍傳云爾。

司馬光《通鑑》，世稱絕作，不知其先爲長編，後爲考異[④]。高似孫《緯略》，載其《與宋敏求書》，稱“到洛八年，始了晉、宋、齊、梁、陳、隋六代。唐文字尤多，依年月編次爲草卷，以四丈爲一卷，計不減六七百卷”。又稱“光作《通鑑》，一事用三四出處纂成，用雜史諸書，凡二百二十二家”。李燾《巽巖集》[⑤] 亦稱“張新甫見洛陽有《資治通鑑》草稾盈兩屋”。（案：燾集今已佚，此據馬端臨《文獻通考》述其父廷鸞之言。）今觀其書，如湻方成“禍水”之語，則採及《飛燕外傳》[⑥]；張彖“冰山”之語，則採及《開元天寶遺事》[⑦]，竝小說亦不遺之。然則古來著錄，於正史之外，兼收博採，列目分編，其必有故矣。

今總括羣書，分十五類：首曰正史，大綱也；次曰編年[⑧]，曰別史，曰雜史，曰詔令奏議，曰傳記，曰史鈔，曰載記，皆參考紀傳者也；曰時令，曰地理，曰職官，曰政書，曰目錄，皆參考諸志者也；曰史評，參考論贊者也。舊有譜牒一門，然自唐以後，譜學殆絕，玉牒既不頒於外，家乘亦不上

---

① 魯史：魯國的編年史，指經孔子整理至今流傳的《春秋》。

② 一字之襃貶：後世儒家學者認爲，孔子修《春秋》，以“垂法”爲主，故文字簡約，以遣詞用字來表達褒貶，即所謂“微言大義”。如：吴楚之君自稱“王”，而《春秋》貶之曰“子”；踐土之會實晋文公召周天子，而《春秋》諱之，曰“天王狩於河陽”，推此類以懲惡揚善。襃：同“褒”。

③ 舍傳以求經：不通過傳文而直接由經文求解。

④ 長編、考異：《資治通鑑》的編撰方法。長編：是將相關的歷史材料按年代加以排比編次，以供删削成書的初稿。考異：是對史實的異同進行考訂，説明材料取捨的依據。

⑤ 李燾《巽巖集》：李燾：南宋史學家，字仁甫，號巽巖，眉州丹棱（今屬四川）人，曾仿《資治通鑑》之法作《續資治通鑑長編》。所著《巽巖集》已佚，按語説明此處的引文來自馬端臨《文獻通考·經籍考》。

⑥ 《飛燕外傳》：一卷，舊題西漢劉伶玄撰。事見《資治通鑑》卷三十一《漢紀二十三》成帝鴻嘉三年（前18年）秋七月。

⑦ 《開元天寶遺事》：五代王仁裕撰，今本二卷。事見《資治通鑑》卷二百一十六《唐紀三十二》玄宗天寶十一載（752年）十一月。

⑧ 按：據《總目》史部實際内容，下當有“曰紀事本末”一句。

於官①，徒存虚目，故從删焉。

考私家記載，惟宋、明二代爲多。蓋宋、明人皆好議論，議論異則門戶分，門戶分則朋黨立，朋黨立則恩怨結。恩怨既結，得志則排擠於朝廷，不得志則以筆墨相報復。其中是非顛倒，頗亦熒聽。然雖有疑獄，合衆證而質之②，必得其情；雖有虚詞，參衆説而核之，亦必得其情。張師棣《南遷録》之妄，鄰國之事無質也。趙與旹《賓退録》，證以金國官制而知之③。《碧雲騢》一書④，誣謗文彦博、范仲淹諸人。晁公武以爲眞出梅堯臣，王銍以爲出自魏泰⑤，邵博又證其眞出堯臣⑥，可謂聚訟。李燾卒參互而辯定之，至今遂無異説⑦。此亦考證欲詳之一驗。然則史部諸書，自鄙倍冗雜、灼然無可採録外⑧，其有裨於正史者，固均宜擇而存之矣。

① 家乘：家譜、族譜一類書籍。乘（shèng）：春秋時晋國史書名，後因以稱一般的史書。

② 質：對質，核實。

③ 《南遷録》：一卷。金張師顔撰，《總叙》作“張師棣”，誤。《南遷録》所載人物、年號等，如愛王大辨，天統、興慶等年號，《金史》皆不載，舛誤極多。南宋趙與旹《賓退録》考證其書爲僞。

④ 《碧雲騢》：原題梅堯臣作。以攻訐北宋執政者爲其宗旨。梅堯臣：字聖俞，北宋詩人。

⑤ 王銍：字性之，著有《默記》《雪溪集》等。魏泰：字道輔，著有《東軒筆録》《臨漢隱居詩話》等。

⑥ 邵博：字公濟，著有《邵氏聞見後録》等。

⑦ 按：據近年學者研究，皆以为當爲梅堯臣所作。參戴建國《〈碧雲騢〉作者新探》，載《歷史文獻研究》，2016年，第37輯，第259～270頁。

⑧ 倍：同“背”。

太史公自序（《史記》）（節選）

題解

《史記》一百三十卷，《四庫全書總目》卷四五史部正史類一著録。

本《太史公自序》載於《史記》卷一百三十，是《史記》全書的後序，也可視爲司馬遷的自傳。本篇爲該序之節選。選文叙述了纂修《史記》的時代條件、個人動機以及因李陵之禍受刑後忍辱著書的決心和毅力，指出史書的編纂能够“别嫌疑，明是非，定猶豫，善善惡惡，賢賢賤不肖，存亡國，繼絶世，補敝起廢”，爲“王道之大者也”。《《史記·太史公自序》内容豐富，文辭高古，義旨閎深，是研究司馬遷生平思想及《史記》其書的極其重要的資料。

選文據《史記》中華書局2014年點校本的修訂本。今有張大可注釋《史記新注》（北京，華文出版社，2000年），可參考。

選文

太史公曰：“先人有言[①]：‘自周公卒五百歲而有孔子。孔子卒後至於今五百歲[②]，有能紹明世[③]，正《易傳》，繼《春秋》，本《詩》《書》《禮》《樂》之際？’意在斯乎！意在斯乎！小子何敢讓焉。”

上大夫壺遂曰：“昔孔子何爲而作《春秋》哉？”太史公曰：“余聞董生曰：‘周道衰廢，孔子爲魯司寇[④]，諸侯害之，大夫壅之。孔子知言之不用，道之不行也，是非二百四十二年之中[⑤]，以爲天下儀表，貶天子，退諸侯，討大夫，以達王事而已矣。’子曰：‘我欲載之空言，不如見之於行事之深切著明也。’[⑥] 夫《春秋》，上明三王之道，下辨人事之紀，别嫌疑，明是非，

---

① 先人：指司馬遷的父親司馬談。

② 孔子卒後至於今五百歲：崔適曰：“云‘五百歲’者，此以祖述之意相比，所謂斷章取義，不必以實數求也。由今觀之，有孔子而堯、舜藉以祖述，文、武藉以憲章；有太史公，而孔子列於《世家》，《儒林》表其經業。是孔子後不可無太史公，猶周公後不可無孔子也。”（崔適著、張烈點校《史記探源》，北京，中華書局，1986年，第226～227頁）

③ 明世：太平盛世。

④ 司寇：掌刑獄、糾察之官。

⑤ 是非二百四十年：《春秋》所記上起魯隱公元年（前722年），下訖魯哀公十四年（前481年），共二百四十二年。

⑥ “子曰”二句：《索隱》謂孔子言見《春秋緯》。據張大可《史記新注》，實爲董仲舒之言，司馬遷轉引自董仲舒《春秋繁露·俞序》篇。

定猶豫，善善惡惡，賢賢賤不肖，存亡國，繼絶世①，補敝起廢，王道之大者也。《易》著天地、陰陽、四時、五行，故長於變；《禮》經紀人倫②，故長於行；《書》記先王之事，故長於政；《詩》記山川谿谷禽獸草木牝牡雌雄，故長於風；《樂》樂所以立，故長於和；《春秋》辯是非，故長於治人。是故《禮》以節人，《樂》以發和，《書》以道事，《詩》以達意，《易》以道化，《春秋》以道義。撥亂世反之正，莫近於《春秋》。《春秋》文成數萬，其指數千③。萬物之散聚皆在《春秋》。《春秋》之中，弒君三十六，亡國五十二④，諸侯奔走不得保其社稷者不可勝數。察其所以，皆失其本已。故《易》曰：'失之豪釐，差以千里。'故曰：'臣弒君，子弒父，非一旦一夕之故也，其漸久矣。'⑤ 故有國者不可以不知《春秋》，前有讒而弗見，後有賊而不知；爲人臣者不可以不知《春秋》，守經事而不知其宜⑥，遭變事而不知其權。爲人君父而不通於《春秋》之義者，必蒙首惡之名；爲人臣子而不通於《春秋》之義者，必陷篡弒之誅，死罪之名。其實皆以爲善，爲之不知其義，被之空言而不敢辭⑦。夫不通禮義之旨，至於君不君，臣不臣，父不父，子不子。夫君不君則犯⑧，臣不臣則誅，父不父則無道，子不子則不孝。此四行者，天下之大過也。以天下之大過予之，則受而弗敢辭。故《春秋》者，禮義之大宗也。夫禮禁未然之前，法施已然之後；法之所爲用者易見，而禮之所爲禁者難知。"⑨

壺遂曰："孔子之時，上無明君，下不得任用，故作《春秋》，垂空文以斷禮義，當一王之法⑩。今夫子上遇明天子，下得守職，萬事既具，咸各序其宜。夫子所論，欲以何明？"

---

① 存亡國，繼絶世：語出《論語·堯曰》。
② 經紀：安排。人倫：指人與人之間的等級關係。
③ 其指數千：指《春秋》褒貶的事例多。指：事例。
④ 弒君三十六，亡國五十二：語出《春秋繁露·滅國》。
⑤ "故曰"句：語出《易·坤卦·文言》。
⑥ 經事：經常之事，日常事務。
⑦ 被之空言：指受到輿論譴責。
⑧ 犯：文中指爲臣下所侵犯。
⑨ "夫禮禁未然之前"句：語出賈誼《陳政事疏》。
⑩ 當一王之法：漢代公羊派經學家認爲，孔子雖不在其位，但却起着"王者"的作用，即所謂"素王"。孔子的學説爲後來的漢王朝預定了新法。

太史公曰："唯唯，否否，不然。余聞之先人曰：'伏羲至純厚，作《易》八卦。堯舜之盛，《尚書》載之，禮樂作焉。湯武之隆，詩人歌之①。《春秋》采善貶惡，推三代之德，褒周室，非獨刺譏而已也。'漢興以來，至明天子，獲符瑞，封禪，改正朔②，易服色③，受命於穆清④，澤流罔極，海外殊俗，重譯款塞⑤，請來獻見者，不可勝道。臣下百官力誦聖德，猶不能宣盡其意。且士賢能而不用，有國者之恥；主上明聖而德不布聞，有司之過也。且余嘗掌其官，廢明聖盛德不載，滅功臣世家賢大夫之業不述，墮先人所言，罪莫大焉。余所謂述故事，整齊其世傳，非所謂作也，而君比之於《春秋》，謬矣。"

於是論次其文。七年⑥，而太史公遭李陵之禍，幽於縲紲。乃喟然而歎曰："是余之罪也夫！是余之罪也夫！身毀不用矣。"退而深惟曰："夫《詩》《書》隱約者，欲遂其志之思也。昔西伯拘羑里，演《周易》；孔子戹陳蔡，作《春秋》；屈原放逐，著《離騷》；左丘失明，厥有《國語》；孫子臏脚，而論兵法；不韋遷蜀，世傳《吕覽》；韓非囚秦，《説難》《孤憤》；《詩》三百篇，大抵賢聖發憤之所爲作也。此人皆意有所鬱結，不得通其道也，故述往事，思來者。"於是卒述陶唐以來⑦，至于麟止⑧，自黄帝始。

---

① 詩人歌之：指《詩經》中的《商頌》《周頌》《大雅》，其中有些篇是歌頌商湯及周文王、武王的。

② 正朔：一年第一天開始的時候。正：一年的開始。朔：一月的開始。古代改朝换代時，新帝王有改正朔的習慣。

③ 服色：各種衣服器物的顏色。古代改朝换代，規定以本朝崇尚的正色作爲服用的顏色。

④ 穆清：清和之氣，指天。

⑤ 款塞：叩開塞門。款：通"叩"。

⑥ 七年：指從司馬遷開始著《史記》的太初元年（前104年）到天漢三年（前98年）。

⑦ 陶唐：即陶唐氏，傳説中的遠古部落名，堯爲其首領。

⑧ 麟止：按：孔子作《春秋》絶筆於魯哀公獲麟，《史記》有意模仿《春秋》，止於漢武帝獲麟。麟：指武帝獵獲白麟的那一年，即元狩元年（前122年）。

劉歆傳（《漢書》）（節選）

題解

《漢書》一百二十卷，《四庫全書總目》卷四五史部正史類一著録。

本篇選自《漢書》卷三十六《楚元王傳附劉歆傳》。選文主體爲劉歆所作書信，即著名的《移讓太常博士書》，約作於西漢末年哀帝時（前6—前1年）。秦亡漢興，儒學漸趨恢復，武帝時設五經博士，皆習今文經。劉歆在校理皇家藏書時發現《左傳》《毛詩》《周禮》《古文尚書》等古文經，遂向哀帝建議也列於學官，設置博士。哀帝令五經博士共議，遭反對，劉歆遂作書以責之。書中詳述漢代以前經學的淵源、學術價值、戰國及秦毀滅經學的經過，以及漢初經書的出現和儒學的復興，然後敘述古文經的發現及民間傳授情況，指責五經博士抱殘守缺，以私害公。全文語氣激憤，措辭峻厲，剖析明白，劉勰稱之爲“辭剛而義辨，文移之首”（《文心雕龍·檄移》）。本文是我國今、古文經學之争最早的史料。

選文據《漢書》中華書局1962年點校本，個別標點有改動。今有楊樹達《漢書窺管》（北京，商務印書館，2015年），可參考。

選文

歆字子駿，少以通《詩》《書》能屬文召，見成帝，待詔宦者署，爲黄門郎。河平中，受詔與父向領校祕書，講六藝傳記，諸子、詩賦、數術、方技，無所不究。向死後，歆復爲中壘校尉。

哀帝初即位，大司馬王莽舉歆宗室有材行，爲侍中太中大夫，遷騎都尉、奉車光禄大夫，貴幸。復領《五經》，卒父前業。歆乃集六藝羣書，種别爲《七略》。語在《藝文志》。

歆及向始皆治《易》，宣帝時，詔向受《穀梁春秋》，十餘年，大明習。及歆校祕書，見古文《春秋左氏傳》，歆大好之。時丞相史尹咸以能治《左氏》[①]，與歆共校經傳。歆略從咸及丞相翟方進受[②]，質問大義。初《左氏傳》多古字古言，學者傳訓故而已，及歆治《左氏》，引傳文以解經，轉相發明，由是章句義理備焉。歆亦湛靖有謀，父子俱好古，博見彊志，過絕於

① 尹咸：漢成帝時任太史令，後成帝詔劉向等人分類校書，以其主校數術。

② 翟方進（？—前7）：西漢汝南上蔡（今河南上蔡西南）人，字子威。學《春秋》，漢成帝時爲博士。永始二年（前15年），遷御史大夫，旋擢丞相，封高陵侯。兼通文法吏事，以儒雅緣飾法律，甚得成帝器重。

人。歆以爲左丘明好惡與聖人同，親見夫子，而公羊、穀梁在七十子後，傳聞之與親見之，其詳略不同。歆數以難向，向不能非間也，然猶自持其《穀梁》義。及歆親近，欲建立《左氏春秋》及《毛詩》、《逸禮》、《古文尚書》皆列於學官。哀帝令歆與五經博士講論其義，諸博士或不肯置對，歆因移書太常博士①，責讓之曰：

昔唐、虞既衰，而三代迭興，聖帝明王，累起相襲，其道甚著。周室既微而禮樂不正，道之難全也如此。是故孔子憂道之不行，歷國應聘。自衛反魯，然後《樂》正，《雅》《頌》乃得其所②；修《易》，序《書》，制作《春秋》，以紀帝王之道。

及夫子沒而微言絕，七十子終而大義乖。重遭戰國，棄籩豆之禮③，理軍旅之陳。孔氏之道抑，而孫、吳之術興。陵夷至于暴秦，燔經書，殺儒士，設挾書之法，行是古之罪，道術由是遂滅。

漢興，去聖帝明王遐遠，仲尼之道又絕，法度無所因襲，時獨有一叔孫通略定禮儀，天下唯有《易》卜，未有它書。至孝惠之世，乃除挾書之律，然公卿大臣絳、灌之屬咸介冑武夫④，莫以爲意。至孝文皇帝，始使掌故朝錯從伏生受《尚書》⑤。

《尚書》初出于屋壁⑥，朽折散絕，今其書見在，時師傳讀而已。《詩》始萌牙。天下衆書往往頗出，皆諸子傳說，猶廣立於學官，爲置博士。在漢朝之儒，唯賈生而已⑦。至孝武皇帝，然後鄒、魯、梁、趙⑧，頗有《詩》《禮》《春秋》先師，皆起於建元之間⑨。當此之時，一人不

---

① 移書：古代公文的一種體裁，行於不相統屬的官署間。此處用爲動詞。

② “自衛返魯”句：語出《論語·子罕》。

③ 籩豆：古代的兩種祭祀的禮器。籩用竹制，盛果脯等。豆用木制，盛醤汁等。

④ 絳：指絳侯周勃。灌：指穎陰侯灌嬰。

⑤ 朝錯：即晁錯。

⑥ 《尚書》初出于屋壁：據《漢書·儒林傳》：“秦時禁《書》，伏生壁藏之。漢定，伏生求其《書》，亡數十篇，獨得二十九篇。”按：此“二十九篇”，當爲“二十八篇”。參馬宗霍、馬巨《經學通論》之《群經略說·書》，北京，中華書局，2011年。

⑦ 賈生：即賈誼（前200—前168）。

⑧ 鄒、魯、梁、趙：《漢書·儒林傳序》：“漢興，言《詩》，於魯則申培公，於齊則轅固生，燕則韓太傅；言《禮》，則魯高堂生；言《春秋》，於齊則胡毋生，於趙則董仲舒。”

⑨ 建元：漢武帝年號，前140—前135年。

能獨盡其經，或爲《雅》，或爲《頌》，相合而成。《泰誓》後得[①]，博士集而讀之。故詔書稱曰："禮壞樂崩，書缺簡脱，朕甚閔焉。"時漢興已七八十年，離於全經，固已遠矣。

及魯恭王壞孔子宅，欲以爲宫，而得古文於壞壁之中，《逸禮》有三十九，《書》十六篇。天漢之後[②]，孔安國獻之，遭巫蠱倉卒之難[③]，未及施行。及《春秋》左氏丘明所修，皆古文舊書，多者二十餘通，臧於祕府，伏而未發。孝成皇帝閔學殘文缺[④]，稍離其眞，乃陳發祕臧，校理舊文，得此三事，以考學官所傳，經或脱簡[⑤]，傳或間編[⑥]。傳問民間，則有魯國桓公、趙國貫公、膠東庸生之遺學與此同[⑦]，抑而未施。此乃有識者之所惜閔，士君子之所嗟痛也。

往者，綴學之士不思廢絶之闕[⑧]，苟因陋就寡，分文析字，煩言碎辭，學者罷老且不能究其一藝。信口説而背傳記，是末師而非往古。至於國家將有大事，若立辟雍、封禪、巡狩之儀，則幽冥而莫知其原。猶欲保殘守缺，挾恐見破之私意，而無從善服義之公心。或懷妒嫉，不考情實，雷同相從，隨聲是非，抑此三學，以《尚書》爲備，謂左氏爲不傳《春秋》，豈不哀哉！

今聖上德通神明，繼統揚業，亦閔文學錯亂，學士若兹，雖昭其情，猶依違謙讓，樂與士君子同之。故下明詔，試《左氏》可立不，遣近臣奉指銜命，將以輔弱扶微，與二三君子比意同力，冀得廢遺。今則不然，深閉固距而不肯試，猥以不誦絶之，欲以杜塞餘道，絶滅微學。夫可與樂成，難與慮始，此乃衆庶之所爲耳，非所望士君子也。且此數

---

① 《泰誓》：《尚書》篇名。相傳是周武王伐紂會諸侯的誓師詞，得之民間，不在伏生《今文尚書》二十八篇之列。

② 天漢：漢武帝年號，前100—前97年。

③ 巫蠱：指"巫蠱之禍"。漢武帝時女巫埋木偶於宫中，祭祀消灾。適武帝病，奸人江充言病由於巫蠱，挖得太子宫中木偶，太子恐，收斬江充，後被迫舉兵反叛，兵敗自殺。倉卒（cāng cù）：亦作"倉猝"。非常事變。

④ 孝成皇帝：即劉驁，漢元帝子，前32—前7年在位。

⑤ 脱簡：當時書寫在竹簡上，連數簡成編，脱去一簡爲"脱簡"。

⑥ 間編：篇中諸簡或編與編之間，篇次錯亂，中有間隔，爲"間編"。

⑦ 桓公：即桓生。以習禮任禮官大夫。貫公：趙人。從賈誼學左氏訓故，爲河間獻王博士。庸生：膠東人，名譚。通《古文尚書》，是孔安國再傳弟子，又治《論語》。參見《漢書·藝文志》及《漢書·儒林傳》。

⑧ 綴學之士：指連綴辭句成文之士。

家之事，皆先帝所親論，今上所考視，其古文舊書，皆有徵驗，外內相應，豈苟而已哉！

夫禮失求之於野，古文不猶愈於野乎？往者博士《書》有歐陽[①]，《春秋》公羊[②]，《易》則施、孟[③]，然孝宣皇帝猶復廣立《穀梁春秋》、《梁丘易》、《大小夏侯尚書》[④]，義雖相反，猶並置之。何則？與其過而廢之也，寧過而立之。傳曰："文武之道未墜於地[⑤]，在人；賢者志其大者，不賢者志其小者。"今此數家之言，所以兼包大小之義，豈可偏絕哉！若必專己守殘，黨同門，妒道真[⑥]，違明詔，失聖意，以陷於文吏之議，甚爲二三君子不取也。

其言甚切，諸儒皆怨恨。

---

① 歐陽：歐陽生。字和伯，千乘人，師事伏生。其曾孫歐陽高，立爲博士，亦稱歐陽生。

② 公羊：名高，齊人。相傳在戰國時，學於孔子的門人子夏，治《春秋》。漢景帝時，其玄孫公羊壽，始著《春秋公羊傳》。

③ 施、孟：指施讎（沛人）與孟喜（字長卿，東海人），學《易》於田何再傳弟子田王孫，漢宣帝時立爲博士。

④ 穀梁：名俶，一名赤。梁丘：名賀，琅邪人。從京房學《易》，又與施讎、孟喜同學《易》於田王孫，漢宣帝時立爲博士。大、小夏侯：指夏侯勝、夏侯建。夏侯勝從伏生受《尚書》，稱大夏侯。勝傳從兄子建，建又師事歐陽高，稱小夏侯。以上諸家皆創今文經學者。

⑤ 文武之道未墜於地：語出《論語·子張》。

⑥ 妒道眞：嫉妒道藝之真理。

上三國志注表（《三國志》）

題解

《三國志》六十五卷，《四庫全書總目》卷四五史部正史類一著録。

裴松之（372—451），南朝劉宋史學家。字世期，河東聞喜（今山西聞喜）人。他自幼博覽墳籍，長於史學，因陳壽所撰《三國志》過於簡略，奉宋文帝劉義隆詔爲《三國志》作注，傳見《宋書》卷六十四。元嘉六年（429 年）完成，寫上此表，是對注書工作的總結。本篇選自點校本《三國志》卷末。裴松之在肯定《三國志》“銓敘可觀，事多審正”，誠“近世之嘉史”的同時，也指出其過於簡略的缺陷，并陳述了作注的指導思想，把注文概括爲補闕、備異、懲妄、論辯四種類型。《總目》提要將裴注的方法概括爲六端：“一曰引諸家之論以辨是非，一曰參諸書之説以核譌異，一曰傳所有之事詳其委曲，一曰傳所無之事補其闕佚，一曰傳所有之人詳其生平，一曰傳所無之人附以同類。”可謂精當。總之，《三國志注》彌補了《三國志》過於簡略的缺陷，豐富了三國歷史的記載，不僅爲後世保留了大量的三國史料，也爲後世開創了史注新法，故在當時就被宋文帝稱贊爲“不朽”之作（《宋書・裴松之傳》）。

選文據《三國志》中華書局 1959 年點校本第一版（1964 年第 4 次印本）。今有繆鉞《三國志導讀》（成都，巴蜀書社，1988 年）、繆鉞主編《三國志選注》（北京，中華書局，1984 年），可參考。

選文

臣松之言：臣聞智周則萬理自賓①，鑒遠則物無遺照②。雖盡性窮微，深不可識，至於緒餘所寄，則必接乎麤迹。是以體備之量，猶曰好察邇言。畜德之厚，在於多識往行。伏惟陛下道該淵極，神超妙物，暉光日新，郁哉彌盛。雖一貫墳典，怡心玄賾，猶復降懷近代，博觀興廢。將以總括前蹤，貽誨來世。

臣前被詔，使采三國異同以注陳壽《國志》。壽書銓敘可觀，事多審正。誠遊覽之苑囿，近世之嘉史。然失在于略，時有所脱漏。臣奉旨尋詳，務在周悉。上搜舊聞，傍摭遺逸。按三國雖歷年不遠，而事關漢、晉。首尾所涉，出入百載。注記紛錯，每多舛互。其壽所不載，事宜存錄者，則罔不畢

---

① 賓：服從，歸順。
② 遺照：遺漏未遍照。

取以補其闕。或同説一事而辭有乖雜，或出事本異，疑不能判，並皆抄內以備異聞。若乃紕繆顯然，言不附理，則隨違矯正以懲其妄。其時事當否及壽之小失，頗以愚意有所論辯。自就撰集，已垂期月。寫校始訖，謹封上呈。

竊惟繢事以衆色成文，蜜蠭以兼采爲味，故能使絢素有章，甘踰本質。臣寔頑乏，顧慙二物。雖自罄勵[1]，分絕藻繢[2]。既謝淮南食時之敏[3]，又微狂簡斐然之作[4]。淹留無成，祇穢翰墨，不足以上酬聖旨，少塞愆責。愧懼之深，若墜淵谷。謹拜表以聞，隨用流汗。臣松之誠惶誠恐頓首頓首死罪謹言。

元嘉六年七月二十四日，中書侍郎西鄉侯臣裴松之上。

---

① 罄勵：竭情勉勵。

② 分絕藻繢：没有華麗的文采。繢：同“繪”。

③ 淮南食時之敏：《漢書》卷四十四《淮南王劉安傳》載，淮南王安爲人好書，辯博善爲文辭。武帝時入朝，獻所作書。武帝“使爲《離騷傳》，旦受詔，日食時上”。

④ 又微狂簡斐然之作：據《論語·公冶長》：“子在陳，曰：‘歸與！歸與！吾黨之小子狂簡，斐然成章，不知所以裁之。’”狂簡：狂放而粗略。斐然：指文章光彩的樣子。

石勒載記下（《晋書》）（節選）

解題

《晋書》一百三十卷，《四庫全書總目》卷四五史部正史類一著録。

載記，是專門記載割據政權事迹的史書體裁。唐修《晋書》，將十六國史事編爲“載記”，本篇即節選自《晋書》卷一百五載記第五《石勒載記下》。選文主要記述晋元帝太興二年（319 年）後趙開國君主石勒稱王以後的史事。石勒（274—333），字世龍，上黨武鄉（今山西榆社北）人，羯族。晋八王之亂時起事反晋，驍勇善戰，勢力不斷擴大，遂自封趙王，建立政權。石勒建立後趙政權後，實行一系列較爲開明的統治措施：政治上删减律令，嚴懲貪官；經濟上整頓户籍，勸課農桑；文化上尊崇儒學，禮待士人；民族關係方面，實行胡漢分治，尊重雙方民族習慣。在他統治時期，後趙國富民殷，成爲當時北方最强的國家，後滅亡前趙，統一北方，登基稱帝。

選文據中華書局 1974 年點校本《晋書》。今有周一良《魏晋南北朝史劄記》（北京，中華書局，1985 年），可參考。

選文

太興二年，勒僞稱趙王，赦殊死已下①，均百姓田租之半，賜孝悌力田死義之孤帛各有差，孤老鰥寡穀人三石，大酺七日②。依春秋列國、漢初侯王每世稱元，改稱趙王元年。始建社稷，立宗廟，營東西宫。署從事中郎裴憲，參軍傅暢、杜嘏並領經學祭酒③，參軍續咸、庾景爲律學祭酒④，任播、崔濬爲史學祭酒⑤。中壘支雄、遊擊王陽並領門臣祭酒⑥，專明胡人辭訟，以張離、張良、劉羣、劉謨等爲門生主書⑦，司典胡人出内，重其禁法，不得侮易衣冠華族。號胡爲國人。遣使循行州郡，勸課農桑。加張賓大執法，

---

① 殊死：漢代死刑名，即斬首。《漢書·高帝紀下》：“其赦天下殊死以下。”顏師古注：“韋昭曰：‘殊死，斬刑也。’殊，絕也，異也，言其身首離絕而異處也。”

② 大酺：也稱“賜酺”，是古代帝王因改换年號、册立太子、公主出嫁及吉兆等國家大喜慶，特下詔准許臣民聚飲的飲酒節。

③ 經學祭酒：官名。後趙石勒始置。祭酒：古代以祭酒尊稱同列中年高望重者，後世用爲官名。掌教授經學。

④ 律學祭酒：官名。後趙石勒趙王元年（319 年）置，掌管司法、律令及律學等事務。石勒稱帝後廢。

⑤ 史學祭酒：官名。後趙始置，掌有關史學事。

⑥ 門臣祭酒：官名。後趙置，專理胡人辭訟。

⑦ 門生主書：官名。後趙石勒趙王元年（319 年）置，專司胡人出入。

專總朝政，位冠僚首。署石季龍爲單于元輔、都督禁衛諸軍事[①]，署前將軍李寒領司兵勳，教國子擊刺戰射之法。命記室佐明楷、程機撰《上黨國記》，中大夫傅彪、賈蒲、江軌撰《大將軍起居注》，參軍石泰、石同、石謙、孔隆撰《大單于志》。自是朝會常以天子禮樂饗其羣下，威儀冠冕從容可觀矣。羣臣議請論功，勒曰："自孤起軍，十六年于茲矣。文武將士從孤征伐者，莫不蒙犯矢石，備嘗艱阻，其在葛陂之役[②]，厥功尤著，宜爲賞之先也。若身見存，爵封輕重隨功位爲差，死事之孤，賞加一等，庶足以慰答存亡，申孤之心也。"又下書禁國人不聽報嫂及在喪婚娶[③]，其燒葬令如本俗。

勒始制軒懸之樂[④]，八佾之舞[⑤]，爲金根大輅，黄屋左纛[⑥]，天子車旗，禮樂備矣。

徙朝臣掾屬已上士族者三百戶于襄國崇仁里[⑦]，置公族大夫以領之。勒宮殿及諸門始就，制法令甚嚴，諱胡尤峻。有醉胡乘馬突入止車門，勒大怒，謂宮門小執法馮翥曰[⑧]："夫人君爲令，尚望威行天下，況宮闕之間乎！向馳馬入門爲是何人，而不彈白邪?"翥惶懼忘諱，對曰："向有醉胡乘馬馳入，甚呵禦之，而不可與語。"勒笑曰："胡人正自難與言。"恕而不罪。

勒清定五品，以張賓領選。復續定九品。署張班爲左執法郎，孟卓爲右執法郎，典定士族，副選舉之任。令羣僚及州郡歲各舉秀才、至孝、廉清、賢良、直言、武勇之士各一人。置署都部從事各一部一州，秩二千石，職準丞相司直。

勒下令曰："去年水出巨材，所在山積，將皇天欲孤繕修宮宇也！其擬洛陽之太極起建德殿。"遣從事中郎任汪帥使工匠五千採木以供之。黎陽人

---

① 石季龍：即石虎。

② 葛陂之役：指西晋永嘉六年（312年），石勒在葛陂駐軍，大造戰船，準備進攻建鄴，值大雨，三月不止，軍中瘟疫流行，又逢晋司馬睿派大軍北上討伐，遂接受張賓建議，北據鄴城，以爭天下，後又乘勢進據襄國，爲建立後趙政權奠定基石。葛陂：湖泊名。在今河南新蔡縣西北。

③ 國人：主要指羯族。報：與"烝"同義。指娶父親、兄長等親屬的妻妾。

④ 軒懸：指諸侯陳設樂器爲三面懸挂，有別於天子的四面懸挂。

⑤ 八佾：也作"八溢""八羽"，古代天子專用的一種樂舞。佾：舞列。該舞縱横列均爲八人，共六十四人。

⑥ 黄屋左纛：指皇帝乘輿的特殊裝飾。

⑦ 襄國：地名。今河北邢臺。

⑧ 小執法：官名。後趙石勒置。掌宮門禁衛。《資治通鑑・晉紀十三》載："勒大怒，責宮門小執法馮翥。"胡三省注："執法，御史之官也。紫宮南蕃中二星曰左、右執法。晉之故臣爲勒定官制，取此置宮門執法，卽以張賓爲大執法，總朝政，故宮門置小執法。"

陳武妻一產三男一女，武攜其妻子詣襄國上書自陳。勒下書以爲二儀諧暢，和氣所致，賜其乳婢一口，穀一百石，雜綵四十匹。

石季龍攻段匹磾于厭次[①]。孔萇討匹磾部內諸城，陷之。匹磾勢窮，乃率其臣下輿櫬出降[②]。季龍送之襄國，勒署匹磾爲冠軍將軍，以其弟文鴦、亞將衛麟爲左右中郎將，皆金章紫綬。散諸流人三萬餘戶，復其本業，置守宰以撫之，於是冀、幷、幽州、遼西巴西諸屯結皆陷於勒。

時晉征北將軍祖逖據譙，將平中原。逖善於撫納，自河以南多背勒歸順。勒憚之，不敢爲寇，乃下書曰："祖逖屢爲邊患。逖，北州士望也，儻有首丘之思[③]。其下幽州，修祖氏墳墓，爲置守冢二家。冀逖如趙他感恩，輟其寇暴。"逖聞之甚悅，遣參軍王愉使於勒，贈以方物，修結和好。勒厚賓其使，遣左常侍董樹報聘，以馬百匹、金五十斤答之。自是兗豫乂安，人得休息矣。

從事中郎劉奧坐營建德殿井木斜縮，斬于殿中。勒悔之，贈太常。

祖逖牙門童建害新蔡內史周密[④]，遣使降于勒。勒斬之，送首于祖逖，曰："天下之惡一也。叛臣逃吏，吾之深仇，將軍之惡，猶吾惡也。"逖遣使報謝。自是兗、豫間壘壁叛者，逖皆不納，二州之人率多兩屬矣。

勒令武鄉耆舊赴襄國。既至，勒親與鄉老齒坐歡飲，語及平生。初，勒與李陽鄰居，歲常爭麻池，迭相毆擊。至是，謂父老曰："李陽，壯士也，何以不來？漚麻是布衣之恨[⑤]，孤方崇信于天下，寧讎匹夫乎！"乃使召陽。既至，勒與酣謔，引陽臂笑曰："孤往日厭卿老拳，卿亦飽孤毒手。"因賜甲第一區，拜參軍都尉。令曰："武鄉，吾之豐沛，萬歲之後，魂靈當歸之，其復之三世。"勒以百姓始復業，資儲未豐，於是重制禁釀，郊祀宗廟皆以醴酒，行之數年，無復釀者。

---

① 段匹磾（dī）（？—321）：兩晉之際東部鮮卑首領之一。西晉末，受封左賢王、假撫軍大將軍，率衆助晉征討。後領幽州刺史，封渤海公，據薊城。後歸降石勒，署爲冠軍將軍。

② 輿櫬：把棺材裝到車上，表示不再抵抗，主動請求受懲處。這是古代君主戰敗投降時舉行的儀式。櫬：棺材。

③ 首丘之思：語見《禮記·檀弓上》："禮，不忘其本。古之人有言曰：狐死正丘首，仁也。"後指不忘故土或死後歸葬故鄉。

④ 牙門：官名，即"牙門將"的省稱。爲統兵武職，五品，位在裨將軍下、郡守上。

⑤ 漚麻：將麻莖或已剥下的麻皮放在水中浸泡。

勒以參軍樊坦清貧[1]，擢授章武内史。既而入辭，勒見坦衣冠弊壞，大驚曰："樊參軍何貧之甚也!"坦性誠朴，率然而對曰："頃遭羯賊無道，資財蕩盡。"勒笑曰："羯賊乃爾暴掠邪！今當相償耳。"坦大懼，叩頭泣謝。勒曰："孤律自防俗士，不關卿輩老書生也。"賜車馬衣服裝錢三百萬，以勵貪俗。

勒親臨大小學，考諸學生經義，尤高者賞帛有差。勒雅好文學，雖在軍旅，常令儒生讀史書而聽之，每以其意論古帝王善惡，朝賢儒士聽者莫不歸美焉。嘗使人讀《漢書》，聞酈食其勸立六國後，大驚曰："此法當失，何得遂成天下!"至留侯諫，乃曰："賴有此耳。"其天資英達如此。

① 參軍：官名。東漢始置參軍事，簡稱參軍，掌參謀軍務。

劉蕡傳（《新唐書》）（節選）

題解

《新唐書》二百二十五卷，《四庫全書總目》卷四六史部正史類二著録。

唐朝自玄宗以後，宦官集團的勢力日益發展。德宗以後，宦官掌典禁軍成爲定制，遂逐漸形成宦官擅權的局面。唐文宗大和二年（828 年），劉蕡應賢良方正，能直言極諫科考試，在對策中針對宦官專權的政治形勢進行抨擊，要求“揭國柄以歸于相，持兵柄以歸于將”（《新唐書・劉蕡傳》），言論激切，在朝野引起强烈反響。劉蕡因對策觸怒宦官，遭貶去世。李商隱曾作詩吊之，其中有句云“平生風義兼師友，不敢同君哭寢門”，表達了同时代人對劉蕡的崇敬之情。本篇選自《新唐書》卷一百七十八。《新唐書》將劉蕡單獨立傳，表明了史家的贊賞態度。

選文據《新唐書》中華書局 1975 年點校本。今有卞孝萱《唐史劄記（二則）》（載《烟臺師範學院學報（哲學社會科學版）》，2005 年第 2 期，第 23～27 頁），可參考。

選文

劉蕡字去華，幽州昌平人①，客梁、汴間。明《春秋》，能言古興亡事，沈健于謀，浩然有捄世意②。擢進士第。元和後③，權綱馳遷，神策中尉王守澄負弑逆罪④，更二帝不能討，天下憤之。文宗即位，思洗元和宿恥，將翦落支黨。方宦人握兵，横制海內，號曰“北司”，凶醜朋挻⑤，外脅羣臣，內掣侮天子，蕡常痛疾。

大和二年，舉賢良方正，能直言極諫，帝引諸儒百餘人于廷⑥。

蕡對曰：

臣誠不佞，有正國致君之術，無位而不得行；有犯顔敢諫之心，無路而不得達。懷憤鬱抑，思有時而發。常欲與庶人議于道、商賈謗于

---

① 昌平：縣名。在今昌平西南，屬北京市。

② 捄：同“救”。

③ 元和：唐憲宗李純年號，806—820 年。

④ 神策中尉：唐左、右神策軍護軍中尉省稱，由宦官充任。

⑤ 朋挻（shān）：朋比勾結，結黨營私。

⑥ 按：這裏省略了文宗的策問之辭。

市，得通上聽，一悟主心，雖被祅言之罪無所悔。況逢陛下詢求過闕，咨訪嘉謀，制詔中外，舉直言極諫。臣辱斯舉，專承大問，敢不悉意以言。至於上所忌，時所禁，權幸所諱惡，有司所與奪，臣愚不識，伏惟陛下少加優容，不使聖時有讜言受戮者，天下之幸也。謹昧死以對：

伏以聖策有思古先之治，念玄默之化，將欲通天地以濟俗，和陰陽以煦物，見陛下慮道之深也。臣以爲哲王之治，其則不遠，惟致之之道何如耳。伏以聖策有祗荷丕構而不敢荒寧[①]，奉若謨訓而罔有怠忽[②]，見陛下憂勞之至也。若夫任賢惕厲，宵衣旰食，宜紬左右之纖佞[③]，進股肱之大臣。若夫追蹤三五，紹復祖宗，宜鑒前古之興亡，明當代之成敗。心有未達，以下情蔽而不得上通；行有未孚，以上澤壅而不得下浹[④]。欲人之化，在脩己以先之；欲氣之和，在遂性以導之。捄災旱在致精誠，廣播殖在視食力。國廩罕畜，本乎冗食尚繁；吏道多端，本乎選用失當。豪猾踰檢，繇中外之法殊；生徒惰業，繇學校之官廢；列郡干禁，繇授任非人；百工淫巧，繇制度不立。伏以聖策有擇官濟治之心，阜財發號之歎，見陛下教化之本也。且進人以行，則枝葉安有難辨乎？防下以禮，則恥格安有不形乎？念生寡而食衆，可罷斥惰游；念令煩而治鮮，要察其行否。博延羣彥，願陛下必納其言；造廷待問，則小臣安敢愛死？伏以聖策有求賢箴闕之言，審政辨疵之令，見陛下咨訪之勤也。遂小臣斥姦豪之志，則弊革于前；守陛下念康濟之心，則惠敷于下。邪正之道分，而治古可近；禮樂之方著，而和氣克充。至若夷吾之法[⑤]，非皇王之權；嚴尤所陳[⑥]，無最上之策；元凱之所先[⑦]，不若唐堯

---

① 祗荷丕構：肩負大業之任。祇（zhī）：敬。

② 謨訓：先王之教導。

③ 紬：通“黜”。貶退。

④ 浹：沾濕。此透徹，通透。

⑤ 夷吾：即管仲，名夷吾。

⑥ 嚴尤（？—23）：王莽新朝時任大司馬，因數諫王莽勿輕對匈奴用兵，遭到斥責，罷去大司馬、武建伯職位，遣歸原籍。

⑦ 元凱：“凱”亦作“愷”，原指賢人才子。後成爲對尚書八座（尚書令、僕射、列曹尚書）及輔佐大臣的美稱。

考績；叔子之所務[1]，不若虞舜舞干。且非大德之中庸、上聖之龜鑒，又何足爲陛下道之哉？或有以繫安危之機、兆存亡之變者，臣請披肝膽爲陛下别白而重言之。

臣前所謂“若夫任賢惕厲，宵衣旰食，宜黜左右之纖佞，進股肱之大臣”，實以陛下憂勞之至也。臣聞不宜憂而憂者，國必衰；宜憂而不憂者，國必危。陛下不以國家存亡、社稷安危之策而降於清問，臣未知陛下以布衣之臣不足與定大計耶？或萬機之勤有所未至也？不然，何宜憂而不憂乎？臣以爲陛下所先憂者，宫闈將變，社稷將危，天下將傾，四海將亂。此四者，國家已然之兆，故臣謂聖慮宜先及之。夫帝業艱難而成之，固不可容易而守之。太祖肇其基，高祖勤其績，太宗定其業，玄宗繼其明，至于陛下，二百餘載，其間聖明相因，擾亂繼作，未有不用賢士、近正人而能興者。或一日不念，則顛覆大器[2]，宗廟之恥，萬古爲恨。臣謹按《春秋》，人君之道，在體元以居正[3]。昔董仲舒爲漢武帝言之略矣，有未盡者，臣得爲陛下備論之。

夫繼故必書即位，所以正其始也；終必書所終之地，所以正其終也。故爲君者，所發必正言，所履必正道，所居必正位，所近必正人。《春秋》：“閽弑吴子餘祭[4]。”書其名，譏疏遠賢士，昵刑人[5]，有不君之道。伏惟陛下思祖宗開國之勤，念《春秋》繼故之誡。明法度之端，則發正言，履正道；杜篡弑之漸，則居正位，近正人。遠刀鋸之殘[6]，親骨鯁之直，輔相得以顓其任，庶寮得以守其官。奈何以褻近五六人總天下大政，外專陛下之命，内竊陛下之權，威懾朝廷，勢傾海内，羣臣莫敢指其狀，天子不得制其心，禍稔蕭牆[7]，姦生帷幄，臣恐曹節、侯

---

① 叔子：即羊祜（221—278），西晉泰山南城（今山東平邑南）人，字叔子。主張伐吴，制定計劃并多次上書提請。

② 大器：指帝王之位。

③ 體元以居正：謂人君本天地元氣，居正道以施政教。多指人君即位。

④ 閽（hūn）弑吴子餘祭：語出《春秋·襄公二十九年》。《春秋公羊傳·襄公二十九年》：“閽者何？門人也，刑人也。”閽：守門人。吴子餘祭：春秋時吴國國王，名餘祭。

⑤ 刑人：謂受過肉刑、形體虧損的人。古代多以刑人充服勞役的奴隸。《禮記·曲禮上》：“刑人不在君側。”後多指宦官。

⑥ 刀鋸之殘：指宦官。

⑦ 稔（rěn）：莊稼成熟。此指事物醖釀成熟。蕭牆：語出《論語·季氏》。

覽復生於今日，此宮闈將變也。

臣謹按《春秋》：“定公元年春王。”不言正月者，《春秋》以爲先君不得正其終，則後君不得正其始①，故曰“定無正”也。今忠賢無腹心之寄，閽寺專廢立之權，陷先帝不得正其終，致陛下不得正其始②，況太子未立，郊祀未脩，將相之職不歸，名器之宜不定③，此社稷將危也。

臣謹按《春秋》：“王札子殺召伯、毛伯”④。《春秋》之義，兩下相殺不書。此書者，重其顓王命也。夫天之所授者在命，君之所存者在令。操其命而失之者，是不君也；侵其命而專之者，是不臣也。君不君，臣不臣，此天下所以將傾也。

臣謹按《春秋》，晉趙鞅以晉陽之兵叛入于晉⑤，書其歸者，能逐君側之惡以安其君，故《春秋》善之。今威柄陵夷，藩臣跋扈。有不達人臣大節，而首亂者將以安君爲名；不究《春秋》之微，稱兵者以逐惡爲義。則典刑不繇天子，征伐必自諸侯，此海内之將亂也。故樊噲排闥而雪涕⑥，袁盎當車而抗辭⑦，京房發憤以殞身⑧，竇武不顧而畢命，此皆陛下明知之矣。

臣謹按《春秋》，晉狐射姑殺陽處父，書襄公殺之者，以其君漏言也⑨。襄公不能固陰重之機⑩，處父所以及殘賊之禍，故《春秋》非之。夫上漏其情，則下不敢盡意；上泄其事，則下不敢盡言。故《傳》有造

① “不言正月者”句：《春秋穀梁傳·定公元年》：“不言正月，定無正也。定之無正，何也？昭公之終，非正終也。定之始，非正始也。昭無正終，故定無正始。不言即位，喪在外也。”此句言魯昭公爲季氏等“三桓”所敗而奔齊，流亡在外不得返魯。

② “陷先帝不得正其終”句：此指文宗祖父唐憲宗李純被宦官殺掉之事，故曰“不得正其終”。

③ 名器：指表示等級的稱號和車服儀制等。《左傳·成公二年》：“唯器與名，不可以假人。”杜預注：“器，車服。名，爵號。”

④ 按：見《春秋·宣公十五年》。召伯、毛伯：周天子的大臣。

⑤ 趙鞅：晉國大夫，起兵反晉，後又返回晉國。

⑥ 樊噲：漢高祖起兵時功臣。高祖曾病甚，惡見人，卧於宦官身邊十餘日，不臨朝，樊噲敢闖入宫禁勸阻。排闥：推開宫中小門。事見《史記》卷九十五《樊噲傳》。

⑦ 袁盎：漢景帝大臣，力主削藩。孝文帝出行，宦者參乘，袁盎伏車前諫。事見《史記》卷一百一《袁盎傳》。

⑧ 京房：西漢人。治《易》學，好言災異。因劾奏中書令石顯等專權，被劾罪下獄，誅死。

⑨ 按：《春秋·文公六年》書爲：“晉殺其大夫陽處父。”《春秋公羊傳》和《穀梁傳》都認爲《春秋》所以如此書寫，是由於“君漏言”（晉襄公説漏了話）。

⑩ 固：固封，保密。

膝詭辭之文[①]，《易》有失身害成之戒[②]。今公卿大臣，非不欲爲陛下言之，慮陛下不能用也。忽而不用，必泄其言，臣下既言而不行，必嬰其禍；適足鉗直臣之口，而重姦臣之威。是以欲盡其言則有失身之懼，欲盡其意則有害成之憂，裴回鬱塞，以須陛下感悟，然後盡其啓沃。陛下何不聽朝之餘，時御便殿，召當世賢相老臣，訪持變扶危之謀，求定傾救亂之術，塞陰邪之路，屏褻狎之臣，制侵陵迫脅之心，復門戶掃除之役，戒其所宜戒，憂其所宜憂。既不得治其前，當治於後；不得正其始，當正其終。則可以虔奉典謨，克承丕構，終任賢之效，無宵旰之憂矣。

是時，第策官左散騎常侍馮宿、太常少卿賈餗、庫部郎中龐嚴見蕡對嗟伏[③]，以爲過古晁、董，而畏中官眦睚，不敢取。士人讀其辭，至感槩流涕者。諫官御史交章論其直。

於時，被選者二十有三人，所言皆冗齪常務[④]，類得優調。河南府參軍事李郃曰："蕡逐我留，吾顔其厚邪！"乃上疏曰："陛下御正殿求直言，使人得自奮。臣才志懦劣，不能質今古是非[⑤]，使陛下聞未聞之言，行未行之事，忽忽內思，愧羞神明。今蕡所對，敢空臆盡言，至皇王之成敗，陛下所防閑[⑥]，時政之安危，不私所料。又引《春秋》爲據，漢、魏以來，無與蕡比。有司以言涉訐忤，不敢聞。自詔書下，萬口籍籍，歎其誠鯁，至於垂泣，謂蕡指切左右，畏近臣銜怒，變興非常，朝野惴息，誠恐忠良道窮，綱紀遂絕，季漢之亂復興于今。以陛下仁聖，近臣故無害忠良之謀；以宗廟威嚴，近臣故無速敗亡之禍。指事取驗，何懼直言？且陛下以直言召天下士，蕡以直言副陛下所問，雖訐必容，雖過當獎，書于史策，千古光明。使萬有一蕡不幸死，天下必曰陛下陰殺讜直，結讎海內，忠義之士，皆憚誅夷，人心一搖，無以自解。況臣所對，不及蕡遠甚，內懷愧恥，自謂賢良，奈人言

① 造膝：促膝，言近密。詭辭：不説實話。
② 害成：妨礙事成。《易·繫辭上》："幾事不密則害成。"
③ 第策官：考試官。
④ 冗齪常務：繁雜齷齪的平常事務。
⑤ 質：評判。
⑥ 防閑：防備禁止。

何！乞回臣所授，以旌蕡直。臣逃苟且之慚，朝有公正之路，陛下免天下之疑，顧不美哉！”帝不納。郃字子玄，後歷賀州刺史[①]。

蕡對後七年，有甘露之難。令狐楚、牛僧孺節度山南東西道，皆表蕡幕府，授祕書郎，以師禮禮之。而宦人深嫉蕡，誣以罪，貶柳州司戶參軍，卒。

① 賀州：今廣西賀縣。

袁崇煥傳（《明史》）（節選）

題解

《明史》三百三十六卷，《四庫全書總目》卷四六史部正史類二著録。

《明史》爲清代官修紀傳體史書，是二十四部正史的最後一部，先後纂修九十餘年。該書史料多取材於《明實録》、明代檔案以及文集、奏議、圖經、志書、私史、邸報等文獻，内容豐富，編次嚴謹，文字簡練，叙事評論頗稱平允，是研究明史的重要典籍。《袁崇煥傳》載於《明史》卷二百五十九。本篇爲節選。選文記述明末將領袁崇煥在明清交替之際堅持抗擊清軍，至寧遠備戰築城，建立軍事重鎮，以扼守關外、遮蔽關内；設寧錦防綫禦敵，并取得寧遠大捷的歷史事迹，是研究明清交戰及袁崇煥個人生平的重要史料。

選文據《明史》中華書局1974年點校本（三百三十二卷，不含《目録》卷數）。今有梁啓超《明季第一重要人物袁崇煥傳》（《梁啓超全集》，第四集，北京，中國人民大學出版社，2018年）、閻崇年《袁崇煥傳》（修訂本，北京，中華書局，2016年），可參考。

選文

袁崇煥，字元素，東莞人。萬曆四十七年進士。授邵武知縣[①]。爲人慷慨負膽略，好談兵。遇老校退卒，輒與論塞上事，曉其阨塞情形，以邊才自許。

天啓二年正月朝覲在都[②]，御史侯恂請破格用之，遂擢兵部職方主事[③]。無何，廣寧師潰[④]，廷議扼山海關[⑤]，崇煥即單騎出閱關内外。部中失袁主事，訝之，家人亦莫知所往。已，還朝，具言關上形勢。曰："予我軍馬錢穀，我一人足守此。"廷臣益稱其才，遂超擢僉事[⑥]，監關外軍，發帑金二十萬[⑦]，

---

① 邵武：今爲福建邵武市，位於福建西北，地形險要。

② 朝覲：外官任滿，例進京朝見君王，以候升轉。

③ 職方：官署名，"職方清吏司"的簡稱。爲明兵部第三司，掌天下輿圖，以周知險要。設主事二人，正六品。

④ 廣寧：明邊鎮。今遼寧省北鎮市廣寧鎮，爲明遼西軍事重鎮。明天啓二年（後金天命七年，1622年）正月，努爾哈赤率軍攻占廣寧。

⑤ 山海關：即榆關。在今河北秦皇島市東北三十里。《明一統志》卷五永平府：山海關"在撫寧縣東北。其北爲山，其南爲海，相距不數里許，實險要之地。本朝魏國公徐達移榆關於此，改今名"。爲明長城重要關口，有"天下第一關"之稱。

⑥ 僉事：官名。明清時提刑按察使司屬官，分領提學、驛傳、清軍、分巡、兵備等道，正五品。

⑦ 帑金：錢幣。多指國庫所藏。

俾招募。時關外地悉爲哈剌慎諸部所據[①]，崇煥乃駐守關內。未幾，諸部受款，經略王在晉令崇煥移駐中前所[②]，監參將周守廉、遊擊左輔軍，經理前屯衛事[③]。尋令赴前屯安置遼人之失業者。崇煥卽夜行荆棘虎豹中，以四鼓入城，將士莫不壯其膽。在晉深倚重之，題爲寧前兵備僉事。然崇煥薄在晉無遠略，不盡遵其令。及在晉議築重城八里鋪[④]，崇煥以爲非策。爭不得，奏記首輔葉向高。

十三山難民十餘萬[⑤]，久困不能出。大學士孫承宗行邊，崇煥請："將五千人駐寧遠[⑥]，以壯十三山勢，別遣驍將救之。寧遠去山二百里，便則進據錦州，否則退守寧遠，奈何委十萬人置度外。"承宗謀於總督王象乾。象乾以關上軍方喪氣，議發插部護關者三千人往[⑦]。承宗以爲然，告在晉。在晉竟不能救，衆遂沒，脱歸者僅六千人而已。及承宗駁重城議，集將吏謀所守。閻鳴泰主覺華[⑧]，崇煥主寧遠，在晉及張應吾、邢慎言持不可，承宗竟主崇煥議。已，承宗鎭關門，益倚崇煥。崇煥內拊軍民，外飭邊備，勞績大著。崇煥嘗核虛伍[⑨]，立斬一校。承宗怒曰："監軍可專殺耶？"崇煥頓首謝，其果於用法類此。

三年九月，承宗決守寧遠。僉事萬有孚、劉詔力阻，不聽，命滿桂偕崇煥往。初，承宗令祖大壽築寧遠城，大壽度中朝不能遠守，築僅十一，且疎薄不中程。崇煥乃定規制：高三丈二尺，雉高六尺，址廣三丈，上二丈四尺。大壽與參將高見、賀謙分督之。明年迄工，遂爲關外重鎭。桂，良將，而崇煥勤職，誓與城存亡；又善撫，將士樂爲盡力。由是商旅輻輳，流移駢集，遠近望爲樂土。遭父憂[⑩]，奪情視事[⑪]。四年九月偕大將馬世龍、王世

---

① 哈剌慎諸部：明代蒙古部落。

② 中前所：明關外城池，位於今遼寧綏中縣西，距山海關二十七里。

③ 前屯衛：明洪武二十六年（1393 年）置，治所即今綏中縣西南前衛。

④ 八里鋪：地名。距山海關八里。

⑤ 十三山：地名。在今遼寧錦縣東北石山鎮一帶。

⑥ 寧遠：地名。今遼寧興城。

⑦ 插部：蒙古插漢部，爲明盟友。

⑧ 覺華：一名菊花島。即今遼寧興城市東南海中之菊花島鄉。

⑨ 虛伍：虛報的兵士名額。

⑩ 父憂：父喪的婉辭。

⑪ 奪情：古禮，官員遭父母喪，須解職在家守喪。守制未滿，應朝廷之召出而任職，或朝廷要員因某種需要，特命不必去職居喪，以素服留署辦事，但不參加吉慶典禮等，稱奪情。

欽率水陸馬步軍萬二千，東巡廣寧，謁北鎮祠，歷十三山，抵右屯[1]，遂由水道泛三岔河而還。尋以五防敍勞[2]，進兵備副使[3]，再進右參政[4]。

崇煥之東巡也，請即復錦州、右屯諸城，承宗以爲時未可，乃止。至五年夏，承宗與崇煥計，遣將分據錦州、松山、杏山、右屯及大、小凌河，繕城郭居之。自是寧遠且爲內地，開疆復二百里。十月，承宗罷，高第來代，謂關外必不可守，令盡撤錦、右諸城守具，移其將士於關內。督屯通判金啓倧上書崇煥曰："錦、右、大凌三城皆前鋒要地。倘收兵退，既安之民庶復播遷，已得之封疆再淪沒，關內外堪幾次退守耶!"崇煥亦力爭不可，言："兵法有進無退。三城已復，安可輕撤。錦、右動搖，則寧、前震驚，關門亦失保障。今但擇良將守之，必無他慮。"第意堅，且欲并撤寧、前二城。崇煥曰："我寧前道也，官此，當死此，我必不去。"第無以難，乃撤錦州、右屯、大、小凌河及松山、杏山、塔山守具，盡驅屯兵入關，委棄米粟十餘萬。而死亡載途，哭聲震野，民怨而軍益不振。崇煥遂乞終制，不許。十二月進按察使，視事如故。

我大清知經略易與，六年正月舉大軍西渡遼河。二十三日抵寧遠。崇煥聞，即偕大將桂，副將左輔、朱梅，參將大壽，守備何可剛等集將士誓死守。崇煥更刺血爲書，激以忠義，爲之下拜，將士咸請效死。乃盡焚城外民居，攜守具入城，清野以待。令同知程維楧詰奸，通判啓倧具守卒食，辟道上行人。檄前屯守將趙率教、山海守將楊麒，將士逃至者悉斬，人心始定。明日，大軍進攻，戴楯穴城，矢石不能退。崇煥令閩卒羅立，發西洋巨礮，傷城外軍。明日，再攻，復被却，圍遂解，而啓倧亦以然礮死。

啓倧起小吏，官經歷，主賞功事，勤敏有志介。承宗重之，用爲通判，核兵馬錢糧，督城工，理軍民詞訟，大得衆心。死，贈光祿少卿，世廕錦衣試百戶。

初，中朝聞警，兵部尚書王永光大集廷臣議戰守，無善策。經略第、總

---

① 右屯：廣寧右屯衛。明洪武二十六年（1393 年）置於十三山堡（今遼寧錦縣東北），次年移於閭陽縣臨海鄉（今錦縣東南）。

② 五防：五部邊防，孫承宗分關外爲五部，各遣將領劃地分守。

③ 兵備副使：明代軍事兼職名稱，負責督察轄區整軍備戰事宜。

④ 右參政：官名。佐布政使掌一省政務。左、右參政秩從三品。

兵麒並擁兵關上，不救。中外謂寧遠必不守。及崇煥以書聞，舉朝大喜，立擢崇煥右僉都御史①，璽書獎勵②，桂等進秩有差。

我大清初解圍，分兵數萬略覺華島，殺參將金冠等及軍民數萬。崇煥方完城，力竭不能救也。高第鎮關門，大反承宗政務，折辱諸將，諸將咸解體。遇麒若偏裨③，麒至，見侮其卒。至是坐失援，第、麟並褫官去，而以王之臣代第，趙率教代麒。

我大清舉兵，所向無不摧破，諸將罔敢議戰守。議戰守，自崇煥始。三月復設遼東巡撫，以崇煥爲之。魏忠賢遣其黨劉應坤、紀用等出鎮。崇煥抗疏諫，不納。敘功，加兵部右侍郎，賚銀幣，世廕錦衣千戶。

---

① 右僉都御史：官名。明代都察院置左、右僉都御史，正四品，位在都御史和副都御史之下，掌糾察彈劾、明辨冤枉等事，或爲外派之督撫、提督、經略等大臣的加銜。

② 璽書：即以印加封的文書信件。秦始皇以璽爲皇帝之印的專稱，故璽書便成爲皇帝詔書的代稱。璽：即印。

③ 偏裨：偏將，裨將。將佐的通稱。

漢紀序（《漢紀》）

題解

《漢紀》三十卷，《四庫全書總目》卷四七史部編年類著録。

《漢紀》三十卷，東漢荀悦撰，編年體西漢史。記事起於漢元年（前 206 年），終於新莽地皇四年（23 年）。荀悦（148—209），字仲豫，東漢潁川潁陰（今河南許昌市）人。任黄門侍郎，遷秘書監、侍中。漢獻帝以《漢書》文繁難讀，於建安三年（198 年）命荀悦仿《左傳》體例撰寫《漢紀》，越時兩年書成（傳見《後漢書》卷六十二）。本篇選自《漢紀》卷首，爲荀悦所作《漢紀》序，是其關於撰史宗旨的闡述。荀悦以達道義、彰法式、通古今、著功勛、表賢能爲指導思想，删繁就簡，字數約爲《漢書》的四分之一，内容基本不出《漢書》範圍，但亦有所增補，可謂“辭約事詳”，便於閱讀。議論政事得失，言簡意賅，間有新見。《漢紀》爲我國第一部編年體斷代史。自《左傳》以後，編年體史書不興，及該書問世，又爲學者重視，繼作不絶，與紀傳體并列爲兩大體例的“正史”。唐劉知幾《史通・六家》列《漢紀》爲“《左傳》家”之首。

選文據中華書局 2002 年张烈《兩漢紀》點校本。今有劉隆有《荀悦》（載陳清泉等編《中國史學家評傳》，鄭州，中州古籍出版社，1985 年）、梁德華《荀悦〈漢紀〉新探》（香港中文大學中國文化研究所，2011 年），可參考。

選文

凡《漢紀》十二世，十一帝，通王莽二百四十二年。一祖三宗。高祖定天下，孝惠、高后值國家無事，百姓安集。太宗昇平，世宗建功，中宗治平，昭、景稱治。元、成、哀、平，歷世陵遲，莽遂篡國也。

凡祥瑞：黄龍見，鳳凰集，麒麟臻，神馬出，神鳥翔，神雀集，白虎仁獸獲，寶鼎昇，寶磬神光見，山稱萬歲，甘露降，芝草生，嘉禾茂，玄稷降①，醴泉涌，木連理②。

凡災異大者：日蝕五十六，地震十六，天開地裂、五星集于東井各一③，

---

① 玄稷：黑粟。據《漢書・宣帝紀》載，元康四年（前 62 年），“嘉穀、玄稷降於郡國”。

② 連理：指異根草木，枝幹連生。

③ 五星集于東井：據《漢書・高帝紀》載，漢高祖攻入秦都，正值五星聚於東井。五星：指金、木、水、火、土星。東井：即井宿，因在銀河之東，故名。

太白再經天①，星孛二十四②，山崩三十四，隕石十一，星隕如雨二，星晝見三，火災二十四，河、漢水大汎溢爲人害十，河汎一，冬雷五，夏雪三，冬無冰二，天雨血、雨草、雨魚，死人復生，男子化爲女子嫁爲人婦生子，枯木更生，大石自立。

建安元年，上巡省幸許昌，以鎮萬國，外命元輔征討不庭③，内齊七政允亮聖業④。綜練典籍，兼覽傳記。其三年，詔給事中祕書監荀悦抄撰《漢書》，略舉其要，假以不直，尚書給紙筆，虎賁給書史⑤。悦于是約集舊書，撮序《表》《志》，總爲《帝紀》，通比其事，列繫年月。其祖宗功勳、先帝事業、國家綱紀、天地災異、功臣名賢、奇策善言、殊德異行，法式之典，凡在《漢書》者，本末體殊，大略粗舉。其經傳所遺闕者差少而求志，勢有所不能盡繁重之語，凡所行之事，出入省要，删略其文。凡爲三十卷，數十餘萬言，作爲《帝紀》，省約易習，無妨本書，有便於用，其旨云爾。會悦遷爲侍中，其五年書成乃奏，記云四百有一十六載，謂書奏之歲，歲在庚辰⑥。

昔晉之《乘》，楚之《梼杌》，魯之《春秋》，虞、夏、商、周之《書》，其揆一也，皆古之令典。立之則成其法，棄之則墜於地，瞻之則存，忽焉則廢，故君子重之。《漢書紀》其義同矣。凡《漢紀》有法式焉，有監戒焉；有廢亂焉，有持平焉；有兵略焉，有政化焉；有休祥焉，有災異焉；有華夏之事焉，有四夷之事焉；有常道焉，有權變焉；有策謀焉，有詭説焉；有術藝焉，有文章焉：斯皆明主賢臣，命世立業，群后之盛勳，髦俊之遺事。是故質之事實而不誣，通之萬方而不泥。可以興，可以治；可以動，可以静；可以言，可以行。懲惡而勸善，獎成而懼敗。茲亦有國之常訓，典籍之淵林。雖云撰之者陋淺，而本末存焉爾，故君子可觀之矣。

---

① 太白：金星。古人認爲太白星主殺伐，故以太白經天指將有戰亂攻伐之事。

② 星孛：彗星。

③ 不庭：不朝於王庭。

④ 七政：指春、秋、冬、夏、天文、地理、人道（説見《尚書大傳》卷一）。

⑤ 虎賁：官員。負責帝王的出入儀衛。

⑥ 庚辰：建安五年，200 年。

起義旗至發引凡四十八日（《大唐創業起居注》）（節選）

題解

《大唐創業起居注》三卷，《四庫全書總目》卷四七史部編年類著録。

《大唐創業起居注》，唐温大雅所撰編年體史書，共三卷，爲現存最早的起居注著作。温大雅，字彦弘，太原祁（今山西祁縣東南）人，官禮部尚書，封黎國公。其書記隋大業十三年（617 年）五月至唐武德元年（618 年）五月，唐高祖李淵父子從太原起兵到正式建國共三百五十七天的史事。温大雅隨李淵起兵，任記室參軍，專掌文翰，所記皆出於親歷，較爲翔實可靠。有關李淵、李建成、李世民在起兵中的作用，李淵與李密的關係，以及若干事件時間與情節的記載，較兩《唐書》及《資治通鑑》爲真切，對李唐臣事突厥事，亦較少粉飾，具有極高的史料價值。本篇節選自該書卷一《起義旗至發引凡四十八日》。

選文據上海古籍出版社 1983 年李季平、李锡厚點校本，注釋部分亦參考引據了該書之“校勘記”。今有牛致功評介《大唐創業起居注》（載倉修良主編《中國史學名著評介》，第一卷，濟南，山東教育出版社，2006 年，第 435～447 頁），可參考。

選文

初，帝自衛尉卿轉右驍衛將軍①，奉詔爲太原道安撫大使，郡文武官治能不稱職者，並委帝黜陟選補焉。河東已來，兵馬仍令帝徵發，討捕所部盜賊，隋大業十二年②，煬帝之幸樓煩時也。帝以太原黎庶，陶唐舊民，奉使安撫，不踰本封，因私喜此行，以爲天授。所經之處，示以寬仁，賢智歸心，有如影響。

煬帝自樓煩遠至鴈門③，爲突厥始畢所圍④，事甚平城之急⑤。賴太原兵馬及帝所徵兵，聲勢繼進，故得解圍，僅而獲免。遂向東都，仍幸江都宫。以帝地居外戚，赴難應機，乃詔帝率太原部兵馬，與馬邑郡守王仁恭北備邊

---

① 衛尉卿：《資治通鑑考異》引作“衛尉少卿”，官名。北魏置，隋、唐爲衛尉寺次官。協助衛尉卿掌供宫廷、祭祀、朝會之儀仗帷幕，通判本寺事務。煬帝時置二員，從四品。右驍衛將軍：官名。隋大業三年（607 年），改右備身府爲右驍衛，置二人，從三品，佐大將軍總府事，并統諸鷹揚府。

② 隋大業十二年：616 年。按：隋煬帝於大業十二年未嘗幸樓煩，當在大業十一年。參《資治通鑑考異》。

③ 遠：據國家圖書館藏傅增湘批校汲古閣本《創業注》，“遠”當作“還”。

④ 始畢：即始畢可汗（？—619）。東突厥可汗，啓民可汗之子，名咄吉世。大業十一年（615 年）率兵圍隋煬帝於雁門。

⑤ 平城之急：指漢高祖劉邦平城之圍。

朔。帝不得已而行，竊謂人曰：“匈奴爲害，自古患之。周秦及漢魏，歷代所不能攘，相爲勍敵者也。今上甚憚塞虜，遠適江濱，反者多于蝟毛，羣盜所在蜂起。以此擊胡，將求以濟①，天其或者殆以俾余。我當用長策以馭之，和親而使之，令其畏威懷惠，在兹一舉。”

既至馬邑②，帝與仁恭兩軍兵馬不越五千餘人，仁恭以兵少，甚懼。帝知其意，因謂之曰：“突厥所長，惟恃騎射。見利即前，知難便走，風馳電卷，不恒其陳。以弓矢爲爪牙，以甲胄爲常服。隊不列行，營無定所。逐水草爲居室，以羊馬爲軍糧，勝止求財，敗無慙色。無警夜巡晝之勞，無搆壘饋糧之費。中國兵行，皆反于是。與之角戰，罕能立功。今若同其所爲，習其所好，彼知無利，自然不來。當今聖主在遠，孤城絶援，若不決戰，難以圖存。”仁恭以帝隋室之近親，言而諧理，聽帝所爲，不敢違異。乃簡使能騎射者二千餘人，飲食居止，一同突厥。隨逐水草，遠置斥堠③。每逢突厥候騎，旁若無人，馳騁射獵，以曜威武。帝尤善射，每見走獸飛禽，發無不中。嘗卒與突厥相遇，驍鋭者爲别隊，皆令持滿，以伺其便。突厥每見帝兵，咸謂以其所爲④，疑其部落。有司帝而戰者⑤，常不敢當，辟易而去。如此再三，衆心乃安，咸思奮擊。帝知衆欲決戰，突厥畏威，後與相逢，縱兵擊而大破之，獲其特勤所乘駿馬，斬首數百千級。自爾厥後，突厥喪膽，深服帝之能兵，收其所部，不敢南入。

時有賊帥王漫天别黨⑥，衆逾數萬，自號“歷山飛”⑦，結營於太原之南境，上黨⑧、西河⑨、京都道路斷絶。煬帝後十三年，勑帝爲太原留守，仍

---

① 求：一作“何”。

② 馬邑：地名。在今山西朔州一帶。

③ 斥堠：也寫作“斥候”，掌偵察的小吏。堠：瞭望哨，哨所。

④ 以：一作“似”。

⑤ 司：一作“引”。

⑥ 王漫天：即王須拔（？—約617），隋上谷（治今河北易縣）人。大業十一年（615年），起兵反隋，擁衆十餘萬，自稱漫天王，國號燕，北連突厥，南攻燕趙之地。後攻幽州，中流矢身亡，所部歸魏刀兒統領。一説被竇建德所敗，亡歸突厥。

⑦ 歷山飛：即魏刀兒，一作魏刁兒（？—618），隋上谷（治今河北易縣）人。大業十一年（615年），隨王須拔起義，自稱歷山飛。擁衆十餘萬，聯合突厥，活動於燕、趙間。次年，遣部將甄翟兒率衆十萬攻太原，殺隋將潘長文。須拔戰死，部衆歸其統領，據深澤（今屬河北）稱魏帝。後被竇建德襲殺，盡并其衆。

⑧ 上黨：上古地區名。位於今山西和順、榆社等縣以南，沁河以東。其地甚高，古有與天爲黨之説，故名。

⑨ 西河：古稱黄河在西北地區南北流向的河段。唐代曾以汾州（今山西汾縣）爲西河郡。

遣獸（唐讳虎字）賁郎將王威①、獸牙郎將高君雅爲副。帝遂弘竊喜甚②，而謂第二子秦王等曰："唐固吾國，太原即其地焉。今我來斯，是爲天與。與而不取，禍將斯及。然歷山飛不破，突厥不和，無以經邦濟時也。"既而歷山飛衆數不少，劫掠多年，巧於攻城，勇於力戰。南侵上黨，已破將軍慕容、將軍羅侯之兵；北寇太原，又斬將軍潘長文首。頻勝兩將，所向無前。於是帝率王威等及河東、太原兵馬往討之，於河西雀鼠谷口與賊相遇。賊衆二萬餘人，帝時所統步騎纔五六千而已。威及三軍咸有懼色，帝笑而謂威等曰："此輩羣盜，惟財是視。頻恃再勝，自許萬全。鬬力而取，容未能克；以智圖之，事無不果。所憂不戰，戰必破之，幸無憂也。"須臾，賊陣齊來，十許里間，首尾相繼。去帝漸近，帝乃分所將兵爲二陣：以羸兵居中，多張幡幟，盡以輜重繼後，從旌旗鼓角，以爲大陣；又以麾下精兵數百騎，分置左右隊爲小陣。軍中莫識所爲。及戰，帝遣王威領大陣居前，旌旗從。賊衆遥看，謂爲帝之所在，乃帥精鋭競來赴威。及見輜馱，捨鞍爭取。威怖而落馬，從者挽而得脱。帝引小陣左右二隊，大呼而前，夾而射之，賊衆大亂，因而縱擊，所向摧陷，斬級獲生，不可勝數，而餘賊黨老幼男女數萬人並來降附。於是郡境無虞，年穀豐稔，感帝恩德，若亢陽之逢膏雨焉。

後突厥知帝已還太原，仁恭獨留無援，數侵馬邑，帝遣副留守高君雅將兵與仁恭并力拒之。仁恭等違帝指蹤，遂爲突厥所敗。既而隋主遠聞，以帝與仁恭不時捕虜，縱爲邊患，遂遣司直馳驛③，繫帝而斬仁恭。帝自以姓名著於圖籙④，太原王者所在，慮被猜忌，因而禍及，頗有所晦。時皇太子在河東，獨有秦王侍側耳。謂王曰："隋曆將盡，吾家繼膺符命，不早起兵者，顧爾兄弟未集耳。今遭羑里之厄⑤，爾昆季須會盟

① 獸賁郎：即虎賁郎，因避唐高祖李淵祖父名李虎而改。

② 弘：一作"私"。

③ 司直：官名。主監察檢舉。馳驛：舊時官吏急召入京或奉差外出，由沿途驛站供夫馬糧食，兼程而進，不按站停止耽擱，叫"馳驛"。

④ 圖籙：猶圖讖。

⑤ 羑里之厄：指周文王姬昌被商紂王囚於羑里。

津之師[①]，不得同受孥戮，家破身亡，爲英雄所笑。”王泣而啓帝曰：“芒碭山澤[②]，是處容人，請同漢祖，以觀時變。”帝曰：“今遇時來，逢兹錮縶，雖覩機變，何能爲也。然天命有在，吾應會昌，未必不以此相啓。今吾勵謹，當敬天之誡，以卜興亡。自天祐吾，彼焉能害，天必亡我，何所逃刑?”爾後數日，果有詔使馳驛而至，釋帝而免仁恭，各依舊檢校所部。

煬帝之幸江都也，所在路絶，兵馬討掩[③]，來往不通，信使行人，無能自達。惟有使自江都至于太原，不逢劫掠，依程而至，衆咸異焉。初，使以夜至太原，温颜將宿於城西門樓上，首先見之，喜其靈速，報兄彦弘[④]，馳以啓帝。帝時方卧，聞而驚起，執彦弘手而笑曰：“此後餘年，實爲天假。”退謂秦王曰：“吾聞惟神也，不行而至，不疾而速，此使之行，可謂神也。天其以此使促吾，當見機而作。”雄斷英謨，從此遂定。帝素懷濟世之略，有經綸天下之心。接待人倫，不限貴賤，一面相遇，十數年不忘。山川衝要，一覽便憶。遠近承風，咸思託附。仍命皇太子於河東潛結英俊，秦王於晉陽密招豪友。太子及王，俱稟聖略，傾財賑施，卑身下士，逮乎鬻繒博徒，監門厮養，一技可稱，一藝可取，與之抗禮，未嘗云倦，故得士庶之心，無不至者。

---

① 盟津：即孟津，古黄河津渡名，在今河南孟縣南、孟津縣東北。據《史記·周本紀》，武王九年，“東觀兵，至于盟津。諸侯不期而會盟津者八百諸侯”。用此典故意指聯軍伐隋。

② 芒碭：芒山、碭山的合稱。在今安徽省碭山縣東南，與河南省永城市接界。據《史記·高祖本紀》載：“秦始皇帝常曰‘東南有天子氣’，於是因東游以厭之。高祖即自疑，亡匿，隱於芒、碭山澤巖石之閒。”此處用作典故表明韜晦之意。

③ 掩：一作“捕”。

④ 彦弘：即温大雅。

進續資治通鑑長編表（《續資治通鑑長編》）

題解

《續資治通鑑長編》五百二十卷，《四庫全書總目》卷四七史部編年類著録。

《續資治通鑑長編》，李燾所撰編年體北宋史。李燾（1115—1184），南宋史學家。字仁甫，一字子真，號巽岩，眉州丹棱（今四川丹棱）人，紹興八年（1138年）進士，歷任史職及州郡官，以敷文閣學士致仕。一生著述弘富，《續資治通鑑長編》尤爲世人所推重。燾取北宋九朝史事，仿司馬光《資治通鑑》體例，著爲此書。起建隆，迄靖康，凡168年，980卷。凡實録、國史、會要、野史、家乘、墓志銘、行狀等有關資料，無不廣搜博采。其中分注考異，詳引他書，保存大量史料，既可考定《宋史》《遼史》及現存文集、筆記傳寫之誤，又可從中輯存佚文、佚書。原書元朝以來世鮮傳本，明修《永樂大典》曾收録該書絶大部分，而當時世間已無足本流傳。今本爲清乾隆時《四庫全書》館臣由《永樂大典》中輯出，厘定爲520卷。本篇選自《續資治通鑑長編》卷首，爲李燾於孝宗乾道四年（1168年）所上的進書表。

選文據中華書局2004年《續資治通鑑長編》點校本（第二版）。今有裴汝誠、許沛藻《續資治通鑑長編考略》（北京，中華書局，1985年），可參考。

選文

臣燾言：臣先于去年八月準尚書省劄子①，三省同奉聖旨，依敷文閣直學士汪應辰奏②，取臣所著《續資治通鑑》自建隆迄元符③，令有司繕寫校勘，藏之祕閣④。臣尋于十四日蒙恩賜對⑤，面奉聖旨，令臣早投進⑥，遂除官郎省，兼職史局。續又準尚書省劄子，奉聖旨令臨安府給札。臣今先次寫到建隆元年至治平四年閏三月五朝事迹共一百八年，計一百八卷，内建隆元年至太平興國元年太祖一朝事迹，雖曾于隆興元年臣知榮州日具表投進，已

---

① 準：依準，依據。劄子：官府中用來上奏或啓事的一種文書。

② 敷文閣：宋閣名。紹興十年（1140年）建，收藏徽宗御制文集。有學士、直學士、待制等職。汪應辰（1119—1176）：南宋信州玉山（今屬江西）人。本名洋，字聖錫。紹興五年（1135年）進士第一。累官至敷文閣直學士等職。

③ 建隆：宋太祖趙匡胤的第一個年號，960—962年。元符：宋哲宗趙煦的第三個年號，1098—1100年。

④ 祕閣：官署名。端拱元年（988年）建於崇文院中堂。藏史館、昭文館、集賢院真本書籍及書畫。置直閣、校理官，多以在京朝官充任。元豐改制，并歸秘書省。崇寧以後，外官除直閣、校理者也漸多。

⑤ 賜對：帝王召見臣子對答問題。

⑥ 投進：投送進呈。

蒙降付史館，後來稍有增益，謹重別鈔録投進外，餘治平以後，文字增多，兼見修四朝正史未畢[①]，欲望聖慈特賜寬假，容臣更加整齊，節次修寫投進。疏遠微賤，僭爲此書，罪當誅絶，聖主不卽麾斥，乃過聽而兼收之，臣死且不朽矣。臣誠惶誠恐，稽首頓首。

臣竊聞司馬光之作《資治通鑑》也，先使僚属採摭異聞，以年月日爲叢目，叢目既成，乃修長編。唐三百年，范祖禹實掌之。光謂祖禹："長編寧失于繁，無失于略"[②]。當時祖禹所修長編，蓋六百餘卷，光細删之，止八十卷。今《資治通鑑·唐紀》，自一百八十五卷至二百六十五卷是也。故神宗皇帝序其書，以爲博而得其要，簡而周于事。臣誠不自揆度，妄意纂集，雖義例悉用光所創立，錯綜銓次，皆有依憑，其間牴牾，要亦不敢自保。區區小忠，前表葢嘗具之。仰惟祖宗之豐功盛德，當與唐、虞、三代比隆。乾坤之容，日月之光，繪畫臻極訖弗能近，矧令拙工彊施丹堊[③]，臣誠愚闇，豈不知罪？然而統會衆説，掊擊僞辨，使姦欺訛訕不能乘隙亂真，祖宗之豐功盛德益以昭明，譬諸海嶽，或取涓埃之助。顧臣此書，詎可便謂《續資治通鑑》？姑謂《續資治通鑑長編》庶幾可也。其篇帙或相倍蓰，則長編之體當然，寧失于繁，猶光志云爾。伏惟皇帝陛下，焕乎文章，固已經緯兩儀，黼黻萬化[④]。如臣薄技，又安足陳？陛下徒以祖宗之孫謀彝憲往往在是[⑤]，遂委曲加惠，導之使前。承命距躍[⑥]，干冒來獻，夤緣幸會，得御燕閑，千百有一儻符神指，更擇耆儒正直若光者，屬以删削之任，遂勒成我宋大典，垂億萬年，如神宗皇帝所謂"博而得其要，簡而周于事"者，則將與《六經》俱傳。是固非臣所能，而臣之區區小忠，因是亦獲自盡，誠死且不朽矣！所有《續資治通鑑長編》一百八卷，今寫成一百七十五册，並目録一册，謹隨

---

① 四朝正史：即四朝國史，南宋官修史書。共252卷，記神宗、哲宗、徽宗、欽宗四朝歷史。

② "長編寧失于繁，無失于略"：語出司馬光《傳家集·答范夢得書》。

③ 丹堊：粉飾，裝飾。丹：朱漆。堊：一種白色土，可用於塗飾。

④ 黼黻：本義指古代禮服上所綉的花紋，引申爲文采斐然。黼：黑白相次，作斧形，刃白身黑。黻：黑青相次，作亞形。

⑤ 孫謀：順應天下人心的謀略。孫：通"遜"。順。語出《詩經·大雅·文王有聲》："詒厥孫謀，以燕翼子。"彝憲：法憲，憲令。

⑥ 距躍：向前跳過。語出《左傳·僖公二十八年》："距躍三百，曲踊三百。"後用以形容歡欣之極的樣子。

表上進。干瀆宸嚴[①]，下情無任戰汗屏營之至[②]。臣燾誠惶誠恐，稽首頓首謹言。乾道四年四月日，左朝散郎、尚書禮部員外郎兼國史院編修官臣李燾上。

① 宸嚴：皇帝的威嚴。
② 戰汗：恐懼出汗。屏營：惶恐的樣子。

國榷序（《國榷》）

題解

《國榷》，《四庫全書總目》不著録。《續修四庫全書》史部編年類收録。

談遷（1594—1657），明末清初史學家，字孺木，號觀若，浙江海寧人。明末諸生，入清後隱居不出。他好審古今治亂，尤熟於歷代掌故。因有志於研究明史，遂積數十年之功，以《明實録》爲本，參閱諸家史書百餘種，成明代編年體史書《國榷》。其書以抄本傳世，不分卷，後經張宗祥整理，厘爲 104 卷，卷首 4 卷，共 108 卷。撰述時遍考群籍，廣征博采，但不盲目輕信，凡實録及諸史所記失實處，均予指明。明亡後又大量收集邸報、政府公文、方志及前朝官吏、遺民的口述，進一步充實和訂正。所載萬曆以後明與後金之史實，爲他書所不及，史料價值較高。本篇爲《國榷》作者於明熹宗天啓六年（丙寅，1626 年）所作自序，選自該書卷首。序文反映了談遷對明代官修史書成績的不滿以及苦心修史的史家情懷。

選文據古籍出版社 1958 年張宗祥校點本。今有錢茂偉、柴偉梁著《遺民史家——談遷傳》（杭州，浙江人民出版社，2006 年），可參考。

選文

亦史氏曰[①]：明興垂三百載，治駸駸日以盛[②]，而史事則學士家猶遜言之。木天金匱之藏，每乘輿代興，則詞臣雲集而從事，既奏竣，扃之祕閣，即薦紳先生不得一目覼。周秦以來，史臣有專職，亦有專述，故其官與業，交相勸也。明之史臣夥矣，大概備經筵侍從，既奪名山之晷，而前後有所編摩，俱奉尺一，其官如聚偶，其議如築舍，非正三公而埒八座者，不得秉如椽焉。且明初史館，布衣亦尙與壇坫之末[③]，其後非公車不敢望[④]，又其後館閣有專屬，即公車之儁，或才如班、范，未始以概進也。噫！明之于功令，齗齗甚矣[⑤]，故史日益以偷，垂三百載，而無敢以左足應者。神宗時，

---

① 亦史氏：據上海古籍出版社 2008 年影印本，爲“亦左氏”，謝國楨《增訂晚明史籍考》則録爲“亦左史氏”（上海，上海古籍出版社，第 28 頁），疑有脱文，爲談遷自稱。

② 駸駸（qīn qīn）：馬疾行貌。喻興盛。

③ 壇坫：古代諸侯盟會的場所。引申爲學術論壇。

④ 公車：對入京應試舉人之俗稱。本義爲官車。《周禮·春官·巾車》：“掌公車之政令。”鄭玄注：“公，猶官也。”漢以公家車馬遞送應舉之人。後因以“公車”爲舉人應試之代稱，又借以指應試之舉子。

⑤ 齗齗（yín yín）：露齒的樣子。引申爲爭辯的樣子。

陳文憲銳意于史[①]，而史竟烏有，雖文憲不克襄事，脱幸而史，恐不堪爲唐宋六朝役，何論雁行也[②]。計其時，瑯琊、新都、雲杜二三君子[③]，足任鞭弭[④]，而曾不一收溲勃之用[⑤]，又曷爲史哉！故史至明，遂以祕而醲隘，泌陽之憸險也而史[⑥]，江陵之嚴刻也而史[⑦]，楊文貞、董文簡之褊忮也而史[⑧]，史之權不有所歆，則有所避，蓋棺事定，革除事已蕩爲飄風冷塵，滅沒半不可問，而周之頑民，所脱然刷洗者十一耳。永陵議禮[⑨]，至于今，甲可乙否，聚訟之舌，敝而猶新，此將何以衷之也！定、慶實錄告成[⑩]，俄而在事諸臣半削籍，甚則投繯謝世，以國家忠厚鴻龐，昌言無忌諱，而千載上腐刑餘波，尚能及人，史不亦可畏哉！然則今之史，拘忌文法，杜枝耳目，盲之誣，淑之短，赤之俗。不但爾爾，江左前史出一家，唐太宗命諸臣爲《晉史》，始割綴而不適于一。永叔爲《五代史》則著，爲《新唐書》則不甚著，天下事成于獨而散于同，比比是也。明作者非一人，繁簡予奪之間，得失相半。鄭端簡號爲

---

① 陳文憲：即陳于陛（1545—1597），明四川南充人，字元忠，號玉壘。隆慶進士。萬曆二十一年（1593年）官至禮部尚書，領詹事府事，上書請求纂修本朝正史。次年預修國史，任副總裁，但此次修史以失敗告終。

② 雁行：比喻兄弟。雁行原意指并行而稍後。古代規定，兄弟相行，應該兄稍前，弟稍後，就像群雁飛行一樣先後有序。此處指明朝是與唐、宋相繼的王朝。

③ 瑯琊、新都、雲杜：指王世貞、汪道昆、李維楨（參錢茂偉、柴偉梁《遺民史家——談遷傳》，杭州，浙江人民出版社，2006年，34頁）。王世貞（1529—1593）：明代學者，史學家。字元美，號鳳州、弇州山人。蘇州太倉（今屬江蘇）人。嘉靖進士。歷官刑部主事、南京刑部尚書等。他才學淵博，著述浩繁。汪道昆（1525—1593）：明徽州歙縣（今屬安徽）人，字伯玉，號太函、南溟等。嘉靖進士，授義烏知縣。教民講武，曾與戚繼光募民編練新軍，世稱“義烏兵”，參與浙、閩抗倭戰爭，官至兵部左侍郎，與王世貞并稱“兩司馬”。李維楨（1547—1626）：明京山（今屬湖北）人，字本寧。隆慶進士。由史館庶吉士授編修。博聞强記，萬曆中，預修《穆宗實録》，後升任修撰。出爲陝西右參議，遷提學副使，其後改任外官近三十年。天啓初，再被起用，官至南京禮部尚書。著有《史通評釋》。

④ 鞭弭：馬鞭與弓箭，喻修史之才。

⑤ 溲勃：“牛溲馬勃”的省略。喻極其微賤而且無用的東西。“牛溲”，即牛尿，一説爲中藥車前。“馬勃”，一種擔子菌。

⑥ 泌陽：指焦芳（？—1517）。河南泌陽人，字孟陽，號守静。天順進士。歷官編修、太常寺少卿等。主持修纂《孝宗實録》。憸（xiān）：邪佞。

⑦ 江陵：指張居正（1525—1582）。湖廣江陵（今湖北荆州）人，字叔大，號太岳。嘉靖進士，選庶吉士，授編修。主持修纂《世宗實録》《穆宗實録》。

⑧ 楊文貞：即楊士奇（1365—1444）：江西泰和人，名寓，字士奇，號東里，以字行。幼貧力學，建文初，以王叔英薦，入翰林，充編纂官，與修《太祖實録》。卒謚文貞。董文簡：即董玘（1487—1546），字文玉，明弘治十八年（1505年）進士，歷任翰林院編修、禮部左侍郎等職，主持修纂《武宗實録》，卒謚文簡。褊忮：褊狹嫉恨。

⑨ 永陵：指明世宗朱厚熜。

⑩ 定、慶實録：指神宗萬曆（陵號定陵）、光宗泰昌（陵號慶陵）實録。

博雅[①]，有其學矣，惜非其才；北地才而不史[②]；瑯琊欲史而隱忍以沒；又其初皆不踐承明之廬，雲杜寄徑非久，遂老簿書錢穀間，史才難得亦難失，當寧或任耳不復任目，則雖能史者，有摧謝規避，疇以身爲射的哉！

故予竊感明史而痛之，屢欲振筆，輒自慙怒臂，不敢稱述，間窺諸家編年，于謁陋膚冗者，妄有所損益。閱數歲，裒然成帙，不遂灰棄，舉而薦之鉛槧，笑古人之未工，忘己事之已拙，諒哉！雖然，塵飯塗羹，戲之云爾，持之質大君子之門，方土龍芻狗之不若[③]，何況乎緜蕞也[④]。天啓丙寅三月朔，談遷書于棗林之容膝軒。

---

① 鄭端簡：即鄭曉（1499—1566），字窒甫，號淡泉，謚端簡，浙江海鹽人。通經術，熟諳國家典故，博洽多聞，文武兼備，時望蔚然。著有《禹貢圖說》《吾學編》《端簡文集》《古言》《今言》等。

② 北地：指李夢陽（1473—1529），明陝西慶陽（今屬甘肅）人，字天賜，改字獻吉，號空同子，亦作“崆峒子”。李夢陽雖無史學成果，但有史學思想，如認爲史書“其文貴約而該”（《空同先生集》卷六十一《論史答王監察書》）。

③ 土龍芻狗：謂用泥土捏成的龍，用草扎成的狗。比喻名與實不相符。

④ 緜蕞：經營創建。

削奪諸藩（《明史紀事本末》）（節選）

題解

《明史紀事本末》八十卷，《四庫全書總目》卷四九史部紀事本末類著録。

《明史紀事本末》，清谷應泰撰，共八十卷。順治十三年（1656年），谷應泰提督浙江學政僉事，延攬學者張岱、陸圻、徐倬等人編撰是書。書中將有明近三百年歷史分成八十專題，每題一卷，自爲起訖，頗有條貫，篇後并附論贊。與以往紀事本末史籍不同，是書内容史料來源，不再是脱胎於某一部史書，而是集衆家之長。其成書比官修《明史》早八十多年，爲研究明代歷史的重要史籍。本篇節選自《明史紀事本末》卷十五。選文記述了明朝初年設藩和削藩的過程，比較客觀地分析指出了明初設藩帶來的弊病和建文帝削藩過程中決策上的失誤。

選文據中華書局2015年點校本。今有陳祖武評介《明史紀事本末》（載倉修良主編《中國史學名著評介》，第二卷，濟南，山東教育出版社，2006年，第447～458頁），可參考。

選文

太祖洪武三十一年（戊寅，一三八九）閏五月[①]，建文帝即位，詔改明年爲建文元年。帝，太祖之孫，懿文太子之子也[②]。生十年而懿文卒[③]，高祖年六十有五矣，御東角門，對羣臣泣。翰林學士劉三吾進曰："皇孫世適[④]，富於春秋，正位儲極，四海繫心，皇上無過憂。"高皇曰："善。"九月庚寅，立爲皇太孫。

時諸王以叔父之尊，多不遜。一日，太孫坐東角門，召侍讀太常卿黄子澄告之曰[⑤]："諸叔各擁重兵，何以制之？"子澄以漢平七國事爲對。太孫喜曰："吾獲是謀，無慮矣。"

初，太祖建都金陵，去邊塞六七千里，元裔時出沒塞下，捕殺吏卒，以

---

① 按：這裏的干支、公元爲點校者所附注。

② 懿文太子：即朱標（1355—1392），明太祖長子。洪武元年（1368年）立爲皇太子，次年病死，謚曰懿文。

③ 十年：當爲"十六年"之誤。

④ 適：通"嫡"。

⑤ 黄子澄（1350—1402）：明江西分宜人，名湜，以字行。洪武進士。歷官翰林編修、修撰，太常寺卿。建文帝即位，兼翰林學士，與齊泰同參國政，定策削藩，燕王斥爲奸臣。靖難兵起，主持軍務，薦李景隆代耿炳文伐燕，喪師敗績。又受密令外出募兵勤王。京師破，亡命嘉興，爲人告發，被殺滅族。

故命並邊諸王得專制國中，擁三護衛重兵。遣將徵諸路兵，必關白親王乃發①。洪武九年，五星紊度②，日月相刑③。訓導葉居升應詔陳言，極論分封太侈，略曰："日者，君之象也。月者，臣之象也。五星者，卿士庶人之象也。臣愚不知星術，姑以所聞於經傳，并摭前世已行之得失者論之。《詩》曰：'彼月而食，則維其常'④。今日刑於月，猶之可也。而日月相刑，則月敢抗於日者，臣敢抗於君矣。《傳》曰：'都城過百雉，國之害也'⑤。國家懲宋、元孤立，宗室不競之弊，秦、晉、燕、齊、梁、楚、吳、閩諸國，各盡其地而封之，都城宮室之制，廣狹大小，亞於天子之都，賜之以甲兵衛士之盛，臣恐數世之後，尾大不掉⑥。然後削之地而奪之權，則起其怨，如漢之七國⑦、晉之諸王⑧。否則恃險爭衡，否則擁衆入朝，甚則緣間而起，防之無及也。今議者曰：'諸王皆天子親子也，皆皇太子親國也。'何不摭漢、晉之事以觀之乎？孝景皇帝，漢高帝之孫也。七國之王，皆景帝之同宗父兄弟子孫也。當時一削其地，則搆兵西向。晉之諸王，皆武帝之親子孫也。易世之後，迭相擁兵，以危皇室，遂成五胡雲擾之患。由此言之，分封踰制，禍患立生，援古證今，昭昭然矣。昔賈誼勸漢文帝早分諸國之地，空之以待諸王子孫，謂力少則易使以義，國小則無邪心。願及諸王未國之先，節其都邑之制，減其衛兵，限其疆里，亦以待封諸王之子孫。此制一定，然後諸王有聖賢之德行者，入爲輔相，其餘世爲藩輔，可以與國同休，世世無窮矣。"太祖怒，繫死獄中，後無敢言者。

至是，太祖崩，遺詔曰："朕受皇天之命，膺大任於世，三十有一年。憂危積心，日勤不怠，專志有益於民。奈何起自寒微，無古人之博智，好善惡惡，不及多矣。今年七十有一，筋力衰微，朝夕危懼，慮恐不終。今得萬

① 關白：禀告，通告。

② 五星紊度：金、木、水、火、土五星運行悖亂，不合法度。

③ 刑：攻殺。

④ 彼月而食，則維其常：語出《詩經·小雅·十月之交》。

⑤ 都城過百雉，國之害也：語出《左傳·隱公元年》。

⑥ 尾大不掉：語出《左傳·昭公十一年》。

⑦ 漢之七國：指漢景帝時，吳王劉濞聯合楚、趙、膠東、膠西、濟南、淄川等諸侯國，以"請誅晁錯，以清君側"爲名，發動叛亂，史稱"七國之亂"。

⑧ 晉之諸王：指楚王司馬瑋、汝南王司馬亮、趙王司馬倫、齊王司馬冏、成都王司馬穎、河間王司馬顒、長沙王司馬乂、東海王司馬越，諸王於晉惠帝時相繼作亂，史稱"八王之亂"。

物自然之理，其奚哀念之有！皇太孫允炆，仁明孝友，天下歸心，宜登大位。中外文武臣僚同心輔佑，以福吾民。葬祭之儀，一如漢文帝勿異。布告天下，使知朕意。孝陵山俱因其故，勿改。諸王臨國中[①]，無得至京。王國所在，文武吏士聽朝廷節制，惟護衛官軍聽王。諸不在令中者，推此令從事。”辛卯，皇太孫即皇帝位。葬孝陵。援遺詔止諸王會葬。詔下，諸王不悅，謂此齊尚書疎間也[②]。

六月，戶部侍郎卓敬密奏裁抑宗藩[③]，疏入，不報。於是燕、周、齊、湘、代、岷諸王頗相煽動，有流言聞於朝。帝患之，謀諸齊泰。泰與黃子澄首建削奪議，乃以事屬泰、子澄。一日罷朝，召子澄曰：“先生憶昔東角門之言乎？”對曰：“不敢忘。”子澄退，與齊泰謀之。泰曰：“燕握重兵，且素有大志，當先削之。”子澄曰：“不然，燕預備久，卒難圖[④]。宜先取周，剪燕手足，即燕可圖矣。”乃命曹國公李景隆調兵猝至河南圍之，執周王及其世子、妃嬪送京師，削爵爲庶人，遷之雲南。

冬十一月，代王居藩，有貪虐狀，方孝孺請以德化道之。帝遣之入蜀，使與蜀王居，時蜀王素以賢聞故也。

十二月，前軍都督府斷事高巍上書論時政曰[⑤]：“我高皇帝上法三代之公，下洗嬴秦之陋，封建諸王，凡以護中國，屏四裔[⑥]，爲聖子神孫計至遠也。夫何地大兵強，易以生亂。今諸藩驕逸違制，不削則廢法，削之則傷恩。賈誼曰：‘欲天下之治安，莫若衆建諸侯而少其力。’臣愚謂今宜師其意，勿施晁錯削奪之策，效主父偃推恩之令。西北諸王子弟分封於東南，東

① 臨（lìn）：哭弔。

② 齊尚書：指齊泰（？—1402），明應天溧水（今屬江蘇）人，初名德，字德洪。洪武進士。太祖爲改名。歷官至兵部左侍郎。惠帝即位，進兵部尚書，與黃子澄同參國政，建削奪諸王之策，先後廢周、代、湘、齊、岷五王。建文元年（1399年），靖難兵起，被燕王指爲“奸臣之首”。四年，燕師破南京，外逃募師，被執不屈死。

③ 卓敬（？—1402）：明浙江里安人，字惟恭。洪武進士，授户科給事中。歷官宗人府經歷、户部侍郎，請定太子諸王服制。建文初，上密疏，請改封燕王於南昌，成祖即位被殺。

④ 卒：通“猝”。

⑤ 前軍都督府：官署名。明朝五軍都督府之一。分領在京留守前衛、龍驤衛、豹韜衛，在外湖廣都司、福建都司、福建行都司、江西都司、廣東都司、湖廣行都司、興都留守司、直隸九江衛，及南京前軍都督府所屬各衛。但只有統兵權，發兵之令總於兵部。高巍（？—1402）：明山西遼州（今山西左權）人，字不危。洪武中由太學生試前軍都督府左斷事，坐事謫戍貴州。建文初上疏，請行推恩之策以削諸王之權。靖難中參贊李景隆軍務，自請勸説燕王罷兵，燕王不納。後協助鐵鉉守濟南，屢敗燕師。京師被燕軍攻陷，自殺於驛舍。

⑥ 四裔：四方邊遠之地。

南諸王子弟分封於西北，小其地，大其城，以分其力。如此，則藩王之權不削自弱矣。臣又願陛下益隆親親之禮，歲時伏臘[1]，使問不絕。賢如河間、東平者[2]，下詔褒賞；不法如淮南、濟北者[3]，始犯則容，再犯則赦，三犯而不改，則告廟削地而廢處之，寧有不服順者哉！”上嘉之，然不能用。

建文元年（己卯，一三九九）春二月，命親王不得節制文武吏士，更定官制。

夏四月，人告岷王楩不法事，削其護衛，誅其導惡指揮宗麟，廢爲庶人。又以湘王柏僞造鈔及擅殺人，降敕切責，仍遣使以兵迫執之。湘王曰：“吾聞前代大臣下吏，多自引決。身高皇帝子，南面爲王，豈能辱僕隸手求生活乎！”遂闔宮自焚死。又以人告齊王榑陰事，詔至京，廢爲庶人，拘繫之。幽代王桂於大同，廢爲庶人。未幾，靖難兵起。

---

① 伏臘：指伏祭和臘祭之日，此泛指節日。

② 河間：指漢河間獻王劉德。東平：指漢東平王劉蒼。

③ 淮南：指漢淮南王劉長。濟北：指漢濟北王劉興居。

氏族略序（《通志》）（節選）

題解

《通志》二百卷，《四庫全書總目》卷五〇史部别史類著録。

《通志》，南宋鄭樵撰紀傳體通史，二百卷（關於鄭樵《通志》可參考本書“精讀文選”《通志總序》“導讀”），《二十略》爲全書精華所在。其中，《氏族略》《六書略》《七音略》《都邑略》《昆蟲草木略》等五略爲鄭樵新創。《氏族略》爲考辨、論述姓氏的專著，系統論述了中國古代姓氏源流、氏族分合、世系衍派的歷史過程，内容豐富，議論精闢，是我國古代姓氏學的名著。本篇選自鄭樵《通志》卷三十《氏族略》。選文爲該略之序，敘述了我國古代姓、氏這兩個不同範疇及其自先秦以降的發生、發展，揭示了它們由有嚴格區分到合而爲一的過程，其主要目的雖然在於爲門第家望觀念提供歷史依據，但同時也體現了鄭樵正本清源的纂述宗旨。

選文據中華書局 1995 年出版《通志二十略》王樹民點校本。今有吴懷祺《鄭樵研究》（厦門，厦門大學出版社，2010 年），可參考。

選文

自隋、唐而上，官有簿狀，家有譜系，官之選舉必由於簿狀，家之婚姻必由於譜系。歷代並有圖譜局，置郎、令史以掌之，仍用博通古今之儒知撰譜事。凡百官族姓之有家狀者則上之，官爲考定詳實，藏於秘閣，副在左户①。若私書有濫，則糾之以官籍；官籍不及，則稽之以私書。此近古之制，以繩天下，使貴有常尊、賤有等威者也。所以人尚譜系之學，家藏譜系之書。自五季以來，取士不問家世，婚姻不問閥閲，故其書散佚而其學不傳。

三代之前，姓氏分而爲二，男子稱氏，婦人稱姓。氏所以别貴賤，貴者有氏，賤者有名無氏。今南方諸蠻，此道猶存。古之諸侯，詛辭多曰“墜命亡氏，踣其國家”，以明亡氏則與奪爵失國同，可知其爲賤也。故姓可呼爲氏，氏不可呼爲姓。姓所以别婚姻，故有同姓、異姓、庶姓之别。氏同姓不同者，婚姻可通。姓同氏不同者，婚姻不可通。三代之後，姓氏合而爲一，皆所以别婚姻，而以地望明貴賤。於文，女生爲姓，故姓之字多從女，如

---

① 左户：官署名。北魏置，隸度支尚書。掌全國計賬、户籍等事。

姬、姜、嬴、姒、嬀、姞、妘、㛄、姶、姺、嫪之類是也。所以爲婦人之稱，如伯姬、季姬、孟姜、叔姜之類，並稱姓也。奈何司馬子長、劉知幾謂周公爲姬旦，文王爲姬伯乎？三代之時無此語也。良由三代之後，姓氏合而爲一，雖子長、知幾二良史猶昧於此。

姓氏之學，最盛於唐，而國姓無定論。林寶作《元和姓纂》[①]，而自姓不知所由來。漢有《鄧氏官譜》，應劭有《氏族》篇[②]，又有潁川太守聊氏《萬姓譜》。魏立九品，置中正，州大中正主簿，郡中正功曹，各有簿狀，以備選舉。晉、宋、齊、梁因之。故晉散騎常侍賈弼、太保王弘、齊衞將軍王儉、梁北中郎諮議參軍知撰譜事王僧孺之徒，各有《百家譜》，徐勉又有《百官譜》。宋何承天撰《姓苑》[③]，與後魏《河南官氏志》，此二書尤爲姓氏家所宗。唐太宗命諸儒撰《氏族志》一百卷[④]，柳沖撰《大唐姓系録》二百卷[⑤]，路淳有《衣冠譜》[⑥]，韋述有《開元譜》[⑦]，柳芳有《永泰譜》[⑧]，柳璨有《韻略》[⑨]，張九齡有《韻譜》，林寶有《姓纂》，邵思有《姓解》。其書雖多，大概有三種：一種論地望，一種論聲，一種論字。論字者則以偏旁爲主，論聲者則以四聲爲主，論地望者則以貴賤爲主。然貴賤升沈，何常之有，安得專主地望？以偏旁爲主者可以爲字書，以四聲爲主者可以爲韻書，此皆無與

① 《元和姓纂》：書名，唐林寶撰。十卷。書成於元和七年（812年）。爲奉敕所編姓氏族系郡望總譜。首列皇族李氏，以下按唐韵二百零六部，分四聲類集古今姓氏。每韵皆以大姓爲首，各姓均載其得姓受氏源流和諸家譜系，於唐人姓氏載之尤詳。今有中華書局1994年郁賢皓等整理本（附岑仲勉校記）。

② 應劭：東漢汝南南頓（今河南項城西）人，字仲遠。博覽多聞。綴集所聞，著《漢官儀》。凡朝廷禮制、百官典式多爲其所立。又撰《風俗通》三十卷，以辨釋名物，時稱洽聞。

③ 《姓苑》：書名，南朝宋何承天撰。十卷。爲姓氏書。《唐志》及《宋志》有著録。

④ 《氏族志》：書名，亦稱《大唐氏族志》或《貞觀氏族志》。唐高士廉、韋挺、岑文本、令狐德棻等撰。一百卷，一作一百三十卷。書成於貞觀十二年（638年）。爲記録唐初貴族姓氏淵源與門第的大型譜牒。

⑤ 柳沖（？—717）：唐蒲州虞鄉（今山西永濟，一説山西平陸）人，通世族譜牒之學。中宗神龍中，奏稱太宗時所修《氏族志》頒行以來，數十年間，士庶升降隆替已多變化，請予改修。詔與魏元忠、蕭至忠等共同改修。書成，改名《大唐姓族系録》。《大唐姓系録》：即《大唐姓族系録》，二百卷，爲唐代最後一部大型官修譜牒，已佚。

⑥ 《衣冠譜》：書名。唐路敬淳撰。六十卷。路淳：即路敬淳，貝州臨清（今屬山東）人。武周天授年間（690—692年）官太子司議郎、崇賢館學士。尚著有《著姓略記》等書。《新唐書·路敬淳傳》稱："唐初，姓譜學唯敬淳名家。其後柳沖、韋述、蕭穎士、孔至各有撰次，然皆本之路氏。"舊列史部傳記類。已佚。

⑦ 韋述：唐京兆萬年（今陝西西安）人。景龍進士。家藏書二千卷，幼時即遍讀之。開元初，任衛尉少卿，預編四部書目二百卷、《唐六典》三十卷。好譜學，著《開元譜》二十卷。

⑧ 柳芳：字仲敷，蒲州河東（今山西永濟南）人。唐朝著名的史學家、譜學家，一生勤奮治學，篤志論著，尚著有編年體史書《唐曆》等。

⑨ 柳璨（？—905）：唐京兆華原（今陝西耀縣）人，字炤之。光化進士。精通《漢書》，以劉知幾《史通》譏駁經史多過當，遂加以辨析詰難，著爲《史通析微》。

於姓氏。

凡言姓氏者皆本《世本》、《公子譜》二書[①]，二書皆本《左傳》。然左氏所明者，因生賜姓，胙土命氏，及以字、以謚、以官、以邑，五者而已。今則不然，論得姓受氏者有三十二類，左氏之言隘矣。

自漢至唐，世有典籍討論兹事，然皆出於一時之意，不知澄本正源，每一書成，怨望紛起。臣今此書則不然，帝王列國世系之次本之《史記》，實建國之始也。諸家世系之次本之《春秋世譜》，實受氏之宗也。先天子而後諸侯，先諸侯而後卿大夫士，先卿大夫士而後百工技藝，先爵而後謚，先諸夏而後夷狄，先有紀而後無紀，繩繩秩秩，各歸其宗。使千餘年湮源斷緒之典，燦然在目，如雲歸于山，水歸于淵，日月星辰麗乎天，百穀草木麗乎土者也。

臣舊爲《氏族志》五十七卷，又有《氏族源》《氏族韻》等書，幾七十卷。今不能備，姑載其略云。

① 世本：書名。作者約爲西周至戰國時的史官，記載自黄帝至秦代（一説春秋）帝王公侯卿大夫的世系及事迹，共十五篇，爲後世所傳之本。唐人爲避太宗諱，或稱《系本》。該書破古史記事記言格局，創分專題記述新體例，爲後世所仿效。原書已佚。今有漢宋衷注、清秦嘉謨等輯《世本八種》（北京，中華書局，2008年）。

初興風土（《大金國志》）

題解

《大金國志》四十卷，《四庫全書總目》卷五〇史部別史類著録。

《大金國志》，舊題宋宇文懋昭撰，共四十卷，載金太祖至哀宗九帝一百十七年事迹，首尾完整，所記天文、地理、京城、陵廟、儀衛、車騎、輿服、符印、百官、皂隸、考試、科舉、屯田、兵刑以及楚齊事迹、任免詔誥、宋金誓書等，多爲他書所不載，當另有所據。書中所録宋元史籍，有的早已散佚，幸賴此書保存，其史料價值很高。可與《金史》相參照，是研究金史的基本史料。學界多認爲此書當是雜采諸書，僞托宇文懋昭所撰，或宇文原著經後人增補。本篇選自《大金國志》卷三十九，選文主要描述了女真社會之生活習俗等情况。

選文據商務印書館 1936 年《國學基本叢書》本，另有崔文印《大金國志校證》（北京，中華書局，1986 年）、李秀蓮評介《大金國志》（見倉修良主編《中國史學名著評介》，第二卷，濟南，山東教育出版社，2006 年，第 217～231 頁），可參考。

選文

女貞在契丹東北隅，地饒山林，田宜麻穀，土產人參、蜜蠟、北珠、生金、細布、松實、白附子。禽有鷹鶻“海東青”之類，獸多牛、馬、麋、鹿、野狗、白彘、青鼠、貂鼠。

其人勇悍，善騎射，喜耕種，好漁獵。每見野獸之蹤，躡而求之，能得其潛伏之所。又以樺皮爲角，吹呦呦之聲，呼麋鹿而射之。

其居多依山谷，聯木爲柵，或覆以板與樺皮如牆壁，亦以木爲之。冬極寒，屋纔高數尺，獨開東南一扉。扉既掩，復以草綢繆塞之。穿土爲牀，煴火其下，而寢食起居其上。厚毛爲衣，非入室不撤。衣屨稍薄則墮指裂膚。唯盛暑如中華內地。

俗勇悍，喜戰鬥，耐饑渴苦辛。騎上下崖壁如飛，濟河江不用舟楫，浮馬而渡。其樂唯鼓、笛，其歌惟《鷓鴣曲》，第高下長短如鷓鴣聲而已。其疾病無醫藥，尚巫祝，病者殺豬狗以禳之[①]，或用車載病者入深山大谷以避

---

① 禳（ráng）：古代除邪消灾的祭祀。這裏用作動詞。

之。其親友死，則以刀𠞰額[①]，血淚交下，謂之“送血淚”。死者埋之而無棺槨。貴者生焚所寵奴婢、所乘鞍馬以殉之。其祀祭飲食之物盡焚之，謂之“燒飯”。

其道路無旅店，行者息于民家。主人初則拒之，拒之不去，方具飯食而納之。

其市無錢，以物博易。無工匠，其舍屋、車帳往往自能爲之。

其禮則拱手退身喏[②]，跪右膝，蹲左膝，拱手搖肘爲拜。

其節序：元旦則拜日相慶，重五則射柳祭天。

稅賦無常，隨用度多寡而斂之。與契丹言語不通，而無文字，賦斂科發，刻箭爲號，事急者三刻之。

多以牛驢負物，遇雨則張牛革以禦之。緩則射獵，急則戰鬥。

宗室皆謂之“郎君”，事無大小，皆屬焉。

---

① 𠞰（lí）：用刀劃、割之意。

② 喏（nuò）：向人作揖并同時出聲致敬。

邵公諫厲王弭謗（《國語》）

題解

《國語》二十一卷，《四庫全書總目》卷五一史部雜史類著録。

《國語》是我國第一部國别史，共二十一卷。其書按周、魯、齊、晋、鄭、楚、吴、越次序編排，分爲《周語》三卷，《晋語》九卷，《魯語》《楚語》《越語》各二卷，《齊語》《鄭語》《吴語》各一卷。起於西周穆王，終於公元前453年趙、韓、魏三家滅智伯。主要記載君臣的言論，也有一些記事。相傳是魯國史官左丘明所作，漢儒稱《左傳》爲"内傳"，稱它爲"外傳"。但據近人考證，其書非出自一人一時，約編定於戰國時期。本篇選自《國語·周語上》。選文主要記述西周末年邵公針對周厲王"弭謗"而做的勸諫之辭。邵公指出，"防民之口，甚於防川"，厲王暴虐拒諫，結果激起國人暴動，终被流放於彘。文章結構嚴謹，説理透徹，富有説服力，爲歷來選家所重。

選文據上海古籍出版社1978年出版《國語》點校本。另有徐元誥撰，王樹民、沈長雲點校本《國語集解》（修訂本，北京，中華書局，2002年），可參考。

選文

厲王虐，國人謗王①。邵公告曰："民不堪命矣！"王怒，得衛巫，使監謗者。以告，則殺之。國人莫敢言，道路以目。

王喜，告邵公曰："吾能弭謗矣，乃不敢言。"邵公曰："是障之也②。防民之口③，甚於防川。川壅而潰，傷人必多。民亦如之。是故爲川者，決之使導；爲民者，宣之使言④。故天子聽政⑤，使公卿至於列士獻詩⑥，瞽獻曲⑦，

---

① 國人：指周及諸侯國住在都城及其附近的居民。謗：公開批評、議論人的過失，指責。

② 障：築堤防，防水堤。此堵塞。

③ 防：築堤壩。堤壩。此堵塞。

④ 宣：引導，開導。

⑤ 聽：處理。

⑥ 公：指處於天子助手地位的師和保。卿：指冢宰、司徒、宗伯、司馬、司寇、司空六卿。列士：周代有三等，即上士、中士和下士，總稱列士。獻詩：公卿列士對政治有所諷諫，用獻詩的方式來表達，所獻的詩，可能就是來自民間的歌謡。

⑦ 瞽：瞎子。古人認爲盲人善於辨别聲音，樂師都由盲人充任。曲：這裏指反映民意的樂曲。

史獻書[①]，師箴[②]，瞍賦[③]，矇誦[④]，百工諫[⑤]，庶人傳語，近臣盡規，親戚補察，瞽、史教誨，耆、艾修之[⑥]，而後王斟酌焉，是以事行而不悖。民之有口，猶土之有山川也，財用於是乎出；猶其原隰之有衍沃也[⑦]，衣食於是乎生。口之宣言也，善敗於是乎興。行善而備敗，其所以阜財用、衣食者也。夫民慮之於心而宣之於口，成而行之，胡可壅也？若壅其口，其與能幾何[⑧]"？王不聽，於是國莫敢出言。三年，乃流王於彘。

---

① 史：史官。書：這裏指記載政治成敗得失的古代史籍。

② 師：少師，地位次於太師的樂官。箴：箴言，一種富有勸誡意義的韵文，這裏用作動詞，獻上箴文。

③ 瞍：眼睛無瞳的盲人。賦：朗誦。

④ 矇：眼中有瞳的盲人。誦：朗讀。

⑤ 百工：指掌握手工業技術、管理工奴的人。

⑥ 耆、艾：古代五十歲爲艾，六十歲爲耆，此泛指年老有德行的大臣。修：戒飭，警告。

⑦ 原：寬廣而平坦的土地。隰：低下而潮濕的土地。衍：低下而平坦的土地。沃：有河流可供灌溉的土地。

⑧ 與：參與，贊同。

燕昭王求士（《戰國策》）

解題

《戰國策》三十三卷（按：舊題漢高誘注，實南宋姚宏校定本），《四庫全書總目》卷五一史部雜史類著録。

《戰國策》，原有《國策》《國事》《短長》《事語》《長書》《修書》等名稱，經西漢劉向整理編次，以其内容主要爲“戰國時游士輔所用之國，爲之策謀”（《戰國策叙録》），乃命爲今名，是一部記載戰國史事和策士議論、權謀的彙集，共三十三篇（每篇为一卷），計東周、西周各一篇，秦五篇，齊六篇，楚、趙、魏各四篇，韓、燕各三篇，宋、衛合爲一篇，中山一篇。本篇選自《戰國策・燕策一》（原題“燕昭王收破燕後卽位”，今題爲後人所加），爲《戰國策》名篇之一。内容記述燕昭王即位後，爲了給先王報仇雪耻，廣招賢士，勵精圖治，與百姓同甘共苦，使燕國得以復興强盛，聯合秦、楚等國，終於打敗了齊國。全文善用襯托比喻，如以“廝役”“徒隸”反襯天下賢士，用古人以五百金買死馬之首喻愛才如渴，皆用意深妙。

選文據上海古籍出版社 1978 年《戰國策》點校本。今有何建章《戰國策注釋》（北京，中華書局，1990 年），賀偉、侯仰軍《戰國策》點校本（濟南，齊魯書社，2005 年），可參考。

選文

燕昭王收破燕後卽位，卑身厚幣，以招賢者，欲將以報讎。故往見郭隗先生曰：“齊因孤國之亂而襲破燕，孤極知燕小力少，不足以報，然得賢士與共國①，以雪先王之耻，孤之願也。敢問以國報讎者柰何?”郭隗先生對曰：“帝者與師處②，王者與友處，霸者與臣處，亡國與役處。詘指而事之③，北面而受學④，則百己者至；先趨而後息⑤，先問而後嘿⑥，則什己者至⑦；人趨己趨⑧，則若己者至；馮几據杖，眄視指使⑨，則廝役之人至；若

---

① 共國：共謀國政。

② 處：處理國事。“處”有決斷的意思。

③ 詘指：猶言屈己，指不堅持自己的意見。詘：同“屈”。指：同“旨”。意旨。事：侍奉。之：指賢者。

④ 北面：面向北。師坐北而面向南，故云。

⑤ 先趨而後息：行動時在賢者前，休息則在賢者後。

⑥ 先問而後嘿：先向賢者請教，最後才住口停問，此言其虚心求教。嘿：同“默”。

⑦ 什己者：比自己强十倍的人。什：同“十”。

⑧ 人趨己趨：跟在别人後面走。

⑨ 馮：同“憑”。倚靠。據：持。眄（miǎn）視：斜視。

恣睢奮擊①，呴籍叱咄②，則徒隸之人至矣。此古服道致士之法也③。王誠博選國中之賢者，而朝其門下，天下聞王朝其賢臣，天下之士必趨於燕矣。”

昭王曰：“寡人將誰朝而可？”郭隗先生曰：“臣聞古之君人，有以千金求千里馬者，三年不能得。涓人言於君曰④：‘請求之。’君遣之，三月得千里馬，馬已死，買其首五百金，反以報君。君大怒曰：‘所求者生馬，安事死馬而捐五百金！’涓人對曰：‘死馬且買之五百金，況生馬乎？天下必以王爲能市馬。馬今至矣！’於是不能期年⑤，千里之馬至者三。今王誠欲致士，先從隗始。隗且見事，況賢於隗者乎？豈遠千里哉！”

於是昭王爲隗築宮而師之。樂毅自魏往，鄒衍自齊往，劇辛自趙往，士爭湊燕。燕王弔死問生，與百姓同其甘苦。二十八年，燕國殷富，士卒樂佚輕戰。於是遂以樂毅爲上將軍，與秦、楚、三晉合謀以伐齊。齊兵敗，閔王出走於外⑥。燕兵獨追北入至臨淄⑦，盡取齊寶，燒其宮室宗廟；齊城之不下者，唯獨莒、卽墨⑧。

---

① 恣睢奮擊：瞪眼睛，伸拳頭。

② 呴（xǔ）籍叱咄：作踐人，呵斥人。呴：一作“跔”，跳躍。籍：同“藉”。踐踏。

③ 服道致士之法：行王道、得人才之法。

④ 涓人：指國君的近侍。

⑤ 不能：不到。

⑥ 閔王：齊宣王之子，一作“湣王”，田氏，名地（一作“遂”），約前300—前284年在位。出走於外：齊閔王曾聯合韓、魏，連年進攻楚、秦，繼而又攻滅宋國。後因各國聯合攻齊，臨淄城被燕將樂毅攻破，他出走到莒，不久被殺。

⑦ 臨淄：齊國首都，今山東臨淄。

⑧ 莒：地名。今山東莒縣。卽墨：地名。故城在今山東平度市東南。

君道（《貞觀政要》）

題解

《貞觀政要》十卷，《四庫全書總目》卷五一史部雜史類著録。

《貞觀政要》，作者吴兢（669 或 670—749），唐代著名史家。全書十卷四十篇，約正式編撰於開元八、九年（720、721 年）間，進呈於開元十七年（729 年）（參謝保成《貞觀政要集校·叙録》，北京，中華書局，2009 年）。該書分類編輯貞觀年間（627—649 年）的政治和歷史事件，多載唐太宗與魏徵、房玄齡、杜如晦等大臣的問對之辭，以及大臣們的施政言論，旨在使統治者能遵守前規，擇善而從。書中所記貞觀時事，較兩《唐書》和《資治通鑑》等詳盡，亦偶有與史實矛盾者。本篇選自《貞觀政要》卷一《君道第一》。本篇爲政論，涉及面很廣，反映了貞觀君臣經歷了隋末農民大起義後，對人民的力量有较深的認識，力求在政治上勵精圖治，居安思危，以鞏固政權長治久安的思想。

選文據謝保成《貞觀政要集校》（北京，中華書局，2009 年），今有裴汝誠、王義耀、郭子建、顧宏義《貞觀政要譯注》（上海，上海古籍出版社，2016 年），可參考。

選文

貞觀初，太宗謂侍臣曰：“爲君之道，必須先存百姓。若損百姓以奉其身，猶割脛以啖腹，腹飽而身斃。若安天下，必須先正其身，未有身正而影曲，上理而下亂者①。朕每思傷其身者不在外物，皆由嗜欲以成其禍。若躭嗜滋味，玩悦聲色，所欲既多，所損亦大，既妨政事，又擾生人。且復出一非理之言，萬姓爲之解體，怨讟既作②，離叛亦興。朕每思此，不敢縱逸。”諫議大夫魏徵對曰③：“古者聖哲之主，皆亦近取諸身，故能遠體諸物。昔楚聘詹何④，問其理國之要，詹何對以修身之術。楚王又問理國何如，詹何曰：‘未聞身理而國亂者。’陛下所明，實同古義。”

貞觀二年，太宗問魏徵曰：“何謂爲明君暗君？”徵曰：“君之所以明者，兼聽也；其所以暗者，偏信也。《詩》云：‘先人有言，詢于芻蕘’⑤。昔唐、

---

① 理：即“治”。避唐高宗李治諱，用“理”代替“治”。

② 讟（dú）：怨言。

③ 諫議大夫：官名。掌議論，唐代諫議大夫分爲左右，各四人，秩正四品。

④ 詹何：春秋時楚國的隱士，楚莊王曾問政於他。出於《列子》。

⑤ 先人有言，詢于芻蕘：語出《詩經·大雅·板》。芻蕘：砍柴人。

虞之理，闢四門，明四目，達四聰①。是以聖無不照，故共、鯀之徒②，不能塞也；靖言庸回③，不能惑也。秦二世則隱藏其身，捐隔疏賤而偏信趙高，及天下潰叛，不得聞也。梁武帝偏信朱异④，而侯景舉兵向闕，竟不得知也。隋煬帝偏信虞世基⑤，而諸賊攻城剽邑，亦不得知也。是故人君兼聽納下，則貴臣不得壅蔽，而下情必得上通也。”太宗甚善其言。

貞觀十年，太宗謂侍臣曰：“帝王之業，草創與守成孰難？”尚書左僕射房玄齡對曰：“天地草昧，羣雄競起，攻破乃降，戰勝乃尅。由此言之，草創爲難。”魏徵對曰：“帝王之起，必承衰亂。覆彼昏狡，百姓樂推，四海歸命，天授人與，乃不爲難。然既得之後，志趣驕逸，百姓欲静而徭役不休，百姓凋殘而侈務不息，國之衰弊，恒由此起。以斯而言，守成則難。”太宗曰：“玄齡昔從我定天下，備嘗艱苦，出萬死而遇一生，所以見草創之難也。魏徵與我安天下，慮生驕逸之端，必踐危亡之地，所以見守成之難也。今草創之難，既已往矣，守成之難者，當思與公等慎之。”

貞觀十一年，特進魏徵上疏曰：

臣觀自古受圖膺運，繼體守文，控御英傑，南面臨下，皆欲配厚德於天地，齊高明於日月，本枝百世，傳祚無窮。然而克終者鮮，敗亡相繼，其故何哉？所以求之，失其道也。殷鑒不遠，可得而言。

昔在有隋，統一寰宇，甲兵彊盛，三十餘年，風行萬里，威動殊俗，一旦舉而棄之，盡爲他人之有。彼煬帝豈恶天下之治安，不欲社稷之長久，故行桀虐，以就滅亡哉？恃其富强，不虞後患。驅天下以從欲，罄萬物而自奉，採域中之子女，求遠方之奇異。宫苑是飾，臺榭是崇，徭役無時，干戈不戢。外示嚴重，内多險忌，讒邪者必受其福，忠

① 闢四門，明四目，達四聰：語出《尚書·舜典》：“詢於四嶽，闢四門，明四目，達四聰。”四門：指明堂四方之門，形容招攬賢才。四目：指遠視東、南、西、北四方。四聰：耳朵能靈敏地聽到四方，即廣開四方視聽之意。

② 共：指共工。相傳爲堯之臣，任水官，不善，後被流放。鯀：相傳为原始時代的部落首領，居於崇（亦稱有崇），號崇伯。奉堯命治水，用築堤防水法，九年未成，被舜殺死在羽山。

③ 靖言庸回：語出《尚書·堯典》。靖言：即静言，話說得好聽。庸回：即庸違，行爲與言論相違背。

④ 朱异（483—549）：字彦和，吴郡錢唐（今浙江杭州）人。精通五經，深爲武帝所信任，位至侍中、中領軍。居權要三十餘年。

⑤ 虞世基（？—618）：字茂世。會稽餘姚（今屬浙江）人。入隋，任通直郎，直内史省。歷内史舍人、内史侍郎，官至金紫光禄大夫。後從煬帝南巡江都，爲宇文化及所殺。

正者莫保其生。上下相蒙，君臣道隔，民不堪命，率土分崩。遂以四海之尊，殞於匹夫之手，子孫殄絶，爲天下笑，可不痛哉！

聖哲乘機，拯其危溺，八柱傾而復正[①]，四維絶而更張[②]。遠肅邇安，不逾於期月；勝殘去殺，無待於百年。今宫觀臺榭，盡居之矣；奇珍異物，盡收之矣；姬姜淑媛，盡侍於側矣；四海九州，盡爲臣妾矣。若能鑒彼之所以亡，念我之所以得，日慎一日，雖休勿休。焚鹿臺之寶衣[③]，毁阿房之廣殿，懼危亡於峻宇，思安處於卑宫，則神化潜通，無爲而治，德之上也。若成功不毁，即仍其舊，除其不急，損之又損，雜茅茨於桂棟，參玉砌以土階，悦以使人，不竭其力，常念居之者逸，作之者勞，億兆悦以子來，羣生仰而遂性，德之次也。若惟聖罔念，不慎厥終，忘締構之艱難，謂天命之可恃，忽采椽之恭儉，追雕墻之靡麗，因其基以廣之，增其舊而飾之，觸類而長，不思止足，人不見德，而勞役是聞，斯爲下矣。譬之負薪救火，揚湯止沸，以暴易亂，與亂同道，莫可測也，後嗣何觀！夫事無可觀則人怨，人怨則神怒，神怒則災害必生。災害既生，則禍亂必作。禍亂既作，而能以身名全者鮮矣。順天革命之後，將隆七百之祚[④]，貽厥孫謀，傳之萬葉，難得易失，可不念哉！

是月，徵又上疏曰：

臣聞求木之長者，必固其根本；欲流之遠者，必浚其泉源；思國之安者，必積其德義。源不深而望流之遠，根不固而求木之長，德不厚而思國之理，臣雖下愚，知其不可，而况於明哲乎！人君當神器之重，居域中之大，將崇極天之峻，永保無疆之休。不念居安思危，戒奢以儉，德不處其厚，情不勝其欲，斯亦伐根以求木茂，塞源而欲流長者也。

凡百元首，承天景命，莫不殷憂而道著，功成而德衰。有善始者實繁，能克終者蓋寡，豈取之易而守之難乎？昔取之而有餘，今守之而不

---

① 八柱：古代神話中八根擎天的柱子。《楚辭·天問》："八柱何當？東南何虧？"王逸注："言天有八山爲柱。"

② 四維：四種倫理規範。見於《管子·牧民》："何謂四維？一曰禮，二曰義，三曰廉，四曰恥。"

③ 焚鹿臺之寶衣：商紂王戰敗後，返回鹿臺"蒙衣其珠玉"，自焚而死。

④ 七百：語出《左傳·宣公三年》："成王定鼎於郟鄏，卜世三十，卜年七百，天所命也。"後因以"七百"祝頌當朝運祚長久。

足，何也？夫在殷憂，必竭誠以待下；既得志，則縱情以傲物。竭誠則胡越爲一體，傲物則骨肉爲行路。雖董之以嚴刑，振之以威怒，終苟免而不懷仁，貌恭而不心服。怨不在大，可畏惟人，載舟覆舟，所宜深慎，奔車朽索[1]，其可忽乎！

君人者，誠能見可欲則思知足以自戒，將有作則思知止以安人，念高危則思謙冲而自牧，懼滿溢則思江海下百川，樂盤遊則思三驅以爲度，憂懈怠則思慎始而敬終，慮壅蔽則思虛心以納下，想讒邪則思正身以黜惡，恩所加則思無因喜以謬賞，罰所及則思無因怒而濫刑。總此十思，弘兹九德，簡能而任之，擇善而從之，則智者盡其謀，勇者竭其力，仁者播其惠，信者效其忠。文武争馳，在君無事，可以盡豫遊之樂，可以養松、喬之壽[2]，鳴琴垂拱，不言而化。何必勞神苦思，代下司職，役聰明之耳目，虧無爲之大道哉！

太宗手詔答曰：

省頻抗表，誠極忠款，言窮切至。披覽忘倦，每達宵分。非公體國情深，啓沃義重，豈能示以良圖，匡其不及！朕聞晉武帝自平吴已後，務在驕奢，不復留心治政。何曾退朝謂其子劭曰[3]："吾每見主上不論經國遠圖，但説平生常語，此非貽厥子孫者，爾身猶可以免，"指諸孫曰："此等必遇亂死。"及孫綏，果爲淫刑所戮。前史美之，以爲明於先見。朕意不然，謂曾之不忠，其罪大矣。夫爲人臣，當進思盡忠，退思補過，將順其美，匡救其惡，所以共爲治也。曾位極台司[4]，名器崇重，當直辭正諫，論道佐時。今乃退有後言，進無廷諍，以爲明智，不亦謬乎！危而不持，焉用彼相？公之所陳，朕聞過矣。當置之几案，事等弦、韋。必望收彼桑榆，期之歲暮，不使康哉良哉，獨盛於往日，若魚若水，遂爽於當今。遲復嘉謀，犯而無隱。朕將虛襟静志，敬佇德音。

---

① 奔車朽索：比喻時有危險，應多警惕。語本《尚書·五子之歌》："懔乎若朽索之馭六馬"。

② 松、喬之壽：松指赤松子，喬指王子喬，均爲傳説中的長壽仙人。

③ 何曾：字穎考。三國魏官司徒，管理籍田、徵役，西晉時官至太傅。

④ 台司：高級官吏的尊稱。台：星名。即"三台"，指三公等宰輔大臣。

貞觀十五年，太宗謂侍臣曰："守天下難易?"侍中魏徵對曰[1]："甚難。"太宗曰："任賢能，受諫諍即可，何謂爲難?"徵曰："觀自古帝王，在於憂危之間，則任賢受諫。及至安樂，必懷寬怠，恃安樂而欲寬怠，言事者惟令兢懼，日陵月替，以至危亡。聖人所以居安思危，正爲此也。安而能懼，豈不爲難?"

① 侍中：官名。唐代侍中掌按復詔令，贊相禮儀，參議朝政。但因官位特高，不真任命，僅作爲大臣加銜，衹在大典時擔任贊導禮儀，本身并不參與政務。

修晉書詔（《唐大詔令集》）

題解

《唐大詔令集》一百三十卷，《四庫全書總目》卷五五史部詔令奏議類著録。

《唐大詔令集》爲北宋宋綬、宋敏求父子輯編。原書一百三十卷，因长期僅以抄本流傳，已残佚卷十四至二十四和卷八十七至九十八，共二十三卷，實存一百零七卷。書成於熙寧三年（1070年），大抵自唐歷代實録和馬文敏《王言會最》、《唐制誥集》、李珙《玉堂遺範》等書中録出。分帝王、妃嬪、追謚、册謚文、哀册文、皇太子、諸王、公主、郡縣主、大臣、典禮、政事、蕃夷共十三類，一百五十四目，下或更繫子目，總計收録唐所頒詔令等政治文書約一千七百篇，爲研究唐史的原始資料。本篇選自《唐大詔令集》卷八十一，爲貞觀二十年（646年）唐太宗發布的《修晉書詔》，反映了唐太宗對修史重要性的認識，以及傳承史學文化傳統的決心，是一篇重要的史學文獻。

選文據中華書局2008年版《唐大詔令集》，該本是據商務印書館1959年排印本重印。

選文

朕拯溺師旋，省方禮畢[①]，四海無事，百揆多閑。遂因暇日，詳觀典府，考龜文於羲載，辨鳥册於軒年[②]。不出巖廊，神交千祀之外；穆然旒纊，臨睨九皇之表。是知右史序言，由斯不昧；左官詮事，歷兹未遠。發揮文字之本，通達書契之源，大矣哉，蓋史籍之爲用也！

自沮誦攝官之後[③]，伯陽載筆之前[④]，列代史臣，皆有删著。仲尼修而採《檮杌》，倚相誦而闡《丘》《墳》。降自西京，班、馬騰其茂實；逮于東漢，范、謝振其芳聲。蕞爾當塗，陳壽覈其《國志》；眇哉劉宋，沈約裁其帝籍。至梁陳高氏，朕命勒成。惟周及隋，亦同甄録。莫不彰善癉惡，激一代之清芬；褒吉懲凶，備百王之令典。唯晉氏膺運，制有中原，上帝啓玄石之圖，下武代黄星之德。及中朝鼎沸，江左嗣興，並宅寰區，各重徽號，足

---

① 省方：巡視四方。

② 龜文、鳥册：泛指古代象形文字。羲：伏羲氏的略稱。軒：轩辕黄帝的略稱。羲載、軒年用以形容遠古時代。

③ 沮誦：相傳爲黄帝史官，與倉頡同時創造漢字，事見《世本·作篇》。

④ 伯陽：老子李耳的字，曾爲周守藏室之史。見《史記·老子韓非列傳》。

以飛英麗筆，将美□書[①]。但十有八家，雖存記注，而才非良史，事虧實錄。緒煩而寡要，思勞而少功。叔寧課虛[②]，滋味同於畫餅；子雲學海[③]，涓滴堙於涸流。處叔不預於中興[④]，法盛莫通於創業[⑤]。洎乎干、陸、曹、鄧，略記帝王；鸞、盛、廣、松，纔編載記[⑥]。其文既野，其事罕傳。遂使典午清高，韜遺芳於簡册；金行曩誌，闕繼美於驪騵[⑦]。遐想寂寥，深爲歎息。宜令修國史所更撰《晉書》，詮次舊聞，裁成義類，俾夫湮落之誥，咸使發明。其所須可依修五代史故事。若少學士，亦量事追取。（貞觀二十年閏二月）

① 按：原書缺字，《全唐文》作“方”。

② 叔寧：虞預，字叔寧。晋代人，著有《晋書》。

③ 子雲：蕭子雲。南朝梁人，著有《晋書》。

④ 處叔：王隱，字處叔，東晋史學家，著有《晋書》。

⑤ 法盛：何法盛。南朝宋人，著有《晋中興書》。

⑥ 干、陸、曹、鄧，略紀帝王；鸞、盛、廣、松，纔編載記：分别指干寶、陸機、曹嘉之（一作曹嘉）、鄧粲、檀道鸞、孫盛、徐廣、裴松之等史家。

⑦ 驪騵：形容美好的事物。驪：黑色的馬。騵：赤身白腹的馬。

請立學校疏（《歷代名臣奏議》）

題解

《歷代名臣奏議》三百五十卷，《四庫全書總目》卷五五史部詔令奏議類著録。

《歷代名臣奏議》，明永樂十四年（1416 年）楊士奇等奉敕編輯，凡三百五十卷。收入自商、周至宋、元歷代名臣奏議，共六十四門。漢代以前，文王、周公、太公、孔子、管仲、晏嬰等人諸言，皆一時答問之語，悉目爲奏議。漢代以後，收羅大備，“凡歷代典制沿革之由，政治得失之故，實可與《通鑑》、‘三通’互相考證”（《總目》該書提要）。本篇選自《歷代名臣奏議》卷一百十五。題目爲後人所加。本文爲不忽木在國子監就讀時与諸生进呈的奏議。不忽木（1255—1300），元代詩人。字用臣，先世爲康里部人，後入蒙古籍。少具英才，善於應對，受到良好的漢文化教育。歷任吏、工、刑三部尚書，翰林學士承旨，知制誥兼修國史，昭文館大學士，平章軍國重事等職。《元史》卷一百三十有傳。他爲官清正，直言敢諫，關心民生疾苦，注重文化建設，上疏中建議元世祖興學校，辦教育，代表着當時先進的文化理念。

選文據上海古籍出版社 1989 年《歷代名臣奏議》影印本。另有王國榮《歷代名臣奏議選注》（長沙，岳麓書社，2012 年），可參考。

選文

臣等聞之，《學記》曰[①]：“君子如欲化民成俗，其必由學乎！”“玉不琢不成器，人不學不知道。”故古之王者，建國君民，教學為先。蓋自堯、舜、禹、湯、文、武之世，莫不有學，故其治隆於上，俗美於下，而為後世所法。降至漢朝，亦建學校，詔諸生課試補官。魏道武帝起自北方，既定中原，增置生員三千，儒學以興。此歷代皆有學校之證也。

臣等今復取平南之君建置學校者，為陛下陳之。晉武帝嘗平吴矣，始起國子學。隋文帝嘗滅陳矣，俾國子寺不隸太常。唐高祖嘗滅梁矣，詔諸州縣及鄉並令置學。及至太宗，數幸國學，增築學舍至千二百間，國學、太學、四門學亦增生員[②]，其書、筭各置博士，乃至高麗、百濟、新羅、高昌、吐

① 《學記》:《禮記》篇名。内容記述教學方法，指出教育是建國君民的工具，作用在於化民成俗。

② 四門學：古代中央學校。發軔於北魏創立的四門小學，初因校址設在京師四門而得名。隋、唐以後改稱四門學，與太學、國子學同屬國子監，但學生家庭的官品較低。

蕃諸國酋長亦遣子弟入學，國學之內至八千餘人。高宗因之，遂令國子監領六學：一曰國子學，二曰太學，三曰四門學，四曰律學，五曰書學，六曰筭學。各置生徒有差，皆承高祖之意也。然晉之平吴，得户五十二萬而已；隋之滅陳，得郡縣五百而已；唐之滅梁，得户六十餘萬而已，而其崇重學校已如此，况我堂堂大國，奄有江嶺之地[1]，計亡宋之户不下千萬，此陛下神功，自古未有，而非晉、隋、唐之所敢比也。然學校之政，尚未全舉，臣竊惜之。

臣等嚮被聖恩，俾習儒學。欽惟聖意，豈不以諸色人仕宦者常多[2]，蒙古人仕宦者尚少，而欲臣等曉識世務，以任陛下之使令乎？然以學制未定，朋從數少[3]。譬猶責嘉禾於數苗，求良驥於數馬，臣等恐其不易得也。為今之計，如欲人材衆多，通習漢法，必如古昔徧立學校然後可。若曰未暇，宜且於大都弘闡國學。擇蒙古人年十五以下、十歲以上質美者百人，百官子弟與凡民俊秀者百人，俾廪給各有定制，選德業充備、足為師表者，充司業、博士、助教而教育之。使其教必本於人倫，明乎物理，為之講解經傳，授以修身、齊家、治國、平天下之道。其下復立數科，如小學、律、書、筭之類。每科設置教授，各令以本業訓導。小學科則令讀誦經書，教以應對進退事長之節；律科則專令通曉吏事；書科則專令曉習字畫；筭科則專令熟閑筭數。或一藝通然後改授，或一日之間更次為之。俾國子學官總領其事，常加點勘，務要俱通，仍以義理為主。有餘力者聽令學作文字。日月歲時，隨其利鈍，各責所就功課，程其勤惰而賞罰之。勤者則升之上舍，惰者則降之下舍，待其改過則復升之。假日則聽令學射，自非假日，無故不令出學。數年以後，上舍生學業有成就者，乃聽學官保舉，蒙古人若何品級，諸色人若何仕進。其未成就者，且令依舊學習，俟其可以從政，然後歲聽學官舉其賢者、能者，使之依例入仕。其終不可教者，三年聽令出學。凡學政因革、生員增減，若得不時奏聞，則學無弊政，而天下之材亦皆觀感而興起矣。然後續立郡縣之學，求以化民成俗，無不可者。

---

① 江嶺：長江流域與嶺南地區。
② 諸色人：指蒙古族以外的各民族。
③ 朋從：在一起學習的同學。

臣等愚幼，見於書、聞於師者如此。未敢必其可行，伏望聖慈下臣此章，令諸老先生與左丞王贊善等①，商議條奏施行，臣等不勝至願。

① 老先生：指朝廷中資深的文官。

明儒學案發凡（《明儒學案》）

題解

《明儒學案》六十二卷，《四庫全書總目》卷五八史部傳記類二著録。

《明儒學案》，明末清初黄宗羲撰。該書依學術師承、流派傳衍，凡立學案十九，分三個時期：前期以吴與弼、薛瑄、陳獻章爲主；中期以王守仁爲主；末期以顧憲成、劉宗周爲主。著録明代學者二百餘人。其中，王守仁及其後學，即占全書三分之一。凡入案學者，先列小傳并學術思想評介，附以語録、著述摘編。該書爲中國最早的一部系統的學術思想史專著，對研究明代學術思想史，尤其是王學源流演變，很有價值。本篇選自《明儒學案》卷首，爲該書之凡例，其要有四：一是强調各家各派之學術宗旨；二是取材皆從全集纂要鈎玄；三是兼綜衆説；四是凡有所授受者，分爲各案，餘者則總列於諸儒之案。體例十分嚴密。

選文據中華書局 2008 年《明儒學案》（修訂本）沈芝盈點校本，另有浙江古籍出版社 2012 年《黄宗羲全集》，可參考。

選文

從來理學之書，前有周海門《聖學宗傳》，近有孫鍾元《理學宗傳》，諸儒之説頗備。然陶石簣《與焦弱侯書》云[①]：“海門意謂身居山澤，見聞狹陋，常願博求文獻，廣所未備，非敢便稱定本也。”且各家自有宗旨，而海門主張禪學[②]，擾金銀銅鐵爲一器，是海門一人之宗旨，非各家之宗旨也。鍾元雜收，不復甄别，其批註所及，未必得其要領，而其聞見亦猶之海門也。學者觀義是書，而後知兩家之疎略。

大凡學有宗旨，是其人之得力處，亦是學者之入門處。天下之義理無窮，苟非定以一二字，如何約之使其在我！故講學而無宗旨，卽有嘉言，是無頭緒之亂絲也。學者而不能得其人之宗旨，卽讀其書，亦猶張騫初至大夏，不能得月氏要領也[③]。是編分别宗旨，如燈取影，杜牧之曰：“丸之走

① 陶石簣：即陶望齡，生卒年不詳。字周望，號石簣。會稽（今屬浙江）人。萬曆己丑（1589 年）進士第三人。其學多得於周汝登，屬泰州學派。焦弱侯：即焦竑（1540—1620），字弱侯，號澹園，又號漪園。江寧（今江蘇南京）人。萬曆己丑（1589 年）進士第一人。師事耿定向、羅汝芳，又篤信李贄，爲學調和佛、儒，認爲“佛學即爲聖學”。

② 禪學：佛教禪宗一派的學説，南朝梁時菩提達摩創立。主張不立文字，直指人心，見性成佛。

③ “張騫初至大夏”句：語出《漢書・張騫傳》。

盤，橫斜圓直，不可盡知。其必可知者，是知丸不能出於盤也”[①]。夫宗旨亦若是而已矣。

嘗謂有明文章事功，皆不及前代，獨於理學，前代之所不及也。牛毛繭絲，無不辨晰，真能發先儒之所未發。程、朱之闢釋氏[②]，其説雖繁，總是只在迹上；其彌近理而亂真者，終是指他不出。明儒於毫釐之際，使無遁影。陶石簣亦曰：“若以見解論，當代諸公，儘有高過者。”與羲言不期而合。

每見鈔先儒語録者，薈撮數條，不知去取之意謂何。其人一生之精神未嘗透露，如何見其學術？是編皆從全集纂要鉤玄，未嘗襲前人之舊本也。

儒者之學，不同釋氏之五宗[③]，必要貫串到青原、南嶽[④]。夫子既焉不學[⑤]，濂溪無待而興，象山不聞所受。然其間程、朱之至何、王、金、許[⑥]，數百年之後，猶用高、曾之規矩，非如釋氏之附會源流而已。故此編以有所授受者，分爲各案；其特起者，後之學者，不甚著者，總列諸儒之案。

學問之道，以各人自用得著者爲真。凡倚門傍户、依樣葫蘆者，非流俗之士，則經生之業也。此編所列，有一偏之見，有相反之論，學者於其不同處，正宜著眼理會，所謂一本而萬殊也。以水濟水，豈是學問！

胡季隨從學晦翁[⑦]，晦翁使讀《孟子》。他日問季隨：“至於心，獨無所同，然乎”[⑧]？季隨以所見解，晦翁以爲非，且謂其讀書鹵莽不思。季隨思之既苦，因以致疾，晦翁始言之。古人之於學者，其不輕授如此，蓋欲其自得之也。即釋氏亦最忌道破，人便作光影玩弄耳。此書未免風光狼藉，學者徒增見解，不作切實工夫，則羲反以此書得罪於天下矣。

是書搜羅頗廣，然一人之聞見有限，尚容陸續訪求。即羲所見而復失去

① 杜牧句：語出杜牧《樊川文集》第十《注孫子序》。

② 程、朱之闢釋氏：宋代理學家程顥、程頤兄弟和朱熹自命儒學正統，頗闢佛家。

③ 釋氏之五宗：指中國禪宗的五家宗派，分别爲潙仰宗、臨濟宗、曹洞宗、雲門宗和法眼宗。五家宗派門風各有特色，傳承自成系統。

④ 青原、南嶽：都是佛教禪宗宗派産生的地方。傳南宗慧能宗派的，一爲青原行思，住江西吉州青原山，一爲南岳懷讓，住湖南南岳。

⑤ 夫子既焉不學：語出《論語·子張》。

⑥ 何、王、金、許：指何基、王柏、金履祥、許謙，合稱“北山四先生”。

⑦ 胡季隨：即胡大時，字季隨，師事張栻，爲其女婿。曾向朱熹質疑問難，故稱“從學晦翁”。

⑧ “至於心”句：語出《孟子·告子上》。

者，如朱布衣《語録》[①]，韓苑洛[②]、南瑞泉[③]、穆玄菴[④]、范栗齋諸公集[⑤]，皆不曾採入。海内有斯文之責者，其不吝教我，此非末學一人之事也。

姚江黄宗羲識。

---

① 朱布衣：指朱用純（1627—1698），明清之際學者。字致一，自號柏廬。江蘇昆山人。明生員。清兵破昆山，其父遇害，以故隱居不事舉業。家貧，教授里中。有來學者，必先授以《小學》《近思録》，繼進以《四子書》。提倡知行并進，學生甚衆。

② 韓苑洛：即韓邦奇（1479—1555），明學者。字汝節，號苑洛。陝西朝邑人。學問精到，涵養宏深，明於數學，通曉樂律，著述甚富。其爲學宗旨仍不出關學之門，是三原學派主要學者。

③ 南瑞泉：即南大吉（1487—1541），明學者。字元善，號瑞泉。陝西渭南人。辦湭西書院，廣爲傳播王學，成爲北方王學的重要傳人。

④ 穆玄菴：即穆孔暉（1479—1539），明學者。字伯潛，號玄庵。山東堂邑人。潛心理學，其學近禪，主“性中無分，别想何佛何老”之别。

⑤ 范栗齋：即范瓘，字廷潤，號栗齋。明浙江山陰人。師事王守仁。

湯若望傳（《疇人傳》）（節選）

題解

《疇人傳》，《四庫全書總目》不著録，《續修四庫全書》史部傳記類收録。

《疇人傳》，清阮元輯，共四十六卷。成於嘉慶四年（1799年），是中國第一部自然科學家傳記集。輯録古籍中有關天文、數學家的記載，按朝代編排而成。自上古傳説時代以迄清中葉，凡243人，附西洋37人。重要人物傳後間加評論，所記特詳於諸家學説要旨及天算儀器制度。著述態度嚴謹，史料皆注出處，凡以星象占驗吉凶或事涉荒誕者概不録，於後世影響頗大，是研究中國天文、曆法、數學史之重要史籍。本篇選自該書卷四十五，爲明末清初來華傳教士湯若望（Johann Adam Schall von Bell，1592—1666）傳記，記述了西方傳教士來華行迹，以天文曆算爲主要内容，反映了清初中西方文化的冲突和融合。

選文據1935年商務印書館《國學基本叢書》本。另有馮立昇主編《疇人傳合編校注》（鄭州，中州古籍出版社，2012年），可參考。

選文

湯若望，字道未，明崇禎二年入中國。時禮部奏請開局脩改曆法，次年五月徵若望供事曆局①。徐光啓、李天經前後所進《交食曆指》《交食表》《交食表用法》《交食蒙求》《古今交食考》《恆星出沒表》諸書，及《恆星屏障》，皆若望所作也。國朝順治二年六月，若望上言："臣於明崇禎年間曾用西洋新法，製測量日月星晷定時考驗諸器，近遭賊燬，臣擬另製進呈。今先將本年八月初一日日食，照新法推步京師所見日食分秒，並起復方位圖象，與各省所見不同之數，開列呈覽。"及期，大學士馮銓同若望赴臺測驗，與所算密合，有旨行用新法。七月，禮部言欽天監改用新法②，推註已成，請易新名頒行。和碩睿親王言："宜名《時憲》，昭朝廷憲天乂民至意。"奉旨以《時憲書》頒行天下。若望又言："敬授人時，全以節氣交宮，與太陽出入晝夜時刻爲重。今節氣之日時刻分，與太陽出入晝夜刻分，俱照道里遠近推算，請刊入《時憲書》。"奏入，允其請。十一月，以若望掌欽天

① 曆局：修訂曆法的機構。

② 欽天監：官署名。明、清設置，掌觀察天文氣象，編制曆書。

監事。時若望疏言："臣等按新法推算月食時刻分秒，復定每年進呈書目，重複者删去，以免混淆。"得旨："欽天監印信，著湯若望掌管。所屬官員，嗣後一切占候選擇悉聽舉行。"累加太僕太常寺卿，勅錫通微教師。

十四年四月，回回科秋官正吳明炬疏言①："若望所推七政書②，水星二、八月皆伏不見。今水星於二月二十九日仍見東方，八月二十四日又夕見。"又言若望舛謬三事，一漏紫炁③，一顛倒觜、參④，一顛倒羅、計⑤。命內大臣等公同測驗，水星實不見。議明炬詐妄之罪，援赦得免。康熙四年，徽州新安衛官生楊光先上言若望新法十謬，及選擇不用正五行之誤。下王大臣等集議。若望及所屬各員俱罷黜治罪。於是廢西法，仍用《大統》。至康熙九年，復用新法。

---

① 回回科：明欽天監分科之一。原爲回回司天監，洪武三十一年（1398 年）罷，隸欽天監設回回科，掌回回曆法。清初沿設，順治十四年（1657 年），因回回科推算虛妄，遂罷廢。秋官：欽天監屬官，有春、夏、中、秋、冬五官，掌推曆法，定四時。

② 七政：指日、月及金、木、水、火、土星七個星體。

③ 紫炁：也作"紫氣"。唐代從西域傳入之假想天體的名稱，明《大統曆》"步四餘"中有紫炁位置的推算方法。炁：同"氣"。

④ 觜（zī）：星宿名。二十八宿之一，西宫白虎七宿的第六宿，有星三顆。按照五行推算，觜屬火。參：星宿名。二十八宿之一，西宫白虎七宿的末宿，共十星。按照五行推算，參屬水。康熙時欽天監監副吳明炬認爲，火在水前，故觜當在參前。

⑤ 羅、計：羅指羅睺，計指計都，分别爲九曜（日、月、五星再加羅睺、計都兩暗曜）之一。羅睺、計都是從梵文 Rāhu 和 Ketu 譯出，其天文意義是：羅睺爲黄白道的升交點，而計都則爲黄白道的降交點。羅屬火，計屬土，吳明炬按照五行原則，認爲羅當在計前。

華陽國志序志（《華陽國志》）

題解

《華陽國志》十二卷，《附録》一卷，《四庫全書總目》卷六六史部載記類著録。

《華陽國志》，記述遠古到東晋穆帝永和三年（347 年）巴蜀史事。“華陽”之名得自《禹貢》“華陽黑水惟梁州”之語。作者常璩，蜀郡江原（今四川崇州）人，曾仕成漢，勸李勢歸降東晋。他對蜀事見聞親切，所述蜀漢事迹及蜀中晋代史事甚詳。該書多録詩歌俚語、民間傳説，是研究西南少數民族的重要史料。本篇選自《華陽國志》卷十二，爲該書序文。選文首先敘述了巴蜀地區早期各家歷史記載，但作者認爲前人所記“猶未詳備”，且自東晋十六國李氏據蜀以後，生靈塗炭，文化凋敝，作者痛心之餘，遂考之舊紀，加以耳聞目睹，著作此書。

選文據商務印書館 1958 年排印本。今有劉琳《華陽國志校注》（修訂版，成都，時代出版社，2007 年）、任乃强校注《華陽國志校補圖注》（上海，上海古籍出版社，1987 年），可參考。

選文

巴蜀厥初開國，載在書籍。或因文緯①，或見史記。久遠隱没，實多疏略。及周之世，侯伯擅威，雖與牧野之師②，希同盟要之會。而秦資其富，用兼天下。漢祖階之，奄有四海。梁、益及晉，分益爲寧。司馬相如、嚴君平、楊子雲、陽成子玄、鄭伯邑、尹彭城、譙常侍、任給事等，各集傳記，以作《本紀》，略舉其隅。其次聖稱賢，仁人志士，言爲世範，行爲表則者，名注史錄。而陳君承祚，别爲《耆舊》，始漢及魏，焕乎可觀。言三州土地③，不復悉載，《地理志》頗言出水。歷代轉久，郡縣分建，地名改易，於以居然辨物知力，猶未詳備。於時漢晉方隆，官司星列，提封圖簿，歲集司空。故人君學士，蔭高堂，翳帷幕，足綜物土，不必待《本紀》矣。

---

① 緯：原文作“瑋”，據劉琳《華陽國志校注》改。文緯：讖緯書。

② 雖與牧野之師：參見《尚書・牧誓》。周武王伐紂，蜀和西南地區的其他幾個部落，與周人結成同盟，共同作戰，敗紂師於牧野。

③ 三州：指梁州、益州、寧州。

曩遭阨運，函夏滔堙[①]。李氏據蜀[②]，兵連戰結，三州傾墜，生民殲盡。府庭化爲狐狸之窟，城郭蔚爲熊羆之宿，宅遊雉鹿，田棲虎豹，平原鮮麥黍之苗，千里蔑雞狗之響，丘城蕪邑，莫有名者。嗟乎！三州近爲荒裔，桑梓之域曠爲長野。反側惟之，心若焚灼。懼益遐棄，城陴靡聞[③]。廼考諸舊紀，先宿所傳，幷《南裔志》，驗以《漢書》，取其近是，及自所聞，以著斯篇。又略言公孫述《蜀書》咸熙以來喪亂之事[④]，約取耆舊、士女、英彥。又肇自開闢，終乎永和三年，凡十篇，號曰《華陽國記》。

夫書契有五善：達道義，章法戒，通古今，表功勳，而後旌賢能。恨璩才短，少無遠及，不早援翰執素，廣訪博咨。流離困瘵，方資腐帛於顛牆之下，求餘光於灰塵之中，劘滅者多[⑤]，故雖有所闕，猶愈於遺忘焉。

《蜀紀》言："三皇乘祇車出谷口。"秦宓曰[⑥]："今之斜谷也"。及武王伐紂，蜀亦從行。《史記》：周貞王之十六年，秦厲公城南鄭。此谷道之通久矣。而說者以爲蜀王因石牛始通[⑦]，不然也。《本紀》既以炳明，而世俗閒橫有爲蜀傳者，言蜀王蠶叢之閒，周迴三千歲。又云：荆人鼈靈死，屍化西上，後爲蜀帝。周萇弘之血，變成碧珠。杜宇之魄，化爲子鵑。又言：蜀椎髻左衽，未知書，文翁始知書學。案《蜀紀》："帝居房心[⑧]，決事參伐[⑨]。"參伐則蜀分野，言蜀在帝議政之方。帝不議政，則王氣流於西，故周失紀綱，而蜀先王。七國皆王，蜀又稱帝。此則蠶叢自王，杜宇自帝，皆周之

---

① 函夏滔堙：指中國遭難，如同洪水堙没。

② 李氏據蜀：巴氐人李特，於晉末隨流民入蜀。因當地官府逼迫流民返鄉，遂率流民起義，戰死。其子李雄，繼之爲起義軍領袖，攻占成都。晉永安元年（304年），稱成都王。後又稱帝，國號大成。其子孫李期、李壽、李勢繼之，後降於東晉桓温。

③ 陴：城上凹凸的小墻。

④ 咸熙：三國魏元帝曹奂年號，264—265年。

⑤ 劘（mó）滅：磨滅。

⑥ 秦宓：字子敕，綿竹人。丞相諸葛亮選爲別駕。宓爲博學通儒，弟子譙周傳其學。

⑦ 因石牛始通：參見《華陽國志》卷三《蜀志》。相傳周顯王之世，蜀王有褒中、漢中等地。一次狩獵谷中，與秦惠王遇。惠王以一金竹匣贈蜀王，蜀王也以珍玩之物回贈，却化爲塵土。惠王怒，群臣祝賀説："是天助我矣，將得蜀地。"惠王喜，但不知從何道入蜀，便作石牛，置金於牛尾下，曰："牛便金。"蜀王信以爲真，遣使者去要石牛。秦惠王許之，以此探道。蜀王迎回石牛始知受騙。蜀人嘲笑秦人爲"東方牧犢兒"，秦人則回復："吾雖牧犢，當得蜀地。"

⑧ 房心：即房宿、心宿，二十八宿中之二星宿名。

⑨ 參伐：參：星宿名。二十八宿之一。伐：星官名，屬參宿。古人謂二星主斬伐之事。

叔世，安得三千歲？且太素資始[①]，有生必死。死，終物也。自古以來，未聞死者能更生；當世或遇有之，則爲怪異，子所不言[②]，況能爲帝王乎？碧珠出不一處，地之相距，動數千里，一人之血，豈能致此？子鵑鳥，今云是巂[③]，或曰巂周，四海有之，何必在蜀？

昔唐帝萬國時雍[④]，虞舜光宅八表[⑤]，大禹功濟九州，后稷封殖天下。井田之制，庠序之教，由來遠矣。孔子“述而不作，信而好古，竊比於我老彭[⑥]。”則彭祖本生蜀，爲殷太史。夫人爲國史，作爲聖則。僊自上世，見稱在昔。及周之末，服事於秦，首爲郡縣。雖濱戎夷，亦有冠冕。故《蜀紀》曰“大人之鄉，方大之國”也。至於漢興，反當荒服[⑦]，而無書學乎？《漢書》曰：“郡國之有文學，因文翁始。”若然，翁以前齊、魯當無文學者？漢末時，漢中祝元靈[⑧]，性滑稽，用州牧劉焉談調之末[⑨]，與蜀士燕胥，聊著翰墨。當時以爲極歡，後人有以爲惑。恐此之類，必起於元靈之由也。惟智者辨其不然，幸也。

綜其理數，或以爲西土險固，襟帶易守，世亂先違，道治後服，若吳、楚然。固逋逃必萃，奸雄闚覦。蓋帝王者統天理物，必居土中，德膺命運，非可資能恃險，以干常亂紀。雖饕竊名號，終於絕宗殄祀。何者？天命不可以詐詭而邀，神器不可以僥倖而取也。是以四岳、三塗、陽城、太室，九州之險[⑩]，而不一姓。冀之北土，馬之所產，古無興國。夫恃險憑危，不階歷

---

① 太素：古代謂形成天地的素質。《列子·天瑞》“太素者，質之始也。”

② 子所不言：語出《論語·述而》“子不語怪、力、亂、神”。

③ 巂（guī）：鳥名。即子規。

④ 時雍：參見《尚書·堯典》：“黎民於變時雍。”孔傳：“時，是。雍，和也。言天下衆民，皆變化化上，是以風俗大和。”唐帝：指唐堯。

⑤ 光宅八表：猶言普遍安定天下。光：廣。宅：安。

⑥ “述而不作”句：語出《論語·述而》。

⑦ 荒服：古五服之一。稱離京師二千到二千五百里的邊遠地方。亦泛指邊遠地區。

⑧ 祝元靈：名龜，南鄭人（今陝西漢中南鄭區）。博學通經史，撰《漢中耆舊傳》。

⑨ 劉焉：字君郎，江夏竟陵（今湖北潛江）人，漢宗室。漢靈帝時，領益州牧，討平叛亂，割據今四川之地。死後，其子劉璋繼之，後降於劉備。

⑩ “是以四岳”至“九州之險”句：語出《左傳·昭公四年》：“四嶽、三塗、陽城、大室、荆山、中南，九州之險也。”四岳：指東岳泰山、西岳華山、南岳衡山、北岳恒山。三塗：即大行、轘轅、崤澠三處之道途。一說爲古山名，在今河南嵩縣西南、伊河北岸。陽城：指陽城山，又名東嶺山，在今河南登封東北，是嵩山東支。太室：中岳嵩山，山上有石室，名太室。

數[①]，而能傳國垂世，所未有也。故公孫、劉氏，以敗於前，而諸李踵之，覆亡於後。天人之際，存亡之術，可以爲永鑒也。干運犯歷，破家喪國，可以爲京觀也[②]。今齊之《國志》，貫於一揆，同見不臣，所以防狂狡，杜奸萌，以崇《春秋》貶絕之道也。而顯賢能，著治亂，亦以爲奬勸也。

① 歷數：古人認爲帝王相承與天象運行的次序相應，故稱帝王相繼的次第爲歷數。
② 京觀：積土爲高丘，集體埋屍，有警戒之意。

水經注二篇（《水經注》）

題解

《水經注》四十卷，《四庫全書總目》卷六九史部地理類二著録。

《水經注》作者酈道元（约 470—527），字善長，北魏范陽涿鹿（今河北涿州）人。好學博聞，歷覽異書，依據三國時人所撰《水經》作注，成《水經注》四十卷，約三十萬字，是原《水經》的二十倍左右。不僅著録水道，而且對水道所經的地理沿革、經濟物産、風土人情、建築名勝、歷史故事等，都詳細而生動地加以敘述，實際上是一部以《水經》爲綱的中國人文地理巨著。文筆雄拔雋秀，富有感染力。選文分别選自《水經注》卷十《濁漳水》和卷三十四《江水》，題目爲後人所加。《鄴城三臺》記述了魏武帝營建於都城鄴城西北的金虎臺、銅雀臺、冰井臺的地理狀況和歷史風貌。《巫山巫峽》記述了巫山、巫峽的地理位置、山水景色，并載録有關歷史記載和神話故事。

選文據陳橋驛《水經注校釋》（杭州，杭州大學出版社，1999 年）。另有王國維《水經注校》（上海，上海人民出版社，1984 年），可參考。

選文

鄴城三臺

城之西北有三臺，皆因城爲之基，巍然崇舉，其高若山，建安十五年魏武所起，平坦略盡。《春秋古地》云：葵丘，地名，今鄴西三臺是也①。謂臺已平，或更有見，意所未詳。中曰銅雀臺，高十丈，有屋百一間，臺成，命諸子登之，竝使爲賦。陳思王下筆成章②，美捷當時。亦魏武望奉常王叔治之處也③，昔嚴才與其屬攻掖門④，脩聞變，車馬未至，便將官屬步至宫門，太祖在銅雀臺望見之曰：彼來者必王叔治也。相國鍾繇曰：舊京城有變，九卿各居其府，卿何來也？脩曰：食其禄，焉避其難，居府雖舊，非赴難之義。時人以爲美談矣。石虎更增二丈，立一屋，連棟接榱⑤，彌覆其上，盤迴隔之，名曰命子窟。又于屋上起五層樓，高十五丈，去地二十七丈，又作

① 三臺：指銅雀臺、金虎臺、冰井臺。
② 陳思王：即曹植。封陳王，死後謚思，故世稱陳思王。
③ 亦：再（一件事）。奉常：官名。掌皇帝祭祀。王叔治：即王脩。
④ 嚴才：人名。反曹操。
⑤ 榱（cuī）：屋椽屋桷的統稱。

銅雀于樓巔，舒翼若飛。

南則金虎臺，高八丈，有屋百九間。

北曰冰井臺，亦高八丈，有屋百四十五間，上有冰室，室有數井，井深十五丈，藏冰及石墨焉。石墨可書，又燃之難盡，亦謂之石炭。又有粟窖及鹽窖，以備不虞。今窖上猶有石銘存焉。左思《魏都賦》曰：三臺列峙而峥嶸者也。

巫山巫峽

江水又東逕巫峽[①]，杜宇所鑿，以通江水也。郭仲産云[②]：按《地理志》，巫山在縣西南，而今縣東有巫山，將郡、縣居治無恒故也。江水歷峽東逕新崩灘，此山，漢和帝永元十二年崩，晉太元二年又崩，當崩之日，水逆流百餘里，湧起數十丈。今灘上有石，或圓如簞，或方似屋，若此者甚衆，皆崩崖所隕，致怒湍流，故謂之新崩灘。其頹巖所餘，比之諸嶺，尚爲竦桀。其下十餘里有大巫山，非惟三峽所無，乃當抗峯岷、峨[③]，偕嶺衡、疑[④]，其翼附羣山，竝槩青雲，更就霄漢，辨其優劣耳。神孟涂所處，《山海經》曰：夏后啟之臣孟涂，是司神于巴，巴人訟于孟涂之所，其衣有血者執之。是請生居山上，在丹山西。郭景純云[⑤]：丹山在丹陽[⑥]，屬巴。丹山西即巫山者也。又帝女居焉，宋玉所謂天帝之季女，名曰瑤姬，未行而亡，封于巫山之陽，精魂爲草，寔爲靈芝。所謂巫山之女，高唐之阻[⑦]，旦爲行雲，暮爲行雨，朝朝暮暮，陽臺之下。旦早視之，果如其言。故爲立廟，號朝雲焉。其間首尾百六十里，謂之巫峽，蓋因山爲名也。

自三峽七百里中，兩岸連山，略無闕處。重巖疊嶂，隱天蔽日，自非停午夜分，不見曦月[⑧]。至于夏水襄陵[⑨]，沿泝阻絶，或王命急宣，有時朝發

---

① 巫峽：在今四川巫山縣東。
② 郭仲産：南朝人。宋尚書庫部郎，著有《湘州記》一卷，今佚。
③ 岷、峨：岷山和峨眉山，均在今四川境内。
④ 衡、疑：衡山和九嶷山，均在今湖南境内。
⑤ 郭景純：即郭璞，字景純。東晉訓詁學家。曾注釋《山海經》《爾雅》等。
⑥ 丹陽：地名。今湖北秭歸東南。
⑦ 阻：通“岨”。高山石岩，難以攀登。
⑧ 曦月：日月。
⑨ 襄陵：江水漫上了山坡。

白帝，暮到江陵，其間千二百里，雖乘奔御風，不以疾也。春冬之時，則素湍綠潭，迴清倒影。絶巘多生怪柏，懸泉瀑布，飛漱其間，清榮峻茂，良多趣味。每至晴初霜旦，林寒澗肅，常有高猿長嘯，屬引淒異①，空谷傳響，哀轉久絶。故漁者歌曰：巴東三峽巫峽長，猿鳴三聲淚沾裳。

① 屬引：連續不斷。

法雲寺（《洛陽伽藍記》）

題解

《洛陽伽藍記》五卷，《四庫全書總目》卷七〇史部地理類三著録。

《洛陽伽藍記》，北魏楊衒之撰。北魏從孝文帝遷都洛陽以後，當朝權貴尊崇佛教，王公百官、豪富貴族賦斂百姓錢財，廣造佛寺，大養僧尼。僅洛陽城内外，就有寺廟1367所（《洛陽伽藍記》卷五《城北》）。永熙之亂，東魏孝静帝（534—550年在位）遷都於鄴，洛陽城寺廟多半焚於兵火，崩毀殘破。武定五年（547年），楊衒之因公重到洛陽，采拾舊聞，追述故迹，撰《洛陽伽藍記》五卷，内容雖以記佛寺爲主題，但實際着重記載當時的政治、人物、風俗、地理和傳聞故事等，可以補充《魏書》《北史》之不足。叙事簡練，文詞雋秀，被認爲足與酈道元《水經注》相媲美。本篇選自《洛陽伽藍記》卷四《城西》。選文在記載法雲寺歷史的同時，記述了洛陽大市的繁榮景象，反映了洛陽手工業和商業的發達。

選文據周祖謨《洛陽伽藍記校釋》（北京，中華書局，2010年第二版）。衒之原書有正文、子注之分，《校釋》本中子注“分行低格書寫”（《叙例》）。爲便於閲讀，本篇子注文字采用隨文括注形式，特此説明。另有范祥雍《洛陽伽藍記校注》（上海，上海古籍出版社，1978年）、楊勇《洛陽伽藍記校箋》（北京，中華書局，2018年），可參考。

選文

法雲寺，西域烏場國胡沙門曇摩羅所立也①。在寶光寺西，隔墻並門。（摩羅聰慧利根②，學窮釋氏。至中國，即曉魏言及隸書，凡所聞見，無不通解。是以道俗貴賤，同歸仰之。作祇洹寺一所③，工制甚精。）

佛殿僧房，皆爲胡飾。丹素炫彩，金玉垂輝，摹寫真容，似丈六之見鹿苑④；神光壯麗，若金剛之在雙林⑤。伽藍之内⑥，花果蔚茂，芳草蔓合，嘉

---

① 烏場國：又作“烏萇國”“烏仗那”，梵語譯音，即北天竺，地當今印度河上游斯瓦脱河（Swat River）流域。曇摩羅：古印度僧人。北魏時來洛陽，通曉魏語，工隸書，并在洛陽采用西域建築形式建造法雲寺，有名於時。

② 利根：佛教術語。佛教對於學習，有根器説：學得快的稱利根，學得慢的稱鈍根。這裏指天資穎悟。

③ 祇洹：即“祇園”，印度佛教聖地。後爲佛寺代稱。

④ 丈六：指佛身。鹿苑：又名鹿野苑，相傳是佛祖得道後説法處。

⑤ 金剛：佛教名詞。是梵文Vajra的意譯，本義爲“金中最剛”，喻牢固、鋭利、堅不可摧之意。這裏借指佛身，取其不可朽壞之意。雙林：亦作“雙樹”。爲佛祖釋迦牟尼涅槃之處。佛祖逝世於拘屍那迦城附近的婆羅雙樹間。

⑥ 伽（qié）藍：梵文“僧伽藍摩”的簡稱。意爲衆園或僧院。後因稱佛寺爲“伽藍”。

木被庭。京師沙門好胡法者①，皆就摩羅受持之②。戒行真苦，難可揄揚。祕呪神驗，閻浮所無③。呪枯樹能生枝葉，呪人變爲驢馬，見之莫不忻怖。西域所齎舍利骨及佛牙、經像，皆在此寺。

寺北有侍中尚書令臨淮王彧宅④。（彧博通典籍，辨慧清悟，風儀詳審，容止可觀。至三元肇慶⑤，萬國齊臻⑥，金蟬曜首，寶玉鳴腰，負荷執笏⑦，逶迤複道，觀者忘疲，莫不歎服。彧性愛林泉，又重賓客。至於春風扇揚，花樹如錦，晨食南館，夜游後園，僚寀成群，俊民滿席。絲桐發響⑧，羽觴流行⑨，詩賦並陳，清言乍起⑩，莫不領其玄奥，忘其褊恡焉。是以入彧室者，謂登僊也。荆州秀才張斐常爲五言，有清拔之句云："異林花共色，别樹鳥同聲。"彧以蛟龍錦賜之。亦有得緋紬紫綾者。唯河東裴子明爲詩不工，罰酒一石。子明飲八斗而醉眠，時人譬之山濤。及尒朱兆入京師，彧爲亂兵所害，朝野痛惜焉。）

出西陽門外四里御道南，有洛陽大市，周迴八里。市南有皇女臺，漢大將軍梁冀所造，猶高五丈餘。景明中⑪，比丘道恒立靈僊寺於其上。臺西有河陽縣，臺東有侍中侯剛宅⑫。

市西北有土山魚池，亦冀之所造。（即《漢書》所謂"採土築山，十里九阪，以象二崤"者⑬。）

市東有通商、達貨二里。里内之人，盡皆工巧、屠販爲生，資財巨萬。

① 胡法：西域佛法。
② 受持：佛教語，指領受在心，持久不忘。
③ 閻浮：即"閻浮提"，天竺所在之地，後引申指"人間世界"。
④ 臨淮王彧：即元彧（？—531），北魏宗室。本名亮，字仕明，又字文若。襲封濟南王，改臨淮王。永安三年（530年），尒朱兆攻入洛陽，遭毆殺。
⑤ 三元：陰曆正月初一是年、月、日之始，故稱三元。
⑥ 萬國齊臻：漢以後每逢正月初一，君主舉行儀式接受臣子和外國使節慶賀，故稱"萬國齊臻"。
⑦ 負荷執笏：肩着紫荷，手執笏板。紫荷，古代高級官員朝服外負於肩上的紫色袷（jiá）囊。參林嵩《中國古代文化史講讀》，北京，北京大學出版社，2020年，第157頁。
⑧ 絲桐：指琴。古代琴多用桐木制成，上安絲質琴弦，故稱"絲桐"。
⑨ 羽觴：古代酒器，又稱耳杯。
⑩ 清言：同"玄言"，指魏晋南北朝時期以老、莊學説和《易》爲依據而辨析名理的言談。
⑪ 景明：北魏宣武帝年號，500—503年。
⑫ 侯剛：字乾之，河南洛陽人。其先代人。以善烹飪爲宣武帝寵信，位至右衛將軍。明帝初，以迎立功爲侍中，封公爵。
⑬ "採土築山"句：見《後漢書·梁冀傳》。崤：山名。又稱嵚崟山。在今河南省西部秦嶺東段，爲豫、陝兩省的交通要道，素有天下重險之稱。崤分東西兩座，故稱"二崤"。

（有劉寶者，最爲富室。州郡都會之處皆立一宅，各養馬十疋，至於鹽粟貴賤，市價高下，所在一例。舟車所通，足跡所履，莫不商販焉。是以海內之貨，咸萃其庭，産匹銅山①，家藏金穴。宅宇踰制，樓觀出雲，車馬服飾，擬於王者。）

市南有調音、樂律二里。里內之人，絲竹謳歌，天下妙伎出焉。（有田僧超者，善吹笳，能爲《壯士歌》《項羽吟》，征西將軍崔延伯甚愛之②。正光末③，高平失據④，虎吏充斥，賊帥万俟醜奴寇暴涇、岐之間⑤，朝廷爲之旰食，詔延伯總步騎五萬討之。延伯出師於洛陽城西張方橋，即漢之夕陽亭也。時公卿祖道，車騎成列，延伯危冠長劍耀武於前，僧超吹《壯士笛曲》於後，聞之者懦夫成勇，劍客思奮。延伯膽略不群，威名早著，爲國展力，二十餘年，攻無全城，戰無橫陣，是以朝廷傾心送之。延伯每臨陣，常令僧超爲壯士聲，甲冑之士，莫不踴躍。延伯單馬入陣，旁若無人，勇冠三軍，威鎮戎豎。二年之間，獻捷相繼。醜奴募善射者射僧超亡，延伯悲惜哀慟，左右謂伯牙之失鍾子期不能過也。後延伯爲流矢所中，卒於軍中。於是五萬之師，一時潰散。）

市西有延酤、治觴二里。里內之人多醞酒爲業。（河東人劉白墮善能釀酒。季夏六月，時暑赫晞，以罌貯酒，暴於日中，經一旬，其酒味不動，飲之香美，醉而經月不醒。京師朝貴多出郡登藩，遠相餉饋，踰于千里。以其遠至，號曰“鶴觴”，亦名“騎驢酒”。永熙年中⑥，南青州刺史毛鴻賓齎酒之藩，路逢賊盜，飲之即醉，皆被擒獲，因此復名“擒奸酒”。游俠語曰：“不畏張弓拔刀，唯畏白墮春醪。”）

市北有慈孝、奉終二里。里內之人以賣棺槨爲業，賃輀車爲事⑦。（有輓

---

① 産匹銅山：參見《漢書·鄧通傳》。漢文帝賜鄧通蜀銅山一座，得自鑄錢，以言富甲天下。

② 崔延伯（？—525）：北朝北魏將領。常爲統帥，膽氣過人，兼有謀略，戰功顯著。

③ 正光：北魏孝明帝年號，520—525年。

④ 高平失據：正光五年（524年），高平鎮民赫連恩等反，推敕勒酋長胡琛爲高平王，攻高平鎮。同年十一月，胡琛人據高平。高平：即今寧夏固原，爲北魏西方軍事重鎮之一。

⑤ 万俟醜奴（？—530）：北魏人。鮮卑族。在六鎮起義軍中爲胡琛部將，胡琛死，繼爲首領。孝昌元年（525年），率衆攻涇州（今甘肅涇川北），於黑水大敗官軍，擊殺名將崔延伯。建義元年（528年），自稱天子，置百官，年號神獸（或作神虎）。永安三年（530年），爲尒朱天光、賀拔岳所敗，被執殺於洛陽。

⑥ 永熙：北魏孝武帝年號，532—534年。

⑦ 輀（ér）車：古代載運棺柩的喪車。

歌孫巖，娶妻三年，妻不脱衣而卧，巖因怪之，伺其睡，陰解其衣，有毛長三尺，似野狐尾，巖懼而出之①。妻臨去，將刀截巖髮而走，隣人逐之，變成一狐，追之不得。其後京邑被截髮者，一百三十餘人。初變爲婦人，衣服靚妝，行於道路，人見而悦近之，皆被截髮。當時有婦人着綵衣者，人皆指爲狐魅。熙平二年四月有此，至秋乃止。）

别有阜財、金肆二里，富人在焉。

凡此十里，多諸工商貨殖之民。千金比屋，層樓對出，重門啟扇，閣道交通，迭相臨望。金銀錦繡，奴婢緹衣；五味八珍，僕隸畢口。神龜年中②，以工商上僭，議不聽衣金銀錦繡。雖立此制，竟不施行。

① 出：遺弃妻子。
② 神龜：北魏孝明帝年號，518—520年。

讀史方輿紀要總叙(《讀史方輿紀要》)

題解

《讀史方輿紀要》,《四庫全書總目》不著録。

《讀史方輿紀要》,清顧祖禹(1631—1692)撰,共一百三十卷。顧祖禹,字景范,自號宛溪子,人稱宛溪先生,江蘇無錫廊下人。聰敏好學,尤工地理,前後歷經三十餘年,撰成是書。按明末行政區劃叙述歷史地理沿革,詳記史實。對我國歷代都邑形勢、山川險要、戰守事迹、河渠水利等皆能貫通古今,詳細論述,是一部規模宏偉壯麗的歷史地理著作,具有很高的學術價值。尤以軍事地理見長,於山川險易、古今用兵、戰守攻取記述最詳。本篇選自該書卷首,爲顧祖禹所作《總叙》的第二篇。文中闡述了顧祖禹的軍事地理學思想,他認爲,地利是“行軍之本”,只有掌握地利,才能“動無不勝”。

選文據中華書局2005年《讀史方輿紀要》賀次君、施和金點校本。今有倉修良評介《讀史方輿紀要》(載倉修良主編《中國史學名著評介》,第二卷,濟南,山東教育出版社,2006年,第459～474頁),可參考。

選文

客謂顧子曰:“子所著《方輿紀要》一書,集百代之成言,考諸家之緒論,窮年累月,矻矻不休[①]。至於舟車所經,亦必覽城郭,按山川,稽里道,問關津,以及商旅之子、征戍之夫,或與從容談論,考核異同。子于是書,可謂好之勤、思之篤矣。後有起者,考求險要,辨别攻守,遠而周知天下之故,近而都邑之間,非子之書,何所適從焉?”

余曰:“否否,不然。古人有言:‘尺有所短,寸有所長。’明於匠石之任者,或昧於雕鏤之細。予也未嘗泝江、河,登恒、岱[②],南窮嶺、海,北上燕然。間有涉歷,或拘於往返之程,或困於羈旅之次,不獲放曠優游,博觀廣詢。間嘗按之於圖畫,索之典籍,亦舉一而廢百耳。又或了了於胸中,而身至其地,反若瞶瞶焉。所謂‘所見異辭,所聞異辭,所傳聞又異辭’

① 矻矻:勤奮不懈的樣子。

② 恒、岱:恒山、泰山。

者，不可勝數也[①]。予之書，其足據乎！且孫子有言：‘不知山林險阻沮澤之形者，不能行軍。不用鄉導者，不能得地利’[②]。夫論兵之妙，莫如孫子；而論地利之妙，亦莫如孫子。使信余之書而不取信於鄉導，譬之掩耳而求聞，閉目而求見，所悮必多矣。

“且夫地利亦何常之有哉？函關、劍閣，天下之險也。秦人用函關卻六國而有餘；迨其末也，拒羣盜而不足。諸葛武侯出劍閣，震秦隴，規三輔；劉禪有劍閣，而成都不能保也。故金城湯池，不得其人以守之，曾不及培塿之丘、汎濫之水[③]，得其人，即枯木朽株，皆可以爲敵難。是故九折之阪、羊腸之徑，不在邛崍之道[④]、太行之山；無景之谿、千尋之壑[⑤]，不在岷江之峽、洞庭之津。及肩之墻，有時百仞之城不能過也；漸車之澮[⑥]，有時天塹之險不能及也。知求地利於崇山深谷、名城大都，而不知地利即在指掌之際，烏足以言地利哉！

“善乎！孫子之言曰：‘我不欲戰，雖畫地而守之，敵不能與我戰。我欲戰，敵雖高壘深溝，不得不與我戰’[⑦]。然則變化無窮者，地利也。地利之微，圖不能載，論不能詳，而變化於神明不測之心，所謂可以意會，不可以言傳者乎！故曰：方圓奇偶，千秋不易也。伏羲以之畫八卦，大禹以之演九疇[⑧]。伍兩卒旅[⑨]，千秋不易也。武侯以之列八陣[⑩]，李靖以之變六花[⑪]。城郭山川，千秋不易也。起於西北者可以并東南，而起於東南者又未嘗不可以并西北。故曰：不變之體，而爲至變之用；一定之形，而爲無定之準。陰陽無常位，寒暑無常時，險易無常處。知此義者，而後可與論方輿。使銖銖而度之，寸寸而比之，所失必多矣。吾嘗考蒙古之用兵，奇變恍惚，其所出之

---

① “所見異辭”句：語出《春秋公羊傳·隱公元年》。
② “不知”句：語出《孫子兵法·軍爭篇》。
③ 培塿（lǒu）之丘：小土山。培塿：小土丘。汎濫之水：指地表的淺水。
④ 邛崍：山名。亦名邛莋山、邛筰山、邛來大山、大關山。即今四川滎經與漢源二縣分界之大相嶺山。
⑤ 無景之谿：指日光照不到的山谷。景：同“影”。
⑥ 澮（kuài）：田間的水溝。
⑦ “我不欲戰”句：語出《孫子兵法·虛實篇》。
⑧ 九疇：相傳大禹治理天下的九類大法。見於《尚書·洪範》：“天乃錫禹洪範九疇，彝倫攸叙。”
⑨ 伍兩卒旅：指隊形的基本因素。
⑩ 八陣：古代打仗時軍隊排列的一種陣法，縱橫都是八列。
⑪ 六花：唐初李靖創造的一種陣法，陣型像六瓣花，故名“六花”。

道，皆師心獨往，所向無前，故其武略比往古爲最高。彼豈嘗求之於山海之圖、里道之志哉？然則求地利於吾書，無乃猶是刻舟之見乎？吾慮舉足動步，或將有礙焉者也。客其益廣所聞，無過恃吾之書也已。”

九品中正（《通典》）（節選）

題解

《通典》二百卷，《四庫全書總目》卷八一史部政書類一著録。

《通典》是我國第一部典章制度體通史。唐杜佑（734—812）撰，共二百卷。該書以事類爲中心，分食貨、選舉、職官、禮、樂、兵、刑法、州郡、邊防九典，各冠總論，下繫子目。各典於歷代制度多究其原本，明其始末，并引前人議論，參以己見，見其得失。所據大多爲第一手資料，具有較高的史料價值。該書創立了史書編纂的新體裁，踵其後者有宋鄭樵《通志》、宋末元初馬端臨《文獻通考》，并稱"三通"。後又有襲其體例的著作陸續出現，合稱"九通""十通"。九品中正制，是魏晋南北朝時期保證士族特權的官吏選拔制度。三國時魏文帝采納陳群建議，於每州設大中正，郡邑設少中正，由少中正將士人按其才能分爲九等，上交大中正核定，然後再由尚書選用授予官職，即所謂"九品官人之法"。各州中正實際上均由世族豪門擔任。南北朝皆沿習其制，至隋廢除。九品官人之法的缺點是易於徇私，因而形成"上品無寒門，下品無士族"的門閥制度。本篇節選自《通典》卷十四。選文對九品中正制度興廢以及流弊進行了系統的概括敘述。

選文據中華書局1988年王文錦等點校本。今有郭鋒著《杜佑評傳》（南京，南京大學出版社，2004年），可參考。

選文

魏文帝爲魏王時，三方鼎立，士流播遷，四人錯雜[①]，詳覈無所。延康元年，吏部尚書陳羣以天朝選用不盡人才，乃立"九品官人之法"。州郡皆置中正，以定其選，擇州郡之賢有識鑒者爲之，區别人物，第其高下。又制：郡口十萬以上，歲察一人，其有秀異，不拘户口。其武官之選，俾護軍主之。

黄初三年，始除舊漢限年之制，令郡國貢舉，勿拘老幼，儒通經術，吏達文法[②]，到皆試用。自明帝太和之後[③]，俗用浮靡，遞相標目，而夏侯、諸葛、何、鄧之儔，有四聰八達之稱[④]，帝深所嫉之。於是，惡士大夫之有

---

① 四人：即四民，士、農、工、商，避唐太宗李世民諱，改"民"爲"人"。

② 文法：條文和法律。

③ 太和：三國魏明帝曹叡年號，227—233年。

④ 四聰：指夏侯玄、諸葛誕、何晏、鄧颺四人。八達：指司馬懿兄弟八人。

名聲者，或禁錮廢黜以懲之。（按，九品之制，初因後漢建安中天下兵興，衣冠士族多離本土，欲徵源流，慮難委悉。魏氏革命，州郡縣俱置大小中正，各取本處人任諸府公卿及臺省郎吏有德充才盛者爲之，區別所管人物，定爲九等。其有言行修著，則升進之，或以五升四，以六升五；儻或道義虧闕，則降下之，或自五退六，自六退七矣。是以吏部不能審定覈天下人才士庶，故委中正銓第等級，憑之授受，謂免乖失及法弊也。唯能知其閥閱，非復辨其賢愚，所以劉毅云："下品無高門，上品無寒士。"南朝至於梁、陳，北朝至於周、隋，選舉之法，雖互相損益，而九品及中正至開皇中方罷。討其根本，陳壽《魏志》言之太略，故詳辯之也。）

晉依魏氏九品之制，内官吏部尚書、司徒左長史[①]，外官州有大中正，郡國有小中正，皆掌選舉。若吏部選用，必下中正，徵其人居及父祖官名。

於時雖風教頹失而無典制，然時有清議，尚能勸俗。陳壽居喪，使女奴丸藥，積年沈廢[②]；郗詵篤孝，以假葬違常，降品一等[③]。其爲懲勸也如是。

其後，中正任久，愛憎由己，而九品之法漸弊。遂計官資以定品格，天下惟以居位者爲貴。

尚書僕射劉毅以九品者，始因魏初喪亂，是軍中權時之制，非經久之典也，因用土斷[④]，復古鄉舉里選之法，上疏曰：

> 夫九品有八損，而官才有三難，皆興替之所由也。人物難知，一也；愛憎難防，二也；情僞難明，三也。今之中正定九品，高下任意，榮辱在手，操人主威福，奪天朝權勢，愛惡隨心，情僞由己，上品無寒門，下品無勢族。公無考校之負，私無告訴之忌。損政之道一也。置州都者，本取州里清議，咸所歸服，將以鎮異同，一言議。不謂一人之身，了一州之才，一人不審，遂爲坐廢。若然，雖宣尼之聖，莫不有

① 内官：指朝廷官吏。司徒左長史：官名。三國魏分司徒長史置。與司徒右長史并爲司徒府僚屬之長，佐司徒總管府内諸曹，位在右長史上。

② "陳壽"句：陳壽三國時在蜀任觀閣令史，居父喪時，自己有病，使婢女丸藥，違反了當時的禮俗，被免官。

③ "郗詵"句：郗詵西晋泰始年間任朝廷議郎，因家貧無車馬，母親死後將其葬在堂北壁外，被認爲違反孝道，官降一等。

④ 土斷：定居在哪里就以該地爲籍貫。

過，則可廢，何獨責於中人哉？使是非之論橫於州里，嫌隙之讎結於大臣。損政之道二也。本立格制，謂人倫有序，若貫魚成次，才德優劣，倫輩有首尾也。今之中正，坐徇其私，推貴異之器，使在凡品之下；負戴不肖，越在成人之首。損政之道三也。委以一國之重，而無賞罰之防，使得縱橫，無所顧憚。諸受枉者，抱怨積久，獨不蒙天地無私之德，長壅蔽於邪人之銓。損政之道四也。古先政教，崇鄉黨之義，故得天下之人退而修本。今一國之士，多者千數，或流徙異邦，或給事殊方，猶不識其面，況能盡其才乎！而中正知與不知，將定品狀，必采聲於臺府，納毁於流言。任己則有不識之弊，聽受則有彼此之偏。所知者以愛憎奪其平，所不知者以人事亂其度。既無鄉老紀行之議，又非朝廷考績之課，遂使爲官之人，弃近求遠，背本趨末。損政之道五也。凡所以立品設狀者，求人才而論功報也。今於限當報，雖職之高，還附卑品，無績於官，而獲高敍，是爲抑功實而崇虛名也。損政之道六也。凡官不同事，人不同能。今九品不狀才能之所宜，而以九等爲例。以品取人，或非才能之所長；以狀取人，則爲本品之所限。若狀得其實，猶品狀相妨，況不實者乎？損政之道七也。前九品詔書，善惡必書，以爲褒貶。今之九品，所下不彰其罪，所上不列其善，廢褒貶之義，任愛憎之斷，天下之人焉得不懈於德行而鋭於人事乎？損政之道八也。職名中正，實爲姦府；事名九品，而有八損。臣以爲宜罷中正，除九品，弃魏氏之弊法，立一代之美制。

司空衛瓘又表請除九品①，復古鄉議里選。

時始平王文學李重復上疏曰："九品始於喪亂軍中之政，誠非經國不刊之法也。且檢防轉碎，徵形失實，故朝野之論，僉謂驅動風俗，爲弊已甚。晉承魏氏凋弊之迹，人物播越，仕無常朝，人無定處，郎吏蓄於軍府，豪右聚於都邑，事體駁錯，與古不同。謂九品既除，宜先開移徙，聽相并就。且明貢舉之法，不濫於境外，則冠帶之倫，將不分而自均，即土斷之實行矣。若使人思反本，修之於鄉，華競自息，而禮義日崇矣。"

① 衛瓘（220—291）：西晋河東安邑（今山西夏縣西北）人，字伯玉。晋泰始遷司空，爲政清簡。

朱敬則請擇史官（《唐會要》）

題解

《唐會要》一百卷，《四庫全書總目》卷八一史部政書類一著録。

《唐會要》作者王溥（922—982），字齊物，并州祁縣（今屬山西）人。五代後漢官至中書舍人、中書侍郎同平章事，入宋進位司空，封祁國公。他爲人寬厚，聚書萬餘卷，好學不倦。有集20卷，又編纂《唐會要》一百卷、《五代會要》三十卷。本篇選自《唐會要》卷六十三《史館上・修史官》，是朱敬則專論史官問題的上表。全文短小精煉，一氣呵成。篇中朱敬則反復强調史官的重要性，認爲良史載筆，善惡必書，言成軌範，可使"驕主賊臣，有所知懼"，是"國之要者"。他贊成劉知幾的史才三長論，認爲良史之才難得，要注意搜求。朱敬則還以《春秋左氏傳》爲例，指出若世無良史，即使是春秋五霸這樣"雄霸遠圖"的歷史也無法流傳下來，而近世北齊、北周這樣的小國之主都能重視史官，"留意于史册"，以此申明大唐豐功偉績，尤需重視史才的培養。

選文據上海古籍出版社1991年《唐會要》標點本。另有中華書局1955年排印本、牛繼清《唐会要校證》（西安，三秦出版社，2012年），可參考。

選文

咸亨元年十一月二十一日詔①："修撰國史，義存典實。自今已後，宜令所司於史官內簡擇堪修人，錄名進內。自餘雖居史職，不得輒令聞見所修史籍及未行用國史等事。"

長安二年②，鳳閣舍人、修國史劉允濟嘗云③："史官善惡必書，言成軌範，使驕主賊臣，有所知懼。此亦權重，理合貧而樂道也。昔班生受金，陳壽求米④，僕視之如浮雲耳。但百僚善惡必書，足爲千載不朽之美談，豈不盛哉！"

---

① 咸亨元年：670年。咸亨：唐高宗李治年號，670—674年。

② 長安二年：702年。長安：武則天稱帝後使用的年號之一，701—704年。

③ 鳳閣舍人：官名。唐武則天光宅元年（684年）改中書舍人置，掌管起草詔令、參議政事及侍從、宣旨、慰勞等事。中宗神龍元年（705年），復舊。劉允濟：洛州鞏縣（今河南鞏義市）人。博學善屬文，他一生多爲史官，參與修撰國史。

④ 班生受金，陳壽求米：語見《史通・曲筆》："班固受金而始書，陳壽借米而方傳"，此説法不一定可靠。

三年七月[①]，朱敬則請擇史官[②]，上表曰："國之要者，在乎記事之官。是以五帝玄風，資其筆削；三王盛業，藉以垂名。此才之難，其難甚矣。何以知其然？昔平王東遷，歷年六百。齊桓之九合天下，晉文之一戰諸侯，秦穆公遠霸西戎，楚莊王利盡南海，禮樂文物，闃爾無聞。今之所存，獨載魯史[③]。向若魯無君子，記傳則遺，雄霸遠圖，必墜于地，可不惜哉！卽如齊、周小國之主，尙能留意于史册。齊神武嘗謂著作郎魏收曰：'卿勿見陳元康、楊遵彥等[④]，在吾目前趨走，謂吾以爲勤勞。我後代聲名，在于卿手，最是要事，勿謂我不知。'及文宣卽位，又嘗勑收曰：'好直筆，勿畏懼，我終不作魏太武誅史官。'又周文帝之爲相也，納柳虬之說，特命書法不隱，其志在懲勸如此。伏以陛下聖德鴻業，誠可垂範將來，倘不遇良史之才，則大典無由而就也。且董狐、南史，豈止生于往代，而獨無於此時？在乎求與不求，好與不好耳。今若訪得其善者，伏願勖之以公忠[⑤]，期之以遠大，更超加美職，使得行其道，則天下幸甚！"

---

① 三年：即長安三年，703年。

② 朱敬則（635—709）：唐亳州永城（今屬河南）人，字少連。早以辭學知名。咸亨中，授洹水尉。武后臨朝，除右補闕。長安三年（703年），遷正諫大夫，兼修國史，尋同鳳閣鸞臺平章事。後爲宗楚客等誣，貶廬州刺史，卒於家。著有《十代興亡論》十卷，已佚，《全唐文》存文十四篇。兩《唐書》有傳。

③ 魯史：指《春秋左氏傳》。

④ 陳元康（507—549）：東魏廣宗（治今河北威縣東）人，字長猷。北魏正光五年（524年），從尚書令李崇北伐，以軍功賜爵臨清縣男。東魏初，爲司徒高昂記室參軍。後轉高歡相府功曹參軍，内掌機密，極受寵遇。楊遵彥（511—560）：名愔，北齊弘農華陰（今陝西華陰東南）人，字遵彥，小名秦王。大世族出身，少通經史。高歡女婿，仕魏、齊，專掌選舉二十餘年。凡文檄教令，皆出其手。

⑤ 勖：勉勵。

史記提要（《郡齋讀書志》）

題解

《郡齋讀書志》四卷，《後志》二卷，《考異》一卷，《附志》二卷，《四庫全書總目》卷八五史部目録類一著録。

《郡齋讀書志》，南宋晁公武撰。晁公武（約 1104—約 1183），字子止，號昭德先生，濟州鉅野（今山東巨野）人，世居東京（今河南開封）昭德坊，著名目録學家。紹興進士，嘗爲四川轉運使井度（憲孟）屬官，與之交厚，得井氏贈書五十篋，合己私藏，除重複者外，凡二萬四千五百卷餘，遂於知榮州（治今四川榮縣）時，日夕躬自校讎，撮述大略，而成是書。自序作於紹興二十一年（1151 年），因作於榮州郡齋，遂以名書。該書是現存最早的具有提要的私家藏書目録，具有重要學術價值。共著録圖書一千四百九十六部，除去重見者，實爲一千四百九十二部，其中，尤以唐、宋（北宋和南宋初）書籍爲完備，可補兩《唐志》和《宋史・藝文志》之缺。該書在流傳過程中，形成“衢本”和“袁本”兩個版本系統，前者爲二十卷本，後者爲四卷本，《總目》所著録者屬“袁本”，今有孫猛校證本，以“衢本”爲底本，合校以袁本。本篇選自《郡齋讀書志》卷五，为該書正史類《史記》提要。選文述及《史記》結構内容及流傳概況，并對班固的譏評表示反駁，認爲應據司馬遷所生活的時代及個人經歷來體察史家之用意。

選文據孫猛《郡齋讀書志校證》（上海，上海古籍出版社，1990 年），今有郝潤華《晁公武評傳》（南京，南京大學出版社，2006 年），可參考。

選文

《史記》一百三十卷。

右漢太史令司馬遷續其父談書。創爲義例，起黃帝，迄漢武獲麟之歲。撰成十二紀以序帝王，十年表以貫歲月，八書以紀政事，三十世家以敘公侯，七十列傳以志士庶。上下三千餘載，凡爲五十二萬六千五百言。遷没後，闕《景》《武紀》《禮》《樂》《律書》《三王世家》《漢興以來將相年表》《日者》《龜策傳》《靳蒯列傳》等十篇。元、成間，褚少孫追補，及益以武帝後事，辭旨淺鄙，不及遷書遠甚。

遷書舊有裴駰爲之解，云：班固嘗譏遷“論大道則先黃老而後《六經》，序游俠則退處士而進姦雄，述貨殖則崇勢利而羞貧賤”。後世愛遷者以此論爲不然，謂遷特感當世之所失，憤其身之所遭，寓之於書，有所激而爲此言耳，非其心所謂誠然也。當武帝之世，表章儒術而罷黜百家，宜乎大治，而窮奢極侈，海内彫弊，反不若文、景尚黄老時人主恭儉，天下饒給。此其所以先黄老而後《六經》也。武帝用法刻深，羣臣一言忤旨，輒下吏誅，而當刑者得以貨免。遷之遭李陵之禍，家貧無財賄自贖，交遊莫救，卒陷腐刑。其進姦雄者，蓋遷歎時無朱家之倫[①]，不能脱己於禍，故曰："士窮窘得委命。"[②] 此非人所謂賢豪者耶！其羞貧賤者，蓋自傷特以貧故，不能自免於刑戮，故曰："千金之子，不死於市。"[③] 非空言也。固不察其心而騬譏之，過矣。

① 朱家：秦末漢初魯人。好結交豪士，藏匿亡命，以任俠聞。賑人不贍，先從貧賤始，家無餘財，衣不完采，專趨人之急，甚己之私。項羽敗死，漢高祖追捕羽部將季布時，家用計解布之厄，後季布尊貴，家終身不與相見。後以朱家爲俠士的通稱，詳見《史記·游俠列傳》。

② 士窮窘得委命：語出《史記·游俠列傳》。

③ 千金之子，不死於市：語出《史記·貨殖列傳》。

范祖禹論史職（《唐鑑》）

題解

《唐鑑》二十四卷，《四庫全書總目》卷八八史部史評類著録。

《唐鑑》，北宋范祖禹所撰史評著作。范祖禹（1041—1098），字夢得，一字淳甫，成都華陽（今四川成都）人。嘉祐進士，授試校書郎，知資州龍水縣。精通史學，深明唐代三百年治亂興衰之迹。司馬光編修《資治通鑑》，由范祖禹專職唐史。書成後，范祖禹又采擇唐史可爲法戒者，成《唐鑑》十二卷。書成於元祐元年（1086 年），後吕祖謙爲其作音注，析爲二十四卷。是書以議論爲宗，自高祖至昭宣帝，凡爲論三百零六篇。議論前的大綱出自《資治通鑑》，議論（即“臣祖禹曰”）則獨出己意。本篇選自該書卷三，題目爲編者所加。針對唐代帝王自觀國史、宰相監修國史，范祖禹認爲人君既任臣以史職，“史書善惡，君相不與焉”，如此則史書庶乎可信。後來清代李光地在《榕村語録》中也有類似見解，見本書泛讀子部文選《論史》。

選文據中華書局 1985 年排印本。今有白林鵬、陸三强校注本（西安，三秦出版社，2003 年），劉韶軍、田君、黄河譯注本（北京，中華書局，2008 年），高葉青《范祖禹生平與史著研究》（北京，科學出版社，2018 年），可參考。

選文

初，帝謂監修國史房玄齡曰：“前世史官所記，皆不令人主見之，何也?”對曰：“史官不虛美，不隱惡，若人主見之必怒，故不敢獻也。”帝曰：“朕之爲心，異於前代帝王，欲自觀國史，知前日之惡，爲後來之戒。公可譔次以聞。”諫議大夫朱子奢上疏諫，帝不從。玄齡乃與給事中許敬宗等删定爲《高祖》《今上實錄》，書成，上之。帝見書殺建成、元吉事，多微隱，謂玄齡曰：“昔周公誅管、蔡以安周[①]，季友鴆叔牙以存魯[②]，朕之所爲亦類是耳，史官何諱焉!”命削去浮詞，直書其事。

臣祖禹曰：古者，官守其職，史書善惡，君相不與焉。故齊太史兄弟三人死於崔杼[③]，而卒不沒其罪。此奸臣賊子所以懼也。後世人君得以觀史，

---

① 周公誅管、蔡以安周：周公攝政，管、蔡不滿，挾武庚反，周公遂誅管、蔡以安周室。

② 季友鴆叔牙以存魯：慶父、叔牙、季友皆魯莊公弟。公疾，問後於叔牙，叔牙曰：“慶父才”。問季友，季友曰：“臣以死奉般。”後季友遂鴆叔牙而立莊公之子般。事見《左傳・莊公三十二年》。

③ 齊太史：齊國史官。事見《左傳・襄公二十五年》。參見本書“精讀文選”《經籍志序》（《隋書》）有關内容。

而宰相監修，欲其直筆，不亦難乎？司馬遷有言曰："文史星歷，近乎卜祝之間。"蓋止於執簡記事，記事直書其實而已，非《春秋》有褒貶賞罰之文也。後之爲史者務褒貶而忘事實，失其職矣。人君任臣以職，而宰相不與史事，則善惡庶乎其可信也。

史乘考誤引言（《史乘考誤》）

題解

《史乘考誤》十卷，《四庫全書總目》卷九〇史部史評類存目二著録。

《史乘考誤》爲王世貞所作考史專著。王世貞（1526—1590），字元美，號鳳洲、弇州山人，明太倉（今屬江蘇）人。嘉靖進士，歷官刑部主事、太僕卿、南京刑部尚書，一生著作甚富。他非常强調史的作用，認爲史不可一日而去。在史書編纂上，主張據事直書，反對任意褒貶。該書分史書爲國史、野史與家史，皆臚舉訛傳，一一考證。本篇選自王世貞《弇山堂别集》卷二十。王世貞認爲史料源自國史、野史、家史，“雖然國史人恣而善蔽真，其敘章典、述文獻，不可廢也；野史人臆而善失真，其徵是非、削諱忌，不可廢也；家史人諛而善溢真，其讚宗閥、表官績，不可廢也”。主張綜合三史加以考量的治史原則。

選文據中華書局 1985 年魏連科點校本《弇山堂别集》。另有吕浩校點、鄭利華審訂本《史乘考誤》（載許建平、鄭立華主編《王世貞全集·弇山堂别集》，上海，上海古籍出版社，2017 年），可參考。

選文

國史之失職，未有甚于我朝者也。故事有不諱始命内閣翰林臣纂修實録[①]，六科取故奏，部院咨陳牘而已。其于左右史記言動，闕如也。是故，無所考而不得書，國忸衮闕，則有所避而不敢書。而其甚者，當筆之士或有私好惡焉，則有所考無所避而不欲書，即書，故無當也。

史失求諸野乎？然而野史之弊三：一曰挾郄而多誣[②]。其著人非能稱公平賢者，寄雌黄于睚眦，若《雙溪雜記》《瑣綴録》之類是也[③]。二曰輕聽而多舛。其人生長閭閻間，不復知縣官事，謬聞而遂述之，若《枝山野記》《翦勝野聞》之類是也[④]。三曰好怪而多誕。或創爲幽異可愕，以媚其人之

① 不諱：婉辭，指死亡。

② 郄：通“隙”。漏洞，機會。

③ 《雙溪雜記》：書名。明王瓊（？—1532）撰。二卷，凡十八條，一萬一千餘字。皆載明代典章故事，於弘治以前頗有稽核，足與正史相參；正德、嘉靖間事，則多過激之語。《瑣綴録》：書名。明尹直撰。八卷。《四庫全書總目》列於子部小説家類存目（題爲《謇齋瑣綴録》）。所載多明代掌故，述内閣尤詳，亦記仕官黜陟，恩怨報復之由。

④ 《枝山野記》：書名。明祝允明撰，四卷。《四庫全書總目》列於子部小説家類存目（題爲《野記》），且評價頗低，説：“是書所記多委巷之談”，“至謂《永樂大典》修輯未成而罷，則他事失實可知”。《翦勝野聞》：書名。明徐禎卿撰，一卷。書中多記明初朝野軼聞。

好，不覈而遂書之，若《客坐新聞》《庚巳編》之類是也[①]。

無已求之家乘銘狀乎？此諛枯骨謁金言耳。雖然國史人恣而善蔽真，其敘章典、述文獻，不可廢也；野史人臆而善失真，其徵是非、削諱忌，不可廢也；家史人諛而善溢真，其讚宗閥、表官績[②]，不可廢也。吾于三者，豹管耳。有所見，不敢不書，以俟博洽者考焉。

夫家乘是而疑譽者，吾弗敢擿也[③]；野史非而疑毀者，吾弗敢救也。其齟齬而兩有證者，吾兩存之；其拂而覈者，吾始從陽秋焉。鄙人之途聽而誕者也，纖人之修郤而誣者也[④]，則弗敢避矣。

---

① 《客坐新聞》：書名。明沈周撰，十一卷。多記四方傳聞。《庚巳編》：書名。明陸粲撰，十卷。内容多有傳奇小説色彩。

② 宗閥：家世門第。宗：指宗族；閥：即閥閱，指功績資歷。

③ 擿（tī）：挑剔，指摘。

④ 纖人：小人。

論秦始皇（《讀通鑑論》）

題解

《讀通鑑論》，《四庫全書總目》不著録。

《讀通鑑論》，清王夫之撰。有關該書情況詳見本書“精讀文選”《讀通鑑論·叙論四》之“導讀”。本篇選自《讀通鑑論》卷一，爲該書的第一篇，亦爲王夫之史論之代表作。分封制與郡縣制的利弊得失問題，是秦漢以來法家和儒家争論的重大問題，王夫之在這裏集中地論述了該問題，認爲郡縣制是“勢之所趨”。他通過比較郡縣制和分封制，指明郡縣制的優越性，肯定郡縣制是一種“垂二千年而弗能改矣，合古今上下皆安之”的制度。又進而指出，儘管秦始皇廢分封、設郡縣本意是出於私，但客觀上郡縣制在歷史上具有進步作用，由此肯定了秦始皇的歷史功績。本文體現了王夫之“理勢相因”的進步的社會歷史觀。

選文據中華書局 1975 年舒士彦點校本。另有岳麓書社 1996 年《船山全書》本，可參考。

選文

兩端争勝，而徒爲無益之論者，辨封建者是也[①]。郡縣之制，垂二千年而弗能改矣，合古今上下皆安之，勢之所趨，豈非理而能然哉？天之使人必有君也，莫之爲而爲之。故其始也，各推其德之長人、功之及人者而奉之，因而尤有所推以爲天子。人非不欲自貴，而必有奉以爲尊，人之公也。安於其位者習於其道，因而有世及之理[②]，雖愚且暴，猶賢於草野之罔據者。如是者數千年而安之矣。彊弱相噬而盡失其故，至於戰國，僅存者無幾，豈能役九州而聽命於此數諸侯王哉？於是分國而爲郡縣，擇人以尹之[③]。郡縣之法，已在秦先。秦之所滅者六國耳，非盡滅三代之所封也。則分之爲郡，分之爲縣，俾才可長民者皆居民上以盡其才，而治民之紀，亦何爲而非天下之公乎？

古者諸侯世國[④]，而後大夫緣之以世官，勢所必濫也。士之子恒爲士，

---

① 辨：通“辯”。

② 世及：世代相傳，指世襲制。

③ 尹：古代州郡長官的官名。這裏作“治理”講。

④ 世國：世襲受封的國家。

農之子恆爲農，而天之生才也無擇，則士有頑而農有秀；秀不能終屈於頑，而相乘以興，又勢所必激也。封建毀而選舉行，守令席諸侯之權[①]，刺史牧督司方伯之任[②]，雖有元德顯功[③]，而無所庇其不令之子孫。勢相激而理隨以易，意者其天乎！陰陽不能偏用，而仁義相資以爲亨利，雖聖人其能違哉！選舉之不愼而守令殘民，世德之不終而諸侯亂紀，兩俱有害，而民於守令之貪殘，有所藉於黜陟以蘇其困。故秦、漢以降，天子孤立無輔，祚不永於商、周；而若東遷以後[④]，交兵毒民，異政殊俗，横斂繁刑，艾削其民[⑤]，迄之數百年而不息者亦革焉，則後世生民之禍亦輕矣。郡縣者，非天子之利也，國祚所以不長也；而爲天下計，則害不如封建之滋也多矣。嗚呼！秦以私天下之心而罷侯置守，而天假其私以行其大公，存乎神者之不測，有如是夫！

世其位者習其道，法所便也；習其道者任其事，理所宜也。法備於三王，道著於孔子，人得而習之。賢而秀者，皆可以奬之以君子之位而長民。聖人之心，於今爲烈。選舉不愼，而賊民之吏代作，天地不能任咎，而況聖人！未可爲郡縣咎也。若夫國祚之不長，爲一姓言也，非公義也。秦之所以獲罪於萬世者，私己而已矣。斥秦之私，而欲私其子孫以長存，又豈天下之大公哉！

---

① 席：憑藉。
② 方伯：古代一方諸侯之長。
③ 元：大。
④ 東遷：指周平王遷都洛陽。
⑤ 艾：通“乂”。治理。

廿二史考異序（《廿二史考異》）

題解

《廿二史考異》，《四庫全書總目》不著録，《續修四庫全書》史部史評類收録。

錢大昕（1728—1804），江蘇嘉定（今屬上海）人，清代史學家、考據學家。字曉徵，號辛楣，又號竹汀居士，晚稱潛研老人。乾隆進士，歷官少詹事、廣東學政。他學識淵博，於文字音韵訓詁、天文曆算、官制典章等無不貫通，長於史學，精於考證。《廿二史考異》共一百卷。所考上起《史記》，下訖《元史》，包括歷代紀傳體正史二十二種（不含《舊五代史》《明史》），主要是文字校勘、典制考釋和名物訓詁。對於各史體例的得失，以及歷史人物史事，有時也加以評論。此書乃錢大昕傾一生精力所著，爲乾嘉時期的三大考史名著之一，歷來享有盛譽。本篇選自《廿二史考異》卷首。錢大昕認爲，史書考辨應以回溯史實爲主，因“史非一家之書，實千載之書”，“祛其疑”，從而“堅其信”；“指其瑕”，進而“見其美”。

選文據方詩銘、周殿傑校點《廿二史考異》（上海，上海古籍出版社，2014 年），另有吕友仁標校《潛研堂集》本（上海，上海古籍出版社，1989 年；2009 年第二版），可參考。

選文

予弱冠時①，好讀乙部書②。通籍以後③，尤專斯業。自《史》《漢》訖《金》《元》，作者廿有二家，反覆校勘，雖寒暑疾疢④，未嘗少輟。偶有所得，寫於别紙。丁亥歲，乞假歸里，稍編次之。歲有增益，卷帙滋多。戊戌，設教鍾山，講肄之暇，復加討論。間與前人闇合者，削而去之；或得於同學啓示，亦必標其姓名。郭象、何法盛之事⑤，蓋深恥之也。

夫史之難讀久矣！司馬温公撰《資治通鑑》成，唯王勝之借一讀，它人讀未盡十紙，已欠伸思睡矣。況廿二家之書，文字煩多，義例紛糾，輿地則

---

① 弱冠：年齡在二十左右。古代貴族男子二十成年，行冠禮，其時身體弱而未壯，故稱弱冠。

② 乙部：指史部。西晋荀勖編《中經新簿》，總括群書，分爲甲乙丙丁，即經子史集四部，後東晋李充重訂，把子部移後，史部提前，乙部遂對應史書，故稱。

③ 通籍：指成進士，通其姓名籍貫於宫門，以便出入。錢大昕於乾隆十九年（1754 年）中進士。

④ 疾疢（chèn）：疾病。

⑤ 郭象：晋人。時向秀注《莊子》，未完卷而死，郭象竊爲己注。何法盛：東晋人。時郗紹著《晋中興書》，稿成後放在書齋橱櫃中，爲何法盛入室竊取，此後何法盛之書遂流行。

今昔異名，僑置殊所①；職官則沿革迭代，冗要逐時，欲其條理貫串，瞭如指掌，良非易事。以予儜劣，敢云有得？但涉獵既久，啓悟遂多，著之鉛槧，賢於博弈云爾②。

且夫史非一家之書，實千載之書。袪其疑，乃能堅其信；指其瑕，益以見其美。拾遺規過，匪爲齮齕前人③，實以開導後學。而世之考古者，拾班、范之一言，擿沈、蕭之數簡，兼有竹素爛脱，豕虎傳訛④，易“斗分”作“升分”，更子琳爲惠琳，乃出校書之陋，本非作者之愆。而皆文致小疵，目爲大創；馳騁筆墨，夸曜凡庸，予所不能效也。更有空疏措大，輒以褒貶自任，强作聰明，妄生疻痏⑤；不卟年代，不揆時勢，强人以所難行，責人以所難受，陳義甚高，居心過刻，予尤不敢效也。

桑榆景迫⑥，學殖無成，惟有實事求是，護惜古人之苦心，可與海内共白。自知槃燭之光，必多罅漏，所冀有道君子，理而董之。庚子五月廿有二日⑦，嘉定錢大昕序。

---

① 僑置：南北朝時，中國分裂，中原州郡遇有淪陷於敵人的，則用其舊名，僑置於南方。

② 賢於博弈：語出《論語·陽貨》。

③ 齮齕（yǐ hé）：咬，引申爲毀傷。

④ 豕虎傳訛：指因文字形近而傳寫訛誤。語出《吕氏春秋·察傳》《抱樸子·遐覽》。

⑤ 疻痏（zhǐ wěi）：毆傷的創痕。輕傷爲疻，重傷爲痏。

⑥ 桑榆景迫：太陽在桑樹、榆樹之間，即日將夕，時光緊迫，形容年老。

⑦ 庚子：乾隆四十五年，1780年。

廿二史劄記小引（《廿二史劄記》）

題解

《廿二史劄記》，《四庫全書總目》不著録，《續修四庫全書》史部史評類收録。

趙翼（1727—1814），字雲崧，一字耘松，號甌北。江蘇陽湖（今江蘇常州）人。乾隆進士，歷任翰林院編修、廣西鎮安知府、貴西兵備道等職。後辭官歸里，并在定安書院講學。趙翼擅長詩文，尤其在史學方面，考據精核。《廿二史劄記》三十六卷，補遺一卷，雖名爲二十二史，實涉及全部二十四史，含當時尚未明確爲正史的《舊唐書》《舊五代史》。全書以類相從，各立標題。所論多能不蹈襲前人，有所創見。本篇選自趙翼《廿二史劄記》卷首，爲作者自序。選文指明所用校勘方法爲“就正史紀、傳、表、志中參互勘校”，而考辨重點則在於古今風會之遞變，政事之更迭，以反映治亂興衰之本源。

選文據曹光甫校點本《廿二史劄記》（上海，上海古籍出版社，2011年）。另有王樹民《廿二史劄記校證》（訂補本，北京，中華書局，1984年），可參考。

選文

閑居無事，翻書度日，而資性粗鈍，不能研究經學，惟歷代史書事顯而義淺，便於流覽，爰取爲日課。有所得，輒劄記别紙，積久遂多。惟是家少藏書，不能繁徵博採，以資參訂。間有稗乘脞説與正史歧互者，又不敢遽詫爲得間之奇。蓋一代修史時，此等記載無不蒐入史局，其所棄而不取者，必有難以徵信之處。今或反據以駁正史之訛，不免貽譏有識。是以此編多就正史紀、傳、表、志中參互勘校，其有牴牾處，自見輒摘出，以俟博雅君子訂正焉。至古今風會之遞變，政事之屢更，有關於治亂興衰之故者，亦隨所見附著之。自惟中歲歸田，遭時承平，得優游林下，寢饋於文史以送老①，書生之幸多矣，或以比顧亭林《日知録》，謂身雖不仕而其言有可用者，則吾豈敢。陽湖趙翼謹識。

乾隆六十年三月。

---

① 寢饋：寢食，吃住。

十七史商榷序（《十七史商榷》）

題解

《十七史商榷》，《四庫全書總目》不著録，《續修四庫全書》史部史評類收録。

《十七史商榷》，王鳴盛撰，與錢大昕《廿二史考異》、趙翼《廿二史劄記》并稱爲乾嘉三大考史名著。王鳴盛（1722—1797），清代史學家、考據學家。字鳳喈，一字禮堂，號西莊，晚號西沚居士。嘉定人（今屬上海市）。乾隆進士，官至禮部侍郎。後不復出仕，閉門著述。《十七史商榷》一百卷，爲其代表作。該書成於乾隆五十二年（1787年），雖沿用宋時彙刻十七史之名，其實又加入《舊唐書》《舊五代史》，涵蓋了十九史。通過校勘和考訂，改訛文，補脱文，去衍文，補正了我國正史中大部分史書的訛誤，尤以輿地、職官、典章制度的考訂見長，對研究正史很有參考價值。本篇選自《十七史商榷》卷首，爲作者自序。在序文中，王鳴盛指出，史家治史應以考證“典制之實”和“事蹟之實”爲宗旨，對歷史人物、事件以及史書進行評論時，亦必須在考證詳確的基礎上謹慎進行，而不應脱離史實，横生議論褒貶。

選文據黄曙輝點校本《十七史商榷》（上海，上海古籍出版社，2013年），另有陳文和主編《嘉定王鳴盛全集》（北京，中華書局，2010年）、施建雄著《王鳴盛學術研究》（北京，中國社會科學出版社，2009年），可參考。

選文

十七史者，上起《史記》，下訖《五代史》，宋時嘗彙而刻之者也。商榷者，商度而揚榷之也①。海虞毛晉汲古閣所刻行世已久，而從未有全校之一周者。予爲改譌文，補脱文，去衍文，又舉其中典制、事蹟，詮解蒙滯，審覈踳駁②，以成是書，故名曰《商榷》也。《舊唐書》、《舊五代史》，毛刻所無，而云十七者，統言之，仍故名也。若《遼》《宋》等史，則予未暇及焉。

大抵史家所記典制有得有失，讀史者不必横生意見，馳騁議論，以明法戒也③，但當考其典制之實，俾數千百年建置沿革，瞭如指掌，而或宜法，或宜戒，待人之自擇焉可矣。其事蹟則有美有惡，讀史者亦不必强立文法，擅加與奪，以爲褒貶也，但當考其事蹟之實，俾年經事緯，部居州次④，紀

---

① 商度：商量，探討。揚榷：斟酌，商討。
② 踳（chuǎn）駁：舛謬雜亂，駁雜。
③ 法戒：楷式和鑒戒。
④ 部居州次：按門類安排，按地區編次。

載之異同，見聞之離合，一一條析無疑。而若者可褒，若者可貶，聽諸天下之公論焉可矣。書生匈臆每患迂愚，即使考之已詳，而議論褒貶猶恐未當，況其考之未確者哉。蓋學問之道，求于虚不如求于實，議論褒貶皆虚文耳，作史者之所記録，讀史者之所考核，總期于能得其實焉而已矣，外此又何多求邪？

予束髮好談史學，將壯，輟史而治經，經既竣，乃重理史業，摩研排纘[①]，二紀餘年，始悟讀史之法，與讀經小異而大同。何以言之？經以明道，而求道者不必空執義理以求之也，但當正文字，辨音讀，釋訓詁，通傳注，則義理自見而道在其中矣。譬若人欲食甘，操錢入市，問物有名甘者乎？無有也。買飴食之，甘在焉。人欲食鹹，問物有名鹹者乎？無有也。買鹽食之，鹹在焉。讀史者不必以議論求法戒，而但當考其典制之實；不必以褒貶爲與奪，而但當考其事蹟之實。亦猶是也，故曰同也。若夫異者則有矣。治經斷不敢駁經，而史則雖子長、孟堅，苟有所失，無妨箴而砭之，此其異也。抑治經豈特不敢駁經而已，經文艱奧難通，若于古傳注，憑己意擇取融貫，猶未免于僭越，但當墨守漢人家法[②]，定從一師而不敢佗徙。至于史則于正文有失，尚加箴砭，何論裴駰、顔師古一輩乎？其當擇善而從，無庸偏徇，固不待言矣，故曰異也。要之，二者雖有小異，其總歸于務求切實之意，則一也。

予識暗才懦，一切行能，舉無克堪，惟讀書校書頗自力，嘗謂好著書不如多讀書，欲讀書必先精校書。校之未精而遽讀，恐讀亦多誤矣；讀之不勤而輕著，恐著且多妄矣。二紀以來，恒獨處一室，覃思史事，既校始讀，亦隨讀隨校，購借善本，再三讐勘，又搜羅偏霸雜史、稗官野乘、山經地志、譜牒簿録[③]，以暨諸子百家、小説筆記、詩文别集、釋老異教，旁及於鐘鼎尊彝之款識，山林冢墓、祠廟伽藍碑碣斷闕之文，盡取以供佐證，參伍錯

---

① 摩研：切磋研究。排纘：编排。

② 家法：即講經、釋經都必須遵守一家之説。東漢末，家法原則受到衝擊，至鄭玄混合今文經學、古文經學，家法原則被蕩滌。

③ 偏霸：古代目録學所立類目之一，用以著録偏據一方的割據政權的國史，通稱“霸史”。雜史：史書分類名目之一。《隋書·經籍志》首設，其後目録書中多設之。其著録標準《四庫全書總目》史部雜史類叙文所論頗爲精要，曰：“大抵取其事繫廟堂，語關軍國，或但具一事之始末，非一代之全編，或但述一時之見聞，衹一家之私記，要期遺文舊事足以存掌故、資考證，備讀史者之參稽云爾。”

綜，比物連類，以互相檢照，所謂考其典制、事蹟之實也。

暗砌蛩吟，曉窗雞唱，細書歓格①，夾註跳行，每當目輪火爆，肩山石壓，猶且吮殘墨而凝神，搦禿豪而忘倦②。時復默坐而翫之，緩步而繹之，仰眠牀上而尋其曲折，忽然有得，躍起書之，鳥入雲，魚縱淵，不足喻其疾也。顧視案上有藜羹一盃③，糲飯一盂④，於是乎引飯進羹，登春臺⑤，饗太牢⑥，不足喻其適也。

凡所考者，皆在簡眉牘尾，字如黑蟻，久之皆滿，無可復容，乃謄於别帙而寫成浄本，都爲一編，計《史記》六卷，《漢書》二十二卷，《後漢書》十卷，《三國志》四卷，《晉書》十卷，《南史》合《宋》、《齊》、《梁》、《陳書》十二卷，《北史》合《魏》、《齊》、《周》、《隋書》四卷，《新》、《舊唐書》二十四卷，《新》、《舊五代史》六卷，總九十八卷，别論史家義例㟁略爲《綴言》二卷終焉。閑館自攜，寒燈細展，指瑕索瘢，重加點竄，至屢易稾始定。

噫嘻，予豈有意于著書者哉？不過出其讀書、校書之所得，標舉之以詒後人，初未嘗别出新意，卓然自著爲一書也。如所謂横生意見，馳騁議論，以明法戒，與夫强立文法，擅加與奪褒貶，以筆削之權自命者，皆予之所不欲效尤者也。然則予蓋以不著爲著，且雖著而仍歸于不著者也。

學者每苦正史緐塞難讀⑦，或遇典制茫昧，事蹟樛葛，地理、職官眼眯心瞀，試以予書爲孤竹之老馬⑧，置于其旁而參閱之，疏通而證明之，不覺如關開節解，筋轉脈摇，殆或不無小助也與！夫以予任其勞而使後人受其逸，予居其難而使後人樂其易，不亦善乎？以予之識暗才懦，碌碌無可自

① 歓（yǐn）："飲"的異體字。

② 豪：通"毫"。

③ 藜羹：謂粗劣的食物。《墨子・非儒下》："孔某窮於蔡、陳之間，藜羹不糂。"

④ 糲飯：糙米飯。

⑤ 春臺：指春天所登臨遠眺的高臺。語出《老子》第二十章："荒兮其未央，衆人熙熙，如享太牢，如登春臺。"後以"春臺"指春天眺望覽勝之處。

⑥ 太牢：盛牲的食器叫牢。大的叫太牢。太牢盛三牲，因而也把宴會或祭祀時并用的牛、羊、猪三牲叫做太牢。

⑦ 緐："繁"的異體字。

⑧ 孤竹之老馬：語出《韓非子・説林上》："管仲、隰朋從桓公伐孤竹，春往冬反，迷惑失道。管仲曰：'老馬之智可用也。'乃放老馬而隨之，遂得道。"喻指久經某業或年長者，經驗豐富，見多識廣，能爲先導。

見，猥以校訂之役，穿穴故紙堆中，實事求是，庶幾啓導後人，則予懷其亦可以稍自慰矣。

夫書既成，而平生不喜爲人作序，故亦不求序于人，聊復自道其區區務實之微意，弁之卷端。序所不足者，《綴言》具之云。

進士及第通議大夫光禄卿前史官嘉定王鳴盛字鳳喈號西沚譔。

第三單元

四部文獻泛讀——子部

子部總叙（《四庫全書總目》）

題解

本篇選自《四庫全書總目》卷九一，爲該書子部之總叙。“子”在古代有很多意義，一般來説，是對古代有德者的一種尊稱。春秋時，始用“子”泛指思想家的著作。戰國以來，子書叢生，出現儒、道、陰陽、法、名、墨、縱横、雜、農、小説家十家。十家中除去小説家，稱爲九流。總稱九流十家。後世子部即在此基礎上逐漸形成和發展起來。叙文主要闡述四庫館臣對每家的理解和排序緣由，較系統地總結了 18 世紀以前子部的發展，迄今仍爲學者所參考。分類上，館臣將子部分爲儒家、兵家、法家、農家、醫家、天文算法等十四類，較之前公私目録的分類傳統頗有所變動。如將兵家、法家、農家排名在前，脱離了《漢書・藝文志》原有的排序；以書太少爲由，取消了名、墨、縱横三家；合并以往的道家和神仙家爲第十四類道家類。再如，從天文算法類開始，多數二級類目下還再分子目某某之屬（如天文算法類分推步之屬、算書之屬；藝術類分書畫之屬、琴譜之屬、篆刻之屬、雜技之屬），都是在以往公私目録分類基础上的進一步細分。

選文據中華書局 1965 年《四庫全書總目》整理本，參考《欽定四庫全書總目》（北京，中華書局，1997 年）。今有張舜徽《四庫提要叙講疏》（昆明，雲南人民出版社，2005 年），可參考。

選文

自六經以外立說者，皆子書也。其初亦相淆，自《七略》區而列之，名品乃定。其初亦相軋，自董仲舒別而白之，醇駁乃分。其中或佚不傳，或傳而後莫爲繼，或古無其目而今增，古各爲類而今合，大都篇帙繁富。可以自爲部分者，儒家之外有兵家，有法家，有農家，有醫家，有天文算法，有術數，有藝術，有譜錄，有雜家，有類書，有小說家，其別教則有釋家，有道家，敘而次之，凡十四類。儒家尚矣。有文事者有武備，故次之以兵家。兵，刑類也。唐虞無臯陶，則寇賊姦宄無所禁，必不能風動時雍①，故次以法家。民，國之本也；穀，民之天也，故次以農家。本草經方，技術之事也，而生死繫焉。神農黃帝以聖人爲天子，尚親治之，故次以醫家。重民事者先授時，授時本測候，測候本積數，故次以天文算法。以上六家，皆治世者所有事也。

百家方技，或有益，或無益，而其說久行，理難竟廢，故次以術數。游藝亦學問之餘事，一技入神，器或寓道，故次以藝術。以上二家，皆小道之可觀者也。詩取多識，易稱制器，博聞有取，利用攸資，故次以譜錄。羣言岐出，不名一類，總爲薈稡，皆可採摭菁英，故次以雜家。隸事分類，亦雜言也，舊附於子部，今從其例，故次以類書。稗官所述，其事末矣，用廣見聞，愈於博弈，故次以小說家。以上四家，皆旁資參考者也②。二氏，外學也，故次以釋家、道家終焉。

夫學者研理於經，可以正天下之是非；徵事於史，可以明古今之成敗。餘皆雜學也。然儒家本六藝之支流，雖其閒依草附木，不能免門戶之私。而數大儒明道立言，炳然具在，要可與經史旁參。其餘雖眞僞相雜，醇疵互見，然凡能自名一家者，必有一節之足以自立，卽其不合於聖人者，存之亦可爲鑒戒。雖有絲麻，無棄菅蒯③；狂夫之言，聖人擇焉。在博收而愼取之爾。

---

① 時雍：和善，和諧。

② 旁：通“旁”。

③ 菅蒯（jiān kuǎi）：可以編繩索的一類茅草。比喻微賤人物。

解蔽（《荀子》）（節選）

題解

《荀子》二十卷，《四庫全書總目》卷九一子部儒家類一著録。

荀子，名况，號卿，趙國人，戰國後期儒家大師。《荀子》二十卷，三十二篇，絶大部分爲荀子所著，但有後人附益，是研究荀况思想學説的主要文獻（參見本書“精讀文選”《天論》“導讀”），其中《天論篇》《解蔽篇》《正名篇》《性惡篇》四篇，是全書精華所在。本篇選自《荀子·解蔽篇第二十一》。選文通過列舉具體事例説明人們在認識客觀事物過程中的“蔽塞之禍”和“不蔽之福”，指出如果不能多角度、全面地把握事物，而衹是從個人好惡和自身需要等一偏之見出發，就必然會得出片面的、錯誤的認識，所謂“蔽於一曲而闇於大理”。

選文據清王先謙撰，沈嘯寰、王星賢點校《荀子集解》（北京，中華書局，1988年）。另有方勇、李波譯注《荀子》（北京，中華書局，2011年），可參考。

選文

凡人之患，蔽於一曲而闇於大理。治則復經[①]，兩疑則惑矣。天下無二道，聖人無兩心。今諸侯異政，百家異説，則必或是或非，或治或亂。亂國之君，亂家之人，此其誠心莫不求正而以自爲也，妬繆於道而人誘其所迨也[②]。私其所積，唯恐聞其惡也；倚其所私，以觀異術，唯恐聞其美也。是以與治雖走而是己不輟也，豈不蔽於一曲而失正求也哉！心不使焉，則白黑在前而目不見，雷鼓在側而耳不聞，况於使者乎！德道之人，亂國之君非之上，亂家之人非之下，豈不哀哉！

故爲蔽：欲爲蔽，惡爲蔽，始爲蔽，終爲蔽，遠爲蔽，近爲蔽，博爲蔽，淺爲蔽，古爲蔽，今爲蔽。凡萬物異則莫不相爲蔽，此心術之公患也。

昔人君之蔽者，夏桀、殷紂是也。桀蔽於末喜、斯觀，而不知關龍逢，以惑其心而亂其行；紂蔽於妲己、飛廉，而不知微子啟，以惑其心而亂其行。故羣臣去忠而事私，百姓怨非而不用，賢良退處而隱逃，此其所以喪九

---

① 治則復經：言糾正片面認識，回復正道。

② 妬：同“妒”。嫉妒。繆：通“謬”。迷誤。迨：及，達到。一説通“怡”，喜愛。

牧之地而虚宗廟之國也。桀死於亭山，紂縣於赤旆[①]，身不先知，人又莫之諫，此蔽塞之禍也。

成湯監於夏桀，故主其心而慎治之，是以能長用伊尹而身不失道，此其所以代夏王而受九有也[②]。文王監於殷紂，故主其心而慎治之，是以能長用吕望而身不失道，此其所以代殷王而受九牧也。遠方莫不致其珍，故目視備色，耳聽備聲，口食備味，形居備宫，名受備號，生則天下歌，死則四海哭，夫是之謂至盛。《詩》曰："鳳凰秋秋，其翼若干，其聲若簫。有鳳有凰，樂帝之心"[③]。此不蔽之福也。

---

① 赤旆（pèi）：赤色旗。旆：同"旆"。

② 九有：九州。《詩·商頌·玄鳥》："方命厥后，奄有九有。"《毛傳》："九有，九州也。"

③ 按：此引句不見於今本《詩經》，爲逸詩。

道基（《新語》）

題解

《新語》二卷，《四庫全書總目》卷九一子部儒家類一著録。

西漢初，劉邦令陸賈總結秦亡漢興以及歷來國家興衰成敗的原因，陸賈“粗述存亡之徵，凡著十二篇”（《史記·陸賈傳》），深得好評，號曰《新語》。該書認爲秦朝速亡的主要原因是横徵暴斂，嚴刑峻法，因而大力提倡仁義德治，認爲聖人“忖度天地，危而不傾，佚而不亂者，仁義之所治也”。本篇選自《新語·道基第一》，爲全書第一篇。選文内容主要包括天、地、人相互關係，歷史發展過程，以及仁義的思想。撰者認爲衹有法先聖，行仁義之治，國家才能“萬世不亂”，最終達到治世。爲全書奠定了基調。

選文據王利器《新語校注》（北京，中華書局，1986年）。

選文

傳曰：“天生萬物，以地養之，聖人成之。”功德參合，而道術生焉。故曰：“張日月，列星辰，序四時，調陰陽，布氣治性，次置五行，春生夏長，秋收冬藏，陽生雷電，陰成霜雪，養育羣生，一茂一亡，潤之以風雨，曝之以日光，温之以節氣，降之以殞霜，位之以衆星，制之以斗衡①，苞之以六合，羅之以紀綱，改之以災變，告之以禎祥，動之以生殺，悟之以文章。”

故在天者可見，在地者可量，在物者可紀，在人者可相。故地封五嶽，畫四瀆，規洿澤，通水泉，樹物養類，苞植萬根，暴形養精，以立羣生，不違天時，不奪物性，不藏其情，不匿其詐。

故知天者仰觀天文，知地者俯察地理。跂行喘息②，蜎飛蠕動之類③，水生陸行，根著葉長之屬，爲寧其心而安其性，蓋天地相承，氣感相應而成者也。

於是先聖乃仰觀天文，俯察地理，圖畫乾坤，以定人道，民始開悟，知有父子之親，君臣之義，夫婦之别，長幼之序。於是百官立，王道乃生。

民人食肉飲血，衣皮毛。至於神農，以爲行蟲走獸，難以養民，乃求可

---

① 斗衡：北斗七星的第五星，名玉衡。泛指斗柄。

② 跂（qí）行喘息：同“跂行喙息”。本謂蟲類爬行呼吸。亦泛指人和動物。跂：通“蚑”。動物爬行。

③ 蜎（yuān）：蚊子幼蟲。

食之物，嘗百草之實，察酸苦之味，教人食五穀。

天下人民，野居穴處，未有室屋，則與禽獸同域。於是黃帝乃伐木搆材，築作宮室，上棟下宇，以避風雨。

民知室居食穀，而未知功力。於是后稷乃列封疆，畫畔界，以分土地之所宜；闢土殖穀，以用養民；種桑麻，致絲枲[①]，以蔽形體。

當斯之時，四瀆未通[②]，洪水爲害。禹乃決江疏河，通之四瀆，致之於海，大小相引，高下相受，百川順流，各歸其所，然後人民得去高險，處平土。

川谷交錯，風化未通，九州絶隔，未有舟車之用，以濟深致遠。於是奚仲乃橈曲爲輪，因直爲轅，駕馬服牛，浮舟杖檝，以代人力。

鑠金鏤木，分苞燒殖，以備器械，於是民知輕重，好利惡難，避勞就逸。於是皋陶乃立獄制罪，縣賞設罰，異是非，明好惡，檢奸邪，消佚亂。

民知畏法，而無禮義。於是中聖乃設辟雍庠序之教[③]，以正上下之儀，明父子之禮，君臣之義，使强不凌弱，衆不暴寡，弃貪鄙之心，興清潔之行。

禮義不行，綱紀不立，後世衰廢。於是後聖乃定五經，明六藝，承天統地，窮事察微，原情立本，以緒人倫，宗諸天地，纂脩篇章，垂諸來世，被諸鳥獸，以匡衰亂，天人合策，原道悉備，智者達其心，百工窮其巧，乃調之以管弦絲竹之音，設鐘鼓歌舞之樂，以節奢侈，正風俗，通文雅。

後世淫邪，增之以鄭、衛之音，民弃本趨末，技巧横出，用意各殊，則加雕文刻鏤，傅致膠漆丹青、玄黄琦瑋之色，以窮耳目之好，極工匠之巧。

夫驢騾駱駞，犀象瑇瑁，琥珀珊瑚，翠羽珠玉，山生水藏，擇地而居，潔清明朗，潤澤而濡，磨而不磷，涅而不淄[④]，天氣所生，神靈所治，幽閒清淨，與神浮沈，莫不効力爲用，盡情爲器。故曰：聖人成之。所以能統物通變，治情性，顯仁義也。

---

① 枲（xǐ）：不結實的大麻。麻類植物纖維，可織布。
② 四瀆：古代對四條獨流入海的大河的稱呼，即江、河、淮、濟。
③ 辟雍：本爲周天子所設大學。東漢以後，歷代皆有辟雍，爲尊儒學、行典禮的場所。
④ 淄：黑色。

夫人者，寬博浩大，恢廓密微，附遠寧近，懷來萬邦。故聖人懷仁仗義，分明纖微，忖度天地，危而不傾，佚而不亂者，仁義之所治也。行之於親近而疎遠悦，脩之於閨門之内而名譽馳於外①。故仁無隱而不著，無幽而不彰者。虞舜蒸蒸於父母，光耀於天地；伯夷、叔齊餓於首陽，功美垂於萬代；太公自布衣昇三公之位，累世享千乘之爵；知伯仗威任力，兼三晉而亡。

是以君子握道而治，據德而行，席仁而坐，杖義而彊，虚無寂寞，通動無量。故制事因短，而動益長，以圓制規，以矩立方。聖人王世，賢者建功，湯舉伊尹，周任吕望，行合天地，德配陰陽，承天誅惡，克暴除殃，將氣養物，明□設光②，耳聽八極，目覩四方，忠進讒退，直立邪亡，道行姦止，不得兩張，□□本理③，杜漸消萌。

·夫謀事不竝仁義者後必敗④，殖不固本而立高基者後必崩。故聖人防亂以經藝，工正曲以準繩。德盛者威廣，力盛者驕衆。齊桓公尚德以霸，秦二世尚刑而亡。

故虐行則怨積，德布則功興，百姓以德附，骨肉以仁親，夫婦以義合，朋友以義信，君臣以義序，百官以義承，曾、閔以仁成大孝，伯姬以義建至貞，守國者以仁堅固，佐君者以義不傾，君以仁治，臣以義平，鄉黨以仁恂恂，朝廷以義便便，美女以貞顯其行，烈士以義彰其名，陽氣以仁生，陰節以義降，《鹿鳴》以仁求其羣，《關雎》以義鳴其雄，《春秋》以仁義貶絶，《詩》以仁義存亡，《乾》《坤》以仁和合，八卦以義相承，《書》以仁敍九族，君臣以義制忠，《禮》以仁盡節，樂以禮升降。

仁者道之紀，義者聖之學。學之者明，失之者昏，背之者亡。陳力就列，以義建功，師旅行陣，德仁爲固，仗義而彊，調氣養性，仁者壽長，美才次德，義者行方。君子以義相褒，小人以利相欺，愚者以力相亂，賢者以義相治。《穀梁傳》曰："仁者以治親，義者以利尊。萬世不亂，仁義之所治也。"

---

① 閨門：宫苑、内室的門。借指宫廷、家庭。
② 原本缺字。
③ 原本缺字。
④ 竝：通"傍"。依傍。

本議（《鹽鐵論》）（節選）

題解

《鹽鐵論》十二卷，《四庫全書總目》卷九一子部儒家類一著録。

漢宣帝時，桓寬（字次公，西漢汝南人）根據鹽鐵會議記録，寫成《鹽鐵論》六十篇，各篇标目，是反映西漢經濟思想史的一部重要著作。該書記述了漢昭帝時期關於鹽鐵官營等國家政策的一場大辯論。論戰以御史大夫桑弘羊、丞相田千秋爲一方，以各地賢良、文學爲另一方，桑弘羊駁斥儒家“義利”觀，闡明法家關於“本”“末”的觀點，提出“開本末之途，通有無之用”的主張，論證了實行鹽鐵官營、均輸平準等政策的重要性和必要性。本篇選自《鹽鐵論·本議》，爲該書第一篇，全書的綱領。篇中記載了“文學”與“大夫”雙方就鹽鐵是官營還是私營、對匈奴的入侵是抵抗還是求和等問題進行激烈論戰的場面，揭開了鹽鐵會議上儒法論戰的序幕。本篇所選爲雙方關於商工問題及平準、均輸政策的辯難。

選文據王利器《鹽鐵論校注》（北京，中華書局，1992 年）。另有喬清舉注釋《鹽鐵論》（北京，華夏出版社，2000 年），可參考。

選文

惟始元六年[①]，有詔書使丞相、御史與所舉賢良、文學語[②]。問民間所疾苦。

文學曰：“夫導民以德，則民歸厚；示民以利，則民俗薄。俗薄則背義而趨利，趨利則百姓交於道而接於市。老子曰：‘貧國若有餘，非多財也，嗜慾衆而民躁也。’是以王者崇本退末，以禮義防民欲，實菽粟貨財。市、商不通無用之物，工不作無用之器。故商所以通鬱滯[③]，工所以備器械，非治國之本務也。”

大夫曰：“管子云：‘國有沃野之饒而民不足於食者，器械不備也。有山海之貨而民不足於財者，商工不備也。’隴、蜀之丹漆旄羽，荆、揚之皮革

---

① 始元六年：前 81 年。始元：西漢昭帝年號，前 86—前 80 年。

② 賢良、文學：指漢代被推舉爲“賢良方正”和“文學高第”的儒生。

③ 鬱滯：指積壓停滯的貨物。

骨象，江南之柟梓竹箭，燕、齊之魚鹽旃裘[①]，兗、豫之漆絲絺紵[②]，養生送終之具也，待商而通，待工而成。故聖人作爲舟檝之用，以通川谷，服牛駕馬，以達陵陸；致遠窮深，所以交庶物而便百姓。是以先帝建鐵官以贍農用，開均輸以足民財；鹽、鐵、均輸，萬民所載仰而取給者，罷之，不便也。”

文學曰：“國有沃野之饒而民不足於食者，工商盛而本業荒也；有山海之貨而民不足於財者，不務民用而淫巧衆也[③]。故川源不能實漏巵[④]，山海不能贍溪壑。是以盤庚萃居[⑤]，舜藏黄金，高帝禁商賈不得仕宦，所以遏貪鄙之俗，而醇至誠之風也。排困市井，防塞利門，而民猶爲非也，況上之爲利乎？《傳》曰：‘諸侯好利則大夫鄙，大夫鄙則士貪，士貪則庶人盗。’是開利孔爲民罪梯也。”

大夫曰：“往者，郡國諸侯各以其方物貢輸，往來煩雜，物多苦惡，或不償其費。故郡國置輸官以相給運，而便遠方之貢，故曰均輸。開委府於京師[⑥]，以籠貨物。賤卽買，貴則賣。是以縣官不失實，商賈無所貿利，故曰平準。平準則民不失職，均輸則民齊勞逸。故平準、均輸，所以平萬物而便百姓，非開利孔而爲民罪梯者也。”

文學曰：“古者之賦税於民也，因其所工，不求所拙。農人納其穫，女工效其功。今釋其所有，責其所無。百姓賤賣貨物，以便上求。間者，郡國或令民作布絮，吏恣留難，與之爲市。吏之所入，非獨齊、阿之縑，蜀、漢之布也，亦民間之所爲耳。行姦賣平，農民重苦，女工再税，未見輸之均也。縣官猥發，闔門擅市，則萬物并收。萬物并收，則物騰躍。騰躍，則商賈侔利。自市，則吏容姦。豪吏富商積貨儲物以待其急，輕賈姦吏收賤以取貴，未見準之平也。蓋古之均輸，所以齊勞逸而便貢輸，非以爲利而賈萬物也。”

---

① 旃（zhān）：同“氈”。毛氈，氈子。
② 絺（chī）：細葛布。紵（zhù）：紵麻纖維織成的布。又作“苎”。
③ 淫：同“淫”。
④ 巵：一種古代盛酒的器皿。
⑤ 萃：聚集。
⑥ 委府：儲積物資的官署。

節士（《新序》）（節選）

題解

《新序》十卷，《四庫全書總目》卷九一子部儒家類一著録。

《新序》，西漢劉向編撰的一部以諷諫爲政治目的的歷史故事類編。原書三十卷，今存十卷。該書采集先秦至漢代史事和傳説，分類編纂，所記史事與《左傳》《戰國策》《史記》等頗有出入。本篇選自《新序·節士》。該篇分盡忠、守信、廉潔等類，記述前代義士忠君報國、守節不移的事迹，所記人物如申包胥、蘇武等，多爲世人熟悉，經劉向改編，故事曲折生動，人物形象豐富、特色鮮明。撰述者在文末還附有評論，體現其獨特的歷史觀和人物觀。

選文據石光瑛校釋、陳新整理《新序校釋》（北京，中華書局，2001年）。另有李華年譯注《新序全譯》（貴陽，貴州人民出版社，1994年），可參考。

選文

公孫杵臼、程嬰者，晉大夫趙朔客也。晉趙穿弑靈公，趙盾時爲貴大夫，亡不出境，還不討賊，故《春秋》責之，以盾爲弑君。屠岸賈者，幸於靈公。晉景公時，賈爲司寇，欲討靈公之賊，盾已死，欲誅盾之子趙朔，徧告諸將曰："盾雖不知，猶爲首賊；賊臣弑君，子孫在朝，何以懲罪。請誅之。"韓厥曰："靈公遇賊，趙盾在外，吾先君以爲無罪，故不誅。今諸君將妄誅，妄誅，謂之亂臣；有大事，君不聞，是無君也。"屠岸賈不聽，韓厥告趙朔，趣亡[①]。趙朔不肯，曰："子必不絶趙祀，予死不恨。"韓厥許諾，稱疾不出。賈不請而擅與諸將攻趙氏於下宫[②]，殺趙朔、趙同、趙括、趙嬰齊，皆滅其族。趙朔妻，成公姊，有遺腹，走公宫匿。公孫杵臼謂程嬰，胡不死。嬰曰："朔之妻有遺腹，若幸而男，吾奉之；卽女也，吾徐死耳。"無何，而朔妻免生男，屠岸賈聞之，索於宫。朔妻置兒袴中，祝曰："趙宗滅乎，若號；卽不滅乎，若無聲。"及索兒，竟無聲，已脱。程嬰謂杵臼曰："今一索不得，後必且復之，奈何。"杵臼曰："立孤與死，孰難?"嬰曰：

① 趣（cù）：同"促"。催促。

② 下宫：親廟，祖廟。

“立孤亦難耳。”杵臼曰：“趙氏先君遇子厚，子彊爲其難者，吾爲其易者，吾請先死。”而二人謀取他嬰兒，負以文葆，匿山中。嬰謂諸將曰：“嬰不肖，不能立孤，誰能與吾千金，吾告趙氏孤處。”諸將皆喜，許之，發師隨嬰攻杵臼。杵臼曰：“小人哉程嬰，下宮之難，不能死，與我謀匿趙氏孤兒，今又賣之；縱不能立孤兒，忍賣之乎。”抱兒呼曰：“天乎，趙氏孤兒何罪，請活之，獨殺杵臼也。”諸將不許，遂殺杵臼與兒。諸將以爲趙氏孤兒已死，皆喜，然趙氏真孤兒乃在，程嬰卒與俱匿山中。居十五年，晉景公病，卜之，大業之胄不遂者爲祟①。景公問韓厥，韓厥知趙孤存，乃曰：“大業之後，在晉絶祀者，其趙氏乎。夫自中衍皆嬴姓也，中衍人面鳥噣，降佐殷帝大戊，及周天子，皆有明德，下及幽、厲無道，而叔帶去周適晉，事先君文侯，至於成公，世有立功，未嘗絶祀。今及吾君獨滅之，國人哀之，故見龜筴②，唯君圖之。”景公問：“趙尚有後子孫乎？”韓厥具以實告，景公乃與韓厥謀立趙孤兒，召匿之宮中。諸將入問病，景公因韓厥之衆以脅諸將，而見趙孤兒，孤兒名武。諸將不得已，乃曰：“昔下宮之難，屠岸賈爲之，矯以君命，并命羣臣，非然，孰敢作難。微君之病，羣臣固將請立趙後，今君有命，羣臣之願也。”於是召趙武、程嬰，徧拜諸將，遂俱與程嬰、趙武攻屠岸賈，滅其族，復與趙武田邑如故。趙武冠，爲成人，程嬰乃辭諸大夫，謂趙武曰：“昔下宮之難，皆能死，我非不能死，思立趙後。今子既立爲成人，趙宗復故，我將下報趙孟與公孫杵臼。”趙武號泣固請，曰：“武願苦筋骨以報子，至死，而子忍弃我死乎。”程嬰曰：“不可，彼以我爲能成事，故皆先我死，今我不下報之，是以我事爲不成也。”遂自殺。趙武服衰三年，爲祭邑，春秋祠之，世世不絶。君子曰：“程嬰、公孫杵臼，可謂信交厚士矣；嬰之自殺下報，亦過矣。”

---

① 大業：人名。趙（嬴秦）族第一位有名字的男性始祖。伯益之父。

② 龜筴：龜甲和蓍草，古代占卜之具。

時事（《申鑒》）（節選）

題解

《申鑒》五卷，《四庫全書總目》卷九一子部儒家類一著録。

《申鑒》，東漢荀悦撰，共五篇，包括《政體》《時事》《俗嫌》《雜言》（上、下），集中反映了荀悦的政論思想。《後漢書・荀悦傳》曰："時政移曹氏，天子恭己而已。悦志在獻替，而謀無所用，乃作《申鑒》五篇。其所論辨，通見政體。"書名《申鑒》，意爲申明歷史教訓，以爲借鑒。《四庫全書總目》提要謂"此書剖析事理，亦深切著明。"本篇選自《申鑒・時事第二》，内容爲談論漢末錢幣問題。董卓之亂平定後，獻帝又廢止五銖錢，社會上的錢幣流通更加不足。荀悦以问答形式對錢幣問題加以議論，提出恢復五銖錢，并由官府鑄造以補其不足的建議。

選文據明黄省曾注、孫啓治校補《申鑒注校補》（北京，中華書局，2012年），個别之處參考了其他版本。另有龔祖培校點《申鑒》（沈陽，遼寧教育出版社，2000年），可參考。

選文

或問貨[①]。曰："五銖之制宜矣"[②]。曰："今廢，如之何？"曰："海内既平，行之而已。"曰："錢散矣，京畿虚矣，其勢必積於遠方，若果行之，則彼以無用之錢，市吾有用之物，是匱近而豐遠也。"曰："事勢有不得，官之所急者，穀也。牛馬之禁，不得出百里之外。若其他物，彼以其錢取之於左，用之於右，貿遷有無，周而通之，海内一家，何患焉？"曰："錢寡矣。"曰："錢寡，民易矣。若錢既通而不周於用，然後官鑄而補之。"或曰："收民之藏錢者，輸之官牧[③]，遠輸之京師，然後行之。"曰："事枉而難實者，欺慢必衆，奸僞必作，争訟必繁，刑殺必深，吁嗟紛擾之聲章乎天下矣！非所以撫遺民、成緝熙也。"

曰："然則收而積之與？"曰："通市其可也。"或曰："改鑄四銖。"曰：

① 貨：錢幣。

② 五銖：五銖錢。最初鑄造於漢武帝元狩五年（前118年）。漢至隋唐都有鑄造。

③ 官牧：官吏理政治民。此指地方官府。

“難矣。”或曰：“遂廢之?”曰：“錢實便於事用，民樂行之，禁之難。今開難令以絶便事，禁民所樂，不茂矣。”曰：“起而行之，錢不可，如之何?”曰：“尚之、廢之弗得已，何憂焉?”

求賢（《帝範》）（節選）

題解

《帝範》四卷，《四庫全書總目》卷九一子部儒家類一著録。

《帝範》是唐太宗李世民編撰的一部論述人君之道的政治文獻。書成於貞觀二十二年（648 年），爲教導太子李治而作。全書共四卷，十二篇，闡述爲君者需遵守的十二條準則，即君體、建親、求賢、審宫、納諫、去讒、誡盈、崇儉、賞罰、務農、閱武、崇文，其核心内容可概括爲“君道”。本篇選自《帝範·求賢第三》。篇中論用人之道，認爲治國理政有賴於賢德之才的輔助，以伊尹、姜尚、管仲、韓信爲例説明求才不論出身，才能共就大業，善用人才是明君能力和氣度的體現。

選文據《帝範》中華書局 1985 年排印本。另有宋鋼、修遠校釋《帝範》（呼和浩特，内蒙古人民出版社，1999 年），可參考。

選文

夫國之匡輔，必待忠良。任使得人，天下自治。故堯命四岳[①]，舜舉八元[②]，以成恭己之隆，用贊欽明之道。士之居世，賢之立身，莫不戢翼隱鱗，待風雲之會；懷奇藴異，思會遇之秋。是明君旁求俊乂，博訪英賢，搜揚側陋，不以卑而不用，不以辱而不尊。昔伊尹，有莘之媵臣；吕望，渭濱之賤老。夷吾困於縲紲[③]，韓信弊於逃亡。商湯不以鼎俎爲羞，姬文不以屠釣爲耻，終能獻規景亳[④]，光啓殷朝，執旌牧野，會昌周室。齊成一匡之業，實資仲父之謀；漢以六合爲家，是賴淮陰之策。故舟航之絕海也，必假橈楫之功；鴻鵠之凌雲也，必因羽翮之用；帝王之爲國也，必藉匡輔之資。故求之斯勞，任之斯逸。照車十二，黄金累千，豈如多士之隆，一賢之重。此乃求賢之貴也。

---

① 四岳：堯舜時分掌四時、方岳之官，如三公。

② 八元：即高辛氏的才子八人。

③ 縲紲：古時捆綁犯人的繩索。引申爲監獄。

④ 景亳：商代都城，即北亳。在今山東曹縣南，因景山爲名。相傳爲商湯會盟諸侯之地。

總論爲學之方（《朱子語類》）（節選）

題解

《朱子語類》一百四十卷，《四庫全書總目》卷九二子部儒家類二著録。

《朱子語類》，是朱熹與其弟子問答的語録彙編，由黎靖德在南宋末年編輯出版。全書共一百四十卷，首論理氣、性理、鬼神等世界本原問題，以太極、理爲天地之始。次釋心性情意、仁義禮智等倫理道德及人物性命之原。再論知行、力行、讀書、爲學之方等認識方法，又分論四書五經以明其理。該書基本代表了朱熹的思想，内容豐富，析理精密。本篇選自《朱子語類》卷八。篇中朱子指出讀書應從源頭讀起，大處攻破；悟道要從小處着手，從近處着眼；做學問需當作自己的事來做，做到切己、静心；學者要立志，發奮圖强，方能進步。文章説理深刻而體察入微，融入了朱熹關於讀書治學的豐富經驗。

選文據王星賢點校《朱子語類》（北京，中華書局，1986 年）。另有楊繩其、周嫻君校點《朱子語類》（長沙，岳麓書社，1997 年），可參考。

選文

成己方能成物，成物在成己之中。須是如此推出，方能合義理。聖賢千言萬語，教人且從近處做去。如灑掃大廳大廊，亦只是如灑掃小室模樣；掃得小處淨潔，大處亦然。若有大處開拓不去，即是於小處便不曾盡心。學者貪高慕遠，不肯從近處做去，如何理會得大頭項底！而今也有不曾從裏做得底，外面也做得好。此只是才高，以智力勝將去。《中庸》説細處，只是謹獨，謹言，謹行；大處是武王、周公達孝，經綸天下，無不載。小者便是大者之驗。須是要謹行，謹言，從細處做起，方能克得如此大。又曰："如今爲學甚難，緣小學無人習得①。如今却是從頭起。古人於小學小事中，便皆存箇大學大事底道理在②。大學，只是推將開闊去。向來小時做底道理存其中，正似一箇坯素相似。"（明作③。）

世俗之學，所以與聖賢不同者，亦不難見。聖賢直是真箇去做，説正

① 小學：研究文字、音韵、訓詁的學問。
② 大學：學習倫理、政治、哲學等"窮理正心，修己治人"的學問。
③ 明作：按：此爲記録人名字。即周明作。字元興，福建建陽人，朱熹弟子。

心，直要心正；説誠意，直要意誠；修身齊家，皆非空言。今之學者説正心，但將正心吟咏一晌；説誠意，又將誠意吟咏一晌；説修身，又將聖賢許多説修身處諷誦而已。或掇拾言語，綴緝時文。如此爲學，却於自家身上有何交涉？這裏須要着意理會。今之朋友，固有樂聞聖賢之學，而終不能去世俗之陋者，無他，只是志不立爾。學者大要立志，纔學，便要做聖人是也。（謨[①]。）

學者須是立志。今人所以悠悠者，只是把學問不曾做一件事看，遇事則且胡亂恁地打過了。此只是志不立。（雉[②]。）

---

① 謨：周謨，字舜弼，南康軍建昌人，朱熹弟子。
② 雉：吴雉，福建建陽人，朱熹弟子。

愛民（《治世龜鑑》）（節選）

題解

《治世龜鑑》一卷，《四庫全書總目》卷九三子部儒家類三著録。

《治世龜鑑》，元代史家蘇天爵（1294—1352）輯。蘇天爵，字伯修，真定（今屬河北）人，時稱滋溪先生。本書據經史百家之書輯宋代以前歷代聖君賢臣的嘉言善政，作爲人君治世的龜鑑，分治體、用人、守令、愛民、爲政、止盜等6目，集中反映了蘇天爵的政治思想。本篇通過記載後唐明宗罷宫人、問民間疾苦，宋代范仲淹寬賦税、省國用等言行，闡述其以民爲本的仁政思想。

選文據《影印文淵閣四庫全書》（臺北，臺灣商務印書館，1986年）。另有金沛霖主編《四庫全書·子部精要》（上）收録蘇天爵《治世龜鑑》（天津，天津古籍出版社；北京，中國世界語出版社，1998年），可參考。

選文

唐明宗自初即位，減罷官人、伶官，廢内藏庫，四方所上物悉歸之有司。廣壽殿火災，有司理之，請加丹雘①。喟然歎曰："天以火戒我，豈宜增以侈邪②？"歲嘗旱，已而雪，暴坐庭中，詔武德司宫中無掃雪③，曰："此天所以賜我也。"數問宰相馮道等民間疾苦，聞道等言："穀帛賤，民無疾疫。"則欣然曰："吾何以堪之，當與公等作好事以報上天。"

宋慶歷中議弛茶鹽之禁及減商税④，參政范文正公以為不可。茶鹽商税之入，但分減商賈之利耳，行於商賈未甚有害也。今國用未減，歲入不可闕，既不取之於山澤商税，今為計，莫若先省國用。國用有餘，當先寬賦役，然後及商賈，弛禁非所當先也。其議遂寢。

---

① 丹雘（huò）：可供塗飾的紅色颜料。此塗飾色彩。

② 冝：古同"宜"。

③ 武德司：官署名。皇城司的舊名，位於東京左承天門内。執掌宫禁、周廬宿衛、刺探情報。

④ 按：原文作"歷"，當爲"曆"。

論史（《榕村語録》）（節選）

題解

《榕村語録》三十卷，《四庫全書總目》卷九四子部儒家類四著録。

《榕村語録》，清代理學名臣李光地的講學語録，由門生、後人編輯而成，共三十卷。該書以經義、性理、諸儒、諸子、史書史事、治道、詩文爲類，記録了李光地一生與門人、兒孫的講學問答。本篇選自《榕村語録》卷二十一。題目爲編者所加。本篇對歷代正史、《資治通鑑》做了讀法指導、介紹和評價。古來論史之作頗多，李光地論史强調讀史的重要性和方法，在具體論述中提出了很多獨到的見解，對後人讀史頗多啓發。

選文據陳祖武點校《榕村語録》（北京，中華書局，1995 年）。

選文

古時史官當其職，以死守之。馬、班雖不及古，至今讀其書，於漢何嘗肯輕假借？明太祖見修《元史》，有醜詆的，悉令改訂。雖是盛德事，要非古義。此是爲天地間存一公案，既付之其人，隨彼舉職，不須更行監制。

某四十年紀不喜看史、以閱歷世故未深故也。頃看《通鑑》，甚易爲力，衹以身經者多。看他處得如何，有處得高出吾輩者，有反不及者。須是《四書》這一邊先看得有箇底子，看史方有益。如無一些把柄，便讀盡《廿一史》，道理都不著實。

看《史》《漢》《三國》傳紀，必須以類相從，長者短者，分者合者，詳者略者，有以此人事蹟列彼傳中者。又如稱名爵，年月日時，或載或不載之類，皆要講其體例緣故。總之，要先治《春秋》，纔有根本。某常説做理學文字，不能離《學》《庸》《論》《孟》《易經》；學古文，不能離《尚書》；學記事，不能離《春秋》；學詩，不能離三百篇。《五經》是各樣文字的根本。

四漢史内，但是有名人傳，俱應檢抄熟看，長人學問。不單取其好處，就其不是處亦可爲鑑。

史書總是公修便壞。古者以此爲耑家學，馬、班皆父子相續而成，就是歐陽公、宋景文，亦聽其自出手筆。當修史時，朝廷但資廪給而已。《唐書》中，歐陽公所任惟志，其餘盡係景文作。景文拙於序事，書成，送與歐公改訂，歐公以其前輩辭之。看來《新唐書》到底不算好。

古來史書不可盡信。某今有一法，若修後來之史，只據人之可信者信之。如程、朱心平理明，其褒貶自當不錯。再據其人自著之書，如姚江自有文集，破敗百出，未有自誣之理。想春秋、戰國時，異説自是無數，孔、孟一舉删之。秦、漢間邪説亦多，太史公於不雅馴者，删去許多，尚有好奇之論。班孟堅始淘汰歸純，可以爲法。

欲搜《廿一史》中，取其有關於修齊治平之要者，彷東萊《大事記》爲一編；又搜歷代典制沿革，及後世如何可以通行者，略彷《通考》各著爲論，爲一編。但恐無此歲月耳。

謀攻（《孫子》）（節選）

題解

《孫子》一卷，《四庫全書總目》卷九九子部兵家類著録。

《孫子》，又稱《孫子兵法》，是中國現存最早的兵書，春秋時吴國將軍孫武撰述。《漢書·藝文志》著録《吴孫子兵法》八十二篇，《齊孫子》八十九篇，皆亡佚。《隋書·經籍志》著録《孫子兵法》二卷，注曰："吴將孫武撰，魏武帝注"；《孫子兵法》一卷，注曰："魏武、王凌集解。"又有注曰："梁有《孫子兵法》二卷，孟氏解詁；《孫子兵法》二卷，吴處士沈友撰。"各家注釋較多，卷數不一。《四庫全書總目》提要曰："今但存其本文，著之於錄"，故爲一卷。今傳世十三篇，在我國古代軍事學術和戰爭實踐中具有重要的參考價值。本篇選自《孫子·謀攻第三》。"謀攻"是以智謀攻城，而不專用武力，即采用各種手段使守敵投降。篇中孫武提出"上兵伐謀，其次伐交，其次伐兵，其下攻城"，認爲運用政治、外交謀略來取勝爲上，"不戰而屈人之兵"才是"善之善者"。

選文據三國曹操等注、楊丙安校理《十一家注孫子校理》（北京，中華書局，1999年）。另有李零《孫子譯注》（北京，中華書局，2007年）、陳曦注《孫子兵法》（北京，中華書局，2011年）、黄樸民解讀《孫子兵法》（北京，國家圖書館出版社，2017年），可參考。

選文

孫子曰：凡用兵之法：全國爲上①，破國次之；全軍爲上，破軍次之；全旅爲上，破旅次之；全卒爲上，破卒次之；全伍爲上，破伍次之。是故百戰百勝，非善之善者也；不戰而屈人之兵，善之善者也。

故上兵伐謀，其次伐交，其次伐兵，其下攻城。攻城之法，爲不得已，修櫓轒轀②，具器械，三月而後成；距闉③，又三月而後已。將不勝其忿而蟻附之，殺士三分之一，而城不拔者，此攻之災也。

故善用兵者，屈人之兵而非戰也，拔人之城而非攻也，毁人之國而非久也。必以全爭於天下，故兵不頓而利可全，此謀攻之法也。

---

① 全國爲上：迫使敵國完整地、舉國降服。

② 轒轀（fén wēn）：古代一種攻城械具。

③ 闉（yīn）：通"堙"。積土爲山曰堙。爲攻城堆積的土丘，用來觀察敵情，攻擊守城之敵，既可於其上施放火器，又便於登城，是古代攻城必修之工事。

故用兵之法：十則圍之，五則攻之，倍則分之，敵則能戰之，少則能逃之，不若則能避之。故小敵之堅，大敵之擒也。

夫將者，國之輔也，輔周則國必強，輔隙則國必弱。

故君之所以患於軍者三：不知軍之不可以進而謂之進，不知軍之不可以退而謂之退，是謂縻軍。不知三軍之事，而同三軍之政者，則軍士惑矣。不知三軍之權，而同三軍之任，則軍士疑矣。三軍既惑且疑，則諸侯之難至矣，是謂亂軍引勝。

故知勝有五：知可以戰與不可以戰者勝；識衆寡之用者勝；上下同欲者勝；以虞待不虞者勝；將能而君不御者勝。此五者，知勝之道也。

故曰：知彼知己者，百戰不殆；不知彼而知己，一勝一負；不知彼，不知己，每戰必殆。

牧民（《管子》）（節選）

題解

《管子》二十四卷，《四庫全書總目》卷一〇一子部法家類著録。

《管子》共二十四卷，八十六篇，托名管仲，實是西漢時人彙編戰國時期稷下學士以及齊地其他學人的言論著作而成，是研究先秦特別是春秋社會政治、經濟、軍事、法律、文化等的重要史料。本篇選自《管子·牧民第一》。《牧民》爲《管子》之開篇，是《管子》一書治國理政思想的系統闡述。“牧民”，意謂治理人民，內容包括國頌、四維、四順、士經、六親五法，“國頌”是全篇綱領。選文强調財富對於治國的作用，提出“倉廪實則知禮節，衣食足則知榮辱”，强調倫理教化對構建社會秩序的重要性。

選文據黎翔鳳撰、梁運華整理《管子校注》（北京，中華書局，2004 年）。另有郭沫若、聞一多、許維遹撰《管子集校》（北京，科學出版社，1956 年），可參考。

選文

凡有地牧民者，務在四時，守在倉廪。國多財則遠者來，地辟舉則民留處，倉廪實則知禮節，衣食足則知榮辱，上服度則六親固①，四維張則君令行②。故省刑之要，在禁文巧；守國之度，在飾四維；順民之經，在明鬼神，祇山川，敬宗廟，恭祖舊。不務天時則財不生，不務地利則倉廪不盈。野蕪曠則民乃菅，上無量則民乃妄。文巧不禁則民乃淫，不璋兩原則刑乃繁。不明鬼神則陋民不悟，不祇山川則威令不聞，不敬宗廟則民乃上校③，不恭祖舊則孝悌不備。四維不張，國乃滅亡。

右國頌④。

以家爲鄉，鄉不可爲也。以鄉爲國，國不可爲也。以國爲天下，天下不可爲也。以家爲家，以鄉爲鄉，以國爲國，以天下爲天下。毋曰不同生，遠者不聽。毋曰不同鄉，遠者不行。毋曰不同國，遠者不從。如地如天，何私何親？如月如日，唯君之節。御民之轡，在上之所貴。道民之門，在上之所

① 六親：父、母、兄、弟、妻、子。
② 四維：指禮、義、廉、耻。維：繩索。此綱維，法度。
③ 校：通“較”。對抗。
④ 頌：容。儀容。此言“爲國之形容”。

先。召民之路，在上之所好惡。故君求之則臣得之，君嗜之則臣食之，君好之則臣服之，君惡之則臣匿之。毋蔽汝惡，毋異汝度，賢者將不汝助。言室滿室，言堂滿堂，是謂聖王。城郭溝渠不足以固守，兵甲彊力不足以應敵，博地多財不足以有衆。唯有道者能備患於未形也，故禍不萌。天下不患無臣，患無君以使之。天下不患無財，患無人以分之。故知時者可立以爲長，無私者可置以爲政。審於時而察於用而能備官者，可奉以爲君也。緩者後於事，吝於財者失所親[1]，信小人者失士。

右六親五法。

① 吝：通“吝”。

更法（《商子》）

題解

《商子》五卷，《四庫全書總目》卷一〇一子部法家類著録。

《商子》，舊題秦商鞅撰。商鞅，戰國時衛人。公孫氏，名鞅，亦稱衛鞅。入秦後，因功封於商，號商君，因稱商鞅。《漢書·藝文志》稱《商君》二十九篇，《三國志·先主傳》注，亦稱《商君書》。其稱《商子》，最早見於《隋書·經籍志》。該書是戰國時法家重要著作之一，是商鞅及其後學思想觀點的彙編，成書於戰國末。《漢志》著録此書，説有二十九篇，今傳本爲五卷二十六篇，其中兩篇有目無文。本篇選自《商子·更法》。篇中記載秦國變法之前，革新派與守舊派圍繞變法問題所進行的争論。商鞅反對保守的復古思想，明確提出“不法古，不循今”，鋭意主張改革。

選文據蔣禮鴻《商君書錐指》（北京，中華書局，1986年）。另有石磊注《商君書》（北京，中華書局，2009年），可參考。

選文

孝公平畫，公孫鞅、甘龍、杜摯三大夫御於君。慮世事之變，討正法之本，求使民之道。君曰：“代立不忘社稷，君之道也。錯法務民主張①，臣之行也。今吾欲變法以治，更禮以教百姓，恐天下之議我也。”公孫鞅曰：“臣聞之，疑行無成，疑事無功。君亟定變法之慮，殆無顧天下之議之也。且夫有高人之行者，固見負於世；有獨知之慮者，必見驁於民②。語曰：“‘愚者闇於成事，知者見於未萌。民不可與慮始，而可與樂成。’郭偃之法曰：‘論至德者不和於俗，成大功者不謀於衆。’法者，所以愛民也；禮者，所以便事也。是以聖人苟可以彊國，不法其故；苟可以利民，不循其禮。”孝公曰：“善！”甘龍曰：“不然。臣聞之：聖人不易民而教，知者不變法而治。因民而教者，不勞而功成；據法而治者，吏習而民安。今若變法，不循秦國之故，更禮以教民，臣恐天下之議君。願孰察之。”公孫鞅曰：“子之所言，世俗之言也。夫常人安於故習，學者溺於所聞。此兩者，所以居官而守法，非所與論於法之外也。三代不同禮而王，五霸不同法而霸。故知者作法，而愚

① 錯：通“措”。施行。
② 驁：通“傲”。輕慢。

者制焉；賢者更禮，而不肖者拘焉。拘禮之人，不足與言事；制法之人，不足與論變。君無疑矣。”杜摯曰：“臣聞之：利不百，不變法；功不十，不易器。臣聞法古無過，循禮無邪。君其圖之。”公孫鞅曰：“前世不同教，何故之法？帝王不相復，何禮之循？伏羲、神農教而不誅，黄帝、堯、舜誅而不怒。及至文、武，各當時而立法，因事而制禮；禮法以時而定，制令各順其宜，兵甲器備各便其用。臣故曰：‘治世不一道，便國不必法古。’湯、武之王也，不脩古而興，夏、殷之滅也，不易禮而亡。然則反古者未必可非，循禮者未足多是也。君無疑矣。”孝公曰：“善！吾聞窮巷多恡[1]，曲學多辨。愚者笑之，知者哀焉；狂夫之樂，賢者喪焉。拘世以議，寡人不之疑矣。”於是遂出《墾草令》[2]。

① 恡：同“吝”。吝嗇。
② 《墾草令》：實則即墾荒令。公元前359年，秦孝公在商鞅的建議下頒布此令。

定法（《韓子》）（節選）

題解

《韓子》二十卷，《四庫全書總目》卷一〇一子部法家類著録。

本篇選自《韓子·定法第四十三》。《定法》是韓非闗於法、術思想的一篇重要文章。本篇采用問答形式，通過列舉史實，比較申不害之“術”與商鞅之“法”的内容利弊，進而指出君主要加强中央集權，必須法、術并用。闗於韓非及《韓子》一書，可參閲本書“精讀文選”《五蠹》篇“導讀”。

選文據清王先慎撰、鍾哲點校《韓非子集解》（北京，中華書局，1998 年）。另有高華平、王齊洲、張三夕譯注《韓非子》（北京，中華書局，2015 年），可參考。

選文

問者曰：“申不害、公孫鞅，此二家之言孰急於國?”應之曰：“是不可程也[1]。人不食，十日則死；大寒之隆，不衣亦死。謂之衣食孰急於人，則是不可一無也，皆養生之具也。今申不害言術，而公孫鞅爲法。術者，因任而授官，循名而責實，操殺生之柄，課羣臣之能者也，此人主之所執也。法者，憲令著於官府，刑罰必於民心，賞存乎慎法，而罰加乎姦令者也，此臣之所師也。君無術則弊於上，臣無法則亂於下，此不可一無，皆帝王之具也。”

問者曰：“徒術而無法，徒法而無術，其不可何哉?”對曰：“申不害，韓昭侯之佐也。韓者，晉之别國也。晉之故法未息，而韓之新法又生；先君之令未收，而後君之令又下。申不害不擅其法，不一其憲令，則姦多。故利在故法前令則道之，利在新法後令則道之。利在故新相反，前後相悖，則申不害雖十使昭侯用術，而姦臣猶有所譎其辭矣。故託萬乘之勁韓，七十年而不至於霸王者，雖用術於上，法不勤飾於官之患也。公孫鞅之治秦也，設告相坐而責其實，連什伍而同其罪，賞厚而信，刑重而必。是以其民用力勞而不休，逐敵危而不卻，故其國富而兵强；然而無術以知姦，則以其富强也資

① 程：估量，比較。

人臣而已矣。及孝公、商君死，惠王即位，秦法未敗也，而張儀以秦殉韓、魏。惠王死，武王即位，甘茂以秦殉周。武王死，昭襄王即位，穰侯越韓、魏而東攻齊，五年而秦不益一尺之地，乃成其陶邑之封；應侯攻韓八年，成其汝南之封。自是以來，諸用秦者，皆應、穰之類也。故戰勝則大臣尊，益地則私封立，主無術以知姦也。商君雖十飾其法，人臣反用其資。故乘强秦之資，數十年而不至於帝王者，法不勤飾於官，主無術於上之患也。”

問者曰：“主用申子之術，而官行商君之法，可乎？”對曰：“申子未盡於法也。申子言：‘治不踰官，雖知弗言。’‘治不踰官’，謂之守職也可；‘知而弗言’，是謂過也。人主以一國目視，故視莫明焉；以一國耳聽，故聽莫聰焉。今知而弗言，則人主尚安假借矣！商君之法曰：‘斬一首者爵一級，欲爲官者爲五十石之官；斬二首者爵二級，欲爲官者爲百石之官。’官爵之遷與斬首之功相稱也。今有法曰：‘斬首者令爲醫匠。’則屋不成而病不已。夫匠者手巧也，而醫者齊藥也[①]；而以斬首之功爲之，則不當其能。今治官者，智能也；今斬首者，勇力之所加也。以勇力之所加而治智能之官，是以斬首之功爲醫匠也。故曰：‘二子之於法術皆未盡善也。’”

---

① 齊：通“劑”。調配藥劑。

痛治傳習事魔等人判詞（《名公書判清明集》）

題解

《名公書判清明集》十七卷，《四庫全書總目》卷一〇一子部法家類存目著録。

《名公書判清明集》，是南宋文人整理彙編朱熹、真德秀、吴毅夫、吴雨巖等二十八人任官期間所做的判詞和官府公文而形成的一部文獻彙編，是研究南宋社會史、經濟史、法制史的珍貴資料。《四庫全書總目》所著録者是從《永樂大典》中輯録而出，未收入《四庫全書》，只列爲存目，此本今未見。通行者爲十四卷，包括官吏、賦役、文事、户婚、人倫、人品、懲惡七門，多屬民事案，判決所引條文多出自《宋刑統》。本篇選自《名公書判清明集》卷十四《懲惡門》“妖教”類。本篇記述吴雨巖對迷信“吃菜事魔”百姓的處罰。判詞引用前代因妖教而致國家動亂的史實，説明民衆爲妖教所惑的危害，進而表明掃除危害的决心，對安定民心和社會治安起到很大作用。

選文據中國社會科學院歷史研究所宋遼金元史研究室點校《名公書判清明集》（北京，中華書局，1987年）。另有周名峰校釋《名公書判清明集（官吏門·賦役門·文事門）》（北京，法律出版社，2019年），可參考。

選文

白佛載於法，已成者殺；黄巾載於史，其禍可鑒。饒、信之間，小民無知，爲一等妖人所惑，往往傳習事魔，男女混雜，夜聚曉散。懼官府之發覺，則更易其名，曰我係白蓮，非魔教也。既喫菜，既鼓衆，便非魔教亦不可，況既係魔教乎？若不掃除，則女不從父從夫而從妖，生男不拜父拜母而拜魔王，滅天理，絶人倫，究其極則不至於黄巾不止。何況紹興間饒、信亦自有魔賊之變，直是官軍剿滅，使無噍類，方得一了。若不平時禁戢，小不懲，大不戒，是罔民也。今照通判所申，道主祝千五決脊杖十二[①]，刺配五百里；祝千二、十三、仇百十四各杖一百，編管鄰州。阿毛杖六十，以爲婦人無知者之戒。阿何責付其兄别嫁。私庵毁拆，如祝千二、十三、祝百一庵舍或有係墳庵，因而置立，則去其像；或有係神廟，因而會聚，則問其所事，若血食之神勿去，如或否，則係素食之神，不礙祀典者，移其神於寺舍，而去其廟。牒通判録問訖行，仍請備榜。

---

①　決：判刑。

齊民要術序（《齊民要術》）

題解

《齊民要術》十卷，《四庫全書總目》卷一〇二子部農家類著録。

《齊民要術》是我國現存最早、最完整的一部農學著作。作者賈思勰，齊郡益都（今山東壽光南）人，北魏著名農學家，曾任高陽郡（今山東臨淄西北）太守。全書十卷，九十二篇，系統地總結了6世紀以前黄河中下游地區農牧業生産經驗、食品加工與貯藏、野生植物的利用以及治荒的方法，詳細介紹了季節、氣候、不同土壤與不同農作物的關係。本篇選自《齊民要術》卷首。序文旁徵博引，充分論述農業生産的重要性，高度評價了主張耕戰和强本抑末的李悝、商鞅、晁錯、桑弘羊等變法取得的成就，認爲重耕戰是富國强兵的重要措施。序文還强調了生産實踐的重要性，支持新式農具和先進耕作技術的創新。

選文據繆啓愉校釋、繆桂龍參校《齊民要術校釋》（北京，農業出版社，1982年）。另有石聲漢譯注，石定枎、譚光萬補注《齊民要術》（北京，中華書局，2015年），可參考。

選文

蓋神農爲耒耜，以利天下；堯命四子[①]，敬授民時；舜命后稷，食爲政首；禹制土田，萬國作乂[②]；殷周之盛，詩書所述，要在安民，富而教之。

《管子》曰："一農不耕，民有飢者；一女不織，民有寒者。""倉廩實，知禮節；衣食足，知榮辱。"丈人曰[③]："四體不勤，五穀不分，孰爲夫子？"《傳》曰："人生在勤，勤則不匱。"古語曰："力能勝貧，謹能勝禍。"蓋言勤力可以不貧，謹身可以避禍。故李悝爲魏文侯作盡地力之教，國以富強；秦孝公用商君，急耕戰之賞，傾奪鄰國而雄諸侯。

《淮南子》曰："聖人不耻身之賤也，愧道之不行也；不憂命之長短，而憂百姓之窮。是故禹爲治水，以身解於陽盱之河；湯由苦旱，以身禱於桑林之祭。""神農憔悴，堯瘦臞，舜黎黑，禹胼胝。由此觀之，則聖人之憂勞百姓亦甚矣。故自天子以下，至於庶人，四肢不勤，思慮不用，而事治求贍

① 四子：謂羲仲、羲叔、和仲、和叔。

② 乂（yì）：治理，安定。

③ 丈人：指荷蓧丈人。語出《論語·微子》。

者，未之聞也。”“故田者不强，囷倉不盈[1]；將相不強，功烈不成。”

《仲長子》曰[2]：“天爲之時，而我不農，穀亦不可得而取之。青春至焉，時雨降焉，始之耕田，終之簠、簋，惰者釜之，勤者鍾之。矧夫不爲，而尚乎食也哉？”《譙子》曰[3]：“朝發而夕異宿，勤則菜盈傾筐。且苟無羽毛，不織不衣；不能茹草飲水，不耕不食。安可以不自力哉？”

晁錯曰：“聖王在上，而民不凍不飢者，非能耕而食之，織而衣之，爲開其資財之道也。”“夫寒之於衣，不待輕煖；飢之於食，不待甘旨。飢寒至身，不顧廉耻。一日不再食則飢，終歲不製衣則寒。夫腹飢不得食，體寒不得衣，慈母不能保其子，君亦安能以有民？”“夫珠玉金銀，飢不可食，寒不可衣；粟米布帛，一日不得而飢寒至。是故明君貴五穀而賤金玉”[4]。劉陶曰[5]：“民可百年無貨，不可一朝有飢，故食爲至急。”陳思王曰：“寒者不貪尺玉而思短褐，飢者不願千金而美一食。千金、尺玉至貴，而不若一食、短褐之惡者，物時有所急也。”誠哉言乎！

神農、倉頡，聖人者也；其於事也，有所不能矣。故趙過始爲牛耕，實勝耒耜之利；蔡倫立意造紙，豈方縑、牘之煩？且耿壽昌之常平倉，桑弘羊之均輸法，益國利民，不朽之術也。諺曰：“智如禹、湯，不如嘗更。”是以樊遲請學稼，孔子答曰：“吾不如老農。”然則聖賢之智，猶有所未達，而況於凡庸者乎？

猗頓，魯窮士，聞陶朱公富[6]，問術焉。告之曰：“欲速富，畜五牸。”乃畜牛羊，子息萬計。九真、廬江，不知牛耕，每致困乏。任延、王景，乃令鑄作田器，教之墾闢，歲歲開廣，百姓充給。燉煌不曉作耬犁[7]；及種，人牛功力既費，而收穀更少。皇甫隆乃教作耬犁，所省庸力過半，得穀加五。又燉煌俗，婦女作裙，攣縮如羊腸，用布一匹。隆又禁改之，所省復不

---

① 囷（qūn）：古代一種圓形倉。

② 《仲長子》：即東漢末仲長統的著作。該書記載古今及時俗行事，共三十四篇，十餘萬言。已失傳。

③ 《譙子》：三國時期蜀中大儒譙周的著作。原書已佚，其部分篇章保存在《藝文類聚》《太平御覽》等書中。

④ 語出晁錯《論貴粟疏》，原文引用有省略，詳見《漢書·食貨志上》。

⑤ 劉陶：東漢末年人，漢靈帝時多次上書要求改革內政，反對宦官專權，後被害。

⑥ 陶朱公：即范蠡，字少伯，楚國宛城三户（今河南南陽淅川縣）人。春秋末期政治家、軍事家和經營思想家。

⑦ 耬（lóu）：一種播種用的農具。

貲。茨充爲桂陽令，俗不種桑，無蠶織絲麻之利，類皆以麻枲頭貯衣[①]。民惰窳[②]，少麤履，足多剖裂血出，盛冬皆然火燎炙。充教民益種桑、柘，養蠶，織履，復令種紵麻。數年之間，大賴其利，衣履温暖。今江南知桑蠶織履，皆充之教也。五原土宜麻枲，而俗不知織績；民冬月無衣，積細草，卧其中，見吏則衣草而出。崔寔爲作紡績、織紝之具以教，民得以免寒苦。安在不教乎？

黄霸爲穎川[③]，使郵亭[④]、鄉官，皆畜雞、豚，以贍鰥、寡、貧窮者；及務耕桑，節用，殖財，種樹。鰥、寡、孤、獨，有死無以葬者，鄉部書言，霸具爲區處：某所大木，可以爲棺；某亭豚子，可以祭。吏往皆如言。龔遂爲渤海，勸民務農桑，令口種一樹榆，百本韰[⑤]，五十本葱，一畦韭，家二母彘，五雞。民有帶持刀劍者，使賣劍買牛，賣刀買犢，曰："何爲帶牛佩犢?"春夏不得不趣田畝，秋冬課收斂，益蓄果實、菱、芡。吏民皆富實。召信臣爲南陽，好爲民興利，務在富之。躬勸農耕，出入阡陌，止舍離鄉亭，稀有安居。時行視郡中水泉，開通溝瀆，起水門、提閼[⑥]，凡數十處，以廣溉灌，民得其利，蓄積有餘。禁止嫁娶送終奢靡，務出於儉約。郡中莫不耕稼力田。吏民親愛信臣，號曰"召父"。僮种爲不其令，率民養一豬，雌雞四頭，以供祭祀，死買棺木。顔斐爲京兆，乃令整阡陌，樹桑果；又課以閑月取材，使得轉相教匠作車；又課民無牛者，令畜豬，投貴時賣，以買牛。始者民以爲煩，一二年間，家有丁車、大牛，整頓豐足。王丹家累千金，好施與，周人之急。每歲時農收後，察其強力收多者，輒歷載酒肴，從而勞之，便於田頭樹下飲食勸勉之，因留其餘肴而去；其惰嬾者[⑦]，獨不見勞，各自耻不能致丹，其後無不力田者，聚落以致殷富。杜畿爲河東，課民畜牸牛、草馬，下逮雞、豚，皆有章程，家家豐實。此等豈好爲煩擾而輕費損哉？蓋以庸人之性，率之則自力，縱之則惰窳耳。

---

① 枲（xǐ）：指麻類植物的纖維。
② 窳（yǔ）：懶惰。
③ 黄霸：西漢大臣。漢宣帝時兩次出任穎川太守，先後提倡農業和栽桑養蠶。
④ 郵亭：古代驛館及行道館舍。
⑤ 韰：同"薤"。蔬菜名。
⑥ 提閼（è）：活動的水閘門。
⑦ 嬾（lǎn）：古同"懶"。

故《仲長子》曰："叢林之下爲倉庾之坻[①]，魚鼈之堀爲耕稼之場者，此君長所用心也。是以太公封而斥鹵播嘉穀，鄭、白成而關中無飢年[②]。蓋食魚鼈而藪澤之形可見，觀草木而肥墝之勢可知。"又曰："稼穡不修，桑果不茂，畜產不肥，鞭之可也；杝落不完[③]，垣牆不牢，掃除不淨，笞之可也。"此督課之方也。且天子親耕，皇后親蠶，況夫田父而懷窳惰乎？

李衡於武陵龍陽汎洲上作宅，種甘橘千樹。臨死勑兒曰："吾州里有千頭木奴，不責汝衣食，歲上一匹絹，亦可足用矣。"吴末，甘橘成，歲得絹數千匹。恒稱太史公所謂"江陵千樹橘，與千户侯等"者也。樊重欲作器物，先種梓、漆，時人嗤之。然積以歲月，皆得其用，向之笑者，咸求假焉。此種殖之不可已已也。諺曰："一年之計，莫如樹穀；十年之計，莫如樹木。"此之謂也。

《書》曰："稼穡之艱難。"《孝經》曰："用天之道，因地之利，謹身節用，以養父母。"《論語》曰："百姓不足，君孰與足？"[④] 漢文帝曰："朕爲天下守財矣，安敢妄用哉！"孔子曰："居家理，治可移於官。"然則家猶國，國猶家，是以家貧則思良妻，國亂則思良相，其義一也。

夫財貨之生，既艱難矣，用之又無節；凡人之性，好懶惰矣，率之又不篤；加以政令失所，水旱爲災，一穀不登，胔腐相繼[⑤]：古今同患，所不能止也，嗟乎！且飢者有過甚之願，渴者有兼量之情。既飽而後輕食，既暖而後輕衣。或由年穀豐穰，而忽於蓄積；或由布帛優贍，而輕於施與：窮窘之來，所由有漸。故《管子》曰："桀有天下，而用不足；湯有七十二里，而用有餘，天非獨爲湯雨菽、粟也。"蓋言用之以節。

《仲長子》曰："鮑魚之肆，不自以氣爲臭；四夷之人，不自以食爲異：生習使之然也。居積習之中，見生然之事，夫孰自知非者也？斯何異蓼中之蟲，而不知藍之甘乎？"

今採捃經傳，爰及歌謠，詢之老成，驗之行事，起自耕農，終於醯、

---

① 坻（chí）：水中小塊高地，此形容穀堆。

② 鄭、白：鄭渠和白渠。

③ 杝（lí）落：籬笆。

④ 語出《論語·顏淵》。

⑤ 胔（zì）腐：指腐尸。胔：帶有腐肉的尸骨，亦指整個尸體。

醢，資生之業，靡不畢書，號曰《齊民要術》。凡九十二篇，束爲十卷。卷首皆有目録，於文雖煩，尋覽差易。其有五穀、果、蓏非中國所殖者，存其名目而已；種蒔之法[①]，蓋無聞焉。捨本逐末，賢哲所非，日富歲貧，飢寒之漸，故商賈之事，闕而不録。花草之流，可以悦目，徒有春花，而無秋實，匹諸浮僞，蓋不足存。

鄙意曉示家童，未敢聞之有識，故丁寧周至，言提其耳，每事指斥，不尚浮辭。覽者無或嗤焉。

① 蒔（shì）：栽種。

蓮藕（《本草綱目》）（節選）

題解

《本草綱目》五十二卷，《四庫全書總目》卷一〇四子部醫家類二著録。

《本草綱目》，明李時珍著，分十六部，六十類。載藥 1 892 種，并附 1 100 餘幅藥圖。内容極爲豐富，系統地總結了中國 16 世紀以前的藥物學知識與經驗。本篇選自《本草綱目》卷三十三。所選爲“蓮藕”下“蓮實”之“發明”部分，文中描述了蓮藕的根、莖、花、實等，介紹了其生長特性、藥效功用。文字雋永、駢散相間，讀起來流暢自然，餘韵悠長。

選文據劉衡如、劉山永校注《本草綱目》（北京，華夏出版社，2002 年）。另有張書珩等點校《本草綱目》（北京，中國檔案出版社，1999 年）、齊苔《李時珍和〈本草綱目〉》（北京，中華書局，1982 年）、劉衡如等《〈本草綱目〉研究》（北京，華夏出版社，2009 年），可參考。

選文

蓮産於淤泥，而不爲泥染；居於水中，而不爲水没。根莖花實，凡品難同；清淨濟用，群美兼得。自蒻蔤而節節生莖[①]，生葉，生花，生藕；由菡萏而生蕊[②]，生蓮，生菂[③]，生薏[④]。其蓮菂則始而黄，黄而青，青而緑，緑而黑，中含白肉，内隱青心。石蓮堅剛，可歷永久。薏藏生意，藕復萌芽，展轉生生，造化不息，故釋氏用爲引譬，妙理具存；醫家取爲服食，百病可却。蓋蓮之味甘氣温而性嗇，稟清芳之氣，得稼穡之味，乃脾之果也。脾者黄宫[⑤]，所以交媾水、火，會合木、金者也。土爲元氣之母，母氣既和，津液相成，神乃自生，久視耐老，此其權輿也。昔人治心腎不交，勞傷白濁，有清心蓮子飲；補心腎，益精血，有瑞蓮丸。皆得此理。

---

① 蒻蔤（ruò mì）：二者皆指蓮莖入泥的白色部分。

② 菡萏（hàn dàn）：荷花的别稱。

③ 菂（dì）：蓮子。

④ 薏（yì）：蓮子的心。

⑤ 黄宫：中醫名詞，指脾臟。

敘畫之源流（《歷代名畫記》）

題解

《歷代名畫記》十卷，《四庫全書總目》卷一一二子部藝術類一著録。

《歷代名畫記》十卷，唐張彦遠著，是中國第一部繪畫通史著作。第一至三卷爲畫論，分篇論述繪畫源流、中國山水畫形成的歷史過程和歷代畫家傳授師承等。第四卷以下按照時代順序，爲畫家小傳。本篇選自《歷代名畫記》卷一。本篇論述繪畫起源及其與政治、教育的關係，着重指出繪畫爲政教服務的功能，即所謂“成教化，助人倫”。

選文據俞劍華注釋《歷代名畫記》（上海，上海人民美術出版社，1964 年）。另有朱和平注譯《歷代名畫記》(鄭州，中州古籍出版社，2016 年)，可參考。

選文

夫畫者，成教化，助人倫，窮神變，測幽微，與六籍同功[①]，四時並運，發於天然，非繇述作。古先聖王，受命應籙，則有龜字效靈，龍圖呈寶。自巢燧以來，皆有此瑞。迹暎乎瑶牒[②]，事傳乎金册。庖犧氏發於滎河中，典籍圖畫萌矣。軒轅氏得於溫、洛中，史皇、蒼頡狀焉。奎有芒角[③]，下主辭章；頡有四目，仰觀垂象。因儷鳥龜之迹，遂定書字之形。造化不能藏其祕，故天雨粟；靈怪不能遁其形，故鬼夜哭。

是時也，書畫同體而未分，象制肇創而猶略。無以傳其意，故有書；無以見其形，故有畫。天地聖人之意也。按字學之部，其體有六：一古文，二奇字，三篆書，四佐書，五繆篆，六鳥書。在幡信上書端象鳥頭者，則畫之流也。漢末大司空甄豐，校字體有六書：古文，即孔子壁中書；奇字，即古文之異者；篆書，即小篆也；佐書，秦隸書也；繆篆，所以摹印璽也；鳥書，即幡信上作蟲鳥形狀也[④]。顏光祿云：“圖載之意有三：一曰圖理，卦象是也；二曰圖識，字學是也；三曰圖形，繪畫是也。”又周官教國子以六

---

① 六籍：六經。

② 暎：同“映”。瑶牒：指珍貴的典籍。

③ 奎：奎宿，二十八宿之一。

④ 按：這裏的注文爲本書作者原注。下同。

書[①]，其三曰象形，則畫之意也。是故知書畫異名而同體也。《周禮》：保章氏掌六書[②]：指事，諧聲，象形，會意，轉注，假借。皆倉頡之遺法也。洎乎有虞作繪，繪畫明焉。既就彰施，仍深比象，於是禮樂大闡，教化繇興，故能揖讓而天下治，煥乎而詞章備。

《廣雅》云："畫，類也。"《爾雅》云："畫，形也。"《説文》云："畫，畛也。象田畛畔所以畫也。"《釋名》云："畫，挂也。以彩色挂物象也。"故鼎鐘刻則識魑魅而知神奸，旂章明則昭軌度而備國制[③]。清廟肅而罇彝陳，廣輪度而疆理辨。以忠以孝，盡在於雲台；有烈有勛，皆登於麟閣。見善足以戒惡，見惡足以思賢。留乎形容，式昭盛德之事，具其成敗，以傳既往之蹤。記傳所以敘其事，不能載其容，賦頌有以詠其美，不能備其象，圖畫之制所以兼之也。故陸士衡云："丹青之興比雅頌之述作，美大業之馨香。宣物莫大於言，存形莫善於畫。"此之謂也。

善哉，曹植有言曰："觀畫者，見三皇五帝，莫不仰戴；見三季異主[④]，莫不悲惋；見篡臣賊嗣，莫不切齒；見高節妙士，莫不忘食；見忠臣死難，莫不抗節；見放臣逐子，莫不嘆息；見淫夫妒婦，莫不側目；見令妃順后，莫不嘉貴。是知存乎鑒戒者圖畫也。"昔夏之衰也，桀爲暴亂，太史終抱畫以奔商。殷之亡也，紂爲淫虐，內史摯載圖而歸周。燕丹請獻，秦皇不疑；蕭何先收，沛公乃王。圖畫者有國之鴻寶，理亂之紀綱。是以漢明宮殿，贊茲粉繪之功；蜀郡學堂，義存勸戒之道。馬后女子[⑤]，尚愿戴君於唐堯；石勒羯胡，猶觀自古之忠孝。豈同博奕用心？自是名教樂事。

余嘗恨王充之不知言，云："人觀圖畫上所畫古人也，視畫古人如視死人，見其面而不若觀其言行。古賢之道，竹帛之所載燦然矣，豈徒墻壁之畫哉！"余以此等之論，與夫大笑其道，詬病其儒，以食與耳，對牛鼓簧，又何異哉！

---

① 六書：一般指象形、指事、會意、形聲、轉注、假借，參見本書"泛讀文選"經部《説文解字叙》。
② 保章氏：當爲"保氏"。參見本書"泛讀文選"《説文解字叙》。
③ 旂章：亦作"旗章"。旌旗及章識，指具有區別名分貴賤標志的旗幟。
④ 三季：夏、商、周三代之末世。
⑤ 馬后：東漢光武帝的皇后。

茶之源（《茶經》）

題解

《茶經》三卷，《四庫全書總目》卷一一五子部譜録類食譜之屬著録。

《茶經》，唐代陸羽著，系統闡述茶葉生産的歷史、源流、現狀、生産技術以及飲茶技藝、茶道原理，是中國現存最早、最完整的茶學專著。本篇選自《茶經》卷上。原書有注文，此略。本篇從“茶”字入手，介紹茶的起源、名稱、生長土地、形狀、功用和品質。在贊揚茶的功用的同時，也提醒人們飲茶需重品質，才能實現其功效，避免因茶品不高對身體造成傷害。

選文據宋一明《茶經譯注》（上海，上海古籍出版社，2014 年）。另有唐陸羽、清陸廷燦著，志文注譯《茶經·續茶經》（西安，三秦出版社，2005 年），于良子注釋《茶經》（杭州，浙江古籍出版社，2011 年），可參考。

選文

茶者，南方之嘉木也。一尺、二尺乃至數十尺。其巴山峽川①，有兩人合抱者，伐而掇之。其樹如瓜蘆，葉如梔子，花如白薔薇，實如栟櫚②，蒂如丁香，根如胡桃。

其字，或從草，或從木，或草木并。其名，一曰茶，二曰檟，三曰蔎③，四曰茗，五曰荈④。

其地，上者生爛石，中者生礫壤，下者生黄土。凡藝而不實⑤，植而罕茂，法如種瓜，三歲可采。野者上，園者次。陽崖陰林，紫者上，緑者次；笋者上，牙者次；葉卷上，葉舒次。陰山坡谷者，不堪采掇，性凝滯，結瘕疾。

茶之爲用，味至寒，爲飲，最宜精行儉德之人。若熱渴、凝悶、腦疼、目澀、四支煩、百節不舒，聊四五啜，與醍醐、甘露抗衡也。采不時，造不

---

① 巴山峽川：按唐代地理概念，包括從今萬縣到宜賓，沿長江南岸山區十數個大小河谷地帶。
② 栟（bīng）櫚：亦作“栟閭”。木名。即棕櫚。
③ 蔎（shè）：古書上説的一種香草，也是茶的别稱。
④ 荈（chuǎn）：茶的老葉，即粗茶。
⑤ 藝：種植。實：此指壓實土壤。

精，雜以卉莽[①]，飲之成疾。

茶爲累也[②]，亦猶人參，上者生上黨，中者生百濟、新羅，下者生高麗。有生澤州、易州、幽州、檀州者，爲藥無效，况非此者。設服薺苨[③]，使六疾不瘳[④]。知人參爲累，則茶累盡矣。

---

① 卉莽：野草。
② 累：拖累，煩勞。
③ 薺苨（qí nǐ）：藥草名。又名“地參”。形似人參，與人參功效不同。
④ 六疾：指人遇陰、陽、風、雨、晦、明而得的多種疾病。

兼愛上（《墨子》）

題解

《墨子》十五卷，《四庫全書總目》卷一一七子部雜家類一雜學之屬著録。

墨子名翟，約戰國時魯國人。《墨子》是墨家學派著作的總彙。《漢書·藝文志》著録《墨子》七十一篇，今存五十三篇。其中《經》上下、《經説》上下、《大取》、《小取》爲後期墨家所作，其餘多爲弟子記録墨子的言論和活動，是研究墨子思想的主要材料。本篇選自《墨子》卷四。“兼愛”是墨家思想體系中最核心的理論基礎，針對當時種種社會弊端，墨家認爲道德是社會問題産生和解决的關鍵，聖人治理天下，應提倡交相愛，使天下人都能愛人若己、周而愛人，就能實現天下大治、民生和諧的局面。

選文據清孫詒讓撰、孫啓治點校《墨子閒詁》（北京，中華書局，2001 年）。另有（清）畢沅校注、吴旭民校點《墨子》（上海，上海古籍出版社，2014 年），姜寶昌《墨經訓釋》（濟南，齊魯書社，2009 年），可參考。

選文

聖人以治天下爲事者也，必知亂之所自起，焉能治之；不知亂之所自起，則不能治。譬之如醫之攻人之疾者然，必知疾之所自起，焉能攻之；不知疾之所自起，則弗能攻。治亂者何獨不然，必知亂之所自起，焉能治之；不知亂之所自起，則弗能治。

聖人以治天下爲事者也，不可不察亂之所自起。當察亂何自起？起不相愛。臣子之不孝君父，所謂亂也。子自愛不愛父，故虧父而自利；弟自愛不愛兄，故虧兄而自利；臣自愛不愛君，故虧君而自利，此所謂亂也。雖父之不慈子，兄之不慈弟，君之不慈臣，此亦天下之所謂亂也。父自愛也不愛子，故虧子而自利；兄自愛也不愛弟，故虧弟而自利；君自愛也不愛臣，故虧臣而自利。是何也？皆起不相愛。雖至天下之爲盗賊者亦然，盗愛其室，不愛其異室，故竊異室以利其室；賊愛其身，不愛人，故賊人以利其身。此何也？皆起不相愛。雖至大夫之相亂家、諸侯之相攻國者，亦然。大夫各愛其家，不愛異家，故亂異家以利其家；諸侯各愛其國，不愛異國，故攻異國以利其國，天下之亂物具此而已矣。察此何自起？皆起不相愛。

若使天下兼相愛，愛人若愛其身，猶有不孝者乎？視父兄與君若其身，惡施不孝？猶有不慈者乎？視弟子與臣若其身，惡施不慈？故不孝不慈亡有。猶有盜賊乎？故視人之室若其室，誰竊？視人身若其身，誰賊？故盜賊亾有。猶有大夫之相亂家、諸侯之相攻國者乎？視人家若其家，誰亂？視人國若其國，誰攻？故大夫之相亂家、諸侯之相攻國者亡有。若使天下兼相愛，國與國不相攻，家與家不相亂，盜賊無有，君臣父子皆能孝慈，若此則天下治。故聖人以治天下爲事者，惡得不禁惡而勸愛？故天下兼相愛則治，交相惡則亂。故子墨子曰[①]："不可以不勸愛人者，此也。"

① 子墨子：《墨子》一書多爲弟子所記，故多稱"子墨子"。

尊師（《吕氏春秋》）

題解

《吕氏春秋》二十六卷，《四庫全書總目》卷一一七子部雜家類一雜學之屬著録。

《吕氏春秋》，又名《吕覽》，是先秦一部重要典籍，舊題秦吕不韋撰，實爲其門下賓客集體撰著的學術總集，約成書於秦王政八年（前 239 年）。該書分十二紀、八覽、六論，内容兼采陰陽、儒、墨、名、法、兵、農諸家學説，編次條貫，是諸子百家學説的一次綜合性概括。《四庫全書總目》提要評論其書“較諸子之言獨爲醇正，大抵以儒爲主而參以道家、墨家”。本篇選自《吕氏春秋》卷四。本篇認爲自古聖賢未有不尊師者，当下無法重現五帝三代的盛世局面，究其根源正是在於今人不尊師長。學習是人的天性，即便大奸大惡，從師就學，也會有所成就，顯名天下。至於求學的態度和方法，則需要學生虚心問道，究心學問。對待老師，其在世時要悉心照顧飲食起居，過世後要逢節祭拜。在更深層次上來説，教出於義而在於利人，學發於知而貴乎成身，學而不厭，教而不倦。無論天子、庶人，在尊師一事上，莫不相同。陳奇猷以爲“此篇儒家者流所作”（《吕氏春秋新校釋》，第 209 頁）。

選文據陳奇猷《吕氏春秋新校釋》（上海，上海古籍出版社，2002 年）。另有東漢高誘注、清畢沅校、徐小蠻標點《吕氏春秋》（上海，上海古籍出版社，2014 年），許富宏《吕氏春秋先秦史料考訂編年》（南京，鳳凰出版社，2017 年），可參考。下篇同。

選文

神農師悉諸，黄帝師大撓，帝顓頊師伯夷父，帝嚳師伯招，帝堯師子州支父，帝舜師許由，禹師大成贄，湯師小臣，文王、武王師吕望、周公旦，齊桓公師管夷吾，晉文公師咎犯、隨會，秦穆公師百里奚、公孫枝，楚莊王師孫叔敖、沈尹巫，吴王闔閭師伍子胥、文之儀，越王句踐師范蠡、大夫種。此十聖人六賢者，未有不尊師者也。今尊不至於帝，智不至於聖，而欲無尊師，奚由至哉？此五帝之所以絶，三代之所以滅。

且天生人也，而使其耳可以聞，不學，其聞不若聾；使其目可以見，不學，其見不若盲；使其口可以言，不學，其言不若爽；使其心可以知，不學，其知不若狂。故凡學，非能益也，達天性也。能全天之所生而勿敗之，是謂善學。子張，魯之鄙家也[1]；顔涿聚，梁父之大盗也。學於孔子。段干

---

① 鄙家：小户人家，地位低微的人家。

木，晉國之大駔也[①]，學於子夏。高何、縣子石，齊國之暴者也，指於鄉曲，學於子墨子。索盧參，東方之鉅狡也，學於禽滑黎。此六人者，刑戮死辱之人也，今非徒免於刑戮死辱也，由此為天下名士顯人，以終其壽，王公大人從而禮之，此得之於學也。

凡學，必務進業，心則無營，疾諷誦，謹司聞，觀驩愉，問書意，順耳目，不逆志，退思慮，求所謂，時辨説，以論道，不苟辨，必中法，得之無矜，失之無慙，必反其本。

生則謹養，謹養之道，養心為貴；死則敬祭，敬祭之術，時節為務。此所以尊師也。治唐圃，疾灌寖，務種樹；織萉屨[②]，結罝網，捆蒲葦；之田野，力耕耘，事五穀；如山林，入川澤，取魚鼈，求鳥獸。此所以尊師也。視輿馬，慎駕御；適衣服，務輕煗；臨飲食，必蠲絜；善調和，務甘肥；必恭敬；和顏色，審辭令；疾趨翔，必嚴肅，此所以尊師也。

君子之學也，説義必稱師以論道，聽從必盡力以光明。聽從不盡力，命之曰背；説義不稱師，命之曰叛；背叛之人，賢主弗内之於朝，君子不與交友。故教也者，義之大者也；學也者，知之盛者也。義之大者，莫大於利人，利人莫大於教。知之盛者，莫大於成身，成身莫大於學。身成則為人子弗使而孝矣，為人臣弗令而忠矣，為人君弗彊而平矣，有大勢可以為天下正矣。故子貢問孔子曰："後世將何以稱夫子？"孔子曰："吾何足以稱哉？勿已者，則好學而不厭，好教而不倦，其惟此邪。"天子入太學，祭先聖，則齒嘗為師者弗臣，所以見敬學與尊師也。

---

① 駔（zǎng）：馬匹交易的經紀人。泛指市儈。

② 萉（fèi）屨：即後人所謂麻鞋。按："萉"原文作"葩"。畢沅曰："葩"疑"萉"之誤。陳奇猷案：畢説至確（陳奇猷《吕氏春秋新校釋》）。據改。

察今（《吕氏春秋》）

題解

本篇選自《吕氏春秋》卷十五。本篇是對“法後王”一説的闡發和延伸，即治理國家，需要從具體現實出發，而不能完全效仿古代先王成法。一則因爲其傳世已久，難以尋其原貌；二則古今時事有别，形勢有異。古代成法是針對當時的社會情況而制定，時移世易，原先的成法亦不再適用；當下制法應從當下社會情況出發，因時制宜，適應現實需要。陳奇猷以爲“此篇乃法家之言也”（《吕氏春秋新校釋》，第 946 頁）。

選文

上胡不法先王之法[①]，非不賢也，為其不可得而法。先王之法，經乎上世而來者也，人或益之，人或損之，胡可得而法？雖人弗損益，猶若不可得而法。東、夏之命[②]，古今之法，言異而典殊，故古之命多不通乎今之言者，今之法多不合乎古之法者。殊俗之民，有似於此。其所為欲同，其所為欲異。口惽之命不愉[③]，若舟車衣冠滋味聲色之不同，人以自是，反以相誹。天下之學者多辯，言利辭倒，不求其實，務以相毀，以勝為故。先王之法，胡可得而法？雖可得，猶若不可法。凡先王之法，有要於時也，時不與法俱至，法雖今而至，猶若不可法。故擇先王之成法，而法其所以為法。先王之所以為法者何也？先王之所以為法者人也。而己亦人也，故察己則可以知人，察今則可以知古，古今一也，人與我同耳。有道之士，貴以近知遠，以今知古，以益所見，知所不見。故審堂下之陰，而知日月之行、陰陽之變；見瓶水之冰，而知天下之寒、魚鼈之藏也；嘗一脟肉[④]，而知一鑊之味、一鼎之調。

荆人欲襲宋，使人先表澭水。澭水暴益，荆人弗知，循表而夜涉，溺死者千有餘人，軍驚而壞都舍。嚮其先表之時可導也，今水已變而益多矣，荆

---

① 上：尊長，此處指君主。

② 東、夏：東夷與諸夏。

③ 口惽之命：指方言。口惽：即口吻。愉：通“渝”。改變。

④ 脟（luán）：同“臠”。切成塊狀的肉。

人尚猶循表而導之，此其所以敗也。今世之主，法先王之法也，有似於此。其時已與先王之法虧矣[①]，而曰“此先王之法也”而法之以為治，豈不悲哉？故治國無法則亂，守法而弗變則悖，悖亂不可以持國。世易時移，變法宜矣。譬之若良醫，病萬變，藥亦萬變。病變而藥不變，嚮之壽民，今為殤子矣。故凡舉事必循法以動，變法者因時而化。若此論則無過務矣。

夫不敢議法者，衆庶也；以死守者，有司也；因時變法者，賢主也。是故有天下七十一聖，其法皆不同，非務相反也，時勢異也。故曰良劍期乎斷，不期乎鏌鋣；良馬期乎千里，不期乎驥驁。夫成功名者，此先王之千里也。楚人有涉江者，其劍自舟中墜於水，遽契其舟曰：“是吾劍之所從墜。”舟止，從其所契者入水求之。舟已行矣，而劍不行，求劍若此，不亦惑乎？以此故法為其國與此同。時已徙矣，而法不徙，以此為治，豈不難哉？有過於江上者，見人方引嬰兒而欲投之江中，嬰兒啼，人問其故，曰：“此其父善游。”其父雖善游，其子豈遽善游哉？此任物亦必悖矣。荆國之為政，有似於此。

---

① 虧：通“詭”。異。

勉學（《顔氏家訓》）（節選）

題解

《顔氏家訓》二卷，《四庫全書總目》卷一一七子部雜家類一雜學之屬著録。

《顔氏家訓》是中國歷史上一部内容豐富、體系宏大的家訓著作。作者顔之推（531—約 590 以后），字介，瑯琊臨沂人，先後仕於南梁、北齊、北周、隋。該書成書於顔之推晚年，是其記述個人經歷、思想、學識以告誡子孫的著作。是書《新唐書・藝文志》《宋史・藝文志》均作七卷，清錢曾《讀書敏求記》載有宋钞淳熙七年（1180年）嘉兴沈揆本，正文亦爲七卷，《總目》所著録爲明刊本，只二卷。本篇選自《顔氏家訓》卷三《勉學》。《勉學》是針對當時世家子弟養尊處優、不學無術的現象而作。本篇所選爲顔之推關於學習的目的、意義、態度等方面問題的論述，其見解觀點對今天學習者仍有很大的指導價值。

選文據王利器《顔氏家訓集解》（增補本，北京，中華書局，1993 年）。另有章義和《顔氏家訓譯注》（上海，上海古籍出版社，2006 年）、檀作文譯注《顔氏家訓》（北京，中華書局，2007），可參考。

選文

自古明王聖帝，猶須勤學，況凡庶乎！此事徧於經史，吾亦不能鄭重，聊舉近世切要，以啓寤汝耳。士大夫子弟，數歲已上，莫不被教，多者或至《禮》《傳》，少者不失《詩》《論》。及至冠婚，體性稍定；因此天機，倍須訓誘。有志尚者，遂能磨礪，以就素業；無履立者，自茲墮慢，便爲凡人。人生在世，會當有業：農民則計量耕稼，商賈則討論貨賄，工巧則致精器用，伎藝則沈思法術，武夫則慣習弓馬，文士則講議經書。多見士大夫恥涉農商，差務工伎，射則不能穿札，筆則纔記姓名，飽食醉酒，忽忽無事，以此銷日，以此終年。或因家世餘緒，得一階半級，便自爲足，全忘修學；及有吉凶大事，議論得失，蒙然張口，如坐雲霧；公私宴集，談古賦詩，塞默低頭，欠伸而已。有識旁觀，代其入地。何惜數年勤學，長受一生愧辱哉！

梁朝全盛之時，貴遊子弟，多無學術，至於諺云："上車不落則著作，體中何如則祕書。”無不熏衣剃面，傅粉施朱，駕長簷車，跟高齒屐，坐棊子方褥，憑斑絲隱囊[①]，列器玩於左右，從容出入，望若神仙。明經求第，則顧人答策；三九公讌，則假手賦詩。當爾之時，亦快士也。及離亂之後，朝市遷革，銓衡選舉，非復曩者之親；當路秉權，不見昔時之黨。求諸身而無所得，施之世而無所用。被褐而喪珠，失皮而露質，兀若枯木，泊若窮流，鹿獨戎馬之間[②]，轉死溝壑之際。當爾之時，誠駑材也。有學藝者，觸地而安。自荒亂已來，諸見俘虜。雖百世小人，知讀《論語》《孝經》者，尚爲人師；雖千載冠冕，不曉書記者，莫不耕田養馬。以此觀之，安可不自勉耶？若能常保數百卷書，千載終不爲小人也。

夫明六經之指，涉百家之書，縱不能增益德行，敦厲風俗，猶爲一藝，得以自資。父兄不可常依，鄉國不可常保，一旦流離，無人庇廕，當自求諸身耳。諺曰：“積財千萬，不如薄伎在身。”伎之易習而可貴者，無過讀書也。世人不問愚智，皆欲識人之多，見事之廣，而不肯讀書，是猶求飽而嬾營饌，欲暖而惰裁衣也。夫讀書之人，自羲、農已來，宇宙之下，凡識幾人，凡見幾事，生民之成敗好惡，固不足論，天地所不能藏，鬼神所不能隱也。

有客難主人曰：“吾見彊弩長戟，誅罪安民，以取公侯者有矣；文義習吏，匡時富國，以取卿相者有矣；學備古今，才兼文武，身無祿位，妻子飢寒者，不可勝數，安足貴學乎？”主人對曰：“夫命之窮達，猶金玉木石也；脩以學藝，猶磨瑩雕刻也。金玉之磨瑩，自美其鑛璞；木石之段塊，自醜其雕刻。安可言木石之雕刻，乃勝金玉之鑛璞哉？不得以有學之貧賤，比於無學之富貴也。且負甲爲兵，咋筆爲吏，身死名滅者如牛毛，角立傑出者如芝草；握素披黃，吟道咏德，苦辛無益者如日蝕，逸樂名利者如秋荼。豈得同年而語矣。且又聞之：生而知之者上，學而知之者次。所以學者，欲其多知明達耳。必有天才，拔羣出類，爲將則闇與孫武、吳起同術，執政則懸得管仲、子產之教，雖未讀書，吾亦謂之學矣。今子卽不能然，不師古之蹤跡，

---

① 斑絲：雜色絲的織成品。隱囊：供人倚憑的軟囊。
② 鹿獨：猶落拓，顛沛流離的樣子。

猶蒙被而卧耳。”

人見鄰里親戚有佳快者，使子弟慕而學之，不知使學古人，何其蔽也哉？世人但知跨馬被甲，長矟彊弓①，便云我能爲將；不知明乎天道，辯乎地利，比量逆順，鑒達興亡之妙也。但知承上接下，積財聚穀，便云我能爲相；不知敬鬼事神，移風易俗，調節陰陽，薦舉賢聖之至也。但知私財不入，公事夙辦，便云我能治民；不知誠己刑物，執轡如組，反風滅火②，化鴟爲鳳之術也。但知抱令守律，早刑晚捨，便云我能平獄；不知同轅觀罪，分劍追財，假言而姦露，不問而情得之察也。爰及農商工賈，廝役奴隸，釣魚屠肉，飯牛牧羊，皆有先達，可爲師表，博學求之，無不利於事也。

夫所以讀書學問，本欲開心明目，利於行耳。未知養親者，欲其觀古人之先意承顔，怡聲下氣，不憚劬勞，以致甘腝③，惕然慙懼，起而行之也；未知事君者，欲其觀古人之守職無侵，見危授命，不忘誠諫，以利社稷，惻然自念，思欲效之也；素驕奢者，欲其觀古人之恭儉節用，卑以自牧，禮爲教本，敬者身基，瞿然自失，斂容抑志也；素鄙吝者，欲其觀古人之貴義輕財，少私寡慾，忌盈惡滿，賙窮邺匱，赧然悔恥，積而能散也；素暴悍者，欲其觀古人之小心黜己，齒弊舌存，含垢藏疾，尊賢容衆，苶然沮喪，若不勝衣也；素怯懦者，欲其觀古人之達生委命，彊毅正直，立言必信，求福不回，勃然奮厲，不可恐懾也：歷兹以往，百行皆然。縱不能淳，去泰去甚。學之所知，施無不達。世人讀書者，但能言之，不能行之，忠孝無聞，仁義不足；加以斷一條訟，不必得其理；宰千户縣，不必理其民；問其造屋，不必知楣横而梲竪也；問其爲田，不必知稷早而黍遲也；吟嘯談謔，諷咏辭賦，事既優閑，材增迂誕，軍國經綸，略無施用：故爲武人俗吏所共嗤詆，良由是乎！

夫學者所以求益耳。見人讀數十卷書，便自高大，凌忽長者，輕慢同列；人疾之如讎敵，惡之如鴟梟。如此以學自損，不如無學也。

---

① 矟（shuò）：長矛，即槊。《釋名·釋兵》：“矛長丈八尺曰矟，馬上所持。”
② 反風滅火：比喻施行德政。事見《後漢書》卷七十九上《劉昆傳》。
③ 腝（ruǎn）：熟爛。

古之學者爲己，以補不足也；今之學者爲人，但能説之也。古之學者爲人，行道以利世也；今之學者爲己，脩身以求進也。夫學者猶種樹也，春玩其華，秋登其實。講論文章，春華也；脩身利行，秋實也。

野史不可信（《容齋隨筆》）

題解

《容齋隨筆》十六卷、《續筆》十六卷、《三筆》十六卷、《四筆》十六卷、《五筆》十卷，《四庫全書總目》卷一一八子部雜家類二雜考之屬著録。

《容齋隨筆》，南宋洪邁（字景盧，號容齋，1123—1202）所著的史料筆記，是研究宋史的重要史料之一。其書内容繁複，涉及頗廣，計有五編，所記考據和叙事、説理相結合。編排大抵以寫作時間爲序，而不以内容分類，凡所劄記，據事立條，各自成篇。本篇選自《容齋隨筆》卷四。篇中表達洪邁對於野史雜説的看法，認爲其多來源於傳聞，不免有緣飾之辭，且未經嚴謹考據，因此多不可信。文中舉魏泰《東軒録》載王欽若拜相事，沈括之《夢溪筆談》載宋真宗拜向敏中爲右僕射、丁謂使計得尚衣御帶等事，説明其皆不足據。

選文據孔凡禮點校《容齋隨筆》（北京，中華書局，2005 年）。另有穆公校點《容齋隨筆》（上海，上海古籍出版社，2015 年），可參考。

選文

野史雜説，多有得之傳聞及好事者緣飾，故類多失實，雖前輩不能免，而士大夫頗信之。姑摭真宗朝三事于左。

魏泰《東軒録》云：“真宗次澶淵，語寇萊公曰：‘虜騎未退，何人可守天雄軍？’公言參知政事王欽若。退即召王於行府，諭以上意，授勑俾行。王未及有言，公遽酌大白飲之，命曰‘上馬盃’，且曰：‘參政勉之，回日即爲同列也。’王馳騎入魏，越十一日，虜退，召爲同中書門下平章事。或云王公數進疑詞於上前，故萊公因事出之。”予案澶淵之役，乃景德元年九月，是時萊公爲次相，欽若爲參政。閏九月，欽若判天雄。二年四月，罷政。三年，萊公罷相，欽若復知樞密院，至天禧始拜相，距景德凡十四年。

其二事者，沈括《筆談》云：“向文簡拜右僕射，真宗謂學士李昌武曰：‘朕自即位以來，未嘗除僕射，敏中應甚喜。’昌武退朝，往候之，門闌悄然。明日再對，上笑曰：‘向敏中大耐官職。’”存中自注云：“向公拜僕射年月，未曾考於國史，因見中書記，是天禧元年八月，而是年二月，王欽若亦加僕射。”予案，真宗朝自敏中之前，拜僕射者六人：吕端、李沆、王旦皆自宰相轉，陳堯叟以罷樞密使拜，張齊賢以故相拜，王欽若自樞密使轉。及敏中轉右僕射，與欽若加左僕射同日降制，是時李昌武死四年矣。昌武者，宗諤也。

其三事者，存中《筆談》又云：“時丁晉公從真宗巡幸，禮成，詔賜輔臣玉帶。時輔臣八人，行在祗候庫止有七帶[①]，尚衣有帶[②]，謂之比玉，價直數百萬，上欲以足其數。公心欲之，而位在七人之下，度必不及己，乃諭有司：‘某自有小私帶可服，候還京别賜可也。’既各受賜，而晉公一帶僅如指闊，上顧近侍速易之，遂得尚衣御帶。”予按景德元年，真宗巡幸西京，大中祥符元年，巡幸泰山，四年，幸河中，丁謂皆爲行在三司使，未登政府。七年，幸亳州，謂始以參知政事從。時輔臣六人，王旦、向敏中爲宰相，王欽若、陳堯叟爲樞密使，皆在謂上，謂之下尚有樞密副使馬知節，即不與此説合。且既爲玉帶，而又名比玉，尤可笑。魏泰無足論，沈存中不應爾也。

---

① 祗候庫：官署名。宋朝太府寺所屬機構。掌收受錢帛、器皿、什物、衣服、巾帶、茶菽，以備皇帝殿庭賞賜和詔令頒賜。設監官三人，以諸司使、諸司副使和内侍充任。

② 尚衣：即尚衣庫，宋官署名。屬殿中省。原名“内衣庫”，大中祥符二年（1009年）改尚衣庫。掌皇帝所用駕頭、衮冕、鎮圭、袍服、傘、扇等物。監官二人，以内侍、三班使臣充任。

史記於序事中寓論斷（《日知録》）

題解

《日知録》三十二卷，《四庫全書總目》卷一一九子部雜家類三雜考之屬著録。

《日知録》，明末清初顧炎武撰，作者自謂“平生之志與業皆在其中”（顧炎武《又與友人論門人書》），是其一生學問、思想的結晶。作爲一部讀書劄記性質的學術巨著，該書内容宏富，考論精當。《四庫全書總目》提要稱：“炎武學有本原，博贍而能通貫，每一事必詳其始末，參以證佐而後筆之於書。故引據浩繁，而牴牾者少。”炎武自序曰：“欲明學術，正人心，撥亂世以興太平”，體現了傳統儒家觀念指導下的經世致用思想。本篇選自《日知録》卷二十六。所謂“於序事中寓論斷”，是説史家作史融合褒貶論斷於叙事之中而不作直接的表達，司馬遷《史記》運用此法最熟。本篇對《史記》這一重要的叙事方法加以總結表彰，如文中所舉《平準書》《王翦傳》等篇篇末都借他人之語對所述歷史進行評論，雖不明言而其義自見，這種結合時人之評對歷史人物進行論斷的方法，頗似《春秋》的“微言大義”。

選文據黄汝成集釋，欒保群、吕宗力校點《日知録集釋》（上海，上海古籍出版社，2006 年）。另有陳垣《日知録校注》（合肥，安徽大學出版社，2007 年）、趙儷生《日知録導讀》（北京，中國國際廣播出版社，2008 年），可參考。

選文

古人作史，有不待論斷而於序事之中即見其指者，惟太史公能之。《平準書》末載卜式語，《王翦傳》末載客語，《荆軻傳》末載魯句踐語，《鼂錯傳》末載鄧公與景帝語，《武安侯田蚡傳》末載武帝語，皆史家於序事中寓論斷法也。後人知此法者鮮矣，惟班孟堅間一有之，如《霍光傳》載任宣與霍禹語，見光多作威福，《黄霸傳》載張敞奏見祥瑞，多不以實，通傳皆褒，獨此寓貶，可謂得太史公之法者矣。

問孔（《論衡》）（節選）

題解

《論衡》三十卷，《四庫全書總目》卷一二〇子部雜家類四雜説之屬著録。

《論衡》，東漢王充（27—約 97）撰。現存文章有八十五篇（其中《招致》僅存篇目，實存八十四篇）。該書“細説微論，解釋世俗之疑，辨照是非之理”（《論衡·對作》），即以“實”爲根據，疾虚妄之言，對東漢流行的讖緯之説提出了不同看法，動摇了董仲舒提出的“天人感應”説，是哲學史上一部重要的著作。本篇節選自《論衡》卷九。《問孔》以问难的形式，通过實事驗證，道理推論，對孔子言行中自相矛盾之處发出疑问，認爲記載孔子之言的儒家典籍不能盡信，并糾正當時“世儒學者，好信師而是古”的習氣。

選文據黄暉《論衡校釋》（北京，中華書局，1990 年）。另有北京大學歷史系《論衡》注釋小組《論衡注釋》（北京，中華書局，1979 年），可參考。

選文

宰我晝寢[①]，子曰：“朽木不可雕也，糞土之牆不可杇也。於予，予何誅?”[②] 是恶宰予之晝寢。

問曰：晝寢之恶也，小恶也；朽木、糞土，敗毁不可復成之物，大恶也。責小過以大恶，安能服人？使宰我性不善，如朽木、糞土，不宜得入孔子之門，序在四科之列[③]；使性善，孔子恶之，恶之太甚，過也。“人之不仁，疾之已甚，亂也”[④]。孔子疾宰予，可謂甚矣。

使下愚之人，涉耐罪之獄[⑤]，吏令以大辟之罪，必冤而怨邪？將服而自咎也？使宰我愚，則與涉耐罪之人同志；使宰我賢，知孔子責之，幾微自改矣。明文以識之，流言以過之，以其言示端而已自改。自改不在言之輕重，在宰予能更與否。

《春秋》之義，采毫毛之善，貶纖介之恶。褒毫毛以巨大，以巨大貶纖

---

① 宰我：即宰予，字子我，孔子弟子。以言語見稱。

② 語見《論語·公冶長》。誅：責備。

③ 四科：孔門四種科目。謂德行、言語、政事、文學。宰我列於言語，見《論語·先進》。

④ 語出《論語·泰伯》。

⑤ 耐罪：古代一種剃去鬢須的刑罰。《後漢書·光武紀下》注：“耐，輕刑之名。”

介，觀《春秋》之義，肯是之乎？不是，則宰我不受；不受，則孔子之言棄矣。聖人之言，與文相副，言出於口，文立於策，俱發於心，其實一也。孔子作《春秋》，不貶小以大。其非宰予也，以大惡細，文語相違，服人如何？

子曰："始吾於人也，聽其言而信其行；今吾於人也，聽其言而觀其行。於予，予改是"[①]。蓋起宰予晝寢，更知人之術也。

問曰：人之晝寢，安足以毁行？毁行之人，晝夜不卧，安足以成善？以晝寢而觀人善惡，能得其實乎？案宰予在孔子之門，序於四科，列在賜上。如性情怠，不可雕琢，何以致此？使宰我以晝寢自致此，才復過人遠矣。如未成就，自謂已足，不能自知，知不明耳，非行惡也。曉敕而已，無爲改術也。如自知未足，倦極晝寢，是精神索也[②]。精神索，至於死亡，豈徒寢哉？

且論人之法，取其行則棄其言，取其言則棄其行。今宰予雖無力行，有言語。用言，令行缺，有一槩矣。今孔子起宰予晝寢，聽其言，觀其行，言行相應，則謂之賢，是孔子備取人也。"毋求備於一人"之義何所施[③]？

孔子曰："賜不受命，而貨殖焉，億則屢中。"[④] 何謂不受命乎？説曰：不受當富之命，自以術知，數億中時也。

夫人富貴，在天命乎？在人知也？如在天命，知術求之不能得；如在人，孔子何爲言"死生有命，富貴在天"[⑤]？夫謂富不受命，而自以知術得之；貴亦可不受命，而自以努力求之。世無不受貴命而自得貴，亦知無不受富命而自得富者。成事：孔子不得富貴矣，周流應聘，行説諸侯，智窮策困，還定《詩》《書》，望絶無冀，稱"已矣夫"。自知無貴命，周流無補益也。孔子知己不受貴命，周流求之不能得，而謂賜不受富命，而以術知得富，言行相違，未曉其故。

---

① 語出《論語·公冶長》。

② 索：盡也。

③ 毋求備於一人：語出《論語·微子》。

④ 語出《論語·先進》。賜：即端木賜，字子貢。善貨殖，富致千金。曾仕於魯、衛。

⑤ 語出《論語·顔淵》。

風俗通義序（《風俗通義》）

題解

《風俗通義》十卷，《附録》一卷，《四庫全書總目》卷一二〇子部雜家類四雜説之屬著録。

《風俗通義》，又稱《風俗通》，東漢應劭撰。《隋志》著録三十一卷，注："《録》一卷。應劭撰。梁三十卷。"兩《唐志》俱作三十卷，則其書原爲三十卷，另有《目録》一卷。今存十卷，内容涉及古代歷史、風俗禮儀、時人流品、音律器樂等。本篇爲該書序文，文中主要闡明該書撰述緣由。作者認爲自從官學没落，私學興起，百家學説蜂起争鳴。孔子之後，六藝有諸家之傳，漢世諸儒又爲作章句，其説不一。至於各地風俗，更是千差萬别。所以爲政之要，首在辨風正俗。

選文據王利器《風俗通義校注》（北京，中華書局，2010 年）。另有吴樹平《風俗通義校釋》（天津，天津古籍出版社，1980 年），可參考。又有清錢大昕《風俗通義逸文》（南京，鳳凰出版社，2016 年），亦可參考。

選文

昔仲尼没而微言闕，七十子喪而大義乖。重遭戰國，約從連横，好惡殊心，真僞紛争。故《春秋》分爲五，《詩》分爲四，《易》有數家之傳，並以諸子百家之言，紛然殽亂，莫知所從。

漢興，儒者競復比誼會意，爲之章句，家有五六，皆析文便辭，彌以馳遠；綴文之士，雜襲龍鱗，訓註説難，轉相陵高，積如丘山，可謂繁富者矣。而至於俗間行語，衆所共傳，積非習貫，莫能原察。今王室大壞，九州幅裂，亂靡有定，生民無幾。私懼後進，益以迷昧，聊以不才，舉爾所知，方以類聚，凡一十卷[①]，謂之《風俗通義》，言通於流俗之過謬，而事該之於義理也。

風者，天氣有寒煖，地形有險易，水泉有美惡，草木有剛柔也。俗者，含血之類，像之而生，故言語歌謳異聲，鼓舞動作殊形，或直或邪，或善或淫也。聖人作而均齊之，咸歸於正；聖人廢，則還其本俗。《尚書》："天子

---

① 凡一十卷：王利器《校注》引朱筠曰："此序自云一十卷，蓋後人刻本所改，當作'三十'。"

巡守，至於岱宗，覲諸侯，見百年，命大師陳詩，以觀民風俗。”《孝經》曰：“移風易俗，莫善於樂。”傳曰：“百里不同風，千里不同俗，户異政，人殊服。”由此言之，爲政之要，辯風正俗，最其上也。

周、秦常以歲八月遣輶軒之使，求異代方言，還奏籍之，藏於秘室。及嬴氏之亡，遺脱漏棄，無見之者。蜀人嚴君平有千餘言，林閭翁孺才有梗概之法，揚雄好之，天下孝廉衛卒交會，周章質問，以次注續，二十七年，爾乃治正，凡九千字，其所發明，猶未若《爾雅》之閎麗也，張竦以爲懸諸日月不刊之書①；予實頑闇，無能述演，豈敢比隆於斯人哉！顧惟述作之功，故聊光啟之耳。

昔客爲齊王畫者，王問：“畫孰最難？孰最易？”曰：“犬馬最難，鬼魅最易。”犬馬旦暮在人之前，不類不可，類之故難；鬼魅無形，無形者不見，不見故易。今俗語雖云浮淺，然賢愚所共咨論，有似犬馬，其爲難矣，并綜事宜於今者，孔子稱：“幸苟有過，人必知之。”俾諸明哲，幸詳覽焉。

① 張竦：張敞孫。博通文史，王莽時至郡守。

典籍（《封氏聞見記》）

題解

《封氏聞見記》十卷，《四庫全書總目》卷一二〇子部雜家類四雜説之屬著録。

《封氏聞見記》十卷，唐封演撰。演，天寶末年進士，此書當撰定於唐德宗貞元十六年（800 年）以後（趙貞信《封氏聞見記校注序》）。書中涉及面頗廣，内容豐富，凡典章制度、風俗民情、古迹傳説以及士大夫軼事言論等均有記述，且能注意考辨，編排具有條理，是一部具有較高史料價值的唐人筆記。《四庫全書總目》提要稱："唐人説部，自顔師古《匡謬正俗》、李匡乂《資暇集》、李涪《刊誤》之外，固罕其比偶矣"。本篇選自《封氏聞見記》卷二，篇中梳理了自漢至唐以來的典籍興廢及存佚情况。

選文據趙貞信《封氏聞見記校注》（北京，中華書局，2005 年）。另有張耕注評《封氏聞見記》（北京，學苑出版社，2001 年），可參考。

選文

漢承秦滅學，武帝開獻書之路，置寫書之官，由是"外有太常、太史、博士之藏，内有延閣、廣内、秘室之府"。

成帝時，秘藏頗有亡散，乃使謁者陳農求遺書於天下，詔光禄大夫劉向校經傳、諸子、詩賦，步兵校尉任宏校兵書，太史令尹咸校數術，侍醫監李柱國校方技。

哀帝使向子歆嗣父之業，歆遂總會羣篇，著爲《七略》，大凡萬三千二百六十九卷。

王莽之末，又被焚燒。

光武還洛陽，所載經傳二千餘兩。

明帝尤重儒術，爾後撰録，三倍於前。

董卓移都之際，自辟雍、東觀、蘭臺、石室、宣明、鴻都諸藏，典冊文章，竟共剖散；圖書縑帛，軍人以爲帷囊。及王允收而西者纔七十餘乘，道路艱遠，復棄其半；長安之亂，一時焚蕩。

魏时採掇亡書，藏在三閣，秘書郎鄭默始制《中經簿》。秘書監荀勗分經、史、子、集爲四部甲、乙、丙、丁之目，大凡二萬九千九百四十五卷。

惠、懷之末，靡有孑遺。

東晉著作郎李充，以勗舊部校之，存者但有三千一十四卷。

其後中朝遺書，稍流江左。

宋元嘉八年，秘書監謝靈運造四部目，凡六萬四千五百八十二卷。

元徽初，秘書丞王儉又造目録，萬五千七百四卷。儉又别撰《七志》，有《經典志》《諸子志》《文翰志》《軍書志》《陰陽志》《術藝志》《圖譜志》。

齊永明中，秘書丞王亮又造書目萬八千一十卷。齊末，兵火延燒秘閣。

梁初，命秘書監任昉於文德殿内集藏衆書二萬三千一百六卷。普通中，阮孝緒更爲《七録》，有《經典録》《記傳録》《子兵録》《文集録》《伎術録》《佛録》《道録》。元帝克平侯景，收文德殿書及公私經籍歸於江陵，大凡七萬餘卷。周師入郢，並自焚之。

宋武入關，收其圖籍纔四千卷；赤軸青紙，文字古拙。

魏孝文始都洛邑，借書於齊，秘府稍僅充實。尒朱之亂，散落復多。

北齊遷鄴，頗更搜聚。

後周定目，書止八千，其後增至萬卷。周武平齊，先封書府，所加舊本，僅至五千。

隋開皇三年，秘書監牛弘表請分遣使搜訪異本，每書一卷，賞縑一疋，校寫既定，本還其主。由是人間異書往往間出。及平陳後，經籍漸多。煬帝限寫五十副本，分爲三品，於東都觀文殿東西廊屋列以貯之。

大唐武德五年，克平隋鄭公①，盡收圖書，命司農少卿宋遵貴載之以船，泝河西上。行經底柱，多被漂没，十存一二。其目録四部書，大凡八萬九千六百六十六卷，除亡書及删去淺俗無益教理者，見在三萬六千七百八卷，著在《隋書·經籍志》。自後卷帙頗增。開元中，定四部目録，大凡五萬一千八百五十二卷。

此自漢以來，典籍之大數也。

---

① 鄭公：指王世充，曾封鄭國公。

官制（《麈史》）

題解

《麈史》三卷，《四庫全書總目》卷一二〇子部雜家類四雜説之屬著録。

《麈史》三卷，是北宋王得臣晚年所作的一部筆記。該書分類繫事，得二百八十四事，分爲四十四門，凡經史、文學、典章、制度、地理、民俗等都有涉及。該書記述注重嚴謹詳實，所謂“出夫實録”，“無溢美，無隱惡”（《麈史》自序），《四庫全書總目》提要稱：“其閒參稽經典，辨别異同，亦深資考證”。本篇選自《麈史》卷上。篇中對北宋官制，特别是神宗熙寧變法、元豐改制期間的官制情況做了細緻的描述，可與官方所修典制諸書互相補益。

選文據俞宗憲點校《麈史》（上海，上海古籍出版社，1986 年）。另有中華書局 1985 年排印本，可參考。

選文

永裕建尚書省[①]，自令、僕、左右丞洎六曹尚書、侍郎、郎官廳，於中壁皆置素屏，大書《周官》一篇[②]。自官制以來，惟侍中、中書令、御史大夫、左右散騎常侍、宗正卿、少卿、殿中监、少監、丞，竝未嘗命。官制既行，省曹郎官與寺監長貳率互置，不必僃也[③]。如一部中均命郎中貳員，外寺監均命貳少之類，始以寄禄之階高下序位，復有旨以先後至者爲次。

祖宗以來，選人磨勘者，進士出身爲著作佐郎，餘人爲大理寺丞，謂之京官。若佐郎再遷祕書丞，寺丞再遷太子中舍，謂之升朝官，始奉朝請。既行官制，即無所謂京官者，惟自承務郎以上；然承務至宣德若任七寺監主簿、太學博士、兩赤丞之類[④]，亦得奉朝請，葢亦以職事官論也。

舊尚書郎中皆重戴[⑤]。官制之後，大夫皆不許重戴，如朝請郎以下雖通直、奉議之類，職事爲諸司郎中者竝重戴。

---

① 永裕：即永裕陵。爲宋神宗趙頊陵寢，代指宋神宗。

② 《周官》：即《周禮》。

③ 僃：同“備”。

④ 兩赤丞：指北宋開封府所屬開封、祥符二縣丞，南宋臨安府所屬錢塘、仁和二縣丞。赤丞：赤縣丞省稱。唐、宋時稱京都所治縣爲赤縣，其縣丞即爲赤丞。

⑤ 重戴：折上巾又加以帽。宋初御史台諸官皆重戴，後定爲職官等服。

熙寧間，既置檢正官，初以館閣及�任望官者充之；未幾，又以初入仕者爲五房習學檢正官。今幕職官多因唐藩鎮辟置之名，所謂兩使職官者，節度、觀察使判官是也，然以選人充之；若簽判，則京朝以上，故簽書判官廳公事。又選人作縣曰某縣令，京官以上知某縣事，皆恐未正名者也。

元豐董正官制，如武臣始議易將軍，校尉之號竟獨依舊，不復更。

永裕董正官制，易其稱呼。元祐間議者謂無以甄别流品，遂詞人加“左”字，餘人加“右”字，有犯貪墨者去之。予始見法制，詞人犯則去“左”稱“右”，則餘人稱“右”者得無恥乎？是時知黄州，請有犯竝去之，不從。

汴京皇宫建造（《石林燕語》）

題解

《石林燕語》十卷，《考異》一卷，《四庫全書總目》卷一二一子部雜家類五雜説之屬著録。

《石林燕語》十卷，北宋葉夢得（字少藴，號石林居士，1077—1148）撰。成書於南宋初年。所記多爲宋代典章制度、故事遺聞。作者歷經仕宦，學問博洽，熟於掌故，故“於官制科目，言之尤詳，頗足以補史傳之闕”（《四庫全書總目》提要）。但亦有記憶失真、錯訛失實之處。書成之後，有南宋宇文紹奕作《石林燕語考異》加以辨證，清修《四庫全書》時，將《考異》從《永樂大典》中輯出，各附《石林燕語》本條之下，二書得以相輔而行。本篇選自《石林燕語》卷一，題目爲編選者所加。篇中記北宋初年太祖詔修汴京宫殿事。修建之初，太祖即命“凡諸門與殿須相望，無得輒差”，寄寓端平正直的爲政理念。

選文據侯忠義點校《石林燕語》（北京，中華書局，1984 年）。另有李欣校注《石林燕語》（西安，三秦出版社，2004 年）、夏東鋒《葉夢得筆記考證》（太原，山西人民出版社，2015 年），可參考。

選文

太祖建隆初，以大内制度草創，乃诏圖洛陽宫殿，展皇城東北隅，以鐵騎都尉李懷義與中貴人董役，按圖營建。初命懷義等，凡諸門與殿須相望，無得輒差，故垂拱、福甯、柔儀、清居四殿正重，而左右掖與昇龍、銀臺等諸門皆然，惟大慶殿與端門少差爾。宫成，太祖坐福甯寢殿，令闢門前後，召近臣入觀。諭曰：“我心端直正如此，有少偏曲處，汝曹必見之矣！”羣臣皆再拜。後雖嘗經火屢修，率不敢易其故處矣。

雷書（《齊東野語》）（節選）

題解

《齊東野語》二十卷，《四庫全書總目》卷一二一子部雜家類五雜說之屬著録。

《齊東野語》二十卷，南宋周密撰。該書内容豐富，涉及多個領域，對研究宋元之交的政治、經濟、社會和文化有很高的史料價值，如書中所載“李全始末”“端平入洛”“二張援襄”等史事，皆有補充正史之效。本篇選自《齊東野語》卷十二《雷書》。該篇主要討論雷電的起源問題，儘管前人已經對此有所論述，但仍有一些情形難以得到解釋，如雷擊之後有時會在物體上留下帶有神秘意味的文字，即所謂“雷書”。文中所論雖囿於時代而不免有其局限性，但部分説法仍有其價值，如陰陽相薄産生雷電，和現代科學認爲雷電爲正負電極相互作用的結果，頗有相近之處。

選文據張茂鵬點校《齊東野語》（北京，中華書局，1983 年）。另有黄益元校點《齊東野語》（上海，上海古籍出版社，2012 年），可參考。

選文

神而不可名，變化而不可測者，莫如雷霆。《淮南子》曰：“陰陽相薄，感而爲雷，激而爲電。”故先儒爲之説曰：“陰氣凝聚，陽在内而不得出，則奮擊而爲雷霆。聲，陽也；光，亦陽也。光發而聲隨之，陽氣奮擊欲出之勢也。”或問世所得雷斧何物也？曰：“此猶星隕而爲石也。本乎天者，氣而非形，偶隕於地，則成形矣。”或問人有不善爲雷震死者何也？曰：“人作惡有惡氣，霹靂乃天地之怒氣，是怒氣亦惡氣也，怒氣與惡氣相感故爾。”或問雷之破山、壞屋、折樹、殺畜何也？曰：“此氣鬱而怒，方爾奮擊，偶或值之，則遭震矣。”

光論（《物理小識》）（節選）

題解

《物理小識》十二卷，《四庫全書總目》卷一二二子部雜家類六雜説之屬著録。

《物理小識》十二卷，亦名《名物小識》，明末清初方以智撰。方以智（1611—1671），字密之，號曼公，桐城（今屬安徽）人。明清之際哲學家、科學家。《物理小識》是一部以記述自然科學爲主的雜著，卷首爲總論，正文分爲天類、地類、曆類、風雷雨暘類、占候類、人身類、醫藥類、飲食類、衣服類、異事類等十五類，被譽爲中國17世紀的百科全書。本篇選自《物理小識》卷一。《光論》是方以智對光學原理的探索與闡釋，本篇中方以智提出“氣光波動説”，認爲光的産生與傳播是由於氣的運動，都是他在物理學方面的創見。

選文據排印本《物理小識》（上海，商務印書館，1937年）。另有陳文濤箋證《物理小識》（福州，文明書局，1936年），可參考。

選文

文饒曰①：“兩間變狀，皆氣光之所爲。”《潛草》曰②：“兩間之光，皆太陽之火也。”《黄帝經》曰：“天明則日月不明。”蓋天凝其陽精爲日，而月與星用之，萬物皆用之。《説文》：“光，從火在人上。”人正用天之火種，而心正傳天之神光者也。以體質言之，火用爲燈而發光；以理言之，未有燈火之前，光之理已具矣。愚者曰：“光理貫明暗，猶陽之統陰陽也。火無體而因物見光以爲體，猶心無體而因事見理以徵幾也。晦夜昏黑，地雖遮日，空自有光。人臥暗室，忽然開目，目自有光，何訝虎梟貓鼠之夜視耶？氣凝爲形，發爲光聲，猶有未凝形之空氣與之摩盪嘘吸③。故形之用，止于其分，而光聲之用常溢于其餘。氣無空隙，互相轉應也。”

---

① 文饒：即南宋學者張行成，字文饒。著有《述衍》《翼玄》《周易通變》等。

② 《潛草》：方以智父方孔炤隨筆稿名。方孔炤，字潛夫，精於《易》。

③ 摩盪：摩擦振蕩。語本《易·繫辭上》：“剛柔相摩，八卦相蕩。”嘘吸：呼吸，吐納。語出《莊子·天運》：“風起北方，一西一東，有上彷徨，孰嘘吸是？”

藝文類聚序（《藝文類聚》）

題解

《藝文類聚》一百卷，《四庫全書總目》卷一三五子部類書類一著録。

類書，是輯録各種書中的相關材料，分門别類加以編排，以備查檢的一種書籍體例。《藝文類聚》爲唐武德七年（624 年）歐陽詢、令狐德棻等奉敕編輯。全書共一百卷，一百萬餘字，分歲時、治政、産業等四十六類，事實居前，詩文列後，是中國現存最早的一部完整的官修類書，保存了唐代以前豐富的文獻資料。其中徵引的典籍，大多散佚，故具有寶貴的文獻輯佚價值。《四庫全書總目》提要稱該書“俾覽者易爲功，作者資其用，於諸類書中，體例最善”。本篇選自《藝文類聚》卷首。序言中，歐陽詢解釋了修書緣起及功用，即爲人們訪求典故提供便利。唐代先後出現了幾部大的類書，與其時代背景有關：人們在詩文寫作過程中，注重雕琢字句，運用典故，不可避免地會刺激類書體裁著述的不斷出现和完善。

選文據汪紹楹點校《藝文類聚》（上海，上海古籍出版社，1982 年）。另有《宋本藝文類聚》（上海，上海古籍出版社，2013 年）、郭醒《〈藝文類聚〉研究》（沈陽，遼海出版社，2010 年），可參考。

選文

敘曰：夫九流百氏，爲説不同。延閣、石渠，架藏繁積。周流極源，頗難尋究；披條索貫，日用弘多。卒欲摘其菁華，採其指要，事同游海，義等觀天。皇帝命代膺期，撫兹寶運，移澆風於季俗，反淳化於區中，戡亂靖人，無思不服，偃武修文，興開庠序，欲使家富隋珠，人懷荆玉，以爲前輩綴集，各杼其意，《流别》《文選》，專取其文，《皇覽》《徧略》[①]，直書其事，文義既殊，尋檢難一。爰詔撰其事且文，棄其浮雜，删其冗長，金箱玉印，比類相從，號曰《藝文類聚》，凡一百卷。其有事出於文者，便不破之爲事，故事居其前，文列于後，俾夫覽者易爲功，作者資其用，可以折衷今古，憲章墳典云爾。太子率更令弘文館學士渤海男歐陽詢序。

---

① 《皇覽》：三國魏文帝命學者編撰的大型類書。“皇覽”，谓供皇帝閲覽。《徧略》：即《華林遍略》，南朝梁武帝蕭衍下令華林园學士編纂的大型類書。皆已亡佚。

駙馬（《初學記》）（節選）

題解

《初學記》三十卷，《四庫全書總目》卷一三五子部類書類一著録。

《初學記》，是唐玄宗時徐堅等奉敕編修的一部類書，原爲唐玄宗諸子作文時檢查事類之用，故名《初學記》。全書分二十四部，三百一十三個子目。每一子目内包括三個部分："敘事"記載歷史故事，"事對"彙輯對文偶句，"詩文"收集古今詩句，體裁新穎，内容豐富。本書取材於群經諸子、歷代詩賦及唐初諸家作品，保存很多古代典籍的零篇單句，亦可窺見其時社會生活，知悉名物品種。本篇選自《初學記》卷十《帝戚部》。選文爲"駙馬"子目下"敘事"部分，解釋了駙馬都尉一職的設立發展情況，文字簡短，梳理清晰，頗資參考。

選文據整理本《初學記》（北京，中華書局，1962年）。另有全國高校古籍整理研究工作委員會編《初學記》（北京，綫裝書局，2002年）、江秀梅《〈初學記〉徵引集部典籍考》（臺北，花木蘭文化出版社，2006年）、李玲玲《〈初學記〉引經考》（北京，中國社會科學出版社，2013年），可參考。

選文

漢制，天子以列侯尚公主，諸侯以國人承翁主。魏晉之後，尚公主皆拜駙馬都尉。初，駙馬都尉，漢武置也，掌御馬。歷兩漢，多宗室及外戚與諸公子孫任之。至魏，何晏，大將軍何進孫，以主壻拜駙馬都尉。其後杜預尚晉宣帝女高陸公主，拜駙馬都尉；王濟尚晉文帝女常山公主，拜駙馬都尉。後代因魏晉以爲恒，每尚公主則拜駙馬都尉。

德行（《唐語林》）（節選）

題解

《唐語林》八卷，《四庫全書總目》卷一四一子部小說家類二雜事之屬著録。

《唐語林》，是北宋王讜編撰的一部軼事小說。《四庫全書總目》提要稱："是書雖倣《世說》，而所紀典章故實、嘉言懿行，多與正史相發明，視劉義慶之專尚清談者不同。且所採諸書，存者亦少，其裒集之功，尤不可沒。"該書廣泛記載唐代政治史實、宮廷瑣事、士大夫言行、文學家軼事、風俗民情、名物制度等，對研究唐史多有補益。本篇選自《唐語林》卷一《德行》。篇中前段記隋末大儒王通隱於白牛谿，著書立說、傳道授業，於時天下英杰多出其門下。後段記唐玄宗登基後與諸王兄弟之間親密的手足之情。

選文據周勳初《唐語林校證》（北京，中華書局，2008 年）。另有《唐語林》（上海，上海古籍出版社，1985 年），可參考。

選文

文中子①，隋末隱於白牛谿，著《王氏六經》。北面受學者皆時偉人，國初多居佐命之列。自貞觀後，三百年間號至治，而《王氏六經》卒不傳。至元和初，劉禹錫撰《宣州觀察使王贇碑》，盛稱文中子能昭明王道，以大中立言，游其門者皆天下俊傑；自餘士大夫擬議及史册，未有言文中子者。

玄宗諸王友愛特甚，常思作長枕大被，與同起卧。諸王或有疾，上輒轉終日不能食。左右開喻進膳②，上曰："弟兄，吾之手足，手足不理，吾身廢矣，何暇更思寢食？"上於東都起五王宅，又於上都創花萼樓，益與諸王會聚。或講經義，賦詩飲酒，歡笑戲謔，未嘗猜忌。

---

① 文中子：王通（584—618），字仲淹，號文中子，著有《續六經》（亦稱《王氏六經》），已佚。門人記其生前言論，以問答形式整理爲《中說》（即《文中子》）一書。

② 開喻：同"開諭"。啓發解説，勸告。

七録序（《廣弘明集》）

題解

《廣弘明集》三十卷，《四庫全書總目》卷一四五子部釋家類著録（按：原書作《廣宏明集》，避清諱而改）。

《廣弘明集》，是唐高宗時釋道宣在梁僧祐《弘明集》基礎上編纂的一部佛教護法文獻集，是爲了"弘護法綱而開明有識"，與《弘明集》的主旨大致相同。撰述者按照所選文章性質分爲十類：一、歸正，二、辯惑，三、佛德，四、法義，五、僧行，六、慈惻，七、戒功，八、啓福，九、悔罪，十、統歸，每篇之前各冠以小序。該書保存了很多今已亡佚的材料，《四庫全書總目》提要稱："如阮孝緒《七録》序文及其門目部分，儒家久已失傳，《隋志》僅存其説，而此書第三卷内乃載其大綱，尚可推尋崖略，是亦禮失求野之一端，不可謂無裨考證也。"本篇選自《广弘明集》卷三。《七録》是南朝梁阮孝緒撰述的一部重要的目録學著作，它在一定程度上總結了前代目録學的成就，在中國目録學史上占有重要地位。其書久亡，序文賴《廣弘明集》收録得見。序文對以前典籍文字的存亡、歷代書籍著録情况做了梳理；對修書原因與目的、體例和分類依據做了闡釋，是瞭解齊梁以前目録學發展的重要史料。

選文據《四部叢刊正編》影印明汪道昆本《廣弘明集》（臺北，臺灣商務印書館，1979 年）。另有《廣弘明集》（影印宋磧沙藏本，上海，上海古籍出版社，1991 年）、劉林魁《〈廣弘明集〉研究》（北京，中國社會科學出版社，2011 年），可參考。

選文

日月貞明，匪光景不能垂照；嵩華載育，非風云無以懸感。大聖挺生，應期命世，所以匡濟風俗，矯正彝倫，非夫丘索墳典、詩書禮樂，何以成穆穆之功，致蕩蕩之化也哉！故洪荒道喪，帝昊興其爻畫[①]；結繩義隱，皇頡肇其文字[②]。自斯以往，沿襲異宜，功成治定，各有方册，正宗既殄，樂崩禮壞，先聖之法，有若綴旒。故仲尼歎曰："大道之行也，與三代之英，丘未逮也，而有志焉。"夫有志，以爲古文猶好也，故自衛反魯，始立素王。於是删詩書，定禮樂，列五始於《春秋》，興《十翼》於《易》道。

夫子既亡，微言殆絶，七十並喪，大義遂乖。逮於戰國，殊俗政異，百

---

① 帝昊：即太昊。傳説中遠古帝王。或作伏羲氏。

② 皇頡：即倉頡。或以爲即黄帝之臣史皇。

家競起，九流互作。嬴政嫉之，故有坑焚之禍。

至漢惠四年，始除挾書之律，其後外有太常、太史、博士之藏，内有延閣、廣内、秘室之府，開獻書之路，置寫書之官。至孝成之世，頗有亡逸，乃使謁者陳農求遺書於天下，命光禄大夫劉向及子俊、歆等，讐校篇籍，每一篇已，輒錄而奏之。會向亡丧，帝使歆嗣其前業，乃徙温室中書於天禄閣上，歆遂總括羣篇，奏其《七畧》。

及後漢，蘭臺猶爲書部，又於東觀及仁壽闥撰集新記。校書郎班固、傅毅，並典秘籍，固乃因《七畧》之辭爲《漢書·藝文志》。其後有著述者，袁山松亦錄在其書。

魏晉之世，文籍逾廣，皆藏在秘書中外三閣。魏秘書郎鄭默删定舊文，時之論者，謂爲朱紫有别①。晉領秘書監荀勗因魏《中經》，更著《新簿》，雖分爲十有餘卷，而總以四部别之。惠、懷之亂，其書畧盡，江左草創，十不一存，後雖鳩集，淆亂已甚。及著作佐郎李充，始加删正，因荀勗舊簿四部之法，而换其乙丙之書，沒畧衆篇之名，總以甲乙爲次。自時厥後，世相祖述。

宋秘書監謝靈運、丞王儉，齊秘書丞王亮、監謝朏等，並有新進，更撰目錄。宋秘書殷淳，撰《大四部目》。儉又依《别錄》之體，撰爲《七志》。其中朝遺書，收集稍廣，然所亡者，猶太半焉。齊末兵火，延及秘閣。有梁之初，缺亡甚衆，爰命秘書監任昉躬加部集，又於文德殿内别藏衆書，使學士劉孝標等，重加校進，乃分數術之文，更爲一部。使奉朝請祖暅撰其名錄，其尚書閣内，别藏經史雜書，華林園又集釋氏經論，自江左篇章之盛，未有踰於當今者也。

孝緒少愛墳籍，長而弗倦。卧病閑居，傍無塵雜②，晨光纔啓，緗囊已散；宵漏既分，綠袠方掩。猶不能窮究流畧、探盡秘奥。每披錄内省，多有缺然。其遺文隱記，頗好搜集。凡自宋齊已來，王公搢紳之館，苟能蓄聚墳籍，必思致其名簿。凡在所遇，若見若聞，校之官目，多所遺漏，遂總集衆

---

① 朱紫有别：朱紫，即紅色和紫色。紅色和紫色區分得清楚，比喻正邪美惡不相混淆。語本《論語·陽貨》："惡紫之奪朱也。"

② 傍：同"傍"。

家，更爲新録。其方内經史，至于術伎，合爲五録，謂之内篇。方外佛道，各爲一録，謂之外篇。凡爲録有七，故名《七録》。昔司馬子長記數千年事，先哲愍其勤，雖復稱爲良史，猶有捃拾之責。況總括羣書四萬餘卷，皆討論研覈，標判宗旨，才愧疎通，學慚博達，靡班嗣之賜書，微黄香之東觀。儻欲尋檢，内寡卷軸，如有疑滯，傍無沃啓，其爲紕繆，不亦多乎？將恐後之罪予者，豈不在於斯録？如有刊正，請俟君子。

昔劉向校書，輒爲一録，論其指歸，辨其訛謬，隨竟奏上，皆載在本書。時又别集衆録，謂之《别録》，卽今之《别録》是也。子歆撮其指要，著爲《七畧》，其一篇卽六篇之總最，故以《輯畧》爲名，次《六藝畧》，次《諸子畧》，次《詩賦畧》，次《兵書畧》，次《數術畧》，次《方伎畧》。王儉《七志》，改《六藝》爲《經典》，次《諸子》，次《詩賦》爲《文翰》，次《兵書》爲《軍書》，次《數術》爲《陰陽》，次《方伎》爲《術藝》。以向、歆雖云《七畧》，實有六條，故别立"圖譜"一志，以全七限。其外又條《七畧》及二漢《藝文志》、《中經簿》所闕之書，并方外之經，佛經道經，各爲一録。雖繼《七志》之後，而不在其數。

今所撰《七録》，斟酌王、劉，王以六藝之稱，不足標牓經目[①]，改爲經典，今則從之，故序《經典録》爲内篇第一。劉、王並以衆史合于《春秋》，劉氏之世，史書甚寡，附見《春秋》，誠得其例。今衆家記傳，倍於經典，猶從此志，實爲繁蕪。且《七畧》詩賦，不從六藝詩部，蓋由其書既多，所以别爲一畧。今依擬斯例，分出衆史，序《記傳録》爲内篇第二。諸子之稱，劉、王竝同。又劉有《兵書略》，王以"兵"字淺薄，"軍"言深廣，故改"兵"爲"軍"。竊謂古有兵革、兵戎、治兵、用兵之言，斯則武事之總名也，所以還改"軍"從"兵"。兵書既少，不足别録。今附于子末，總以"子兵"爲稱，故序《子兵録》爲内篇第三。王以"詩賦"之名，不兼餘制，故改爲"文翰"。竊以頃世文詞，總謂之集，變"翰"爲"集"，於名尤顯。故序《文集録》爲内篇第四。王以數術之稱，有繁雜之嫌，故改爲陰陽。方伎之言，事無典據，又改爲"藝術"。竊以陰陽偏有所繫，不如數術之該通，

① 牓：同"榜"。

術藝則濫六藝與數術，不逮方伎之要顯，故還依劉氏，各守本名。但房中、神仙，既入仙道，醫經、經方，不足別創，故合術伎之稱，以名一錄，爲內篇第五。王氏“圖譜”一志，劉《略》所無，劉數術中雖有曆譜，而與今譜有異。竊以圖畫之篇，宜從所圖爲部，故隨其名題，各附本錄。譜既注記之類，宜與史體相祭，故載于記傳之末。自斯已上，皆內篇也。

釋氏之教，實被中土，講說諷味，方軌孔籍，王氏雖載于篇，而不在志限，卽理求事，未是所安，故序《佛法錄》爲外篇第一。仙道之書，由來尚矣，劉氏神仙陳於“方伎”之末，王氏道經書於“七志”之外。今合序《仙道錄》爲外篇第二。王則先道而後佛，今則先佛而後道，蓋所宗有不同，亦由其教有淺深也。凡內外兩篇，合爲《七錄》。天下之遺書秘記，庶幾窮於是矣。

有梁普通四年，歲維單閼仲春十有七日，於建康禁中里宅始述此書。通人平原劉杳從余遊[①]，因說其事，杳有志積夂[②]，未獲操筆，聞余已先著鞭，欣然會意，凡所抄集，盡以相與，廣其聞見，實有力焉。斯亦康成之於傳釋，盡歸子愼之書也[③]。

① 劉杳：字士深，南朝平原（今山東平原）人。曾協助阮孝緒編撰《七録》，自撰有《古今四部書目》5卷，今已佚。

② 夂：古同“久”。

③ 康成：即鄭玄，字康成。北海高密（今山東高密）人。世稱“後鄭”，以别於鄭興、鄭衆父子。子愼：即服虔，字子慎，滎陽（今河南滎陽）人。東漢古文經學家。

攝摩騰傳（《高僧傳》）

題解

《高僧傳》十四卷，《四庫全書總目》不著録。

《高僧傳》，南朝梁釋慧皎撰。慧皎感慨當時僧衆猥濫，故以“高僧”爲名撰爲此書。類傳體，凡分譯經、義解、神異、習禪、明律、亡身、誦經、興福、經師、唱導等十門，對當時高僧隱士，一一爲之作傳。每門之後，繫以評論。所記多可補史載之缺，又可資考史。本篇選自《高僧傳》卷一，爲全書首篇，原題《漢雒陽白馬寺攝摩騰》。攝摩騰爲中天竺人，通達大、小乘經典，曾在天竺一附庸小國講《金光明經》，值別國軍隊侵犯國境，攝摩騰不畏身死前往邊境，以佛法勸化雙方，避免了兩國戰爭，由此名聲鵲起。東漢永平年間（58—75 年），明帝夜夢金人，派遣郎中蔡愔及弟子秦景等前往天竺尋訪佛法。在蔡愔等人力邀之下，攝摩騰欣然應允，與竺法蘭以白馬馱佛經、佛像、舍利，來到洛陽，受到漢明帝的隆重迎接，成爲最早進入中國的佛教僧人之一。

選文據湯用彤校注、湯一玄整理《高僧傳》（北京，中華書局，1992 年）。另有朱恒夫等注譯《高僧傳》（西安，陝西人民出版社，2010 年）、紀贇《慧皎〈高僧傳〉研究》（上海，上海古籍出版社，2009 年），可參考。

選文

攝摩騰，本中天竺人①。善風儀，解大、小《乘經》，常遊化爲任。昔經往天竺附庸小國，講《金光明經》②。會敵國侵境，騰惟曰：“經云：‘能説此經法，爲地神所護，使所居安樂。’今鋒鏑方始，曾是爲益乎？”乃誓以忘身，躬往和勸，遂二國交歡，由是顯達。

漢永平中，明皇帝夜夢金人飛空而至，乃大集羣臣以占所夢。通人傅毅奉答：“臣聞西域有神，其名曰‘佛’，陛下所夢，將必是乎。”帝以爲然，即遣郎中蔡愔、博士弟子秦景等，使往天竺，尋訪佛法。愔等於彼遇見摩騰，乃要還漢地。騰誓志弘通，不憚疲苦，冒涉流沙，至乎雒邑。明帝甚加賞接，於城西門外立精舍以處之，漢地有沙門之始也。但大法初傳，未有歸

---

① 中天竺：古代印度分爲五部分，稱東、西、南、北、中五天竺。其中央部分諸國，稱“中天竺”，面積最廣，包括今印度拉賈斯坦邦東半、中央邦、北方邦及西孟加拉邦之大半。

② 《金光明經》：又名《金光明最勝王經》。主要講述四天王鎮護國家及弘揚佛法、護國利民等方面的功德，有北凉曇無讖譯本，共四卷十九品。

信，故蘊其深解，無所宣述，後少時卒於雒陽。

有記云：騰譯《四十二章經》一卷，初緘在蘭臺石室第十四間中。騰所住處，今雒陽城西雍門外白馬寺是也。相傳云：外國國王嘗毀破諸寺，唯招提寺未及毀壞。夜有一白馬繞塔悲鳴，卽以啓王，王卽停壞諸寺。因改“招提”以爲“白馬”。故諸寺立名多取則焉。

天下皆知美之爲美（《老子》）

題解

《老子注》二卷，魏王弼撰，《四庫全書總目》卷一四六子部道家類著録。

《老子》，亦稱《道德經》，又稱《老子五千文》。西漢河上公作《老子章句》，分爲八十一章，以前三十七章爲《道經》，後四十四章爲《德經》，故有《道德經》之名。但1973年馬王堆漢墓出土的《老子》抄寫本，《德經》在前，《道經》在後。全書以哲理詩形式，闡述修身、治國、用兵、養生之道，而多以政治爲旨歸，對中國古代哲學、科學、政治、宗教等具有深刻的影響，是道家學派的開山之作，倍受歷代重視，因此注其書者日繁，自西漢河上公始，魏王弼、元吴澄、明焦竑、清世祖等都曾爲之作注，明刻《道藏》中收有《道德經》注釋五十餘種，其中尤以王弼注本流傳最爲廣泛。現代以來，隨着馬王堆漢墓帛書《德經》、《道經》和郭店楚簡的出土，學術界研究成果頗爲豐富。本篇選自《老子》第二章。本篇體現了老子的無爲和辯證論思想。文中對美醜、善惡、有無、難易、長短、高下之間對立統一關係的闡述，揭示了事物都會有對立的兩個方面，并且二者是相互依存、聯繫在一起的，這就是中國古典哲學中所謂的“相反相成”。

選文據樓宇烈《老子道德經注校釋》（北京，中華書局，2008年）。另有高明《帛書老子校注》（北京，中華書局，1996年），陳鼓應《老子注譯及評介》（修訂增補本，北京，中華書局，2009年），彭裕商、吴毅强《郭店楚簡老子集釋》（成都，巴蜀書社，2011年），黄懷信《老子彙校新解》（南京，鳳凰出版社，2016年），可參考。

選文

天下皆知美之爲美，斯惡已；皆知善之爲善，斯不善已。故有無相生，難易相成，長短相較，高下相傾，音聲相和，前後相隨。是以聖人處無爲之事，行不言之教，萬物作焉而不辭，生而不有，爲而不恃，功成而弗居。夫唯弗居，是以不去。

秋水（《莊子》）（節選）

題解

《莊子註》十卷，晋郭象撰，《四庫全書總目》卷一四六子部道家類著録。

《莊子》，戰國時莊子及其後學所著。唐玄宗時，尊莊子爲南華真人，故《莊子》亦稱《南華真經》。今傳本爲郭象删定本，内篇大體可代表戰國時莊子思想核心，而外、雜篇發展則縱横百餘年，參雜黄老、莊子後學，形成了複雜的體系。本篇選自《莊子》卷六下外篇。“秋水”即秋天的雨水，取篇首二字作爲篇名。《秋水》篇裏，莊子借河伯、北海之口，闡釋其哲學上的思考，即在認識事物上的相對性觀點，任何考量標準都不是絶對的，最終本質是無法認識的，體現了莊子一貫主張的歸返自然等思想。

選文據清郭慶藩撰、王孝魚點校《莊子集釋》（北京，中華書局，1961 年）。另可參考：郭象注，成玄英疏，曹礎基、黄蘭發點校《南華真經注疏》（北京，中華書局，1998 年）；王先謙撰、沈嘯寰點校《莊子集解》（北京，中華書局，1987 年）；劉文典撰，趙鋒、諸偉奇點校《莊子補正》（北京，中華書局，2015 年）；王叔岷《莊子校詮》（北京，中華書局，2007 年）；陳鼓應《莊子今注今譯》（最新修訂版，北京，商務印書館，2016 年）。

選文

秋水時至，百川灌河。涇流之大，兩涘渚崖之間，不辯牛馬。於是焉河伯欣然自喜，以天下之美爲盡在己，順流而東行，至於北海，東面而視，不見水端，於是焉河伯始旋其面目，望洋向若而歎曰：“野語有之曰：‘聞道百以爲莫己若者。’我之謂也。且夫我嘗聞少仲尼之聞而輕伯夷之義者，始吾弗信；今我睹子之難窮也，吾非至於子之門則殆矣，吾長見笑於大方之家。”

北海若曰：“井鼃不可以語於海者[①]，拘於虛也；夏蟲不可以語於冰者，篤於時也；曲士不可以語於道者，束於教也。今爾出於崖涘，觀於大海，乃知爾醜，爾將可與語大理矣。天下之水，莫大於海，萬川歸之，不知何時止而不盈；尾閭泄之，不知何時已而不虛；春秋不變，水旱不知。此其過江河之流，不可爲量數。而吾未嘗以此自多者，自以比形於天地而受氣於陰陽，吾在於天地之間，猶小石小木之在大山也，方存乎見少，又奚以自多！計四

① 鼃：古同“蛙”。

海之在天地之間也，不似礨空之在大澤乎[①]？計中國之在海内，不似稊米之在大倉乎[②]？號物之數謂之萬，人處一焉；人卒九州，穀食之所生，舟車之所通，人處一焉；此其比萬物也，不似豪末之在於馬體乎？五帝之所連，三王之所争，仁人之所憂，任士之所勞，盡此矣。伯夷辭之以爲名，仲尼語之以爲博，此其自多也，不似爾向之自多於水乎？"

河伯曰："然則吾大天地而小豪末，可乎？"

北海若曰："否。夫物，量无窮，時无止，分无常，終始无故。是故大知觀於遠近，故小而不寡，大而不多，知量无窮；證曏今故，故遙而不悶，掇而不跂，知時无止；察乎盈虚，故得而不喜，失而不憂，知分之无常也；明乎坦塗，故生而不説，死而不禍，知終始之不可故也。計人之所知，不若其所不知；其生之時，不若未生之時；以其至小求窮其至大之域，是故迷亂而不能自得也。由此觀之，又何以知豪末之足以定至細之倪！又何以知天地之足以窮至大之域！"

河伯曰："世之議者皆曰：'至精无形，至大不可圍。'是信情乎？"

北海若曰："夫自細視大者不盡，自大視細者不明。夫精，小之微也；垺[③]，大之殷也。故異便。此勢之有也。夫精粗者，期於有形者也；无形者，數之所不能分也；不可圍者，數之所不能窮也。可以言論者，物之粗也；可以意致者，物之精也；言之所不能論，意之所不能察致者，不期精粗焉。

"是故大人之行，不出乎害人，不多仁恩；動不爲利，不賤門隸；貨財弗争，不多辭讓；事焉不借人，不多食乎力，不賤貪污；行殊乎俗，不多辟異；爲在從衆，不賤佞諂；世之爵禄不足以爲勸，戮恥不足以爲辱；知是非之不可爲分，細大之不可爲倪。聞曰：'道人不聞，至德不得，大人无己。'約分之至也。"

河伯曰："若物之外，若物之内，惡至而倪貴賤[④]？惡至而倪小大？"

北海若曰："以道觀之，物无貴賤；以物觀之，自貴而相賤；以俗觀之，

---

① 礨空（lěi kōng）：蟻穴。一説爲小洞。
② 稊（tí）米：小米，比喻其小。
③ 垺（póu）：謂盛也。盛大。
④ 倪：端頭，邊際。此有區别、區分之意。

貴賤不在己。以差觀之，因其所大而大之，則萬物莫不大；因其所小而小之，則萬物莫不小。知天地之爲稊米也，知豪末之爲丘山也，則差數覩矣。以功觀之，因其所有而有之，則萬物莫不有；因其所无而无之，則萬物莫不无。知東西之相反而不可以相无，則功分定矣。以趣觀之，因其所然而然之，則萬物莫不然；因其所非而非之，則萬物莫不非。知堯桀之自然而相非，則趣操覩矣。

"昔者堯、舜讓而帝，之、噲讓而絕；湯、武爭而王，白公爭而滅。由此觀之，爭讓之禮，堯、桀之行，貴賤有時，未可以爲常也。梁麗可以衝城[①]，而不可以窒穴，言殊器也；騏驥驊騮[②]，一日而馳千里，捕鼠不如狸狌，言殊技也；鴟鵂夜撮蚤，察毫末，晝出瞋目而不見丘山，言殊性也。故曰，蓋師是而无非，師治而无亂乎？是未明天地之理，萬物之情者也。是猶師天而无地，師陰而无陽，其不可行明矣。然且語而不舍，非愚則誣也。帝王殊禪，三代殊繼。差其時，逆其俗者，謂之篡夫；當其時，順其俗者，謂之義之徒。默默乎河伯！女惡知貴賤之門，小大之家！"

河伯曰："然則我何爲乎，何不爲乎？吾辭受趣舍，吾終奈何？"

北海若曰："以道觀之，何貴何賤，是謂反衍；无拘而志，與道大蹇。何少何多，是謂謝施；无一而行，與道參差。嚴乎若國之有君，其无私德；繇繇乎若祭之有社，其无私福；泛泛乎其若四方之无窮，其无所畛域。兼懷萬物，其孰承翼？是謂无方。萬物一齊，孰短孰長？道无終始，物有死生，不恃其成；一虛一滿，不位乎其形。年不可舉，時不可止；消息盈虛，終則有始。是所以語大義之方，論萬物之理也。物之生也，若驟若馳，无動而不變，无時而不移。何爲乎，何不爲乎？夫固將自化。"

河伯曰："然則何貴於道邪？"

北海若曰："知道者必達於理，達於理者必明於權，明於權者不以物害己。至德者，火弗能熱，水弗能溺，寒暑弗能害，禽獸弗能賊。非謂其薄之也，言察乎安危，寧於禍福，謹於去就，莫之能害也。故曰，天在內，人在

---

① 梁：屋梁。麗：屋棟。
② 騏驥驊騮：皆爲良馬。

外，德在乎天。知天人之行，本乎天，位乎得；蹢躅而屈伸[1]，反要而語極。”

曰：“何謂天？何謂人？”

北海若曰：“牛馬四足，是謂天；落馬首，穿牛鼻，是謂人。故曰，无以人滅天，无以故滅命，无以得殉名。謹守而勿失，是謂反其眞。”

① 蹢躅（zhí zhú）：徘徊。

神仙傳序（《神仙傳》）

題解

《神仙傳》十卷，《四庫全書總目》卷一四六子部道家類著録。

《神仙傳》，東晋道教學者葛洪撰述。書中記載古代傳説中八十五位神仙故事，大體继西漢劉向《列仙傳》而作，體例仿效《史記》列傳，叙事方式和内容受到了莊子思想的影響。魏晋南北朝時，社會上談仙論怪的風氣很盛，序中可見本書之作是爲回答弟子騰升"神仙有無"之問。葛洪列舉所知實例，來論證"神仙實有"，其説雖不足據，但所反映的時人思想及其文學表達却頗有價值。

選文據胡守爲《神仙傳校釋》（北京，中華書局，2010 年）。另有周國林《神仙傳全譯》（貴陽，貴州人民出版社，1998 年），可參考。

選文

洪著《内篇》①，論神仙之事凡二十卷。弟子滕升問曰："先生曰神仙可得不死，可學，古之得仙者，豈有其人乎？"答曰："昔秦大夫阮倉所記有數百人，劉向所撰又七十一人。蓋神仙幽隱，與世異流，世之所聞者，猶千不及一者也。故甯子入火而淩煙，馬皇見迎以獲龍。方回咀嚼以雲母，赤將茹葩以隨風②。涓子餌朮以著經③，嘯父烈火以無窮。務光游淵以脯薤④，仇生却老以食松。邛疏服石以鍊形，琴高乘鯉於碭中。桂父改色以龜腦，女丸七十以增容。陵陽吞五脂以登高，商丘咀菖蒲以不終。雨師煉五色以厲天，子光轡蚪雷於玄塗⑤。周晉跨素禽於緱氏，軒轅控飛龍於鼎湖。葛由策木羊於綏山⑥，陸通匝遐紀於黄盧⑦。蕭史乘鳳而輕舉⑧，東方飄衣於京都。犢子靈化以淪神，主柱飛行於丹砂。阮丘長存於睢嶺，英氏乘魚以登遐。脩羊陷石

① 内篇：指葛洪著《抱樸子·内篇》，二十篇，今存。

② 茹葩：指啖食百草之花。

③ 餌朮（zhú）：服食蒼朮。據説餌朮可使人益壽。

④ 脯薤：指服食蒲韭根。

⑤ 蚪雷：王謨《漢魏叢書》本作"兩蚪"。蚪：同"虬"（qiú），古代傳説中有角的小龍。

⑥ 葛由：羌人。周成王時，好刻木羊賣之。一日騎羊入西蜀，上綏山得仙道。

⑦ 陸通：字接輿，春秋楚人。昭王時政令無常，乃佯狂不仕，時人稱爲楚狂。遐紀：高齡，高壽。黄盧：《漢魏叢書》本作"槖盧"。"槖盧"，或作"托盧"，一名枸杞。《本草綱目》卷三六《本經》云："久服堅筋骨輕身不老"。

⑧ 輕舉：升仙飛行。

於西嶽，馬丹回風以電徂。鹿翁陟險而流泉，園客蟬蛻於五華。余今復抄集古之仙者，見於《仙經》、服食方及百家之書，先師所説，耆儒所論，以爲十卷，以傳知真識遠之士。其繫俗之徒，思不經微者，亦不强以示之矣。則知劉向所述殊甚簡要，美事不舉。此傳雖深妙奇異，不可盡載，猶存大體，竊謂有愈於向多所遺棄也。”葛洪撰。

第四單元

四部文獻泛讀——集部

集部總叙（《四庫全書總目》）

題解

本篇選自《四庫全書總目》卷一四八，爲該書集部之總叙。集部典籍，主要是指歷代文學家的詩文作品集。集部的源流爲《漢書・藝文志》之“詩賦略”，當時諸子文章或詩賦以單篇形式流傳，尚無“集”名。南朝王儉《七志》稱爲“文翰志”，至阮孝緒《七録》“以頃世文詞，總謂之集，變‘翰’爲‘集’”（《七録序》），始名爲“文集録”，在此基礎上，《隋書・經籍志》正式定名爲“集部”，包括楚辭、别集和總集三類。《四庫全書總目》集部下分五類，即在《隋志》楚辭、别集、總集之外，增設了詩文評和詞曲類。本篇叙文對集部各類的發生次序、類别特征以及前代選文之優劣得失，做了概括的論述，對於歷來文人學士的門户構争，筆舌相攻，主張“掃除畛域，一準至公”，“各取其所長，而不回護其所短”，但其基本準則仍是爲維護統治服務，所謂：“蓋有世道之防焉，不僅爲文體計也。”

選文據整理本《四庫全書總目》（北京，中華書局，1965 年）。另有《欽定四庫全書總目》（北京，中華書局，1997 年整理本），張舜徽《四庫提要叙講疏》（昆明，雲南人民出版社，2005 年），柳燕《〈四庫全書總目〉集部研究》（武漢，湖北人民出版社，2013 年），可參考。

選文

集部之目，楚辭最古，別集次之，總集次之，詩文評又晚出，詞曲則其閏餘也。古人不以文章名，故秦以前書無稱屈原、宋玉工賦者。洎乎漢代，始有詞人。迹其著作，率由追錄。故武帝命所忠求相如遺書[1]，魏文帝亦詔天下上孔融文章[2]。至於六朝，始自編次。唐末又刊版印行。（事見貫休《禪月集序》。）夫自編則多所愛惜，刊版則易於流傳。四部之書，別集最雜，茲其故歟！然典冊高文，清辭麗句，亦未嘗不高標獨秀，挺出鄧林[3]。此在翦刈卮言[4]，別裁僞體，不必以猥濫病也[5]。總集之作，多由論定。而《蘭亭》《金谷》悉觴咏於一時[6]，下及《漢上題襟》《松陵倡和》[7]，《丹陽集》惟錄鄉人[8]，《篋中集》則附登乃弟[9]。雖去取僉孚眾議，而履霜有漸，已爲詩社標榜之先驅[10]。其聲氣攀援，甚於別集。要之，浮華易歇，公論終明，巋然而獨存者，《文選》《玉臺新詠》以下數十家耳。詩文評之作，著於齊、梁。觀同一八病四聲也，鍾嶸以求譽不遂，巧致譏排，劉勰以知遇獨深，繼爲推闡[11]。詞場恩怨，亙古如斯。冷齋曲附乎豫章[12]，石林隱排乎元祐[13]。黨人餘釁，報及文章，又其已事矣。固宐別白存之[14]，各核其實。至於倚聲末技[15]，分派詩歌，其間周、柳、蘇、辛，亦遞爭軌轍。然其得其失，不足重輕，姑

---

① 武帝命所忠求相如遺書：事見《史記》卷一百一十七《司馬相如列傳》。

② 魏文帝亦詔天下上孔融文章：事見《後漢書》卷七十《孔融傳》。

③ 鄧林：古代神話傳説中的樹林，比喻薈萃之處，此如言文學之林。

④ 卮言：支離之語。

⑤ 猥：多。

⑥ 《蘭亭》：即《蘭亭集》。東晉永和九年（353年），王羲之於蘭亭召集文士唱和，編爲是集。《金谷》：即《金谷園詩》。西晉元康六年（296年），石崇於金谷園邀集名士以爲文酒之會，編爲此集。觴咏：飲酒賦詩。

⑦ 《漢上題襟》：唐代段成式與李商隱、温庭筠等往來唱和之作。《松陵倡和》：唐代詩人陸龜蒙與皮日休的唱和詩集。

⑧ 《丹陽集》：唐代開元末年殷璠所編丹陽籍詩人選集。

⑨ 《篋中集》：唐代元結所編唐詩選集，收録包括其弟元季川在内的七位詩人的二十四首詩歌。

⑩ 榜：通"榜"。

⑪ "觀同一八病四聲"句：南朝梁沈約撰《四聲譜》，指出詩句聲韵搭配上應避免的八種弊病。鍾嶸在《詩品》中批評其拘於聲律，所謂"文多拘忌，傷其真美"，而劉勰在《文心雕龍》中則專設《聲律》篇對其加以闡揚。《總目》提要認爲鍾、劉二人於沈約之説態度不同，與個人恩怨有關。"鍾嶸求譽不遂"，事見《南史》卷七十二《鍾嶸傳》。"劉勰知遇獨深"，事見《梁書》卷五十《劉勰傳》。

⑫ 冷齋：指北宋僧人惠洪，著有《冷齋夜話》。豫章：指北宋文學家黄庭堅。

⑬ 石林：指宋代文人葉夢得，號石林居士，著有《石林詩話》。

⑭ 宐：同"宜"。

⑮ 倚聲：依樂譜填詞，這裏指作詞。

附存以備一格而已。大抵門戶構爭之見，莫甚於講學，而論文次之。講學者聚黨分朋，往往禍延宗社。操觚之士，筆舌相攻①，則未有亂及國事者。蓋講學者必辨是非，辨是非必及時政，其事與權勢相連，故其患大。文人詞翰，所爭者名譽而已，與朝廷無預，故其患小也。然如艾南英以排斥王、李之故②，至以嚴嵩爲察相，而以殺楊繼盛爲稍過當。豈其捫心清夜，果自謂然？亦朋黨既分，勢不兩立，故決裂名教而不辭耳。至錢謙益《列朝詩集》，更顛倒賢姦，彝良泯絕，其貽害人心風俗者，又豈尠哉③！今掃除畛域，一準至公。明以來諸派之中，各取其所長，而不回護其所短。蓋有世道之防焉，不僅爲文體計也。

① 操觚：即寫作。觚：書寫用的木簡。

② 艾南英（1583—1646）：字千子，明末散文家。曾欲編《歷代詩文集》《皇明古文定》，網羅秦漢以來名篇。《明史》本傳稱其“排詆王、李，不遺餘力”，對王世貞、李攀龍所代表的前後七子的文风給予激烈批評。

③ 尠（xiǎn）：同“鮮”。少。

國殤（《楚辭章句》）

題解

《楚辭章句》十七卷，《四庫全書總目》卷一四八集部楚辭類著録。

楚辭，是公元前 4 世紀，即戰國時代後期在中國南部楚國産生的一種新詩體，其開創者和最主要的作家是楚國的屈原（約前 340—約前 278，名平，字原，戰國時期楚國政治家、文學家），他的主要作品爲《離騷》《九歌》《天問》《九章》等，事迹見《史記・屈原賈生列傳》。《楚辭章句》，漢王逸撰。王逸，字叔師，東漢南郡宜城（今湖北宜城）人，順帝時官至侍中，事迹見《後漢書・文苑傳》。自西漢劉向裒輯屈原、宋玉之賦，定名《楚辭》，阮孝緒《七録》文集録列"楚辭部"，《隋書・經籍志》集部列"楚辭"類，後世官私目録多承襲之，《四庫全書總目》亦列爲集部首類。王逸所注爲後世諸本之祖，《總目》提要評論其"雖不甚詳賅，而去古未遠，多傳先儒之訓詁"。本篇原載《楚辭章句》卷二《九歌章句》，爲"九歌"之終篇，是楚人祭祀爲國捐軀將士的樂歌。

選文據黄靈庚《楚辭章句疏證》（北京，中華書局，2007 年）。另有馬茂元《楚辭選》（北京，人民文學出版社，1998 年），聶石樵《楚辭新注》（上海，上海古籍出版社，1980 年），崔富章《楚辭集校集釋》（武漢，湖北教育出版社，2003 年），朱熹《楚辭集注》（見《朱子全書》，第十九册，上海，上海古籍出版社；合肥，安徽教育出版社，2010 年），王夫之《楚辭通釋》（见《船山全書》，第十四册，長沙，岳麓書社，2011 年），湯炳正、李大明等《楚辭今注》（上海，上海古籍出版社，2012 年），均可參考。下篇同。

選文

操吳戈兮被犀甲①，車錯轂兮短兵接。旌蔽日兮敵若雲，矢交墜兮士爭先。

凌余陣兮躐余行②，左驂殪兮右刃傷③。霾兩輪兮縶四馬④，援玉枹兮擊鳴鼓。

---

① 吳戈：吴地所産之戟。犀甲：犀牛皮製成之鎧甲。

② 凌：侵犯。躐（liè）：踐踏。

③ 殪（yì）：死。

④ 霾：通"埋"。縶：絆住。

天時墜兮威靈怒[①]，嚴殺盡兮棄原壄[②]。出不入兮往不反，平原忽兮路超遠。

帶長劍兮挾秦弓，首身離兮心不懲[③]。誠既勇兮又以武，終剛強兮不可凌。

身既死兮神以靈，子魂魄兮爲鬼雄。

① 墜：落，或以爲“墜”應爲“懟”，怨怒之意。威：他本或作“鬼”。
② 嚴殺：悲壯戰死。壄：“野”的古字。
③ 懲：悔。

哀郢（《楚辭章句》）

題解

本篇選自《楚辭章句》卷四《九章章句》。“九章”，是《楚辭》中九篇賦的合稱，朱熹認爲是“屈原既放，思君念國，隨事感觸，輒形於聲”（《楚辭集注》卷四）。《哀郢》是其中第三篇，王夫之以爲作於楚弃故都而遷於陳之時，屈原“哀故都之棄捐，宗社之丘墟，人民之離散，頃襄之不能效死以拒秦，而亡可待也”（《楚辭通釋》卷四）。

選文

皇天之不純命兮，何百姓之震愆！民離散而相失兮，方仲春而東遷。

去故鄉而就遠兮，遵江夏以流亡①。出國門而軫懷兮②，甲之鼂吾以行③。

發郢都而去閭兮，荒忽其焉極④？楫齊揚以容與兮，哀見君而不再得。

望長楸而太息兮⑤，涕淫淫其若霰⑥。過夏首而西浮兮⑦，顧龍門而不見⑧。

心嬋媛而傷懷兮⑨，眇不知其所蹠⑩。順風波以從流兮，焉洋洋而爲客。

淩陽侯之氾濫兮⑪，忽翺翔之焉薄⑫？心絓結而不解兮⑬，思蹇産而不釋⑭。

將運舟而下浮兮，上洞庭而下江。去終古之所居兮，今逍遙而來東。

---

① 遵：循。江夏：江水與夏水。
② 軫（zhěn）懷：痛心。
③ 甲之鼂：甲之日的早晨。鼂：通“朝”。早晨。
④ “荒忽其焉極”：他本或作“怊荒忽之焉極”。怊（chāo）：惆悵。荒忽：同“恍惚”。
⑤ 長楸：高大的梓樹。此代指郢都。
⑥ 霰：雪珠。
⑦ 夏首：夏水口。
⑧ 龍門：郢都的城東門。
⑨ 嬋媛：顧戀留連。
⑩ 蹠：踐。
⑪ 陽侯：波濤之神。
⑫ 薄：止。
⑬ 絓（guà）：懸。絓結：原意爲絲結在一起，形容心有牽掛。
⑭ 蹇産：曲折糾纏。

羌靈魂之欲歸兮[①]，何須臾而忘反！背夏浦而西思兮，哀故都之日遠。

登大墳以遠望兮[②]，聊以舒吾憂心。哀州土之平樂兮，悲江介之遺風[③]。

當陵陽之焉至兮[④]，淼南渡之焉如？曾不知夏之爲丘兮，孰兩東門之可蕪？

心不怡之長久兮，憂與愁其相接。惟郢路之遼遠兮，江與夏之不可涉。

忽若不信兮，至今九年而不復。慘鬱鬱而不通兮，蹇侘傺而含慼[⑤]。

外承歡之汋約兮[⑥]，諶荏弱而難持[⑦]。忠湛湛而願進兮[⑧]，妒被離而鄣之[⑨]。

堯舜之抗行兮，瞭杳杳而薄天。衆讒人之嫉妒兮，被以不慈之僞名。

憎愠惀之脩美兮[⑩]，好夫人之忼慨。衆踥蹀而日進兮[⑪]，美超遠而逾邁。

亂曰：

曼余目以流觀兮[⑫]，冀壹反之何時？鳥飛反故鄉兮，狐死必首丘。

信非吾罪而棄逐兮，何日夜而忘之！

---

① 魂：同“魂”。
② 墳：大防，堤。另説爲水中高地。
③ 江介：江岸，江畔。介：邊際，側畔。
④ 陵陽：諸説不一，或解爲地名，或解爲陽侯。
⑤ 蹇：跛足，引申爲困頓。侘傺（chà chì）：失意。慼：同“戚”。
⑥ 汋（chuò）約：美好的樣子。
⑦ 諶：誠。荏弱：軟弱。
⑧ 湛湛：厚重，深摯。或解爲清澈。
⑨ 鄣：同“障”。
⑩ 愠惀：忠誠的樣子。
⑪ 踥蹀（qiè dié）：細步，形容小人奔競。
⑫ 曼余目以流觀：放眼向四周觀望。曼目：舉目，遠盼。曼：展開，延長。

白馬篇（《曹子建集》）

題解

《曹子建集》十卷，《四庫全書總目》卷一四八集部別集類一著録。

《曹子建集》，魏曹植撰。曹植（192—232），字子建，三國時期著名文學家，事迹見《三國志》卷十九《陳思王植傳》。其詩“骨氣奇高，詞采華茂，情兼雅怨，體被文質，粲溢古今，卓爾不群”（《詩品》），對後世文學影響很大。本篇選自該書卷六，屬樂府《雜曲歌·齊瑟行》歌辭，或作《遊俠篇》，歌頌邊塞游俠的忠勇，也可能是作者自况。

選文據趙幼文《曹植集校注》（北京，中華書局，2016 年）。另有王巍《曹植集校注》（石家莊，河北教育出版社，2013 年）、余冠英《三曹詩選》（北京，人民文學出版社，1956 年），可參考。

選文

白馬飾金羈，連翩西北馳[1]。借問誰家子？幽并遊俠兒[2]。
少小去鄉邑，揚聲沙漠垂[3]。宿昔秉良弓[4]，楛矢何參差[5]。
控弦破左的，右發摧月支。仰手接飛猱，俯身散馬蹄[6]。
狡捷過猴猿，勇剽若豹螭[7]。邊城多警急，虜騎數遷移。
羽檄從北來[8]，厲馬登高堤。長驅蹈匈奴，左顧陵鮮卑。
棄身鋒刃端，性命安可懷！父母且不顧，何言子與妻！
名在壯士籍[9]，不得中顧私。捐軀赴國難，視死忽如歸。

---

① 連翩：迅急貌。
② 幽并：幽州、并州。
③ 垂：同“陲”。邊陲。
④ 宿昔：同“夙昔”。指早晚。
⑤ 楛矢：用楛木做的箭。
⑥ 月支、馬蹄：射帖（箭靶）的名稱。
⑦ 剽：輕。螭：傳説中一種似虎而有鱗的猛獸。
⑧ 羽檄：插上鳥羽的緊急文書。檄：以木簡製作的文書，長一尺二寸，用於徵召，有急事則插以鳥羽，故稱。
⑨ 壯士籍：兵卒名册。

周大將軍懷德公吴明徹墓志銘（《庾子山集注》）

題解

《庾子山集注》十六卷，《四庫全書總目》卷一四八集部别集類一著録。

《庾子山集注》，南北朝庾信撰，清倪璠注。庾信（513—581），字子山，南陽新野（今屬河南）人。先仕於梁，後入北朝，文章風格由綺豔轉爲清新悲慨，多故國之思，《哀江南賦》最爲絶唱。事迹見《周書》《北史》本傳。本篇選自該書卷十五。吴明徹本陳朝名將，後因兵敗被俘，入仕北周，其經歷與庾信有相似之處，此文不僅可以佐史，亦可與《哀江南賦》參看。墓志銘爲古代追叙逝者功業的一種文體，隨墓志埋於地下。墓志銘多分兩部分，“志”以散文叙經歷，“銘”以韵語贊功勛，因多出名家之手，兼具文學性與史料價值。

選文據許逸民校注《庾子山集注》（北京，中華書局，2016 年）。

選文

公諱明徹，字通昭，兖州秦郡人也。西都列國，長沙王功被山河①；東京貴臣，大司馬名高霄漢②。豈直西河有守③，智足抗秦，建平有城④，威能動晉而已也！祖尚，南譙太守。父標，右軍將軍。抗拒淮、沂，平夷濟、滲⑤，代爲名將，見於斯矣。

公志氣縱横，風情倜儻。圯橋取履，早見兵書⑥；竹林逢猿，徧知劍術⑦。故得勇爵登朝，材官入選。起家東宫司直，後除左軍。葛瞻始嗣兵戈⑧，仍遭蜀滅；陸機纔論功業⑨，即值吴亡。公之仕梁，未爲達也。

自梁受終，齊卿得政，禮樂征伐，咸歸舜後⑩。是以威加四海，德教諸

---

① 長沙王：指西漢初年長沙王吴芮。

② 大司馬：指東漢開國名將吴漢。

③ 西河有守：指吴起爲魏西河守事。

④ 建平有城：指東吴吾彦建議增兵建平以拒晉軍事。

⑤ 濟、滲：疑为濟、漯。《禹貢》云：“浮于濟、漯。”

⑥ 按：此句指張良游圯下爲一父老橋下取履得授兵書事。

⑦ 按：此句指《吴越春秋》載白猿化爲袁公教越女劍術事。

⑧ 葛瞻：諸葛瞻，諸葛亮之子，鄧艾攻蜀時兵敗身死。

⑨ 陸機：西晉文學家，東吴名將陸遜之孫。在吴初任牙門將，即值吴亡，後入仕西晉。太安二年（303 年），受司馬穎之命爲河北大都督，討長沙王司馬乂，大敗於七里澗，受人誣陷，被司馬穎冤殺。

⑩ 舜後：這裏指陳霸先，陳爲嬀姓，傳爲虞舜之後。

侯，蕭索煙雲，光華日月。公以明略佐時，雄圖贊務，鱗翼更張，風飈遂遠。冠軍侯之用兵[①]，未必師古；武安君之養士[②]，能得人心。擬於其倫，公之謂矣。爲左衛將軍。尋遷鎮軍、丹陽尹。北軍中候，總政六師；河南京尹，冠冕百郡。文武是寄，公無愧焉。

蕭湘之役，馮陵島嶼[③]。風船火艦，周瑜有赤壁之兵；蓋舳襜艫，魏齊有横江之戰[④]。仍爲平南將軍、開府儀同三司、都督湘衡桂武四州刺史。遂得左廣迴扃[⑤]，轔車反暢，長沙楚鐵，更入兵欄，洞浦藏犀，還輸甲庫。雖復戎歌屢凱，軍幕猶張，淮南望廷尉之囚，合淝稱將軍之寇[⑥]，莫不失穴驚巢，沉水陷火。爲使持節、侍中、司空、車騎大將軍、都督南北兖青譙五州諸軍事、南兖州刺史、南平郡開國公，食邑八千户，鼓吹一部。中台在玄武之宫，上將列文昌之宿，高蟬臨鬢[⑦]，吟鷺陪軒，平陽之邑萬家[⑧]，臨淄之馬千駟[⑨]，坐則玉案推食，行則中分麾下[⑩]，生平若此，功業是焉。

既而金精氣壯，師出有名；石鼓聲高，兵交可遠。故得舳艫所臨，蓋於淮、泗；旌旗所襲，奄有龜、蒙[⑪]。魏將已奔，猶書馬陵之樹；齊師其遁，空望平陰之烏[⑫]。俄而南仲出車[⑬]，方叔莅止[⑭]，暢轂文茵[⑮]，鈎膺鞗革[⑯]，遂以天道在北，南風不競[⑰]。昔者裨將失律，衛將軍於是待罪；中軍争濟，荀桓子於焉受戮[⑱]。心之憂矣，胡以事君？

---

① 冠軍侯：霍去病。
② 武安君：白起。
③ 蕭湘之役，馮陵島嶼：指吴明徹平湘州刺史華皎之役。
④ 魏齊：或疑爲“賀齊”，三國東吴將領，曾有横江拒曹休之戰。
⑤ 廣：十五乘兵車爲一廣。扃：車上兵闌。
⑥ 淮南望廷尉之囚，合淝稱將軍之寇：分别指蘇峻、陳敏之亂，此處指吴明徹北伐擒北齊王琳事。
⑦ 高蟬：即蟬冠，古代侍從官員之冠以貂尾蟬文爲飾。
⑧ 平陽之邑：指曹參受封平陽侯。
⑨ 臨淄之馬：指齊景公有馬千駟。
⑩ 玉案推食、中分麾下：分指韓信、鄧禹拜將典故。
⑪ 龜、蒙：二山名。
⑫ 此二句分引馬陵、平陰之戰典故，喻吴明徹破齊之功。
⑬ 南仲出車：語出《詩經·小雅·出車》：“王命南仲，往城于方。”
⑭ 方叔莅止：語出《詩經·小雅·采芑》：“方叔涖止，其車三千，師干之試。”
⑮ 暢轂文茵：語出《詩經·秦風·小戎》：“文茵暢轂，駕我騏馵。”
⑯ 鈎膺鞗革：語出《詩經·小雅·采芑》：“路車有奭，簟茀魚服，鈎膺鞗革。”
⑰ 遂以天道在北，南風不競：典出《左傳·襄公十八年》，此處喻吴明徹爲北周軍隊所敗。
⑱ 衛將軍：衛青。荀桓子：荀林父。此處以“裨將失律”“中軍争濟”典故比擬馬明戎、裴子烈之失策。

宣政元年，屆於東都之亭，有詔釋其鸞鑣①，蠲其釁社②。始弘就館之禮，卽受登壇之策，拜持節大將軍、懷德郡開國公，邑二千户。歸平津之館③，時聞櫪馬之嘶；舍廣成之傳④，裁見諸侯之客。廉頗眷戀，寧聞更用之期；李廣盤桓，無復前驅之望。霸陵醉尉，侵辱可知⑤；東陵故侯⑥，生平已矣。

大象二年七月二十八日，氣疾暴增，奄然賓館⑦，春秋七十七。卽以其年八月十九日寄瘞於京兆萬年縣之東郊。詔贈某官，謚某，禮也。

江東八千子弟，從項籍而不歸；海島五百軍人，爲田横而俱死焉。嗚呼哀哉！毛修之埋於塞表⑧，流落不存；陸平原敗於河橋，死生慚恨。反公孫之柩⑨，方且未期；歸連尹之尸⑩，竟知何日？遊魂羈旅，足傷温序之心⑪；玄夜思歸，終有蘇韶之夢⑫。遂使廣平之里，永滯冤魂；汝南之亭，長聞夜哭。嗚呼哀哉！乃爲銘曰：

九河宅土，三江貢職，彼美中邦，君之封殖。負才矜智，乘危恃力，浮磬戢鱗，孤桐垂翼。五兵早竭⑬，一鼓前衰，移營減竈，空幕禽飛。羊皮詎贖？畫馬何追！荀罃永去，隨會無歸。存没俄頃，光陰悽愴，岳裂中台，星空上將。眷言妻子，悠然亭障，魂或可招，喪何可望。壯志沉淪，雄圖埋没，西隴足抵，黄塵碎骨。何處池臺？誰家風月？墳隧羈遠，營魂流寓。霸岸無封，平林不樹。壯士之隴，將軍之墓，何代何年，還成武庫？

---

① 鸞鑣：代指兵車。

② 蠲其釁社：免死。釁：疑为“釁”，同“衅”。衅社：殺人血祭。

③ 平津之館：西漢公孫弘封平津侯，起賓館以迎賢人。

④ 廣成之傳：此處喻吴明徹被北周待以客禮。廣成：《史記·藺相如傳》載，相如奉璧入秦，秦王舍相如廣成傳舍。傳：傳舍。

⑤ 霸陵醉尉，侵辱可知：典出《史記·李將軍列傳》。參見本單元《八聲甘州·故將軍飲罷夜歸來》的注釋。

⑥ 東陵故侯：指秦東陵侯召平，秦亡種瓜長安城以爲生。

⑦ 奄然：猶奄忽，死亡。

⑧ 毛修之：南朝劉宋安西司馬，爲赫連勃勃所擒，後死於魏。

⑨ 公孫之柩：春秋時楚攻吴，陳國派公孫貞子往吊，公孫貞子至良地而死，副使奉尸入吴，以完成使命。

⑩ 連尹之尸：楚連尹襄老於邲之戰陣亡，後晋人歸其尸於楚。

⑪ 温序：東漢初任護羌校尉，爲隗囂所殺，光武帝命送葬洛陽，其子温壽上疏乞歸葬鄉里。

⑫ 蘇韶之夢：指晋中牟令蘇韶死後顯靈請改葬事，王隱《晋書》載。

⑬ 五兵：指刀、劍、矛、戟、矢五種兵器。

北征（《杜詩詳注》）

題解

《杜詩詳注》二十五卷，附編二卷，《四庫全書總目》卷一四九集部別集類二著録。

《杜詩詳注》，清仇兆鰲撰。兆鰲，字滄柱，鄞縣（今屬浙江）人，康熙進士。該書“援據繁富”，“可資考證者爲多”（《總目》提要），堪稱古代杜詩注釋的集大成之作。杜甫（712—770），字子美，自號少陵野老，唐代著名詩人，有“詩聖”之譽。他親身經歷了唐代由盛轉衰的歷史劇變，其詩雄渾沉摯，具有深刻的社會内容和鮮明的時代色彩，被稱爲“詩史”。本篇選自《杜詩詳注》卷五，作於唐肅宗至德二年（757年）。是年杜甫因上疏論房琯不應罷相而觸怒肅宗，離開朝廷往鄜州探親。因鄜州在鳳翔東北，借班彪《北征賦》之名以命篇。詩中述沿途見聞及感想，於人民罹難之慘楚，親人重逢之悲喜，家國命運之憂患，以史筆入詩，鋪陳細膩，縱横淋漓，有“千古至文”之譽（查慎行《初白庵詩評》卷之上）。

選文據點校本《杜詩詳注》（北京，中華書局，2015年）。另有蕭滌非主編《杜甫全集校注》（北京，人民文學出版社，2014年）、謝思煒《杜甫集校注》（上海，上海古籍出版社，2016年）等，可參考。

選文

皇帝二載秋①，閏八月初吉②。杜子將北征，蒼茫問家室③。
維時遭艱虞④，朝野少暇日。顧慚恩私被，詔許歸蓬蓽。
拜辭詣闕下，怵惕久未出。雖乏諫諍姿，恐君有遺失。
君誠中興主，經緯固密勿⑤。東胡反未已，臣甫憤所切。
揮涕戀行在，道途猶恍惚。乾坤含瘡痍，憂虞何時畢。
靡靡踰阡陌⑥，人烟眇蕭瑟⑦。所遇多被傷，呻吟更流血。
回首鳳翔縣，旌旗晚明滅。前登寒山重，屢得飲馬窟。

---

① 皇帝二載：即唐肅宗至德二年（757年）。
② 初吉：朔日，即初一。
③ 蒼茫：急遽之意。或解作迷茫、悵惘。
④ 維時：是時。
⑤ 密勿：勤勉努力。
⑥ 靡靡：遲遲。
⑦ 眇：少。

邠郊入地底[①]，涇水中蕩潏[②]。猛虎立我前，蒼崖吼時裂。
菊垂今秋花，石帶古車轍。青雲動高興，幽事亦可悦。
山果多瑣細，羅生雜橡栗。或紅如丹砂，或黑如點漆。
雨露之所濡，甘苦齊結實。緬思桃源内，益歎身世拙。
坡陀望鄜畤[③]，巖谷互出没。我行已水濱，我僕猶木末[④]。
鴟鳥鳴黄桑，野鼠拱亂穴。夜深經戰場，寒月照白骨。
潼關百萬師，往者散何卒[⑤]。遂令半秦民，殘害爲異物[⑥]。
況我墮胡塵，及歸盡華髮。經年至茅屋，妻子衣百結[⑦]。
慟哭松聲迴，悲泉共幽咽。平生所嬌兒，顔色白勝雪[⑧]。
見耶背面啼[⑨]，垢膩脚不襪。牀前兩小女，補綴才過膝。
海圖拆波濤，舊繡移曲折。天吴及紫鳳，顛倒在裋褐[⑩]。
老夫情懷惡，嘔泄卧數日。那無囊中帛[⑪]，救汝寒凜慄[⑫]。
粉黛亦解苞，衾裯稍羅列[⑬]。瘦妻面復光，癡女頭自櫛。
學母無不爲，曉妝隨手抹。移時施朱鉛，狼籍畫眉闊[⑭]。
生還對童稚，似欲忘饑渴。問事競挽鬚，誰能即瞋喝。
翻思在賊愁，甘受雜亂聒。新歸且慰意，生理焉得説？
至尊尚蒙塵，幾日休練卒。仰觀天色改，坐覺妖氛豁。
陰風西北來，慘澹隨回紇。其王願助順，其俗善馳突。
送兵五千人，驅馬一萬匹。此輩少爲貴，四方服勇決。

---

① 邠：邠州。郊：郊原。詩人在山上俯瞰邠郊盆地低平，故云“入地底”。
② 蕩潏（yù）：水流動的樣子。
③ 坡陀：山崗起伏。鄜畤：即鄜州。
④ 木末：僕從遠遠落後在山上，山多樹木，遠望彷彿人在樹梢。
⑤ 散何卒：潰散何以如此倉猝。卒：通“猝”。
⑥ 異物：鬼。
⑦ 衣百結：言衣服用很多碎片補綴而成。
⑧ 白勝雪：面無血色，指飢色。
⑨ 耶：即“爺”。俗語稱父爲爺。
⑩ 天吴及紫鳳，颠倒在裋褐：此處指飢寒交迫，以舊服補綻而成的小兒短衣。天吴、紫鳳，官服上刺綉的花紋圖案，裋（shù）：童僕所穿的布衣。褐：毛布之衣。
⑪ 那：奈。
⑫ 凜慄：凍得發抖。
⑬ 衾：被。裯（chóu）：牀帳。
⑭ 畫眉闊：畫眉以細長爲佳，此言小女畫眉不得其法，狼藉可笑之狀。

所用皆鷹騰，破敵過箭疾。聖心頗虛佇[①]，時議氣欲奪。

伊洛指掌收，西京不足拔。官軍請深入，蓄鋭可俱發。

此舉開青徐，旋瞻略恒碣[②]。昊天積霜露，正氣有肅殺。

禍轉亡胡歲，勢成擒胡月。胡命其能久，皇綱未宜絶。

憶昨狼狽初，事與古先別。姦臣竟葅醢，同惡隨蕩析。

不聞夏殷衰，中自誅妹妲。周漢獲再興，宣光果明哲[③]。

桓桓陳將軍[④]，仗鉞奮忠烈。微爾人盡非，於今國猶活。

淒涼大同殿，寂寞白獸闥[⑤]。都人望翠華[⑥]，佳氣向金闕。

園陵固有神，掃灑數不缺。煌煌太宗業，樹立甚宏達。

① 虛佇：虛心期待。
② 恒碣：即恒山、碣石山，代指安史叛軍巢穴。
③ 宣：周宣王。光：光武帝。
④ 桓桓：威嚴勇武。陳將軍：陳玄禮。
⑤ 白獸闥：即白獸門。未央宮有白虎殿，因避唐太祖李虎諱，改“虎”爲“獸”。
⑥ 翠華：天子之旗。

奉天改元大赦制（《翰苑集》）

題解

《翰苑集》二十二卷，《四庫全書總目》卷一五〇集部别集類三著録。

《翰苑集》，唐陸贄撰。陸贄（754—805），字敬輿，蘇州嘉興人，大曆八年（773年）進士。德宗貞元八年至十年（792—794）曾任宰相，有賢相之名。事迹具兩《唐書》本傳。陸贄長於制誥及奏議，其文一掃浮靡之風，明白暢達。《四庫全書總目》提要稱："蓋其文雖多出於一時匡救規切之語，而於古今來政治得失之故，無不深切著明，有足爲萬世龜鑑者。"本篇選自《翰苑集》卷一，作于德宗建中四年（783年）。是年涇原兵變，德宗倉皇出逃，下詔改元大赦，以收拾人心，時任翰林學士陸贄起草了這篇制書。文中以皇帝的口吻，自責罪己，情真意摯。據載"赦令至山東，士卒聞者皆感泣思奮"（《新唐書·陸贄傳》），數月後，李晟收復京城。或謂叛亂之平，陸贄此文功不可没。

選文據王素點校《陸贄集》（北京，中華書局，2006年）。另有劉澤民點校《陸贄集》（杭州，浙江古籍出版社，2013年）、周養初選注《陸贄文》（《萬有文庫》本，上海，商務印書館，1933年），可參考。

選文

門下：致理興化，必在推誠；忘己濟人，不吝改過。朕嗣守丕構[①]，君臨萬方，失守宗祧，越在草莽。不念率德，誠莫追於既往；永言思咎，期有復於將來。明徵厥初[②]，以示天下。

惟我烈祖，邁德庇人，致俗化於和平，拯生靈於塗炭，重熙積慶，垂二百年。伊爾卿尹庶官，洎億兆之衆，代受亭育[③]，以迄于今，功存于人，澤垂于後。肆予小子，獲纘鴻業，懼德不嗣，罔敢怠荒。然以長于深宫之中，暗于經國之務。積習易溺，居安忘危。不知稼穡之艱難，不察征戍之勞苦。澤靡下究，情不上通，事既壅隔，人懷疑阻[④]。猶昧省己，遂用興戎。徵師四方，轉餉千里。賦車籍馬，遠近騷然；行齎居送，衆庶勞止。或一日屢交

---

① 丕構：大業。
② 徵：證。
③ 亭育：養育，培育。亭：成，成熟。
④ 疑阻：疑惑。

鋒刃，或連年不解甲冑。祀奠乏主，室家靡依，生死流離，怨氣凝結。力役不息，田萊多荒。暴命峻於誅求，疲甿空於杼軸[①]。轉死溝壑，離去鄉閭，邑里丘墟，人煙斷絶。天譴於上而朕不悟，人怨於下而朕不知。馴致亂階，變興都邑。賊臣乘釁，肆逆滔天，曾莫愧畏，敢行淩逼。萬品失序，九廟震驚。上辱于祖宗，下負於黎庶。痛心靦貌[②]，罪實在予。永言愧悼，若墜深谷。賴天地降祐，神人叶謀[③]，將相竭誠，爪牙宣力，屏逐大盜，載張皇維[④]。將弘永圖，必布新令。

朕晨興夕惕，惟念前非。乃者公卿百寮，累抗章疏，猥以徽號，加于朕躬。固辭不獲，俯遂輿議。昨因内省，良用矍然[⑤]！體陰陽不測之謂“神”，與天地合德之謂“聖”，顧惟淺昧，非所宜當。“文”者所以化成，“武”者所以定亂，今化之不被，亂是用興，豈可更徇羣情，苟膺虚美，重余不德，祗益懷慚！自今以後，中外所上書奏，不得更稱“聖神文武”之號[⑥]。

夫人情不常，繫于時化，天道既隱，亂獄滋豐[⑦]。朕既不能弘德導人，又不能一法齊衆，苟設密網，以羅非辜，爲之父母，實增愧悼！今上元統曆，獻歲發生，宜革紀年之號，式敷在宥之澤，與人更始，以答天休。可大赦天下，改建中五年爲興元元年。自正月一日昧爽以前，大辟罪已下，罪無輕重，咸赦除之。李希烈、田悦、王武俊、李納等，有以忠勞，任膺將相；有以勳舊，繼守藩維。朕撫馭乖方，信誠靡著，致令疑懼，不自保安。兵興累年，海内騷擾，皆由上失其道，下罹其災，朕實不君，人則何罪？屈己弘物，予何愛焉！庶懷引慝之誠[⑧]，以洽好生之德。其李希烈、田悦、王武俊、李納及所管將士、官吏等，一切並與洗滌，各復爵位，待之如初。仍即遣使，分道宣諭。朱滔雖與賊泚連坐，路遠未必同謀，朕方推以至誠，務欲弘

① 杼軸：杼、軸分别爲古代織機上的兩個部件，多用於代指織布機或泛指民財。“空於杼軸”，語出《詩經·小雅·大東》：“大東小東，杼軸其空”，形容官府聚斂，以致民生凋敝。

② 靦（miǎn）貌：謂面有愧色。

③ 叶：協。

④ 皇維：朝廷綱紀。

⑤ 矍然：驚懼貌。

⑥ 按：德宗建中元年（780年）正月改元，群臣上尊號“聖神文武皇帝”。

⑦ 亂獄：語出《左傳·昭公六年》：“亂獄滋豐，賄賂並行。”

⑧ 引慝：引咎自責。

貸[①]，如能效順，亦與惟新。其河南、北諸軍兵馬，並宜各於本道自固封疆，勿相侵軼[②]。

朱泚大爲不道[③]，棄義蔑恩，反易天常，盜竊名器，暴犯陵寢，所不忍言，獲罪祖宗，朕不敢赦。其應被朱泚脅從將士、官吏、百姓及諸色人等，有遭其扇誘，有迫以兇威，苟能自新，理可矜宥。但官軍未到京城以前，能去逆效順，及散歸本道者，並從赦例原免，一切不問。

天下左降官即與量移近處，已量移者，更與量移[④]。流人配隸，及藩鎮效力，并緣罪犯與諸使驅使官，兼别敕諸州縣安置，及得罪人家口未得歸者，一切放還。應先有痕累禁錮，及反逆緣坐，承前恩赦所不該者，並宜洗雪。亡官失爵，放歸勿齒者，量加收叙。人之行業，或未必兼。構大厦者，方集於羣材；建奇功者，不限於常檢。苟在適用，則無棄人。況黜免之人，沈鬱既久，朝過夕改，仁何遠哉！流移降黜、亡官失爵、配隸人等，有材能著聞者，特加録用，勿拘常例。

諸軍使諸道赴奉天及進收京城將士等，或百戰摧敵，或萬里勤王，扞固全城，驅除大憝[⑤]。濟危難者其節著，復社稷者其業崇。我圖爾功，特加彝典[⑥]，錫名疇賦[⑦]，永永無窮。宜並賜名“奉天定難功臣”。身有過犯，遞減罪三等；子孫有過犯，遞減罪二等；當户應有差科使役，一切蠲免。其功臣已後，雖衰老疾患，不任軍旅，當分糧賜，並宜全給。身死之後，十年内仍回給家口。其有食實封者，子孫相繼，代代無絶。其餘叙録及功賞條件，待收京日，並準去年十月十七日、十一月十四日敕處分。諸道諸軍將士等，久勤扞禦，累著功勳，方鎮克寧，惟爾之力。其應在行營者，並超三資與官，仍賜勳五轉。不離鎮者，依資與官，賜勳三轉[⑧]。其累加勳爵，仍許回授周

---

① 弘：大。
② 侵軼：侵襲。
③ 朱泚：唐幽州昌平（今北京昌平區）人。曾任幽州節度使等職，後入朝，官至太尉。涇原兵變時，被叛軍擁立稱帝，不久兵敗，爲部下所殺。
④ 量移：指官吏得罪遠斥者，遇赦酌情調遷近處任職。移：徙。
⑤ 大憝（duì）：大惡之人。
⑥ 彝典：常典。
⑦ 疇：相等，匹敵。
⑧ 轉：唐代勛官共分十二轉，一轉武騎尉，視從七品；十二轉，上柱國，視正二品。

親。内外文武官，三品已上，賜爵一級，四品已上，各加一階，仍並賜勳兩轉。

見危致命，先哲攸貴；掩骼薶胔，禮典所先。雖效用而或殊，在惻隱而何閒[①]？諸道將士有死王事者，各委所在州縣給遞送歸，本管官爲葬祭。其有因戰陣殺戮，及擒獲伏辜、暴骨原野者，亦委所在逐近便收葬。應緣流貶及犯罪未葬者，並許其家各據本官品以禮收葬。

自頃軍旅所給，賦役繁興，吏因爲姦，人不堪命，咨嗟怨嘆，道路無聊，汔可小康，與之休息。其墊陌及税間架、竹、木、茶、漆、榷鐵等諸色名目[②]，悉宜停罷。京畿之内，屬此寇戎，攻劫焚燒，靡有寧室，王師仰給，人以重勞，特宜減放今年夏税之半。朕以兇醜犯闕，遽用于征，爰度近郊，息駕兹邑，軍儲克辦，師旅攸寧，式當褒旌，以志吾過。其奉天宜升爲赤縣，百姓並給復五年。

尚德者，教化之所先；求賢者，邦家之大本。永言兹道，夢想勞懷。而澆薄之風，趨競不息；幽棲之士，寂寞無聞。蓋誠所未孚，故求之未至。天下有隱居行義、才德高遠、晦跡丘園、不求聞達者，委所在長吏，具姓名聞奏，當備禮邀致。諸色人中，有賢良方正，能直言極諫，及博通墳典，達於教化，並洞識韜鈐[③]，堪任將帥者，委常參官及所在長吏聞薦[④]。天下孤老鰥寡惸獨不能自活者[⑤]，並委州縣長吏量事優恤。其有年九十已上者，刺史、縣令就門存問。義夫、節婦、孝子、順孫，旌表門閭，終身勿事[⑥]。

大兵之後，内外耗竭，貶食省用，宜自朕躬。當節乘輿之服御，絶宫室之華飾，率己師儉，爲天下先。諸道貢獻，自非供宗廟軍國之用，一切並停。應内外官有冗員，及百司有不急之費，委中書門下即商量條件，停減聞奏。

---

① 閒：即“間”。異，不同。

② 按：德宗建中元年（780年），税天下茶、漆、竹、木。四年（783年），初行税間架、除陌錢法。墊陌：也稱“除陌”，從一貫錢中減去幾十文，仍然按一貫計算，是唐代國家財政緊張時期的貨幣政策。

③ 韜鈐：古代兵書《六韜》、《玉鈐篇》的合稱，後代指兵書。

④ 常參官：常日朝參之官。唐代文官五品以上，及兩省供奉官、監察御史、員外郎、太常博士等每日參見，號常參官。

⑤ 惸（qióng）：没有兄弟。獨：老而無子。

⑥ 終身勿事：其自身及一户之内，免除徭役。

布澤行賞，仰惟舊章。今以餘孽未平，帑藏空竭，有乖慶賜，深愧于懷。

赦書有所未該者，委所司類例條件聞奏。敢以赦前事相言告者，以其罪罪之。亡命山澤，挾藏軍器，百日不首，復罪如初。赦書日行五百里，布告遐邇，咸使聞知。

平淮西碑（并序）（《東雅堂昌黎集注》）

題解

《東雅堂昌黎集注》四十卷，《外集》十卷，《四庫全書總目》卷一五〇集部別集類三著録。

《東雅堂昌黎集注》，不著撰人名氏，《四庫全書總目》提要考爲南宋廖瑩中所注。韓愈（768—824），字退之，河南河陽（今河南孟州市）人，因以昌黎爲郡望，世稱“韓昌黎”。貞元八年（792年）進士，官至吏部侍郎。唐代文學家、思想家，既爲古文運動首領，又發新儒學之先聲，蘇軾譽之“文起八代之衰，而道濟天下之溺”。本篇載《東雅堂昌黎集注》卷三十，作于唐憲宗元和十三年（818年），記述平定淮西經過，碑文前一部分爲序，爲散文，後一部分爲銘，爲韵文。全篇文字質樸古雅，酣暢淋漓，堪稱鴻篇巨製。

選文據劉真倫、岳珍校注《韓愈文集彙校箋注》（北京，中華書局，2010年）。另有廖瑩中集注、李漢編《韓昌黎全集》（鄭州，河南人民出版社，2018年），馬其昶《韓昌黎文集校注》（上海，上海古籍出版社，2018年），屈守元、常思春主編《韓愈全集校注》（成都，四川大學出版社，1996年），可參考。

選文

天以唐克肖其德，聖子神孫，繼繼承承，於千萬年敬戒不怠。全付所覆，四海九州，罔有内外，悉主悉臣①。高祖太宗，既除既治。高宗中睿，休養生息。至于玄宗，受報收功，極熾而豐，物衆地大，孽牙其間②。肅宗代宗，德祖順考，以勤以容。大慝適去③，稂莠不薅④。相臣將臣，文恬武嬉，習熟見聞，以爲當然。

睿聖文武皇帝既受羣臣朝，乃考圖數貢⑤。曰：“嗚呼！天既全付予有家，今傳次在予，予不能事事，其何以見于郊廟？”羣臣震懾，奔走率職。明年平夏，又明年平蜀，又明年平江東，又明年平澤潞。遂定易定，致魏博

---

① 悉主悉臣：指天下土地均主於唐，天下之人均爲唐臣。
② 孽牙：萌芽，指安史之亂萌芽於此。牙：通“芽”。
③ 大慝：大惡。這裏指安禄山、史思明等。
④ 稂莠：稂和莠皆形似禾苗，實爲雜草。薅（hāo）：除草。
⑤ 考圖數貢：考圖籍之廣狹，數貢賦之多寡。

貝衛澶相，無不從志。皇帝曰："不可究武①，予其少息。"

九年，蔡將死，蔡人立其子元濟，以請，不許。遂燒舞陽，犯葉、襄城，以動東都，放兵四刼。皇帝歷問于朝，一二臣外皆曰："蔡帥之不廷授，于今五十年，傳三姓四將，其樹本堅，兵利卒頑，不與他等。因撫而有，順且無事。"大官臆決唱聲②，萬口和附，并爲一談，牢不可破。皇帝曰："惟天惟祖宗所以付任予者，庶其在此，予何敢不力！況一二臣同，不爲無助。"曰："光顔③！汝爲陳許帥，維是河東、魏博、郃陽三軍之在行者，汝皆將之。"曰："重胤④！汝故有河陽、懷，今益以汝，維是朔方、義成、陜、益、鳳翔、延慶七軍之在行者，汝皆將之。"曰："弘⑤！汝以卒萬二千，屬而子公武往討之。"曰："文通⑥！汝守壽，維是宣武、淮南、宣歙、浙西、徐泗五軍之在行于壽者，汝皆將之。"曰："道古⑦！汝其觀察鄂岳。"曰："愬⑧！汝帥唐鄧隨，各以其兵進戰。"曰："度⑨！汝長御史，其往視師。"曰："度！惟汝予同，汝遂相予，以賞罰用命不用命！"曰："弘！汝其以節都統諸軍。"曰："守謙⑩！汝出入左右，汝惟近臣，其往撫師。"曰："度！汝其往，衣食予士，無寒無飢，以既厥事，遂生蔡人。賜汝節斧、通天御帶，衛卒三百。凡兹廷臣，汝擇自從，惟其賢能，無憚大吏。庚申，予其臨門送汝。"曰："御史！予閔士大夫戰甚苦，自今以往，非郊廟祠祀，其無用樂。"

顔、胤、武合攻其北，大戰十六，得柵、城、縣二十三，降人卒四萬。道古攻其東南，八戰，降萬三千，再入申⑪，破其外城。文通戰其東，十餘遇，降萬二千。愬入其西，得賊將輒釋不殺，用其策，戰比有功⑫。十二年

---

① 究：窮。
② 臆决：以己意决之。
③ 光顔：李光顔，元和九年（814年）爲忠武節度使，管陳、許二州。
④ 重胤：烏重胤，元和九年（814年）以河陽節度使兼汝州刺史，充河陽懷汝節度使。
⑤ 弘：韓弘，宣武節度使，元和十年（815年）九月受命爲淮西諸軍都統，其子韓公武領兵會諸軍。
⑥ 文通：李文通，元和十年（815年）爲壽州團練使。
⑦ 道古：李道古，元和十一年（816年）任鄂岳觀察使。
⑧ 愬：李愬，元和十一年（816年）任唐鄧隨節度使。
⑨ 度：裴度，時爲御史中丞，元和十年（815年）五月受命至行營宣慰，六月爲同中書門下平章事，正式拜相。
⑩ 守謙：内侍梁守謙，元和十一年（816年）十一月，受命監淮西行營諸軍。
⑪ 申：申州。
⑫ 比：頻。或作"皆"。

八月，丞相度至師，都統弘責戰益急，顔、胤、武合戰益用命。元濟盡并其衆洄曲以備[①]。十月壬申，愬用所得賊將，自文城，因天大雪，疾馳百二十里，用夜半到蔡。破其門，取元濟以獻，盡得其屬人卒。辛巳，丞相度入蔡，以皇帝命赦其人。淮西平，大饗賚功。師還之日，因以其食賜蔡人。凡蔡卒三萬五千，其不樂爲兵願歸爲農者十九，悉縱之。斬元濟京師。

册功：弘加侍中；愬爲左僕射，帥山南東道；顔、胤皆加司空；公武以散騎常侍帥鄜坊丹延；道古進大夫；文通加散騎常侍。丞相度朝京師，道封晉國公，進階金紫光禄大夫，以舊官相。而以其副總爲工部尚書[②]，領蔡任。既還奏，羣臣請紀聖功，被之金石。皇帝以命臣愈。臣愈再拜稽首而獻。文曰：

唐承天命，遂臣萬方。孰居近土，襲盜以狂。往在玄宗，崇極而圮。河北悍驕，河南附起。四聖不宥[③]，屢興師征。有不能尅，益戍以兵。夫耕不食，婦織不裳。輸之以車，爲卒賜糧。外多失朝[④]，曠不嶽狩[⑤]。百隷怠官，事亡其舊。

帝時繼位，顧瞻咨嗟。惟汝文武，孰恤予家！既斬吴蜀[⑥]，旋取山東[⑦]。魏將首義，六州降從。淮蔡不順，自以爲强。提兵叫讙[⑧]，欲事故常。始命討之，遂連姦鄰。陰遣刺客，來賊相臣。方戰未利，内驚京師。羣公上言，莫若惠來。帝爲不聞，與神爲謀。乃相同德，以訖天誅。

乃敕顔、胤、愬、武、古、通，咸統於弘，各奏汝功。三方分攻，五萬其師。大軍北乘，厥數倍之。嘗兵時曲，軍士蠢蠢[⑨]。既翦陵雲[⑩]，蔡卒大窘。勝之邵陵，郾城來降。自夏及秋，複屯相望。兵頓不勵，告功不時。帝哀征夫，命相往釐。士飽而歌，馬騰於槽。試之新城，賊遇敗逃。盡抽其

---

① 洄曲：地名。一説爲時曲栅，在商水縣西南五十里。或作“洄曲河”，在郾城縣東南三十里。

② 總：馬總，時爲淮西宣慰副使。

③ 四聖：肅、代、德、順四帝。

④ 失朝：無法朝覲。

⑤ 曠不嶽狩：巡守四岳之禮多曠廢。

⑥ 斬吴蜀：指平江東、平蜀。

⑦ 山東：指平澤潞之事，澤潞屬河東道，在華山之東。

⑧ 叫讙：歡呼。讙：同“歡”。

⑨ 蠢蠢：騷亂的樣子。

⑩ 陵雲：陵雲栅。

有，聚以防我。西師躍入，道無留者。

頟頟蔡城[①]，其壃千里。既入而有，莫不順俟。帝有恩言，相度來宣。誅止其魁，釋其下人。蔡之卒夫，投甲呼舞。蔡之婦女，迎門笑語。蔡人告飢，船粟往哺。蔡人告寒，賜以繒布。始時蔡人，禁不往來；今相從戲，里門夜開。始時蔡人，進戰退戮；今旰而起，左飧右粥[②]。爲之擇人，以收餘憊。選吏賜牛，教而不稅。蔡人有言："始迷不知，今乃大覺，羞前之爲。"蔡人有言："天子明聖，不順族誅，順保性命。汝不吾信，視此蔡方，孰爲不順，往斧其吭[③]。凡叛有數，聲勢相倚。吾强不支，汝弱奚恃？其告而長，而父而兄，奔走來偕，同我太平。"淮蔡爲亂，天子伐之；既伐而飢，天子活之。始議伐蔡，卿士莫隨。既伐四年，小大並疑。不赦不疑，由天子明。凡此蔡功，惟斷乃成。既定淮蔡，四夷畢來。遂開明堂，坐以治之。

---

① 頟頟（é é）：高聳貌。

② 飧：同"飱"。飯食，熟食。

③ 吭：咽喉。

罪言（《樊川文集》）

題解

《樊川文集》二十卷，《外集》一卷，《别集》一卷，《四庫全書總目》卷一五一集部别集類四著録。

《樊川文集》，唐杜牧撰。杜牧（803—852），字牧之，京兆萬年人，大和二年（828年）進士，官至中書舍人。事迹附載《新唐書·杜佑傳》。杜牧有經世之心，而未能獲展，發爲詩文，感時憤世。本篇選自《樊川文集》卷五，作於大和八年（834年）。篇中反思唐穆宗長慶年間（821—824年）朝廷對藩鎮措置失策，提出恢復之計。因不當位而言，故曰“罪言”。《新唐書》卷二百一十《藩鎮傳》序有采録。

選文據吴在慶《杜牧集繫年校注》（北京，中華書局，2016年）。另有陳允吉校點《杜牧全集》（上海，上海古籍出版社，1997年）、羅時進編選《杜牧集》（南京，鳳凰出版社，2014年），可參考。

選文

國家大事，牧不當官①，言之實有罪，故作《罪言》。

生人常病兵，兵祖於山東②，胤於天下，不得山東，兵不可死。山東之地，禹畫九土，曰冀州。舜以其分野太大，離爲幽州，爲并州，程其水土，與河南等，常重十一二。故其人沉鷙多材力③，重許可，能辛苦。自魏、晉已下，胤浮羨淫④，工機纖雜⑤，意態百出，俗益蕩弊⑥，人益脆弱。唯山東敦五種⑦，本兵矢，他不能蕩而自若也。復産健馬，下者日馳二百里，所以兵常當天下。冀州，以其恃强不循理，冀其必破弱，雖已破，冀其復强大也。并州，力足以并吞也。幽州，幽陰慘殺也。故聖人因其風俗，以爲之名。

---

① 官：他本或作“言”。

② 山東：崤山、函谷關以東地區。

③ 沉鷙：性格深沉勇猛。材力：勇力。

④ 胤浮羨淫：習俗浮華，趨慕放蕩。胤：繼承。

⑤ 工機纖雜：工於取巧，瑣細繁雜。

⑥ 蕩弊：放縱鄙陋。

⑦ 五種：黍、稷、菽、麥、稻五種穀物。

黄帝時，蚩尤爲兵階[①]，自後帝王，多居其地，豈尚其俗都之邪？自周劣齊霸，不一世，晉大，常傭役諸侯。至秦萃鋭三晉，經六世乃能得韓，遂折天下脊，復得趙，因拾取諸國。秦末韓信聯齊有之，故蒯通知漢、楚輕重在信。光武始於上谷，成於鄗[②]。魏武舉官渡，三分天下有其二。晉亂胡作，至宋武號爲英雄，得蜀得關中，盡得河南地，十分天下有八，然不能使一人渡河以窺胡。至于高齊荒蕩，宇文取得，隋文因以滅陳，五百年間，天下乃一家。隋文非宋武敵也。是宋不得山東，隋得山東，故隋爲王，宋爲霸。由此言之，山東，王者不得，不可爲王；霸者不得，不可爲霸；猾賊得之，是以致天下不安。

國家天寶末，燕盜徐起，出入成皋、函、潼間，若涉無人地，郭、李輩常以兵五十萬，不能過鄴。自爾一百餘城，天下力盡，不得尺寸，人望之若回鶻、吐蕃，義無有敢窺者。國家因之畦河修障戍[③]，塞其街蹊[④]，齊、魯、梁、蔡，被其風流，因亦爲寇。以裏拓表，以表撑裏，混澒廻轉[⑤]，顛倒横斜，未嘗五年間不戰，生人日頓委，四夷日猖熾，天子因之幸陜[⑥]，幸漢中[⑦]，焦焦然七十餘年矣，嗚呼！運遭孝武[⑧]，澣衣一肉[⑨]，不畋不樂，自卑冗中拔取將相，凡十三年，乃能盡得河南、山西地，洗削更革，罔不順適，唯山東不服[⑩]，亦再攻之，皆不利以返。豈天使生人未至於帖泰耶？豈其人謀未至耶？何其艱哉，何其艱哉！

今日天子聖明，超出古昔，志於平理。若欲悉使生人無事，其要在於去兵。不得山東，兵不可去，是兵殺人無有已也。今者上策莫如自治。何者？當貞元時，山東有燕、趙、魏叛[⑪]，河南有齊、蔡叛[⑫]，梁、徐、陳、汝、

① 兵階：戰端。
② 按：此兩句指光武帝起事於上谷（今河北懷來），稱帝於鄗（hào，今河北柏鄉）。
③ 畦河：言以黄河爲界。
④ 街蹊：街道。
⑤ 混澒（hùn hòng）：水流漫涌廻旋貌。
⑥ 幸陜：廣德元年（763年），吐蕃進犯，唐代宗避難陜州。
⑦ 幸漢中：興元元年（784年），李懷光叛亂，唐德宗避難梁州。
⑧ 孝武：指唐憲宗。
⑨ 澣衣：指多次洗過的舊衣，形容衣着樸素。澣：同“浣”。一肉：食不兼味，形容膳食簡陋。
⑩ 山東不服：唐憲宗元和十一年、十二年（815、816年），兩次征討成德鎮王承宗，皆無功而返。
⑪ 燕、趙、魏叛：指幽州盧龍節度使朱滔、成德觀察使王武俊、魏博節度使田悦反叛事。
⑫ 齊、蔡叛：指淄青鎮李正己、淮寧節度使李希烈反叛事。

白馬津、盟津、襄、鄧、安、黄、壽春皆戍厚兵，凡此十餘所，纔足自護治所，實不輟一人以他使，遂使我力解勢弛[①]，熟視不軌者，無可奈何。階此蜀亦叛，吴亦叛[②]，其他未叛者，皆迎時上下，不可保信。自元和初至今二十九年間，得蜀得吴，得蔡得齊，凡收郡縣二百餘城，所未能得，唯山東百城耳。土地人户，財物甲兵，校之往年，豈不綽綽乎？亦足自以爲治也。法令制度，品式條章，果自治乎？賢才奸惡，搜選置捨，果自治乎？障戍鎮守，干戈車馬，果自治乎？井閭阡陌，倉廩財賦，果自治乎？如不果自治，是助虜爲虐，環土三千里，植根七十年，復有天下陰爲之助，則安可以取。故曰：上策莫如自治。

中策莫如取魏。魏於山東最重，於河南亦最重。何者？魏在山東，以其能遮趙也，既不可越魏以取趙，固不可越趙以取燕，是燕、趙常取重於魏，魏常操燕、趙之性命也。故魏在山東最重。黎陽距白馬津三十里，新鄉距盟津一百五十里，陴壘相望，朝駕暮戰，是二津虜能潰一，則馳入成皋不數日間，故魏於河南間亦最重。今者願以近事明之。元和中，纂天下兵，誅蔡誅齊，頓之五年，無山東憂者，以能得魏也。昨日誅滄[③]，頓之三年，無山東憂者，亦以能得魏也。長慶初誅趙，一日五諸侯兵四出潰解[④]，以失魏也。昨日誅趙[⑤]，罷如長慶時，亦以失魏也。故河南、山東之輕重，常懸在魏，明白可知也。非魏强大能致如此，地形使然也。故曰取魏爲中策。

最下策爲浪戰，不計地勢，不審攻守是也。兵多粟多，敺人使戰者，便於守；兵少粟少，人不敺自戰者，便於戰。故我常失於戰，虜常困於守。山東之人，叛且三五世矣，今之後生所見，言語舉止，無非叛也，以爲事理正當如此，沉酣入骨髓，無以爲非者。指示順向，詆侵族孿[⑥]，語曰叛去，酋

---

① 解：通"懈"。

② 蜀亦叛，吴亦叛：分别指唐順宗永貞元年（805 年）西川鎮行軍司馬劉闢、唐憲宗元和二年（807 年）鎮海節度使李錡叛亂事。

③ 誅滄：指平定横海節度副使李同捷叛亂事。滄：地名。滄州，今屬河北。

④ 五諸侯兵：指唐穆宗長慶元年（821 年），魏博、横海、昭義、河東、義武諸鎮軍討成德都知兵馬使王廷湊失利事。

⑤ 昨日誅趙：唐文宗大和二年（828 年），王廷湊助李同捷反叛，文宗下詔削其官爵，派軍征討。

⑥ 詆侵：詆毁。族孿：親族自相殘殺。

酋起矣[①]。至於有圍急食盡，餕屍以戰，以此爲俗，豈可與決一勝一負哉。自十餘年來，凡三收趙，食盡且下。堯山敗[②]，趙復振；下博敗[③]，趙復振；館陶敗[④]，趙復振。故曰：不計地勢，不審攻守，爲浪戰，最下策也。

---

① 酋酋：聚集的樣子。
② 堯山敗：唐憲宗元和十二年（817年）三月，郗士美敗於柏鄉。
③ 下博敗：唐穆宗長慶元年（821年），橫海節度使杜叔良討王廷湊，大敗於博野。
④ 館陶敗：唐文宗大和三年（829年），李聽討王廷湊，大敗於館陶。

朋黨論（《文忠集》）

題解

《文忠集》一百五十三卷，附録五卷，《四庫全書總目》卷一五三集部别集類六著録。

《文忠集》，北宋歐陽修撰。歐陽修（1007－1072），字永叔，號醉翁，吉州人（今江西吉安市）。官至樞密副使、參知政事，謚文忠，事迹見《宋史·歐陽修傳》。此集爲南宋周必大等編，鑒别允詳，編訂精密。本篇見《文忠集》卷五。景祐三年（1036年），歐陽修與范仲淹等因倡導革新被目爲朋黨遭貶。慶曆三年（1043年），宋仁宗欲重新起用范仲淹等，醞釀改革，歐陽修被召還爲太常丞知諫院，遂進此文，以駁朋黨之誣。

選文據李逸安《歐陽修全集》（北京，中華書局，2001年）。另有宋心昌《歐陽修詩文選注》（上海，上海古籍出版社，1994年）、洪本健《歐陽修詩文集校箋》（上海，上海古籍出版社，2009年），可參考。

選文

臣聞朋黨之説自古有之，惟幸人君辨其君子小人而已。

大凡君子與君子以同道爲朋，小人與小人以同利爲朋，此自然之理也。然臣謂小人無朋，惟君子則有之。其故何哉？小人所好者禄利也，所貪者財貨也。當其同利之時，暫相黨引以爲朋者①，僞也。及其見利而争先，或利盡而交疏，則反相賊害，雖其兄弟親戚不能相保。故臣謂小人無朋，其暫爲朋者，僞也。君子則不然，所守者道義，所行者忠信，所惜者名節。以之修身，則同道而相益；以之事國，則同心而共濟，終始如一。此君子之朋也。故爲人君者，但當退小人之僞朋，用君子之真朋，則天下治矣。

堯之時，小人共工、讙兜等四人爲一朋②，君子八元、八凱十六人爲一朋③。舜佐堯，退四凶小人之朋，而進元、凱君子之朋，堯之天下大治。及舜自爲天子，而臯、夔、稷、契等二十二人並列於朝，更相稱美，更相推

---

① 黨引：結爲黨羽，互相援引。

② 共工、讙兜：據傳與三苗、鯀等爲堯時“四凶”。

③ 八元、八凱：相傳上古高辛氏有八個有才德的後裔，稱八元；高陽氏有八個有才德的後裔，稱八凱，亦作“八愷”。

讓，凡二十二人爲一朋，而舜皆用之，天下亦大治。《書》曰："紂有臣億萬，惟億萬心；周有臣三千，惟一心。"[①] 紂之時，億萬人各異心，可謂不爲朋矣，然紂以亡國。周武王之臣三千人爲一大朋，而周用以興。後漢獻帝時，盡取天下名士囚禁之，目爲黨人[②]。及黄巾賊起，漢室大亂，後方悔悟，盡解黨人而釋之，然已無救矣。唐之晚年，漸起朋黨之論[③]。及昭宗時，盡殺朝之名士，或投之黄河，曰："此輩清流，可投濁流。"[④] 而唐遂亡矣。

夫前世之主，能使人人異心不爲朋，莫如紂；能禁絶善人爲朋，莫如漢獻帝；能誅戮清流之朋，莫如唐昭宗之世。然皆亂亡其國。更相稱美推讓而不自疑，莫如舜之二十二人[⑤]，舜亦不疑而皆用之。然而後世不誚舜爲二十二人朋黨所欺，而稱舜爲聰明之聖者，以能辨君子與小人也。周武之世，舉其國之臣三千人共爲一朋，自古爲朋之多且大莫如周，然周用此以興者，善人雖多而不厭也。

夫興亡治亂之迹，爲人君者可以鑒矣。

---

① 語見《尚書·周書·泰誓上》，原文作："受有臣億萬，惟億萬心；予有臣三千，惟一心。"

② 按：指"黨錮之禍"，發生於東漢桓帝、靈帝時，此云"後漢獻帝時"，誤。

③ 唐之晚年，漸起朋黨之論：指唐穆宗至宣宗歷時近四十年的牛李黨争。

④ "及昭宗時"句：此事指唐昭宣帝（唐哀宗）天祐二年（905 年），朱全忠殺大臣裴樞等於白馬驛。此作"昭宗"時，誤。

⑤ 人：按：據原書校勘記，《宋文鑑》等别本作"臣"。

本朝百年無事劄子（《臨川集》）

題解

《臨川集》一百卷，《四庫全書總目》卷一五三集部别集類六著録。

《臨川集》，北宋王安石撰。王安石（1021—1086），字介甫，號半山，封荆國公，世人又稱王荆公。北宋撫州臨川（今屬江西）人，慶曆二年（1042 年）進士，官至同中書門下平章事，事迹見《宋史·王安石傳》。此書《四庫全書總目》提要謂出於安石弟子之排比编次，頗有遺漏，“然此百卷之内，菁華具在。其波瀾法度，實足自傳不朽”。本篇選自《臨川集》卷四十一，作於熙寧元年（1068 年），文中指陳北宋建國以來各項制度弊端，闡明變法主張。劄子，奏議文書之一種。

選文據王水照编《王安石全集》（上海，復旦大學出版社，2016 年）。另有高克勤《王安石詩文選評》（上海，上海古籍出版社，2002 年）、馬秀娟《王安石詩文選譯》（南京，鳳凰出版社，2011 年），可參考。

選文

臣前蒙陛下問及本朝所以“享國百年、天下無事”之故。臣以淺陋，誤承聖問，迫於日晷①，不敢久留，語不及悉，遂辭而退。竊惟念聖問及此，天下之福，而臣遂無一言之獻，非近臣所以事君之義，故敢昧冒而粗有所陳。

伏惟太祖躬上智獨見之明②，而周知人物之情僞，指揮付託必盡其材，變置施設必當其務。故能駕馭將帥，訓齊士卒，外以扞夷狄，内以平中國。於是除苛賦③，止虐刑，廢强横之藩鎮，誅貪殘之官吏，躬以簡儉爲天下先。其於出政發令之間，一以安利元元爲事④。太宗承之以聰武，真宗守之以謙仁，以至仁宗、英宗，無有逸德⑤。此所以享國百年而天下無事也。

仁宗在位，歷年最久。臣於時實備從官，施爲本末，臣所親見。嘗試爲陛下陳其一二，而陛下詳擇其可，亦足以申鑒於方今。伏惟仁宗之爲君也，

---

① 日晷：古人以日影移動來測定時間，此處代指時間。晷：日影。
② 獨見：謂能見人所不能見。《吕氏春秋·制樂》：“聖人所獨見，衆人焉知其極。”
③ 除苛賦：指宋太祖詔禁掊克，兩税之外，不許强行攤派。
④ 元元：黎民，百姓。
⑤ 逸德：失德。

仰畏天，俯畏人，寬仁恭儉，出於自然，而忠恕誠慤[①]，終始如一。未嘗妄興一役，未嘗妄殺一人，斷獄務在生之，而特惡吏之殘擾。寧屈己棄財於夷狄，而終不忍加兵。刑平而公，賞重而信。納用諫官、御史，公聽並觀，而不蔽於偏至之讒。因任衆人耳目，拔舉疏遠，而隨之以相坐之法。蓋監司之吏，以至州縣，無敢暴虐殘酷，擅有調發，以傷百姓。自夏人順服，蠻夷遂無大變，邊人父子夫婦得免於兵死，而中國之人安逸蕃息，以至今日者，未嘗妄興一役，未嘗妄殺一人，斷獄務在生之，而特惡吏之殘擾，寧屈己棄財於夷狄，而不忍加兵之效也。大臣貴戚、左右近習莫敢强横犯法，其自重慎，或甚於閭巷之人，此刑平而公之效也。募天下驍雄横猾以爲兵，幾至百萬，非有良將以御之，而謀變者輒敗。聚天下財物，雖有文籍，委之府史，非有能吏以鈎考，而斷盗者輒發[②]。凶年饑歲，流者填道，死者相枕，而寇攘者輒得。此賞重而信之效也。大臣貴戚、左右近習莫能大擅威福，廣私貨賂，一有姦慝，隨輒上聞。貪邪横猾，雖間或見用，未嘗得久。此納用諫官、御史，公聽並觀，而不蔽於偏至之讒之效也。自縣令、京官以至監司、臺閣，陞擢之任，雖不皆得人，然一時之所謂才士，亦罕蔽塞而不見收舉者，此因任衆人之耳目，拔舉疏遠，而隨之以相坐之法之效也。升遐之日，天下號慟，如喪考妣，此寬仁恭儉，出於自然，忠恕誠慤，終始如一之效也。

然本朝累世因循末俗之弊，而無親友群臣之議，人君朝夕與處，不過宦官女子，出而視事，又不過有司之細故，未嘗如古大有爲之君，與學士大夫討論先王之法，以措之天下也。一切因任自然之理勢，而精神之運有所不加[③]，名實之間有所不察。君子非不見貴，然小人亦得厠其間；正論非不見容，然邪説亦有時而用。以詩賦記誦求天下之士，而無學校養成之法；以科名資歷敘朝廷之位，而無官司課試之方。監司無檢察之人，守將非選擇之吏。轉徙之亟[④]，既難於考績，而游談之衆，因得以亂真。交私養望者多得

---

① 誠慤（què）：誠懇。慤：質樸，誠實。

② 斷盗：或作“欺盗”，指欺瞞盗竊府庫財物，貪污中飽。

③ 精神之運：人的主觀能動作用。

④ 亟（qì）：頻繁，屢次。

顯官[①]，獨立營職者或見排沮。故上下偷惰取容而已，雖有能者在職，亦無以異於庸人。農民壞於繇役，而未嘗特見救恤，又不爲之設官，以修其水土之利。兵士雜於疲老，而未嘗申敕訓練，又不爲之擇將，而久其疆埸之權。宿衛則聚卒伍無賴之人，而未有以變五代姑息羈縻之俗。宗室則無教訓選舉之實，而未有以合先王親疏隆殺之宜[②]。其於理財，大抵無法，故雖儉約而民不富，雖憂勤而國不强。賴非夷狄昌熾之時，又無堯、湯水旱之變，故天下無事，過於百年。雖曰人事，亦天助也。蓋累聖相繼，仰畏天，俯畏人，寬仁恭儉，忠恕誠慤，此其所以獲天助也。

伏惟陛下躬上聖之質，承無窮之緒，知天助之不可常恃，知人事之不可怠終，則大有爲之時，正在今日。臣不敢輒廢將明之義[③]，而苟逃諱忌之誅。伏惟陛下幸赦而留神，則天下之福也。取進止[④]。

---

① 交私養望：私相交接，博取聲望。

② 隆殺（shài）：尊卑，高下。殺：降等，減少。

③ 將明：指大臣輔佐君主。將：施行。明：辨明。語出《詩經·大雅·烝民》："肅肅王命，仲山甫將之。邦國若否，仲山甫明之。"

④ 取進止：當時奏章的固定用語，意爲敬請裁決。

重修御史臺記（《曲阜集》）

題解

《曲阜集》四卷，《四庫全書總目》卷一五三集部别集類六著録。

《曲阜集》，北宋曾肇撰。曾肇（1047—1107），字子開，建昌軍南豐（今江西南豐）人，曾鞏、曾布之弟。治平四年（1067 年）進士，官至礼部侍郎。事迹見《宋史·曾鞏傳附傳》。本篇選自《曲阜集》卷四，奉敕作於元祐八年（1093 年），篇中歷述御史一職沿革，闡明御史職責，層層叠進，意味深長。

選文據萬芳珍點校《曲阜集》（南昌，江西教育出版社，2006 年，《豫章叢書》本）。另有齊治平點校《宋文鑑》（北京，中華書局，1992 年），丁放、武道房等選注《宋文選》（北京，人民文學出版社，2014 年）等選本，可參考。

選文

元祐三年，新作御史臺成，有詔臣肇爲之記。臣肇伏自惟念，幸得備位從官①，以文字爲職，此大手筆，雖非所克堪，然義不得辭，謹拜手稽首而記之曰②：

維御史見於周，掌贊書、受法令而已③。戰國以致執法④，亦記事之職也。至秦漢始置大夫，位亞丞相。副曰中丞⑤，督部刺史，受公卿奏事，舉劾按章。其屬有侍御史⑥，出討姦猾，治大獄，於是專繩糾之任。厥後政事歸尚書，而御史與尚書、謁者並爲三臺⑦，大夫更爲三公，而中丞爲臺率，與尚書令、司隸校尉朝會皆專席，爲三獨坐⑧。隋唐復置大夫，天下有冤而無告者，得與中書、門下省評之，謂之三司⑨。自是御史益爲雄峻，其屬則

---

① 按：曾肇當時爲翰林學士，掌制、詔、誥、令撰述之事，爲侍從之官，故稱從官。
② 拜手稽首：古代男子跪拜禮。拜手：跪後兩手相拱，俯首至手。稽（qǐ）首：跪後叩頭至地。
③ 贊書：爲帝王起草詔書。
④ 以致執法：他本或作“以對執法”。
⑤ 中丞：御史中丞。《漢書·百官公卿表》：“中丞，受公私奏事，舉劾按章。”
⑥ 侍御史：御史中丞屬官。
⑦ 三臺：東漢時，尚書爲中臺，御史爲憲臺，謁者爲外臺，是謂三臺。
⑧ 三獨坐：指御史中丞、司隸校尉和尚書令，因與其他官員接席而坐不同，專席而坐，故稱三獨坐。
⑨ 三司：唐制御史臺、中書省、門下省合稱三司，凡有重大冤案，三司長官共理，稱三司理事。

有殿中、監察，并侍御史爲三院[①]。侍御史又知雜事，横榻而坐，謂之南牀[②]。皆專彈劾，不言事。本朝因之，至真宗皇帝增置言事御史[③]，其後皆得言事。御史相率廷辨，小則人得自達，故其任視前世爲尤重，非但謹朝會、聽訟獄而已。列聖相繼，皆假以寬仁，使得自竭[④]，是以風采所加，百僚震肅，朝廷倚而益尊，姦邪望而知畏[⑤]。初，本朝雖因唐制，然以大夫爲兼官，不治臺事，以郎中、員外郎兼侍御史知雜事，以貳中丞，以太常博士以上爲三院，未至者則爲御史裏行[⑥]。監察故事，内察尚書六曹，外巡按郡縣，久之亦廢。至神宗皇帝大正官名，始歸大夫職，以侍御史治雜事，罷御史裏行，而復六察官[⑦]。分守既定，乃相官府。

蓋御史臺建於宣化坊，自開寶五年，纔有東西獄。七年，雷德驤分判三院事，請於上而大之，屋不及百楹。天禧二年，復詔增廣，遂至三百六十楹。訖於元豐，垂七十年，寖以圮壞。神宗皇帝伻圖程工[⑧]，以授有司。舊闕大夫廳事[⑨]，踵鄴都制度，闕門北嚮，取陰殺之義[⑩]，而形勢庳下[⑪]，無以重威，至是，命置大夫廳事，闢門東嚮，增庳爲崇，培下爲高，其規模宏遠矣。繼志述事，屬於後人。今上即政之初，務先慈儉，土木之勤，咸詔勿事，惟臺之建，實遵先訓。猶以大夫虚員，姑省營築，闕門北嚮，仍故不改。經度損益，斷自聖心。以元祐二年六月己亥始事，三年八月庚辰卒功。用人力十萬五千，爲屋三百五十一楹，視舊小貶，而亢爽過之[⑫]。門闥眈眈[⑬]，堂室渠渠[⑭]，長貳佐屬，視事燕休，翼翼申申[⑮]，各適所宜。吏舍囚

---

① 三院：殿中侍御史、監察御史、侍御史分掌殿院、察院、臺院，稱三院。
② 南牀：唐代侍御史食座之南設横榻，謂之南牀。
③ 言事御史：宋真宗天禧初設，御史始有諫諍之責，開臺諫合一之先河。
④ 皆假以寬仁，使得自竭：原作“皆假以寬，人得自竭”，據《宋文鑑》改。
⑤ 姦邪：原作“姦相”，據《宋文鑑》改。
⑥ 御史裏行：亦稱御史裏行使，爲御史資淺者的加銜，始見唐代。
⑦ 六察官：唐代設監察御史，分察六部、六事，號六察官。宋初不常設，元豐二年（1079 年）正式設立。
⑧ 伻（bēng）圖：命人繪圖，引申爲規劃，語出《尚書·洛誥》。伻：令，使。
⑨ 廳事：《宋文鑒》作“聽事”。
⑩ 陰殺：御史臺設在宫闕西南，其門北開，因北方主殺，取其陰殺之意。
⑪ 庳：低。
⑫ 亢爽：地勢高曠乾燥。
⑬ 眈眈：威嚴注視。
⑭ 渠渠：深廣的樣子。
⑮ 翼翼：恭敬謹慎的樣子。申申：和舒的樣子。

圄，深靚嚴固①，案牘簿書，棲列有序。所以觀示都邑，表正憲度，揆諸典章，於是爲稱。

昔周人考室②，見於《風》《雅》；魯國作門③，記諸《春秋》。後世傳誦，爲載籍首。恭惟神宗皇帝受命承序十有九年，建立經常，皆應古義。好惡無私，賞罰不僭，而綱紀是張；宮室弗營，池籞苟完④，而府寺是崇⑤。故能垂精風憲之司⑥，以啓後嗣之意。二聖業已開闢言路⑦，聰無不聞，明無不燭。士有以言獲福，不聞忠以取禍。耳目之地，寵遇莫比，故能新是棟宇，以成前人之志。是宜著在文字，刻之金石，以度越周、魯，垂休無窮。顧臣之愚，言語淺陋，何足以發揚聖德，稱明詔之萬一哉。雖然，臣嘗聞之：責人非難，責己維難。御史，責人者也，將相大臣非其人，百官有司失其職，天下之有敗法亂紀、服讒蒐慝者⑧，御史皆得以責之。然則御史獨無責乎哉？居其位有所不知，知之有所不言⑨，言之有所不行，行之而君子病焉，小人幸焉，此御史之責也。御史雖不自責，天下得以責之。惟其不難於責己，則施於責人能稱其任矣。能稱其任，然後危冠盛服，崇墉峻宇⑩，遊焉息焉，可以無愧。苟異於是，得無餒於中哉⑪！臣故不自揆，輒因承詔，誦其所聞，以告在位者，使有以仰稱列聖褒大崇顯之意焉。

---

① 靚：通“靜”。
② 考室：建造房屋。
③ 魯國作門：《春秋・僖公十二年》：“春，新作南門。”
④ 籞（yù）：皇帝的禁苑。
⑤ 府寺：朝廷官署。
⑥ 垂精：致力。按：原作“垂情”，據《四庫全書》本及《宋文鑒》改。風憲：御史的别稱。
⑦ 業已：《宋文鑑》作“恭己”。
⑧ 蒐慝：隱惡。暗地裏做壞事。語見《左傳・文公十八年》。
⑨ 知之有所不言：按：原作“知之有不言”，據《宋文鑑》改。
⑩ 崇墉：高墻。峻宇：高大的房屋。
⑪ 餒：空虚，慚愧。

建寧府崇安縣五夫社倉記（《晦庵集》）

題解

《晦庵集》一百卷，《續集》五卷，《别集》七卷，《四庫全書總目》卷一五九集部别集類十二著録。

《晦庵集》，南宋朱熹撰。朱熹（1130—1200），字元晦，號晦庵，徽州婺源人。紹興十八年（1148年）進士，歷任泉州同安縣主簿、知南康軍等職，官至焕章閣待制。學繼二程，是宋代理學的集大成者。事迹見《宋史·朱熹傳》。本篇選自《晦庵集》卷七十七，作于淳熙元年（1174年）五月。乾道四年（1168年）六月，閩北饒州、信州、建寧府等地灾重，饑民嘯聚，朱熹時在此地養親，受知縣諸葛廷瑞委托籌劃賑濟，仿“成周之制”，創立社倉，於官倉之外别開一賑濟途徑，影響深遠。文中詳述社倉建置始末，并刻石爲記，旨在使人視而效之，使鄉閭之民長享社倉之利。

選文據朱傑人等主編《朱子全書》（上海，上海古籍出版社；合肥，安徽教育出版社，2010年）。另有尹波、郭齊點校《朱熹集》（成都，四川教育出版社，1996年），可參考。

選文

乾道戊子①，春夏之交，建人大饑。予居崇安之開耀鄉，知縣事諸葛侯廷瑞以書來②，屬予及其鄉之耆艾左朝奉郎劉侯如愚③，曰：“民饑矣，盍爲勸豪民發藏粟，下其直以振之”④？劉侯與予奉書從事，里人方幸以不饑。俄而盜發浦城，距境不二十里，人情大震，藏粟亦且竭。劉侯與予憂之，不知所出，則以書請于縣于府。時敷文閣待制信安徐公嘉知府事，即日命有司以船粟六百斛泝溪以來。劉侯與予率鄉人行四十里，受之黄亭步下。歸，籍民口大小仰食者若干人⑤，以率受粟，民得遂無饑亂以死，無不悦喜歡呼，聲動旁邑，於是浦城之盜無復隨和而束手就擒矣⑥。

---

① 乾道戊子：宋孝宗乾道四年（1168年）。

② 侯：漢代列侯大者食縣，侯國與縣相當，後人亦稱縣令、知縣爲縣侯、邑侯。

③ 耆艾：古以五十歲爲艾，六十歲爲耆，泛指德高望重的老年人。朝奉郎：宋初爲文散官，秩正六品上，後改爲寄禄官。劉如愚：崇安人，紹興十二年（1142年）進士，曾任古田縣知縣。

④ 振：救助，賑灾。

⑤ 籍：名册。引申爲登記。

⑥ 隨和：應和，依附。

及秋，徐公奉祠以去①，而直敷文閣東陽王公淮繼之。是冬有年，民願以粟償官貯，里中民家將輦載以歸有司，而王公曰："歲有凶穰，不可前料。後或艱食，得無復有前日之勞，其留里中而上其籍於府。"劉侯與予既奉教，及明年夏，又請于府曰："山谷細民無蓋藏之積，新陳未接，雖樂歲不免出倍稱之息貸食豪右②，而官粟積於無用之地，後將紅腐不復可食。願自今以來，歲一斂散，既以紓民之急，又得易新以藏，俾願貸者出息什二，又可以抑僥倖、廣儲蓄。即不欲者，勿强。歲或不幸，小饑則弛半息，大侵則盡蠲之③，於以惠活鰥寡，塞禍亂原，甚大惠也。請著爲例。"王公報皆施行如章。

既而王公又去，直龍圖閣儀真沈公度繼之。劉侯與予又請曰："粟分貯民家，於守視出納不便，請放古法④，爲社倉以儲之。不過出捐一歲之息，宜可辦。"沈公從之，且命以錢六萬助其役。於是得籍坂黄氏廢地，而鳩工度材焉。經始於七年五月，而成於八月。爲倉三，亭一，門墻、守舍，無一不具。司會計董工役者貢士劉復、劉得輿，里人劉瑞也。既成，而劉侯之官江西莫府，予又請曰："復與得輿皆有力於是倉，而劉侯之子將仕郎琦嘗佐其父於此，其族子右修職郎玶亦廉平有謀，請得與并力。"府以予言悉具書禮請焉，四人者遂皆就事。方且相與講求倉之利病，具爲條約，會丞相清源公出鎮兹土⑤，入境問俗，予與諸君因得具以所爲條約者迎白于公。公以爲便，則爲出教，俾歸揭之楣間，以視來者。於是倉之庶事，細大有程⑥，可久而不壞矣。

予惟成周之制，縣都皆有委積，以待凶荒。而隋唐所謂社倉者，亦近古之良法也。今皆廢矣，獨常平義倉，尚有古法之遺意，然皆藏於州縣，所恩不過市井惰游輩，至於深山長谷，力穡遠輸之民，則雖饑餓瀕死，而不能及

---

① 奉祠：轉任宫觀官。

② 倍稱：取一償二爲倍稱。

③ 大侵：亦作"大祲"，嚴重饑荒。

④ 放：同"仿"。

⑤ 丞相清源公：即梁克家，泉州晋江人。紹興三十年（1160 年）狀元。乾道八年（1172 年）拜右丞相，因與同知樞密院張説不合，遂求去。次年，以觀文殿大學士知建寧府。清源：南唐時將泉州改設清源軍，後人或以清源指代泉州。

⑥ 程：規矩，法度。

也。又其爲法太密，使吏之避事畏法者，視民之殍而不肯發，往往全其封鐍①，遞相付授，至或累數十年不一訾省②。一旦甚不獲已，然後發之，則已化爲浮埃聚壤，而不可食矣。夫以國家愛民之深，其慮豈不及此？然而未之有改者，豈不以里社不能皆有可任之人，欲一聽其所爲，則懼其計私以害公；欲謹其出入，同於官府，則鉤校靡密，上下相遁，其害又必有甚於前所云者，是以難之而有弗暇耳。今幸數公相繼，其愛民慮遠之心，皆出乎法令之外，又皆不鄙吾人以爲不足任，故吾人得以及是。數年之間，左提右挈，上説下教，遂能爲鄉閭立此無窮之計，是豈吾力之獨能哉！惟後之君子，視其所遭之不易者如此，無計私害公，以取疑於上，而上之人亦毋以小文拘之，如數公之心焉，則是倉之利，夫豈止於一時！其視而傚之者，亦將不止於一鄉而已也。因書其本末如此，刻之石，以告後之君子云。淳熙甲午夏五月丙戌新安朱熹記。

① 封鐍：封閉上鎖，密封。鐍（jué）：鎖。
② 訾省：察核財物。

何陋軒記（《王文成全書》）

題解

《王文成全書》三十八卷，《四庫全書總目》卷一七一集部别集類二四著録。

《王文成全書》，明王守仁撰。王守仁（1472—1529），字伯安，世稱陽明先生，余姚（今屬浙江）人。弘治十二年（1499 年）進士，歷任刑、兵部主事，後官至南京兵部尚書，封新建伯，總督兩廣軍務。事迹見《明史》本傳。他創立心學體系，倡導知行合一，世稱“王學”，對晚明清初思想界影響極大。其“爲文博大昌達”，《四庫全書總目》提要謂之“不獨事功可稱，其文章自足傳世也”。本篇選自《王文成全書》卷二十三，撰於正德三年（1508 年）。正德元年（1506 年），王守仁以抗章疏救戴銑等忤權宦劉瑾，下錦衣獄，謫貴州龍場驛。三年三月，至龍場，無室以居，結草庵居之，後建龍岡書院以教授諸生，於院内建何陋軒，因爲之記。

選文據吴光等編校《王陽明全集》（上海，上海古籍出版社，2014 年）。另有陳恕編校《王陽明全集》（鄭州，中州古籍出版社，2016 年）、陳明等注釋《王陽明全集》（武漢，華中科技大學出版社，2015 年），可參考。

選文

昔孔子欲居九夷，人以爲陋。孔子曰：“君子居之，何陋之有？”① 守仁以罪謫龍場。龍場，古夷蔡之外②，於今爲要綏③，而習類尚因其故。人皆以予自上國往，將陋其地，弗能居也。而予處之旬月，安而樂之，求其所謂甚陋者而莫得。獨其結題鳥言④，山棲羝服⑤，無軒裳宫室之觀⑥、文儀揖讓之縟，然此猶淳龐質素之遺焉⑦。蓋古之時，法制未備，則有然矣，不得以爲陋也。夫愛憎面背，亂白黝丹⑧，浚奸窮黠⑨，外良而中螫⑩，諸夏蓋不免

---

① 語出《論語·子罕》：“子欲居九夷。或曰：‘陋，如之何？’子曰：‘君子居之，何陋之有？’”

② 夷蔡（sà）之外：指“五服”中“要服”以外的“荒服”之地。夷蔡：語出《尚書·禹貢》：“五百里要服，三百里夷，二百里蔡。”“五服”，參見本書“精讀文選”之《釋老志》選篇。

③ 要綏：要服、綏服，古代王畿以外地方，較夷、蔡距京城要近一些。

④ 結（jì）題：指少數民族結髮於額的裝束。題：額。結：通“髻”。髮髻。

⑤ 羝（dī）服：羊皮作衣服。

⑥ 軒裳：猶言車服。軒：古代卿大夫所乘坐的一種前頂較高而有帷幕的車子。裳：指帷裳，車旁的布幔。

⑦ 淳龐：樸實。

⑧ 亂白黝丹：形容混淆黑白。

⑨ 浚奸窮黠：極度奸猾狡詐。

⑩ 中螫（shì）：内心像毒蟲刺人。

焉。若是而彬鬱其容①，宋甫魯掖②，折旋矩矱③，將無爲陋乎？夷之人乃不能此。其好言惡詈，直情率遂，則有矣。世徒以其言辭物采之眇而陋之，吾不謂然也。始予至，無室以止，居於叢棘之間，則鬱也。遷於東峰，就石穴而居之，又陰以濕。龍場之民，老稚日來視予，喜不予陋，益予比④。予嘗圃於叢棘之右，民謂予之樂之也，相與伐木閣之材，就其地爲軒以居予。予因而翳之以檜竹，蒔之以卉藥；列堂階，辯室奥⑤；琴編圖史，講誦遊適之道略俱。學士之來遊者，亦稍稍而集於是。人之及吾軒者，若觀於通都焉，而予亦忘予之居夷也。因名之曰“何陋”，以信孔子之言。

嗟夫！諸夏之盛，其典章禮樂，歷聖修而傳之，夷不能有也，則謂之陋固宜。於後蔑道德而專法令，搜抉鉤縶之術窮⑥，而狡匿譎詐，無所不至，渾樸盡矣。夷之民方若未琢之璞，未繩之木，雖粗礪頑梗⑦，而椎斧尚有施也，安可以陋之？斯孔子所謂欲居也歟？雖然，典章文物，則亦胡可以無講！今夷之俗，崇巫而事鬼，瀆禮而任情，不中不節，卒未免於陋之名，則亦不講於是耳。然此無損於其質也。誠有君子而居焉，其化之也蓋易。而予非其人也，記之以俟來者。

---

① 彬鬱：文質彬彬有文采的樣子。

② 宋甫魯掖：戴宋國的禮帽，穿魯國的大袖之衣，言具有禮儀風範。

③ 折旋矩矱：舉止符合禮儀。折旋：古代行禮的動作。矩矱：規則，法度。

④ 比：親近。

⑤ 奥：古代房屋的西南角，一般爲放置祭祀神位或尊者居處。

⑥ 縶：用繩索拴住、絆住馬足。指捆綁約束。

⑦ 粗礪頑梗：粗糙的石頭，堅硬的木頭。

辛未會試程策（二）（《太岳集》）

題解

《太岳集》四十六卷，《四庫全書總目》卷一七七集部别集類存目四著録。

《太岳集》，明張居正撰。張居正（1525—1582），字叔大，號太岳，湖廣江陵（今屬湖北）人。嘉靖二十六年（1547年）進士，官至内閣首輔，推行新政，史稱“張居正改革”，事迹見《明史·張居正傳》。本篇選自《太岳集》卷十六，是張居正在隆慶五年（辛未，1571年）任會試主考官時寫的一篇策論範文，原有三篇，此其二。篇中系統闡發了張居正“法無古今”“法後王”的改革理念。策，即策問，會試的第三場考試，以經義政事拟題。程，即程文，主考官所撰範文。

選文據張舜徽主編《張居正集》（武漢，湖北人民出版社，1994年）。另有《張太岳集》影印本（上海，上海古籍出版社，1984年），可參考。

選文

問：王者與民信守者法耳。古今宜有一定之法。而孟軻、荀卿皆大儒也，一謂“法先王”，一謂“法後王”，何相左歟？我國家之法，鴻纖具備，於古鮮儷矣①。然亦有在前代則爲敝法，在熙朝則爲善制者②，豈行之固有道歟？雖然，至於今且敝矣，宜有更張否歟？或者謂“患不綜覈耳”③。古今論綜覈者，莫如漢宣帝。然當其時，亦五日一視事矣，僞增籍者受賞矣。若此者可謂行法歟？“宣優于文”④，豈爲通論？而或者亟其歎服，抑宣美元⑤，似知大體，而或者深刺其非。孰爲當歟？夫綜覈則情僞有不可窮，更張則善制有不必變，誠不知所宜從也。願熟計其便，著於篇。

法不可以輕變也，亦不可以苟因也。苟因，則承敝襲舛，有頹靡不振之虞，此不事事之過也⑥；輕變，則厭故喜新，有更張無序之患，此太多事之

---

① 儷：并列，相比。

② 熙朝：盛世，多指本朝。

③ 綜覈：《漢書·宣帝紀》贊：“孝宣之治，信賞必罰，綜核名實。”指綜合名實加以考核。覈：考核。

④ 宣優于文：漢宣帝優於漢文帝。

⑤ 抑宣美元：貶低漢宣帝，頌揚漢元帝。

⑥ 事事：做事。

過也。二者，法之所禁也，而且犯之，又何暇責其能行法哉！去二者之過，而一求諸實，法斯行矣。

執事發策，考荀、孟之異論，稽國家之舊章，審沿革之所宜，求綜覈之實效。愚嘗伏而思之：夫法制無常，近民爲要；古今異勢，便俗爲宜。孟子曰："遵先王之法而過者，未之有也。"① 此欲法先王矣。荀卿曰："略法先王，而足亂世術；不知法後王而一制度，是俗儒者也。"② 此欲法後王矣。兩者互異，而荀爲近焉。何也？法無古今，惟其時之所宜，與民之所安耳。時宜之，民安之，雖庸衆之所建立，不可廢也。戾於時，拂於民，雖聖哲之所創造，可無從也。後王之法，其民之耳而目之也久矣，久則有司之籍詳，而衆人之智熟，道之而易從，令之而易喻。故曰：法後王便也。

往代無論已。明興，高皇帝神聖統天，經緯往制，博稽逖采③，靡善弗登④。若六卿倣夏，公、孤紹周⑤，型漢祖之規模，憲唐宗之律令，儀有宋之家法，采勝國之曆元⑥，而隨時制宜，因民立政。取之近代者十九，稽之往古者十一，又非徒然也。即如算商賈，置鹽官，則桑、孔之遺意也⑦。論停解，制年格，則崔亮之選除也⑧。兩税、三限，則楊炎之田賦也⑨。保甲、户馬、經義取士，則安石之新法也。諸如此類，未可悉數，固前代所謂"陋習敝政"也，而今皆用之，反以收富彊之效，而建升平之業。故善用之，則庸衆之法可使與聖哲同功，而況出于聖哲者乎！故善法後王者，莫如高皇帝矣。天府之所藏，掌故習之。所頒，有司守之。大小相維，鴻纖具備。自三代以來，法制之善，未有過于昭代者也⑩。

---

① 語出《孟子·離婁上》。
② 語出《荀子·儒效》。
③ 逖：遠。
④ 登：采用。
⑤ 公、孤紹周：三公、三孤仿照西周的制度。
⑥ 勝國：所勝之國，這裏謂被明朝所亡的元朝。
⑦ 桑、孔：桑弘羊、孔僅。
⑧ 論停解，制年格，則崔亮之選除也：指北魏初吏部尚書崔亮所創行的一種以年資深淺爲標準的選官制度，吏部任用官吏时，不問賢愚，以官员停解年月爲斷，時間在前者先用，即"停年格"。停解：官吏任職期滿。
⑨ 楊炎：唐代官員。於唐德宗年間推行兩税法，賦税分夏、秋兩次徵收，此後漸成定制。
⑩ 昭代：政治清明的時代，多指本朝。

然今甫二百餘年耳。科條雖具①，而美意漸荒；申令雖勤，而實效罔獲。屯田興矣，土曠猶故也；鹾政舉矣②，蜚輓猶故也③；清勾數矣④，乏伍猶故也；積粟課矣，空廩猶故也。豈法之敝而不可行哉？故議者謂宜有所更張，而後可以新天下之耳目者，愚竊以爲不然也。夫高皇帝之始爲法也，律令三易而後成，官制晚年而始定。一時名臣英佐，相與持籌而算之，其利害審矣。後雖有智巧，蔑以踰之矣。且以高皇帝之聖哲，猶俯循庸衆之所爲，乃以今之庸衆，而欲易聖哲之所建，豈不悖乎？

車之不前也，馬不力也。不策馬而策車，何益？法之不行也，人不力也。不議人而議法，何益？下流壅則上溢，上源窒則下枯，決其壅，疏其窒，而法行矣。今之爲法壅者，其病有四，愚請頌言而毋諱，可乎？夫天下之治，始乎嚴，常卒乎弛；而人之情，始乎奮，常卒乎怠。今固已怠矣。幹蠱之道⑤，如塞漏舟。而今且泄泄然⑥，以爲毋擾耳。一令下，曰："何煩苛也！"一事興，曰："何操切也！"相與務爲無所事事之老成，而崇尚夫坐嘯畫諾之惇大⑦。以此求理，不亦難乎？此病在積習者，一也。天下之勢，上常重而下常輕，則運之爲易。今法之所行，常在乎卑寡，勢之所阻，常在乎衆彊。下挾其衆而威乎上，上恐見議而畏乎下，陵替之風漸成，指臂之勢難使。此病在紀綱者，二也。夫多指亂視，多言亂聽⑧，言貴定也。今或一事未建，而論者盈庭；一利未興，而議者踵至。是以任事者多卻顧之虞，而善宦者工遁藏之術。此病在議論者，三也。夫屢省考成，所以興事也，故采其名，必稽其實，作于始，必考其終，則人無隱衷，而事可底績⑨。今一制之立，若曰"著爲令矣"，曾不崇朝⑩，而遽聞停罷。一令之施，若曰"布海内矣"，而畿輔之内，且格不行。利害不究其歸，而賞罰莫必其後。此病在名

---

① 科條：法令條文。
② 鹾（cuó）：鹽。
③ 蜚輓：本義是飛速運輸，這裏指走私。
④ 清：清查軍籍。勾：徵發壯丁。
⑤ 幹蠱：語出《易·蠱》："幹父之蠱。"幹：從事，承擔。蠱：事，事業。
⑥ 泄泄然：鬆懈的樣子。
⑦ 惇大：語出《尚書·洛誥》："明作有功，惇大成裕。"指敦厚寬大。
⑧ 聽：原書作"德"，據《張太岳集》改。
⑨ 底績：取得成績。底：達到。
⑩ 崇：終，终了。

實者，四也。四者之弊，熟於人之耳目，而入于人之心志，非一日矣。今不祛四者之弊，以決其壅，疏其窒，而欲法之行，雖日更制而月易令，何益乎？

夫漢宣帝，綜覈之主也。然考其當時所行，則固未常新一令，創一制；惟日取其祖宗之法，修飭而振舉之，如曰："漢家自有制度耳。"[①] 且其所任魏相[②]，最爲稱上意者，亦未嘗以己意有所論建，惟條奏漢家故事及名臣賈誼、晁錯等言耳。當其時，雖五日一視事，而上下相維，無苟且之意。吏不奉宣詔書，則有責；上計簿徒具文[③]，則有責；三公不察吏治，則有責。其所以振刷綜理者，皆未嘗少越于舊法之外。惟其實事求是，而不采虛聲，信賞必罰，而真僞無眩，是以當時吏稱其職，民安其業，政事、文學、法理之士咸精其能，下至技巧工匠，後世鮮及。故崔寔稱其"優于孝文"[④]，而仲長統極其嘆服[⑤]；荀悦論美元帝[⑥]，而李德裕深以爲非[⑦]，良不誣矣。

然則今之欲求治理者，又奚以紛紛多事爲哉？高皇帝畢智竭慮，以定一代之制，非如漢祖之日不暇給也。列聖相承，創守一道，非有武帝之紛更中變也。百官承式，海内嚮風，非有許、史、霍氏之專制撓法也[⑧]。成憲具存，舊章森列，明君賢臣，相與實圖之而已。毋不事事，毋泰多事。祛積習以作頹靡，振綱紀以正風俗，省議論以定國是，覈名實以行賞罰，則法行如流，而事功輻輳矣。若曰："此漢事耳，吾且爲唐、虞，爲三代"，則荀卿所謂"俗儒"也。

---

① 漢家自有制度：漢宣帝之語。見《漢書·元帝紀》："漢家自有制度，本以霸王道雜之。"

② 魏相：漢宣帝時丞相。傳見《漢書》卷七十四。

③ 上計簿：漢代地方官每年向中央提交的統計報告。

④ 崔寔：東漢政論家。語見《後漢書·崔駰傳附傳》。

⑤ 仲長統：東漢末年學者。撰《昌言》，推服崔寔，贊許漢宣帝之嚴明，批評漢元帝之昏暗。傳見《後漢書·仲長統傳》。

⑥ 荀悦：東漢末史學家，撰有《漢紀》《申鑒》。其批評漢宣帝、贊許漢元帝之語，見《漢紀·元帝紀》。

⑦ 李德裕：唐代政治家。唐武宗時曾任宰相，撰《荀悦論高祖武宣論》，批評荀悦的觀點。

⑧ 許、史、霍氏：分别指漢宣帝、元帝時期的外戚許氏、史氏、霍氏。

寬嚴論（《聖祖仁皇帝御製文集》）

題解

《聖祖仁皇帝御製文集》一百七十六卷，《四庫全書總目》卷一七三集部别集類二六著録。

《聖祖仁皇帝御製文集》，清愛新覺羅・玄燁撰。玄燁（1654—1722），清入關後第二位皇帝。八歲即位，在位六十一年，除鰲拜，平三藩，收臺灣，征噶爾丹，有力地穩定清朝統治，維護國家統一。廟號"聖祖"。全書按時代先後分爲四集，分别爲大學士張英、莊親王允禄等編次。本篇選自《聖祖仁皇帝御製文初集》卷十七，作於康熙二十二年（1683 年）以前，闡述了玄燁以寬仁爲政的治國理念。

選文據《影印文淵閣四庫全書》（臺北，臺灣商務印書館，1986 年）。另有《清代詩文集彙編》（上海，上海古籍出版社，2010 年）本（第 191 册），可參考。

選文

昔子産之論政也，曰惟有德者能以寬服民，其次莫如猛①。斯殆為鄭言之耳，要非致治之本論也。致治之本在寬仁。今夫天化育萬物，生之以春，長之以夏，成之以秋，藏之以冬。陰陽消息，四序代嬗，而其道歸於生生為用，仁愛為極，夫豈春夏寬而秋冬嚴歟？古之聖王知其然，體上天仁愛之心，出而御物，德以道之，政以齊之，刑以範之，惟務化民於善，閑民於義而已，不忍制民以術，怵民以威也。是故五刑之屬三千②，皆本惻怛之心以出之③，而非慘刻峻削之為也④。夫物剛則折，絃急則絶⑤，政苛則國危，法峻則民亂。反是者，有安而無危，有治而無亂。三代之成事無論已，秦用李斯，挾荀卿之學，行督責之令⑥，不數年而秦亡。漢高以寬大為政，入關而萬民大悦。光武以柔道治天下，而王業用興。唐太宗聽魏徵之言，崇尚教

① 語見《左傳・昭公二十年》："鄭子産有疾。謂子大叔曰：'我死，子必爲政。唯有德者能以寬服民，其次莫如猛。夫火烈，民望而畏之，故鮮死焉。水懦弱，民狎而翫之，則多死焉，故寬難。'"

② 五刑：上古五種刑法的統稱。

③ 惻怛（dá）：哀傷。

④ 慘刻：凶狠刻毒。峻削：爲政剛猛。

⑤ 按："絃"字原缺末筆，爲避清諱。

⑥ 督責：察其罪而責之以刑罰。

化，而幾致刑措。是古之帝王以寬得之者多矣，未聞其以寬失也。若後世祖述申韓之徒，有謂民驕於愛，聽於威，非嚴不足以集事，不知衰世之主，百度廢弛，馴致淪敗者，其失在紀綱廢弛，詎寬之謂哉！

朕撫綏元元，期以純王之道，化民成俗。凡束濕之政[①]，弗敢庸也；苛察之明，弗敢尚也。恐恐焉，日慮其刑之重而德之薄，夫寧忍從事於猛歟！《書》曰："克寬克仁，彰信兆民。"[②]《詩》曰："不競不絿，不剛不柔，敷政優優，百祿是遒。"[③]《詩》《書》之言，朕之蓍鑑矣。

---

① 束濕之政：濕物易於捆扎，舊時形容馭下苛酷急切。

② 語出《尚書·仲虺之誥》。

③ 語出《詩經·商頌·長發》。

皇明經世編序（《安雅堂稿》）

題解

《安雅堂稿》十八卷，《四庫全書總目》不著録，《續修四庫全書》集部别集類收録。

《安雅堂稿》，明陳子龍撰。陳子龍（1608—1647），初名陳介，字人中、懋中，改字卧子，松江華亭（今上海市松江區）人。年少之時，慷慨自任，與夏允彝等組織幾社，後參加復社，引導輿論，以期振刷士風。崇禎十年（1637 年）進士，曾任南明弘光朝兵科給事中，魯王監國時，授兵部尚書，開展抗清活動，事敗被俘，投水殉國。《安雅堂稿》明末刊行，收詩文二百九十四篇。本篇選自該書卷五。崇禎十一年（1638 年）夏，陳子龍以“君子之學，貴於識時；時之所急，務之恐後”，與徐孚遠、宋徵璧等籌編《皇明經世文編》，取明朝“有涉世務、國政”之文，共五百零四卷，又補遺四卷。該書之編纂以明治亂、存異同、詳軍事、重經濟爲宗旨，對明清之際經世之學的興起，起了重要作用。

選文據孫啓治點校《安雅堂稿》（瀋陽，遼寧教育出版社，1998 年），并參考王英志輯校《陳子龍全集》（北京，人民文學出版社，2010 年）。另有朱東潤《陳子龍及其時代》（太原，山西人民出版社，2018 年），可參考。

選文

古者有記事之史，有記言之史。言之要者，大都見於記事之文矣。導發其端，使知所由，條晰其緒，使知所究，非言莫詳。甚矣，事之有藉於言也。而况宗臣碩彦敷奏之章[①]、論難之語，所謂“訏謨遠猷”[②]，上以備一代之典則，下以資後世之師法，不爲之裒綴，後之君子何以考焉？此予與徐子、宋子《經世編》所由輯也。

明興，二百七十年海内治平，駕周漂漢，賢才輩生，勛在竹帛。而遺文緒論，未有統彙，散於江海，蓋有三患焉：一曰朝無良史；二曰國無世家；三曰士無實學。夫金匱之藏，非遠臣所知，然有大纂脩，莫不載在方册。永樂中，命閣臣士奇等輯名臣奏議，蓋前代綦備矣。昭代之文，至今闕焉。章奏貯諸省中，以待纂集，幸無蠹敗，率割裂其義，不足觀。又古者大臣没，

① 宗臣：名臣。碩彦：才智杰出的學者。
② 訏謨遠猷：語出《詩經・大雅・抑》：“訏謨定命，遠猶辰告。”訏：大。謨：謀。猶：通“猷”。謀略。

或求其遺書，副在太史[①]，今無有也。漢之武、宣，及隋唐之盛，遣使四出，懸金購書，今無有也。雖欲不散軼，安可得哉？故曰朝無良史。六季以前無論矣[②]，唐宋以科舉取士，而世家鼎族，相望於朝，家集宗功，藏之祖廟。今者貴仕多寒畯，公卿鮮賢胤。世禄之子忘其先，而彤弓之後或降皂隸[③]。至有給簡册於爨婢，易緗素於市兒者[④]。即欲搜討文獻，微矣。故曰國無世家。俗儒是古而非今，文士擷華而舍實。夫保殘守缺，則訓詁之文充棟不厭；尋聲設色，則雕繪之作永日以思。至於時王所尚，世務所急，是非得失之際，未之用心。苟能訪求其書者蓋寡，宜天下才智日以絀。故曰士無實學。積此三患，故成書也難。

夫孔子觀於周，蕭相收於秦，大率皆天下要書，足以資世用者。嘉謨令典，通今者之龜鑒，謀國者之兵衛也。失今不采集，更數十年，亡散益甚，後死者之責，其曷諉焉？

予自幼讀書，不好章句，喜論當世之故，時從父老談名公偉人之迹，至於忘寢。及長而北之燕趙之郊[⑤]，游京師，凡諸司之所掌，輶軒之所及[⑥]，見其人未嘗不問，遇其書未嘗不藏。雖苦蹇陋多遺忘，然布諸載籍者概可見。廬居之暇，因相簡輯。徐子、宋子，皆海内英俊，予所稟則以幸厥成者也。雖罣漏缺失，不敢當記言之義，使權家尚其謀，儒家守其典，史家廣其事，或有取焉爾。或曰："昔漢東平王求太史公書，而大臣以爲漢興之初，謀臣奇策、地形阸塞在焉，不宜賜諸侯王。今此書多議兵食，論形勢，國之大計，何以示人？"予曰："不然！祖宗立國，規模宏遠，先朝大臣，學術醇正，非有縱横奇詭之論也。夫王業之深淺，觀於人才之盛衰。我明既代有翊運輔世之臣[⑦]，而主上旁求俊乂[⑧]，用人如江湖[⑨]，則是編也，豈惟益智，其以教忠哉！"

---

① 副在太史：抄録副本，收藏於太史。
② 六季：六朝。
③ 彤弓：古天子賜給有功諸侯或大臣使專征伐。
④ 緗素：淺黄色絹帛，古時用以書寫，亦指書卷、書籍。
⑤ 郊：《陳子龍全集》作"間"。
⑥ 輶軒：古代使者乘坐的一種輕車。
⑦ 翊（yì）運：護衛國運。翊：輔佐。
⑧ 乂：賢才。
⑨ 用人如江湖：指用人如江湖不弃細流。

與友人論學書（《亭林文集》）

題解

《亭林文集》六卷，《四庫全書總目》不著録，《續修四庫全書》集部别集類收録。

《亭林文集》，明清之際顧炎武撰。顧炎武（1613—1682），本名絳，字忠清，化名蔣山傭。蘇州昆山人，明末諸生，少年時加入復社，留心經世之學。明亡後從事抗清活動，改名炎武，字寧人，號亭林。康熙時舉博學鴻詞（亦稱博學鴻儒），薦修《明史》，均不就。治學無所不包，注重實證，被視爲清代乾嘉漢學之祖。本篇選自《亭林文集》卷三，是寫給湯斌的書信，闡明了"博學於文""行己有恥"的治學要旨。

選文據劉永翔點校《顧炎武全集》（上海，上海古籍出版社，2011 年）。另有華忱之點校《顧亭林詩文集》（北京，中華書局，1983 年），可參考。

選文

比往來南北，頗承友朋推一日之長，問道於盲。

竊歎夫百餘年以來之爲學者，往往言心言性，而茫乎不得其解也。命與仁，夫子之所罕言也①；性與天道，子貢之所未得聞也②。性命之理，著之《易傳》，未嘗數以語人。其答問士也，則曰"行己有恥"；其爲學，則曰"好古敏求"；其與門弟子言，舉堯舜相傳所謂危微精一之説一切不道③，而但曰"允執其中，四海困窮，天禄永終"④。嗚呼！聖人之所以爲學者，何其平易而可循也！故曰"下學而上達"。顔子之幾乎聖也，猶曰"博我以文"⑤。其告哀公也，明善之功，先之以博學⑥。自曾子而下，篤實無若子夏，而其言仁也，則曰"博學而篤志，切問而近思"⑦。今之君子則不然，聚賓客門人之學者數十百人，"譬諸草木，區以别矣"⑧，而一皆與之言心言性，舍多學

---

① 《論語·子罕》："子罕言利，與命，與仁。"

② 《論語·公冶長》："子貢曰：'夫子之文章，可得而聞也；夫子之言性與天道，不可得而聞也。'"

③ 危微精一：《尚書·大禹謨》"人心惟危，道心惟微，惟精惟一，允執厥中。"危：不安定。微：玄妙。精一：一心一意。

④ 語出《論語·堯曰》。允：確實。

⑤ 語出《論語·子張》。

⑥ 按：《禮記·中庸》載魯哀公問政，孔子言誠身明善之道，曰："博學之，審問之，慎思之，明辨之，篤行之"，以博學爲先。

⑦ 語出《論語·子張》。

⑧ 語出《論語·子張》。

而識以求一貫之方，置四海之困窮不言，而終日講危微精一之説，是必其道之高於夫子，而其門弟子之賢於子貢，祧東魯而直接二帝之心傳者也①。我弗敢知也。

《孟子》一書，言心言性亦諄諄矣，乃至萬章、公孫丑、陳代、陳臻、周霄、彭更之所問，與孟子之所答者，常在乎出處、去就、辭受、取與之間。以伊尹之元聖，堯舜其君其民之盛德大功，而其本乃在乎千駟一介之不視不取。伯夷、伊尹之不同於孔子也，而其同者，則以"行一不義，殺一不辜，而得天下不爲"。是故性也，命也，天也，夫子之所罕言，而今之君子之所恒言也；出處、去就、辭受、取與之辨，孔子、孟子之所恒言，而今之君子所罕言也。謂忠與清之未至於仁，而不知不忠與清而可以言仁者，未之有也；謂不忮不求之不足以盡道②，而不知終身於忮且求而可以言道者，未之有也。我弗敢知也。

愚所謂聖人之道者如之何？曰"博學於文"，曰"行己有恥"。自一身以至於天下國家，皆學之事也；自子臣弟友以至出入、往來、辭受、取與之間，皆有恥之事也。恥之於人大矣！不恥惡衣惡食，而恥匹夫匹婦之不被其澤，故曰："萬物皆備於我矣，反身而誠。"

嗚呼！士而不先言恥，則爲無本之人；非好古而多聞，則爲空虛之學。以無本之人而講空虛之學，吾見其日從事於聖人而去之彌遠也。雖然，非愚之所敢言也，且以區區之見，私諸同志而求起予③。

---

① 東魯：代指孔子。
② 忮（zhì）：忌恨。
③ 起予：給我啓發。

明故張侍御哀辭（《鮚埼亭集》）

題解

《鮚埼亭集》三十八卷，《鮚埼亭集外編》五十卷，《四庫全書總目》不著録，《續修四庫全書》集部别集類收録。

《鮚埼亭集》清全祖望撰。全祖望（1705—1755），字紹衣，號謝山，浙江鄞縣人。乾隆元年（1736年）進士，次年辭官歸里，不復出仕，致力於學術，为清代浙東學派代表。學術淵深，爲世所重，阮元稱其身兼經學、史才、詞科三長。本篇選自《鮚埼亭集》卷八。全祖望注意搜輯南明史事，留心鄉邦文獻，其所作前人墓志、行狀等，不但能張揚氣節，且有存史之功。本篇是爲南明"六狂生"之一張夢錫所作誄文，文中叙江南義軍蜂起，抵抗清軍之實况，跌宕起伏，讀來令人蕩氣迴腸。

選文據朱鑄禹《全祖望集彙校集注》（上海，上海古籍出版社，2000年）。

選文

殘明"六狂生"之一曰張公①，諱夢錫，字雲生，故茂材弟子②。乙酉之難③，"六狂生"謀起兵，幾爲降臣謝三賓所殺④，幸免，以布衣入幕府⑤，授司務。尋晉侍御。丙戌，走結山寨。又五年庚寅十月，竟死之。"六狂生"之起也，董、華諸公皆司書檄，奔走其間，顧文弱，非能豫兵革也。而侍御于弓矢矛戟皆習之精，故嘗在戰鬭中。當是時，左右錢忠介公者⑥，莫如張公蒼水⑦，而侍御亞之，軍前呼曰"大張君""小張君"以别之。

---

① 六狂生：順治二年（1645年），南明弘光政權滅亡，鄞縣貢生董志寧首倡起義，聚諸生於學宫，有王家勤、張夢錫、華夏、陸宇爀、毛聚奎響應，時稱"六狂生"。

② 茂材弟子：張夢錫曾舉貢生入太學，故稱。茂材：亦稱茂才，漢代有舉茂材之科，後亦稱秀才爲茂材。

③ 乙酉之難：順治二年（乙酉，1645年），清軍南下，滅亡南明弘光政權，殘酷鎮壓江南士民，史稱"乙酉之難"。

④ 謝三賓：鄞縣人，天啓進士。在明官至太僕寺少卿，丁憂在籍，適錢肅樂等起兵抗清，謝三賓爲難，爲鄉評所薄。魯王監國時，官至刑部尚書、東閣大學士，順治三年（1646年）降清。

⑤ 幕府：指魯王監國。張夢錫入魯王幕府，因善兵，任兵部司務，參督師錢肅樂軍事。

⑥ 錢忠介公：錢肅樂，字虞孫，號希聲，鄞縣人，崇禎十年（1637年）進士。弘光政權亡，"六狂生"謀起事，錢肅樂亦起兵抗清，迎魯王監國，先後任都御史、兵部尚書、東閣大學士兼吏部尚書，順治五年（1648年）卒於舟，謚忠介。

⑦ 張公蒼水：張煌言，字玄著，號蒼水，鄞縣人，崇禎十五年（1642年）舉人。受錢肅樂命迎魯王監國，官至兵部侍郎、東閣大學士兼兵部尚書，聯合鄭成功以及農民起義軍，堅持抗清二十年，康熙三年（1664年），被俘遇難。

江上失守，山寨大起，其時先後立營者：曰馮家軍，則簟谿也[①]；曰王家軍，則篤菴也[②]；曰李家軍，則研齋也[③]；其餘草竊團聚，不可指屈。而蒼水亦軍於平岡，與侍御大皎之軍相望，諸營呼之曰"大張軍""小張軍"。

時天下已定，海隅窮山，非果有恢復之望，特以故君尚在島中，資糧扉屨[④]，聊相應接，雖重爲枌榆之累[⑤]，而一綫之喘，不爲無助。庚寅，大兵洗山入海，蒼水泛海入衛，研齋亦去，馮、王二公相繼死散。侍御軍中不過五百餘人，顧其待士素以恩，誓相依不去。大兵猝至，侍御挾長矛出鬬，夷傷畧相等，但衆寡不敵，遂死。五百餘人皆死，無降者，其中突圍而去者三人。翌日，有負侍御尸葬之大皎之南麓者，則前突圍而去之三人也。時大兵以團練爲前導，故與山寨卒多有舊，因得其尸而不詰也。於是諸遺民有識此三人者，事定，相與求得其墓而立石以表之。

又百年，予過弔其下，因呼山中父老，問以侍御之姓名，而莫之知也，蓋天下之平久矣，乃爲之哀辭。嗚呼！周之頑民，皆商之義士也。而田横之客，至敢以鬼伯詈漢，易地以觀，其揆一矣。然則如侍御諸公者，其謂之狂生也，亦固其宜。其辭曰：

信公越公[⑥]，不能扶宋，而況一旅，乃思妄動，肝腦塗地，逆天堪痛。五百人者，其死益奇，空山投骨，重泉相隨[⑦]，國殤毅魄，至今累唏。死者可生，生者可媿，死殉其軍，生埋其蜕，我作誄文，唾壺欲碎。

---

① 簟谿：馮京第，字躋仲，號簟谿，慈溪人，貢生。寓居鄞縣，矢志抗清，曾赴日本乞師，順治七年（1650年），兵敗遇害。

② 篤菴：王翊，字完勛，號篤菴，明末諸生，抗清志士，順治八年（1651年）兵敗遇害。

③ 研齋：李長祥，字研齋，四川達州人，崇禎十六年（1643年）進士。明亡，先後投福王、魯王政權，官至兵部尚書，後爲清軍所俘，逃逸後隱居不出。

④ 按：扉：當爲"屝"。資糧屝（fèi）屨：泛指供給軍用物資。語出《左傳・僖公四年》："若出於陳、鄭之間，共其資糧屝屨，其可也。"資糧：糧食。屝屨：草鞋、麻鞋等粗鞋。

⑤ 枌榆：漢高祖故鄉的里社名，後泛指故鄉。

⑥ 信公越公：分別指南宋末年文天祥與張世傑，文天祥封爵爲信國公，張世傑封爵爲越國公。

⑦ 重泉：九泉。

書三案始末論（《小倦游閣集》）（節選）

題解

《小倦游閣集》二十七卷，《續修四庫全書》集部别集類收録。

《小倦游閣集》，清包世臣撰。包世臣（1775—1855），字慎伯，晚號倦翁，學者稱安吴先生，安徽涇縣人，嘉慶十三年（1808年）舉人。曾官江西新喻知縣，被劾去官。包世臣學識淵博，尤擅經世之務，因仕途不順，長期游幕，積極建言獻策，推動嘉道時期的一些改革活動。本篇選自《小倦游閣集》卷十六。嘉道時期，吏治敗壞，民怨沸騰，聚衆抗糧、官民交控之案頻繁發生，包世臣對影響較大的段繼幹、徐文誥、陸名揚等三案的始末原委做了詳細記載，案情複雜曲折。本篇所選爲該篇末之尾論贊部分。議論剴切，發人深思。

選文據李星、劉長桂點校《包世臣全集》（合肥，黄山書社，2014年），并參考了包世臣著、潘竟翰點校《齊民四術》（北京，中華書局，2001年）。

選文

論曰：岳松庭承宣山東[①]，誠述堂提刑江蘇[②]，皆延予爲總理。初予皆與約曰："賤子才力，但能辦七分不公道事，過此不敢聞命。"然在松庭所，庶幾踐言，佐述堂，未免有闌入八九者矣[③]。吴棣華提刑聞而怪之曰[④]："人言吾子辦事，必以七分不公道爲約，有諸？"予曰："畫地自守，鄙志也，然常愧未能無渝盟。"棣華曰："不公道至七分，甚矣，吾子得毋憤激而發此談乎？"余曰："豈弟君子[⑤]，無易由言[⑥]，何閣下之言之易耶？衡時度勢，非至七分不公道，必不能行。不公道僅至七分，則吾心差可自安；而訟者一勝一負，亦皆得以自慊[⑦]。賤子調和而爲此期望不可必之談，何閣下反疑爲憤激耶？"棣華曰："願終其說。"予曰："案至兩司，則承審官已爲被告，故本案之曲直與有司之平枉，以十分爲率，官民各居其半，其在官之五分，難以

① 岳松庭：岳齡安，字松庭，滿洲正白旗人，曾任山東布政使。
② 誠述堂：誠端，字述堂，滿洲鑲黄旗人，曾任江蘇按察使。
③ 闌：擅自。
④ 吴棣華：吴廷琛，字震南，號棣華，江蘇元和人。道光間曾任雲南按察使，故稱之"提刑"。
⑤ 豈弟君子：語出《詩經·小雅·青蠅》："豈弟君子，無信讒言。"豈：即"愷"，和樂、和善。
⑥ 無易由言：語出《詩經·小雅·小弁》，言君子不要輕率出言。
⑦ 慊（qiè）：滿足，滿意。

言公道矣。民與民爭曲直而成案，有司枉之，然後兼與官爭，甚至弃本案之曲直，而專與官爭平枉，則上游之有以驅之也。故善者惟於本案曲直爭多寡之數，曲直在本案者，果五而得三，是諺所謂‘大頭已向下’也。訟至於提省審辦，兩造之力皆已疲，蓋有求已而不得者矣。公道昭至五分之三，直者之氣必平。曲者之健也，常恃官吏，見公道昭於上游，則已失其所恃，而又不爲已甚，留不公道之二分，使得藉以自飾，則豈有不可已之事乎？本案之曲直明，官吏之平枉自見，而直者之氣平，則其與官爭也不力，而枉在官者，上游可以意消納，而不至翻異。故予嘗謂‘保全官吏，在舒民氣而不使之鬱’者，良以此也。今在省讞獄辦案者不然[①]，人卷至省，其曲直未嘗不了然於心目也，以爲順其曲直，則官吏之獲咎至重，必顛倒黑白，勢禁而强持之，益深，使之喻水之必溺；益熱，使之喻火之必焚，以甘心就枉而不悔憾也。夫直者以不甘受民之枉，而訴於有司，有司既從而曲之，激爲上控，而枉更甚，其果能自甘乎？且上游曾亦何利於其間哉？然而啓口必以爲事關全局，不可長訐上之風，釀禍造劫，殆有不忍逆料者，此賤子所爲必以七分不公道爲約。而自忖平生所經，猶深内愧者也。”

棣華曰：“吾子之言痛切矣！世間竟無不公道在七分以内之事乎？”予曰：“州縣受理，稍持公道，雖使至八九分可也，至兩司，則格礙多矣。然不曰‘三分公道’，而曰‘七分不公道’者，爲不公道之取數已贏，不敢更以公道自居，故變其詞，使居上游者知所儆懼也。賤子所經民與官訟之案數十百起，誣枉在民者，不過三五事耳。受理之初，解結梳根，務求得實。官吏慄慄惴恐，問官亦爲之咋舌，相結肆謗讟。然其卒也，未嘗辦一參案，而絶無釀成巨獄者，以不欲鬱民故也。近世以鬱民而成巨獄者，如安徽之壽州案、江蘇之丹徒案、浙江之德清案，皆仰煩聖慮，星使交馳[②]，問官道府以下聯袂赴戍[③]。而剖别本案曲直，誠未能得十分之三，閣下所悉也。有一案，參一官，則一省之可居官者或寡矣。結正其本案，而通融其因緣牽掣者，七分不公道，不亦可乎？”棣華稱善者久之。

---

① 讞（yàn）：審理，定罪。
② 星使：指欽差。
③ 赴戍：此指被處以流放戍守邊地。

然而是説也，衹可用之於控訐之案，至官吏自爲骫法[①]，復何顧忌之有？雖然，不可以不務昭其信也。故曰："人而無信，不知其可"，"君子信而後勞其民"[②]。阿、孫兩巨公爲八折收漕之奏[③]，其用心固未必專爲屬吏開方便法門也。惟素行不足取信於民，而屬吏之信之甚摯，揑旨誑愚，爲國斂怨，豈必歸安始有徐[④]，江都始有陳哉[⑤]？銅山詣驗，照例殮埋，初心固無他也[⑥]，吏誘於外，友聳於中。凡此皆有司自爲骫法，不關訐上。而上游不舉其職，動引投鼠忌器以爲説，罪坐所由，恐蒼蒼者未必同此夢夢也[⑦]。泰安勘而疑，疑而導以出路，未爲大失也[⑧]。事迹明白，乃任性負氣，尚上游以與民争，議以首惡，不亦宜乎？予《留别大明湖詩》云："無非同有非，無罪同有罪。齊治自古然，於今竟莫改。"豈惟齊而已哉！

---

① 骫（wěi）法：枉法。骫：骨彎曲不正。泛指彎曲，枉曲。

② 兩句語出《論語・爲政》《論語・子張》。

③ 八折收漕：嘉慶十四年（1809 年）兩江總督阿林保、嘉慶二十五年（1820 年）兩江總督孫玉庭奏請按八折徵收漕糧，即相當於在原有定額基礎上增加四分之一。

④ 歸安始有徐：激起陸名揚案的歸安縣知縣徐起渭。

⑤ 江都始有陳：疑爲道光時江都知縣陳文述。

⑥ 按：此指《書三案始末》所叙的段繼幹案。

⑦ 蒼蒼者：指上天。

⑧ 按：此指《書三案始末》所叙的徐文誥案。

海國圖志叙（《古微堂集》）（節選）

題解

《古微堂集》十卷，《續修四庫全書》集部別集類收録。

《古微堂集》，清魏源撰。魏源（1794—1857），名遠達，字默深，號良圖，湖南邵陽人。道光二十五年（1845 年）進士，歷官江蘇興化知縣、高郵州知州。力倡變法自强，被譽爲中國“睁眼看世界第一人”。本篇選自《古微堂外集》卷三。鴉片戰争後，林則徐爲瞭解西方，編輯《四洲志》一書，魏源以此爲基礎，搜集有關外國歷史記載，廣泛參考外國史地著作加以增補，撰成《海國圖志》一書，系統闡發“師夷長技以制夷”的政治主張和社會改革理論。本篇爲該書序言。

選文據點校本《魏源集》（北京，中華書局，2018 年）。另有《魏源全集》（長沙，岳麓書社，2011 年），可參考。

選文

《海國圖志》六十卷，何所據？一據前兩廣總督林尚書所譯西夷之《四洲志》，再據歷代史志及明以來島志及近日夷圖、夷語。鈎稽貫串，創榛闢莽[①]，前驅先路。大都東南洋、西南洋增於原書者十之八，大小西洋、北洋、外大西洋增於原書者十之六。又圖以經之，表以緯之，博參羣議以發揮之。何以異於昔人海圖之書？曰：彼皆以中土人譚西洋，此則以西洋人譚西洋也。是書何以作？曰：爲以夷攻夷而作，爲以夷款夷而作[②]，爲師夷長技以制夷而作。

《易》曰：“愛惡相攻而吉凶生，遠近相取而悔吝生，情僞相感而利害生。”[③] 故同一禦敵，而知其形與不知其形，利害相百焉；同一款敵，而知其情與不知其情，利害相百焉。古之馭外夷者，諏以敵形，形同几席；諏以敵情，情同寢饋。

然則執此書卽可馭外夷乎？曰：唯唯，否否！此兵機也，非兵本也；有

① 創榛闢莽：開闢荒蕪之地，比喻開創性工作。榛莽：草木叢雜。

② 按：中華書局點校本正文原無此句，有“校者”案曰：“五十卷、六十卷及一百卷本《海國圖志敍》此處均有‘爲以夷款夷而作’。”據補。

③ 語出《易·繫辭下》。

形之兵也，非無形之兵也。明臣有言：“欲平海上之倭患，先平人心之積患。”人心之積患如之何？非水，非火，非刃，非金，非沿海之奸民，非吸煙販煙之莠民。故君子讀《雲漢》《車攻》①，先于《常武》《江漢》②，而知《二雅》詩人之所發憤③；玩卦爻內外消息，而知《大易》作者之所憂患④。憤與憂，天道所以傾否而之泰也⑤，人心所以違寐而之覺也，人才所以革虛而之實也。

昔準噶爾跳踉於康熙、雍正之兩朝，而電掃於乾隆之中葉。夷煙流毒，罪萬準夷，吾皇仁勤，上符列祖，天時人事，倚伏相乘，何患攘剔之無期？何患奮武之無會？此凡有血氣者所宜憤悱，凡有耳目心知者所宜講畫也。去僞，去飾，去畏難，去養癰，去營窟⑥，則人心之寐患祛其一。以實事程實功，以實功程實事，艾三年而蓄之⑦，網臨淵而結之⑧，毋馮河，毋畫餅⑨，則人材之虛患祛其二。寐患去而天日昌，虛患去而風雷行。《傳》曰：“孰荒於門，孰治於田？四海既均，越裳是臣”⑩。敍《海國圖志》。

① 《雲漢》：《詩經·大雅》的一篇。《車攻》：《詩經·小雅》的一篇。這兩篇詩都是歌頌周宣王的文治內政。
② 《常武》《江漢》：均爲《詩經·大雅》篇章，歌頌周宣王的武功。
③ 《二雅》：《詩經》中的《大雅》《小雅》。
④ 《大易》：即《周易》。《易·繫辭下》：“《易》之興也，其於中古乎？作《易》者，其有憂患乎？”
⑤ 天道所以傾否而之泰也：言否卦與泰卦的互相轉變。此借以説明發憤、憂慮可以變閉塞爲亨通。
⑥ 營窟：營造洞穴。喻營謀私利。
⑦ 艾三年而蓄之：《孟子·離婁上》：“猶七年之病，求三年之艾也。”艾：是一種傳統的治病方法。
⑧ 網臨淵而結之：《漢書·董仲舒傳》：“臨淵羨魚，不如退而結網。”
⑨ 毋馮（píng）河，毋畫餅：言不爲“暴虎馮河”“畫餅充飢”之事，既不莽撞冒險，有勇無謀，也不徒有虛名而無補實用。典見《論語·述而》和《三國志·盧毓傳》。
⑩ 越裳：傳說南海古國名。周公制禮作樂，教化大行，越裳國敬獻白雉。周公作《越裳操》以歌之。

文選序（《文選注》）

題解

《文選注》六十卷，《四庫全書總目》卷一八六集部總集類一著録。

《文選注》，唐李善撰。《文選》爲南朝梁昭明太子蕭統撰。蕭統（501—531），字德施，小字維摩，南蘭陵郡（治今江蘇常州市西北）人。梁武帝蕭衍長子，天監元年（502 年）被册立爲太子，英年早逝，謚號昭明，世稱“昭明太子”。所撰《文選》三十卷，又稱《昭明文選》，是我國現存最早的詩文總集。唐李善爲之注，“始每卷各分爲二”（《四庫全書總目》提要），成六十卷。李善（630—689），揚州江都人，唐朝著名學者。本篇選自《文選》卷首，開宗明義，介紹各種文體的演變、特點，及《文選》的收録標準，是中國文學史上的經典文獻。

選文據點校本《文選》（上海，上海古籍出版社，1986 年），參考高步瀛著，曹道衡、沈玉成點校《文選李注義疏》（北京，中華書局，2018 年）。另有點校本《六臣注文選》（北京，中華書局，2012 年）、陳宏天等主編《昭明文選譯注》（長春，吉林文史出版社，2007 年），可參考。

選文

式觀元始，眇覿玄風[①]。冬穴夏巢之時，茹毛飲血之世，世質民淳，斯文未作。逮乎伏羲氏之王天下也，始畫八卦，造書契，以代結繩之政，由是文籍生焉。《易》曰：“觀乎天文，以察時變；觀乎人文，以化成天下。”[②] 文之時義遠矣哉！若夫椎輪爲大輅之始[③]，大輅寧有椎輪之質；增冰爲積水所成，積水曾微增冰之凛。何哉？盖踵其事而增華，變其本而加厲；物既有之，文亦宜然。隨時變改，難可詳悉。

嘗試論之曰：《詩序》云[④]：“詩有六義焉，一曰風，二曰賦，三曰比，四曰興，五曰雅，六曰頌。”至於今之作者，異乎古昔，古詩之體，今則全

① 眇：遠。玄風：古風。

② 語出《易·賁卦》彖辭。

③ 大輅：天子之車。

④ 《詩序》：即《毛詩序》。

取賦名。荀、宋表之於前①，賈、馬繼之於末②。自茲以降，源流寔繁。述邑居則有“憑虛”“亡是”之作③，戒畋遊則有《長楊》《羽獵》之制④。若其紀一事，詠一物，風雲草木之興，魚蟲禽獸之流，推而廣之，不可勝載矣！又楚人屈原，含忠履潔，君匪從流，臣進逆耳，深思遠慮，遂放湘南。耿介之意既傷，壹鬱之懷靡愬⑤。臨淵有“懷沙”之志⑥，吟澤有“憔悴”之容⑦。騷人之文，自茲而作。

詩者，蓋志之所之也，情動於中而形於言。《關雎》《麟趾》⑧，正始之道著；桑間濮上⑨，亡國之音表。故《風》《雅》之道，粲然可觀。自炎漢中葉，厥塗漸異。退傅有《在鄒》之作⑩，降將著《河梁》之篇⑪。四言五言，區以别矣。又少則三字，多則九言，各體互興，分鑣並驅。頌者，所以游揚德業，襃讚成功。吉甫有“穆若”之談⑫，季子有“至矣”之歎⑬。舒布爲詩，既言如彼；總成爲頌⑭，又亦若此。次則箴興於補闕，戒出於弼匡。論則析理精微，銘則序事清潤。美終則誄發，圖像則讚興。又詔誥教令之流，表奏牋記之列，書誓符檄之品，弔祭悲哀之作，答客指事之制，三言八字之文，篇辭引序，碑碣誌狀，衆制鋒起，源流間出。譬陶匏異器⑮，並爲入耳之娱；黼黻不同⑯，俱爲悦目之玩。作者之致，蓋云備矣！

---

① 荀、宋：荀況、宋玉。

② 賈、馬：賈誼、司馬相如，都是西漢著名文學家。

③ 憑虛：張衡作《西京賦》，托名於憑虛公子。亡是：司馬相如作《長林賦》，托名於亡是公。

④ 此句指漢成帝好田獵，揚雄作《長楊賦》《羽獵賦》以戒之。

⑤ 壹鬱：沉鬱。

⑥ 懷沙：屈原有《懷沙賦》。

⑦ 憔悴：《楚辭·漁父》：“屈原既放，游於江潭，行吟澤畔，颜色憔悴。”

⑧ 《關雎》《麟趾》：皆爲《詩經·國風·周南》篇名，《麟趾》，指《麟之趾》。《毛詩序》：“《關雎》，后妃之德也，《風》之始也，所以風天下而正夫婦也”，“《關雎》《麟趾》之化，王者之風，故繫之周公”。

⑨ 桑間濮上：指桑間濮上之音。語出《禮記·樂記》：“桑間濮上之音，亡國之音也。”桑間：地名。在今河南濮陽。濮上：濮水之上。傳説亡國之音出於此水。

⑩ 退傅有《在鄒》之作：漢韋孟任楚元王太傅，因楚元王劉戊荒淫無道，作《諷諫》詩勸諫，不聽，遂辭官居鄒，作《在鄒》之詩。

⑪ 降將著《河梁》之篇：西漢李陵降匈奴，作《與蘇武》詩，中有“攜手上河梁，游子暮何之”之句。

⑫ 吉甫有“穆若”之談：西周尹吉甫所作《烝民》詩有“吉甫作誦，穆如清風”句。

⑬ 季子有“至矣”之歎：《左傳·襄公二十九年》：吴季札聘魯，“見舞《韶箾》者，曰：‘德至矣哉，大矣！’”

⑭ 總成：總括而成。

⑮ 陶匏：分别用陶和葫蘆製作成的樂器。

⑯ 黼黻：禮服上綉的華美花紋。

余監撫餘閑，居多暇日。歷觀文囿，泛覽辭林，未嘗不心遊目想，移晷忘倦。自姬漢以來，眇焉悠邈，時更七代，數逾千祀。詞人才子，則名溢於縹囊[①]；飛文染翰，則卷盈乎緗帙[②]。自非略其蕪穢，集其清英，蓋欲兼功，太半難矣！若夫姬公之籍，孔父之書，與日月俱懸，鬼神爭奧，孝敬之准式，人倫之師友，豈可重以芟夷，加之剪截？老、莊之作，管、孟之流，蓋以立意爲宗，不以能文爲本，今之所撰，又以略諸。若賢人之美辭，忠臣之抗直，謀夫之話，辨士之端，冰釋泉涌，金相玉振。所謂坐狙丘，議稷下[③]，仲連之却秦軍，食其之下齊國，留侯之發八難，曲逆之吐六奇[④]。蓋乃事美一時，語流千載，概見墳籍，旁出子史，若斯之流，又亦繁博。雖傳之簡牘，而事異篇章，今之所集，亦所不取。至於記事之史，繫年之書，所以褒貶是非，紀別異同，方之篇翰，亦已不同。若其讚論之綜緝辭采，序述之錯比文華，事出於沈思，義歸乎翰藻，故與夫篇什，雜而集之。遠自周室，迄于聖代，都爲三十卷，名曰《文選》云耳。

凡次文之體，各以彙聚。詩賦體既不一，又以類分。類分之中，各以時代相次。

---

① 縹囊：書囊。代指書卷。縹：青綢。
② 緗帙：淺黃色書套。也代指書卷。
③ 坐狙丘，議稷下：《魯連子》："齊之辯士田巴辯於狙丘，議於稷下。"
④ 曲逆：陳平封曲逆侯，輔佐劉邦，六出奇計。

錢貨議（《文苑英華》）

題解

《文苑英華》一千卷，《四庫全書總目》卷一八六集部總集類一著録。

《文苑英華》，北宋太宗時期李昉等奉敕編，雍熙四年（987 年）書成，爲宋四大書之一。該書上繼《文選》，起於梁末，下迄五代，分類編輯，卷帙浩繁，於唐人詩文之傳布保存，居功甚偉。《四庫全書總目》提要稱："考唐文者，惟賴此書之存，實爲著作之淵海。"對宋以前尤其是唐代文獻的輯佚與校勘，具有十分寶貴的價值。李昉（925—996），字明遠，深州饒陽（今屬河北）人，事迹見《宋史》本傳。本篇選自《文苑英華》卷七六九。作者元稹（779—831），字微之，洛陽（今屬河南）人。貞元九年（793 年）明經及第，長慶二年（822 年）曾出任宰相，不久被貶，後卒於武昌軍節度使任上。詩文方面，成就顯著，與白居易合稱"元白"。本篇作於元和（806—820 年）、長慶（821—824 年）之際，揭示當時財政困窘的根源在於官吏法外剥奪和法令不行，并提出了針對性的建議。

選文據影印本《文苑英華》（北京，中華書局，1966 年），并參考冀勤點校《元稹集》（北京，中華書局，1982 年）。

選文

奉進止①："當今百姓乏困②，衆情所知。欲減税則國用不充，欲依舊則人困轉甚，皆由貨輕錢重③，征税闇加。宜令百寮各陳意見，以革其弊者。"

臣以爲當今百姓之困，其弊數十，不獨在於錢貨征税之謂也。既聖問言之，又以爲黎人之重困，不在於征税之闇加，悉在於剥奪之不已；錢貨之輕重，不在於議論之不當，患在於法令之不行。今天下税賦一法也，厚薄一槩也④，然而廉能蒞之則生息，貪愚蒞之則敗傷，盖得人則理之明驗矣，豈征税闇加之謂乎？

自嶺已南，以金銀爲貨幣；自巴已外，以監帛爲交易；黔巫溪浹⑤，大

---

① 進止：命令，旨意。
② 乏：《元稹集》作"之"。
③ 輕：賤。重：貴。
④ 厚薄：親疏。
⑤ 浹：《元稹集》作"峡"。

抵用水銀、硃砂、繒帛、巾帽以相市。然而前人以之理，後人以之擾，東郡以之耗，西郡以之贏，又得人則理之明驗也，豈錢重貨輕之謂乎？

自國家置兩税已來，天下之財限爲三等：一曰上供，二曰畱使，三曰畱州[①]。皆量出以爲入，定額以給資。然而節將有進獻以市國恩者[②]，有賂遺以買私名者，有藏鏹滯帛以貽子孫者[③]，有高樓廣榭以熾第宅者。彼之俸入有常也，公私有分也[④]，此何從而得之？又國家置度支、轉運已來，一則管鹽以易貨，一則受財以經費。近制有年進、月進之名[⑤]，有正、至三節之獻[⑥]，彼之管鹽有常也，受財有數也，此又何從而得之？且百姓，國家之百姓也；財貨，國家之財貨也[⑦]。不足則取之，有餘則捨之，在我而已。又何必授之重柄，假之利權，徇彼之徼恩，成我之怨府哉？今陛下初臨億兆，首問羣寮。誠能禁方鎮大臣不時之獻貢，罷度支、轉運别進之名，絶賂遺之私，節侈靡之俗，峻風憲之舉，深贓罪之刑，精覈考課之條，慎選字人之長[⑧]，若此則不減税而人安，不改法而人理矣。

至于古今言錢幣之輕重者熟矣，或更大錢，或放私鑄，或龜或貝，或皮或刀，或禁埋藏，或禁銷毁，或禁器用，或禁滯積，皆可以救一時之弊也，然而或損或益者，盖法有行不行之謂也。臣不敢遠徵古證，竊見元和已來，初有公私器用禁銅之令，次有交易錢帛兼行之法，近有積錢不得過數之限。每更守尹，則必有用錢不得加除之牓[⑨]。然而銅器備列於公私，錢帛不兼於賣鬻，積錢不出於墻垣，欺濫徧行於市井[⑩]，亦未聞鞭一夫，黜一吏，賜一告訐，壞一蓄藏。豈法不便於時耶？盖行之不至也。陛下誠能採古今救弊之

---

① 畱：即“留”。按：唐制，諸州財賦爲三：一上供，輸之京師以供上用；二送使，輸送於節度使、觀察使府；三留州，留爲州内用度。

② 節將：持節的大將，主要指節度使。

③ 鏹：錢幣。

④ 私：同“私”。

⑤ 年進、月進：按年或按月向皇上進獻的財物。

⑥ 正、至三節之獻：指重要節日要向皇帝進獻土貢。正、至：指正月初一和冬至。三節：指“三元節”，即正月十五日上元節、七月十五日中元節、十月十五日下元節的合稱。

⑦ 財貨：《元積集》作“貨財”。

⑧ 字人：撫治百姓。

⑨ 加除：唐中期以後，貨幣短缺，民間遂産生除陌錢，即以不足千文、百文的錢當千文、百文使用，又稱短陌。

⑩ 按：徧：原文作“偏”，當爲“徧”，即“遍”。《元積集》即作“遍”，據改。

方，施賞罰必行之令，則聖祖神宗之法制何限，前賢後智之議論何窮，豈特愚臣盜竊古人之見①，自稱革弊之術哉！謹議。

① 特：《元稹集》作“待”。

史傳（《文心雕龍》）

題解

《文心雕龍》十卷，《四庫全書總目》卷一九五集部詩文評類一著録。

《文心雕龍》，南朝梁劉勰撰。劉勰（約生於465年，關於他的卒年，學界有多種説法，迄無定論），字彦和，東莞莒（今山東莒縣）人。梁武帝天監年間（502—519年）任東宫通事舍人，遷步兵校尉。後出家爲沙門，改名慧地。事迹見《梁書》本傳。該書共五十篇，是我國現存最早系統論述文學理論的著作。本篇選自《文心雕龍》卷四，專論史傳源流得失，闡明史書撰著要旨，其精髓爲唐劉知幾《史通》所繼承，范文瀾稱："至於煩略之故，貴信之論，皆子玄書中精義，而彦和已開其先河。"（《文心雕龍注》卷四《史傳》）

選文據詹鍈《文心雕龍義證》（上海，上海古籍出版社，2018年重印本）。另有楊明照《增訂文心雕龍校注》（北京，中華書局，2000年），陸侃如、牟世金《文心雕龍譯注》（濟南，齊魯書社，1981年），范文瀾《文心雕龍注》（北京，人民文學出版社，1961年），周振甫《文心雕龍注釋》（北京，人民文學出版社，1981年）等，可參考。

選文

開闢草昧，歲紀綿邈，居今識古，其載籍乎！軒轅之世，史有倉頡，主文之職，其來久矣。《曲禮》曰："史載筆。"[①] 史者，使也；執筆左右，使之記也。古者左史記言，右史書事。言經則《尚書》，事經則《春秋》也。唐虞流于典謨，商夏被于誥誓。洎周命維新[②]，姬公定法，紬三正以班歷[③]，貫四時以聯事，諸侯建邦，各有國史，彰善癉惡，樹之風聲。自平王微弱，政不及雅，憲章散紊，彝倫攸斁[④]。

昔者夫子閔王道之缺，傷斯文之墜，靜居以歎鳳[⑤]，臨衢而泣麟[⑥]，於

① 《禮記・曲禮》："史載筆，士載言。"謂史官備筆簡以便記事。

② 周命維新：《詩經・大雅・文王》："周雖舊邦，厥命維新。"

③ 紬：抽繹，考察。三正：夏、商、周三代曆法不同，周公考求三代正朔以頒布曆法。歷：通"曆"。

④ 彝倫攸斁（dù）：倫常敗壞。斁：敗壞。

⑤ 《論語・子罕》："孔子又曰：'鳳鳥不至，河不出圖，吾已矣夫。'"

⑥ 泣麟：《春秋公羊傳・哀公十四年》載："西狩獲麟。孔子曰：'孰爲來哉！孰爲來哉！'反袂拭面，涕沾袍。西狩獲麟，孔子曰：'吾道窮矣！'"

是就太師以正《雅》《頌》，因魯史以修《春秋》，舉得失以表黜陟，徵存亡以標勸戒；褒見一字，貴踰軒冕；貶在片言，誅深斧鉞。然睿旨幽隱，《經》文婉約，丘明同時，實得微言；乃原始要終，創爲傳體。傳者，轉也；轉受經旨，以授於後，實聖文之羽翮[①]，記籍之冠冕也。

及至縱横之世[②]，史職猶存，秦并七王，而戰國有《策》。蓋録而弗叙，故即簡而爲名也[③]。漢滅嬴、項，武功積年，陸賈稽古，作《楚漢春秋》；爰及太史談，世惟執簡[④]；子長繼志，甄序帝勣。比堯稱典，則位雜中賢[⑤]；法孔題經，則文非玄聖[⑥]。故取式《吕覽》，通號曰紀，紀綱之號，亦宏稱也。故本紀以述皇王，列傳以總侯伯，八書以鋪政體，十表以譜年爵，雖殊古式，而得事序焉。爾其實録無隱之旨，博雅弘辯之才，愛奇反經之尤，條例踳落之失，叔皮論之詳矣[⑦]。

及班固述漢，因循前業，觀司馬遷之辭，思實過半。其十志該富，讚序弘麗，儒雅彬彬，信有遺味。至於宗經矩聖之典，端緒豐贍之功，遺親攘美之罪，徵賄鬻筆之愆，公理辨之究矣。觀夫左氏綴事，附經間出[⑧]，於文爲約，而氏族難明。及史遷各傳，人始區詳而易覽，述者宗焉。及孝惠委機，吕后攝政，史、班立紀，違經失實。何則？庖犧以來，未聞女帝者也。漢運所值，難爲後法。牝雞無晨，武王首誓；婦無與國，齊桓著盟[⑨]；宣后亂秦，吕氏危漢，豈唯政事難假，亦名號宜慎矣。張衡司史，而惑同遷、固，元、平二后，欲爲立紀，繆亦甚矣[⑩]。尋子弘雖僞[⑪]，要當孝惠之嗣；孺子誠微[⑫]，實繼平帝之體；二子可紀，何有於二后哉？

---

① 羽翮：翅膀。

② 縱横之世：戰國時代。

③ 即簡而爲名：戰國史傳有“國事”“短長”“事語”“長書”“修書”等不同名稱，劉向以爲戰國時游士輔所用之國，爲之策謀，統一名爲《戰國策》。簡：竹簡，簡策。

④ 執簡：指擔任史官職務。

⑤ 位雜中賢：《史記》聖賢并載，明昏兼叙，故曰“位雜中賢”。

⑥ 玄聖：孔子。

⑦ “爾其實録無隱之旨”句：參見《後漢書·班彪傳》所載《史記論》及《漢書·司馬遷傳贊》。爾其：至其。叔皮：班彪字叔皮。

⑧ 間出：逸出。

⑨ 婦無與國，齊桓著盟：《春秋穀梁傳·僖公九年》：葵丘之盟曰：“毋使婦人與國事。”

⑩ 按：張衡兩次爲太史令，曾欲爲元后立紀，與《史》《漢》爲吕后立紀同旨。

⑪ 子弘：即西漢少帝劉弘。

⑫ 孺子：漢平帝去世後，王莽立漢宣帝玄孫劉嬰爲皇太子，號曰孺子。

至於《後漢》紀傳，發源《東觀》。袁、張所製，偏駁不倫。薛、謝之作，疎謬少信①。若司馬彪之詳實②，華嶠之準當③，則其冠也。及魏代三雄，記傳互出。《陽秋》《魏略》之屬④，《江表》《吳錄》之類⑤，或激抗難徵，或疎闊寡要。唯陳壽《三志》，文質辨洽，荀、張比之於遷、固，非妄譽也⑥。

至於晉代之書，繁乎著作。陸機肇始而未備，王韶續末而不終⑦，干寶述紀，以審正得序；孫盛《陽秋》，以約舉爲能⑧。按《春秋》經傳，舉例發凡。自《史》《漢》以下，莫有準的。至鄧璨《晉紀》⑨，始立條例。又擺落漢魏，憲章殷周，雖湘川曲學⑩，亦有心典謨。及安國立例⑪，乃鄧氏之規焉。

原夫載籍之作也，必貫乎百氏，被之千載，表徵盛衰，殷鑒興廢，使一代之制，共日月而長存，王霸之跡，並天地而久大。是以在漢之初，史職爲盛，郡國文計，先集太史之府，欲其詳悉於體國也。閱石室，啓金匱，抽裂帛，檢殘竹，欲其博練於稽古也。是立義選言，宜依經以樹則；勸戒與奪，必附聖以居宗；然後銓評昭整⑫，苛濫不作矣。然紀傳爲式，編年綴事。文非泛論，按實而書，歲遠則同異難密，事積則起訖易疎，斯固總會之爲難也。或有同歸一事，而數人分功，兩記則失於複重，偏舉則病於不周，此又銓配之未易也⑬。故張衡摘史、班之舛濫⑭，傅玄譏《後漢》之尤煩，皆此類也。

---

① 按：指東晋袁山松《後漢書》、張瑩《後漢南紀》，三國吴薛瑩《後漢記》、謝承《後漢書》。

② 司馬彪之詳實：指西晋司馬彪《續漢書》。

③ 華嶠之準當：指西晋華嶠《後漢書》。

④ 《陽秋》《魏略》之屬：指東晋孫盛《魏氏春秋》、三國魏魚豢《典略》。

⑤ 《江表》《吳錄》之類：指西晋虞溥《江表傳》、張勃《吴録》。

⑥ 按：《華陽國志·後賢志·陳壽》："中書監荀勗、令張華深愛之，以班固、史遷不足方也。"

⑦ 按：指西晋陸機《晋紀》、劉宋王韶之《晋紀》。

⑧ 按：指東晋干寶《晋紀》、孫盛《晋陽秋》。

⑨ 璨：當作"粲"，指東晋鄧粲，長沙人，官荆州别駕，著有《晋紀》。

⑩ 湘川：湘州，長沙郡舊置湘州。曲學：鄉曲之學，形容孤陋寡聞。

⑪ 安國：指孫盛，字安國。

⑫ 昭整：明確，整齊。

⑬ 銓配：權衡調配。

⑭ 張衡摘史、班之舛濫：據《後漢書·張衡傳》，載："及爲侍中，上疏請得專事東觀，又條上司馬遷、班固所敍與典籍不合者十餘事"。

若夫追述遠代，代遠多僞。公羊高云："傳聞異辭。"① 荀況稱："錄遠略近。"② 蓋文疑則闕，貴信史也。然俗皆愛奇，莫顧實理。傳聞而欲偉其事，錄遠而欲詳其跡，於是棄同卽異，穿鑿傍說，舊史所無，我書則傳，此訛濫之本源，而述遠之巨蠹也。至於記編同時，時同多詭，雖定、哀微辭③，而世情利害。勳榮之家，雖庸夫而盡飾；迍敗之士④，雖令德而嗤埋：吹霜煦露，寒暑筆端⑤，此又同時之枉，可爲歎息者也！故述遠則誣矯如彼，記近則回邪如此⑥，析理居正，唯素心乎！

若乃尊賢隱諱，固尼父之聖旨，蓋纖瑕不能玷瑾瑜也；奸慝懲戒，實良史之直筆，農夫見莠，其必鋤也；若斯之科，亦萬代一準焉。至於尋繁領雜之術，務信棄奇之要，明白頭訖之序，品酌事例之條，曉其大綱，則衆理可貫。然史之爲任，乃彌綸一代⑦，負海内之責，而贏是非之尤。秉筆荷擔，莫此之勞。遷、固通矣，而歷詆後世。若任情失正，文其殆哉！

贊曰：

史肇軒黄，體備周、孔。世歷斯編，善惡偕總。

騰褒裁貶，萬古魂動。辭宗丘明，直歸南董⑧。

---

① 公羊高云"傳聞異辭"：語見《春秋公羊傳·隱公元年》："所見異辭，所聞異辭，所傳聞異辭。"

② 荀況稱："錄遠略近"：按《荀子·非相》："傳者久則論略，近則論詳；略則舉大，詳則舉小。"歷代注者多認爲此"錄遠略近"與《荀子》原文義正相反，或謂當作"錄遠略於近"。

③ 定、哀微辭：《春秋》記載定公、哀公時事，語多隱晦。

④ 迍（zhūn）：困頓，失意。

⑤ 寒暑筆端：任意褒貶。

⑥ 回邪：枉邪。

⑦ 彌綸：包舉，總括。

⑧ 南董：南史氏、董狐，皆春秋良史。

八聲甘州·故將軍飲罷夜歸來（《稼軒詞》）

題解

《稼軒詞》四卷，《四庫全書總目》卷一九八集部詞曲類一著録。

《稼軒詞》，宋辛弃疾撰。辛弃疾（1140—1207），原字坦夫，後改字幼安，號稼軒，濟南歷城（今山東濟南）人。南宋著名愛國詩人，一生以恢復中原爲志，發爲詩詞，亦多有金鼓之聲，悲壯激烈，爲豪放派代表。《四庫全書總目》提要稱："其詞慷慨縱横，有不可一世之概"，"能於翦紅刻翠之外，屹然別立一宗，迄今不廢"。本篇選自《稼軒詞》卷二，为孝宗淳熙十五年（1188 年）閑居帶湖時所作，借李廣事以抒胸臆，隱括前人詩文，連綴成篇，渾然天成。

選文據鄧廣銘《稼軒詞編年箋注》（上海，上海古籍出版社，2016 年）。另有辛更儒《辛弃疾集編年箋注》（北京，中華書局，2015 年），可參考。

選文

夜讀《李廣傳》，不能寐，因念晁楚老、楊民瞻約同居山間，戲用李廣事，賦以寄之。

故將軍飲罷夜歸來，長亭解雕鞍。恨灞陵醉尉[①]，匆匆未識，桃李無言[②]。射虎山横一騎，裂石響驚弦。落魄封侯事，歲晚田園。

誰向桑麻杜曲[③]，要短衣匹馬，移住南山。看風流慷慨，譚笑過殘年。漢開邊功名萬里，甚當時健者也曾閑[④]。紗窗外，斜風細雨，一陣輕寒。

---

① 灞陵：即霸陵。西漢文帝的陵墓。《史記·李將軍列傳》："嘗夜從一騎出，從人田閒飲。還至霸陵亭，霸陵尉醉，呵止廣。廣騎曰：'故李將軍。'尉曰：'今將軍尚不得夜行，何乃故也！'止廣宿亭下。"

② 桃李無言：《史記·李將軍列傳》司馬遷贊語："桃李不言，下自成蹊。"

③ 誰向桑麻杜曲：誰去杜曲種桑麻？言自己不會去。典出杜甫《曲江》："自斷此生休問天，杜曲幸有桑麻田。故將移住南山邊，短衣匹馬隨李廣，看射猛虎終殘年。"

④ 健：精幹，有才能。

沁園春·題張許廟（《詞苑叢談》）

題解

《詞苑叢談》十二卷，《四庫全書總目》卷一九九集部詞曲類二詞話之屬著録。

《詞苑叢談》，清徐釚撰。徐釚（1636—1708），吴江人（今江蘇蘇州市）。康熙十八年（1679年）召試博學宏詞，授翰林院檢討。本書專輯詞家故實，《四庫全書總目》提要稱其“採摭繁富，援據詳明，足爲論詞者總匯”。《沁園春·題張許廟》作者文天祥（1236—1283），字宋瑞，一字履善，號文山，吉州廬陵人，寶祐四年（1256年）進士第一。德祐元年（1275年），元軍東下，文天祥組織武裝，入衛臨安。次年任右丞相兼樞密使，主持抗元之計。祥興元年（1278年）兵敗被俘，被囚禁於大都三年之久，誓死不屈，從容就義。《總目》卷一六四《文山集》提要稱：“天祥平生大節，照耀今古，而著作亦極雄贍，如長江大河，浩瀚無際。”本篇選自《詞苑叢談》卷六（“文丞相題張許廟”條），爲《文山集》所未收，據考系作于祥興元年十一月經過潮陽（今廣東汕頭市潮陽區）東山張許二公廟所作，其矢志報國，以張巡、許遠自勵之志，溢於筆墨之間，可與《過零丁洋》等詩對看。

選文據唐圭璋校注《詞苑叢談》（上海，上海古籍出版社，1981年）。另有劉文源《文天祥詩集校箋》（北京，中華書局，2017年），可參考。

選文

爲子死孝，爲臣死忠，死亦何妨。自光嶽氣分①，士無全節，君臣義缺，誰負剛腸②。罵賊睢陽③，愛君許遠④，留得聲名萬古香。後來者，無二公之操，百鍊之剛⑤。

嗟哉人生⑥，翕欻云亡⑦。好烈烈轟轟做一場。使當時賣國，甘心降虜，受人唾罵，安得流芳。古廟幽沈，遺容儼雅⑧，枯木寒鴉幾夕陽。郵亭下，有奸雄過此，子細思量⑨。

---

① 光嶽：三光五岳，指天地。
② 剛腸：剛直的性格，堅貞的氣節。
③ 睢陽：他本或作“張巡”。安史亂中，張巡起兵雍丘，與許遠合守睢陽，因糧盡援絶，被俘遇害。
④ 許遠：安史亂時爲睢陽太守，與張巡合力守城，城破不屈而死。
⑤ 剛：或作“鋼”。
⑥ 嗟哉：他本或無此兩字。
⑦ 翕欻（xī xū）：倏忽。
⑧ 遺容：或作“儀容”。儼雅：端莊，典雅。
⑨ 子細：或作“仔細”。

賣花聲・懷古二首（《張小山小令》）

題解

《張小山小令》二卷，《四庫全書總目》卷二〇〇集部詞曲類存目南北曲之屬著録。

《張小山小令》，元張可久撰。張可久（約 1270—約 1350），字仲遠，號小山，慶元（今浙江寧波）人，元代著名散曲家、劇作家，與張養浩合稱“二張”。後人稱其詞曲“既清且新，華而不豔”（《李中麓閑居集》卷五引《太和正音譜》之語）。《四庫全書總目》提要稱其“遣詞命意，實能脱其塵蹊。故雖非文章之正軌，附存其目，以見一代風尚之所在焉”。

選文據吕薇芬、楊鐮《張可久集校注》（杭州，浙江古籍出版社，2012 年）。

選文

阿房舞殿翻羅袖，金谷名園起玉樓①，隋堤古柳纜龍舟②。不堪回首，東風還又，野花開暮春時候。

美人自刎烏江岸，戰火曾燒赤壁山，將軍空老玉門關③。傷心秦漢，生民塗炭，讀書人一聲長嘆。

---

① 金谷名園：西晉石崇在洛陽建金谷園以行樂。

② 隋堤古柳：隋煬帝修大運河，築堤植柳。

③ 將軍空老玉門關：指班超投筆從戎，晚年上書有“臣不敢望到酒泉郡，但願生入玉門關”之語。

第五單元

考古及其他文獻泛讀

甲骨文

卜辭二則

題解

甲骨文，是19世紀末發現於河南安陽殷墟的文字史料，刻寫在龜甲和獸骨上，故稱。内容大部分是占卜的記録，又叫“契文”、“卜辭”或“殷墟文字”。一條完整的卜辭，包括叙辭、命辭、占辭、驗辭四部分。下面所選兩條卜辭都是四部分齊全的，但這種情况在今存卜辭中并不普遍。

本篇所選卜辭二則“其一”拓片見郭沫若主編《甲骨文合集》第一册，第00137版(正)，北京，中華書局，1999年，第31頁；釋文據胡厚宣主編《甲骨文合集釋文》第一册，北京，中國社會科學出版社，1999年，第00137版(正)，第3條。“其二”拓片見郭沫若主編《甲骨文合集》第三册，第06057版(正)，北京，中華書局，1999年，第881頁；釋文據胡厚宣主編《甲骨文合集釋文》第一册，北京，中國社会科學出版社，1999年，第06057版(正)，第3條。

選文

其一

癸丑卜，爭貞[①]。旬亡囚[②]。王固曰：㞢𥎨（祟）、㞢夢[③]。甲寅，允㞢來艱，左告曰：㞢壴芻自益，十人㞢二[④]。

卜辭二則“其一”拓片

資料來源：郭沫若．甲骨文合集：第1册．北京：中華書局，1999：31.

① 癸丑：即癸丑日，是占卜的時間。爭：武丁時期的貞人。貞：占卜，卜問。以上是叙辭。

② 旬：殷人以甲至癸爲一旬，於旬末卜下一旬之吉凶。亡：通“無”。囚：讀“憂”。這句是命辭。

③ 王：武丁。㞢：用法和“又”相同，借爲“有”。祟：意爲鬼神降禍。這一句是固辭。“王固曰”一語，常見於卜辭，從中可見商王的宗教職能。

④ 這一句是驗辭，大意是甲寅這一天，確實出現了外患，左報告説，有壴國的十二人自益地來放牧。

其二

癸巳卜，㱿貞[①]。旬亡囚？王固曰[②]：㞢求，其㞢來艱[③]。气至五日丁酉[④]，允㞢來艱自西，沚戠告曰：土方征于我東鄙，𢦏（災）二邑。𢀛方亦侵我西鄙田[⑤]。

6057 正

卜辭二則“其二”拓片

資料來源：郭沫若. 甲骨文合集：第3册. 北京：中華書局，1999：881.

---

① 㱿：是武丁時期的貞人。以上是叙辭。
② 王：武丁。
③ 這一句是占辭，大意是商王視兆之後占卜説，有人鬼爲祟，有禍患要來。
④ 气：即“乞”。乞：是“迄”的初文，意爲止、至。
⑤ “气至”以下，是驗辭。

金文

利簋銘

題解

利簋，西周早期青銅器，1976 年陝西臨潼窖藏出土，現藏中國國家博物館。該器内底部鑄銘文 4 行 32 字，其内容與武王克商的時間有關，具有重要的史料價值，可與本書“精讀文選”《尚書・牧誓》對讀。不過，對於這篇銘文，無論是釋文、標點，還是内容的解讀，學界有很大分歧。

選文主要采用了張政烺的釋文（張政烺《〈利簋〉釋文》，載《考古》，1978 年第 1 期，第 58～59 頁），并參考了唐蘭、于省吾的釋文和解釋（唐蘭《西周時代最早的一件青銅器利簋銘文解釋》，載《文物》，1977 年第 8 期，第 8～9 頁；于省吾《利簋銘文考釋》，載《文物》，1977 年第 8 期，第 10～12 頁）。

選文

珷征商①，隹（唯）甲子朝②。歲貞③，克閗（昏）夙又（有）商④。辛未，王才（在）闌𠂤（師）⑤，易（賜）又（有）事（司）利金，用乍（作）檀公寶尊彝⑥。

利簋

資料来源：吴鎮烽. 商周青銅器銘文暨圖像集成：第 11 卷. 上海：上海古籍出版社，2012：41.

---

① 珷：武王二字之合文。

② 甲子朝：即《尚書・牧誓》《史記・周本紀》所説的“甲子昧爽”。

③ 歲貞：一説歲爲歲星，即木星，貞或爲“鼎”，正，意爲歲星當空。一説爲歲祭，此爲舊説。目前學界對“歲貞”之義以及由此推定的具體時間尚有較大争議。

④ 克：戰勝，克服。昏夙有商：意指天未大亮之時就滅了商。昏夙：即昏昕，指日未出夜未盡之時。

⑤ 闌：讀作“管”，地名。當在鄭州的管縣，《逸周書・大匡》和《文政》都説武王克殷之後“王在管”。

⑥ 檀公：是作器人利的祖先。

《利簋》銘文

資料来源：中國社會科學院考古所．殷周金文集成：第 8 册．北京：中華書局，1987：13.

史墻盤銘

題解

史墻盤，又稱墻盤，爲西周中期青銅器，1976 年於陝西扶風窖藏出土，作器者爲西周恭王史官墻。器内鑄有銘文 18 行 284 字，以四言句式爲主，頗似《詩經》。銘文記述了西周文、武、成、康、昭、穆諸王的重要史迹，以及作器者墻之家史，與傳世文獻可相印證，具有極高的史料價值。1978 年，陝西周原考古隊將拓本公之於世（見《陝西扶風莊白一號西周青銅器窖藏發掘簡報》，載《文物》，1978 年第 3 期，第 1～25 頁），此後不斷有新拓本出現。

選文據中國社會科學院考古所編《殷周金文集成》第 16 册（北京，中華書局，1994 年，181 頁）所録拓本。關於史墻盤銘之釋讀，可參考李學勤《論史墻盤及其意義》（《考古學報》，1978 年第 2 期，第 149～158 頁）、陳世輝《墻盤銘文解説》（載《考古》，1980 年第 5 期，第 433～435 頁），綜合性的研究可參考麻愛民《墻盤銘文集釋與考證》（東北師範大學 2002 年碩士學位論文）一文。

選文

曰古文王，初敹龢于政①，上帝降懿德大甹（屏）②，匍有上下，合受萬邦。䌛圉武王③，遹征三（四）方④，達殷畯民，永不（丕）巩狄虘，𢒉伐尸童。憲聖成王，左右𦅫𢼊剛鮌⑤，用肇徹周邦⑥。肅哲康王，分尹億彊（疆）。宏魯卲（昭）王，廣能楚荆，隹（唯）寏南行。祗顯穆王，井（刑）帥宇誨（谟）⑦。緟寍天子⑧，天子𧽊纘文武長剌（烈）⑨，天子眉無匃（丐），𡨦祁上下⑩，亟（極）熙桓慕，昊照亡斁。上帝司（事）夒⑪，亢保受天子綰令，厚福豐年，方蠻亡不𧷤見。青幽高且（祖），才（在）微靈處。雩武

① 敹：盩。敹龢：調和。
② 這句的意思是：上帝降給美德，又大大地保護我們。
③ 䌛圉：迅猛强圉。
④ 遹征：安撫，正定。
⑤ 這一句的意思是左右大臣剛毅又富有憐愛之心。
⑥ 肇：有劃定疆界之意。徹：有恢弘光大的意思。
⑦ 這一句的意思是穆王遵循效法（先王之）宏偉的謀劃。
⑧ 緟寍：重寧也。意思是穆王時已安寧，至恭王時更安寧，故云。
⑨ 這一句意爲天子勉力繼承文王、武王長久的事業。
⑩ 𡨦祁上下：意爲謹慎地事奉上下神祇。
⑪ 句意爲上帝以寬和優柔爲事。

王既𢦏殷，微史剌（烈）且（祖）廼來見武王，武王則令周公舍宇，于周卑處。𢼂惠乙且（祖），逨匹氒（厥）辟。遠猷腹心。子𠭯。𢽶明亞且（祖），甄毓子孫，繁祓多釐，齊角熾光，義（宜）其禋祀。舒迟文考乙公，競爽。贲屯無諫，農嗇戉（岁）曆①。隹（唯）辟孝友，史（牆）夙夜不㒸（墜），其日蔑歷。牆弗敢担（沮），對揚天子不（丕）顯休令，用乍（作）寶障彝。剌（烈）且（祖）文考弋貯，受（授）牆爾祚福。褱祓录②，黃耇彌生，龕事氒（厥）辟，其萬年永寶用。

① 句意爲曾治理農事。

② 褱：即“懷”的初文，有給予之義。祓录：指除灾惡，有禄位。

新出子犯編鐘銘文

題解

子犯編鐘，春秋時期青銅編鐘，據傳 20 世紀 90 年代初出土於山西聞喜附近某墓葬，隨後流散各地，分别入藏臺北故宫博物院和私人藏家。編鐘甲乙兩組各八件，均有銘文，内容相同。作器者是晋文公重耳的舅舅子犯。銘文記載了他輔佐晋文公返國即位、晋楚城濮之戰以及踐土會盟等史實，可以與《左傳》《國語》《史記·晋世家》等傳世文獻的記載相互印證、補充，具有較高的史料價值。

選文據劉雨、盧岩編著《近出殷周金文集録》第 1 册（北京，中華書局，2002 年，第 16 頁）所載釋文。

選文

唯王五月初吉丁未①，子犯佑晋公左右，來復其邦②。諸楚荆不聽命于王所，子犯及晋公率西之六師搏伐楚荆③，孔休④。大攻楚荆，喪厥師，滅厥夬。子犯佑晋公左右，燮諸侯⑤，得朝王，克奠王位。王錫子犯輅車、四馯、衣裳、黼市、佩。諸侯羞元金于子犯之所⑥，用爲龢鐘纠堵⑦。孔淑且碩，乃龢且鳴。用宴用寧，用享用孝。用祈眉壽，萬年無疆，子＝孫＝⑧，永寶用樂。

---

① 這是周代編鐘起首紀時的慣例，大部分學者認爲這一年爲晋文公五年（前 632 年）。

② 來復：是追溯子犯追隨晋文公流亡在外十九年之後，返回晋國。

③ 西之六師：指晋國的六師，即中軍將、佐，上軍將、佐，下軍將、佐，可參考本書“精讀文選”《晋楚城濮之戰》的注釋。也有人認爲六師指周之六師，或曰晋國的三軍加上秦、齊、宋國的軍隊，合稱六師。

④ 孔休：大獲全勝。孔：大。休：美。

⑤ 燮：和也。指盟約諸侯，主持踐土之盟。

⑥ 羞：進獻。

⑦ 此句意思是將合奏之鐘組合成套（堵）。據先秦禮樂制度，懸挂鐘磬，十六件爲肆，一半稱堵。纠：有糾合、組合之意。

⑧ 子＝孫＝：即子子孫孫。“＝”：古代的重文符號。

簡牘

性自命出（郭店簡）（節選）

題解

1993 年，湖北省荊門市博物館對郭店一號墓進行搶救性發掘，墓中出土竹簡 804 枚，其中有字簡 730 枚。該墓的時代屬於戰國中晚期，竹簡包括儒、道著作 18 篇，有《太一生水》《五行》《性自命出》等先秦佚籍。其中《性自命出》一篇亦見於後出的上海博物館藏戰國楚竹書（整理者將之命名爲《性情論》），文字略有差異。篇中的一些內容與《中庸》相合，是認識先秦儒家心性論的重要文獻。

選文根據武漢大學簡帛研究中心、荊門市博物館編著《楚地出土戰國簡册合集（一）：郭店楚墓竹書》（北京，文物出版社，2011 年）所載釋文，并參考該書注釋所引諸家説法，略有改動。

選文

上

凡人雖有性，心亡奠志①，待物而後作，待悦而後行，待習而後奠②。喜怒哀悲之氣③，性也。及其見於外，則物取之也。性自命出，命自天降④。道始於情，情生於性。始者近情，終者近義。知情者能出之，知義者能入之。

好惡，性也。所好所惡，物也。善不善，性也。所善所不善，勢也。

凡性爲主，物取之也。金石之有聲也，弗扣不鳴。□雖有性⑤，心弗取不出。

凡心有志也，無與不可，性不可獨行，猶口之不可獨言也。牛生而長，雁生而伸，其性使然，人而學或使之也。

凡物無不異也者。剛之樹也，剛取之也。柔之約，柔取之也。四海之内

---

① 奠：定。志：人心之所向，意之所發也。
② 習：教習，習養。
③ 氣：一般指人、物的天然屬性，這裏指人天性中的情欲。
④ 此句意爲性之本性，自天而降，與《中庸》的“天命之謂性”相似。
⑤ 按：此句中“□”符號表示有缺字。下同。

其性一也。其用心各異，教使然也。

凡性，或動之，或逆之[①]，或室之，或厲之，或出之，或養之，或長之。

凡動性者，物也。逆性者，悦也。室性者，故也。厲性者，義也。出性者，勢也。養性者，習也。長性者，道也。

凡見者之謂物，快於己者之謂悦，物之勢者之謂勢，有爲也之謂故。義也者，群善之蕝也。習也者，有以習其性也。道者，群物之道。

凡道，心術爲主。道四術，唯人道爲可道也。其三術者，道之而已。《詩》《書》《禮》《樂》，其始出皆生於人。《詩》，有爲爲之也。《書》，有爲言之也。《禮》《樂》，有爲舉之也[②]。聖人比其類而論會之[③]，觀其之先後而逆順之，體其義而節文之，理其情而出入之[④]，然後復以教。教，所以生德於中者也。禮作於情，或興之也。當事因方而制之[⑤]，其先後之敘則宜道也。或敘爲之節則文也。致容貌，所以文，節也。君子美其情，貴其義，善其節，好其容，樂其道，悦其教，是以敬焉。拜，所以□□□，其文也。幣帛，所以爲信與徵也，其詞宜道也[⑥]。

凡至樂必悲，哭亦悲，皆至其情也。哀、樂，其性相近也，是故其心不遠。哭之動心也，浸殺，其烈戀戀如也[⑦]，戚然以終。樂之動心也，濬深鬱陶，其烈則流如也以悲，悠然以思。

凡憂思而後悲，凡樂思而後忻。凡思之用，心爲甚。歎，思之方也。其聲變，則心從之。其心變，則其聲亦然。

喜斯慆，慆斯奮，奮斯詠，詠斯猶，猶斯舞。舞，喜之終也。慍斯憂，憂斯戚，戚斯歎，歎斯辟，辟斯踊。踊，慍之終也[⑧]。

---

① 逆：《説文》："迎也。關東曰逆，關西曰迎。"意思是見色而悦謂之逆。
② 舉：舉措。
③ 會：綜合，統合。
④ 理：治理，把握。
⑤ 因方：根據事物的準則或義理。
⑥ 宜道：因循誘導。
⑦ 烈：甚。戀戀如：哀思縷縷不絶之狀。
⑧ 這一句與《禮記·檀弓下》所記子游語大致相同。

下

凡學者隶其心爲難，從其所爲，近得之矣，不如以樂之速也。雖能其事，不能其心，不貴。求其心有爲也，弗得之矣。人之不能以爲也，可知也。不過十舉，其心必在焉，察其見者，情安失哉？察，義之方也①。義，敬之方也。敬，物之節也。篤，仁之方也。仁，性之方也。性或生之。忠，信之方也。信，情之方也。情出於性。

凡人情爲可悦也。苟以其情，雖過不惡；不以其情，雖難不貴。苟有其情，雖未之爲，斯人信之矣。未言而信②，有美情者也。未教而民恒，性善者也。未賞而民勸，含福者也。未刑而民畏，有心畏者也。賤而民貴之，有德者也。貧而民聚焉，有道者也。

凡憂患之事欲任，樂事欲後。身欲靜而毋羨，慮欲淵而毋僞，行欲勇而必至，貌欲莊而毋拔，心欲柔齊而泊，喜欲智而亡末，樂欲懌而有志，憂欲斂而毋惛，怒欲盈而毋暴，進欲遜而毋巧，退欲肅而毋輕，欲皆文而毋僞。君子執志必有夫廣廣之心，出言必有夫柬柬之信③，賓客之禮必有夫齊齊之容，祭祀之禮必有夫齊齊之敬，居喪必有夫戀戀之哀。君子身以爲主心。

① 方：準則，道義。
② 未言而信：指君子不待發言而後見信，即無時不信也。
③ 柬柬：陳偉讀作“簡簡”，李零讀爲“謇謇”，忠貞、正直之義，可從。

孔子詩論（上博簡）（節選）

題解

1994 年，上海博物館斥資購回一批流散海外的戰國楚竹書，包括 80 餘種戰國晚期的古書，以儒家類爲主，旁及道家、兵家、陰陽家等，多爲傳世本所無。其中《孔子詩論》存簡 29 枚，千餘言，是目前所見最早的關於《詩經》的研究著述。《孔子詩論》論及的《詩經》篇名有 59 篇，對於我們認識先秦《詩》的編次、《詩》的本義提供了最直接、最真實的史料。作者結合性情、禮樂論詩的方式爲漢代四家詩開闢了先路，成爲此後儒家詩學理論的大方嚮。竹書公布之後，學者對簡文的命名、編聯、文字釋讀做了大量研究，暹林華《孔子詩論集釋》（華東師範大學 2011 年碩士學位論文）對此有較爲全面的總結。

選文據李學勤《〈詩論〉分章釋文》，載姜廣輝主編《經學今詮三編》（瀋陽，遼寧教育出版社，2002 年）第 135～139 頁。

選文

第一章　《關雎》之改①，《樛木》之時，《漢廣》之知，《鵲巢》之歸，《甘棠》之報，《緑衣》之思，《燕燕》之情，曷？曰：童而皆賢於其初者也。《關雎》以色喻於禮，……兩矣②，其四章則喻矣。以琴瑟之悦，擬好色之願，以鐘鼓之樂□□□□好，反内於禮，不亦能改乎？《樛木》福斯在君子，不……可得，不攻不可能，不亦知恒乎？《鵲巢》出以百兩③，不亦有離乎？《甘［棠］》……及其人，敬愛其樹，其報厚矣。甘棠之愛，以召公……情愛也。《關雎》之改，則其思益矣。《樛木》之時，則以其禄也。《漢廣》之知，則知不可得也。《鵲巢》之歸，則離者……［召］公也。《緑衣》之憂，思古人也。《燕燕》之情，以其獨也④。

---

① 改：指詩中主人由“好色”改到禮義之上。按：《孔子詩論》對每一首詩都用幾個字做精要點評，與傳世文獻可以參看。

② 按：據原文《説明》，本篇中有缺字能補出的，用“［　］”號表示；不能補出而可數的，用“□”號表示；不能補出又不可確數的，用“……”號表示。又，原文標注簡號於簡末，本文略。

③ 《鵲巢》在《召南》第一。本段前面提到“《鵲巢》之歸”，歸，就是指嫁女，所以今人多謂《鵲巢》爲送嫁女歌，在這裏又得一有力證據，也可見毛《序》、鄭《箋》的説法不妥。

④ 《燕燕》：毛《詩》中在《緑衣》之下，位於《邶風》第三，毛《序》以“衛莊姜送歸妾也”解之，講離別之情，故曰“獨”也。

第二章　孔子曰：吾以《葛覃》得氏初之詩。民性固然，見其美必欲反［其］本。夫葛之見歌也，則以葉萋之故也；后稷之見貴也，則以文武之德也。吾以《甘棠》得宗廟之敬。民性固然，甚貴其人，必敬其位；悦其人，必好其所爲，惡其人者亦然。［吾以］□□［得］幣帛之不可去也。民性固然，其隱志必有以抒也。其言有所載而後内，或前之而後交，人不可干也。吾以《杕杜》得爵［服］[①] ……如此可，斯爵之矣。離其所愛，必曰吾奚舍之，賓贈是也。

第四章　……《十月》善諀言。《雨無正》《節南山》皆言上之衰也，王公耻之。《小旻》多疑矣，言不中志者也。《小宛》其言不惡，少有仁焉。《小弁》《巧言》則言讒人之害也。《伐木》……咎於其也。《天保》其得禄蔑疆矣，巽寡德故也。《祈父》之責，亦有以也。《黄鳥》則困而欲反其故也，多耻者其病之乎？《菁菁者莪》則以人益也。

第五章　《東方未明》有利詞。《將仲》之言，不可不畏也。《揚之水》其愛婦烈。《采葛》之愛婦□。《［君子］陽陽》小人。《有兔》不逢時。《大田》之卒章，知言而有禮。《小明》不……忠。《邶·柏舟》悶。《谷風》悲。《蓼莪》有孝志。《隰有萇楚》得而悔之也。《鹿鳴》以樂司而會以道，交見善而學，終乎不厭人。《兔罝》其用人，則吾取……惡而不憫。《墻有茨》慎密而不知言。《青蠅》知患而不知人。《涉溱》其絶㑌而士。角瞀婦。《河水》知……責也。《將大車》之囂也，則以爲不可如何也。《湛露》之賹也，其猶軘與？

第六章　孔子曰：《宛丘》吾善之，《猗嗟》吾憙之，《鳲鳩》吾信之，《文王》吾美之，《清［廟》吾敬之，《烈文》吾悦之，《昊天有成命》吾］□之。《宛丘》曰："洵有情"，"而亡望"，吾善之。《猗嗟》曰："四矢反"，"以禦亂"，吾憙之。《鳲鳩》曰："其儀一"，而"心如結"也，吾信之[②]。

① 《杕杜》：指《有杕之杜》，是《唐風》的第十首。

② 按：此所引爲《鳲鳩》首章，今本後綴"兮"字。用情專一，故信之。毛《序》云："刺不壹也。在位無君子，用心之不壹也。"與《詩論》説法相反，强調專一的意思則是相同的。

“文王在上，於昭于天”[1]，吾美之。［《清廟》曰：“肅雍顯相，濟濟］多士，秉文之德”，吾敬之。《烈文》曰：“乍〈亡〉競維人”[2]，“丕顯維德”，“於乎前王不忘”，吾悦之。

第七章……［“帝謂文王，予］懷爾明德”，曷？誠謂之也；“有命自天，命此文王”，誠命之也，信矣。孔子曰：此命也夫！文王雖欲也，得乎？此命也……時也，文王受命矣。

第十二章　孔子曰：詩亡隱志，樂亡隱情，文亡隱意[3]。

---

① 按：這一句是《大雅·文王》的首章。

② 按：據原文《説明》，原有誤字照寫，用“〈　〉”號注正字。

③ 按：這一句的意思是説詩不要隱藏情志，樂不要隱藏性情，文不要隱藏言意。許多研究者將這一句視爲《孔子詩論》的總綱。

繫年第二章（清華簡）

題解

《繫年》是清華大學於 2008 年入藏的戰國竹簡之一，共 138 枚、3 875 字。簡文原分 23 章，每章自爲起訖，相對獨立，章尾有標志，簡尾有留白。簡文原無篇題，“繫年”是整理者根據其内容與體例所加。《繫年》的内容從武王克商開始，一直寫到楚悼王時期三晉與楚大戰，楚師敗績而止，是一部完整的、未見記載的先秦史書。本篇所選《繫年》第二章提供了兩周之際歷史的一些新的叙述，比如周幽王之後還有一位攜惠王，在位的時間長達二十一年；周平王先在少鄂，晉文侯迎立之於晉之京師，三年後才徙至成周。諸如此類的信息，都不見於過去的史書，或散見於傳世文獻而不爲人們重視，具有重要的史料價值。

選文據李學勤主編《清華大學藏戰國竹簡》（貳，上海，中西書局，2011 年）所載釋文，注釋參考了李松儒《清華簡〈繫年〉集釋》（上海，中西書局，2015 年）一書。

選文

周幽王取妻于西申①，生平王。王或取褒人之女，是褒姒，生伯盤②。褒姒嬖于王，王與伯盤逐平王，平王走西申。幽王起師，圍平王于西申，申人弗畀。繒人乃降西戎③，以攻幽王，幽王及伯盤乃滅，周乃亡。邦君諸正乃立幽王之弟余臣于虢④，是攜惠王⑤。立廿又一年，晉文侯仇乃殺惠王于虢⑥。周亡王九年，邦君諸侯焉始不朝于周，晉文侯乃逆平王于少鄂⑦，立之于京師⑧。三年，乃東徙，止于成周，晉人焉始啟于京師⑨，鄭武公亦正東方之諸侯。武公卽世⑩，莊公卽位；莊公卽世，昭公卽位。其大夫高之渠

① 西申：即申戎，與周、秦關係密切，約在今陝西安塞北。

② 伯盤：《國語・晋語一》《國語・鄭語》《史記・周本紀》作“伯服”，《春秋左傳正義》《太平御覽》引《紀年》作“伯盤”。

③ 繒人：在宗周、西申附近，與西申交好。

④ 邦君：諸侯。虢：指西虢，在今河南三門峽市。

⑤ 攜：當爲西虢境内邑名。惠：是他的謚號。

⑥ 晉文侯：姬仇，晋穆侯之子，前 780—前 746 年爲晋國君主。

⑦ 少鄂：地名。疑即《左傳・隱公六年》之晋地鄂，在今山西鄉寧。

⑧ 京師：指宗周，在鎬京。

⑨ 啟：開拓疆土之意。

⑩ 卽世：意爲去世。

彌殺昭公而立其弟子眉壽。齊襄公會諸侯于首止①，殺子眉壽，車轘高之渠彌，改立厲公，鄭以始正。楚文王以啟于漢陽。

① 首止：在今河南睢縣東南。

爲吏之道（睡虎地秦簡）（節選）

題解

《爲吏之道》，1975年12月湖北省雲夢縣睡虎地秦墓出土的竹簡之一，共計51枚，整理者取其開篇“爲吏之道”四字作爲篇名。其内容以法家爲主，融合了道家、儒家之説，它是秦代“以吏爲師”制度下官吏學習如何爲吏的讀本，屬於官箴類文獻。

選文據睡虎地秦墓竹簡整理小組整理《睡虎地秦墓竹簡》（北京，文物出版社，1978年）所載釋文。

選文

凡爲吏之道，必精絜（潔）正直①，慎謹堅固，審悉毋（無）私，微密韱（纖）察，安静毋苛，審當賞罰。嚴剛毋暴，廉而毋刖②，毋復期勝③，毋以忿怒夬（决）。寬俗（容）忠信，和平毋怨，悔過勿重。兹（慈）下勿陵，敬上勿犯，聽閒（諫）勿塞。審智（知）民能，善度民力，勞以衛（率）之，正以橋（矯）之。反赦其身，止欲去顚（願）。中不方，名不章；外不員（圓）。尊賢養孽，原壄（野）如廷④。斷割不刖。怒能喜，樂能哀，智能愚（愚），壯能衰，恿（勇）能屈，剛能柔，仁能忍，强良不得⑤。審耳目口，十耳當一目。安樂必戒，毋行可悔。以忠爲榦，慎前慮後。君子不病殹（也），以其病病殹（也）。同能而異。毋窮窮，毋岑岑⑥，毋衰衰。臨材（財）見利，不取句（苟）富；臨難見死，不取句（苟）免。欲富大（太）甚，貧不可得；欲貴大（太）甚，賤不可得。毋喜富，毋恶貧，正行脩身，過（禍）去福存。

吏有五善：一曰中（忠）信敬上，二曰精（清）廉毋謗⑦，三曰舉事審當，四曰喜爲善行，五曰龔（恭）敬多讓。五者畢至，必有大賞。

---

① 精潔：潔白。
② 廉而毋刖：行事正直不傷人。廉：本義爲棱角。刖：本義爲割斷。
③ 期勝：想着一定壓過别人。一説“期”通“忌”，忌恨之意。
④ 原野如廷：意爲在不在位都一樣。
⑤ 强良：即“强梁”，粗暴、凶狠之意。
⑥ 岑：讀爲“矜”，苦痛之意。
⑦ 謗：怨恨。

吏有五失：一曰誇以迣[1]，二曰貴以大（泰），三曰擅裚（製）割，四曰犯上弗智（知）害，五曰賤士而貴貨貝。一曰見民杲（倨）敖（傲），二曰不安其鼂（朝），三曰居官善取，四曰受令不僂[2]，五曰安家室忘官府。一曰不察所親，不察所親則怨數至；二曰不智（知）所使，不智（知）所使則以權衡求利；三曰興事不當，興事不當則民傷指[3]；四曰善言隋（惰）行，則士毋所比[4]；五曰非上[5]，身及於死。

戒之戒之，材（財）不可歸；謹之謹之，謀不可遺[6]；慎之慎之，言不可追；綦之綦【之】，食不可賞（償）。術（怵）悐（惕）之心，不可【不】長。以此爲人君則鬼（懷），爲人臣則忠；爲人父則兹（慈），爲人子則孝；能審行此，無官不治，無志不徹[7]，爲人上則明，爲人下則聖。君鬼（懷）臣忠，父兹（慈）子孝，政之本殹（也）；志徹官治，上明下聖[8]，治之紀殹（也）。

除害興利，兹（慈）愛萬姓[9]。毋罪毋（無）罪，【毋（無）罪】可赦。孤寡窮困，老弱獨傳（轉），均繇（徭）賞罰，嫯（傲）悍寃暴，根（墾）田人（仞）邑[10]，賦斂毋（無）度，城郭官府，門户關龠（鑰），除陛甬道，命書時會，事不且須，貰責（債）在外，千（阡）佰（陌）津橋[11]，囷屋蘠（墻）垣，溝渠水道，犀角象齒，皮革橐（蠹）突，久刻職（識）物[12]，倉庫禾粟，兵甲工用，樓椑矢閲[13]，槍閵（藺）環殳，比（庇）臧（藏）封印，水火盗賊，金錢羽旄，息子多少，徒隸攻丈[14]，作務員程，老弱瘁（癃）病，衣食饑寒，稾靳瀆（瀆），扇（漏）屋塗塈（塈），苑囿園池，畜産肥胔

---

① 以：而。迣（zhì）：超越。意爲奢侈而超過限度。
② 僂：鞠躬，表示恭敬。
③ 傷指：對其指示不予以重視。傷：輕慢。
④ 比：親附。
⑤ 非：非議。
⑥ 遺：遺失，指計謀不可泄漏。
⑦ 徹：達到。
⑧ 聖：疑讀爲“聽”，聽從命令。
⑨ 萬姓：即百姓。
⑩ 仞邑：使城邑人口充實。仞：充滿之意。
⑪ 津：渡口。
⑫ 久：讀爲“記”。
⑬ 椑：讀爲“陴”，城上的女墻。
⑭ 丈：度量。

（胔），朱珠丹青。臨事不敬，倨驕毋（無）人，苛難留民，變民習浴（俗），須身旞（遂）過，興事不時，緩令急徵，夬（決）獄不正，不精於材（財），法（廢）置以私①。

處如資（齋）②，言如盟，出則敬，毋施當③，昭如有光。施而喜之，敬而起之，惠以聚之，寬以治之，有嚴不治。與民有期，安騶而步，毋使民懼。疾而毋諰，簡而毋鄙。當務而治，不有可茝。勞有成既，事有幾時。治則敬自賴之，施而息之。犢而牧之；聽其有矢，從而賊（則）之；因而徵之，將而興之，雖有高山，鼓而乘之。民之既教，上亦毋驕，孰道毋治，發正亂昭④。安而行之，使民望之。道傷（易）車利⑤，精而勿致，興之必疾，夜以椄（接）日。觀民之詐，罔服必固。地脩城固，民心乃寧。百事既成，民心既寧，既毋後憂，從政之經⑥。不時怒，民將姚去⑦。

凡治事，敢爲固，謁私圖⑧，畫局陳卑（棋）以爲耤。肖人聶心，不敢徒語恐見惡。

操邦柄，慎度量，來者有稽莫敢忘⑨。賢鄙溉辥，祿立（位）有續孰暋上？

審民能，以賃（任）吏，非以官祿夬助治⑩。不賃（任）其人，及官之暋豈可悔？

---

① 廢置：任免。
② 齋：齋戒。
③ 施當：疑讀作“弛常”，意爲不要廢弛應經常遵守的原則。
④ 發：舉。亂：治。這一句的意思是施政要正當光明。
⑤ 易：平地。
⑥ 經：綱領。
⑦ 姚：與“遥”同，意思是經常對百姓發怒，百姓就會遠遠地離開。
⑧ 謁：讀爲“遏”，制止。私圖：私謀。
⑨ 稽：考察。
⑩ 夬：疑爲“史”之誤，讀爲“使”。句意爲：不是讓他們享受官祿，而是要他們襄理政事。

二年律令（張家山漢墓竹簡）（節選）

題解

1983 年 12 月至 1984 年 1 月，湖北江陵張家山 247 號漢墓出土了大量竹簡，包括《二年律令》《奏讞書》《脉書》《算數書》《曆譜》等 8 種古文獻。其中《二年律令》含有 27 種律和 1 種令，律令之名與正文分開另簡抄寫，二年律令爲其原有標題，推測是吕后二年（前 186 年）施行的法律。《二年律令》包含了漢律的主要部分，是研究漢代政治、經濟、社會制度，尤其是法律制度的重要文獻。

選文據《張家山漢墓竹簡［二四七號墓］》（釋文修訂本，北京，文物出版社，2006 年），并參考了朱紅林《張家山漢簡〈二年律令〉集釋》（北京，社會科學文獻出版社，2005 年）。

選文

盜律

盜臧（贓）直（值）過六百六十錢，黥為城旦舂[①]。六百六十到二百廿錢，完為城旦舂[②]。不盈二百廿到百一十錢，耐為隸臣妾[③]。不盈百一十到廿二錢，罰金四兩。不盈廿二錢到一錢，罰金一兩。

謀偕盜而各有取也，并直（值）其臧（贓）以論之。

盜盜人。臧（贓），見存者，皆以畀其主[④]。

受賕以枉法[⑤]，及行賕者，皆坐其臧（贓）為盜。罪重於盜者，以重者論之。

徼外人來入為盜者[⑥]，要（腰）斬。吏所興能捕若斬一人，捧（拜）爵

---

① 黥（qíng）：刑罰名。在人臉上刺字并塗墨。城旦舂：秦漢時之刑罰，屬於徒刑，男女犯人受罰去築城或舂米。

② 完：剃光鬢須和頭髮。

③ 耐：剃去鬢須，保留頭髮，亦有人認爲完刑和耐刑是一樣的。

④ 畀（bì）：付，給與。

⑤ 賕：賄賂。

⑥ 徼：漢朝邊塞之外。

一級。不欲𢷎（拜）爵及非吏所興，購如律。

盜五人以上相與功（攻）盜，為群盜。

智（知）人為群盜而通歓（飲）食餽遺之，與同罪；弗智（知），黥為城旦舂。其能自捕若斬之，除其罪，有（又）賞如捕斬。群盜法（發），弗能捕斬而告吏，除其罪，勿賞。

群盜及亡從群盜，毆折人枳（肢），胅體，及令彼（跛）蹇（蹇），若縛守、將人而強盜之[1]，及投書[2]、縣（懸）人書，恐猲人以求錢財[3]，盜殺傷人，盜發冢（塚），略賣人若已略未賣，橋（矯）相以為吏[4]，自以為吏以盜，皆磔。

智（知）人略賣人而與賈[5]，與同罪。不當賣而私為人賣，賣者皆黥為城旦舂；買者智（知）其請（情），與同罪。

劫人、謀劫人求錢財，雖未得若未劫，皆磔之。罪其妻子，以為城旦舂。其妻子當坐者偏（徧）捕，若告吏，吏捕得之，皆除坐者罪。

諸當坐劫人以論者[6]，其前有罪隸臣妾以上，及奴婢，毋坐為民，為民者亦勿坐。

相與謀劫人、劫人，而能頗捕其與[7]，若告吏，吏捕頗得之，除告者罪，有（又）購錢人五萬。所捕告得者多，以人數購之，而勿責其劫人所得臧（贓）。所告毋得者，若不盡告其與，皆不得除罪。諸予劫人者錢財，及為人劫者，同居智（知）弗告吏[8]，皆與劫人者同罪。劫人者去，未盈一日，能自頗捕，若偏（徧）告吏，皆除。

盜出財物于邊關徼，及吏部主智（知）而出者[9]，皆與盜同法；弗智

① 將：押送。
② 投書：匿名信。
③ 猲：讀爲“喝”。恐猲，即恐嚇之意。
④ 矯相：疑爲矯扮他人。
⑤ 賈：交易。
⑥ 論：論罪。
⑦ 頗：少部分。
⑧ 同居：指父母、妻子之外，兄弟或子侄一起居住、不分家產者。
⑨ 部主：主管其事者。

(知)，罰金四兩。使者所以出，必有符致。毋符致，吏智（知）而出之，亦與盗同法。

盗出黄金邊關徼，吏、卒徒部主者智（知）而出及弗索[①]，與同罪；弗智（知），索弗得，戍邊二歲。

諸有叚（假）於縣道官，事已，叚（假）當歸；弗歸，盈廿日，以私自叚（假）律論。其叚（假）别在它所，有（又）物故毋道歸叚（假）者[②]，自言在所縣道官，縣道官以書告叚（假）在所縣道官收之。其不自言，盈廿日，亦以私自假律論。

① 卒：指戍卒之類。徒：指刑徒。索：搜查。
② 物故：死亡。

甘露二年丞相御史律令（肩水金關漢簡）（節選）

題解

肩水金關在甘肅省金塔縣，漢代是肩水候官所屬的一座烽燧關城，歸張掖郡管轄。1974年前後發掘出《甘露二年丞相御史律令》一套，木簡3枚，500餘字，内容相當於今日的通緝令，是漢宣帝時發布全國的一份文件。其目的是追捕廣陵王劉胥御者惠的同産弟、故長公主盖卿的大婢麗戎。

選文依據劉倩倩《〈甘露二年丞相御史律令〉校注》（首發於復旦大學出土文獻與古文字研究中心網站：http://www.gwz.fudan.edu.cn/Web/Show/2421，2015年）一文，并參考了其他相關研究成果。

選文

甘露二年五月己丑朔甲辰朔①，丞相少史充、御史守少史仁以請詔②：有逐驗大逆無道故廣陵王胥御者惠同産弟故長公主蓋卿大婢外人③，移郡大守。逐得試知，外人者，故長公主大奴千秋等曰④：外人，一名麗戎，字中夫，前大子守觀奴嬰齊妻⑤，前死。麗戎從母捐之字子文。私男弟偃⑥，居主馬市里弟。捐之姊（姊）子，故安道侯奴，材取不審縣里男子字游為麗戎聟（婿）⑦，以牛馬就載籍田倉為事。始元二年中⑧，主女孫為河間王后，與捐之偕之國。後麗戎、游從居主杌棻弟，養男孫丁子沱。元鳳元年中⑨，主死，絕戶，奴婢沒入詣官⑩。麗戎、游俱亡⑪。麗戎脫籍，疑麗戎變更名字，

---

① 甘露：漢宣帝劉詢年號，前53—前50年。甘露二年即公元前52年。五月己丑朔甲辰朔：五月十六，公曆6月15日。後一“朔”字爲衍文。

② 請詔：請求詔許或經皇帝批准。

③ 逐驗：追捕驗證（身份）。故廣陵王胥：漢武帝四子劉胥，漢宣帝時因詛咒、謀反之事自殺，事見《漢書·武五子傳》。同産弟：同母所生的兄弟姐妹。故長公主：昭帝姊鄂邑長公主，武帝長女，蓋卿是對她的尊稱。大婢外人：指年齡大於十五歲的奴婢，即後文的麗戎，是惠的胞妹。

④ 大奴：成年奴隸。千秋：人名。

⑤ 前大子：即前太子，武帝衛皇后所生戾太子劉據，後在武帝晚期宫廷的巫蠱之禍中冤死。

⑥ 私：通“姦”。

⑦ 材取：裁決選取。不審：不清楚，不明瞭。意思是挑選了一位不知户籍的男子游做麗戎的丈夫。

⑧ 始元二年：始元，漢昭帝劉弗陵年號，前86—前81年。始元二年：前85年。

⑨ 元鳳元年：前80年。這一年，蓋主、燕王旦、桑弘羊、上官桀反對霍光，事敗蓋主自殺。這是西漢中後期政治中的一個重大事件。

⑩ 奴婢沒入詣官：奴婢被没收，交付到官府。

⑪ 亡：逃跑。

匿走絕迹，更為人妻，介罪民間[①]，若死無從知。麗戎此時年可廿三四歲，至今年可六十。所為人中壯[②]，黃色，小頭，黑髮，隋（橢）面，拘頤，常戚額朐頻狀，身小長，詐應少言。書到，二千石遣毋害都吏[③]，嚴教屬縣官令以下嗇夫、吏正、父老[④]，襍驗問鄉里吏民，賞取（嘗娶）婢及免婢以為妻，年五十以上，刑狀類麗戎者，問父母昆弟，本誰生子？務得請實，發生從迹，毋督聚煩擾民。大逆同產當坐，重事，推迹未窮[⑤]，毋令居部界中不覺。得者書言白報，以郵亭行詣長安傳舍。重事，當奏聞，必謹密之，毋留如律令。

六月，張掖太守毋適、丞勳，敢告部都尉卒人，謂："縣寫移書到，趣報如御史書律令。敢告卒人/掾佷守卒史禹置佐財。

七月壬辰，張掖肩水司馬陽，以秩次兼行都尉事，謂候城尉寫移書到，廋索[⑥]部界中，毋有，以書言，會月廿日。如律令/掾遂守屬況。

七月乙未，肩水候福，謂候長廣宗□，寫［移；書到］，廋索界中，毋有，以書言。會月十五日須報府毋忽，□□如律令/令史□。

---

① 介罪：戴罪。

② 中壯：中等身材。

③ 毋害都吏：毋害，或作"無害""文毋害"等，漢代公文習語，意思是官吏毋害於文，曉習文法，循章守成。這句話的意思是郡太守收到文書，要派辦事無毛病的好官吏去辦這件事。一說"無害"即"無比"，意爲無人能勝之者。

④ 嗇夫：秦漢嗇夫都是某一地區或部門的主事者，其下常設有輔佐之吏，如鄉嗇夫下有鄉佐。除大嗇夫外，一般嗇夫的秩品都比較低下，大體分爲有秩和斗食二等。有秩剛達到最低秩禄，即百石，斗食則每日供給一斗二升。漢制，秩二百石以上爲長吏，百石以下爲少吏。嗇夫屬於少吏之列。縣的官吏除令、長、丞、尉外，一般都是少吏，所以縣屬各官之長和鄉的主管官吏多稱嗇夫，與縣的等級相當的某些官署的屬官之長，如其品秩是少吏，也常稱爲嗇夫。

⑤ 推迹未窮：推求（麗戎）踪迹没有結束。

⑥ 廋（sōu）索：即搜索。

録事掾潘琬白爲考實吏許迪割用餘米事（三國吴簡）

題解

1996年出土的長沙走馬樓三國吴簡，是20世紀中國最重要的考古發現之一。這批吴簡約14萬枚，其内容可分爲券書、司法文書、長沙郡所屬人名民簿、名刺和官刺、賬簿等，主要是長沙郡臨湘縣的檔案文書，時間集中在233—237年這幾年之内。這批吴簡使我們可以細緻、深入地研究一個區域社會的基本情况，比如鄉里制度、户籍制度、賦税制度、行政管理、文書傳遞等問題。本篇《録事掾潘琬白爲考實吏許迪割用餘米事》是吴簡發現之後最早受到關注的木牘之一，牘文反映了一樁盜用軍糧的大案。走馬樓吴簡中與本案相關的簡牘有上千枚，對於我們認識三國時期司法程式具有重要價值。

選文據王素、宋少華《長沙吴簡〈録事掾潘琬白爲考實吏許迪割用餘米事〉釋文補正》(載《文史》，2015年第1輯，第218、279～282頁)。

選文

録事掾潘琬叩頭死罪白[①]：過四年十一月七日[②]，被督郵勑[③]，考實吏許迪[④]。輒與核事吏趙譚、都典掾烝若、主者史李珠，前後窮核考問。迪辭：賣官餘鹽四百廿六斛一斗九升八合四勺，得米二千五百六十一斛六斗九升已，二千四百卌九斛一升，付倉吏鄧隆、穀榮等。餘米一百一十二斛六斗八升，迪割用飲食不見[⑤]，爲廖直事所覺後，迪以四年六月一日，偷入所割用米畢，付倉吏黄瑛受。前録見都尉，知罪深重，詣言：不割用米。重復實核，迪故下辭，服割用米。審前後搒押迪凡百卅下，不加五毒[⑥]，據以迪今年服辭結罪，不枉考迪。乞曹重列言府。傅前解，謹下啓。琬誠惶誠恐，叩頭死罪死罪。若。二月十九日戊戌白。

---

① 録事掾：縣的屬吏，主文書記事之職。

② 四年：指吴大帝孫權嘉禾四年，235年。

③ 督郵：郡國的重要佐吏，掌督察縣鄉，宣達命令，并兼管獄訟捕亡。

④ 考實：考按實情。

⑤ 割用：挪用。

⑥ 五毒：古代的一種毒刑，四肢及身備受楚毒。或云是鞭、箠、灼、徽、纆五種刑罰。

敦煌文獻

甘涼瓜肅所居停沙州逃户牒

題解

敦煌文獻的出土是 20 世紀我國最重要的文化發現之一。這批文獻總數在 5 萬件以上，主要是十六國到北宋時期的經卷和文書，其内容以佛教典籍和寺院文書爲主，涉及宗教、歷史、地理、語言、文學、天文、曆法等諸多學科。敦煌文獻發現之後，大部分流散到英、法、俄、日等國。本篇選文爲大谷文書 2835 號文書，是日本大谷探險隊所獲敦煌寫卷，今藏日本京都龍谷大學圖書館。這篇文書是一份研究唐代括户的重要文獻，該文書首尾完具，也有助於我們認識唐代地方政務運行之具體程式。

選文據池田温《中國古代籍帳研究》（龔澤銑中譯本，北京，中華書局，2007 年）“附圖”第 198～199 頁。文書的原始文字（包括所使用的武周新字）及原始格式參見原書。

選文

甘、涼、瓜、肅所居停沙州逃戶①，牒，奉處分：上件等州，以田水稍寬，百姓多悉居城，莊野少人執作。沙州力田爲務，小大咸解農功，逃迸投詣他州，例被招携安置，常遣守莊農作，撫恤類若家僮。好即薄酬其庸，惡乃横生構架。爲客脚危，豈能論當。荏苒季序，逡巡不歸②。承前逃戶業田，差戶出子營種。所收苗子，將充租賦，假有餘賸，便入助人③。今奉明敕，逃人括還，無問戶第高下，給復二年。又今年逃戶所有田業，官貸種子，付戶助營。逃人若歸，苗稼見在，課役俱免，復得田苗④。或恐已東逃人，還被主人該誘，虚招在此有苗，即稱本鄉無業。漫作由緒，方便覓住。此並甘、涼、瓜、肅百姓，共逃人相知，詐稱有苗，還作住計。若不牒上括戶採

---

① 甘、涼、瓜、肅：即甘州、凉州、瓜州、肅州，皆爲唐隴右道諸州，治所分别在今甘肅省張掖市、武威市、安西縣東南、酒泉市。沙州：治所在今甘肅省敦煌市。

② 以上内容確認沙州逃户的存在。

③ “承前逃戶業田”至“便入助人”：是説敦煌縣對逃户土地所采取的措施。

④ “今奉明敕”至“復得田苗”：引用關於括户的敕文。

訪使知，卽慮逃人訴端不息[①]。謹以牒舉。謹牒。長安三年三月　日　典陰永牒。付司。辯示。十六日。三月十六日，錄事受。尉攝主簿付司戶。撿案。澤白。十六日。牒，撿案連如前。謹牒。三月十日史氾藝牒。以狀牒上括逃御史諮。澤白。十六日。依判。仍牒上涼、甘、肅、瓜等州，准狀。辯示。十六日。牒上括逃御史，件狀如前。今以狀牒，牒至准狀，謹牒。牒上涼、甘、肅、瓜等州，件狀如前。今以狀牒，牒至准狀，謹牒。長安三年三月十六日，佐，尉，史氾藝，三月十六日受牒。卽日行判。無稽。錄事撿無稽失。尉攝主簿自判。牒，爲括逃使牒，請牒上御史，并牒涼、甘、肅、瓜等州事。

① “或恐已東逃人”至“卽慮逃人訴端不息”：表明敦煌縣擔心括户引起混亂的憂慮。

伍子胥變文（節選）

題解

敦煌文獻中有不少文學資料，最有價值的是爲傳統士大夫所揚弃的俗文學作品，如講經文、變文、話本等。變文是俗講的一種，韵散結合，説唱兼行，内容是講佛教故事或歷史故事。本篇所選《伍子胥變文》，是保存伍子胥故事最豐富的一種。

選文和注釋皆依據項楚《敦煌變文選注》（成都，巴蜀書社，1989 年），本篇所選見該書第 1～15 頁。

選文

昔周國欲末①，六雄競起，八□爭侵。

南有楚國平王，安人治化者也。王乃朝庭萬國，神威遠振，統領諸邦。外典明臺②，内昇宫殿。南以天門作鎮，北以淮海爲關，東至日月爲邊，西與佛國爲境③。開山川而□地軸，調律吕以辨陰陽。駕紫極以定天關，感黄龍而來負翼。六龍降瑞，地像嘉禾，風不鳴條，雨不破塊。街衢道路，濟濟鏘鏘，蕩蕩坦坦然，留名萬代。

楚之上相，姓伍名奢，文武附身，情存社稷。手提三尺之劍，寄託六尺之軀。萬邦受命，性行淳直，儀節忠貞，意若風雲，心如鐵石，恒懷匪懈④，宿夜兢兢。事君剔致爲美，順而成之；主若有愆⑤，犯顔而諫。

伍奢乃有二子，見事於君。小者子胥，大名子尚。一事梁國，一事鄭邦，並悉忠貞，爲人洞達。

楚王太子，長大未有妻房。王問百官：“誰有女堪爲妃后？朕聞：國無東宫，半國曠地，東海流泉溢，樹無枝，半樹死。太子爲半國之尊，未有妻房，卿等如何？”大夫魏陵啓言王曰：“臣聞秦穆公之女，年登二八，美麗過

---

① 欲末：將近。

② 外典明臺：指處理政務。典：執掌。明臺：傳説中黄帝聽政之所，引申指政府。

③ 佛國：佛出生之地，指古印度。變文中的佛教用語甚多，如後文的“信業隨緣”之類，足見佛教對變文之影響。

④ 匪懈：不懈怠。

⑤ 愆：同“愆”，過錯。

人。眉如盡月，頰似凝光，眼似流星，面如花色。髮長七尺，鼻直額方，耳似璫珠，手垂過膝，拾指纖長。願王出敕，與太子平章①。儻如得稱聖情，萬國和光善事。”

遂遣魏陵②，召募秦公之女。楚王喚其魏陵曰：“勞卿遠路，冒涉風霜。”

其王見女，姿容麗質，忽生狼虎之心。魏陵曲取王情③：“願陛下自納爲妃后。東宫太子，别與外求。美女無窮，豈妨大道。”王聞魏陵之語，喜不自勝，即納秦女爲妃，在内不朝三日。

伍奢聞之忿怒。不懼雷電之威，披髮直至殿前，觸聖情而直諫。王即驚懼，問曰：“有何不祥之事？”伍奢啓曰：“臣今見王無道，慮恐失國喪邦。忽若國亂臣逃，豈不由秦公之女！與子娶婦，自納爲妃，共子爭妻，可不慚於天地！此乃混沌法律，顛倒禮儀。臣欲諫交，恐社稷難存！”王乃面慚失色，羞見羣臣：“國相，可不聞道：成謀不説④，覆水難收；事已如斯，勿復重諫！”

伍奢見王無道，自納秦女爲妃，不懼雷電之威，觸聖情而直諫：“陛下是萬人之主，統領諸邦，何得信受魏陵之言！”（下闕）

楚王便獄中喚出伍奢、子尚，處法徒刑。子尚臨死之時，仰面向天嘆而言曰：“吾當不用弟語，遠來就父同誅，奈何！奈何！更知何道！吾死之後，願弟得存。忽爾天道開通，爲父讎冤殺楚。”遺語已訖，便即殺之。父子二人，同時誅戮。

楚王出勑，遂捉子胥處若爲？

勑曰：“梁國之臣，逆賊子胥，父事於君，不能忠謹，圖謀社稷，暴虎（虐）貪殘。子尚鄭國之臣，并父同時殺訖；唯有子胥逃逝，目下未獲。如能捉獲送身，賞金千斤，封邑萬户。隱藏之者，法有常刑。先斬一身，然誅九族。所由寬縱，解任科徵⑤，盡日奏聞。錮身送上。”勑既行下，水楔

① 平章：本義是商議，這裏引申爲議親之義。
② 魏陵：此人在《左傳》中名費無極，《史記》中作費無忌。
③ 曲取：曲意迎合。
④ 成謀不説：已經實施的計劃不再勸人改變。
⑤ 解任：解除職務。科徵：徵收賦税。

（洩）不通，州縣相知，牓標道路。村坊搜括，誰敢隱藏；競擬追收，以貪重賞。

子胥行至莽蕩山間[①]，按劍悲歌而歎曰：

子胥發忿乃長吁，大丈夫屈厄何嗟嘆。

天網恢恢道路窮，使我栖惶没投竄。

渴乏無食可充腸，迥野連翩而失伴。

遥聞天塹足風波，山岳岧嶤接雲漢。

窮洲棖（限）際絶舟船，若爲得達江南岸？

上蒼儻若逆人心，不免此處生留難。

悲歌已了，更復前行，信業隨緣，至於潁水[②]。風來拂耳，聞有打紗之聲，不敢前盪，隈形却立。

子胥行至潁水傍，渴乏飢荒難進路。

遥聞空裏打紗聲，屈節斜身便即住。

慮恐此處人相掩，捻脚攢形而映樹。

良久穩審不須驚，漸向樹間偷眼覷。

津傍更亦没男夫，唯見輕盈打紗女。

水底將頭百過窺，波上玉腕千迴舉。

即欲向前從乞食，心意懷疑生猶豫。

進退不敢輒諮量，踟躕即欲低頭去。

女子拍紗於水，舉頭忽見一人。行步獐狂[③]，精神恍惚，面帶飢色，腰劍而行[④]，知是子胥，乃懷悲曰："兒聞桑間一食，靈輒爲之扶輪；黄雀得藥封瘡，銜白環而相報。我雖貞潔，質素無虧，今於水上拍紗，有幸得逢君子，雖即家中不備，何惜此之一餐。"緩步岸上而行，乃唤："遊人且住，劍客是何方君子？何國英才？相貌精神，容儀聳幹。緣何急事，步涉長途。失伴周章[⑤]，精神恍惚。觀君面色，必然心有所求。若非俠客懷冤，定被平王

---

① 莽蕩：廣大貌。
② 潁水：發源於河南，流入安徽。
③ 獐狂：慌張。
④ 腰劍：腰中佩劍。
⑤ 周章：驚恐貌。

捕逐。兒有貧家一惠，敢屈君餐。情衷如何？希垂降步。”子胥答曰：“僕是楚人，身充越使，比緣貢獻[①]，西進楚王。及與梁、鄭二國計會軍國，乘肥却返，行至小江，遂被狂賊侵欺，有幸得存。今日登山驀嶺，糧食罄窮，空中聞娘子打紗之聲，觸處尋聲訪覓。下官形骸若此，自拙爲人，恐失王程，奔波有實。今遊會稽之路，從何可通？乞爲指南，余亦不敢望食！”女子答曰：“兒聞古人之語，蓋不虛言，情去意實難留，斷弦猶可續。君之行李[②]，足亦可知。見君盼後看前，面帶愁容而步涉，江山迢遞，冒染風塵，今乃不棄卑微，敢欲邀君一食：

兒家本住南陽縣，二八容光如皎練[③]。

泊紗潭下照紅粧，水上荷花不如面。

客行猶同海泛舟，薄暮皈巢畏日晚。

儻若不棄是卑微，願君努力當餐飯。”

子胥即欲前行，再三苦被留連，人情實亦難違，水畔蹲身[④]，即坐吃飯。三口便即停餐，媿荷女人[⑤]，即欲進發。更蒙女子勸諫，盡足食之。

---

① 貢獻：進貢。

② 行李：行旅，旅途情況。

③ 皎練：雪白的絹帛。

④ 蹲：同“蹲”。

⑤ 媿荷：感激。媿：同“愧”。

明清文書檔案

洪武四年徽州府祁門縣汪寄佛户帖（徽州文書）

題解

明清史研究，除了傳世的四部文獻外，必須充分運用各種文書檔案，這已成爲學者們的共識。這些官私文書檔案中，徽州文書極爲重要。大約在1949年之後，國内的一些研究機構、圖書館開始收藏徽州文書。目前所知官方機構藏有十萬件以上，後來陸續有公私機構、個人在收藏，尚有不少仍然藏於民間。這些徽州文書的内容包括交易文契、合同文書、承繼文書、私家賬簿、官府册籍、政令公文、訴訟文案、信函書劄等，是瞭解明清時期農村社會的珍貴史料。本篇文書反映了當時户帖登記的事項，而户帖前的洪武三年（1370年）白話聖旨與傳世相關文言聖旨頗有不同之處，原件藏中國社會科學院歷史研究所。

選文據王鈺欣、周紹泉主編《徽州千年契約文書·宋元明編》第一卷（石家莊，花山文藝出版社，1991年）。

選文

户部，洪武三年十一月二十六日欽奉

聖旨：説與户部官知道，如今天下太平了也，止是户口不明白俚，教中書省置天下户口的勘合文簿、户帖。你每（們）户部家出榜，去教那有司官，將他所管的應有百姓，都教入官附名字，寫著他家人口多少。寫得真著，與那百姓一箇户帖，上用半印勘合，都取勘來了。我這大軍如今不出征了，都教去各州縣裏下著繞地里去點户比勘合，比著的便是好百姓，比不著的便拿來做軍。比到其間有官吏隱瞞了的，將那有司官吏處斬。百姓每自躲避了的，依律要了罪過，拿來做軍。欽此[①]。除欽遵外，今給半印勘合户帖，

---

① 按：這是一份白話詔書，可以和《明實録》中的文言詔令進行對比。《明太祖實録》卷五十八，洪武三年十一月辛亥條載："覈民數，給以户帖。先是，上諭中書省臣曰：'民，國之本。古者司民，歲終獻民數於王，王拜受而藏諸天府，是民數，有國之重事也。今天下已定，而民數未覈實。其命户部籍天下户口，每户給以户帖。'於是，户部製户籍、户帖，各書其户之鄉貫、丁口、名歲，合籍與帖，以字號編爲勘合，識以部印。籍藏于部，帖給之民。仍令有司歲計其户口之登耗，類爲籍冊以進。著爲令。"白話詔令包含了更多的信息，比如點户不實，老百姓要拿去充軍，隱瞞的官吏也要處斬。參阿風《文書與史料系統》，載《中國史研究動態》，2017年第5期，第33～37頁。

付本户收執者。

一户汪寄佛　徽州府祁門縣十西都住民應當民差計家伍口

男子叁口：成丁弍口，本身年叁拾陸歲，兄滿年肆拾歲。不成丁壹口，男祖壽年四歲。

婦女弍口：妻阿李年叁拾叁歲，嫂阿王年叁拾叁歲。

事産，田地無，房屋瓦屋叁間，孳畜無。

右户帖付汪寄佛收執，准此。

洪武四年　月　日

令各督撫予限半年迅速購訪遺書諭（纂修四庫全書檔案）

題解

乾隆三十八年（1773 年）二月，《四庫全書》館正式開館。此前乾隆已頒發徵書之諭，在全國範圍内搜訪徵集圖書，然各省督撫“視爲具文”，敷衍了事，效果并不理想。本篇所選乾隆三十八年三月二十八日發布的《令各督撫予限半年迅速購訪遺書諭》，則掀起了大規模徵書活動的高潮。這則上諭有助於我們認識四庫徵書之實施與民間人士之心態。

選文據中國第一歷史檔案館編《纂修四庫全書檔案》（上海，上海古籍出版社，1997 年）第 67～69 頁。

選文

乾隆三十八年三月二十八日，内閣奉上諭：

前經降旨，令各該督撫等訪求遺書，彙登册府。近允廷臣所議，以翰林院舊藏《永樂大典》，詳加別擇校勘，其世不經見之書，多至三四百種，將擇其醇備者付梓流傳①，餘亦錄存彙輯，與各省所採及武英殿所有官刻諸書，統按經史子集編定目錄，命爲《四庫全書》。俾古今圖籍，薈萃無遺，永昭藝林盛軌。乃各省奏到書單寥寥無幾，且不過近人解經、論學、詩文私集數種，聊以塞白②。其實係唐宋以來名家著作，或舊版僅存，或副稿略具，卓然可傳者，竟不概見。當此文治光昭之日，名山藏弆③，何可使之隱而弗彰！此必督撫等視爲具文，地方官亦第奉行故事，所謂上以實求，而下以名應，殊未體朕殷殷諮訪之意。且此事並非難辦，尚爾率略若此，其他尚可問乎？

況初次降旨時，惟恐有司辦理不善，藉端擾累，曾諭令凡民間所有藏書，無論刻本、寫本，皆官爲借抄，仍將原本給還。揆之事理人情④，並無阻礙，何觀望不前，一至於此！必係督撫等因遺編著述，非出一人，疑其中或有違背忌諱字面，恐涉手干礙，預存寧略毋濫之見，藏書家因而窺其意

① 醇備：醇厚完美。
② 塞白：拼凑文字以應付。
③ 弆（jǔ）：收藏，保存。
④ 揆（kuí）：揣度。

指，一切秘而不宣。甚無謂也！文人著書立說，各抒所長，或傳聞異辭，或紀載失實，固所不免。果其略有可觀，原不妨兼收並蓄。即或字義觸礙，如南北史之互相詆毀，此乃前人偏見，與近時無涉，又何必過於畏首畏尾耶！朕辦事光明正大，可以共信於天下，豈有下詔訪求遺籍，顧於書中尋摘瑕疵，罪及收藏之人乎？若此番明切宣諭後，仍似從前疑畏，不肯將所藏書名開報，聽地方官購借，將來或別有破露違礙之書，則是其人有意隱匿收存，其取戾轉不小矣[①]！

且江浙諸大省，著名藏書之家，指不勝屈，即或其家散佚，仍不過轉落人手。聞之蘇湖間書賈書船，皆能知其底裏，更無難於物色。督撫等果實力訪覔[②]，何慮終湮？惟當嚴飭地方官，勿假手吏胥，藉名滋擾[③]，衆人自無不踴躍樂從；即有收藏吝惜之人，泥於借書一癡俗說，此在友朋則然，今明旨徵求，借後仍還故物，於彼毫無所損，又豈可獨抱秘文，不欲公之同好乎？

再，各省聚書最富者，原不盡皆本地人之撰著，祇論其書有可採，更不必計及非其地產，則搜輯之途更寬，方不致多有遺逸。著再傳諭各督撫等，予以半年之限，即遵朕旨，實力速爲妥辦。俟得有若干部，即陸續奏報，不必先行檢閱。若再似從前之因循搪塞，惟該督撫是問。將此一併通諭中外知之。欽此。

---

① 取戾：獲罪。
② 覔：古同“覓”。
③ 藉名滋擾：假借名義滋事騷擾。

碑刻

裴岑紀功碑

題解

《裴岑紀功碑》，東漢碑刻。全稱《漢敦煌太守裴岑紀功碑》，漢順帝永和二年（137年）立於巴里坤。據王昶《金石萃編》卷七載：碑高四尺二寸，廣一尺八寸五分，六行，行十字。碑舊在新疆維吾爾自治區巴爾庫城西 50 里，今存新疆博物館，已碎爲數塊。碑於雍正七年（1729 年）爲將軍岳鍾琪發現，至乾隆二十二年（1757 年）後始有拓本傳世。此碑記載了敦煌太守裴岑擊敗匈奴呼衍王侵擾、克敵全師的戰役。此事史書皆不載，故此碑有重要的文獻價值。

選文據清王昶撰《金石萃編》（嘉慶十年經訓堂刻本）的録文。

選文

惟漢永和二年八月，敦煌太守雲中裴岑，將郡兵三千人，誅呼衍王等①，斬馘部眾，克敵全師。除西域之疢②，蠲四郡之害③。邊竟艾安④，振威到此，立海祠以表萬世⑤。

---

① 呼衍王：北匈奴的最高統治者。因其牧地鄰近西域及河西郡，所以經常到這些地區掠奪侵擾。

② 疢：即“灾”。

③ 四郡：指河西四郡，即金城、敦煌、張掖、酒泉。

④ 艾安：謂民生安定，宇内承平。艾：通“乂”。安定。

⑤ 立海祠：《金石萃編》作“立德祠”。據徐松《西域水道記》（朱玉麒整理，北京，中華書局，2005 年，第 182 頁）改，意爲在海（蒲類海，今巴里坤湖）立祠。

大秦景教流行中國碑

題解

此碑建於唐建中二年(781 年)，額題“大秦景教流行中國碑”，碑題“景教流行中國碑頌并序”，原立於大秦寺，明末天啓初年出土於陝西西安地區，今藏於西安碑林。碑文由大秦寺僧景淨敘述①，朝議郎吕秀巖書寫，共一千七百餘言，碑側和下方刻有古敘利亞文。大秦是中國古代對東羅馬帝國的稱呼，景教即基督教的聶斯托利派（Nestorianism)。碑文記載了景教的教義、儀式，該教在貞觀九年（635 年）從波斯（今伊朗)、西域（今新疆地區）入傳長安的經過，以及景教傳入中國的活動情況，是研究唐代中外文化交流史和基督教東傳史的珍貴資料。海内外學者對該碑的研究論著甚多，林悟殊的《西安景教碑研究述評》(載林悟殊《唐代景教再研究》，北京，中國社會科學出版社，2003 年，第 3～26 頁）和耿昇的《外國學者對於西安府大秦景教碑的研究》(載《世界宗教研究》，1999 年第 1 期，第 56～64 頁）兩篇文章，對景教碑三百餘年學術史做了詳細述評。

大秦景教流行中國碑在天啓末年已有李之藻的刊本，其後《金石萃編》等金石著作亦有著録。本篇選文根據今人的拓本（載高峽主編《西安碑林全集》，第十九卷，廣州，廣東經濟出版社，1999 年)，注釋則參考江文漢《中國古代基督教及開封猶太人》(北京，知識出版社，1982 年）等研究成果。

選文

粵若，常然真寂，先先而无元；窅然靈虚，後後而妙有。捴玄樞而造化，妙衆聖以元尊者。其唯我三一妙身②，无元真主阿羅訶歟③！判十字以定四方，鼓元風而生二氣。暗空易而天地開，日月運而晝夜作。匠成万物，然立初人；别賜良和，令鎮化海。渾元之性，虚而不盈。素蕩之心，本無希嗜。洎乎娑殫施妄，鈿飾純精。閒平大於此是之中，隟冥同於彼非之内。是以三百六十五種，肩隨結轍，競織法羅，或指物以託宗，或空有以淪二，或

① 景淨：景教傳教士。當時被稱爲波斯僧，實爲敘利亞人，教名亞當（Adam)。據《貞元新定釋教目録》所云，景淨曾參與佛經的翻譯，稱“述”而未言“撰”，可能是景淨所述，由唐朝士人代筆，所以碑文中許多基督教術語用了符合中國文化、宗教傳統的表達方式，如以“元尊”稱“天主”、以“受戒”稱“受洗”等，即使教名“景教”，也是“妙而難名”，“強稱景教”，景字有光明和大的含義，很可能源出儒家經典《詩經》的“景福”一語，這個概念也出現在碑文中。

② 三一妙身：即基督教神學中的聖父、聖子、聖靈“三位一體”。

③ 阿羅訶：敘利亞文爲 Alaha 或 Aloho，指《舊約》中的耶和華（Jehovah）上帝。阿羅訶借用於佛經《妙法蓮華經》，原義爲佛果。

禱祀以邀福，或伐善以矯人。智慮營營，恩情役役。茫然無得，煎迫轉燒。積昧亡途，久迷休復。於是我三一分身，景尊彌施訶[①]，戢隱真威，同人出代。神天宣慶，室女誕聖於大秦。景宿告祥，波斯睹耀以來貢。圓廿四聖有說之舊法[②]，理家國於大猷。設三一凈風無言之新教，陶良用於正信。制八境之度[③]，鍊塵成真。啓三常之門，開生滅死。懸景日以破暗府，魔妄於是乎悉摧。棹慈航以登明宮，含靈於是乎既濟。能事斯畢，亭午昇真。經留廿七部，張元化以發靈關；法浴水風，滌浮華而潔虛白。印持十字，融四照以合無拘。擊木震仁惠之音，東禮趣生榮之路。存鬚所以有外行，削頂所以無內情。不畜臧獲，均貴賤於人。不聚貨財，示罄遺於我。齋以伏識而成，戒以靜慎為固。七時禮讚，大庇存亡。七日一薦，洗心反素。真常之道，妙而難名。功用昭彰，強稱景教。惟道非聖不弘，聖非道不大。道聖符契，天下文明。太宗文皇帝，光華啓運，明聖臨人。大秦國有上德，曰阿羅本。占青雲而載真經，望風律以馳艱險。貞觀九祀，至於長安。帝使宰臣房公玄齡，揔仗西郊，賓迎入內。翻經書殿，問道禁闈。深知正真，特令傳授。貞觀十有二年秋七月，詔曰：道無常名，聖無常體，隨方設教，密濟羣生。大秦國大德阿羅本，遠將經像，來獻上京。詳其教旨，玄妙無為，觀其元宗，生成立要。詞無繁說，理有忘筌。濟物利人，宜行天下。所司即於京義寧坊造大秦寺一所[④]，度僧廿一人。宗周德喪，青駕西昇。巨唐道光，景風東扇。旋令有司將帝寫真，轉摸寺壁。天姿汎彩，英朗景門。聖跡騰祥，永輝法界。案西域圖記及漢魏史策，大秦國南統珊瑚之海，北極衆寶之山，西望仙境花林，東接長風弱水。其土出火綄布、返魂香、明月珠、夜光壁。俗無寇盜，人有樂康。法非景不行，主非德不立。土宇廣濶，文物昌明。高宗大帝，克恭纘祖，潤色真宗。而於諸州各置景寺，仍崇阿羅本為鎮國大法主。法流十道，國富元休。寺滿百城，家殷景福。聖曆年[⑤]，釋子用壯，騰口於東周。

---

① 彌施訶：即“彌賽亞”（Messiah）的敘利亞文音譯，指救世主耶穌基督。

② 廿四聖：指《舊約》中的二十四位先知。

③ 八境：指耶穌在《新約・馬太福音》第5章第1至10節中所傳的“八福”。

④ 大秦寺：初建時名爲波斯寺，天寶四載（745年）改名大秦寺。這篇詔書見《唐會要》卷四十九。

⑤ 聖曆：武則天的年號，698—699年。

先天末①，下士大笑，訕謗於西鎬。有若僧首羅含，大德及烈，并金方貴緒，物外高僧，共振玄網，俱維絶紐。玄宗至道皇帝，令寧國等五王，親臨福宇，建立壇場。法棟暫橈而更崇，道石時傾而復正。天寶初，令大將軍高力士送五聖寫真，寺内安置。賜絹百疋，奉慶睿圖。龍髯雖遠，弓劍可攀。日角舒光，天顔咫尺。三載，大秦國有僧佶和，瞻星向化，望日朝尊。詔僧羅含，僧普論等一七人，與大德佶和於興慶宮修功德。於是天題寺牓，額戴龍書。寶裝璀翠，灼爍丹霞。睿扎宏空，騰淩激日。寵賚比南山峻極，沛澤與東海齊深。道無不可，所可可名。聖無不作，所作可述。肅宗文明皇帝於靈武等五郡，重立景寺。元善資而福祚開，大慶臨而皇業建。代宗文武皇帝恢張聖運，從事無為。每於降誕之辰，錫天香以告成功，頒御饌以光景衆。且乹以美利，故能廣生。聖以體元，故能亭毒。我建中聖神文武皇帝，披八政以黜陟幽明，闡九疇以惟新景命。化通玄理，祝無愧心。至於方大而虚，專静而恕，廣慈救衆苦，善貸被羣生者，我修行之大猷，汲引之階漸也。若使風雨時，天下静，人能理，物能清，存能昌，殁能樂，念生響應，情發自誠者，我景力能事之功用也。大施主金紫光禄大夫，同朔方節度副使，試殿中監賜紫袈裟僧伊斯，和而好惠，聞道勤行。遠自王舍之城，聿來中夏，術高三代，藝博十全。始效節於丹庭，乃策名於王帳。中書令汾陽郡王郭公子儀，初揔戎於朔方也，肅宗俾之從邁。雖見親於卧内，不自異於行間。為公爪牙，作軍耳目。能散禄賜，不積於家。獻臨恩之頗黎，布辭憩之金罽。或仍其舊寺，或重廣法堂。崇飾廊宇，如翬斯飛。更效景門，依仁施利。每歲集四寺僧徒，虔事精供，備諸五旬。餧者來而飰之，寒者來而衣之，病者療而起之，死者葬而安之。清節達娑，未聞斯美。白衣景士，今見其人。願刻洪碑，以揚休烈。詞曰：

真主无元，湛寂常然。權輿匠化，起地立天。分身出代，救度無邊。日昇暗滅，咸證真玄。赫赫文皇，道冠前王。乘時撥亂，乹廓坤張。明明景教，言歸我唐。翻經建寺，存殁舟航。百福偕作，萬邦之康。高宗纂祖，更築精宇。和宮敞朗，遍滿中土。真道宣明，式封法主。人有樂康，物無灾

① 先天：唐玄宗的年號，712 年 8 月至 713 年 7 月。

苦。玄宗啓聖，克修真正。御牓揚輝，天書蔚映。皇圖璀璨，率土高敬。庶績咸熙，人賴其慶。肅宗來復，天威引駕。聖日舒晶，祥風掃夜。祚歸皇室，祅氛永謝。止沸定塵，造我區夏。代宗孝義，德合天地。開貸生成，物資美利。香以報功，仁以作施。暘谷來威，月窟畢萃。建中統極，聿修明德。武肅四溟，文清萬域。燭臨人隱，鏡觀物色。六合昭蘇，百蠻取則。道惟廣兮應惟密，強名言兮演三一。主能作兮臣能述，建豐碑兮頌元吉。

大唐建中二年，歲在作噩，太蔟月七日大耀森文日。建立時法主僧寧恕知東方之景衆也[①]。

朝議郎前行台州司士參軍吕秀巖書[②]。

---

① 寧恕：774 年在巴格達任東方教會大主教，778 年已去世，立碑時唐朝景教徒衆尚不知。

② 按：碑文首末兩行刻有叙利亞文，碑底左、右兩側刻有七十位景教僧名，其中除八位外，皆爲叙利亞文與漢文對照，本篇從略。

宋故武功大夫河東第二將折公墓志銘

題解

《宋故武功大夫河東第二將折公（可存）墓志銘》，亦稱《折可存墓志銘》，華陽范圭撰，是北宋將領折可存（1096—1126）的墓志銘。墓碑出土於1939年，現保存在西安碑林。折可存於《宋史》無傳，然參諸相關史料，可知其世據府州，控阨西北，在宋代與夏、遼、金的關係中扮演了重要角色。墓志提到折可存先征方臘後滅宋江，與傳世史料的記載不同，成爲史學界討論宋江是否投降問題的重要參考文獻。

選文據宋士彦《宋故武功大夫河東第二將折公（可存）墓志銘》[載《北京大學學報》(哲學社會科學版)，1978年第2期，第68、97頁]。

選文

公諱可存，字嗣長，府州之折也[①]。惟折氏遠有世序，茅土相紹，垂三百年，代不乏賢豪。公爲人剛直不撓，倜儻有大節，嘗慨然起功名之念，耻驕矜而羞富貴，篤學喜士，敏於爲政，名重搢绅間，果公家一代之奇才也。

曾祖簡州團練使，贈崇信軍節度使，諱惟忠。曾祖妣劉氏，彭城郡夫人。祖果州團練使，贈太尉，諱繼閔。祖妣劉氏，雲安郡夫人；慕容氏，齊安郡夫人；郭氏，咸安郡夫人。考秦州觀察使，贈少師，諱克行，謚曰武恭。妣王氏，秦國夫人。

公以武恭蔭補入仕，爲右班殿直，俄遷左侍禁。官制行，改忠訓郎，充經略司準備差使[②]。公之仲兄，今節制承宣公也，時爲統制官[③]，辟公主管機宜文字。夏人女崖來擾我邊，西陲不寧者十有五年。女崖，酋之桀黠者，伺吾虛實，洞察無遺，邊民苦之。朝廷立賞御逐，統制命公率所部捕之。衆不滿百，公設奇謀，以伏兵生獲女崖，遂奠西土[④]。功奏，遷秉義郎、閤門祇候[⑤]，陞第

---

① 府州：治今山西保德縣。

② 按：這一句是説折可存靠着父親的恩蔭入仕，“右班殿直”“左侍禁”“忠訓郎”，都是武階名，經略司準備差使是武職，屬於經略使司的臨時差遣。

③ 統制官：軍職名，是河北兵馬大元帥府統制的簡稱，當時大元帥府的五軍各有統制官分領之。

④ 奠：安定。

⑤ 秉義郎：武階名。屬於紹興厘定入品武階五十二階之第四十六階，在忠訓郎之上。閤門祇候：武臣在外帶的貼職，與後文的“閤門宣贊舍人”一樣，皆爲武臣清選，後者更爲榮耀。

四副將[①]。

宣和初元[②]，王師伐夏，公有斬獲績，陞閤門宣贊舍人。方臘之叛，用第四將從軍。諸人藉才，互以推公，公遂兼率三將兵，奮然先登，士皆用命。臘賊就擒，遷武節大夫[③]。班師過國門，奉御筆捕草寇宋江。不逾月，繼獲，遷武功大夫[④]。張孝純帥太原，辟河東第二將。雁門索援[⑤]，公受命不宿，曰："固吾事也。"即駐兵崞縣[⑥]。城陷，被質應州[⑦]。丙午歲，自應間道而南也，季秋四日終於中山府北寨，享年三十一。庚戌十月四日，葬於府州西天平山武恭公域之東。

公娶吉州刺史張世景之女，封安人。一子彦深，保義郎，早亡。女一人，許適蜀忠文公曾孫范圭。圭嘗聞公之來中山，蓋今太安人張氏乃公所生母，尚在并門，公欲趨并拜母，無何，數不少延，壽止於斯，哀哉！忠孝兩不得盡，在公爲深憾矣。於其葬也，圭受命於承宣公而爲之銘，銘曰：

既冠而仕，仕已有聲。女崖巨猾，舉不再征。俘臘取江，勢若建瓴。雁門之役，爲將治兵。受命不宿，懷忠允勤。間道自南，憶母在并。公乎云亡，天道杳冥。誰爲痛惜，昭昭斯銘。

---

① 第四副將：是統制司之下所設某軍事單位的副將，五軍下各有若干將。
② 宣和初元：即宣和元年，1119年。
③ 武節大夫：武階名。屬於紹興入品武階之第十八階。
④ 武功大夫：武階名。屬於紹興入品武階之第十五階。
⑤ 雁門：治今山西代縣。
⑥ 崞縣：治今山西原平市北。
⑦ 質：作爲人質，是被俘的委婉表達。應州：治今山西應縣。

蘇州府長洲縣永禁機匠叫歇碑

題解

《蘇州府長洲縣永禁機匠叫歇碑》，原在蘇州玄妙觀機房殿内，1955 年爲史學家柴德賡發現并揭示其史料價值，曾轟動學界，成爲研究中國資本主義萌芽的重要史料。碑文中“機户出資經營，機匠記工受值”，反映了當時私營手工業中機户（作坊主）和機匠（工人）之間存在的雇傭關係，機户在地方官府的支持下嚴禁機匠“叫歇”（罷工），碑文亦對機匠的薪資標準和支付有所約定。立碑人何君衡等應該是當地的機户，足見當時蘇州手工業之發達。關於該碑的發現經過和碑文，可參考柴德賡《記永禁機匠叫歇碑發現經過》（載《文物參考資料》，1956 年第 7 期，第 41～42 頁）一文，本篇選文即以此爲據，并參考了尚鉞《中國資本主義關係發生及演變的初步研究》“附録”《奉各憲永禁機匠叫歇碑記》（北京，三聯書店，1956 年，第 273～275 頁）。

選文

江南蘇州府長洲縣正堂沈為革除機匠叫幫之害等事。奉

特授江南蘇州府正堂加一級紀録七次姚　憲牌開[①]，奉

署理江南蘇州等處十一府州承宣布政使司事分守常鎮道加三級紀録十六次王　憲牌開，奉

兵部尚書兼都察院右都御史總督江南江西等處地方軍務兼理糧餉操江加二級紀録八次趙　批，陞司詳請禁革機匠聚衆勒歇阻工一案緣由。奉批：如詳勒石永遵，仍候　撫部院批示繳等因。又奉

太子太保兵部右侍郎兼都察院右副都御史總理粮儲提督軍務巡撫江寧等處地方世襲三等阿思□尼哈番紀録五次高　批開：如詳勒石永遵，取碑摹送查，仍飭地方官不時查察，勿令再復滋事，仍候　督部堂批示繳，各等因到司。仰府奉此。合就抄粘轉飭，仰縣查照　憲批來文，即便勒石永遵。該縣仍即不時查察，如敢再復滋事，即行嚴拿解究，并取碑摹五套送府，以憑轉呈各憲，毋得遲延，致干未便等因。并奉抄粘司看内開：

---

① 憲牌開：即憲牌内開示。憲牌：指清代官府的逮捕證或通告的告示牌。

查得長洲縣詳禁機匠聚衆叫歇勒加阻工一案，先據該縣通詳，奉

憲批司查議，即經轉飭蘇州府妥議詳司核轉，去後，今據該府縣議詳內稱：

蘇城機户，類多雇人工織，機户出口［資］經營，機匠計工受值，原屬相需[1]，各無异議。惟有不法之徒，不諳工作[2]，為主家所棄，遂懷妬忌之心，倡為幫行名色，挾衆叫歇[3]，勒加銀[4]，使機户停織，機匠廢業，致機户何君衡等呈請勒石永禁。通詳　各憲批查議詳。並稱：各匠常例酒資，紗機每隻常例給發機匠酒資一錢，二月朔日給付四分，三月朔日給付三分，清明給付三分，三次分給，共足一錢之數。緞機每隻常例亦給付機匠酒資一錢，六月朔日給付四分，七月朔日給付三分，中秋給付三分，三次分給，共足一錢之數。至於工價，按件而計，視貨物之高下、人工之巧拙，以為增減，鋪匠相安。詳請飭令各相遵守，嗣後如有不法棍徒，膽敢挾衆叫歇，希圖從中索詐者，許地鄰機户人等即時扭稟地方官審明，應比照把持行市律究處，再枷號一個月示儆等情。議覆前來。似應如其所請，飭行地方官勒石永遵，取碑摹遵依報查。緣奉批查事理，似合詳覆，伏候

憲臺鑒核，批示飭遵等因。下縣。奉此，合行勒石永禁。為此示諭機匠人等知悉：恪遵　憲禁，各安其業，毋得聚衆叫歇悮工，致干照把持行市律究處，枷號示衆，須至碑者。

雍正十二年十二月，長、元兩邑同人公立

何君衡　康天如　奚惟公　朱景臣　程遠功　奚三省　李天禄

王奕生　馬聲宣　陳惟豐　朱聖瑞　陸扶先　歐賓璜　吴子欽

陸恒成　周寧侯　莊惟章　袁載彩　金玉章　羅寧侯　林方州

蔡其章　黄仲安　王道生　謝書伸　沈裕臣　唐衡如　顧惟寧

李兆昌　陸季文　孫在明　沈時臣　吴天衡　蔡子良　陳公安

顧斌矦　姚兆南　王惟玉　錢裕林　查仲遠　徐丕祥　金子加

---

① 相需：相互需要。
② 諳：熟練。
③ 叫歇：即罷工。
④ 勒：勒索。

莊思成　沈公揚　劉玉傳　顧儀中　陳禹凡　陳文昇　周御竹
黃佳士　王商欽　李子麟　蔡玉衡　黃仲宣　周方覲
蔡在之　沈殿臣　胡子昌　何玉文　袁公瑞　陸玉衡

點讀文選（實踐與提高）

第一單元

白文點讀練習

鄭伯克段于鄢（《左傳》）

説明

本篇選自《左傳·隱公元年》，題目爲後人所加。鄭莊公（即鄭伯）二十二年，即魯隱公元年（前722年），克平其弟叔段之亂，統一鄭國，是春秋初期鄭國的重大歷史事件。對此，《春秋》經文載："（元年）夏五月，鄭伯克段于鄢。"《左傳》則頗爲詳盡地記述了事件的前因後果，其中鄭武公夫人姜氏（即武姜）在這場君位争鬥中所扮演的角色尤其引人注意。2016年，中西書局出版李學勤主編《清華大學藏戰國竹簡（陸）》中收録有《鄭武夫人規孺子》一篇，記述鄭武公去世後，鄭武夫人姜氏對嗣君（即莊公，文中稱"孺子"）進行規誡之事，爲傳世史書所不載，對於瞭解莊公初年的鄭國政治以及認識武姜其人，提供了新的資料。參李守奎《〈鄭武夫人規孺子〉中的喪禮用語與相關的禮制問題》（載《中國史研究》，2016年第1期，第11～18頁）、賈連翔《清華簡〈鄭武夫人規孺子〉篇的再編連與復原》（載《文獻》，2018年第3期，第54～59頁）。選文據北京大學出版社2000年《十三經注疏》整理本《春秋左傳正義》。

選文

初鄭武公娶于申曰武姜生莊公及共叔段莊公寤生驚姜氏故名曰寤生遂惡

之愛共叔段欲立之亟請於武公公弗許及莊公即位爲之請制公曰制巖邑也虢叔死焉佗邑唯命請京使居之謂之京城大叔祭仲曰都城過百雉國之害也先王之制大都不過參國之一中五之一小九之一今京不度非制也君將不堪公曰姜氏欲之焉辟害對曰姜氏何厭之有不如早爲之所無使滋蔓蔓難圖也蔓草猶不可除況君之寵弟乎公曰多行不義必自斃子姑待之

既而大叔命西鄙北鄙貳於己公子呂曰國不堪貳君將若之何欲與大叔臣請事之若弗與則請除之無生民心公曰無庸將自及大叔又收貳以爲己邑至于廩延子封曰可矣厚將得衆公曰不義不暱厚將崩

大叔完聚繕甲兵具卒乘將襲鄭夫人將啓之公聞其期曰可矣命子封帥車二百乘以伐京京叛大叔段段入于鄢公伐諸鄢五月辛丑大叔出奔共

書曰鄭伯克段于鄢段不弟故不言弟如二君故曰克稱鄭伯譏失教也謂之鄭志不言出奔難之也

遂寘姜氏于城潁而誓之曰不及黄泉無相見也既而悔之潁考叔爲潁谷封人聞之有獻於公公賜之食食舍肉公問之對曰小人有母皆嘗小人之食矣未嘗君之羹請以遺之公曰爾有母遺緊我獨無潁考叔曰敢問何謂也公語之故且告之悔對曰君何患焉若闕地及泉隧而相見其誰曰不然公從之公入而賦大隧之中其樂也融融姜出而賦大隧之外其樂也洩洩遂爲母子如初

君子曰潁考叔純孝也愛其母施及莊公詩曰孝子不匱永錫爾類其是之謂乎

越王勾踐滅吳（《國語》）

説明

本篇選自《國語·越語上》，記述春秋後期吳、越二國的戰爭。前 496 年，吳王闔閭攻越，與越王勾踐大戰於檇李（今浙江嘉興市南），兵敗重傷而死，子夫差即位。前 494 年，吳軍在夫椒山（在今浙江紹興市北）大敗越軍。勾踐以餘部五千逃至會稽山，發憤圖强，立志報仇。前 482 年，勾踐趁夫差率軍參加黄池（今河南封丘縣西南）之會之機，襲擊吳國，攻入吳都姑蘇（今江蘇蘇州市）。前 473 年，夫差求和，勾踐不許，遂滅吳。夫差自殺。選文據徐元誥撰，王樹民、沈長雲點校《國語集解》（北京，中華書局，2002 年）。

選文

越王句踐棲於會稽之上乃號令於三軍曰凡我父兄昆弟及國子姓有能助寡人謀而退吳者吾與之共知越國之政大夫種進對曰臣聞之賈人夏則資皮冬則資絺旱則資舟水則資車以待乏也夫雖無四方之憂然謀臣與爪牙之士不可不養而擇也譬如蓑笠時雨既至必求之今君王既棲於會稽之上然後乃求謀臣無乃後乎句踐曰苟得聞子大夫之言何後之有執其手而與之謀

遂使之行成於吳曰寡君句踐乏無所使使其下臣種不敢徹聲聞於天王私於下執事曰寡君之師徒不足以辱君矣願以金玉子女賂君之辱請句踐女女於王大夫女女於大夫士女女於士越國之寶器畢從寡君帥越國之衆以從君之師徒唯君左右之若以越國之罪爲不可赦也將焚宗廟係妻孥沈金玉於江有帶甲五千人將以致死乃必有偶是以帶甲萬人事君也無乃即傷君王之所愛乎與其殺是人也寧其得此國也其孰利乎

夫差將欲聽與之成子胥諫曰不可夫吳之與越也仇讎敵戰之國也三江環之民無所移有吳則無越有越則無吳將不可改於是矣員聞之陸人居陸水人居水夫上黨之國我攻而勝之吾不能居其地不能乘其車夫越國吾攻而勝之吾能居其地吾能乘其舟此其利也不可失也已君必滅之失此利也雖悔之亦無及已

越人飾美女八人納之大宰嚭曰子苟赦越國之罪又有美於此者將進之大宰嚭諫曰嚭聞古之伐國者服之而已今已服矣又何求焉夫差與之成而去之

句踐説於國人曰寡人不知其力之不足也而又與大國執讎以暴露百姓之骨

於中原此則寡人之罪也寡人請更於是葬死者問傷者養生者弔有憂賀有喜送往者迎來者去民之所惡補民之不足然後卑事夫差宦士三百人於吳其身親爲夫差前馬

句踐之地南至於句無北至於禦兒東至於鄞西至於姑蔑廣運百里乃致其父母昆弟而誓之曰寡人聞古之賢君四方之民歸之若水之歸下也今寡人不能將帥二三子夫婦以蕃令壯者無取老婦令老者無取壯妻女子十七不嫁其父母有罪丈夫二十不娶其父母有罪將免者以告公令醫守之生丈夫二壺酒一犬生女子二壺酒一豚生三人公與之母生二人公與之餼當室者死三年釋其政支子死三月釋其政必哭泣葬埋之如其子令孤子寡婦疾疹貧病者納宦其子其達士絜其居美其服飽其食而摩厲之於義四方之士來者必廟禮之句踐載稻與脂於舟以行國之孺子之遊者無不餔也無不歠也必問其名非其身之所種則不食非其夫人之所織則不衣十年不收於國民俱有三年之食

國之父兄請曰昔者夫差恥吾君於諸侯之國今越國亦節矣請報之句踐辭曰昔者之戰也非二三子之罪也寡人之罪也如寡人者安與知恥請姑無庸戰父兄又請曰越四封之内親吾君也猶父母也子而思報父母之仇臣而思報君之讎其有敢不盡力者乎請復戰句踐既許之乃致其衆而誓之曰寡人聞古之賢君不患其衆之不足也而患其志行之少恥也今夫差衣水犀之甲者億有三千不患其志行之少恥也而患其衆之不足也今寡人將助天滅之吾不欲匹夫之勇也欲其旅進旅退進則思賞退則思刑如此則有常賞進不用命退則無恥如此則有常刑果行國人皆勸父勉其子兄勉其弟婦勉其夫曰孰是君也而可無死乎是故敗吳於囿又敗之於没又郊敗之

夫差行成曰寡人之師徒不足以辱君矣請以金玉子女賂君之辱句踐對曰昔天以越予吳而吳不受命今天以吳予越越可以無聽天之命而聽君之令乎吾請達王甬句東吾與君爲二君乎夫差對曰寡人禮先壹飯矣君若不忘周室而爲弊邑宸宇亦寡人之願也君若曰吾將殘汝社稷滅汝宗廟寡人請死余何面目以視於天下乎越君其次也遂滅吳

讓縣自明本志令（《三國志》）

説明

本篇選自《三國志》卷一《魏書·武帝紀第一》裴注所引《魏武故事》，是曹操針對時人或疑其有“不遜之志”的謗議而發布的一篇闡發“本志”的令文。令文發布於建安十五年（210年）十二月己亥，稱“十二月己亥令”，今題爲後人所加。令文中曹操結合生平經歷的叙述，書寫心志，表明自己決不會代漢自立。選文據中華書局1959年點校本《三國志》第一版（1964年印本）。

選文

孤始舉孝廉年少自以本非巖穴知名之士恐爲海内人之所見凡愚欲爲一郡守好作政教以建立名譽使世士明知之故在濟南始除殘去穢平心選舉違迕諸常侍以爲彊豪所忿恐致家禍故以病還

去官之後年紀尚少顧視同歲中年有五十未名爲老内自圖之從此卻去二十年待天下清乃與同歲中始舉者等耳故以四時歸鄉里於譙東五十里築精舍欲秋夏讀書冬春射獵求底下之地欲以泥水自蔽絶賓客往來之望然不能得如意

後徵爲都尉遷典軍校尉意遂更欲爲國家討賊立功欲望封侯作征西將軍然後題墓道言漢故征西將軍曹侯之墓此其志也而遭值董卓之難興舉義兵是時合兵能多得耳然常自損不欲多之所以然者多兵意盛與彊敵爭倘更爲禍始故汴水之戰數千後還到揚州更募亦復不過三千人此其本志有限也

後領兖州破降黄巾三十萬衆又袁術僭號于九江下皆稱臣名門曰建號門衣被皆爲天子之制兩婦預爭爲皇后志計已定人有勸術使遂即帝位露布天下答言曹公尚在未可也後孤討禽其四將獲其人衆遂使術窮亡解沮發病而死及至袁紹據河北兵勢彊盛孤自度勢實不敵之但計投死爲國以義滅身足垂於後幸而破紹梟其二子又劉表自以爲宗室包藏姦心乍前乍卻以觀世事據有當州孤復定之遂平天下身爲宰相人臣之貴已極意望已過矣

今孤言此若爲自大欲人言盡故無諱耳設使國家無有孤不知當幾人稱帝幾人稱王或者人見孤彊盛又性不信天命之事恐私心相評言有不遜之志妄相忖度每用耿耿齊桓晉文所以垂稱至今日者以其兵勢廣大猶能奉事周室也論語云三

分天下有其二以服事殷周之德可謂至德矣夫能以大事小也昔樂毅走趙趙王欲與之圖燕樂毅伏而垂泣對曰臣事昭王猶事大王臣若獲戾放在他國沒世然後已不忍謀趙之徒隸況燕後嗣乎胡亥之殺蒙恬也恬曰自吾先人及至子孫積信於秦三世矣今臣將兵三十餘萬其勢足以背叛然自知必死而守義者不敢辱先人之教以忘先王也孤每讀此二人書未嘗不愴然流涕也孤祖父以至孤身皆當親重之任可謂見信者矣以及子桓兄弟過于三世矣

孤非徒對諸君說此也常以語妻妾皆令深知此意孤謂之言顧我萬年之後汝曹皆當出嫁欲令傳道我心使他人皆知之孤此言皆肝鬲之要也所以勤勤懇懇敍心腹者見周公有金縢之書以自明恐人不信之故然欲孤便爾委捐所典兵衆以還執事歸就武平侯國實不可也何者誠恐己離兵爲人所禍也既爲子孫計又己敗則國家傾危是以不得慕虛名而處實禍此所不得爲也前朝恩封三子爲侯固辭不受今更欲受之非欲復以爲榮欲以爲外援爲萬安計

孤聞介推之避晉封申胥之逃楚賞未嘗不舍書而歎有以自省也奉國威靈仗鉞征伐推弱以克彊處小而禽大意之所圖動無違事心之所慮何向不濟遂蕩平天下不辱主命可謂天助漢室非人力也然封兼四縣食戶三萬何德堪之江湖未靜不可讓位至于邑土可得而辭今上還陽夏柘苦三縣戶二萬但食武平萬戶且以分損謗議少減孤之責也

晋紀總論（《文選》）

説明

本篇選自《文選》卷四十九《史論上》。作者干寶，字令升，晋新蔡（今屬河南）人。少勤學，博覽書記，以才器召爲著作郎。東晋初，以中書監王導的上疏建議，始領修國史。所撰《晋紀》二十卷，記西晋一代歷史，爲編年體，史載："直而能婉，咸稱良史"（《晋書》卷八十二《干寶傳》）。其書已佚，但此篇《總論》流傳至今。篇中干寶對西晋興亡的歷史過程及其原因做了深刻的分析總結，顯示了其高超的歷史見識和文章才能。唐修《晋書》（卷五《帝紀第五・孝愍帝》卷末）和司馬光《資治通鑑》（卷八十九《晋紀十一》）均有引録，但都有删略，《文選》所載爲全文。選文據上海古籍出版社1986年點校本《文選》。

選文

史臣曰昔高祖宣皇帝以雄才碩量應運而仕值魏太祖創基之初籌畫軍國嘉謀屢中遂服輿軫驅馳三世性深阻有如城府而能寬綽以容納行任數以御物而知人善采拔故賢愚咸懷小大畢力爾乃取鄧艾於農隙引州泰於行役委以文武各善其事故能西禽孟達東舉公孫淵内夷曹爽外襲王陵神略獨斷征伐四克維御羣后大權在己屢拒諸葛亮節制之兵而東支吳人輔車之勢

世宗承基太祖繼業軍旅屢動邊鄙無虧於是百姓與能大象始構矣玄豐亂内欽誕寇外潛謀雖密而在幾必兆淮浦再擾而許洛不震咸黜異圖用融前烈然後推轂鍾鄧長驅庸蜀三關電掃劉禪入臣天符人事於是信矣始當非常之禮終受備物之錫名器崇於周公權制嚴於伊尹

至於世祖遂享皇極正位居體重言慎法仁以厚下儉以足用和而不弛寬而能斷故民詠惟新四海悦勸矣聿修祖宗之志思輯戰國之苦腹心不同公卿異議而獨納羊祜之策以從善爲衆故至於咸寧之末遂排羣議而杖王杜之決汎舟三峽介馬桂陽役不二時江湘來同夷吳蜀之壘垣通二方之險塞掩唐虞之舊域班正朔於八荒太康之中天下書同文車同軌牛馬被野餘糧棲畝行旅草舍外閭不閉民相遇者如親其匱乏者取資於道路故于時有天下無窮人之諺雖太平未洽亦足以明吏奉其法民樂其生百代之一時矣

武皇既崩山陵未乾楊駿被誅母后廢黜朝士舊臣夷滅者數十族尋以二公楚

王之變宗子無維城之助而閼伯實沈之郤歲構師尹無具瞻之貴而顛墜戮辱之禍日有至乃易天子以太上之號而有免官之謠民不見德唯亂是聞朝爲伊周夕爲桀跖善惡陷於成敗毀譽脅於勢利於是輕薄干紀之士役姦智以投之如夜蟲之赴火內外混淆庶官失才名實反錯天網解紐國政迭移於亂人禁兵外散於四方方岳無鈞石之鎮關門無結草之固李辰石冰傾之於荆揚劉淵王彌撓之於青冀二十餘年而河洛爲墟戎羯稱制二帝失尊山陵無所何哉樹立失權託付非才四維不張而苟且之政多也夫作法於治其弊猶亂作法於亂誰能救之故于時天下非暫弱也軍旅非無素也彼劉淵者離石之將兵都尉王彌者青州之散吏也蓋皆弓馬之士驅走之人凡庸之才非有吳先主諸葛孔明之能也新起之寇烏合之衆非吳蜀之敵也脫耒爲兵裂裳爲旗非戰國之器也自下逆上非鄰國之勢也然而成敗異效擾天下如驅羣羊舉二都如拾遺將相侯王連頭受戮乞爲奴僕而猶不獲后嬪妃主虜辱於戎卒豈不哀哉

夫天下大器也羣生重畜也愛惡相攻利害相奪其勢常也若積水于防燎火於原未嘗暫靜也器大者不可以小道治勢動者不可以爭競擾古先哲王知其然也是以扞其大患而不有其功禦其大災而不尸其利百姓皆知上德之生己而不謂浚己以生也是以感而應之悅而歸之如晨風之鬱北林龍魚之趣淵澤也順乎天而享其運應乎人而和其義然後設禮文以治之斷刑罰以威之謹好惡以示之審禍福以喻之求明察以官之篤慈愛以固之故衆知向方皆樂其生而哀其死悅其教而安其俗君子勤禮小人盡力廉恥篤於家閭邪僻銷於胸懷故其民有見危以授命而不求生以害義又況可奮臂大呼聚之以干紀作亂之事乎基廣則難傾根深則難拔理節則不亂膠結則不遷是以昔之有天下者所以長久也夫豈無僻主賴道德典刑以維持之也故延陵季子聽樂以知諸侯存亡之數短長之期者蓋民情風教國家安危之本也

昔周之興也后稷生於姜嫄而天命昭顯文武之功起於后稷故其詩曰思文后稷克配彼天又曰立我蒸民莫匪爾極又曰實穎實栗即有邰家室至于公劉遭狄人之亂去邰之豳身服厥勞故其詩曰乃裹餱糧于槖于囊陟則在巘復降在原以處其民以至于太王爲戎翟所逼而不忍百姓之命杖策而去之故其詩曰來朝走馬帥西水滸至于岐下周民從而思之曰仁人不可失也故從之如歸市居之一年成邑二年成都三年五倍其初每勞來而安集之故其詩曰乃慰乃止乃左乃右乃疆乃理乃宣

乃畝以至于王季能貊其德音故其詩曰克明克類克長克君載錫之光至于文王備修舊德而惟新其命故其詩曰惟此文王小心翼翼昭事上帝聿懷多福由此觀之周家世積忠厚仁及草木内睦九族外尊事黄耇養老乞言以成其福祿者也而其妃后躬行四教尊敬師傅服澣濯之衣脩煩辱之事化天下以婦道故其詩曰刑于寡妻至于兄弟以御于家邦是以漢濱之女守絜白之志中林之士有純一之德故曰文武自天保以上治内采薇以下治外始於憂勤終於逸樂於是天下三分有二猶以服事殷諸侯不期而會者八百猶曰天命未至以三聖之智伐獨夫之紂猶正其名教曰逆取順守保大定功安民和衆猶著大武之容曰未盡善也

及周公遭變陳后稷先公風化之所由致王業之艱難者則皆農夫女工衣食之事也故自后稷之始基靜民十五王而文始平之十六王而武始居之十八王而康克安之故其積基樹本經緯禮俗節理人情恤隱民事如此之纏緜也爰及上代雖文質異時功業不同及其安民立政者其揆一也

今晉之興也功烈於百王事捷於三代蓋有爲以爲之矣宣景遭多難之時務伐英雄誅庶桀以便事不及脩公劉太王之仁也受遺輔政屢遇廢置故齊王不明不獲思庸於亳高貴沖人不得復子明辟二祖逼禪代之期不暇待參分八百之會也是其創基立本異於先代者也又加之以朝寡純德之士鄉乏不二之老風俗淫僻恥尚失所學者以莊老爲宗而黜六經談者以虚薄爲辯而賤名儉行身者以放濁爲通而狹節信進仕者以苟得爲貴而鄙居正當官者以望空爲高而笑勤恪是以目三公以蕭杌之稱標上議以虚談之名劉頌屢言治道傅咸每糾邪正皆謂之俗吏其倚杖虚曠依阿無心者皆名重海内若夫文王日昃不暇食仲山甫夙夜匪懈者蓋共嗤點以爲灰塵而相詬病矣由是毁譽亂於善惡之實情慝奔於貨慾之塗選者爲人擇官官者爲身擇利而秉鈞當軸之士身兼官以十數大極其尊小錄其要機事之失十恒八九而世族貴戚之子弟陵邁超越不拘資次悠悠風塵皆奔競之士列官千百無讓賢之舉子眞著崇讓而莫之省子雅制九班而不得用長虞數直筆而不能糾其婦女莊櫛織紝皆取成於婢僕未嘗知女工絲枲之業中饋酒食之事也先時而婚任情而動故皆不恥淫逸之過不拘妬忌之惡有逆于舅姑有反易剛柔有殺戮妾媵有黷亂上下父兄弗之罪也天下莫之非也又況責之聞四教於古修貞順於今以輔佐君子者哉禮法刑政於此大壞如室斯構而去其鑿契如水斯積而決其隄防如火斯畜而離其薪燎也國之將亡本必先顛其此之謂乎

故觀阮籍之行而覺禮教崩弛之所由察庾純賈充之事而見師尹之多僻考平吳之功知將帥之不讓思郭欽之謀而悟戎狄之有釁覽傅玄劉毅之言而得百官之邪渝傅咸之奏錢神之論而覩寵賂之彰民風國勢如此雖以中庸之才守文之主治之辛有必見之於祭祀季札必得之於聲樂范燮必爲之請死賈誼必爲之痛哭又況我惠帝以蕩蕩之德臨之哉故賈后肆虐於六宮韓午助亂於外內其所由來者漸矣豈特繫一婦人之惡乎懷帝承亂之後得位羈於彊臣愍帝奔播之後徒廁其虛名天下之政既已去矣非命世之雄不能取之矣然懷帝初載嘉禾生于南昌望氣者又云豫章有天子氣及國家多難宗室迭興以愍懷之正淮南之壯成都之功長沙之權皆卒於傾覆而懷帝以豫章王登天位劉向之讖云滅亡之後有少如水名者得之起事者據秦川西南乃得其朋案愍帝蓋秦王之子也得位於長安長安固秦地也而西以南陽王爲右丞相東以琅邪王爲左丞相上諱業故改鄴爲臨漳漳水名也由此推之亦有徵祥而皇極不建禍辱及身豈上帝臨我而貳其心將由人能弘道非道弘人者乎淳耀之烈未渝故大命重集于中宗元皇帝

志序（《宋書》）

説明

《宋書》一百卷，南朝梁沈約撰，是一部記載南朝宋一代歷史的紀傳體史書。本篇選自《宋書》卷十一，爲《宋書》八志（《律曆》《禮》《樂》《天文》《符瑞》《五行》《州郡》《百官》）之總序。序文回顧了《史記》、《漢書》以來紀傳體史書“志”的部分的源流演變，闡述了沈約對“志”書以及“八志”編撰的認識和主張。沈約一生爲官，諳熟典制，重視典制，“八志”是《宋書》的精華（參何珍如《宋書》，載本書編委會《二十五史導讀辭典》，北京，華齡出版社，1991 年，第 218～313 頁）。選文據中華書局 1974 年點校本《宋書》。

選文

左史記言右史記事事則春秋是也言則尚書是也至於楚書鄭志晉乘楚杌之篇皆所以昭述前史俾不泯於後

司馬遷制一家之言始區別名題至乎禮儀刑政有所不盡乃於紀傳之外創立八書片文隻事鴻纖備舉班氏因之靡違前式網羅一代條流遂廣律曆禮樂其名不變以天官爲天文改封禪爲郊祀易貨殖平準之稱革河渠溝洫之名綴孫卿之辭以述刑法采孟軻之書用序食貨劉向鴻範始自春秋劉歆七略儒墨異部朱贛博采風謠尤爲詳洽固並因仍以爲三志而禮樂疏簡所漏者多典章事數百不記一天文雖爲該舉而不言天形致使三天之説紛然莫辨是故蔡邕於朔方上書謂宜載述者也

漢興接秦阬儒之後典墳殘缺耆生碩老常以亡逸爲慮劉歆七略固之藝文蓋爲此也河自龍門東注橫被中國每漂決所漸寄重災深堤築之功勞役天下且關洛高塏地少川源是故鎬酆潦潏咸入禮典漳滏鄭白之饒溝渠沾溉之利皆民命所祖國以爲天溝洫立志亦其宜也世殊事改於今可得而略

竊以班氏律曆前事已詳自楊偉改創景初而魏書闕志及元嘉重造新法大明博議回改自魏至宋宜入今書

班固禮樂郊祀馬彪祭祀禮儀蔡邕朝會董巴輿服並各立志夫禮之所苞其用非一郊祭朝饗匪云別事旗章服物非禮而何今總而裁之同謂禮志刑法食貨前説已該隨流派別附之紀傳樂經殘缺其來已遠班氏所述政抄舉樂記馬彪後書又不備續至於八音衆器並不見書雖略見世本所闕猶衆爰及雅鄭謳謠之節一皆屏落

曾無概見郊廟樂章每隨世改雅聲舊典咸有遺文又案今鼓吹鐃歌雖有章曲樂人傳習口相師祖所務者聲不先訓以義今樂府鐃歌校漢魏舊曲曲名時同文字永異尋文求義無一可了不知今之鐃章何代曲也今志自郊廟以下凡諸樂章非淫哇之辭並皆詳載

天文五行自馬彪以後無復記錄何書自黃初之始徐志肇義熙之元今以魏接漢式遵何氏然則自漢高帝五年之首冬暨宋順帝昇明二年之孟夏二辰六沴甲子無差聖帝哲王咸有瑞命之紀蓋所以神明寶位幽贊禎符欲使逐鹿弭謀窺覬不作握河括地綠文赤字之書言之詳矣爰逮道至天而甘露下德洞地而醴泉出金芝玄秬之祥朱草白烏之瑞斯固不可誣也若夫衰世德爽而嘉應不息斯固天道茫昧難以數推亦由明主居上而震蝕之災不弭百靈咸順而懸象之應獨違今立符瑞志以補前史之闕

地理參差事難該辨魏晉以來遷徙百計一郡分爲四五一縣割成兩三或昨屬荆豫今隸司兗朝爲零桂之士夕爲廬九之民去來紛擾無暫止息版籍爲之渾淆職方所不能記自戎狄內侮有晉東遷中土遺氓播徙江外幽并冀雍兗豫青徐之境幽淪寇逆自扶莫而裹足奉首免身於荆越者百郡千城流寓比室人佇鴻雁之歌士蓄懷本之念莫不各樹邦邑思復舊井既而民單戶約不可獨建故魏邦而有韓邑齊縣而有趙民且省置交加日回月徙寄寓遷流迄無定託邦名邑號難或詳書大宋受命重啓邊隙淮北五州翦爲寇境其或奔亡播遷復立郡縣斯則元嘉泰始同名異實今以班固馬彪二志晉宋起居凡諸記註悉加推討隨條辨析使悉該詳

百官置省備有前說尋源討流於事爲易

元嘉中東海何承天受詔纂宋書其志十五篇以續馬彪漢志其證引該博者即而因之亦由班固馬遷共爲一家者也其有漏闕及何氏後事備加搜采隨就補綴焉淵流浩漫非孤學所盡足蹇途遙豈短策能運雖斟酌前史備覩妍嗤而愛嗜異情取捨殊意每含毫握簡杼軸忘飡終亦不足與班左並馳董南齊轡庶爲後之君子削藁而已焉

遺山先生墓銘（《陵川集》）

説明

本篇爲元代郝經於元憲宗七年（1257 年，丁巳）爲其師元好問所作墓志銘，收録於郝經《陵川集》卷三十五。文中記述了元好問的生平事迹，尤其是他在文學及史學方面的重要成就與影響，其中的一些人物史實，可與《金史》卷一百二十六《元德明傳附元好問傳》所載互參。選文據李修生主編《全元文》卷一三四（南京，江蘇古籍出版社，1999 年）。另有張進德、田同旭《郝經集編年校箋》（北京，人民文學出版社，2018 年），可參考。

選文

歲丁巳秋九月四日遺山先生卒于獲鹿寓舍十日訃至經走常山三百里以馬舁歸葬爇文酹酒哭于畫像之前而已先生與家君同受業于先大父經復逮事先生者有年義當叙而銘之詩自三百篇以來極于李杜其後纖靡淫艷恠誕癖澁寖以弛弱遂失其正二百餘年而至蘇黄振起衰踣益爲瑰奇復于李杜氏金源有國士務決科干禄置詩文不爲其或爲之則羣聚訕笑大以爲異委墜廢絶百有餘年而先生出焉當德陵之末獨以詩鳴上薄風雅中規李杜粹然一出于正直配蘇黄氏天才清贍邃婉高古沈鬱大和力出意外巧縟而不見斧鑿新麗而絶去浮靡造微而神采粲發雜弄金璧糅飾丹素奇芬異秀洞蕩心魄看花把酒歌謡跌宕挾幽并之氣高視一世以五言雅爲正出奇于長句雜言至千五百餘篇爲古樂府不用古題特出新意以寫怨恩者又百餘篇用今題爲樂府揄揚新聲者又數十百篇皆近古所未有也汴梁亡故老皆盡先生遂爲一代宗匠以文章伯獨步幾三十年銘天下功德者盡趨其門有例有法有宗有趣又至百餘首爲杜詩學東坡詩雅錦機詩文自警等集指授學者方吾道壞爛文曜曀昧先生獨能振而鼓之揭光于天俾學者歸仰識詩文之正而傳其命脈繫而不絶其有功于世又大也每以著作自任以金源氏有天下典章法度幾及漢唐國亡史興己所當爲而國史實録在順天道萬户張公府乃言于張公使之聞奏願爲撰述奏可方闢館爲人所沮而止先生曰不可遂令一代之美泯而不聞乃爲中州集百餘卷又爲金源君臣言行録往來四方采摭遺逸有所得輒以寸紙細字親爲記録雖甚醉不忘於是雜録近世事至百餘萬言梱束委積塞屋數楹名之曰野史亭

書未就而卒嗚呼先生可謂忠矣

先生諱好問字裕之太原定襄人系出拓拔魏故姓元氏曾大父某大父某父某妣某氏先生七歲能詩太原王湯臣稱爲神童年十一從其叔父官于冀州學士路宣叔賞其俊爽教之爲文年十有四其叔父爲陵川令遂從先大父學先大父即與屬和或者譏其不事舉業先大父言吾正不欲渠爲舉子爾區區一第不足道也遂令肆意經傳貫穿百家六年而業成下太行渡大河爲箕山琴臺等詩趙禮部見之以爲少陵以來無此作也以書招之於是名震京師目爲元才子登興定三年進士第不就選往來箕潁者數年而大放厥辭於是家累其什人嚼其句洋溢於里巷吟諷于道塗巍然坡谷復出也正大中辟鄧州南陽令南陽大縣兵民十餘萬帥府令兼鎮府甚有威惠以太夫人衰疾辭劇致養轉内鄉令丁艱憂終喪詔爲尚書都省掾天興初入翰林知制誥金亡不仕而卒春秋六十有八卒之某月日葬于定襄之先塋前配太原張氏再配臨清毛氏子男三人曰云云女三人長適進士程端甫次爲女冠次適張某銘曰

士子賈技爭綴緝僥倖寸禄奔走急以爲詩文作無益糞壤擲棄明月璧先生卓犖有異識振筆便入蘇黄室開闢文源翦荆棘大聲復完金玉擊爛漫長醉思盈溢瑞錦秋花亂堆積險妬護前喘肝臆羣犬狓狓共讒嫉塵埃野馬爲鬼蜮遺山巖巖倚天壁國史興喪是吾職義烈不負董狐筆定襄高寒拓拔國馬昇歸來反玄宅有書有傳俱未卒嗚呼先生端可惜嗚呼先生不可得

論永貞革新（《讀通鑑論》）

説明

本篇選自王夫之《讀通鑑論》卷二十五《(唐）順宗》。該書《順宗》部分衹此一條，内容是論“二王八司馬”之改革。與《資治通鑑》見解不同，本篇中王夫之結合唐代當時的歷史實際，“平心以考其所爲”，對“二王八司馬”的改革給予肯定。本篇可與本書“精讀文選”《伾文用事》選篇參互研讀。選文據中華書局 1975 年舒士彦點校本《讀通鑑論》，題目爲後人所加。

選文

王伾王叔文以邪名古今二韓劉柳皆一時之選韋執誼具有清望一爲所引不可復列於士類惡聲一播史氏極其貶誚若將與趙高宇文化及同其凶逆者平心以考其所爲亦何至此哉

自其執政以後罷進奉宫市五坊小兒貶李實召陸贄陽城以范希朝韓泰奪宦官之兵柄革德宗末年之亂政以快人心清國紀亦云善矣順宗抱篤疾以不定之國儲嗣立諸人以意扶持而冀求安定亦人臣之可爲者也所未審者不能自量其非社稷之器而仕宦之情窮耳初未有移易天位之姦也於是宦官乘德宗之危病方議易儲以危社稷順宗瘖而不理非有夾輔之者則順宗危而憲宗抑且不免代王言頒大政以止一時之邪謀而行乎不得已亦權也憲宗儲位之定雖出於鄭絪而亦俱文珍劉光琦薛盈珍等諸内豎修奪兵之怨以爲誅逐諸人之地則韋執誼之驚王叔文之憂色雖有自私之情亦未嘗别有推奉思搖國本如謝晦傅亮之爲也乃史氏指斥其惡言若不勝實覈其詞則不過曰采聽謀議汲汲如狂互相推獎僴然自得屏人竊語莫測所爲而已觀其初終亦何不可測之有哉所可憎者器小而易盈氣浮而不守事本可共圖而故出之以密謀本無他奇而故居之以險膠漆以固其類亢傲以待異己得志自矜身危不悟以要言之不可大受而已矣因是而激盈廷之怨寡不敵衆謗毁騰於天下遂若有包藏禍心爲神人所共怒者要亦何至此哉

伾叔文誠小人也而執誼等不得二人不足以自結於上伾叔文不得於牛昭容李忠言不足以達於篤疾之順宗嗚呼漢唐以後能無内援而致人主之信從者鮮矣司馬溫公之正而所資以行志者太后楊大洪之剛而所用以衛主者王安蓋以處積

亂之朝廷欲有所爲弗獲已而就其可與言者爲納約之牖也叔文伾之就誅八司馬之遠竄事所自發亦以宦官俱文珍等怨范希朝韓泰之奪其兵柄忿懟急洩而大獄疾興諸人既蒙不赦之罪神策監軍復歸内豎唐安得有斥姦遠佞之法哉宦官之爭權而迭相勝負耳杜黃裳袁滋不任爲主也故執誼等有可黜之罪而遽謂爲千古之敗類則亦誣矣

由此以觀士之欲有爲當世者可不愼哉天下之事昭昭然揭日月而行者與天下共之其或幾介危疑事須密斷者則緘之於心而制之以獨若驟得可爲之機震驚相耀以光大之舉動爲詭秘之聲容附耳躡足晝呼夜集排羣言斂衆怨自詡爲憂國如家乃不知旁觀側目者且加以不可居之大慝事既祕言不能詳欲置辯而末從身受天下之惡自戕而已矣易曰不出戶庭无咎愼之於心也不出門庭則凶矣門内之密謀門外之所疑爲叵測者也流俗之所謂深人君子之所謂淺夫也讀柳宗元謫後之書匪舌是出其愚亦可哀也已

第二單元

舊注點讀練習

無逸（《尚書正義》）

説明

本篇選自《尚書正義·周書》（《尚書正義》卷十六），是周公對成王的告誡之辭。文中主旨在於告誡成王要以先王爲榜樣，勤勞國事，“知稼穡之艱難”，“懷保小民，惠鮮鰥寡”，不要貪圖安逸享受；要以前世荒淫迷亂的亡國之君爲戒，敬德修政，唯其如此，才能享國長久，反映了周初統治者以殷爲鑒、居安思危的思想。選文據北京大學出版社 2000 年整理本《十三經注疏》。

選文

周公作無逸　中人之性好逸豫故戒以無逸　○好呼報反

無逸　成王即政恐其逸豫本以所戒名篇　【疏】傳中人至無逸　○正義曰上智不肯爲非下愚戒之無益故中人之性可上可下不能勉强多好逸豫故周公作書以戒之使無逸此雖指戒成王以爲人之大法成王以聖賢輔之當在中人以上其實本性亦中人耳　○傳成王至名篇　○正義曰篇之次第以先後爲序多士君奭皆是成王即位之初知此篇是成王始初即政周公恐其逸豫故戒之使無逸即以所戒名篇也

周公曰嗚呼君子所其無逸　歎美君子之道所在念德其無逸豫君子且猶然况王者乎　先知稼穡之艱難乃逸則知小人之依　稼穡農夫之艱難事先知之乃謀逸豫則

知小人之所依怙 相小人厥父母勤勞稼穡厥子乃不知稼穡之艱難 視小人不孝者其父母躬勤艱難而子乃不知其勞 ○相息亮反 乃逸乃諺既誕否則侮厥父母曰昔之人無聞知 小人之子既不知父母之勞乃爲逸豫遊戲乃叛諺不恭已欺誕父母不欺則輕侮其父母曰古老之人無所聞知 ○諺魚戰反 【疏】周公至聞知 ○正義曰周公歎美君子之道以戒王曰嗚呼君子之人所在其無逸豫君子必先知農人稼穡之艱難然後乃謀爲逸豫如是則知小人之所依怙也視彼小人不孝者其父母勤勞稼穡其子乃不知稼穡之艱難乃爲逸豫遊戲乃叛諺不恭既爲欺誕父母矣不欺則又侮慢其父母曰昔之人無所聞知小人與君子如此相反王宜知其事也 ○傳歎美至者乎 ○正義曰周公意重其事故歎而爲言鄭云嗚呼者將戒成王欲求以深感動之是欲深感成王故歎美君子之道君子者言其可以君正上位子愛下民有德則稱之不限貴賤君子之人念德不怠故所在念德其無逸豫也君子且猶然而況王者乎言王者日有萬幾彌復不可逸豫鄭云君子止謂在官長者所猶處也君子處位爲政其無自逸豫也 ○傳稼穡至依怙 ○正義曰民之性命在於穀食田作雖苦不得不爲寒耕熱耘沾體塗足是稼穡爲農夫艱難之事在上位者先知稼穡之艱難乃可謀其逸豫使家給人足乃得思慮不勞是爲謀逸豫也能知稼穡之艱難則知小人之所依怙言小人依怙此稼穡之事不可不勤勞也上句言君子當無逸此言乃謀逸豫者君子之事勞心與形盤于遊畋形之逸也無爲而治心之逸也君子無形逸而有心逸既知稼穡之艱難可以謀心逸也 ○傳視小人至其勞 ○正義曰視小人不孝者其父母勤苦艱難勞於稼穡成於生業致富以遺之而其子謂已自然得之乃不知其父母勤勞 ○傳小人至聞知 ○正義曰上言視小人之身此言小人之子者小人謂無知之人亦是賤者之稱躬爲稼穡是賤者之事故言小人之子謂賤者之子即上所視之小人也此子既不知父母之勞謂已自然得富恃其家富乃爲逸豫遊戲乃爲叛諺不恭已是欺誕父母矣若不欺誕則輕侮其父母曰古老之人無所聞知言其罪之深也論語曰由也諺諺則叛諺欺誕不恭之貌昔訓久也自今而道遠久故爲古老之人詩云召彼故老

周公曰嗚呼我聞曰昔在殷王中宗 大戊也殷家中世尊其德故稱宗 嚴恭寅畏天命自度 言太戊嚴恪恭敬畏天命用法度 ○嚴如字又魚檢反注同馬作儼 治民祗懼不敢荒寧 爲政敬身畏懼不敢荒怠自安 ○治直吏反 肆中宗之享國七十有五年 以敬畏之故得壽考之福 【疏】周公至五年 ○正義曰既言君子不逸小人反之更舉前代之王以夭壽爲戒周公曰嗚呼我所聞曰昔在殷王中宗威儀嚴恪貌恭心敬畏天命用法度治民敬身畏懼不敢荒怠自安故中宗之享有殷國七十有五年言不逸之故而得歷年長也 ○傳太戊至稱宗 ○正義曰中宗廟號太戊王名商自成湯已後政教漸衰至此王而中興之王者祖有功宗有德殷家中世尊其德其廟不毁故稱中宗 ○傳言太至法度 ○正義曰祭義云嚴威儼恪故引恪配嚴鄭玄云恭在貌敬在心然則嚴是威恭是貌敬是心三者各異故累言之

其在高宗時舊勞于外爰暨小人 武丁其父小乙使之久居民間勞是稼穡與小人出入同事 作其即位乃或亮陰三年不言 武丁起其即王位則小乙死乃有信默三年不言言孝行著 ○行下孟反 其惟不言言乃雍不敢荒寧 在喪則其惟不言喪畢發言則天下和亦法中宗不敢荒怠自安 嘉靖殷邦至于小大無時或怨 善謀殷國至于小大之政人無是有怨者言無非 肆高宗之享國五十有九年 高宗爲政小大無怨故亦享國永年 【疏】其在至九年 ○正義曰其殷王高宗父在之時久勞於外於時與小人同其事後爲太子起其即王之位乃有信默三年不言在喪其惟不言喪畢發言言得其道乃天下大和不敢荒怠自安善謀殷國至於小大之政莫不得所其時之人無是有怨恨之者故高宗之享殷國五十有九年亦言不逸得長壽也 ○傳武丁其至同事 ○正義曰舊久也在即位之前而言久勞於外知是其父小乙使之久居民間勞是稼穡與小人出入同爲農役小人之艱難事也太子使與小人同勞此乃非常之事不可以非常怪之於時蓋未爲太子也殷道雖質不可既爲太子更得

與小人雜居也　○傳武丁起至行著　○正義曰以上言久勞於外爲父在時事故言起其即王位則小乙死也亮信也陰默也三年不言以舊無功而今有故言乃有説此事者言其孝行著也禮記喪服四制引書云高宗諒闇三年不言善之也王者莫不行此禮何以獨善之也曰高宗者武丁武丁者殷之賢王也繼世即位而慈良於喪當此之時殷衰而復興禮廢而復起故載之於書中而高之故謂之高宗三年之喪君不言也是説此經不言之意也　○傳在喪至自安　○正義曰鄭玄云其不言之時時有所言則羣臣皆和諧鄭玄意謂此言乃雍者在三年之内時有所言也孔意則爲出言在三年之外故云在喪其惟不言喪畢發言則天下大和知者説命云王宅憂亮陰三祀既免喪其惟不言除喪猶尚不言在喪必無言矣故知喪畢乃發言也高宗不敢荒寧與中宗正同故云亦法中宗不敢荒怠自安殷家之王皆是明王所爲善事計應略同但古文辭有差異傳因其文同故言法中宗也　○傳善謀至無非　○正義曰釋詁云嘉善也靖謀也善謀殷國謀爲政教故至於小大之政皆允人意人無是有怨高宗者言其政無非也鄭云小大謂萬人上及羣臣言人臣小大皆無怨王也

其在祖甲不義惟王舊爲小人　湯孫太甲爲王不義久爲小人之行伊尹放之桐作其即位爰知小人之依能保惠于庶民不敢侮鰥寡　在桐三年思集用光起就王位於是知小人之所依依仁政故能安順於衆民不敢侮慢惸獨　○惸求營反字又作煢　肆祖甲之享國三十有三年　太甲亦以知小人之依故得久年此以德優劣立年多少爲先後故祖甲在下殷家亦祖其功故稱祖　【疏】其在至三年　○正義曰其在殷王祖甲初遭祖喪所言行不義惟亦爲王久爲小人之行伊尹廢諸桐起其即王之位於是知小人之所依依於仁政乃能安順於衆民不敢侮鰥寡惸獨故祖甲之享有殷國三十有三年亦言不逸得長壽也　○傳湯孫至之桐　○正義曰以文在高宗之下世次顛倒故特辨之此祖甲是湯孫太甲也爲王不義謂湯初崩久爲小人之行故伊尹放之於桐言其廢而復興爲下作其即位起本也王肅亦以祖甲爲太甲鄭玄云祖甲武丁子帝甲也有兄祖庚賢武丁欲廢兄立弟祖甲以此爲不義逃於人間故云久爲小人案殷本紀云武丁崩子祖庚立祖庚崩弟祖甲立是爲帝甲淫亂殷道復衰國語説殷事云帝甲亂之七代而殞則帝甲是淫亂之主起亡殷之源寧當與二宗齊名舉之以戒無逸武丁賢王祖庚復賢以武丁之明無容廢長立少祖庚之賢誰所傳説武丁廢子事出何書妄造此語是負武丁而誣祖甲也　○傳在桐至惸獨　○正義曰在桐三年太甲序文思集用光詩大雅文彼集作輯輯和也彼鄭言公劉之遷豳思在和其民人用光大其道此傳之意蓋言太甲之在桐也思得安集其身用光顯王政故起即王位於是知小人之依依於仁政故能施行政教安順於衆民不敢侮慢惸獨鰥寡之類尤可憐愍故特言之　○傳太甲至稱祖　○正義曰傳於中宗云以敬畏之故得壽考之福高宗之爲政小大無怨故亦享國永年於此云太甲亦以知小人之依故得久年各順其文而爲之説其言行善而得長壽經意三王同也以其世次顛倒故解之云此以德優劣立年多少爲先後故祖甲在太戊武丁之下諸書皆言太甲此言祖甲者殷家亦祖其功故稱之祖甲與二宗爲類惟見此篇必言祖其功亦未知其然殷之先君有祖乙祖辛祖丁稱祖多矣或可號之爲祖未必祖其功而存其廟也

自時厥後立王生則逸　從是三王各承其後而立者生則逸豫無度　生則逸不知稼穡之艱難　言與小人之子同其敝　不聞小人之勞惟耽樂之從　過樂謂之耽惟樂之從言荒淫　○耽丁南反注下同樂音洛注下同　自時厥後亦罔或克壽　以耽樂之故從是其後亦無有能壽考　或十年或七八年或五六年或四三年　高者十年下者三年言逸樂之損壽　【疏】自時至三年　○正義曰從是三王其後所立之王生則逸豫不知稼穡之艱難不聞小人之勞苦惟耽樂之事則從而爲之故從是其後諸王無有能壽考者或十年或七八年或五六年或四三年言逸樂之損壽故舉以戒成王也

周公曰嗚呼厥亦惟我周太王王季克自抑畏　太王周公曾祖王季即祖言皆能以義自抑長敬天命將説文王故本其父祖　文王卑服即康功田功　文王節儉卑其衣服

以就其安人之功以就田功以知稼穡之艱難　○卑如字馬本作俾使也　徽柔懿恭懷保小民惠鮮鰥寡　以美道和民故民懷之以美政恭民故民安之又加惠鮮乏鰥寡之人　○鮮息淺反注同　自朝至于日中昃不遑暇食用咸和萬民　從朝至日昳不暇食思慮政事用皆和萬民　○昃音側本亦作仄昳田節反　文王不敢盤于遊田以庶邦惟正之供　文王不敢樂於遊逸田獵以衆國所取法則當以正道供待之故　○供音恭　文王受命惟中身厥享國五十年

文王九十七而終中身即位時年四十七言中身舉全數　【疏】周公至十年　○正義曰殷之三王既如此矣周公又言曰嗚呼其惟我周家大王王季能以義自抑而畏敬天命故王迹從此起也文王又卑薄衣服以就其安人之功與治田之功以美道柔和其民以美政恭待其民以此民歸之以美政恭民之故故小民安之又加恩惠於鮮乏鰥寡之人其行之也自朝旦至于日中及昃尚不遑暇食用善政以諧和萬民故也文王專心於政不敢逸樂於遊戲畋獵以己爲衆國所取法惟當正身行己以供待之由是文王受命嗣位爲君惟於中身受之其享國五十年亦以不逸得長壽也　○傳大王至父祖　○正義曰大王周公曾祖王季即祖也此乃經傳明文而須詳言之者此二王之下辭無所結陳此不爲無逸周公將説文王故本其父祖是以傳詳言也解其言此之意以義自抑者言其非無此心以義自抑而不爲耳　○傳文王至艱難　○正義曰文王卑其衣服以就安人之功言儉於身而厚於人也立君所以牧人安人之功諸有美政皆是也就安人之内田功最急故特云田功以示知稼穡之艱難也　○傳以美至之人　○正義曰徽懿皆訓爲美徽柔懿恭此是施人之事以此柔恭懷安小民故傳分而配之徽柔配懷以美道和民故民懷之懿恭配保以美政恭民故民安之徽懿言其美而已不知何所美也人君施於民惟有道與政耳故傳以美道美政言之政與道亦互相通也少乏鰥寡尤是可憐故別言加惠於鮮乏鰥寡之人也　○傳從朝至萬民　○正義曰昭五年左傳云日上其中食日爲二旦日爲三則人之常食在日中之前謂辰時也易豐卦彖曰日中則昃謂過中而斜昃也昃亦名昳言日蹉跌而下謂未時也故日之十位食時爲辰日昳爲未言文王勤於政事從朝不食或至於日中或至於日昃猶不暇食故經中昃並言之傳舉晚時故惟言昳遑亦暇也重言之者古人自有複語猶云艱難也所以不暇食者爲思慮政事用皆和萬民政事雖多皆是爲民故言咸咸訓皆也　○傳文王至之故　○正義曰釋詁云盤樂也遊謂遊逸田謂畋獵二者不同故並云遊逸田獵以衆國皆於文王所取其法則文王當以正義供待之故也言文王思爲政道以待衆國故不敢樂於遊田文王世爲西伯故當爲衆國所取法則禮有田獵而不敢者順時蒐狩不爲取樂故不敢非時畋獵以爲樂耳　○傳文王至全數　○正義曰文王年九十七而終禮記文王世子文也於九十七内減享國五十年是未立之前有四十七在禮諸侯踰年即位此據代父之年故爲即位時年四十七也計九十七年半折以爲中身則四十七時於身非中言中身者舉全數而稱之也經言受命者鄭玄云受殷王嗣位之命然殷之末世政教已衰諸侯嗣位何必皆待王命受先君之命亦可也王肅云文王受命嗣位爲君不言受王命也

周公曰嗚呼繼自今嗣王　繼從今已往嗣世之王皆戒之　則其無淫于觀于逸于遊于田以萬民惟正之供　所以無敢過於觀遊逸豫田獵者用萬民當惟正身以供待之故　無皇曰今日耽樂乃非民攸訓非天攸若時人丕則有愆　無敢自暇曰惟今日樂後日止夫耽樂者乃非所以教民非所以順天是人則大有過矣　○愆起虔反夫音扶　無若殷王受之迷亂酗于酒德哉　以酒爲凶謂之酗言紂心迷政亂以酗酒爲德戒嗣王無如之　○酗況付反　【疏】周公至德哉　○正義曰周公又言而歎曰嗚呼繼此後世自今以後嗣位之王則其無得過於觀望過於逸豫過於遊戲過於田獵所以不得然者以萬民聽王者之教命王當正己身以供待萬民必當早夜恪勤無敢自閑暇曰今日且樂後日乃止此爲耽樂者非民之所以教訓也非天之所以敬順也若是之人則有大愆過矣王當自勤政事莫如殷王受之迷亂國政酗醬於酒德哉殷紂藉酒爲凶以酒爲德由是喪亡殷國王當以紂爲戒無得如之　○傳繼從至戒之　○正義曰先言繼者謂繼此後人即從今以後嗣世之王也周公思及長遠後

王盡皆戒之非獨成王也　○傳所以至之故　○正義曰傳意訓淫爲過鄭玄云淫放恣也淫者侵淫不止其言雖殊皆是過之義也言觀爲非時而行違禮觀物如春秋隱公如棠觀魚莊公如齊觀社穀梁傳曰常事曰視非常曰觀此言無淫于觀禁其非常觀也逸謂逸豫遊謂遊蕩田謂田獵四者皆異故每事言於以訓用也用萬民皆聽王命王者惟當正身待之故不得淫於觀逸遊田也　○傳無敢至過矣　○正義曰無敢自暇謂事不寬不暇而以爲原王之意而爲辭故言曰耽以爲樂惟今日樂而後日止惟言今日樂明知後日止也夫耽樂者乃非所以教民教民當恪勤也非所以順天順天當肅恭也是此耽樂之人則大有愆過矣戒王不得如此也　○傳以酒至如之　○正義曰酗從酉以凶爲聲是酗爲凶酒之名故以酒爲凶謂之酗酗是飲酒而益凶也言紂心迷亂以酗酒爲德飲酒爲政心以凶酒爲己德紂以此亡殷戒嗣王無如之

周公曰嗚呼我聞曰古之人猶胥訓告胥保惠胥教誨　歎古之君臣雖君明臣良猶相道告相安順相教誨以義方　民無或胥譸張爲幻　譸張誑也君臣以道相正故下民無有相欺誑幻惑也　○幻音患誑九況反　此厥不聽人乃訓之乃變亂先王之正刑至于小大　此其不聽中正之君人乃教之以非法乃變亂先王之正法至于小大無不變亂言已有以致之　民否則厥心違怨否則厥口詛祝　以君變亂正法故民否則其心違怨否則其口詛祝言皆患其上　○詛側助反祝之又反　【疏】周公至詛祝　○正義曰周公言而歎曰我聞人之言曰古人之雖君明臣良猶尚相訓告以善道相安順以美政相教誨以義方君臣相正如此故於時之民順從上教無有相誑欺爲幻惑者此其不聽中正之君人乃教訓之以非法之事乃從其言變亂先王之正法至於小大之事無不皆變亂之君既變亂如此其時之民疾苦否則其心違上怨上否則其口詛祝之言人患之無已舉此以戒成王使之君臣相與養下民也　○傳歎古至義方　○正義曰此章二事善惡相反下句不聽人者是愚闇之君知此言古之人者是賢明之君相是兩人相與故知兼有臣良更相教告隱三年左傳石碏曰臣聞愛子教之以義方故知相教誨者使相教誨以義方也則知相訓告者告之以善道也相保惠者相安順以美政也　○傳譸張至惑也　○正義曰譸張誑也釋訓文孫炎曰眩惑誑欺人也民之從上若影之隨形君臣以道相正故下民無有相欺誑幻惑者幻即眩也惑亂之名漢書稱西域有幻人是也　○傳此其至致之　○正義曰上言善事此說惡事如此其不聽者是不聽中正之君也既不聽中正則好聽邪佞知此乃訓之者是邪佞之人訓之也邪佞之人必反正道故言人乃教之以非法闇君即受用之變亂先王之正法至於小大無不變亂言皆變亂正法盡也闇君所任同己由己之闇致此佞人言此闇君己身有以致之也上君明臣良由君明而有良臣亦是己有致上之言胥此不言者君任佞臣國亡滅矣不待相教爲惡故不言胥也　○傳以君至其上　○正義曰君既變亂正法必將困苦下民民不堪命忿恨必起故民忿君乃有二事否則心違怨否則口詛祝言皆患上而爲此也違怨謂違其命而怨其身詛祝謂告神明令加殃咎也以言告神謂之祝請神加殃謂之詛襄十七年左傳曰宋國區區而有詛有祝詩曰侯詛侯祝是詛祝意小異耳

周公曰嗚呼自殷王中宗及高宗及祖甲及我周文王茲四人迪哲　言此四人皆蹈智明德以臨下　厥或告之曰小人怨汝詈汝則皇自敬德　其有告之言小人怨詈汝者則大自敬德增修善政　○詈力智反　厥愆曰朕之愆允若時不啻不敢含怒　其人有禍則曰我過百姓有過在予一人信如是怨詈則四王不啻不敢含怒以罪之言常和悦　【疏】周公至含怒　○正義曰既言明君闇君善惡相反更述二者之行周公言而歎曰嗚呼自殷王中宗及高宗及祖甲及我周文王此四人者皆蹈明智之道以臨下民其有告之曰小人怨恨汝罵詈汝既聞此言則大自敬德更增修善政其民有過則曰是我之過民信有如是怨詈則不啻不敢含怒以罪彼人乃欲得數聞此言以自改悔言寬弘之若是　○傳其有至善政　○正義曰釋詁云皇大也故傳言大自敬德者謂增修善政也鄭玄以皇爲暇言寬暇自敬王肅本皇作況況滋益用敬德也　○傳其人至和悦　○正義曰或告之曰小人怨汝詈汝其言有虛有實其言若虛則民之愆也民有愆過則曰我過不責彼爲虛言而引過歸己者湯所云百姓有過在予一

人故若信有如是怨詈小人聞之則含怒以罪彼人此四王即不啻不敢含怒以罪彼人乃自願聞其愆言其顔色常和悦也鄭玄云不但不敢含怒乃欲屢聞之以知己政得失之源也

此厥不聽人乃或譸張爲幻曰小人怨汝詈汝則信之　此其不聽中正之君有人誑惑之言小人怨憾詛詈汝則信受之　○憾胡暗反　則若時不永念厥辟不寬綽厥心　則如是信讒者不長念其爲君之道不寬緩其心言含怒　亂罰無罪殺無辜怨有同是叢于厥身　信讒含怒罰殺無罪則天下同怨讎之叢聚於其身　○叢才公反　【疏】此厥至厥身○正義曰此其不聽中正之人乃有欺誑爲幻惑以告之曰小人怨汝詈汝不原其本情則信受之則知是信讒者不長念其爲君之道不審虚實不能寬緩其心而徑即含怒於人是亂其正法罰無罪殺無辜罰殺欲以止怨乃令人怨益甚天下之民有同怨君令怨惡聚於其身言褊急使民之怨若是教成王勿學此也　○傳則如至含怒○正義曰君人者察獄必審其虚實然後加罪不長念其爲君之道謂不審察虚實也不寬緩其心言徑即含怒也王肅讀辟爲辟扶亦反不長念其刑辟不當加無罪也

周公曰嗚呼嗣王其監于茲　視此亂罰之禍以爲戒

天府（《周禮注疏》）

説明

本篇選自《周禮注疏·春官宗伯第三》（《周禮注疏》卷二十）。關於《周禮注疏》及本篇内容的簡要情況，參見本書“泛讀文選”經部《天府》選篇之“題解”。選文據北京大學出版社 2000 年整理本《十三經注疏》。

選文

天府掌祖廟之守藏與其禁令　祖廟始祖后稷之廟其寶物世傳守之若魯寶玉大弓者　○守藏上手又反下才浪反傳直專反【疏】天府至禁令　○釋曰所守藏者即下文玉鎮已下是也禁令謂禁守不得使人妄入之等也　○注祖廟至弓者　○釋曰案王制云天子七廟三昭三穆與大祖之廟而七大祖即始祖廟也周立后稷廟爲始祖以其最尊故寶物藏焉云其寶物世傳守之若魯寶玉大弓者案春秋定八年盜竊寶玉大弓公羊傳云寶者何璋判白弓繡質是世傳守者也

凡國之玉鎮大寶器藏焉若有大祭大喪則出而陳之既事藏之
玉鎮大寶器玉瑞玉器之美者禘祫及大喪陳之以華國也故書鎮作瑱鄭司農云瑱讀爲鎮書顧命曰翌日乙丑王崩丁卯命作册度越七日癸酉陳寶赤刀大訓弘璧琬琰在西序大玉夷玉天球河圖在東序胤之舞衣大貝鼖鼓在西房兑之戈和之弓垂之竹矢在東房此其行事見於經　○鎮珍忍反又音珍瑱他見反琬於阮反琰以冉反球音求鼖扶云反兑徒外反垂如字劉音瑞見賢遍反【疏】凡國至藏之　○釋曰云玉鎮大寶器藏焉者若典瑞掌其凡瑞器故典瑞云掌玉瑞玉器之藏辨其名物與其用事設其服飾其美者天府掌之　○注玉鎮至於經　○釋曰鄭知玉鎮大寶器是玉瑞玉器之美者此云玉鎮即大宗伯云以玉作六瑞鎮圭之屬即此寶鎮也彼又云以玉作六器蒼璧禮天之屬即此寶器也知是美者以别入此天府故知簡取美者來入也鄭知禘祫者經云大祭祀故知也先鄭云顧命曰翌日乙丑王崩者謂上文云甲子王被冕服凴玉几出顧命下云翌日乙丑是甲子明日也云丁卯命作册度者謂乙丑至丁卯是三日小斂之日也大保命史官作册書法度擬傳顧命之事云越七日癸酉者越於也於丁卯後七日則通死日乙丑爲九日是除死日七日大斂之明日揔九日也云陳寶赤刀大訓弘璧琬琰在西序者陳寶是揔目語即赤刀已下是也赤刀者鄭注云武王誅紂赤刀爲飾大訓者禮法先王禮教即虞書典謨是也弘璧弘大也大璧琬琰皆尺二寸者云大玉夷玉天球河圖者鄭云大玉華山之球夷玉東北之璞天球雍州所貢之玉色如天三者皆璞未見琢治故不以器名之河圖圖出於河水帝王聖者所受云胤之舞衣大貝鼖鼓兑之戈和之弓垂之竹矢者鄭注云胤也和也垂也皆古人造此物者之名鼖鼓大鼓也此鼖非謂考工記鼖鼓長八尺者若是周物何須獨寶守明前代之物與周鼖鼓同名耳大貝者書傳曰散宜生之江淮之浦取大貝如車渠是也云此其行事見於經者此經云大喪出而陳之不見行事故引顧命爲行事見於經也此經有大祭祀出寶器無行事見於經故不引也

凡官府鄉州及都鄙之治中受而藏之以詔王察羣吏之治　察察其當黜陟者鄭司農云治中謂其治職簿書之要　○治直吏反下及注同中丁仲反下注同【疏】凡官至之治

○釋曰此自王國以至四疆皆有職司治事文書不言六遂及四等公邑之官者於文略其實皆有也都鄙則三等采地云詔王察羣吏之治者告王據此治中文書而行黜陟也　○注察察至之要　○釋曰云治職簿書之要者謂各有職掌皆司有文書案簿書功狀之要故據而告王也經雖言治中兼有不中在其間中者陟之不中黜之經直言中偏舉一邊而言也

上春釁寶鎮及寶器　上春孟春也釁謂殺牲以血血之鄭司農云釁讀爲徽或曰釁鼓之釁

【疏】注上春至之釁　○釋曰云上春孟春也者謂建寅之月也殺牲取血釁之若月令上春釁龜筴等也云釁讀爲徽者周禮先鄭皆讀釁爲徽徽取飾義云或曰釁鼓之釁者讀從定四年祝佗云君以軍行祓社釁鼓釁皆以血血之也

凡吉凶之事祖廟之中沃盥執燭　吉事四時祭也凶事王后喪朝于祖廟之奠　○盥音管朝直遥反【疏】注吉事至之奠　○釋曰謂他官在祖廟中沃盥夙興時則天府之官與之執燭爲明他官在祖廟中沃盥者謂小祝云大祭祀沃尸盥小臣大祭祀沃王盥此二官所沃盥在祖廟中則天府爲之執燭其若士師云祀五帝沃尸盥非祖廟事則不與執燭也云吉事謂四時祭也者略言之禘祫亦在焉云凶事王后喪朝于祖廟之奠者王及后喪七月而葬將葬當朝六廟後乃朝祖廟祖廟中日側爲祖奠厥明將去爲大遣奠皆有沃盥之事故鄭云焉

季冬陳玉以貞來歲之媺惡　問事之正曰貞問歲之美惡謂問於龜大卜職大貞之屬陳玉陳禮神之玉凡卜筮實問於鬼神龜筮能出其卦兆之占耳龜有天地四方則玉有六器者與言陳者既事藏之不必貍之也鄭司農云貞問也易曰師貞丈人吉問於丈人國語曰貞於陽卜　○與音餘【疏】季冬至媺惡　○釋曰季冬謂夏之季冬歲終當除舊布新故此時當有卜筮來歲之美惡者將卜筮之時先陳玉以禮神然後卜筮也　○注問事至陽卜　○釋曰云問事之正曰貞者禮記少儀云問卜筮曰義與志與注云義正事也志私意也是問卜筮有不正之事故云問事之正曰貞即此經云貞者問事之正也云問歲之美惡謂問於龜大卜職大貞之屬者彼大貞之屬即卜立君卜大遷卜大封是也今此卜來歲之美惡亦彼類故云之屬兼此也云陳玉陳禮神之玉者玉於卜筮無所施明以禮神也云凡卜筮實問於鬼神龜筮能出其卦兆之占耳者案易繫辭云精氣爲物游魂爲變是故知鬼神之情狀與天地相似注云精氣謂七八游魂謂九六則筮之神自有七八九六成數之鬼神春秋左氏傳云龜象筮數則龜自有一二三四五生數之鬼神則知吉凶者自是生成鬼神龜筮直能出卦兆之占耳案易繫蓍龜神物士冠禮注云筮不以廟堂者嫌蓍之靈由廟神若然蓍龜亦自有神而云出卦兆者但所禮者禮生成之鬼神神之尊者無妨蓍龜亦自有神也云龜有天地四方則玉有六器者與者龜有天地四方龜人職文龜既有六明玉亦有六無正文故云與以疑之六器之言若大宗伯云以玉作六器之類故以六器言之也云言陳者既事藏之不必貍之也者七八九六及一二三四五之鬼神並非天地之鬼神故云陳言陳則藏之不必貍也先鄭云貞問也者亦是問事之正曰貞也云易曰師貞丈人吉問於丈人者此師卦彖辭彼云師貞丈人吉無咎注云丈之言長能御衆有朝正人之德以法度爲人之長吉而無咎謂天子諸侯主軍者云國語曰貞於陽卜者此吴語黄池之會董褐云周室既卑諸侯失禮於天子請貞於陽卜收文武之諸侯注云貞正也問卜内曰陰外曰陽言吴以諸侯失禮於天子當問於龜言我當收文武之諸侯矣引此二文者證問事之正曰貞也

若遷寶則奉之　奉猶送也【疏】若遷寶則奉之　○釋曰此遷寶謂王者遷都若平王東遷則寶亦遷天府奉送之於彼新廟之天府藏之如故也

若祭天之司民司禄而獻民數穀數則受而藏之　司民軒轅角也司禄文昌第六星或曰下能也禄之言穀也年穀登乃後制禄祭此二星者以孟冬既祭之而上民穀之數於天府　○數穀數上所主反下所具反下能他來反上時掌反【疏】若祭至藏之　○釋曰此主祭祀者祭天之司民司禄在孟冬之時則主民之吏獻民數穀數則小司寇受而獻之於王王得之登於天府受而藏之　○注司民至天府

○釋曰云司民軒轅角也者案武陵大守星傳云軒轅十七星如龍形有兩角角有大民小民傳又云文昌宫有六星第一爲上將第二爲次將第三爲貴相第四爲司命第五爲司中第六爲司禄是其司民在軒轅角司禄在文昌第六星也或曰下能也者此案石氏星傳云上能司命爲大尉中能司中爲司徒下能司禄爲司寇是司禄在下能也以其二處並有司禄故舉二文以見義也云禄之言穀也年穀登乃後制禄言此者欲見祭司禄在孟冬則制禄之意也鄭知祭此二星在孟冬者見月令孟冬云祈來年於天宗即日月星是知祭在孟冬也其獻穀數者則小司寇職也

張釋之馮唐列傳（《史記》）

説明

本篇選自《史記》卷一百二《張釋之馮唐列傳第四十二》。本篇主旨在表彰張釋之、馮唐敢於犯颜直諫與漢文帝能够虚心納諫。《漢書》中二人與汲黯、鄭當時同傳，見《漢書》卷五十《張馮汲鄭傳》，可參看。選文據中華書局 2014 年點校本《史記》修訂本，爲便於點讀練習，“三家注”采用了隨文附注的形式。又，修訂本卷末所附“校勘記”，研讀時可參考。

選文

張廷尉釋之者堵陽人也　【索隱】韋昭堵音赭又音如字地名屬南陽【正義】應劭曰哀帝改爲順陽水東南入蔡括地志云順陽故城在鄧州穰縣西三十里楚之郇邑也及蘇秦傳云楚北有郇陽並謂此也　字季有兄仲同居以訾爲騎郎　【集解】蘇林曰顧錢若出穀也如淳曰漢儀注訾五百萬得爲常侍郎【索隱】訾音子移反字苑云貲積財也　事孝文帝十歲不得調無所知名釋之曰久宦減仲之産不遂欲自免歸中郎將袁盎知其賢惜其去乃請徙釋之補謁者　【正義】百官表云謁者掌賓讚受事員十七人秩比六百石也　釋之既朝畢因前言便宜事文帝曰卑之毋甚高論令今可施行也　【索隱】案卑下也欲令且卑下其志無甚高談論但令依時事無説古遠也　於是釋之言秦漢之閒事秦所以失而漢所以興者久之文帝稱善乃拜釋之爲謁者僕射

釋之從行登虎圈　【正義】求遠反　上問上林尉　【索隱】漢書表上林有八丞十二尉百官志尉秩三百石　諸禽獸簿十餘問尉左右視盡不能對虎圈嗇夫　【正義】掌虎圈百官表有鄉嗇夫此其類也　從旁代尉對上所問禽獸簿甚悉欲以觀其能口對響應無窮者文帝曰吏不當若是邪尉無賴　【集解】張晏曰才無可恃　乃詔釋之拜嗇夫爲上林令釋之久之前曰陛下以絳侯周勃何如人也上曰長者也又復問東陽侯張相如何如人也上復曰長者釋之曰夫絳侯東陽侯稱爲長者此兩人言事曾不能出口豈斅此嗇夫諜諜　【集解】晉灼曰音牒　【索隱】音牒漢書作喋喋口多言　利口捷給哉且秦以任刀筆之吏吏爭以亟疾苛察相高然其敝徒文具耳　【索隱】案謂空具其文而無其實也　無惻隱之實以故不聞其過陵遲而至於二世天下土崩今陛下以嗇夫口辯而超遷之臣恐天下隨風靡靡爭爲口辯而無其實且下之化上疾於

景響舉錯不可不審也文帝曰善乃止不拜嗇夫

上就車召釋之參乘徐行問釋之秦之敝具以質言　【集解】如淳曰質誠也　至宮上拜釋之爲公車令

頃之太子與梁王共車入朝不下司馬門　【集解】如淳曰宮衛令諸出入殿門公車司馬門乘軺傳者皆下不如令罰金四兩　於是釋之追止太子梁王無得入殿門遂劾不下公門不敬奏之薄太后聞之文帝免冠謝曰教兒子不謹薄太后乃使使承詔赦太子梁王然後得入文帝由是奇釋之拜爲中大夫

頃之至中郎將從行至霸陵居北臨廁　【集解】李奇曰霸陵北頭廁近霸水帝登其上以遠望也如淳曰居高臨垂邊曰廁也蘇林曰廁邊側也韋昭曰高岸夾水爲廁也　【索隱】劉氏廁音初吏反按李奇曰霸陵北頭廁近霸水蘇林曰廁邊側也包愷音側義亦兩通也　是時慎夫人從上指示慎夫人新豐道曰此走邯鄲道也　【集解】張晏曰慎夫人邯鄲人也如淳曰走音奏趨也　【索隱】音奏案走猶向也　使慎夫人鼓瑟上自倚瑟而歌　【集解】漢書音義曰聲氣依倚瑟也書曰聲依永　【索隱】倚於綺反案謂歌聲合於瑟聲相依倚也　意慘悽悲懷顧謂羣臣曰嗟乎以北山石爲椁　【正義】顏師古云美石出京師北山今宜州石是　用紵絮　【索隱】上張吕反下息慮反　斮陳蔂漆其閒　【集解】徐廣曰斮一作錯駰案漢書音義曰斮絮以漆著其閒也　【索隱】斮陳絮漆其閒斮音側略反絮音女居反案斮陳絮以漆著其閒也　豈可動哉左右皆曰善釋之前進曰使其中有可欲者雖錮南山猶有郄　【集解】張晏曰錮鑄也帝北向故云北山迴顧南向故云南山　【索隱】案張晏云錮鑄也帝北向故云北山回顧向南故云南山今案大顏云北山青石肌理密堪爲碑椁至今猶然故秦本紀作阿房或作酈山發北山石椁是也故帝欲北山之石爲椁取其精牢釋之答言但使薄葬冢中無可貪雖無石椁有何憂焉若使厚殉冢中有物雖并錮南山猶爲人所發掘也言南山者取其高厚之意張晏殊失其旨也　使其中無可欲者雖無石椁又何戚焉文帝稱善其後拜釋之爲廷尉

頃之上行出中渭橋　【集解】張晏曰在渭橋中路瓚曰中渭橋兩岸之中　【索隱】張晏臣瓚之説皆非也案今渭橋有三所一所在城西北咸陽路曰西渭橋一所在東北高陵道曰東渭橋其中渭橋在古城之北也　有一人從橋下走出乘輿馬驚於是使騎捕屬之廷尉釋之治問曰縣人來　【集解】如淳曰長安縣人　聞蹕匿橋下久之以爲行已過即出見乘輿車騎即走耳廷尉奏當一人犯蹕當罰金　【集解】如淳曰乙令蹕先至而犯者罰金四兩蹕止行人　【索隱】案崔浩云當謂處其罪也案百官志云廷尉掌平刑罰奏當所應郡國讞疑罪皆處當以報之也　文帝怒曰此人親驚吾馬吾馬賴柔和令他馬固不敗傷我乎而廷尉乃當之罰金釋之曰法者天子所與天下公共也　【索隱】小顏云公謂不私也　今法如此而更重之是法不信於民也且方其時上使立誅之則已今既下廷尉廷尉天下之平也一傾而天下用法皆爲輕重民安所措其手足唯陛下察之良久上曰廷尉當是也

其後有人盜高廟坐前玉環捕得文帝怒下廷尉治釋之案律盜宗廟服御物者爲奏奏當弃市上大怒曰人之無道乃盜先帝廟器吾屬廷尉者欲致之族而君以法奏之　【索隱】案以法者依律以斷也　非吾所以共承宗廟意也釋之免冠頓首謝曰法如是足也　【集解】徐廣曰足一作止也　且罪等　【集解】如淳曰俱死罪也盜玉環不若盜長陵土之逆也　然以逆順爲差今盜宗廟器而族之有如萬分之一假令愚民取長陵一抔土　【集解】張晏曰不欲指言故以取土譬也　【索隱】抔音步侯反案禮運云汙尊而抔飲鄭氏云抔手掬之字從手字本或作盃言一勺一杯兩音並通又音普迴反坯者塼之未燒之名也張晏云不欲指言故以取土譬者蓋不欲言盜開長陵及説傷迫近先帝故也　陛下何以加其法乎久之文帝與太后言之乃許廷尉當是時中尉條侯周亞夫與梁相山都侯王恬開　【集解】徐廣曰一作閒漢書作啓啓者景帝諱也故或爲開　見釋之持議平乃結爲親友張廷尉由此天下稱之

後文帝崩景帝立釋之恐　【索隱】謂帝爲太子時與梁王入朝不下司馬門釋之曾劾故恐也　稱病欲免去懼大誅至欲見謝則未知何如用王生計卒見謝景帝不過也

王生者善爲黄老言處士也嘗召居廷中三公九卿盡會立王生老人曰吾韈解　【正義】上萬越反下閑買反　顧謂張廷尉爲我結韈　【索隱】結音如字又音計　釋之跪而結之既已人或謂王生曰獨柰何廷辱張廷尉使跪結韈王生曰吾老且賤自度終無益於張廷尉張廷尉方今天下名臣吾故聊辱廷尉使跪結韈欲以重之諸公聞之賢王生而重張廷尉

張廷尉事景帝歲餘爲淮南王相猶尚以前過也久之釋之卒其子曰張摯字長公官至大夫免以不能取容當世故終身不仕　【索隱】謂性公直不能曲屈見容於當世故至免官不仕也

馮唐者其大父趙人父徙代漢興徙安陵唐以孝著爲中郎署長　【集解】應劭曰此云孝子郎也或曰以至孝聞　【索隱】案謂爲郎署之長也　事文帝文帝輦過　【索隱】過音戈謂文帝乘輦會過郎署　問唐曰父老何自爲郎　【索隱】案崔浩云自從也帝詢唐何從爲郎又小顔云年老矣何乃自爲郎怪之也　家安在唐具以實對文帝曰吾居代時吾尚食監高祛數爲我言趙將李齊之賢戰於鉅鹿下今吾每飯意未嘗不在鉅鹿也　【集解】張晏曰每食念監所説李齊在鉅鹿時　父知之乎唐對曰尚不如廉頗李牧之爲將也上曰何以唐曰臣大父在趙時爲官率將　【集解】徐廣曰一云官士將騶案晉灼曰百人爲徹行亦皆帥將也　【索隱】注百人爲徹行將帥案國語百人爲徹行行頭皆官師賈逵云百人爲一隊也官師隊大夫也　善李牧臣父故爲代相善趙將李齊知其爲人也上既聞廉頗李牧爲人良　【集解】如淳曰良善也　説而搏

髀曰嗟乎吾獨不得廉頗李牧時爲吾將吾豈憂匈奴哉唐曰主臣 【索隱】案樂彥云人臣進對前稱主臣猶上書前云昧死案志林云馮唐面折萬乘何言不懼主臣爲驚怖其言益著也又魏武謂陳琳云卿爲本初檄何乃上及父祖琳謝云主臣益明主臣是驚怖也解已見前篇也 陛下雖得廉頗李牧弗能用也上怒起入禁中良久召唐讓曰公柰何衆辱我獨無閒處乎唐謝曰鄙人不知忌諱

當是之時匈奴新大入朝䢶 【索隱】上音朝早也下音乃何反縣名屬安定也 【正義】在原州百泉縣西北十里漢朝䢶縣是也 殺北地 【正義】北地郡今寧州也 都尉卬 【索隱】案都尉姓孫名卬 上以胡寇爲意乃卒復問唐曰公何以知吾不能用廉頗李牧也唐對曰臣聞上古王者之遣將也跪而推轂曰閫以內者 【集解】韋昭曰此郭門之閫也門中橛曰閫 【索隱】橛音其月反 【正義】閫音苦本反謂門限也 寡人制之閫以外者將軍制之軍功爵賞皆決於外歸而奏之此非虛言也臣大父言李牧爲趙將居邊軍市之租皆自用饗士 【索隱】案謂軍中立市市有稅稅即租也 賞賜決於外不從中擾也委任而責成功故李牧乃得盡其智能遣選車千三百乘 【索隱】案六韜書有選車之法 彀騎萬三千 【索隱】如淳云彀音構彀騎張弓之騎也 百金之士十萬 【集解】服虔曰良士直百金也或曰直百金言重 【索隱】晉灼云百金喻其貴重也服虔曰良士直百金也劉氏云其功可賞百金者事見管子及小爾雅 是以北逐單于破東胡 【索隱】案崔浩云烏丸之先也國在匈奴之東故云東胡也 滅澹林 【集解】徐廣曰澹一作襜 【索隱】澹丁甘反一本作襜襤 西抑彊秦南支韓魏當是之時趙幾霸 【索隱】幾音祈 其後會趙王遷立其母倡也 【索隱】按列女傳云邯鄲之倡 【正義】趙幽王母樂家之女也 王遷立乃用郭開讒卒誅李牧 【索隱】按開是趙之寵臣戰國策云秦多與開金使爲反閒 令顏聚代之 【索隱】聚音似喻反漢書作㝡本齊將也 【正義】絶庾反 是以兵破士北爲秦所禽滅今臣竊聞魏尚爲雲中守 【集解】漢書曰尚槐里人也 【正義】雲中郡故城在勝州榆林縣東北三十里 其軍市租盡以饗士卒出私養錢 【集解】服虔曰私廩假錢 【索隱】按漢書市肆租稅之入爲私奉養服虔曰私廩假錢是也或云官所別廩給也 五日一椎牛 【索隱】椎音直追反擊也 饗賓客軍吏舍人是以匈奴遠避不近雲中之塞虜曾一入尚率車騎擊之所殺甚衆夫士卒盡家人子 【索隱】按謂庶人之家子也 起田中從軍安知尺籍伍符 【集解】如淳曰漢軍法曰吏卒斬首以尺籍書下縣移郡令人故行不行奪勞二歲五符亦什伍之符約節度也或曰以尺簡書故曰尺籍也 【索隱】按尺籍者謂書其斬首之功於一尺之板伍符者命軍人伍伍相保不容姦詐注故行不行案謂故命人行而身不自行奪勞二歲也故與雇同 終日力戰斬首捕虜上功莫府 【索隱】按莫訓大也又崔浩云古者出征爲將治無常處以幕爲府舍故云莫府莫當爲幕古字少耳 一言不相應 【索隱】音乙陵反謂數不同也 文吏以法繩之其賞

不行而吏奉法必用臣愚以爲陛下法太明賞太輕罰太重且雲中守魏尚坐上功首虜差六級陛下下之吏削其爵罰作之由此言之陛下雖得廉頗李牧弗能用也　【集解】班固稱楊子曰孝文帝親詘帝尊以信亞夫之軍曷爲不能用頗牧彼將有激　臣誠愚觸忌諱死罪死罪文帝説是日令馮唐持節赦魏尚復以爲雲中守而拜唐爲車騎都尉主中尉及郡國車士　【集解】服虔曰車戰之士

七年景帝立以唐爲楚相免武帝立求賢良舉馮唐唐時年九十餘不能復爲官乃以唐子馮遂爲郎遂字王孫亦奇士與余善

太史公曰張季之言長者守法不阿意馮公之論將率有味哉有味哉語曰不知其人視其友二君之所稱誦可著廊廟書曰不偏不黨王道蕩蕩不黨不偏王道便便　【集解】徐廣曰一作辨　張季馮公近之矣

【索隱述贊】張季未偶見識袁盎太子懼法嗇夫無狀驚馬罰金盜環悟上馮公白首味哉論將因對李齊收功魏尚

儒林傳序（《漢書》）

説明

本篇選自《漢書》卷八十八《儒林傳第五十八》。司馬遷《史記》首創《儒林列傳》（卷一百二十一），記孔子創立儒家學派至漢武帝尊崇儒學的發展過程、儒家經典與人物。班固繼承《史記》的體例，在《漢書》中也設立了《儒林傳》，是春秋至西漢一代的儒家史傳。本篇爲該傳的序文，對於瞭解西漢時期的經學發展和師承沿革，具有重要的價值，可與本書“精讀文選”之《藝文志諸子略序》參互閱讀。選文據中華書局1962年點校本《漢書》。

選文

古之儒者博學虖六藝之文 師古曰六藝謂易禮樂詩書春秋 六藝者王教之典籍先聖所以明天道正人倫致至治之成法也周道既衰壞於幽厲禮樂征伐自諸侯出陵夷二百餘年而孔子興 師古曰陵夷言漸頹替 以聖德遭季世知言之不用而道不行乃歎曰鳳鳥不至河不出圖吾已矣夫 師古曰論語載孔子之言也鳳鳥河圖皆王者之瑞自傷有德而無位故云已矣 文王既沒文不在兹乎 師古曰言文王久已沒矣文章之事豈不在此乎蓋自謂也亦見論語 於是應聘諸侯以答禮行誼 師古曰答禮謂有問禮者則爲應答而申明之 西入周南至楚畏匡戹陳 師古曰匡邑名卽陳留匡城縣孔子貌類陽貨陽貨嘗有怨於匡匡人見孔子以爲陽貨也故圍而欲害之後得免耳戹陳謂在陳絕糧也 奸七十餘君 師古曰奸音干 適齊聞韶三月不知肉味 師古曰美舜樂之善也 自衛反魯然後樂正雅頌各得其所 師古曰自衛反魯謂哀十一年也是時道衰樂廢孔子還修正之故雅頌各得其所 究觀古今之篇籍乃稱曰大哉堯之爲君也唯天爲大唯堯則之 師古曰言堯所行皆法天 巍巍乎其有成功也焕乎其有文章 師古曰巍巍者高貌焕明也 又曰周監於二代郁郁乎文哉吾從周 師古曰言周追視夏殷二代之制而損益之故禮文大備也郁郁文章盛貌自此以上孔子之言皆見論語 於是敍書則斷堯典 師古曰謂尚書起自堯典也 稱樂則法韶舞 師古曰論語云顏回問爲邦子曰行夏之時乘殷之輅服周之冕樂則韶舞放鄭聲韶舜樂也孔子歎其盡善盡美故欲用之 論詩則首周南 師古曰以關雎爲始也 綴周之禮因魯春秋舉十二公行事繩之以文武之道成一王法 師古曰繩謂治正之 至獲麟而止蓋晚而好易讀之韋編三絕而爲之傳 師古曰編所以聯次簡也言愛玩之甚故編簡之韋爲之三絕也傳謂彖象繫辭文言說卦之屬 皆因近聖之事目立先王之教故曰述而不作信而好古

下學而上達知我者其天乎　師古曰皆論語載孔子之言也作者之謂聖述者之謂明故孔子自謙言我但述者耳下學上達謂下學人事上達天命也行不違天故唯天知我也

仲尼既沒七十子之徒散遊諸侯　師古曰七十子謂弟子者七十七人也稱七十者但言其成數也　大者爲卿相師傅小者友教士大夫或隱而不見故子張居陳　師古曰子張姓顓孫名師　澹臺子羽居楚　師古曰子羽姓澹臺名滅明澹音徒甘反　子夏居西河　師古曰子夏姓卜名商　子貢終於齊　師古曰子貢姓端木名賜　如田子方段干木吳起禽滑氂之屬皆受業於子夏之倫爲王者師　師古曰子方以下皆魏人也滑音于拔反氂音離　是時獨魏文侯好學天下並爭於戰國儒術既黜焉然齊魯之間學者猶弗廢至於威宣之際孟子孫卿之列咸遵夫子之業而潤色之以學顯於當世　鄧展曰威宣齊二王

及至秦始皇兼天下燔詩書殺術士　師古曰燔焚也今新豐縣溫湯之處號愍儒鄉溫湯西南三里有馬谷谷之西岸有阬古老相傳以爲秦阬儒處也衛宏詔定古文尚書序云秦既焚書患苦天下不從所改更法而諸生到者拜爲郎前後七百人乃密令冬種瓜於驪山阬谷中溫處瓜實成詔博士諸生說之人人不同乃命就視之爲伏機諸生賢儒皆至焉方相難不決因發機從上填之以土皆壓終乃無聲此則閔儒之地其不謬矣燔音扶元反　六學從此缺矣陳涉之王也魯諸儒持孔氏禮器往歸之於是孔甲爲涉博士卒與俱死　師古曰孔光傳云鮒爲陳涉博士死陳下今此云孔甲將名鮒而字甲也　陳涉起匹夫敺適戍以立號　師古曰敺與驅同適讀曰讁　不滿歲而滅亡其事至微淺然而搢紳先生負禮器往委質爲臣者何也以秦禁其業積怨而發憤於陳王也

及高皇帝誅項籍引兵圍魯魯中諸儒尚講誦習禮弦歌之音不絕豈非聖人遺化好學之國哉於是諸儒始得修其經學講習大射鄉飲之禮叔孫通作漢禮儀因爲奉常諸弟子共定者咸爲選首然後喟然興於學　師古曰喟然歎息貌音丘位反　然尚有干戈平定四海　師古曰言陳豨盧綰韓信黥布之徒相次反叛征伐也　亦未皇庠序之事也　師古曰皇暇也　孝惠高后時公卿皆武力功臣孝文時頗登用　師古曰言少用文學之士　然孝文本好刑名之言及至孝景不任儒竇太后又好黃老術故諸博士具官待問未有進者　師古曰具官謂備員而已

漢興言易自淄川田生言書自濟南伏生言詩於魯則申培公於齊則轅固生　師古曰培固者其人名公生者其號也它皆類此培音陪　燕則韓太傅　師古曰名嬰也　言禮則魯高堂生言春秋於齊則胡毋生於趙則董仲舒及竇太后崩武安君田蚡爲丞相黜黃老刑名百家之言延文學儒者以百數而公孫弘以治春秋爲丞相封侯天下學士靡然鄉風矣　師古曰鄉讀曰嚮

弘爲學官悼道之鬱滯乃請曰丞相御史言　師古曰自此以下皆弘奏請之辭　制曰蓋聞導民以禮風之以樂　師古曰風化也　婚姻者居室之大倫也　師古曰倫理也　今禮廢樂崩朕甚愍焉故詳延天下方聞之士咸登諸朝　師古曰詳悉也方道也有道及博聞之士也　其令禮官勸學講議洽聞舉遺興禮以爲天下先　師古曰舉遺謂經典遺逸者求而舉之　太常議予博士弟子崇鄉里之化以厲賢材焉　師古曰厲勸勉之也一曰砥厲也自此以上弘所引詔文　謹與太常臧博士平等議　師古曰臧孔臧也　曰聞三代之道鄉里有教夏曰校殷曰庠周曰序　師古曰教效也言可效道藝也　其勸善也顯之朝廷其懲惡也加之刑罰故教化之行也建首善自京師始繇內及外　師古曰繇音由由從也　今陛下昭至德開大明配天地本人倫勸學興禮崇化厲賢以風四方太平之原也　師古曰風化也　古者政教未洽不備其禮請因舊官而興焉爲博士官置弟子五十人復其身　師古曰復音方目反　太常擇民年十八以上儀狀端正者補博士弟子郡國縣官有好文學敬長上肅政教順鄉里出入不悖　師古曰悖乖也音布內反　所聞令相長丞上屬所二千石　師古曰聞謂聞其部屬有此人也令縣令相侯相長縣長丞縣丞也二千石謂郡守及諸王相也　二千石謹察可者常與計偕　師古曰隨上計吏俱至京師　詣太常得受業如弟子一歲皆輒課能通一藝以上補文學掌故缺其高第可以爲郎中太常籍奏　師古曰爲名籍而奏　即有秀才異等輒以名聞其不事學若下材及不能通一藝輒罷之而請諸能稱者　師古曰謂列其能通藝業而稱其任者奏請補用之也　臣謹案詔書律令下者　師古曰下謂班行也　明天人分際通古今之誼　師古曰分音扶問反　文章爾雅訓辭深厚　師古曰爾雅近正也言詔辭雅正而深厚也　恩施甚美小吏淺聞弗能究宣亡以明布諭下以治禮掌故以文學禮義爲官遷留滯　師古曰言治禮掌故之官本以有文學習禮義而爲之又所以遷擢留滯之人　請選擇其秩比二百石以上及吏百石通一藝以上補左右內史大行卒史　師古曰左右內史後爲左馮翊右扶風而大行後爲大鴻臚也　比百石以下補郡太守卒史皆各二人　師古曰內地之郡郡各補太守卒史二人也　邊郡一人先用誦多者不足擇掌故以補中二千石屬　蘇林曰屬亦曹史今縣令文書解言屬某甲也　文學掌故補郡屬備員　師古曰云備員者示以升擢之非籍其實用也　請著功令　師古曰新立此條請以著於功令功令篇名若今選舉令　它如律令　師古曰此外並如舊律令

制曰可自此以來公卿大夫士吏彬彬多文學之士矣　師古曰彬彬文章貌音斌

昭帝時舉賢良文學增博士弟子員滿百人宣帝末增倍之元帝好

儒能通一經者皆復　師古曰蠲其徭賦也復音方目反　數年以用度不足更爲設員千人郡國置五經百石卒史成帝末或言孔子布衣養徒三千人今天子太學弟子少於是增弟子員三千人歲餘復如故平帝時王莽秉政增元士之子得受業如弟子勿以爲員　師古曰常員之外更開此路　歲課甲科四十人爲郎中乙科二十人爲太子舍人丙科四十人補文學掌故云

司馬光論唐肅宗姑息藩鎮（《資治通鑑》）

説明

本篇選自《資治通鑑》卷二百二十《唐紀三十六》肅宗乾元元年（758 年）。本篇之主要內容爲司馬光針對唐代安史之亂後，藩鎮跋扈，“節度使由軍士廢立”的政治局面而撰寫的一段長篇評論（“臣光曰”）。本篇是司馬光繼《資治通鑑》開篇之論《論三家分晋》（《資治通鑑鑒》卷一）之後，又一集中闡述其禮治思想的重要史論，篇中再次申明其君尊臣卑，天子爲國家紀綱，“天子之職莫大於禮”的政治主張。研讀時，可注意體會“胡三省注”的内容和旨意。選文據中華書局 1956 年點校本《資治通鑑》。

選文

十二月平盧節度使王玄志薨上遣中使往撫將士且就察軍中所欲立者授以旌節高麗人李懷玉爲裨將殺玄志之子推侯希逸爲平盧軍使希逸之母懷玉姑也故懷玉立之 立侯希逸者李懷玉而逐侯希逸者亦李懷玉也懷玉後賜名正己 朝廷因以希逸爲節度副使節度使由軍士廢立自此始

臣光曰夫民生有欲無主則亂 書仲虺之誥之言 是故聖人制禮以治之 治直之翻 自天子諸侯至於卿大夫士庶人尊卑有分 分扶問翻 大小有倫若綱條之相維 書説命曰若網在綱有條而不紊 臂指之相使 賈誼曰如身之使臂臂之使指莫不制從 是以民服事其上而下無覬覦 覬音冀覦音俞 其在周易上天下澤履象曰君子以辨上下定民志此之謂也凡人君所以能有其臣民者以八柄存乎己也 周禮王以八柄馭羣臣一曰爵以馭其貴二曰祿以馭其富三曰予以馭其幸四曰置以馭其行五曰生以馭其福六曰奪以馭其貧七曰廢以馭其罪八曰誅以馭其過 苟或捨之則彼此之勢均何以使其下哉

肅宗遭唐中衰幸而復國是宜正上下之禮以綱紀四方而偷取一時之安不思永久之患彼命將帥統藩維國之大事也乃委一介之使徇行伍之情 行戶剛翻 無問賢不肖惟其所欲與者則授之自是之後積習爲常君臣循守以爲得策謂之姑息 姑且也息安也且求目前之安也 乃至偏裨士卒殺逐主帥亦不治其罪因以其位任授之然則爵祿廢置殺生予奪 此即周禮所謂八柄也治直之翻予讀曰與 皆不出於上而出於下亂之生也庸有極乎

且夫有國家者賞善而誅惡故爲善者勸爲惡者懲彼爲人下而殺逐其上惡孰大焉乃使之擁旄秉鉞師長一方　長知兩翻　是賞之也賞以勸惡惡其何所不至乎書云遠乃猷　書康誥之言猷謀也　詩云猷之未遠是用大諫　詩大雅板之辭　孔子曰人無遠慮必有近憂　見論語　爲天下之政而專事姑息其憂患可勝校乎　勝音升　由是爲下者常眄眄焉伺其上　眄眠見翻目偏合而衺視也　苟得間則攻而族之爲上者常惴惴焉畏其下苟得間則掩而屠之　二語曲盡唐末藩鎭將卒之情狀間古莧翻惴之睡翻憂懼貌　爭務先發以逞其志非有相保養爲俱利久存之計也如是而求天下之安其可得乎迹其厲階肇於此矣　言其禍肇於命侯希逸帥平盧也毛萇曰厲惡也鄭氏曰犯政爲惡曰厲

蓋古者治軍必本於禮故晉文公城濮之戰見其師少長有禮知其可用　左傳晉楚戰于城濮晉侯登有莘之虚以觀師曰少長有禮其可用也遂戰楚師敗績治直之翻下同少詩照翻長知兩翻　今唐治軍而不顧禮使士卒得以陵偏裨偏裨得以陵將帥則將帥之陵天子自然之勢也　賈誼廉陛之論正此意

由是禍亂繼起兵革不息民墜塗炭無所控訴凡二百餘年然後大宋受命太祖始制軍法使以階級相承小有違犯咸伏斧質是以上下有敘令行禁止四征不庭　庭直也不庭諸侯之不直者近世儒者以不朝爲不庭謂其不來庭也　無思不服宇內乂安兆民允殖以迄于今皆由治軍以禮故也豈非詒謀之遠哉

附録一

《四庫全書總目》門目卷次表

説明：本表據中華書局 1965 年版《四庫全書總目》編制。

部	類	屬	卷次
經部【卷一—卷四四】	易類一至六		卷一至卷六
	易類存目一至四		卷七至卷一〇
	書類一至二		卷一一至卷一二
	書類存目一至二		卷一三至卷一四
	詩類一至二		卷一五至卷一六
	詩類存目一至二		卷一七至卷一八
	禮類一至四	周禮　儀禮　禮記 三禮總義　通禮　雜禮書	卷一九至卷二二
	禮類存目一至三	周禮　儀禮　禮記 三禮總義　通禮　雜禮書	卷二三至卷二五
	春秋類一至四		卷二六至卷二九
	春秋類存目一至二		卷三〇至卷三一
	孝經類		卷三二
	孝經類存目		
	五經總義類		卷三三
	五經總義類存目		卷三四
	四書類一至二		卷三五至卷三六
	四書類存目		卷三七
	樂類		卷三八
	樂類存目		卷三九
	小學類一至三	訓詁　字書　韻書	卷四〇至卷四二
	小學類存目一至二	訓詁　字書　韻書	卷四三至卷四四

續表

部	類	屬	卷次
史部【卷四五—卷九〇】	正史類一		卷四五
	正史類二		卷四六
	正史類存目		
	編年類		卷四七
	編年類存目		卷四八
	紀事本末類		卷四九
	紀事本末類存目		
	別史類		卷五〇
	別史類存目		
	雜史類		卷五一
	雜史類存目一至三		卷五二至卷五四
	詔令奏議類	詔令　奏議	卷五五
	詔令奏議類存目	詔令　奏議	卷五六
	傳記類一至二	聖賢　名人　總録　雜録	卷五七至卷五八
	傳記類存目一至六	聖賢　名人　總録　雜録　別録	卷五九至卷六四
	史鈔類		卷六五
	史鈔類存目		
	載記類		卷六六
	載記類存目		
	時令類		卷六七
	時令類存目		
	地理類一至四	宫殿疏　總志　都會郡縣　河渠　邊防　山川　古迹　雜記　游記　外紀	卷六八至卷七一
	地理類存目一至七	宫殿疏　總志　都會郡縣　河渠　邊防　山川　古迹　雜記　游記　外紀	卷七二至卷七八
	職官類	官制　官箴	卷七九
	職官類存目	官制　官箴	卷八〇
	政書類一至二	通制　典禮　邦計　軍政　法令　考工	卷八一至卷八二
	政書類存目一至二	通制　典禮　邦計　軍政　法令　考工	卷八三至卷八四
	目録類一至二	經籍　金石	卷八五至卷八六
	目録類存目	經籍　金石	卷八七
	史評類		卷八八
	史評類存目一至二		卷八九至卷九〇

續表

部	類	屬	卷次
子部【卷九一—卷一四七】	儒家類一至四		卷九一至卷九四
	儒家類存目一至四		卷九五至卷九八
	兵家類		卷九九
	兵家類存目		卷一〇〇
	法家類		卷一〇一
	法家類存目		
	農家類		卷一〇二
	農家類存目		
	醫家類一至二		卷一〇三至卷一〇四
	醫家類存目		卷一〇五
	天文演算法類一	推步	卷一〇六
	天文演算法類二	算書	卷一〇七
	天文演算法類存目	推步　算書	
	術數類一至二	數學　占候　相宅相墓 占卜　命書相書　陰陽五行	卷一〇八至一〇九
	術數類存目一至二	數學　占候　相宅相墓 占卜　命書相書　陰陽五行 雜技術	卷一一〇至卷一一一
	藝術類一至二	書畫　琴譜　篆刻　雜技	卷一一二至卷一一三
	藝術類存目	書畫　琴譜　篆刻　雜技	卷一一四
	譜録類	器物　食譜　草木鳥獸蟲魚	卷一一五
	譜録類存目	器物　食譜　草木鳥獸蟲魚	卷一一六
	雜家類一至七	雜學　雜考　雜説　雜品 雜纂　雜編	卷一一七至卷一二三
	雜家類存目一至一一	雜學　雜考　雜説　雜品 雜纂　雜編	卷一二四至卷一三四
	類書類一至二		卷一三五至卷一三六
	類書類存目一至三		卷一三七至卷一三九
	小説家類一至三	雜事　異聞　瑣語	卷一四〇至卷一四二
	小説家類存目一至二	雜事　異聞　瑣語	卷一四三至卷一四四
	釋家類		卷一四五
	釋家類存目		
	道家類		卷一四六
	道家類存目		卷一四七

續表

部	類	屬	卷次
集部【卷一四八—卷二〇〇】	楚辭類		卷一四八
	楚辭類存目		
	別集類一		
	別集類二至二六		卷一四九至卷一七三
	別集類存目一至一二		卷一七四至卷一八五
	總集類一至五		卷一八六至卷一九〇
	總集類存目一至四		卷一九一至卷一九四
	詩文評類一至二		卷一九五至卷一九六
	詩文評類存目		卷一九七
	詞曲類一至二	詞集　詞選　詞話　詞譜詞韻 南北曲	卷一九八至卷一九九
	詞曲類存目	詞集　詞選　詞話　詞譜詞韻 南北曲	卷二〇〇

附録二

簡化字與繁體字對照表

説明

本表選自王力主編《古代漢語》（校訂重排本）第二册附録《簡化字與繁體字對照表》（北京，中華書局，2018 年第 4 版，第 619～622 頁）。據原説明，本表收録中國文字改革委員會自 1956 年以來公布的四批簡化字，共 517 個①。原表“凡簡化字與繁體字都見於古代，而在意義上或用法上有所不同的”，於表後另附有説明。對這些附有説明的字，本附録都以黑體字顯示，具體的説明文字，從略。

【A】

爱愛　碍礙　袄襖

【B】

罢罷　摆擺襬　办辦　板闆　帮幫　宝寶　报報　备備　笔筆　币幣　毕畢　毙斃　边邊　变變　标標　表錶　别彆　宾賓　卜蔔　补補

【C】

才纔　参參　惨慘　蚕蠶　仓倉　层層　产產　搀攙　谗讒　馋饞　尝嘗　偿償　厂廠　长長　彻徹　陈陳　尘塵　衬襯　称稱　惩懲　迟遲　齿齒　**冲衝**　虫蟲　**丑醜**

① 編者按：需要注意的是，2013 年，國務院發布《通用規範漢字表》，該表附件 1《規範字與繁體字、異體字對照表》所列繁體字有與本表不同的情況，主要爲：斗（鬥）、鉴（鑒）、启（啓）、墙（墻）、只（衹），詳參本書附録三據該附件編制的《規範字與繁體字、異體字對照表》。

筹籌　处處　触觸　**出齣**　础礎　刍芻　疮瘡　辞辭　从從　聪聰　丛叢　窜竄

【D】

达達　带帶　担擔　胆膽　单單　当當噹　档檔　党黨　导導　灯燈　邓鄧　敌敵　籴糴　递遞　**淀澱**　点點　电電　垫墊　冬鼕　东東　冻凍　栋棟　动動　**斗鬬**　独獨　断斷　对對　队隊　吨噸　夺奪　堕墮

【E】

恶惡噁　尔爾　儿兒

【F】

发發髮　**范範**　矾礬　飞飛　奋奮　粪糞　坟墳　**丰豐**　风風　凤鳳　妇婦　**复復複**　麸麩　肤膚

【G】

盖蓋　**干幹乾**　赶趕　个個　巩鞏　沟溝　构構　购購　**谷穀**　顾顧　刮颳　关關　观觀　广廣　归歸　龟龜　柜櫃　过過　国國

【H】

汉漢　号號　轰轟　**后後**　护護　壶壺　沪滬　**画畫**　**划劃**　华華　怀懷　坏壞　欢歡　环環　还還　会會　秽穢　**汇匯彙**　**伙夥**　**获獲穫**

【J】

几幾　**机機**　**击擊**　**际際**　**剂劑**　**济濟**　**挤擠**　**积積**　**饥飢饑**　鸡鷄　极極　继繼　家傢　**价價**　夹夾　艰艱　**荐薦**　坚堅　歼殲　监監　茧繭　舰艦　鉴鑒鑑　拣揀　姜薑　将將　奖獎　浆漿　桨槳　酱醬　讲講　胶膠　**借藉**　阶階　节節　疖癤　洁潔　**尽盡儘**　紧緊　仅僅　进進　烬燼　惊驚　竞競　旧舊　举舉　剧劇　据據　惧懼　**卷捲**　觉覺

【K】

开開　**克剋**　垦墾　恳懇　**夸誇**　块塊　矿礦　亏虧　**困睏**　扩擴

【L】

腊臘　**蜡蠟**　来來　兰蘭　拦攔　栏欄　烂爛　劳勞　痨癆　乐樂　类類　**累纍**　垒壘　**里裏**　礼禮　丽麗　厉厲　励勵　离離　**历曆歷**　隶隸　俩倆　**帘簾**　联聯　恋戀　怜憐　炼煉　练練　粮糧　两兩　辆輛　**了瞭**　疗療　辽遼　猎獵　临臨　邻鄰　灵靈　龄齡　岭嶺　刘劉　浏瀏　龙龍　楼樓　娄婁　录録　陆陸　虏虜　卤鹵滷　卢盧　庐廬　泸瀘　芦蘆　炉爐　乱亂　罗羅　屡屢　虑慮　滤濾　驴驢

【M】

迈邁　买買　卖賣　麦麥　蛮蠻　**么麼**　霉黴　**蒙濛懞矇**　梦夢　**弥彌瀰**　**面麵**　庙廟　灭滅　**蔑衊**　亩畝

【N】

难難　恼惱　脑腦　拟擬　酿釀　镊鑷　**宁寧**　农農

【O】

欧歐

【P】

盘盤　**辟闢**　**苹蘋**　**凭憑**　朴樸　扑撲

【Q】

齐齊　**气氣**　**启啟**　岂豈　**千韆**　迁遷　**签簽籤**　牵牽　墙墻牆　蔷薔　枪槍　乔喬　侨僑　桥橋　壳殼　窍竅　窃竊　亲親　寝寢　庆慶　穷窮　琼瓊　**秋鞦**　区區　趋趨　权權　劝勸　确確

【R】

让讓　扰擾　热熱　认認　荣榮

【S】

洒灑　伞傘　丧喪　扫掃　啬嗇　杀殺　晒曬　伤傷　**舍捨**　摄攝　**沈瀋**　审審　渗滲　声聲　胜勝　圣聖　绳繩　湿濕　**适適**　时時　实實　势勢　师師　寿壽　兽獸　数數　**术術**　树樹　书書　帅帥　双雙　**松鬆**　苏蘇囌　肃肅　虽雖　随隨　岁歲　孙孫

【T】

态態　**台臺檯颱**　摊攤　滩灘　瘫癱　坛壇罎　叹嘆　誊謄　体體　条條　粜糶　铁鐵　听聽　厅廳　头頭　图圖　团團糰

【W】

袜襪　洼窪　万萬　弯彎　**网網**　为爲　伪僞　韦韋　卫衛　稳穩　务務　**无無**　雾霧

【X】

牺犧　**系係繫**　戏戲　习習　吓嚇　虾蝦　献獻　**咸鹹**　显顯　宪憲　县縣　**向嚮**

响響　乡鄉　协協　写寫　胁脅　泻瀉　亵褻　**衅釁**　兴興　选選　旋鏇　悬懸　学學　寻尋　逊遜

【Y】

压壓　亚亞　哑啞　艳艷　严嚴　盐鹽　厌厭　养養　**痒癢**　样樣　阳陽　尧堯　钥鑰　药藥　**叶葉**　爷爺　业業　医醫　义義　仪儀　艺藝　亿億　忆憶　隐隱　阴陰　蝇蠅　应應　营營　拥擁　佣傭　**踊踴**　痈癰　优優　犹猶　邮郵　忧憂　**余餘**　**御禦**　**吁籲**　**郁鬱**　**与與**　誉譽　屿嶼　远遠　园園　跃躍　**云雲**　运運　酝醞

【Z】

杂雜　赃臟　灶竈　凿鑿　枣棗　斋齋　战戰　毡氈　赵趙　这這　**折摺**　**征徵**　**症癥**　证證　郑鄭　**只衹隻**　帜幟　职職　**致緻**　**制製**　执執　滞滯　质質　种種　众衆　**钟鐘鍾**　肿腫　昼晝　朱硃　**筑築**　烛燭　专專　庄莊　壮壯　装裝　妆妝　状狀　桩樁　**准準**　浊濁　总總　纵縱　钻鑽

附録三

規範字與繁體字、異體字對照表

説明：本表據《通用規範漢字表》（國務院 2013 年 6 月發布）附件 1 編制。

筆畫	規範字	繁體字	異體字	筆畫	規範字	繁體字	異體字	筆畫	規範字	繁體字	異體字
二	乃		廼 迺		冗		宂		札		剳 劄
	干	乾	乹 乾	四	以		㕥 㠯	五	匝		帀
		幹	榦		厄		戹 阨		卮		巵
	个	個	箇		刊		栞		动	動	働
三	凡		凢		布		佈		扛		摃
	亡		亾		占		佔		扣		釦
	丫		枒 椏		只	祇	祗 秖		考		攷
	尸		屍		叫		呌		托		託
	专	專	耑		叩		敂		场	場	塲
	丐		匃 匄		叹	嘆	歎		扬	揚	敭 颺
	扎		紥 紮		冉		冄		再		㒰 𠕅
	历	歷	歴 厯		丘		坵		夹	夾	袷 裌
		曆	厤	五	仙		僊	六	邪		衺
	匹		疋		尔	爾	尒		曲	麯	麴
	巨		鉅		匆		怱 悤		同		仝 衕
四	升		昇 陞		册		冊		吊		弔
	夭		殀		卯		夘 戼		吃		喫
	仇		讐 讎		汇	匯	滙		因		囙
	斤		觔		宁	寧	寕 甯		岁	歲	嵗
	仑	侖	崘 崙		它		牠		帆		帆 颿
	凶		兇		奶		妳 嬭		回	迴	廻 逥
	斗	鬥	鬦 鬪 鬭		纠	糾	糺		年		秊

續表

筆畫	規範字	繁體字	異體字	筆畫	規範字	繁體字	異體字	筆畫	規範字	繁體字	異體字
六	仿		倣 髣	七	扼		搤	七	饮	飲	飮
	向	嚮	曏		址		阯		亩	畝	畂 畞 畆 畒 畮
	似		佀		扯		撦				
	众	衆	眾		坎		埳		况		況
	伞	傘	傘 繖		坑		阬		床		牀
	创	創	剏 剙		志		誌		吝		悋
	朵		朶		拟	擬	儗		弃		棄
	杂	雜	襍		却		郄 卻		闲	閑	閒
	妆	妝	粧		劫		刦 刧 刼		汹		洶
	冰		氷		花		芲 蘤		泛		氾 汎
	决		決		克	剋	尅		灾		災 烖 菑
	并		併 並 竝		苏	蘇	甦 蘓		启	啓	唘 啟
	污		汙 汚		杆		桿		祀		禩
	讹	訛	譌		杠		槓		诉	訴	愬
	农	農	莀		村		邨		词	詞	䛐
	寻	尋	㝷		豆		荳		局		侷 跼
	异		異		时	時	旹		附		坿
	阶	階	堦		里	裏	裡		妙		玅
	阴	陰	隂		呆		獃		姊		姉
	奸		姦		吟		唫		妒		妬
	妇	婦	媍		吻		脗		鸡	鷄	雞
	戏	戲	戯		针	針	鍼		驱	驅	駈 敺
	欢	歡	懽 讙 驩		你		妳		驳	駁	駮
	驮	馱	駄		皂		皁		纸	紙	帋
	巡		廵		佛		彿 髴		坂		阪 岅
	亘		亙		邻	鄰	隣		坞	塢	隖
	伫		佇 竚		肛		疘		奁	奩	匳 匲 籢
	阱		穽		肠	腸	膓		轫	軔	䡊
七	弄		挵 衖		删		刪		虬		虯
	韧	韌	靭 靱 韌		岛	島	㠀		饪	飪	餁
	坛	罎	罈 壜		刨		鉋 鑤		羌		羗 羌

續表

筆畫	規範字	繁體字	異體字	筆畫	規範字	繁體字	異體字	筆畫	規範字	繁體字	異體字
七	忤		啎	八	和		咊 龢	八	法		㳒 灋
	妊		姙		岳		嶽		泄		洩
八	玩		翫		侥	僥	儌		沾		霑
	规	規	槼		侄		妷 姪		泪		淚
	拓		搨		侦	偵	遉		注		註
	坤		堃		凭	憑	凴		怪		恠
	拐		柺		迫		廹		宝	寶	寳
	拖		拕		欣		訢		实	實	寔
	抵		牴 觝		往		徃		视	視	眎 眡
	幸		倖		径	徑	逕		话	話	語
	拗		抝		命		𠇮		隶	隸	隷 隸
	杯		盃 桮		肴		餚		帚		箒
	枪	槍	鎗		采		採 寀		屈		屈
	构	構	搆		觅	覓	覔		弦		絃
	杰		傑		念		唸		函		圅
	郁	鬱	欝 鬰		胁	脅	脇		参	參	叅 葠 蓡
	矿	礦	鑛		周		週		线	綫	線
	厕	廁	厠		昏		昬		驼	駝	駞
	奔		奔 逩 犇		兔		兎 冤		坳		垇
	软	軟	輭		备	備	俻		帙		袟 袠
	肯		肎		饲	飼	飤		迥		逈
	虏	虜	虜		享		亯		罔		罔
	果		菓		夜		亱		牦		犛 氂
	昆		崐 崑		卒		卒		侃		偘
	咒		呪		废	廢	癈		瓮		甕 罋
	呼		虖 嘑 謼		净		淨		泯		冺
	咏		詠		闸	閘	牐		姗		姍
	岸		㟁		闹	鬧	閙		虱		蝨
	岩		嵒 巗 巖		券		劵		绁	紲	絏
	氛		雰		炕		匟	九	春		旾
	秆		稈		炉	爐	鑪		帮	幫	幚 幇

續表

筆畫	規範字	繁體字	異體字	筆畫	規範字	繁體字	異體字	筆畫	規範字	繁體字	異體字
	珍		珎		勋	勛	勳		珐		琺
	珊		珊		哗	嘩	譁		玳		瑇
	挂		罣　掛		咱		偺 喒 偺 喒		荞	蕎	荍
	挡	擋	攩		咬		齩		剋		尅
	括		括		咳		欬		栀		梔
	垛		垜		罚	罰	罸		斫		斮 斲 斵
	草		艸		钩	鈎	鉤		眇		[illegible]
	茧	繭	蠒		矩		榘		昵		暱
	荡	蕩	盪		毡	氈	氊		毗		毘
	胡		衚		秋		秌　龝		虻		蝱
	荫	蔭	廕		修		脩		咿		吚
	荔		茘		俊		儁　㑺		咩		哶　咩
	查		査		叙		敘　敍	九	咤		吒
	柏		栢		剑	劍	劒		峒		峝
	栅		柵		胚		肧		秕		粃
九	柳		栁　桺	九	脉		脈 衇 䘑		俟		竢
	柿		柹		狭	狹	陿		徇		狥
	砖	磚	塼　甎		奖	獎	奬		胫	脛	踁
	厘		釐		迹		跡　蹟		饷	餉	饟
	面	麵	麪		阁	閣	閤		飒	颯	䬃
	鸦	鴉	鵶		炼	煉	鍊		籼		秈
	韭		韮		炮		砲　礮		炯		烱
	背		揹		剃		薙　鬀		涎		㳄
	竖	豎	竪		洁	潔	絜		衽		袵
	尝	嘗	甞　嚐		恒		恆		鸩	鴆	酖
	是		昰		恍		怳		耕		畊
	哄		閧　鬨		恤		卹 䘏 賉		艳	艷	豔　豓
	冒		冐		举	舉	擧	十	盏	盞	琖　醆
	映		暎		姻		婣		捍		扞
	咽		嚥		绒	絨	毧　羢		捏		揑
	骂	罵	傌　駡		绕	繞	遶		捆		綑

續表

筆畫	規範字	繁體字	異體字	筆畫	規範字	繁體字	異體字	筆畫	規範字	繁體字	異體字
	哲		喆		殷		慇		莼	蒓	蓴
	挽		輓		拿		拏 舒 挐		砧		碪
	捣	搗	擣 擣		脆		脃		蚝		蠔
	耻		恥		胸		胷		唣		唕
	耽		躭		胳		肐		钵	鉢	盋 缽
	晋		晉		狸		貍		倏		倐 儵
	莺	鶯	鸎		留		畄 𤱶 畱		隽		雋
	栖		棲		凄		淒 悽		皋		臯 皐
	核		覈		席		蓆		衄		衂 䶊
	栗		慄		斋	齋	亝		胭		臙
	翅		翄		效		効 傚		狷		獧
	唇		脣		资	資	貲	十	袅	裊	嫋 褭 嬝
	毙	斃	獘		凉		涼		疴		痾
	桌		槕		瓶		缾		疱		皰
	紧	緊	緊 緊		烟		菸 煙		烨	燁	爗
十	晃		㨪	十	浙		淛		涅		湼
	蚊		蚉 蟁		涩	澀	澁 濇		浣		澣
	恩		㞋		涌		湧		浚		濬
	峭		陗		悖		誖		冢		塚
	峨		峩		悍		猂		袒		襢
	峰		峯		宴		醼 讌		谄	諂	讇
	钻	鑽	鑚		袜	襪	韤 韈		娴	嫻	嫺
	铅	鉛	鈆		冥		冥 𡨋		婀		娿
	乘		乗 椉		冤		寃 寃		绦	縧	絛 縚
	秘		祕		娘		孃		球		毬
	笑		咲		桑		桒		琐	瑣	瑣
	笋		筍		绣	綉	繡		琉		瑠 璢
	俯		俛 頫		验	驗	騐		琅		瑯
	倦		勌		埙	塤	壎		捷		㨗
	射		䠶		盍		盇		捶		搥
	躬		躳		莅		涖 蒞		掏		搯

續表

筆畫	規範字	繁體字	異體字	筆畫	規範字	繁體字	異體字	筆畫	規範字	繁體字	異體字
十一	据	據	㨿	十一	凑		湊	十一	眦		眥
	菱		蔆		减		減		眺		覜
	婪		惏		庶		庻		勖		勗
	梅		楳　槑		麻		蔴		啮	嚙	齧　囓
	救		捄		庵		菴		啖		啗　噉
	厢		廂		望		朢		笺	箋	牋　椾
	戚		慽　慼		眷		睠		偬		傯
	眯		瞇		粗		觕　麤		挲		挱
	野		埜　壄		焊		釬　銲		惬	愜	㥦
	略		畧		淋		痳		惇		愔
	蛇		虵		淆		殽		恿		慂　湧
	崭	嶄	嶃		淫		婬　滛	十二	琴		琹
	铲	鏟	剷		淳		湻		款		欵
	秸		稭		深		湥		塔		墖
	梨		棃		粱		樑		趁		趂
	犁		犂		惭	慚	慙		堤		隄
	移		迻		悴		顇		博		愽
	偷		媮		寇		冦　宼		插		揷
	兜		兠		宿		㝛		揪		揫
	假		叚		窑		窰　窯		搜		蒐
	衔	銜	啣　衘		祸	禍	旤		煮		煑
	船		舩		绩	績	勣		期		朞
	敛	斂	歛		绵	綿	緜		散		㪔
	欲		慾		绷	綳	繃		葬		塟　奘
	彩		綵		绸	綢	紬		葱		蔥
	脚		腳		绿	綠	菉		蒂		蔕
	脖		頖		麸	麩	粰　麱		棱		稜
	够		夠		敕		勅　勑		棋		棊　碁
	猪		豬		戛		戞		棕		椶
	猫		貓		厩		廐　廏		逼		偪
	馆	館	舘		辄	輒	輙		厨		㕑　廚

續表

筆畫	規範字	繁體字	異體字	筆畫	規範字	繁體字	異體字	筆畫	規範字	繁體字	異體字
	厦		廈		愧		媿	十二	谥	謚	諡
	雁		鴈		慨		嘅		缄	緘	椷
	暂	暫	蹔		寓		庽		瑰		瓌
	辉	輝	煇		窗		窓 窻 牕 牎 窗		魂		䰟
	最		冣 冣						鼓		皷
	晰		晳		遍		徧		携		擕 攜 攜 攜
	蛙		鼃		雇		僱		勤		懃
	喂		餧 餵		裤	褲	袴		靴		鞾
	啼		嗁		裙		帬 裠		幕		幙
	喧		諠		强		強 彊		概		槩
	帽		帽		疏		疎		赖	賴	頼
	铺	鋪	舖		婿		壻		酬		酧 詶 醻
	锁	鎖	鎻		堙		陻		碰		掽 踫
	锄	鋤	鉏 耡		揿	撳	搇		碗		盌 盌 椀
	锈	銹	鏽		葶		葶		碌		磟
十二	鹅	鵝	鵞 䳘	十二	萱		萲 蕿 藼 藼		鉴	鑒	鑑 鑑
	剩		賸		棹		櫂	十三	睹		覩
	策		筴 筞		棰		箠		睬		倸
	筒		筩		赍	賫	賷 齎		暖		暝 煖 煖
	筏		栰		椁		槨		暗		晻 闇
	皓		暠 皜		喋		啑		照		炤
	逾		踰		跖		蹠		跷	蹺	蹻
	腊	臘	臈		蛔		蚘 痐 蛕 蛔		跺		跥
	猬		蝟		喑		瘖		蜂		逢 蠭
	馈	饋	餽		锉	銼	剉		置		寘
	敦		敢		遁		遯		罪		辠
	阔	闊	濶		腌		醃		锤	錘	鎚
	焰		燄		飓	颶	颶		辞	辭	辤
	渺		淼 渺		飧		飱		稚		穉 穉
	湿	濕	溼		谟	謨	謩		颓	頹	穨
	游		遊		幂		冪		毁		燬 譭

續表

筆畫	規範字	繁體字	異體字	筆畫	規範字	繁體字	異體字	筆畫	規範字	繁體字	異體字
十三	愈		瘉 癒	十三	痱		疿	十四	厮		廝
	腮		顋		雍		雝		碴		餷
	腿		骽		粳		秔 粇 稉		睿		叡
	猿		猨 蝯		慑	懾	慴		嘎		嘠
	颖	穎	頴		谪	謫	讁		螂		蜋
	馍	饃	饝	十四	璃		琍 瓈		罂	罌	甖
	禀		稟		墙	墻	牆		箸		筯
	痹		痺		熙		煕 熈		箬		篛
	痴		癡		榜		牓		獐		麞
	廉		亷 㢘		榨		搾		粽		糉
	韵		韻		歌		謌		鹚	鷀	鶿
	溪		谿		碱		堿 鹻 鹼		褓		緥
	溯		泝 遡		瞅		䀺 矁	十五	撑		撐
	慎		昚		嗽		嗽		墩		墪
	窥	窺	闚		锹	鍬	鍫		撰		譔
	寝	寢	寑		熏		燻		鞋		鞵
	裸		躶 臝		管		筦		鞍		鞌
	群		羣		膀		髈		蕊		蕋 橤 蘂
	叠		曡 疊 疉		鲜	鮮	尠 尟 鱻		飘	飄	飃
	剿		劋 勦		瘩		㿯		醇		醕
	蓑		簑		辣		辢		嘻		譆
	楠		枏 柟		旗		旂		踩		跴
	楫		檝		弊		獘		踪		蹤
	楦		楥		漱		潄		蝶		蜨
	碇		矴 椗		寨		砦		蝎		蠍
	嗥		嘷 獋		察		詧		稿		稾
	稗		粺		嫩		嫰		僵		殭
	筲		䈰		凳		櫈		德		悳
	愆		僁		骡	騾	蠃		膝		厀
	腭		齶		槁		槀		褒		襃
	塍		堘		榷		搉 榷		瘪	癟	癟

續表

筆畫	規範字	繁體字	異體字
十五	瘤		癅
	糊		粘 餬
	潜		潛
	澄		澂
	憔		癄 顦
	额	額	頟
	璇		璿
	髯		髥
	樯	檣	艢
	膘		臕
	鲠	鯁	骾
	馔	饌	籑
	糍		餈
	戮		剹
	糇		餱
十六	操		撡 撡
	燕		鷰
	薯		藷
	橱		櫥
	融		螎
	蹄		蹏
	螟		蟇
	噪		譟
	赞	贊	賛 讚
	篡		簒
	雕		彫 琱 鵰
	糖		餹

筆畫	規範字	繁體字	異體字
十六	糕		餻
	懒	懶	嬾
	缰	繮	韁
	橛		橜
	橹	櫓	樐 艣 艪 艪
	樽		罇
	赝	贋	贗
	霓		蜺
	瞰		矙
	憩		憇
	翱		翺
	膳		饍
十七	檐		簷
	磷		粦 燐
	繁		緐
	徽		微
	鳄	鰐	鱷
	糟		蹧
	糠		粇 穅
	臀		臋
	翳		瞖
	羁	羈	覊
	膻		羴 羶
	鳅	鰍	鰌
	燮		爕
	襁		繈

筆畫	規範字	繁體字	異體字
十八	藤		籐
	镰	鐮	鎌 鐮
	翻		繙 飜
	鳌	鰲	鼇
	鬃		騌 鬉 騣
	藜		蔾
	蹚		趟
	簪		簮
	雏	雛	雛
十九	孽		孼
	蟹		蠏
	鳖	鱉	鼈
	蹿		蹵
	蹴		蹵
二十	耀		燿
	蠕		蝡
	糯		稬 穤
	纂		篹
	鳝	鱔	鱓
	獾		貛 貛
二十一	蠢		惷
	霸		覇
	赣	贛	贑 灨
二十三	罐		鑵
	鼹		鼴
	麟		麐

附録四

教學參考書目

王力．古代漢語：校訂重排本．3 版．北京：中華書局，1999；4 版．2018.

鄭天挺．中國史學名著選．（六種）．北京：中華書局，1985.

周予同．中國歷史文選．上海：上海古籍出版社，2013.

闞勛吾．中國歷史文選．北京：高等教育出版社，1993.

張衍田．中國歷史文選．北京：北京大學出版社，1996.

張大可．中國歷史文選．西安：陝西教育出版社，1998.

劉乃和．中國歷史文選．北京：北京圖書館出版社，1999.

王育濟，周作明．中國歷史文選．1 版．福州：福建人民出版社，2001；2 版．2007.

周國林．中國歷史文選．1 版．北京：中華書局，2006；2 版．2008.

何晉．新編中國歷史文選．北京：北京大學出版社，2007.

張大可，鄧瑞全．中國歷史文選．3 版．北京：商務印書館，2011.

李曉明．中國歷史文選．北京：高等教育出版社，2018.

王力．中國古代文化常識．插圖修訂第四版．北京：北京聯合出版公司，2014.

錢穆．中國史學名著．北京：三聯書店，2000.

陳垣．史諱舉例．上海：上海書店出版社，1997（繁體橫排本）；北京：中華書局，2012（簡體橫排本）.

劉乃和．中國歷史上的紀年．北京：海豚出版社，2012.

王力，等．古漢語常用字字典．5 版．北京：商務印書館，2016.

王力．王力古漢語字典．北京：中華書局，2000.

張雙棣，殷國光．古代漢語詞典．2 版．北京：商務印書館，2014.

中國社會科學院語言研究所古代漢語研究室．古代漢語虛詞詞典．北京：商務印書館，1999.

辭源．3 版．北京：商務印書館，2015.

漢語大詞典．上海：上海辭書出版社，2011.

湯可敬．説文解字今釋．增訂本．上海：上海古籍出版社，2018.

段玉裁．説文解字注．許惟賢整理本．2 版．南京：鳳凰出版社，2015.

康熙字典．標點整理本．上海：上海辭書出版社，2007.

王海根．古代漢語通假字大字典．福州：福建人民出版社，2006.

胡雙寶．異體字規範字應用辨析字典．北京：北京大學出版社，2012.

方詩銘．中國歷史紀年表．新修訂本．上海：上海書店出版社，2013.

中國歷史年代簡表．2 版．北京：文物出版社，2001.

鄭天挺，譚其驤．中國歷史大辭典．上海：上海辭書出版社，2010.

吕宗力．中國歷代官制大辭典．修訂版．北京：商務印書館，2015.

譚其驤．中國歷史地圖集．北京：中國地圖出版社，1982.

譚其驤．簡明中國歷史地圖集．北京：中國地圖出版社，1991.

史爲樂．中國歷史地名大辭典．增訂本．北京：中國社會科學出版社，2017.

圖書在版編目（CIP）數據

中國歷史文選/李曉菊主編. --北京：中國人民大學出版社，2020.12
新編21世紀史學系列教材
ISBN 978-7-300-27963-3

Ⅰ. ①中… Ⅱ. ①李… Ⅲ. ①中國歷史-古代史-史籍-高等學校-教材 Ⅳ. ①K204

中國版本圖書館CIP數據核字（2020）第029356號

中國人民大學"十三五"規劃教材-核心教材
新編21世紀史學系列教材
中國歷史文選
李曉菊 主編
李曉菊 皮慶生 闞紅柳 曹剛華 劉文遠 編著
Zhongguo Lishi Wenxuan

出版發行	中國人民大學出版社		
社　址	北京中關村大街31號	郵政編碼	100080
電　話	010－62511242（總編室）		010－62511770（質管部）
	010－82501766（郵購部）		010－62514148（門市部）
	010－62515195（發行公司）		010－62515275（盜版舉報）
網　址	http://www.crup.com.cn		
經　銷	新華書店		
印　刷	北京昌聯印刷有限公司		
規　格	183 mm×257 mm　16開本	版　次	2020年12月第1版
印　張	43.5	印　次	2020年12月第1次印刷
字　數	829 000	定　價	99.00圓